WRITING TOWARD HOPE

WRITING TOWARD HOPE

THE LITERATURE OF HUMAN RIGHTS

IN LATIN AMERICA

Marjorie Agosín

WELLESLEY COLLEGE

Yale University Press • New Haven and London

To the memory of my father, Moises Agosín,
and John O'Leary
To the mothers of the disappeared
To my students

Publisher: Mary Jane Peluso
Development Editor: Brie Kluytenaar
Manuscript Editor: Kim Hastings
Production Editor: Ann-Marie Imbornoni
Production Controller: Karen Stickler
Marketing Manager: Timothy Shea

Printed in the United States of America.

Library of Congress Cataloging-in-Publication Data
Writing toward hope : the literature of human rights in Latin America /
[compiled by] Marjorie Agosín.
p. cm.
Texts mainly in Spanish, with English introductions.
ISBN-13: 978-0-300-10942-9 (pbk. : alk. paper)
ISBN-10: 0-300-10942-3 (pbk. : alk. paper)
1. Spanish American literature—20th century. 2. Human rights—Literary
collections. I. Agosín, Marjorie.
PQ7083.w75 2007
860.9'3552—dc22   2006044640

A catalogue record for this book is available from
the British Library.

The paper in this book meets the guidelines
for permanence and durability of the Committee on
Production Guidelines for Book Longevity of the
Council on Library Resources.

10 9 8 7 6 5 4 3 2 1

CONTENTS

IV • WHERE FEAR NESTS

Domitila Si me permiten hablar.
Barros

ı

ACKNOWLEDGMENTS

I came of age during the early 1970s in my native country, Chile. I grew up believing that my generation could build a just and socially responsible world and thus I learned to dream. The decade that followed, dominated by military dictatorships in the region, created a society of fear and censorship—and nevertheless a society that dreamed and wrote and continued to fight for the dignity of human beings.

I thank the writers of this collection for their tenacious pursuit of truth. I thank the poets, the painters, and the writers who endured degradation while in prison yet always maintained their inherent dignity. This book is dedicated to them as well as to the valiant women activists of Latin America who courageously said No to dictatorships.

The example of my parents and the home they provided for us while in exile, as well as the home I have created with my husband and my children, Joseph and Sonia, have sustained me for all these years of writing, thinking, and living in the spirit of human rights. I thank them along with the countless friends who have shared the spirit of this collection. I am especially grateful to my students at Wellesley College and at Barnard. Their enthusiasm has accompanied me in the pursuit of this project.

I also thank Barbara Mujica for initial encouragement; Brie Kluytenaar for her support and guidance—her enthusiasm and faith are contagious; Patricia Rubio, Efrain Kristal, Betty Jean Craige, and Roberta Gordenstein for their contributions; Aileen Cruz for her superb research; and Rami Saari.

Introduction
Writing Toward Hope

Translated by Monica Bruno Galmozzi

Certain dates have permanent significance in the cultural and historical imagination of the Americas. One is September 11, 1973, the day the democratically elected government of Salvador Allende was toppled by Chilean military forces, backed by the intervention of the CIA. Peter Kornbluh's book *The Pinochet Files* (2003) is the most effective proof of this dark moment in U.S. policy toward Chile. Relevant documents have finally been opened for scrutiny so that we may begin to understand what happened. For many Chileans it is impossible to forget that spring morning in Santiago when all radio programs were interrupted with military marches, and the city skies filled with black smoke from the bombing of La Moneda, the national palace where President Allende governed and gave his last and moving speech, in which he said, "History is made by the people." That day's attack was unprecedented in Chilean history, and it interrupted for seventeen years what had been one of the Southern Hemisphere's most stable democracies. In Allende's place, the coup installed dictator Augusto Pinochet and a military junta that controlled the country through fear and silence.

Almost a million Chileans chose or were forced to live in exile in foreign countries where they longed for the uncertain return—because once you abandon your native country, the return is never the same. Both the individual and the country change within the convoluted political history of nations. Many Chileans disappeared in broad daylight during the military regime. Others were forcibly dragged from their homes to never return. Torture became common practice, but it was always secret, and the torture centers like Villa Grimaldi and Londres 22 are part of the everyday language of Chile today.

Villa Grimaldi was in its heyday a beautiful park filled with Chilean and

European fauna and flora. Then the villa was mysteriously abandoned by its owners and became a sinister torture and detention center. It is difficult to obtain testimony from those who were detained there because what happened is too painful to remember and few survived their stay. Villa Grimaldi is now a memorial park called El Parque del Recuerdo. Visitors walk along the same paths where many Chileans were subjected to infamous treatments.

Gladys Díaz Armijo, one of the authors included in this anthology, was tortured at Villa Grimaldi and today she shares her experience with us. Hers is one of very few texts written by an imprisoned and tortured woman. The clarity of her language conveys the pain of putting into words the most degrading acts imaginable.

During the 1970s, some of Chile's neighbors—Uruguay and Argentina—were also subjected to military dictatorships; during the 1960s Brazil endured the same. In the 1980s El Salvador and Nicaragua suffered a resurgence of authoritarian regimes. Anastasio Somoza was removed from office in Nicaragua and briefly replaced by a socialist government, inspired by the government of Salvador Allende.

Regardless of the fact that Latin America and its inhabitants were colonized by Europeans and continue to be "colonies" under the dominion of twentieth-century foreign economic doctrines, the 1970s are of utmost importance in understanding Latin America's present as well as its possible future. Chile's case sheds light on what happened in the region from the 1970s until the early 1990s. Allende represented the possibility of building a humanistic socialism through peaceful means and outside the Soviet sphere of influence. The greatest threat his government had to face stemmed from the fact that it had been elected democratically and thus created a predecent many wished to erase. In Argentina and Uruguay, military governments arose and destroyed the democratic presence in the Southern Cone. They united forces through Operation Condor, which allowed them to stay in power for almost two decades. If Allende's government had allowed people to hope, Pinochet's regime did the opposite; it defeated a dream. As Argentine journalist Jacobo Timerman affirmed, Allende was an impossible dream, but Pinochet did not even allow people the possibility of having a dream.

In the 1980s, President Reagan's government unleashed an anti-Communist campaign in Nicaragua and El Salvador, supporting paramilitary groups that continued to disseminate violence, forced disappearances, and condoned massacres, like the one in El Mozote, where military forces assassinated more than eight hundred people. Latin America's turbulent history is filled with disappearances, graves without names, and concentration camps, but it is also a history of hope, of building peace, of courage and the power of words to retell events and bear witness to political violence and the disappearance of a whole generation of idealistic youth.

Although the military dominated most of the Southern Cone's mass communication services, visual artists, poets, and writers defied the culture of fear through their creativity and passion for telling others about the governments that repressed them. Writers, artists, and moviemakers documented with tenacity and honesty what was happening in their respective countries.

Filmmaker Miguel Littin produced the extraordinary documentary *Battle of Chile*, a six-hour epic filled with the testimony of workers and students punished for their political convictions. Two decades later, another filmmaker, Patricio Guzmán, created a historical memoir of a forgotten generation and interviewed those who had supported Salvador Allende and his government. Ariel Dorfman, from exile in the Netherlands, wrote poems and an allegorical novel, *Widows*, dealing with the imperious need to bury the dead. Jacobo Timerman wrote his memoirs while imprisoned outside Buenos Aires. In Mexico, Elena Poniatowska gathered the testimonial voices of students and spectators at the massacre of Tlatelolco as well as describing the extreme poverty people experience in the outskirts of Mexico City.

Literature gained a sense of urgency and became vital, an act of courage and denunciation, of resistance and hope. At the same time, it achieved the necessary presence to deny the complicity of silent societies, submersed in fear and indifference. As the repressive apparatus controlled the history of these countries, it also censured the education of children, the books that could be published or read, the right to vote, and the right to choose certain college careers. Throughout Latin America, writers creatively and peacefully counteracted the culture of fear through art. The words of poets became weapons; theirs were powerful voices that were not silenced in the prisons or torture centers but fought to retain their humanity in a dehumanized world. Literature affirmed faith, feeling, and believing. Moreover, art attempted by other means to defy censure, to trick the military that read poetry and arbitrarily determined which texts were deemed dangerous.

Chilean women from various social strata formed an action group motivated by social justice since people were being terrorized by the propaganda machine operated by the dictatorship. Women for life and against the culture of death, they were known in Argentina as the Madres de la Plaza de Mayo; in Chile as the Asociación de Detenidos y Desaparecidos; and in El Salvador as Las

Comadres. These women—citizens, mothers, and workers—decided to make their pain public. The dark countenance of the military dictatorship was now covered with mothers, sisters, and wives, in contrast to the oppressive patriarchal appearance of the military. These women were not afraid to denounce the military forces as the ones who had assassinated the youth of their countries. Armed with photographs, white kerchiefs, and folk dances like "Cueca Sola" created by the mothers and widows of the disappeared, they danced alone, without partners. These women publicly protested the forced disappearances and torture. Their voices throughout the region became an ethical pillar, representing morality in a society tainted by lies and repressive tactics. The tenacity of their struggle and convictions is very moving. An unprecedented number of women writers arose along with these social movements, making women the most active presence within authoritarian society and defying age-old stereotypes of women's passivity.

These voices were joined by those of artists, writers, poets, and painters who marched and protested alongside the Madres de la Plaza de Mayo. Human rights literature produced in Latin America is inseparable from history, and backed by a chorus of "Where are they?" It is also inseparable from the voices of the writers who, through their novels, dramas, and histories, recreate the voices of these women. Imagination and reality are united to create a passionate cultural movement reflecting the activism of its citizens and the sensitivity and vision of its writers in the name of human rights.

Uruguayan writer Carlos Liscano, imprisoned for many years, wrote about the emptiness of language and the inability to articulate certain thoughts from captivity, but he also acknowledged the impossibility of remaining silent. Through his testimonial, readers are able to descend to the rings of hell, the perverse darkness of captivity that he transforms into light and word. Through Liscano's text, we manage to understand testimonial literature's power to incorporate political violence into the world of artistic language.

From the 1970s onward, an extraordinary force was conceived within Latin American literary culture, as well as a deep aesthetic literary sensitivity in which art and politics formed a powerful alliance. Together they were capable of building, through words and memories, the history of a continent marked by violence, horror, and hope.

During these same decades, autobiographies, memoirs, and the voices of marginalized groups—among them women, indigenous people, homosexuals, and Jews—emerged. In their histories, the personal and the political, the intimate and the collective, join together to give voice to testimony that demands that the reader commit to understanding the suffering and alienation of the other. This history is the only history they have, the story of their own lives and memories. In her important study of minority literatures, *Proceed with Caution* (Cambridge: Harvard University Press, 2002), Doris Sommer tells us that we must be careful. We may need to step out of our usual patterns of reading to touch and understand human rights literature, a literature that questions and demands another way of being read. "Learning to read these reticent texts will require signs that make a political as well as an aesthetic difference" (16).

The testimonial narratives written beginning in the 1970s, the plays presented in the streets of Buenos Aires, Montevideo, and Santiago, the poetry and the visual arts, all created a central space within the artistic imaginary of Latin America that coexisted with the culture of silence. So-called artistic actions responded to the immediate need to create a public show for a transient audience and defy censure. Art acquired a sense of the immediate, of the here and now. Street performers served as a public denunciation in the same way that flyers with photos of the disappeared would show up on walls around dawn. All forms of art demanded a different approach, a different way of seeing, reading, experiencing. Most important is that, through writing, those who were victimized by history could finally speak.

Understanding human rights and their defense is one of the ways the privileged thinking of the Western world approaches the history of oppression of the twentieth century. Yet human rights must not be seen as separate from history, culture, and the arts. They must coexist with the vital experiences of human beings who have suffered the violation of their rights. Consequently literature on this topic assumes a very personal yet collective voice that inserts itself within the canons of public history. Human rights literature encompasses the human experience of suffering and redemption through an aesthetic that requires responsibility and action on the reader's part as well as critical thinking and empathy. This literature is born from writers, workers, women, and youth who clamor for the return of loved ones. It is born from the marginality of citizens who, although silenced, continue to act. Human rights were implemented by a group of Western nations in response to the moral crimes that occurred during World War II. Yet the same nations that ratified their declaration remain unable to protect their own citizens. The strength of a literature that denounces and questions, that speaks and implies that its own citizens can decide through the power of their voices and words, becomes effective in denouncing the moral vacuum in which the abuses took place.

This anthology presents an important group of literary voices specific to

Latin American culture. The voices are varied and from many countries, but they have much in common. All respond to an understanding that collective history is an experience that affects all citizens dominated by authoritarianism and fear. All share an ethical and artistic vision born of the peculiarities of political violence and social injustice. The clear understanding that the personal is political and historical is one of the principal components of this literature which denounces through realistic and direct rhetoric or through ambiguous and subtle poetry.

It is impossible to cite the many texts created within this literature, especially those not made available through the established channels of the official publishing market. I am thinking of clandestine writings, the poems carved into tree trunks and rocks by prisoners in the concentration camps of northern Chile or Patagonia. Some day, this literature will be part of Latin America's cultural history and will not be seen as an isolated element within history. On the contrary, it will be regarded as a foundation of this literature. Some of the voices contained herein are those of recognized authors whose trajectory in this field begins in the late 1970s; others represent a new generation that carries on the legacy in which art and politics unite as participatory forces of history.

One clear example is the poetry of Pablo Neruda, who denounced social injustice and supported the struggle to recognize forgotten ones during the Spanish Civil War; he was the voice of peace, of conscience, of invisible beings including women, children, and the working class, as well as detainees and others condemned during the war. Neruda's poetry, like that of other authors included here, represents the possibility of creating a literature that responds to an experience, to the sensitivity of different sectors and economic classes. Even today in Latin America, students, workers, and housewives read Neruda's poetry. His passionate and enchanting voice represents the pulse of the people and their everyday history. His poetry is not marginal; it is part of the community's identity.

Poets like Pablo Neruda and Gabriela Mistral, playwrights like Griselda Gambaro as well as storytellers like Reina Roffé are part of a fascinating artistic tradition in Latin America that invokes the social participation of literature as inseparable from the autonomous voice of society. During repressive times, this literature acquired even more importance from its clandestine readings to its publication in the postdictatorship years and readings in classrooms, theaters, and stadiums.

The 1970s were essential to the exploration of the Latin American cultural identity. It was a time of change and dreams, of transformation and vindication. The working and middle classes acquired a stronger political voice. Yet it was precisely this voice that was silenced at the official level by the government's forces. The 1960s had been a time of reflection, meditation, and understanding of a Latin American reality that went beyond the individual countries. The Cuban revolution and its cultural contributions had incited radical meditation on what it meant to be Latin American. Years later, Salvador Allende's death, the military's power, and the denial of the disappeared bodies were an essential preamble for the writers who attempted to create and divulge, who struggled against the power that many times denied its human rights violations.

The authors in the following pages participated in a long tradition that articulated the possibility of representing, through the literary imagination, the social and political landscape of the everyday and the collective experience of a people, with all of its symbolic, social, and literary meaning. These writers present a new way of telling. Thus, we observe how the language used by these authors bears direct witness to a period of repression and is capable of defying censure. These writers are united in the most important cultural traditions of the twentieth century and articulate life and literature as integral elements of the human conscience. Writing is a body of human expression, in which the daily conventions of our lives join with the ambiguities and subtleties of literature. But we must add in the bodies of the disappeared without identity, without memory—and this becomes the existential body of this literature that is not quieted by the dominant ideology or its power to deny what is happening. In the context of the early 1970s, it is impossible to deny the bodies floating by the banks of the Mapocho River in Santiago. It is impossible to look at the streets of El Salvador and not see the mutilated bodies strewn throughout. The literature of this period gathers the victimized bodies and arms them with words; it restores them and offers them dignity.

1 • BEARING WITNESS IN THE DARK

This anthology begins with the words of those who have suffered through brutal incarceration. Except for Jacobo Timerman, who is better known as a journalist, all of them were literary writers before being jailed, and without doubt it was their writing that led to their being detained. The authors are from different countries and generations. Jacobo Timerman is one of the oldest; among the youngest is Nora Strejilevich, an Argentine poet and novelist who was a student at the time of her imprisonment.

Through their testimonial voices, first-person accounts, the experience of imprisonment becomes personal and at the same time collective. The reader can clearly observe the impact of being locked up, the abuse of human dignity, the deterioration of expression, the harshness of censure, and the bleakness of living in a world surrounded by bars and darkness. This is a world of walls and oblivion. We can see in these texts how difficult it is for the writers to believe what is happening to them, to understand what the prisoners are going through—the utter terror and physical disintegration. The reader will notice, nonetheless, that the representations of brutal torture give way to meditation on what it means to be imprisoned. Language is used to resist what the body is experiencing, denoting that which cannot be named and reiterating what is human.

Emma Sepúlveda's poems "A la prisión de Carmen," "Me pregunto a solas," and "La loca de la casa" afford us a glimpse into a place where women's lives are constantly being questioned, mutilated, and dislocated. Yet reading her poetry gives us a sense of freedom.

Jacobo Timerman's *Preso sin nombre, celda sin número* is the best-known testimonial account in Latin America by an imprisoned journalist. Among the disappeared in Argentina were many journalists, students, and psychiatrists. Timerman was always controversial, bold in his political views, but above all committed to the truth and willing to denounce the politics of terror his country was experiencing. He even published lists of the disappeared in the newspaper *La Opinión*. Current Amnesty International statistics estimate that more than thirty thousand people disappeared in Argentina during the military regime. Timerman was arrested in 1977 and imprisoned until 1979, when he was freed and departed for Israel.

Timerman's book acquired great notoriety with the international press but there were many other texts that occupied a marginal space in the world of torture and imprisonment. Chilean writer Hernán Valdés, who now lives in Germany, was practically ignored while he was imprisoned during the Chilean military dictatorship's first months. The testimony of his time in the Tejas Verdes concentration camps remains unknown in Chile and was released only in a secondary market. Now, decades later, it is being published by Ediciones LOM, a progressive Chilean publishing house with an extraordinary history of disseminating alternative texts created in Chile. Timerman's and Valdés's texts have a common history: the desperation felt by the prisoner, the lack of human contact, the humiliation. They also reveal the best of human nature, expressed through the voices of writers determined to hold on to their humanity. The vitality of the creative act as an expression of truth provides a unique document with which to denounce authoritarian societies.

Nora Strejilevich and Carlos Liscano, representatives of a younger generation, also present the prison experience. Theirs is a more fragmented form of writing, ambiguous like our memories, documenting the horrors of dictatorship and the great abyss that exists in the literary world to explain what happened. Liscano and Strejilevich tell and interrogate from the confined space of a cell and they write about the impossibility of recreating the language necessary to recount their experience in captivity. Their texts implicitly question memory and the possibility of writing amid censure.

Reinaldo Arenas, one of the most promising young writers in Cuba, experienced imprisonment under Fidel Castro. *Antes que anochezca,* which narrates the story of Arenas's life as a homosexual and a political dissident, is one of the most controversial memoirs to emerge in the last few decades—perhaps even more so today, when our policies toward Cuba are ambiguous and imprecise.

The stories "El prisionero" and "Breve mundo" by Angelina Muñiz-Huberman complete this section. Her texts grant us a symbolic vision of imprisonment as a universal experience in the history of humanity. "Breve mundo" recreates a scene in which children are forced into a concentration camp somewhere in Europe, depicting the brutality of authoritarian regimes.

This part of the anthology is essential within the genre of Latin American literature written from prison. It exemplifies the strength necessary to tell about otherwise unimaginable experiences. The authors convey the pain associated with remembering their lives before captivity, the reconstruction of their lives after prison, and the powerful relationship of the tortured body, violence, and language. Their texts thus portray resistance and represent a literature that is willing to speak out.

Emma Sepúlveda, Argentina

La biografía de Emma Sepúlveda ejemplifica la historia de Chile en las últimas décadas. Nacida en Buenos Aires, emigró a Chile, donde vivían sus familiares paternos. Estudió historia en la Universidad de Chile, pero debido al golpe militar chileno de 1973 emigró a los Estados Unidos, donde desarrolló su carrera académica.

Sepúlveda es profesora de la Universidad de Nevada en Reno, donde enseña cursos de literatura latinoamericana pero también se ha dedicado a la fotografía y al diseño de joyas. Además Sepúlveda ha sido una inagotable defensora de los derechos humanos en los Estados Unidos y los derechos de los emigrantes. También fue candidata al senado de Nevada en 1997.

Emma Sepúlveda ha recibido un sin número de premios, entre ellos la distinción máxima por el estado de Nevada por su contribución al arte en 2006 y el premio por su liderazgo con los niños dado por los amigos de las bibliotecas de Nevada en 2001. Además recibió el premio de educadora del año otorgado por los servicios hispánicos de Nevada en 1998.

Obras

Tiempo cómplice del tiempo (1989)
We, Chile: Testimonies of the Chilean Arpilleristas (1996)
Muerte al silencio (1997)
From Border Crossing to the Campaign Trail (1998)

A la prisión de Carmen

La luz y la oscuridad son cómplices
tienen un pacto sagrado que me engendra
en la posesión de una sombra
ya no soy más que un cuerpo
repetido en la frialdad
de las paredes rocosas de esta celda
no soy más que la burla mutiladora
de una sombra que me persigue
y me acosa en los rincones
monstruosos de este cuarto
soy un diminuto ser atrapado
por los tentáculos gigantescos
de mil sombras que tambalean a mis espaldas
sombras que callan cuando lloro
y me niegan el despertar del eco
cuando me desgarro desesperadamente
en el silencio jadeante de un grito
sombras que se escapan de mis brazos
cuando las enfrento cuerpo a cuerpo
en el espacio angustiado de esta celda
sombras sombras
sombras y una sombra,
mi cuerpo-sombra,
que ahora no tiene más destino que ser
una sombra simbiótica de otras sombras.

Me pregunto a solas

¿Y las sombras?

¿Cómo serán las sombras que dejan
bajo la tierra los muertos

alargadas

redondas

planas?

o

¿acaso muere con nosotros también la sombra?

No

No,
no
son
números.
No son números.

Son nombres.

La loca de la casa

No te asustes cuando venga
la loca de la casa
no te asustes cuando se oigan
los gritos
desde el patio verde de tu alcoba

déjala que caze mariposas
sobre el tejado rojo
y que se suelte los cabellos
entre los peces de su propio mar

déjala que abrace suspiros
y que se revuelque en la arena
para pintarse de sol

no te asustes cuando venga
la loca de la casa
a escribir otro poema
con el humo de tu cigarrillo

déjala que invente palabras
y que se pinte caricias
con las hojas del laurel

por favor no te asustes
cuando venga la loca de la casa
al final del romance
a sacarse las esposas
que la unieron
a la soledad de tus engaños
a la profundidad cruel de tus ojos
a la brutalidad sangrienta de tus manos

déjala que se corte las venas
con tus silencios
que se desangre con toda su furia
en los celos del mal

déjala que se ahorque
a solas una noche
amarrada al techo de tu alma
desesperada en su locura
liberada de tus patios
tus paredes
tus balcones

déjala que se muera al fin
condenada a su locura
de haberte amado
mucho antes de nacer

pero no te asustes
cuando vuelva una noche
la loca de la casa
después de muerta
a besarte los labios
y convertirte en piedra
de tu propia piedra.

Jacobo Timerman, Ucrania

Jacobo Timerman tuvo un gran impacto en el periodismo, al criticar las acciones del régimen militar de 1976 a 1983 de Argentina en su periódico *La Opinión*. Esta misma crítica le costaría su libertad y seguridad, pues a causa de ella sufrió encarcelamiento y tortura. En 1981 contó al mundo su testimonio en su libro *Preso sin nombre, celda sin número*.

Timerman nació en Bar, un pequeño pueblo de Ucrania, en 1923 y emigró con su familia a la Argentina cinco años después. Allí, para combatir la pobreza causada por la muerte de su padre, Timerman empezó a trabajar desde los doce años. Tuvo su primer gran éxito al fundar el periódico *Primera Plana* en 1962. En 1971 fundó *La Opinión*, periódico que se dedicaba a informar sobre los abusos del gobierno, pero fue parado por las autoridades en 1977. Ese mismo año Timerman fue encarcelado y torturado por seis meses. En 1980 fue despojado de su ciudadanía y forzado al exilio a Israel, España y Nueva York. En Israel no paró su campaña por los derechos humanos y denunció los horrores que veía hacia los libaneses y palestinos por los israelitas. Allí escribió *The Longest War: Israel in Lebanon* en 1982.

Regresó a la Argentina en 1984, un año después que la democracia fue restaurada, y trabajó como editor de *La Razón*. Sin embargo su paz no duró mucho tiempo, pues Carlos Saúl Menem, gobernador y en ese tiempo candidato a la presidencia, lo acusó de difamación. Timerman salió libre pero al reabrirse el caso, esta vez con Menem como presidente, escapó a Uruguay. Los cargos cayeron en 1996 por presión internacional. En 1999 Timerman falleció de un ataque del corazón en su hogar en Buenos Aires. Fue galardonado varios premios, como el Premio Maria Moors Cabot que otorga la Universidad de Columbia, y la Pluma de Oro de la Libertad, entre otros.

Obras

Prisoner Without a Name, Cell Without a Number (1981)
The Longest War: Israel in Lebanon (1982)
Cuba: A Journey (1990)

Preso sin nombre, celda sin número (fragmento)

Me ordenan colocarme de espaldas a la puerta. Me vendan los ojos. Estoy "tabicado", según la jerga policial. Me han colocado un "tabique" sobre los ojos. Me sacan de la celda. Recorro un largo trecho empujado por atrás y dirigido por alguien que cada tanto me toma por los hombros y coloca en la dirección que debo caminar. Doy muchas vueltas, pero mucho tiempo después, cuando estaba en arresto domiciliario, un policía comenta que seguramente el trecho que recorría era muy breve y que me hacían dar vueltas por un mismo lugar.

Oigo un rumor de voces, y tengo la impresión de que estoy en alguna habitación grande. Supongo que me harán desvestirme para una sesión de tortura. Me sientan vestido, sin embargo, en una silla, y atan los brazos al respaldo. Comienzan a aplicarme descargas eléctricas que me llegan a la piel a través de las ropas. Es muy doloroso, pero no tanto como cuando me acuestan desnudo y rocían con agua. Sin embargo, al sentir la descarga sobre la cabeza, pego unos grandes saltos y aúllo.

No hacen preguntas. Simplemente es una catarata de insultos de todo calibre, que sube de tono a medida que pasan los minutos. De pronto una voz histérica comienza a gritar una sola palabra: "Judío, judío... judío". Los demás se le unen y forman un coro batiendo palmas, como cuando éramos niños y en el cine la película de Tom Mix salía de cuadro. Batíamos palmas y gritábamos "Cuadro... Cuadro".

Están muy divertidos ahora, y se ríen a carcajadas. Alguien intenta una variante, mientras siguen batiendo palmas: "Pito cortado... Pito cortado". Entonces van alternando mientras siguen batiendo palmas: "Judío... Pito cortado... Judío... Pito cortado". Creo que ya no están enojados; se divierten.

Doy saltos en la silla, y aúllo mientras las descargas eléctricas continúan llegando a través de las ropas. En uno de los estremecimientos caigo al suelo arrastrando la silla. Se enojan como niños a quienes se les ha interrumpido un juego, y vuelven a insultarme. La voz histérica se impone sobre todas las demás: "Judío... Judío... ".

Le pregunto a mi madre por qué nos odian tanto. Tengo diez años. Vivimos en uno de los barrios pobres de Buenos Aires, en una habitación, mis padres, mi hermano y yo. Hay dos camas, una mesa y un armario. Es un gran inquilinato, y mi madre está preocupada porque somos los únicos judíos. Discute constantemente con mi padre, pero el alquiler de una habitación en el barrio judío —"la ciudad", como dice mi padre— es mucho más costoso. Mi madre estima que es peligroso no tener amigos judíos.

Estamos en el patio, donde a cada habitación le corresponde un lugar para colocar su cocina. Las cocinas son una especie de estufas a carbón, a la intemperie, con espacio para colocar dos ollas. Cuando llueve se cocina dentro de la habitación, en un "Primus". Acabo de regresar de la carbonería, coloco unos carbones sobre unos papeles. Mi madre prende fuego a los papeles porque un niño no debe jugar con fuego, pero soy yo el que trata de que el carbón se encienda con la ayuda de un cuaderno que utilizo para darle aire.

Hay una gran excitación en el inquilinato, porque este fin de semana comienzan los festejos del Carnaval. Pregunto a mi madre si puedo disfrazarme. No tenemos dinero para comprar un disfraz, ya lo sé, pero mi madre es una buena costurera. Toda la ropa que vestimos mi hermano y yo es cosida por mi madre, pantalones, camisa, ropa interior. Nos compran solamente las medias, porque los zapatos generalmente son regalo de mis primos ricos. Quizás mi madre pudiera confeccionarme un traje de payaso, de tela blanca. Podría utilizar una sábana vieja, de esas que coloca sobre la mesa, para planchar. También podría ser una capa de pirata, y luego pintarme el rostro con un corcho quemado.

Es el año 1933, y hace cinco años que hemos llegado desde Rusia. Mi madre dice que somos nuevos en la Argentina, "verdes", pero yo no me siento nuevo. Me habla en ídish, y yo le enseño español. Aprende, pero sigue hablándome en ídish y me llama "Iánkele". Me avergüenza en todos lados. Pero la traducción al español también despierta sonrisas en la gente: Jacobo es muy judío. Un familiar le había aconsejado que me inscribiera con el nombre de Alejandro, cuando llegamos al país, pero mi padre se opuso.

No tendré disfraz de Carnaval, ni me permitirán jugar y festejar en la calle, porque según mi madre el Carnaval es una fiesta antisemita. La gente se disfraza para demostrar que los judíos no tienen patria, y que están dispersos en todas las naciones, y que visten con la ropa de los demás pueblos. Pero, dice mi madre, si me quiero disfrazar, una linda fiesta para hacerlo y divertirse como gente honrada es Purim.

—¿Y de qué me voy a disfrazar en Purim?

—Te voy a disfrazar de Herzl o Tolstoy, que fueron dos grandes hombres. Irás con una hermosa barba, y mirarás con seriedad a todo el mundo. Y dirás algunas palabras de algunos de los libros que escribieron.

—Pero todos se van a reír de mí.

—Sólo los *goim* se van a reír. Los judíos no se ríen de la gente inteligente y estudiosa.

—Madre, ¿por qué nos odian?

—Porque no entienden.

***

Sí, mi madre creía de buena fe que si los antisemitas nos entendieran, dejarían de odiarnos. Pero ¿entender qué? ¿Nuestra tradición, nuestra religión, nuestra cultura, nuestra personalidad? Nunca me lo dijo.

Se podría suponer que todavía sigo haciendo las preguntas que haría un niño judío de diez años de edad. Y que me muevo en el mundo de las respuestas de una humilde mujer judía que leía con dificultades y tenía una noción muy vaga del mundo. Pero, acaso, de todas las respuestas que se han dado a la vieja pregunta de por qué nos odian, ¿hay alguna más inteligente que otra, hay alguna válida? Jamás encontré una respuesta que se acercara un poco siquiera al pozo de angustia en que vive el que se siente odiado. No he encontrado respuesta ni en los filósofos, ni en los religiosos, ni en los políticos.

Todo lo que se ha escrito puede iluminar sólo algunas circunstancias. El papel del judío en las diferentes épocas de la historia, la relación del judío con la producción, con la cultura, con la política. El lugar judío en la sociedad esclavista, en la Edad Media, en el estallido del Renacimiento. El motor judío en la sociedad urbana. La vitalidad judía en las grandes revoluciones. Los judíos que jugaron un papel clave en el pasaje de una época histórica a otra. Las reacciones de los no-judíos en función de sus propios problemas catalizados a través de su relación con los judíos. Está todo estudiado, digerido, vuelto a estudiar, repetido, traducido, estudiado una vez más, profetizado, explicado y vuelto a aclarar, y sin embargo cada vez que me acerco al recuerdo de aquella voz gritándome judío en una cárcel clandestina en la Argentina, no logro entender todavía por qué un militar argentino que luchaba —cualesquiera que sean los métodos— contra el terrorismo de izquierda, podía sentir tal odio hacia un judío.

No sólo mi madre suponía que una buena explicación podía aclararle a los *goim* sus interrogantes. No sólo mi madre suponía que nos odiaban porque no nos entendían. En 1935 el gobierno nazi estudiaba las leyes que debían modificar la situación legal de los judíos en Alemania. Los dirigentes de la comunidad judía publicaron importantes avisos en los diarios de Berlín destacando los nombres de los judíos que habían sido condecorados durante la Primera Guerra por su actuación en la filas del Ejército alemán. Sostenía el aviso que los judíos eran buenos ciudadanos alemanes, y que así lo habían demostrado. Poco después, en septiembre de 1935, se votan las leyes de Nuremberg, que anulan la ciudadanía alemana a todos los judíos. Los dirigentes judíos de Alemania creían que todo el problema radicaba en que los nazis no entendían, y que bastaba que se les informara que los judíos eran buenos ciudadanos, incluso algo militaristas, xenófobos respecto de los franceses y anticomunistas.

En 1936 se disputan las Olimpiadas en Berlín. Algunos miembros de la delegación atlética de los Estados Unidos de América son judíos. Deciden asistir a los Juegos Olímpicos y tratar de superar a los atletas alemanes. Esto demostrará a los nazis que no existe la superioridad aria, que los judíos no son inferiores a los demás seres humanos.

Preparando este libro, he acumulado miles de datos, anécdotas, interpretaciones, citas, estadísticas. Pero reproducirlos, armar con ese aluvión tipográfico otro aluvión tipográfico, aunque organizado y seleccionado de un modo diferente, ¿qué utilidad puede tener? Tomar algunos libros que fueron escritos a partir de otros libros, escribir un nuevo libro, y después ¿qué? ¿Los goim entenderían y dejarían de odiarnos? ¿Los judíos entenderían por qué nos odian?

Quisiera intentar una aproximación diferente. Supongamos que nos dediquemos exclusivamente a describir el peligro tal como se nos puede presentar en este momento, en esta época, en las actuales circunstancias. Ni siquiera los diferentes matices de los interminables y cambiantes odios de las distintas sociedades de esta época. Solamente los peligros principales, el odio principal que puede llevar realmente al exterminio.

Cuando la extrema derecha lucha contra sus enemigos naturales, odia por encima de todo al judío. Centraliza el odio en el judío. Ese odio inspira a la extrema derecha, la sublima, le da un vuelo metafísico, romántico. Su enemigo natural es la izquierda, pero su objeto de odio es el judío. En el judío el odio se puede bifurcar en algo más que el peligro marxista.

Dirigido hacia el judío, el odio puede alcanzar dimensiones novedosas, formas originales, colores divertidos. El odio al judío no necesita de ninguna sistematización ni disciplina, ni metodología. Simplemente basta con dejarse llevar, dejar que el odio lo arrastre a uno, lo abrigue, lo acune, despierte su imaginación, sus fobias, sus impotencias y omnipotencias, sus timideces y su impunidad. Cualquiera que sea la magnitud y la diversidad del odio, la extrema derecha puede emplear el odio en su relación con el judío sin alterar su objetivo final de lucha por una sociedad totalitaria de exterminio de la izquierda o de las formas democráticas de vida.

Cuando la extrema izquierda lucha contra sus enemigos naturales puede matizar la rigidez de su anquilosada filosofía política con variaciones actualizadas sobre la conspiración internacional, las influencias exóticas, las alianzas demagógicas y oportunistas. El mesianismo inherente a su análisis del papel que le toca jugar en la sociedad le ofrece en el judío el juego maniqueísta que necesita. Es la historia del Bien y del Mal, la Revolución y la Contrarrevolución, y nada puede equipararse a la velocidad con que el judío puede ser identificado con el Mal. A un joven uzbeko que sueña con poder algún día vestir un jean y ver una película de John Wayne, es más fácil hacerle odiar al judío que al americano. El odio al judío agrega un ingrediente picante y sabroso a la lucha por la Revolución Mundial. Un aura de fuerzas misteriosas que pueden reanimar el miedo y el odio que están insertos en nuestra sique, en nuestra biología. El judío puede servir para esa cuota de odio irracional que todo ser humano necesita, pero que una ideología sistematizada como la extrema izquierda no puede admitir en su relación con la sociedad. Entonces, ¿por qué no dejar la ventana abierta, o alguna rendija, para que ese odio se vaya filtrando? ¿Y contra quién si no contra el judío? ¿Acaso es difícil ubicar al judío como enemigo? El mismo hecho de que la extrema derecha lo quiere utilizar de enemigo suyo, ¿no indica precisamente que hasta en ese terreno el judío juega un papel de confusión, de mistificación, de ocultamiento? Este mismo hecho, ¿no es acaso un aliciente para identificarlo con más claridad, con mayor precisión?

He estado preso en la Argentina en tres cárceles clandestinas y en dos cárceles legales. He podido intercambiar ideas antes de mi arresto, durante mi arresto y después de mi arresto, con prisioneros políticos. Un hecho curioso: los militares o policías que interrogaban en la Argentina tenían hacia los terroristas de izquierda la actitud que se puede tener ante el enemigo. Algunas veces, quizás por el carácter de las personas involucradas, o algún pasajero momento anímico, incluso una relación de adversario a adversario. No les ahorraron a esos prisioneros políticos nada en materia de torturas y asesinatos, pero la relación sicológica era simple: estaban frente al enemigo o frente al adversario. Querían destruirlo, eliminarlo.

A los judíos, querían borrarlos. El interrogatorio a los enemigos era un trabajo; a los judíos, un placer o una maldición. La tortura a un prisionero judío traía siempre un momento de divertimiento a las fuerzas de seguridad argentinas, un cierto momento de ocio gozoso. Siempre en algún momento, una broma interrumpía la tarea para dar lugar al placer. Y en los momentos de odio, cuando hay que odiar al enemigo para doblegarlo, el odio al judío era visceral, un estallido, un grito sobrenatural, una conmoción intestina, el ser entero se entregaba al odio. El odio era una expresión más profunda que la aversión que despierta el enemigo, porque expresaba también la necesidad del objeto odiado, el miedo al objeto, la inevitabilidad casi mágica del odio. A un prisionero político se lo podía odiar porque estaba en el otro campo, pero también se podía intentar convencerlo, darlo vuelta, hacerle comprender que está equivocado, hacerle cambiar de bando, hacerlo trabajar para uno. ¿Pero cómo se puede cambiar a un judío? Es el odio eterno, interminable, perfecto, inevitable. Siempre inevitable.

Sin duda alguna que mi madre estaba equivocada. No son los antisemitas quienes tienen que comprender. Somos los judíos.

Estamos en la cárcel militar de Magdalena, en la provincia de Buenos Aires. Me someterán a un Consejo de Guerra presidido por un coronel del Ejército, e integrado por dos oficiales de cada una de las tres armas. Por lo tanto, antes de comparecer, debo permanecer en un penal militar.

En la hora del baño, como estamos incomunicados, nos dejan llegar hasta las duchas solamente de a uno. Pero a veces el guardia se fatiga de tanto control: abrir una celda, llevar al preso hasta la ducha, esperar hasta que se bañe, volver a llevarlo hasta la celda, cerrar la celda, abrir otra celda... Entonces el guardia pasa por la galería, abre todas las celdas, nos indica que nos quedemos aguardando desnudos junto a las puertas, y nos organicemos para ir a las duchas de a uno.

Cuando hace esto, el guardia pasa frente a un anciano judío y le hace una broma sobre su pene circunciso, su pito cortado. El judío sonríe también, y se sonroja. Pareciera pedir perdón. O por lo menos al guardia le parece eso, y le hace un gesto de que no tiene tanta importancia. El viejo me mira, vuelve a sonrojarse, y me parece que trata de explicarme.

Son dos miradas sucesivas, en el mismo instante casi. El guardia supone que le pide perdón. Yo supongo que me pide comprensión. El guardia lo perdona, yo lo comprendo.

He hablado también con presos judíos de las cárceles soviéticas. He leído sus libros de memorias, sus artículos. También ellos han comprobado que los interrogadores comunistas tienen una relación diferente con el enemigo que con el enemigo-judío. El enemigo puede ser convertido; no nació enemigo. El judío nació judío.

También en las cárceles rusas los guardianes, a veces bonachones campesinos bigotudos y barbudos, hacen alguna broma con un preso judío. El preso también siente vergüenza por ése, su carácter inexplicable, por ese lugar inexplicable que ocupa en el mundo y en la realidad.

Si se leen los largos interrogatorios a que fueron sometidos los disidentes judíos en Rusia, se distingue con precisión el momento en que el interrogatorio traspasa el límite de la esperanza. La esperanza es algo que pertenece al interrogador más que al preso. El interrogador parece sentir, siempre, que puede llegar a modificar la voluntad del interrogado. Y el interrogado percibe ese sentimiento en el interrogador. Pero en el caso del interrogatorio a los judíos, hay un momento en que se percibe que el interrogador ha perdido toda esperanza. Y ese momento coincide con el pasaje de los temas políticos generales al tema judío, a la personalidad judía, al papel que la "ideología" judía juega en el interrogado.

Al menos yo percibo esa diferencia cuando leo esos documentos sobre los presos rusos. Y he percibido con claridad cuando el pasaje se producía en el estado de ánimo de mis interrogadores. Al llegar a la temática judía, era imposible abrigar la esperanza de un acuerdo, porque los designios judíos habían nacido con él, sus objetivos en la vida son inmodificables porque están en su misma existencia, no en su convicción política.

¿Es la Argentina un país antisemita? No, ningún país lo es. ¿Pero actúan en la Argentina grupos antisemitas? Sí, como en todos los países. ¿Son violentos? Más violentos que en unos, menos violentos que en otros. ¿Y los militares? Cada vez que llega al poder un gobierno militar, desaparecen los atentados antisemitas típicos de la Argentina (bombas en sinagogas e instituciones judías), ya que un gobierno militar comienza siempre por imponer cierto orden, pero el judío como ciudadano siente que su situación se altera: los gobiernos militares no designan judíos en puestos públicos, las radios y televisoras estatales, prefieren no contratar judíos, etc., aunque siempre hay algunas designaciones de judíos que sirven como ejemplo ante cualquier posible acusación de antisemitismo.

Todo esto es historia pasada. El gobierno militar que tomó el poder en la Argentina en marzo de 1976 llegó con el más completo arsenal de ideología nazi como parte importante de su estructura. No sería posible determinar si lo era la mayoría o la minoría de las Fuerzas Armadas, pero es indudable que quien era nazi, o simplemente antisemita, no tenía ninguna necesidad de ocultar o disimular sus sentimientos, podía actuar como tal. Los servicios de seguridad podían reprimir a judíos por el hecho de serlo, maltratar a los prisioneros políticos como tales y por el hecho de ser judíos; los servicios secretos podían montar procesos, acusaciones en que envolvían a judíos por el simple hecho de serlo; los jefes de la represión podían tener presos judíos por el solo placer de tener presos judíos sin necesidad de formular ninguna acusación válida contra ellos.

Este estallido permite una nueva aproximación a la Argentina, pero no la diferencia de otros países o de episodios y hechos históricos ya conocidos: ante un estallido de violencia antisemita, confesada o disimulada, explícita o implícita, nadie ayuda a los judíos, y generalmente ni siquiera los mismos judíos se ayudan. Al menos no los del país donde ocurren las cosas. Permite comprobar una vez más—como ha ocurrido en otros países—, que ante la violencia irracional, los antisemitas encuentran aliados e indiferentes, pero rara vez opositores, en cantidad suficiente.

De las experiencias que he vivido en los últimos años en la Argentina, diría que las Fuerzas Armadas y los Sindicatos podrían verse envueltos en una actividad antisemita muy intensa si las condiciones socioeconómicas lo imponen; que los partidos políticos y la prensa se mostrarán indiferentes; que los judíos argentinos seguramente tratarán de adaptarse a las condiciones sin luchar, aceptando pasivamente la reducción de sus derechos, es decir la limitación cada vez más restringida del territorio del *ghetto;* y que seguramente sólo la Iglesia católica alzará públicamente su voz y condenará el racismo. Por supuesto, que siempre habrá algunos suicidas que acompañarán a la Iglesia en esa batalla.

Muchas veces me preguntaron si era concebible un Holocausto en la Argentina. Bueno, depende de qué se entiende por Holocausto, pero de todos modos nadie hubiera podido contestar afirmativamente esa pregunta en la Alemania de 1937, por ejemplo. Lo que se puede decir es que los últimos acontecimientos en la Argentina han demostrado que si ocurre un proceso antisemita, la discusión sobre qué es antisemitismo y qué es persecución o no llevará más tiempo que la lucha contra el antisemitismo. Lo que es difícil es pronosticar si para ese entonces será tarde o habrá todavía tiempo de salvar algo.

Si quisiéramos formular una ecuación histórica, digamos que las condiciones existen: crisis política profunda, crisis económica con una inflación del 170 por ciento anual durante varios años, impotencia de los partidos políticos para formular una respuesta mínimamente coherente, incapacidad de la comunidad judía de plantearse con crudeza su propia realidad, mentalidad totalitaria en los sectores mayoritarios de la población con una seria tendencia a las fórmulas mesiánicas. Si hasta ahora el estallido antisemita no adquirió mayores características, más extravertidas, es porque el balance de poder en las Fuerzas Armadas estuvo en permanente debate en estos años, y los moderados pesan la repercusión internacional y estiman que les resultará difícil de soportar. Pero quizás el Holocausto se produjo de algún modo, es decir que sus semillas ya fueron plantadas. Depende de lo que se considera antisemitismo. O de lo que se considera Holocausto. No hay cámaras de gas en la Argentina. Y esto deja tranquilas muchas conciencias. Pero en los años 1974–78, la violación de muchachas en las cárceles clandestinas tenía una característica especial: las judías eran violadas dos veces por cada vez que le correspondía a una muchacha no judía.

¿Todo antisemitismo tiene que terminar en jabón? Entonces no hay antisemitismo en la Argentina, y se trata de situaciones coyunturales y casuales, como pretenden los dirigentes de la comunidad judía de la Argentina. Pero ¿puede haber antisemitismo sin jabón?, entonces los dirigentes de la comunidad judía no son diferentes de los *Judenrrat* de los *ghettos* hitlerianos, y el Holocausto tuvo comienzo de ejecución.

Nadie puede predecir lo que ocurrirá con los cuatrocientos mil judíos de la Argentina en el futuro, pero todos saben que algo terrible ha ocurrido en los últimos años en función de dos hechos: ocurrió a fines de la década del 70, no en 1939; nunca había ocurrido nada igual en el mundo occidental desde el fin de la guerra mundial en 1945.

La explicación del gobierno: Los judíos son libres de desarrollar cualquier actividad en la Argentina; pueden salir y entrar en el territorio todas las veces que quieren; no existe ninguna discriminación contra ellos; los episodios de torturas especiales a detenidos judíos o de violaciones especiales a las muchachas judías son aislados, no una política del gobierno; no existen presos por ser judíos.

La explicación de los dirigentes de la comunidad judía: Todo eso es cierto, pero los episodios aislados son más de los que dice el gobierno; algunos judíos fueron arrestados sin que se formulara ninguna acusación contra ellos, ni siquiera acusaciones reservadas que no puedan ser llevadas a juicio; es mejor trabajar en silencio para rescatar todo lo que se pueda, antes que hacer escándalos que puedan irritar a los militares.

Existe una situación curiosa: los judíos argentinos están dispuestos a renunciar a muchos más derechos y respeto de lo que los militares creen; y los militares temen, mucho más de lo que los judíos creen, una autodefensa judía de carácter público. Siempre que sea de carácter público.

Muchas veces me he preguntado si los demócratas creen en la existencia del nazismo. Los lemas, ideología, creencias, mitos del nazismo resultan tan ridículos, que es imposible suponer que los nazis actúan con una racionalidad perfecta, convencidos de su lógica, y construyendo una coherencia propia que entrelaza los hechos y la ideología hasta producir resultados alucinantes.

El gobierno argentino insistió siempre en que no fui arrestado por judío. Ni por periodista. Pero nunca dijo por qué *sí* fui arrestado, los motivos del arresto. Al menos no lo dijo oficialmente, ni formuló ninguna acusación contra mí.

De modo que si yo tuviera que intentar una explicación, al margen de que la existencia de "La Opinión" se le hacía intolerable al sector duro, lo que es sólo una interpretación política, el único elemento concreto de que dispongo, objetivo, palpable, son los largos, interminables interrogatorios a los que fui sometido. A través de esos interrogatorios se puede descubrir qué buscaban y por lo tanto, los motivos del arresto.

Cualquier interrogador totalitario —nazi o comunista— tiene una concepción definitiva sobre el mundo en que vive, sobre la realidad. Cualquier hecho que no conforme esa concepción es suficientemente violentado para que se ajuste en el esquema. Violentado o explicado, juzgado o reconstruido. Quizás por eso, quienes manejan una visión fluida, pluralista de la realidad, pueden creer imposibles algunas de las convicciones que a los totalitarios les resultan naturales y convincentes. Suena ridículo cuando uno lo lee, pero tiene un aspecto mucho más terrible cuando forma parte de un interrogatorio realizado con la ayuda de expertos torturadores.

Suena ridículo leer que quienes me interrogaban deseaban conocer detalles de la entrevista que suponían había mantenido Menajem Begin con la guerrilla izquierdista-peronista Montoneros en Buenos Aires en el año 1976. No resulta igualmente ridículo cuando se es sometido a tortura para contestar esa pregunta. Para cualquiera que conozca algo de Begin, esa entrevista suena irreal. Pero resulta coherente para quien piensa que existe una conspiración judía internacional que utiliza cualquier medio para apoderarse del mundo. La pregunta obedecía, así, a una lógica perfecta:

1) en varios allanamientos realizados por las fuerzas de seguridad en domicilios de Montoneros, se habían encontrado ejemplares del libro de Begin *Rebelión en Tierra Santa* editado en español. Muchos de los párrafos en que Begin describe las actividades terroristas contra los británicos aparecían subrayadas;

2) un manual de instrucción guerrillera encontrado en Buenos Aires aconsejaba la lectura del libro de Begin como fuente de conocimientos para operaciones terroristas;

3) Begin estuvo en Buenos Aires;

4) la entrevista había existido. ¿Dónde?

¿Cómo contestar esa pregunta?

Hace ya varios años que los ideólogos nazis de la Argentina sostienen que existe un plan judío para apoderarse de la zona sur del país, la Patagonia, y crear la República de Andinia. Han aparecido libros y folletos sobre el tema, y es muy difícil convencer a un nazi de que ese plan es, si no absurdo, al menos irrealizable. Por supuesto, deseaban conocer más detalles de los que ya tenían sobre el tema.

Pregunta: Quisiéramos conocer algunos detalles más sobre el Plan Andinia. ¿Cuántas tropas estaría dispuesto el Estado de Israel a enviar?

Respuesta: ¿Pero realmente puede creer en ese plan, en su existencia? ¿Cómo supone que cuatrocientos mil judíos de la Argentina pueden apoderarse de casi un millón de kilómetros cuadrados en el sur del país? ¿Qué harían con eso? ¿Con quiénes lo poblarían? ¿Cómo harían para superar a los veinticinco millones de argentinos, a las Fuerzas Armadas?

Pregunta: Pero Timerman, precisamente eso es lo que le pregunto. Mire, contésteme a lo siguiente. Usted es sionista, pero no fue a Israel. ¿Por qué?

Respuesta: Bueno, es una larga cadena de circunstancias, todas personales, familiares. Situaciones que se fueron creando, encadenando unas a otras, que me hicieron postergar una y otra vez...

Pregunta: Vamos, Timerman, usted es una persona inteligente. Trate de contestar algo mejor. Permítame hacerle una explicación para que podamos entrar en materia. Israel tiene un territorio muy pequeño, y todos los judíos del mundo no caben ahí. Además, está aislada en medio de un mundo árabe. Necesita dinero de todo el mundo y apoyo político en todo el mundo. Por ello ha creado tres centros de poder en el exterior.

Respuesta: ¿Me va a recitar los Protocolos de los Sabios de Zion?

Pregunta: Hasta ahora nadie ha demostrado que no son verdaderos. Pero déjeme continuar. Firmes en esos tres centros de poder, Israel nada tiene que temer. Uno es Estados Unidos, donde el poder judío es evidente. Esto significa dinero y el control político de los países capitalistas. También en el Kremlin tienen una influencia importante.

Respuesta: Creo que más bien lo contrario.

Pregunta: No me interrumpa. El enfrentamiento es todo simulado. El Kremlin sigue dominado por los mismos sectores que hicieron la revolución bolchevique, y en la cual los judíos jugaron el papel principal. Esto significa el control político de los países comunistas. Y el tercer lugar es la Argentina, especialmente el sur, que, bien desarrollado por los judíos con inmigrantes de diversos países de América latina, puede ser un emporio económico, una canasta de alimentos y petróleo, y el camino hacia la Antártida.

Cada sesión duraba doce a catorce horas; los interrogatorios comenzaban inesperadamente, y siempre versaban sobre temas de estas características. Eran preguntas de respuesta imposible, y dentro de mi fatiga y agotamiento, yo a mi vez trataba de que nos embarcáramos en discusiones ideológicas para evitar el trauma de las preguntas directas y las respuestas imposibles.

¿Por qué un director de diario que hizo toda su carrera como periodista político en la Argentina se confesaba abiertamente sionista? Resultaba sospechoso. Todo en mí resultaba sospechoso.

¿Por qué cuando comenzaron a circular versiones de mi posible arresto no me fui del país? Había algo sospechoso. Seguramente me habían dejado atrás para alguna misión.

¿Por qué como periodista político había frecuentado tanto a los militares? Les resultaba sospechoso un hecho natural en un país donde la política se hace fundamentalmente desde los cuarteles.

¿A cuál rama de la conspiración judía pertenecía, a la israelí, la rusa o la norteamericana? Esto era un verdadero dilema ya que había nacido en Rusia, viajaba a Israel y era muy amigo de la Embajada de Estados Unidos.

A toda costa necesitaban que me declarara marxista. Esto llevó muchas horas de interrogatorios y malos tratos, y no podía lograr hacerles entender que había una evidente contradicción entre ser sionista y marxista, tal como ellos entendían el marxismo. Aceptaron finalmente que declarara que era sionista pero que el marxismo me servía como instrumento dialéctico para comprender las contradicciones de la sociedad.

Creo que en los altos niveles del Ejército finalmente admitieron la idea de que marxismo y sionismo eran antinómicos, pero aún no podían entender qué era el sionismo. Cada vez que tocaban el tema, no sabían bien cómo enfocarlo, y les parecía que podía ser uno de los problemas urgentes a resolver una vez concluida la batalla contra la subversión.

Creo que finalmente decidieron archivar el tema apremiados por problemas más urgentes de equilibrio de poder, crisis económica, inflación, y además porque suponen que a través de la incorporación de la enseñanza católica obligatoria, incluso para los judíos, muchas ideologías exóticas como el sionismo quedarán superadas en el marco de la enseñanza escolar.

Pero en aquellos momentos de mi arresto, en 1977, el tema del sionismo los obsesionaba. A veces, fuera del marco del interrogatorio formal, conversaban conmigo a través de la reja de la celda sobre los antecedentes del sionismo, Israel, tratando de acumular datos y tomando notas. Les aconsejé dirigirse a la Agencia Judía para obtener más información de la que yo podía suministrarles de memoria y en las condiciones físicas en que me hallaba. Pero me dijeron que podía resultar muy comprometedor para ellos. Yo pensaba que había hecho una broma, pero el tema era demasiado serio en su opinión, y los tenía realmente obsesionados.

En una oportunidad fui sorpresivamente llevado a la presencia del ministro del Interior. Ese día Patricia Derian, subsecretaria de Estado en Washington para asuntos humanitarios y colaboradora del presidente Carter, había tenido una entrevista con el presidente Videla y mi tema fue presentado por la funcionaria norteamericana con cierta violencia. Preocupado, el ministro del Interior quería ver por sus propios ojos cuál era mi estado de salud. Por cierto que nos conocíamos desde hacía varios años. La conversación fue larga, pero nada trascendente. Un solo punto resulta revelador. Le señalé que me habían informado que sería sometido a un Consejo de Guerra, pero que no me habían dicho los motivos, los cargos. Quería saber si la información era cierta. Me contestó que efectivamente sería sometido al Consejo de Guerra, pero que no debía preocuparme ya que no era un subversivo, y el Consejo de Guerra no me condenaría. ¿Entonces por qué estaba preso?

Ministro: Usted reconoció que era sionista, y esto fue informado en reunión de todos los generales.

Timerman: Pero no está prohibido ser sionista.

Ministro: No, no está prohibido, pero tampoco es una cosa muy clara. Además, usted lo reconoció. Y los generales están en el tema.

Me preocupó seriamente que a tal nivel existiera esa idea, y le hice llegar la noticia al presidente de la comunidad judía. Ya lo sabía, porque el ministro se lo había dicho personalmente. El ministro le había señalado que los sionistas se llevaban de la Argentina "la sangre y el dinero" a Israel. Nunca pude convencer a este dirigente de que abriera públicamente el debate sobre el tema, que hiciera participar a toda la colectividad públicamente, que trajera dirigentes dispuestos a discutir abiertamente con los militares.

Me contestó que la tarea a nivel personal era preferible: aceptaba que los límites del *ghetto* se redujeran un poco más.

En las cárceles clandestinas, me colocaban casi siempre en una celda cerca de la sala de torturas. Esto era especialmente doloroso aun cuando ya habían dejado de torturarme. Una vez escuché los alaridos de una mujer a la que torturaban por judía, y ella insistía en que era católica y su apellido, alemán.

Mucho tiempo después, recordando ese episodio, comprendí que al menos esa mujer tenía una última línea de defensa: podía argumentar que no era judía, ¿pero qué hubiera podido hacer una muchacha judía en su lugar?

El tema judío dominó todos los interrogatorios, todo mi período de cárcel. Y si bien el gobierno, sus funcionarios, los militares, en mil y una ocasiones, intentaron las más disímiles explicaciones de los motivos de mi arresto, sin formular nunca una acusación concreta, la magnitud del odio irracional que había en esas explicaciones, sin relación alguna con las palabras utilizadas, no podían engañar a un judío: olía a un profundo antisemitismo, y la magnitud de odio se acrecentaba ante la imposibilidad que tenían de expresar ese odio abiertamente y en los términos en que realmente lo sentían.

Tuve tiempo de meditar sobre todo este trasfondo de la realidad judía. Pero no porque me preocupara el antisemitismo, sino porque era evidente que el judaísmo argentino así como el mundial no parecían capaces de responder a una agresión de este nivel en el mismo momento en que la agresión se producía, con la misma rapidez con que el judaísmo era atacado. Mi hijo menor estaba precisamente estudiando el tema del antisemitismo en la Universidad Hebrea de Jerusalem, y le escribí, ya cuando estaba en arresto domiciliario, que creía que ningún sociólogo, político o filósofo podría determinar cuándo el antisemitismo desaparecería de la tierra; le dije que nuestra tarea no era convencer a los antisemitas ni exterminarlos, sino evitar que los antisemitas nos destruyeran.

Por ello, cuando comprobé que los dirigentes judíos de la Argentina no enfocarían el tema en su verdadera dimensión, y comencé a conocer los detalles de toda la pasividad judía, durante mucho tiempo sentí un gran asombro. Estaba como pasmado, sin poder entenderlo, y tratando de descubrir alguna clave que se me hubiera escapado. Luego comencé lentamente a envenenarme de odio, de deseos de venganza. Decía que olvidaría a mis torturadores, pero nunca a los dirigentes judíos que aceptaban pacíficamente a los torturadores de judíos. En una visita que me hizo en Buenos Aires durante mi arresto domiciliario el líder israelí Yigal Allon, le dije que las torturas, los shocks eléctricos en los genitales no me habían humillado, pero sí sentía una profunda humillación ante la silenciosa complicidad de los dirigentes judíos. Solía decir que mi cárcel y torturas fueron una tragedia, pero nada más que eso, ya que habiendo ejercido el periodismo que ejercí, la posibilidad de mi arresto o asesinato encuadraba dentro de las reglas de juego. Pero que el pánico de los dirigentes judíos de la Argentina constituía una pesadilla dentro de la tragedia. Y esa pesadilla era la que me angustiaba y desvelaba.

Claro que aún queda la afirmación típica que escuché tantas veces: aun siendo no-judío, me hubieran asesinado a causa del tipo de periodismo que hacía. Quizás. Después de todo Hitler enviaba a los campos de concentración a homosexuales, gitanos, comunistas, judíos, etc. Pero a los judíos los enviaba como judíos. Algo similar ocurrió y ocurre con los Gulags rusos, y basta para ello leer los interrogatorios a que son sometidos los disidentes judíos en la Unión Soviética.

Entonces, ¿qué hacer? Creo que algo quedó demostrado: todo lo que ocurrió puede volver a ocurrir. Y en el caso de la Argentina, la memoria histórica de los judíos funcionó tardíamente, lentamente, y quizás sólo porque hubo el caso de un judío que era conocido internacionalmente. ¿Pero qué hacer con los que aún continúan presos, sin acusación, sin juicio, soportando las amables bromas antisemitas o las furias antisemitas, dependiendo todo del guardián que les toque ese día?

Creo que es mejor no elaborar mucho y volver a las más simples verdades. Nunca pude demostrar a mis interrogadores que Zbigniev Breszinsky no era judío ni jefe de la conspiración judía en América latina, que Sol Linowitz no era su segundo en el mando y yo su representante en la Argentina. Hay cosas indemostrables. Y algo indemostrable, se me ocurre, es probar el derecho de los judíos a existir. Simplemente, lo único que se puede hacer es luchar uno mismo por su derecho a la existencia. En circunstancias determinadas, los grupos antisemitas toman el poder en un país. O ejercen parte del poder. Puede ser que por mucho tiempo o poco tiempo. La Argentina está en esa etapa, y existen todas las condiciones para que sea una etapa larga. Eso es seguro. El otro hecho seguro es que la comunidad judía de la Argentina no se va a defender. Y, finalmente, otro hecho indudable: la comunidad internacional puede intervenir a través de innumerables mecanismos para que todo esto se sepa, especialmente en la Argentina. Sólo el conocimiento público puede cambiar, aunque sea en algo, el curso de estos acontecimientos. Esta cuesta abajo en la marcha de la historia.

Para fortalecer el espíritu judío, muchas veces se recurre a las advertencias sobre el signo trágico que ha acompañado su existencia. Sin embargo, he podido descubrir que lo único que fortalece el espíritu judío es la comprensión y la sensación de la identidad. Ser es más importante que recordar. Creo que el recuerdo de las tragedias judías, que la comunidad judía de la Argentina realiza escrupulosamente en todos los aniversarios, no le ha sido útil para superar la parálisis y el pánico que la envuelven hoy. Los que han podido hacerlo en los últimos difíciles años se basaron y basan en una clara noción de su identidad judía. Y sólo el sionismo puede dar a esta identidad una movilidad, una dinámica política. En diferentes ocasiones desde mi libertad, e incluso durante los interrogatorios, se me ha preguntado cómo me hubieran tratado los terroristas de izquierda —trotskistas o peronistas— de haber tomado el poder. No tengo ninguna duda al respecto: me hubieran fusilado contra el paredón después de un juicio sumario. La acusación: sionista contrarrevolucionario.

Como en tantas otras cosas, también en este tema se complementan, necesitan y concuerdan, los fascismos de izquierda y de derecha.

Hernán Valdés, Chile

Con su novela *Tejas Verdes*, publicada en 1974, Hernán Valdés presentó sus vivencias como prisionero de un campo de concentración en Chile durante febrero y marzo de 1974. La publicó en España ese mismo año y con eso estableció un nuevo movimiento literario que le puso fin a la ilusión realista en la literatura chilena. Durante los años 1970 a 1973, antes de ser detenido, Valdés trabajó como secretario de redacción de la revista *Cuadernos de la Realidad Nacional* de la Universidad Católica.

Aunque participó en el proyecto de la Unidad Popular, Valdés nunca fue parte de ningún partido político, lo cual aparece en su narrativa y lo destaca entre autores que sufren detenimiento por sus ideologías políticas. Se ha desempeñado en la poesía y la novela y vive actualmente en Alemania. Su obra ha sido traducida a varios idiomas. Todavía es activo en varias organizaciones de ayuda social.

Obras

Zoom (1971)
Tejas Verdes (1974)
A partir del fin (1981)
La historia subyacente (1984)
Cuerpos crecientes (1996)

Tejas Verdes (fragmento)

13 DE FEBRERO, MIÉRCOLES

La cacería debe haber concluido. Trajeron a alguien más —alguien que so-
llozó un instante— y luego él o los guardas aparentemente nos han dejado
solos. Ninguno de nosotros ha intentado hablar, quizá porque es difícil saber
qué distancia nos separa, y luego porque no sabemos quiénes somos ni qué
circunstancias comunes nos han reunido. Por primera vez, me atrevo a hacer
algún movimiento, a reconocer mis músculos. Palpo los bordes de la silla,
restriego mi espalda contra ella para desentumecerme, desplazo la cabeza en
diversos sentidos. Entonces se revela la noción del dolor acumulado por esta
postura. Es en la espalda, en la columna, donde se concentra un gran cansancio doloroso, una sensación de que mi cabeza es un objeto demasiado pesado
para ella. La silla tiene la dureza y la forma de algunas en uso en los liceos
fiscales. Descubro recién que la silla está adosada a un muro, y con los codos
llego a palpar algo semejante a una cañería. Descubro también que puedo
desplazar las amarras de los pies y hacer descansar éstos en un travesaño.

Mi conducta durante el allanamiento me parece de pronto ridícula. Sin considerar las armas, los tipos no tenían el menor aspecto de policías, muchos de
ellos estaban simplemente en camisa. ¿Por qué no les exigí sus credenciales y
una orden escrita, como ha sido advertido por la propia Junta militar, a consecuencia de los asaltos y robos cometidos con el pretexto de estas pesquisas? —
En la mayoría de los casos, por los propios policías o militares, en sus horas
"libres".— Si no hice eso, ¿por qué no les advertí de las consecuencias de violar
el domicilio de un diplomático, es decir, de Eva, que al fin y al cabo todavía no se
ha mudado de allí? Lo cierto es que no tuve ninguna oportunidad de hablar, de
enfrentarlos, cuando abrí la puerta. ¿Y si me hubiera puesto firme, pese a la
metralleta en la garganta? Seguramente todo eso habría sido inútil, dada la
impunidad con que han sido violados recintos que se consideraban intocables.
Aun así, mi conducta me disgusta. Sólo la fragilidad de la condición de ciudadano en las circunstancias actuales y la debilidad de mi situación emocional
pueden explicar mi absoluto anonadamiento. Por un lado, estoy cesante hace
más de cuatro meses, como consecuencia del asalto y posterior clausura del
Instituto X (rechacé violentamente un cargo oscuro y subalterno, en otra dependencia, concedido por las nuevas autoridades de la Universidad, desig-
nadas por los militares, los intelectuales democristianos, que de ese modo

humillante aparentaban "proteger" a la gente de izquierda). Luego está el asunto de las actividades de Eva. Desde el día del golpe trabaja como secretaria en la embajada de K. y ha tenido que ver con las más importantes acciones de asilo, de rescate de prisioneros, de protección de perseguidos, y... algo sobre lo cual ni siquiera me atrevo a imaginar que haya sospechas: sus recientes viajes a un país vecino llevando y trayendo información política en microfilms, enrollados en el interior de tampones que teñía de rojo y que, riéndose jactanciosamente frente a mí, introducía en su vagina (truco que por lo demás había inventado para guardar su dinero en una travesía por Tunisia y que tenía la ventaja, aun en la intimidad, de defraudar a los ladrones. Después de los primeros días de estricta prudencia, nos descuidamos. El coche diplomático quedaba aparcado en la puerta misma de la casa. Recibíamos gente que buscaba la protección de alguna embajada, periodistas extranjeros que buscaban lo que a nosotros mismos nos hacía falta, una explicación. Y por último, estaba el asunto de mis artículos, que ahora quizás están leyendo, y las llamadas telefónicas, la correspondencia, nunca del todo discretas y, sobre todo, la conciencia culpable de odiarlos, de verlos pasar con un odio silencioso, de convivir entre ellos y entre sus multitudes, que muestran, radiantes, sus hocicos liberados del "yugo marxista."

De modo que estaba bien condicionado, emocionalmente, para someterme a la agresión, al rol de víctima. ¿No se hallaba en esa misma situación, por lo demás, la mayor parte de la población partidaria de la UP, desde el momento en que buen número de sus dirigentes, amedrentados por el fantasma del golpe, en vez de denunciar su inminencia y afrontarlo con el apoyo del pueblo, comenzaron a ceder, a transar políticamente con el enemigo, como si así hubieran podido disuadirlo, hasta el extremo de enmudecer completamente cuando se produjo? Como si cincuenta o más años de conducción de luchas populares no hubieran servido sino para hacerlos desembocar en esa impotencia, en esa fatalidad. Sin información previa de los dirigentes, sin explicaciones posteriores, como cada cual, a la desbandada, me sentía ya una víctima indirecta. Sin embargo, nunca había pensado seriamente que alguien pudiera ocuparse de mí, ya que mi actuación política fue mínima. Quizás, en el fondo, no se han ocupado de *mí*, sino, a raíz de alguna denuncia, de *mí* aspecto o de *mí* conducta, no muy normales en ese barrio donde está la sede de la Junta, plagado ahora de fuerzas policiales y habitado por gentes que se conocen y se vigilan. Con Eva habíamos esperado un allanamiento en los días posteriores al golpe. Eso era algo que ocurría corrientemente en el barrio, que hasta entonces

habitaban intelectuales de izquierda, artistas, hippies que fumaban mari-
huana. Así que habíamos quemado en la chimenea kilos de libros y papeles,
todo lo más comprometedor. En esos días de primavera, ya bastante calurosos,
las chimeneas funcionaban día y noche, el cielo estaba denso de cenizas y *smog*.
Tensamente lo esperamos el día en que los militares hicieron una especie de
pogrom en ese sector de la ciudad, que fue cercado al amanecer por las tropas y
registrado casa por casa en busca de armas y "extremistas," sin que nadie
pudiera salir de la suya durante veinticuatro horas. ¿Por qué no llegaron a la
nuestra? O negligencia o falta de tiempo. Luego, en la medida en que la ciudad
se "normalizaba", fuimos dejando de tomar precauciones. Muchos pensamos
que habíamos salido indemnes, que si teníamos que irnos era porque no
teníamos cómo ganarnos la vida ni con quiénes convivir; que la persecución,
las redadas, la tortura y el exterminio continuaban, pero de un modo selectivo,
muy selectivo. Pensábamos que no éramos gente de peligro —y en realidad
directamente no lo éramos— y poco a poco volvimos a desocultar nuestros
libros, volvimos a hablar sin muchas inhibiciones por teléfono, a reunirnos y a
intentar lo que podíamos para denunciar los crímenes y el carácter cada vez
más orgánicamente fascista del régimen.

Mi estado de ánimo era vulnerable. En las últimas semanas no sólo se había
extinguido —con toda la conflictividad que implica aquí el uso de esa palabra—
el último resto de mi cariño por Eva, sino que además estaba resentido con ella,
por esa conducción casi consciente del proceso de deterioro de nuestras relaciones. Lo estoy ahora, y posiblemente con mayor razón; como si el fracaso en
cambiar nuestra sociedad se hubiera correspondido perfectamente, sincróni-
camente, con el nuestro. La breve historia con Sara no condujo a nada, y
porque *no podía* conducir a nada, me produjo una depresión peor que la que
quise evitar al acercarme a ella. Estaba solo, todos los vínculos sentimentales
estaban rotos, todo trabajo normal imposibilitado; salía y regresaba decenas de
veces únicamente para constatar el deterioro de ese hermoso lugar que había
sido nuestra casa, para ver si Eva se había llevado algo más, para ver si habría
llegado alguna carta, para esperar que alguien, algún sobreviviente, llamara
por teléfono. Tenía muy poco que defender cuando llegaron.

No es que piense en todo esto; soy incapaz de reflexionar. Son visiones y
sensaciones velocísimas que pasan por mí y se desvanecen, avasalladas por las
siguientes. Soy incapaz de detener alguna, de pensar en ella. Todo intento de
orden y de análisis de los actos que han formado mi vida en los últimos meses

cede ante la fuerza de una sola obsesión: por qué me han detenido, qué quieren de mí.

El frío ha comenzado a producirme una sensación de enfermedad, de fiebre y desamparo físico. El culo me duele atrozmente. No hay una sola posición, cargando el peso hacia adelante o hacia atrás, con una asentadera o con la otra, que no haya ensayado; siento toda esa región glútea tumefacta, saturada de sufrimiento, y si por unos segundos logro levantarla algún centímetro, apoyándome con los bordes de las palmas sobre el borde de la silla, esto, más que proporcionarme alivio, recrudece la sensibilidad. Y luego está la sensación de peso en los hombros, de hundimiento de la espalda por una carga indefinible. El ruido del agua acrecienta los efectos del frío y de la humedad. Sin embargo, los otros roncan todavía. ¿Hay alguno que permanezca despierto como yo, que ni siquiera he intentado abandonarme a algún tipo de descanso? Nunca he podido dormir sino en condiciones óptimas: silencio total, fin de toda actividad vecina. En cualquier viaje estoy condenado al insomnio. Mi conciencia desconfía de cualquier movimiento.

Pueden ser las dos o las cuatro de la madrugada. Curiosamente, en ningún momento he sentido hambre, ni siquiera he advertido la falta de comida. Sólo una vez, hace una media hora, reapareció un guarda, para dejarnos nuevamente solos. Mis tentativas de movimientos, sobre todo para defenderme del frío y el cansancio, adquieren cada vez mayor libertad. De pronto descubro que, refregándome la cara contra el hombro, puedo desplazar el antifaz hacia arriba y, si lo deseo, volverlo a su sitio. O las amarras se han aflojado o mis orejas ofrecen menos resistencia. Con muchas precauciones, primero observo el piso, mis pies. Es extraño ver mis pies desnudos, después de tantas horas, como cortados, en una franja de luz. Parecen muy pálidos, mortuorios. El piso es de cemento. Me aventuro progresivamente. Enfrente mío hay dos peldaños de concreto y, efectivamente, el comienzo de una puerta de hierro. En el suelo, a mi lado derecho, no hay nada, no están los pies de quien podría ser un guarda. Pero a la izquierda, en dos hileras hacia el fondo, están los pies de los demás. Me cuesta ver los de mi propia hilera, pero trato de contarlos. La luz es mortecina y sólo estoy mirando entre los párpados. Alcanzo a contar al menos dieciséis pies. Viejos zapatos de trabajadores, ningún modelo especial, algunas botas. Sólo mi vecino de la izquierda —nos separan no más de 50 centímetros— lleva unos zapatos de reno, de caña. ¿Cómo no había advertido su presencia tan próxima? Un poco más arriba el antifaz y mi visión es casi completa:

mis compañeros aparecen de cuerpo entero, el recinto muestra su miserable secreto. Lo que más me impresiona es la naturaleza de los antifaces: son pedazos de una materia plástica esponjosa, de medio centímetro de espesor, de color blanco brillante, cortados irregularmente y que cubren generalmente las caras entre la nariz, la frente y las orejas, ceñidos mediante cordeles de diversas clases. Es la pobreza, la precariedad de este recurso lo que me llama la atención, lo que me recuerda el carácter también subdesarrollado de nuestro fascismo, y, luego, un juego de niños, en que echábamos mano de cualquier cosa para vendarnos y luego buscarnos en difíciles escondites. Pero el aspecto de mis compañeros me recuerda en realidad otra cosa: es la visión de alguna fotografía impresa con manchas de tinta en algún mal papel de algún viejo periódico popular. Mis compañeros parecen un grupo de fusilados. Sólo les falta el disco con el corazón. Cabellos revueltos, a veces entierrados, ropas arrugadas, camisas salidas de los pantalones, cabezas caídas. Posiblemente es la luz, amarilla, distante, la que induce aún más esta impresión. Los que duermen —los mismos que roncan, tal vez— han inclinado las cabezas sobre un reborde del muro y bajo el antifaz sólo muestran las bocas abiertas. Ningún color sanguíneo anima las pieles —lo que puede verse—, las manos atadas, las barbillas. Al fondo hay una puerta, posiblemente de fierro, clausurada, del ancho del calabozo. Hay alguien acostado en el suelo, contra ella. Es la única persona que se halla en esta situación. Todos los demás están atados a sillas semejantes a la mía. Sobre los muros, de color incierto, corren diversos tipos de cañerías descubiertas, en diversos sentidos. No alcanzo a ver sino la mitad del cuerpo del que está sentado a mi izquierda, sus pantalones blancos. Las ropas de los demás tienen aspecto de viejo, ese colorido indefinido entre el gris y el marrón de la ropa popular. ¿Quiénes son? ¿Por qué están aquí? Sigo pensando que nos hallamos en una celda del cuartel de investigaciones y se me ocurre que algunos de ellos podrían ser delincuentes comunes. ¿Por qué no? No sería la primera vez que la policía crea este tipo de promiscuidad. El primero de la fila de enfrente es un viejo, bien podría ser un negociante del mercado persa. Mi visión es muy rápida, temo ser sorprendido en cualquier momento, y vuelvo la cabeza hacia el lado de donde proviene el ruido del agua, a mi derecha. Hay una grada para subir al urinario, que sólo está oculto en parte por una plancha de metal. Es visible un pequeño lavamanos y el piso mojado. Insisto aún en mirar la cara de mi vecino, para saber si se puede establecer alguna comunicación, pero comprendo que un desplazamiento mayor del antifaz puede producir la imposibilidad de volverlo a su sitio con la sola ayuda de los hombros.

Me someto otra vez a la ceguera. La visión de mis compañeros —quienes sean— me ha permitido una mínima ruptura del temor individual, de la soledad individual ante el destino próximo. Percibo ahora la existencia de una suerte común —por distintas que sean sus motivaciones— en manos de un opresor común. Pero, como ellos, no me atrevo a romper el silencio, a interrogarlos sobre esta suerte. Parece existir aquí una prohibición sobreentendida en este sentido. Sería fundamental saber qué motivos nos reúnen aquí, cuál puede ser el desarrollo de esta situación, que ni siquiera ha sido explicada como la espera de algo. Es una situación en sí. Hay en alguna parte una racionalidad que la ha determinado y cuyos designios, como los de Dios, son inescrutables.

La noche no avanza, pero sí el frío, el cansancio y el dolor. Y la incertidumbre. A veces he dejado caer la cabeza sobre el pecho, como buscando el curso de una oculta somnolencia, pero las imágenes, las interrogantes, los estremecimientos me traen una y otra vez a la superficie. La extraña vida con Eva desde que dejó su país y vino a vivir conmigo en esa casa. Después de las refacciones, las pinturas, las decoraciones, el progresivo descubrimiento de nuestra equivocación. Una equivocación cuyo desenlace ya habíamos decidido días antes del golpe, y que éste no vino sino a postergar, bajo una falsa apariencia, siempre cumpliendo esa justa e inadvertida coincidencia del fracaso privado con el social. El odio al enemigo común nos hizo olvidar nuestras querellas y durante dos o tres meses incluso nos dejamos engañar por una cierta ternura de seres políticamente vencidos. Pero luego el caos político llegó hasta la última intimidad de las personas. La extrañeza de vivir juntos, cuando todo ya estaba destruido, de pronto nos hizo sentir repulsión por todos aquellos elementos de cada cual que una vez nos habían atraído al punto de llevarnos a vencer todos los obstáculos geográficos que nos separaban. Observo de pronto que estoy pensando en Eva utilitariamente: si no le hubiera pedido que se fuera, si hubiera estado en casa, conmigo, tal vez no se habrían atrevido a actuar de ese modo, tal vez no me habrían detenido... Como sea, se impone una tendencia a atribuir lo sucedido a mi mala suerte. ¿Por qué tenía que estar en casa justamente cuando llegaron? Media hora antes o después el resultado habría sido diferente. O no habría llegado todavía, o ya habría salido. Entonces habrían tenido que forzar la puerta y esta advertencia me habría bastado para ocultarme. ¿O es que alguien dio aviso a la policía justamente cuando supo que yo estaba en casa? ¿Quién? Alguien tiene que haberme estado observando desde hace algún tiempo. Para cualquier vecino mi vida tiene que haberse prestado a mil sospechas. Salía a las 11 de la mañana, volvía a cualquier hora, Eva llegaba o no llegaba, con su singular coche diplomático, yo escribía solitariamente a máquina durante toda la tarde, a veces llegaban media docena de amigos, de aspectos muy poco convencionales, a comer. Los vecinos ¿no escuchaban nuestras conversaciones, a veces bastante apasionadas? Y el domingo último, cuando Sara tardaba más de una hora en llegar, desesperado de no escuchar sus pasos en la escalera ¿no bajé a esperarla a la calle, paseándome, espiando su aparición, como un imbécil? Todo esto, tantos otros detalles de una vida "anormal" ¿no habrán parecido a alguien indicios suficientes de alguna actividad conspirativa?

Hay algunas señales de que amanece. El frío, que se ha intensificado. El gusto usado del cuerpo, en el paladar. Tiemblo, sin poder dominarme. El frío y la angustia van bien, sus efectos se complementan: la sensibilidad de la piel se degrada hasta el punto de no reconocer otras referencias que frío-calor, y la personalidad se disgrega bajo la urgencia de una sola aspiración: ser uno mismo consistiría solamente en librarse del temor, en dormir en paz. Comienzan a llegar algunos rumores de lo que debe ser, allá lejos, la superficie de la tierra: explosión del motor de un vehículo que se pone en marcha, silbido de una sirena. Nuevamente, uno comienza a estar alerta, lo percibo en la respiración, en los movimientos de los demás. La posibilidad de una definición de nuestra suerte vuelve a plantearse. Los ronquidos cesan, poco a poco. Alguno se despierta y se lamenta de descubrirse aquí. Ahora se oyen ecos de una conversación en el exterior y pasos que se aproximan. La puerta se abre, alguien entra y se para enfrente mío. Levanto la cabeza hacia él, instintivamente.

—¡Estás mirando, vos!

Al mismo tiempo que dice eso recibo un golpe en la cabeza. Ha sido dado por un instrumento aparentemente formado por un mazo de tablillas, como un metro plegado. La cabeza me queda zumbando. La voz se dirige a los otros.

—Y... ¿durmieron bien, pelotudos? ¿Tienen alguna queja?

Es inequívocamente la voz de un argentino o de un uruguayo, muy joven. Hay algunos vagos murmullos. Se renuevan, respetuosamente, las peticiones de orinar y tomar agua.

—La gran puta. ¿Me han tomado por una enfermera, che?

—Señor —es alguien que debe tener alguna experiencia policial— mientras dormía se me han desatado las amarras de una mano.

—Vos sos un vivo, che.

Se oye el golpe del mismo instrumento contra su cabeza, luego el frisamiento de las amarras. Sólo después de un buen tiempo el tipo se da la pena de desatar a los más necesitados y de conducirlos, uno a uno, al urinario. Son largas meadas, vigorosas, que llegan a romper la monotonía del ruido del chorro del agua. Pero también defecaciones expulsadas con vigorosos vientos, cuyos olores pútridos se expanden por todo el recinto. El tipo los putea. Algunos se excusan, muy humildemente. Por último examina las ataduras de mis manos y pies y se marcha. Se han hecho más intensos los ruidos lejanos, de pasos, de vehículos, de bocinazos. Tengo un gusto viciado en la boca, gusto de orín, de secreciones bronquiales, de residuos químicos acumulados por la fatiga. Una voz gruesa riñe afuera:

—¡Conchas de su madre! ¡Por qué nadie hace guardia! ¡Cualquier día nos van a volar el culo con dinamita! ¡A ustedes, huevones, les va a tocar guardia doble!

Agitados pasos resuenan sobre nuestras cabezas, algunas puertas se cierran violentamente. Hay órdenes que se retransmiten, y entre todo ello se intercala, incoherentemente, la música de una radio. Alguien abre nuestra puerta otra vez, examina nuestros antifaces y nuestras amarras, se marcha. Luego entran y salen otros, intermitentemente.

Sin duda, va a haber un interrogatorio. Por lo que he oído decir, los interrogatorios se efectúan en las mañanas. No tengo claro cuál será mi conducta en el caso de que hayan encontrado copias de mis artículos, por mucho que he tratado de buscar alguna justificación convincente durante toda la noche. Las posibilidades son: o confesar que soy su autor, o atribuir su redacción a alguien que está a salvo, fuera del país. En el primer caso la tortura, o al menos una fuerte paliza, me parecen inevitables; en el segundo, no logro dar con el nombre de nadie cuya paternidad intelectual pueda parecer verosímil. El artículo principal hace alusión a situaciones que acaban de producirse y no podriá haber sido escrito por un extranjero ni por alguien que haya quitado el país hace más de cinco días. No puede haber sido escrito por alguien asilado en las embajadas, pues en parte se refiere a la vida cotidiana en la ciudad, simultánea a la represión, hace alusiones a encuestas en los mercados, en las poblaciones. Decir que desconozco a su autor, que me llegó por correo o algo semejante, son recursos que sólo extremarían la desconfianza y la compulsión para arrancarme la verdad. El tiempo pasa y sólo imagino explicaciones desatinadas complicadísimas. Declarar, por ejemplo, que su autor es un periodista norteamericano que partió hace tres días, que tan sólo lo traduje. ¿Lo traduje para qué? Es tan grave como declararse su autor. Declarar que fue escrito por Eva, inmune por su condición diplomática, a quien no podrían interrogar, sería asumir de todos modos alguna complicidad y lo mismo sería castigado, tendría que asumir el castigo que no podrían aplicarle a ella. No veo ninguna solución. Estoy muy fatigado, el miedo vuelve a dominarme, mi cabeza funciona muy mal. De pronto, me parece que lo mejor será afrontar mi responsabilidad. Habrán de golpearme, casi con seguridad, y después me procesarán ante un consejo de guerra por traición a la patria o alguna imbecilidad semejante, y entre tanto se habrán movido Eva y los amigos, se habrá hecho algún pequeño escándalo internacional, y la condena no será muy severa o consistirá en el destierro, tan deseable. Además, mi condición de escritor y mi falta de antecedentes políticos pueden serme favorables. No veo otra solución, no se me ocurre nada mejor, experimento ahora un cierto descanso. En cuanto a las otras cosas que les han parecido sospechosas, me tienen sin cuidado, son tan fáciles de explicar. Lo de las farras con Miguel Enríquez me parece una tontera en la que no querrán insistir. Estoy dispuesto para el interrogatorio. No les daré gran trabajo.

El tiempo vuelve a transcurrir sin novedades. Restregamos los pies contra el suelo, nos refregamos contra las sillas. Cualquier ruido externo nos hace sobresaltar. La inquietud es fuertemente perceptible, pese a la ceguera. De algún modo, se siente que la mañana avanza. De pronto la imagen de una taza de café se impone en mi memoria como una exigencia biológica. Creo, incluso, percibir el aroma. Mi saliva fluye y tiene un viejo gusto de aguas servidas.

La puerta vuelve a abrirse. Alguien permanece en su umbral durante unos segundos.

—¡Valdés! —dice.

Hago un ademán de incorporarme, olvidando que estoy atado. El tipo se aproxima, se asegura de que mi antifaz esté firme, me desliga manos y pies de la silla y me ata las manos por delante, palma contra palma.

—Andando.

Avanzo con mucha inseguridad. Ya sé que hay dos peldaños a la salida, pero más allá todo es incógnito y peligroso.

—A la derecha, huevón.

Voy palpando el piso, la cabeza gacha, luchando con la contradicción que se establece entre mi tensión y la necesidad de mantener los músculos flojos, en caso de cualquier accidente. El tipo me da un empujón.

—Levanta las patas.

Mido la altura del obstáculo, es un peldaño, otros más, no puedo saber hasta dónde, en qué dirección.

—Apúrate, huevón.

El tipo me ha cogido de la blusa, por detrás, y me orienta bruscamente. La escalera gira.

—Cuidado con la cabeza, huevón.

Pero ya me he golpeado contra el cráneo, como al salir de una trampa. Luego pierdo la cuenta de los cambios de dirección. Hay nuevos peldaños que suben y bajan. Transponemos dos o tres puertas. Mi temor fundamental es caer a un pozo. Entramos a un espacio que me parece amplio. Advierto un cambio de aire. Han desaparecido el olor de orines, la humedad.

—Siéntate, huevón.

Es una silla con brazos y respaldo. El tipo se aleja, y por un momento tengo la sensación de hallarme ante un gran escritorio o tribuna, lleno de acusadores que me observan en silencio. Hay algo de metafísico o sobrenatural en las circunstancias de esta comparecencia, y yo me siento muy solo y pequeño, puro objeto de culpa. Pasan diez minutos, quizá. Tengo cada vez más miedo. Las eventuales respuestas que había estado preparando toda la noche comienzan a diluirse, a confundirse. Muy sigilosamente, alguien se aproxima. Frente a mi oído izquierdo empieza a originarse un ruido extraño, que al principio no llego a comprender, y que sólo en la medida de su repetición monótona y cada vez más acentuada va conformando en mí una imagen. Es el ruido correspondiente a un gancho filudo o a una garra metálica que va desgarrando o rasguñando una superficie de badana, algo que ofrece alguna resistencia, una pelota de cuero tal vez. Son perfectamente perceptibles las heridas que ese instrumento va produciendo en la supuesta superficie tensa y mórbida. Pero mi piel lo ha descubierto antes que mi imaginación. Siento los vellos erizados, los poros contraídos, un frío desconocido. Me parece que mi sexo se encoge por este frío, hasta desaparecer. Al fin el ruido se interrumpe, pero al instante se produce otro en mi oído derecho, ahora mucho más simple, de inmediato reconocible. A veces es como el golpe de unas varillas metálicas contra la palma de la mano, a veces como el golpe de una porra de caucho. Estoy advertido. Vuelvo a quedar solo con mi conciencia.

Percibo que se aproxima un nuevo personaje. Las pisadas son distintas, firmes, autoritarias. La voz también revelará en él una alta estatura, una fuerte caja torácica, hábitos de autoridad. Adivino de inmediato que es un uniformado, que está calzado con botas, que es un militar.

—Párate, huevon —me ordena alguno de los otros.

Advierto que el tipo se pasea a mi alrededor, observándome.

—Así que Miguel Enríquez estuvo en tu casa, huevón.

Su modulación es casi teatral. Niego y protesto con un suspiro de impaciencia y con un movimiento de mi cuerpo que pretende expresar lo descabellado de esa afirmación. Y antes que insista en esa acusación, creyendo con esto desvirtuar todo malentendido, con la máxima dignidad posible en esas condiciones, agrego precipitadamente:

—Señor, yo soy escritor. Soy una persona conocida, dentro y fuera del país. Mis actividades son muy claras. Aquí hay un malentendido.

Antes de que alcance a terminar, su vozarrón estalla frente a mí con una indignación iracunda:

—¡Yo no te he preguntado, huevón, si eres escritor o qué mierda! ¡Te estoy preguntando por Enríquez!

Dos o tres más se han aproximado y me rodean amenazantes.

—¿Dónde está Enríquez?
—No lo conozco.
—¿Y cómo es esto que declaraste ayer que estuvo en tu casa?

Niego violentamente y como respuesta me llega un golpe en los riñones, que no siento como dolor, sino como una especie de chispazo azul en esa zona.

¿No me dijiste ayer, huevón, que erai del MIR?

Descubro que es la voz del tipo que me interrogó ayer, en casa.

—Dije que soy de izquierda, que voté por la UP.
—¡Qué me importa a mí, huevón, por quién hayas votado! ¡Suelta dónde está Enríquez!

Me quedo en silencio. Siento una total impotencia.

—Ya, te jodiste, huevón —dice con un tono de paciencia agotada. Y dirigiéndose a algún otro, cuya respiración siento en la cara—: Llévatelo p'arriba. Si se te va cortao, peor pa' él. Te jodiste, huevón.

El aludido me coge de la manga y quiere arrastrarme con avidez, como a una buena presa. Está claro que es un viaje sin retorno seguro. Las advertencias y las alusiones no dejan la menor duda sobre la suerte que se sufre allá arriba: los golpes, los desgarramientos, la tortura eléctrica. No tengo la menor experiencia de todo esto que no sea referida o puramente literaria, y ello no tiene ahora la menor utilidad. El terror me propone cualquier recurso dilatorio.

—¿Es que no pueden preguntarme normalmente sobre lo que *yo sé*, sobre lo que *yo he hecho*? No tengo nada que ocultar.

Mi voz debe sonar patética. El presunto militar, que ya partía, se aproxima. Su voz refleja un gran tedio de perder el tiempo conmigo, de concederme esta oportunidad. Pregunta sin énfasis y yo debo decirle cualquier cosa interesante para salvarme de ser llevado "arriba".

—¿Y qué es lo que vos sabís, huevón? ¿Dónde está Enríquez?
—Nunca he visto a Enríquez —protesto, ya exasperado—: los únicos políticos que he conocido eran compañeros de trabajo.
—¿Dónde trabajai vos?
—En el Instituto X.
—¿Quiénes son?

Doy los nombres de quienes ya han salido al extranjero y del director, lo que no tiene nada de secreto.

—¿Y dónde están, ahora?
—Cesantes.
—¿Cómo cesantes?
—El instituto fue clausurado.

Por un segundo parece satisfecho y yo respiro.

De pronto me llega un golpe en la mandíbula, y nuevamente el dolor parece algo ficticio, un puro estallido eléctrico, silencio, como si el miedo me mantuviera aislado de las sensaciones físicas.

—Tai mintiendo, huevón.

Me zarandean, me llueven golpes de todas partes.

—Y este libro en clave. ¿Te estai haciendo el tonto? Ya, llévatelo a cantar arriba.
—El libro es de Eva —grito, jadeando—. Está escrito en su idioma.
—Vai a descifrarlo al tiro, huevón, o te capamos.

Protesto que no entiendo su idioma, pero no hay caso. Un tipo me coge por detrás los testículos, presionándolos. Me quitarán el antifaz y deberé mirar exclusivamente las letras. Cualquiera desviación de los ojos y se acabó, los testículos están tirantes.

Por primera vez comprendo el sentido de sentirse deslumbrado. Todo es blanco, inaprensiblemente blanco, en un principio. No miro hacia el frente — me tienen la cabeza sujeta hacia abajo—, pero tengo la impresión de hallarme ante amplios ventanales que dan hacia un cielo muy abierto. Quizás esto es completamente falso, quizás no estoy sino bajo un tubo fluorescente. Luego, entre el resplandor, reconozco la letra de Eva. No puedo leer lo escrito, pero sé perfectamente lo que dice. Vuelvo a explicar lo que he contado ayer sobre este cuaderno. Me obligan a leer detenidamente las palabras GAP, que está dentro de un recuadro, MIR, FACH, etc. Al más leve movimiento de mi cabeza dan tirones de los testículos. Vuelven a ponerme el antifaz.

—¿Quién es Eva?

—Es mi compañera. Es diplomático.

—¡Te creís que estai en una reunión de la UP, culiao! Qué es eso de compañera, de diplomático.

—Es mi novia. Es diplomático de la embajada de K.

Contra todas mis expectativas de que esta revelación los conduciría a actuar con mayor prudencia, los golpes arrecian, me insultan, quieren saber más. En frases entrecortadas, jadeando, cuento que está encargada de atender las necesidades sanitarias de los asilados de la embajada.

—¡Así que con esa puta te hai metío! ¡Traidor de mierda!

Piden sus datos personales, la dirección de la embajada, su teléfono.

—¿Y esta carta, huevón? ¿De qué libro habla, qué es esto de que va a caer Nixon?

Recuerdo que es la carta de un amigo norteamericano, que me cuenta que está traduciendo una novela mía al inglés, y que al final me expresa su satisfacción por la caída inminente de Nixon. Lo explico. De pronto me doy cuenta de que el terror me ha hecho olvidar el terror fundamental: que hubieran descubierto mis artículos. En alguna región muy distante, entre las dudas, siento un cierto alivio.

—¿De qué trata tu novela?

La pregunta me desconcierta más que cualquier otra. Mi memoria queda bloqueada, en blanco. Cada vez que alguien, antes, me ha hecho una pregunta semejante, también me he sentido incapaz de responder, pero era otra cosa. Ahora tengo que hablar, los alientos están encima de mi cara, los puños están impacientes. No hay ningún argumento, es una novela de situaciones. Reduzco lo que me parecía un drama existencial a una aventura para gusto de domésticas. Quizá no era más que eso. Me siento miserable. Hay unos segundos de silencio. Alguien, luego, me empuja y me reconduce. De nuevo la superficie del piso, el espacio, inciertos. Las escaleras que ahora bajan, siempre en distintas direcciones, la angustia de llegar a caer, en cualquier momento. Con verdadero alivio, con la sensación del reencuentro de un sitio familiar, escucho aproximarse el ruido del chorro de agua. Una vez adentro, vuelven a atarme a la silla. Recién entonces todo el miedo se desinhibe, mi corazón comienza a dar saltos, mi respiración se hace entrecortada y acezante. Quisiera que los otros, si aún están allí, me dijeran algo, quisiera oír cualquier palabra de un semejante.

Ha entrado alguien. Un aliento repulsivo de alcohol y de tabaco viscerales fluye frente a mi cara. Es como la voz sanguinaria de un ebrio:

—Te las vai a arreglar conmigo, concha'e tu maire, si no hay dicho la verdá. Te voy a hacer pebre.

Me quedo mudo, el tipo desaparece. Se me estremecen los hombros, las rodillas. La mandíbula me tiembla. Siento una soledad carnal, absoluta.

—¿Qué hay, pibe? ¿Tenés miedo?

La voz del argentino o uruguayo suena entre compasiva y jocosa.

—Tengo frío —digo en un susurro, sin poder controlar mis temblores.

El tipo me pone su vestón sobre los hombros y me siento emocionado casi hasta las lágrimas. El peso del vestón parece protegerme de un mundo que ha sido conquistado por el odio y el hielo. Recobro alguna capacidad de reflexión. ¿Qué va a pasar ahora? Llamarán a Eva, sin duda. Si no se encuentra en su oficina y si quien llama no se identifica, es muy posible que por prudencia nieguen su pertenencia a la embajada. Yo quedaría como un mentiroso, todo volvería a empezar. ¿Harán un nuevo registro de la casa? ¿No lo están haciendo, quizás en estos mismos momentos? ¿Comprenderán que pueden obtener de mí informaciones importantes del Instituto X, de las actividades de

Eva y la embajada? Me sorprende que no llamen a mis compañeros al interrogatorio, cuya presencia percibo. Quizás han sido llevados simultáneamente conmigo, a otros interrogadores.

El ruido de vehículos es constante allá afuera, lejos. Los pasos sobre nuestras cabezas no cesan jamás. Nuestro destino vuelve a interrumpirse, transcurren aún dos o tres horas. La incógnita de si Eva habrá advertido o no mi detención me atormenta. ¿Dónde se ha ido a vivir, qué hace a esta hora? Las puertas son abiertas de par en par. Hay muchos ruidos de pasos dentro del calabozo, muchas voces. Somos desatados de las sillas bruscamente, al parecer todos al mismo tiempo. Me amarran otra vez de las muñecas, por delante. Están armados. Picaneándonos en las costillas con los cañones nos hacen salir. Como un rebaño ciego tropezamos unos con otros, ignorantes de la dirección que debemos tomar. Los cañones nos orientan, sin sutilezas. Damos muchos rodeos, subimos pocas gradas esta vez. Sospecho que se quiere crearnos la impresión de que nos hallamos en un laberinto, en las mazmorras de alguna fortaleza medieval. Llegamos, al fin, a un espacio donde el aire es respirable. Nos han ordenado en fila, de frente, codo contra codo. ¿Quizá se trataba de identificarnos, de ficharnos, y ahora nos van a dejar libres? Por detrás alguien me empuja la cabeza brutalmente hacia abajo. Mi frente choca contra un muro como de ladrillos. Simultáneamente oigo los topones de las frentes de mis compañeros contra la misma superficie. Mi cerebro queda flotando en un ámbito de niebla, siento calor en la frente, debo estar sangrando. Los guardas se pasean a nuestras espaldas, murmuran. Entonces sentimos el ruido metálico, inequívoco de la preparación de las armas. Vamos a morir así, tan estúpidamente. Los casos de fusilamientos absurdos y gratuitos son cosa trivial en los últimos meses, y ninguno de nosotros parece escandalizarse o rebelarse. Nadie dice nada. Curiosamente, el miedo desaparece, estoy finalmente ante una certidumbre, recobro mi lucidez. Debo contar con muy poco tiempo y debo reordenarlo todo en mi cabeza. ¿Es en mi cabeza? Considerar mi vida como un todo, como una obra acabada. Todo se resitúa, en un tremendo desorden de carreras; las personas, los actos, se entrechocan, se empujan, cada cual quiere estar en su sitio, en una posición privilegiada. Hay sorpresas desconcertantes; hechos mínimos, momentos olvidados, rostros desvanecidos, que se afirman en posiciones sólidas. Todo lo fútil, casi todo el presente, se desmorona. Rostros subyugantes y todas sus connotaciones, valores indiscutibles, se alejan con un aire asustadísimo, de fantasmas. Hasta ayer mi vida era un proyecto, yo creía que lo más importante estaba por hacer. Recién comenzaba a sentirme preparado para empezarla en serio. Ahora es un hecho consumado, no hay nada que añadir. Todo está allí, en esas imágenes. Dos, tres imágenes.

A nuestras espaldas los asesinos se permiten iniciar una pequeña disputa, no sin humor.

—Déjame este gordo a mí, huevón.
—Este viejo está rico.
—No, huevón, este huevón es puro hueso, déjame el gordo.

Alguien me quita el vestón, que aún llevaba puesto. Me palpan las piernas por detrás de las rodillas.

—¿Estás nervioso, che? Dejá, va a ser rápido.

Imagino el impacto en la espalda, el agujero. Ni siquiera concibo la posibilidad de dolor, debe ser efectivamente muy rápido. Los tipos parecen retroceder a sus posiciones. Los segundos pasan aún. Y lo peor es que a mi imaginación no acude nadie de quien despedirme. Nadie que se haga cómplice de esta despedida. Nadie que sepa, que me corresponda. Esto me produce la más lacerante tristeza. Eva, no, no me sirve. No tengo nada que decirle. Debo acudir a las otras imágenes, que creía tan viejas, tan muertas. Están aquí, radiantes, limpias de todas las deformaciones que debieron imponer los malentendidos, el rencor, la naturaleza, por algún tipo de conveniencias emocionales. Pero esos rostros, en la vida real, no saben que se presentan a mí con semejante belleza, ignoran que me dicen adiós.

Una ráfaga de disparos percute en la habitación.

Pienso que las balas, a tal velocidad, no producen dolor, que el cuerpo debe insensibilizarse en el momento de la muerte. Pienso que estoy herido y que éstas son las últimas expresiones de mi conciencia antes de desvanecerme. Pero el lapso se hace demasiado largo, sigo de pie, comienzo a desconfiar de mi muerte. No he sentido el menor gemido, la caída de ningún cuerpo. A nuestras espaldas estalla una carcajada general. Termino por entender. Nos empujan de nuevo con los cañones. No siento nada, he perdido toda conciencia de mi cuerpo. Se suceden las bromas y las risas, pero no distingo las palabras. El odio es la primera reacción que percibo, una especie de odio químico, mensaje de la sangre. Enfrente nuestro se abre lo que parece ser una cortina metálica. Al traspasarla, me abrasa una onda de calor, como si avanzara hacia la puerta abierta de un horno de fundición. ¿Es un incinerador, van a echarnos ahí? ¿O es simplemente el sol?

—Suban, huevones.

No sé a dónde debo subir. Busco con el pie inútilmente algún peldaño. Recibo un puntapié en el culo, pero muy distantemente, como si hubiera sido dado en un cuerpo que ya no me pertenece.

—Sube, huevón.

No hay nada. No tengo noción de mis piernas. El peso y las proporciones de mi cuerpo son inmensurables. Es como estar constituido de una materia semejante al algodón prensado. De este modo, me es indiferente cuando me empujan rodando, como un fardo, al interior de una trampa metálica.

Instintivamente me acomodo, la espalda contra un muro, acuclillado. Siento los miembros de quienes deben ser mis compañeros, alguno cae con todo su peso sobre mí. Las puertas se cierran, los cerrojos son echados. Luego un motor se pone en marcha y comprendo que estamos dentro de un camión. Apenas avanzamos unos metros y ya se oyen nítidamente conversaciones triviales, gente que pasa, que va de compras, que recibe el sol aquí, a unos centímetros, y que ignora la composición de este cargamento. Todo el rumor de la ciudad nos rodea: una ciudad que pretende, en buena parte, seguir viviendo en la inocencia.

¿A dónde nos llevan? Hemos rodado unos sobre otros y el argentino nos acomoda, haciendo bromas que parecen ser ingeniosas. Se pone a hablar con otro guarda, de chicas, de cualquier trivialidad. ¿Van a soltarnos en alguna parte, ha sido consumado ya nuestro castigo? Si me sueltan, está claro que telefonearé de inmediato a Eva para que me lleve a un refugio de la embajada.

Intento llevar la cuenta del tiempo. Por supuesto, si van a soltarnos no lo harán en el centro de la ciudad, sino en algún suburbio. En este caso, el viaje puede tardar quince o veinte minutos. Hay mucho tráfico y vamos lentamente. Los guardas ponen en funcionamiento el transistor. Cuando se cumple más o menos ese tiempo, hay un conflicto entre la esperanza y el pesimismo. Nadie se atreve a hacer preguntas. Vamos tomando mayor velocidad. La esperanza quiere permanecer allí, en un rinconcito. El pesimismo no quiere imponerse del todo. Se produce una neutralidad del ánimo. Y la sensibilidad se despierta. Me doy cuenta de que todo mi cuerpo es puro dolor. Cada salto del camión me hace gemir. Siento los huesos del culo totalmente triturados, las nalgas y la espalda molidas. Debe haber transcurrido ya una media hora; el pesimismo, de malas ganas, vuelve a ocupar su lugar. Comienza a ser claro que nos conducen a algún campo de prisioneros, alguno de los tantos que llenan el país. Imagino que vamos a San Felipe, al norte de Santiago, cerca de la cordillera, donde hay un regimiento y está preso un amigo mío. Pero ni siquiera distingo claramente de qué lado del camión avanzamos, ignoro si el techo está descubierto o no, la ceguera sigue siendo absoluta.

A menudo rodamos unos sobre otros, pues el piso metálico es sumamente resbaloso. Con las manos atadas es muy difícil mantenerse en el sitio. Los guardas nos reordenan a puntapiés. Las suposiciones sobre nuestro destino se tornan cada vez más descabelladas. Aproximadamente a las dos horas de viaje el camión comienza a ascender. Sin duda, estamos adentrándonos en la cordillera. Pero ¿en cuál? ¿En la de los Andes o en la de la costa? A veces el camión se detiene. De pronto se me ocurre que es un camión de tolva y que mecánicamente vamos a ser volteados en un precipicio. Puede suceder cualquier cosa. Son dueños de hacer con nosotros lo que les dé la gana. Ascendemos aún, dando vueltas, seguramente rodeando un cerro. El camino ya no es pavimentado, hace un buen rato. Los saltos y los desplazamientos de la carga se hacen cada vez más violentos. Nos detenemos. El chófer y sus acompañantes se saludan con quienes deben ser los vigilantes de algún recinto militar, las voces son inconfundibles. Traen mensajes, al parecer encargos de compras en la ciudad. Se oyen mugidos de vacas. El aire parece frío. Me hago la idea un tanto idílica de mi condición de prisionero en este lugar: trabajos forzados, quizá talando bosques, limpiando establos, respirando un aire sano, disciplina militar. Pero el camión vuelve a partir. Sólo después de unos 15 minutos más de viaje llegamos a lo que parece ser nuestro destino final.

Nos hacen saltar a tierra y caemos unos sobre otros. Nos ponen en orden y nos hacen avanzar, al parecer en fila. Nos hacen entrar en algo, hay un peldaño que cruje. Es una construcción muy inestable, de madera, que al comienzo tomo por una vieja embarcación. Pasan lista, por primera vez escucho nuestras voces. Han cerrado la puerta, pero ignoramos si estamos solos o no. Desconfiados, tanteando, nos echamos en el piso de tablas. Tratamos de acomodarnos, midiendo con las manos atadas el espacio. Casi simultáneamente nos descubrimos haciendo lo mismo: levantando nuestros antifaces, mirándonos. Pese a la poca claridad —debe ser un atardecer avanzado— qué extrañas apariencias nos descubrimos los unos a los otros. El aspecto de ellos es lamentable y el mío debe ser idéntico: demacrados, barbudos, camisas desencajadas, ropas sucias y arrugadas. Nos contamos: somos nueve, de todas las edades. El menor debe tener veinte años, el mayor cerca de setenta. Estamos en una pequeña cabaña de tablas ligeras, clavadas, superpuestas, con fallas y rendijas que dejan pasar el viento. Hay una subdivisión al centro. El lado donde nos han dejado debe tener unos 2X2,5 metros. Hay una ventana que está clausurada por una lámina acanalada de zinc, dejando en lo alto una pequeña ranura para que entre el aire. Se aproximan pasos y volvemos a cubrirnos. La puerta se abre de un golpe. Es la voz económica, cortante, de un militar:

—Ustedes son prisioneros de guerra. Al menor intento de fuga, aquí disparamos al cuerpo. Nada de advertencias, nada de balas al aire.

Hay un intento general de hacer preguntas. El tipo prosigue, sin dejar lugar:

—Otra cosa: este lugar es secreto. Si alguno descubre dónde nos hallamos, es mejor que lo olvide.

Un portazo.

Después de un rato volvemos a mirarnos, atónitos. Nadie parece comprender. Atropelladamente, en voz muy baja, comenzamos a narrarnos cada caso, las circunstancias de nuestras detenciones, buscando la explicación común de nuestra suerte. Nadie sabe exactamente por qué ha sido detenido. Cada cual tiene sus suposiciones, sus sospechas, pero nadie se considera sorprendido en ningún delito.

Vuelve a abrirse la puerta. Es otra voz, más joven:

—Por llegar tarde, huevones, se quedaron sin comida. A lo mejor encuentro por ahí unos pedazos de pan.
—Señor —es la voz del más viejo.

—Nada de señor, huevón. Aquí somos "mi soldado", "mi sargento", "mi oficial", o lo que mierda sea.

—Mi sargento —se aventura el viejo.

—Mi soldado, huevón.

—Mi soldado, estoy que me reviento, quisiera orinar.

Otro portazo. Intentamos descubrir el exterior por las rendijas. Apenas alcanzamos a distinguir, a los lados, pegadas casi a la nuestra, lo que parecen ser otras cabañas, y al frente una alta empalizada de tablones, y, más allá, algo a la derecha, un cerro. Entre la empalizada y la cabaña hay un patio de tierra. Al rato abren de nuevo y alguien trae un tarro para orinar y nos distribuye pedazos de pan viejo. Antes de que salga, el anciano, con su voz respetuosa y cascada, vuelve a aventurarse:

—Mi soldado, ¿no sería posible conseguirse alguna manta? Yo sufro de asma, y...

El portazo. El viejo continúa para nosotros el relato de sus enfermedades. Mascamos el pan. Un manjar de esos de la infancia, delicioso. El viejo no para de hablar y mea, largamente. Los efluvios del orín llenan la cabaña. Doy algunos pasos, reconociendo mis músculos. Sensación de torpeza, me siento como una vieja máquina oxidada. Busco los intersticios más amplios de las tablas para respirar. Es totalmente de noche. El viejo propone que durmamos abrazados, será la única manera de darnos algún calor. Todos orinan, el tarro se desborda. Buscamos el rincón con menos viento y nos apretamos unos contra otros. Quedo protegido por el "Gordo", un tipo simpático, de unos 30 años. Su gran vientre me cubre los riñones. Suspiro, un poco reconfortado por esta proximidad humana, por esta nueva y primitiva sensación de solidaridad. Pero el viejo, el "Gordo" y algún otro comienzan prontamente a roncar de un modo cavernario. Estoy demasiado cansado y adolorido como para percibir alguna imagen de mi vida. Mis sensaciones están embrutecidas. El terror continúa allí, subyacente, listo para expandirse. El interrogatorio, los golpes, los disparos se reproducen una y mil veces en mis oídos. Trato de cambiar de postura, pese a que estamos encajados unos en otros. Sé que no podré dormir esta segunda noche. Solamente el frío en mis pies desnudos lo impediría. Con los ojos cerrados, apretados, con las manos atadas ocultas entre las piernas, con los pies buscando el ilusorio calor de los otros, con el estómago contraído, tragando saliva, dejo que transcurra, paso a paso, la noche.

Gladys Díaz Armijo, Chile

Gladys Díaz Armijo nació en la década del cincuenta en un pueblito llamado Coya en la zona cuprífera de El Teniente, explotada por la compañía americana Braden Copper. Su infancia y juventud estuvieron marcadas por las diferencias económicas y sociales de que eran objeto los obreros en la mina, y esa necesidad de justicia fue determinante en la elección de su profesión. Como tal su campo de acción fue el periodismo de investigación que ejercía desde los medios escritos y radiales. Dirigió la carrera de periodismo en la Universidad ARCIS durante cuatro años y en 1969 se le otorgó el Premio Nacional de Periodismo. Recibió el distinguido premio de Periodista Helena Rubinstein en 1971, y fue presidenta del Colegio de Periodistas de Santiago en 1973, el año del golpe militar chileno.

Su rebeldía frente a las injusticias la condujo a la militancia política en el Movimiento de Izquierda Revolucionaria (MIR). Llegó a ser miembro de su comité central. Después del golpe dirigió en la clandestinidad un periódico llamado *El Rebelde*. Fue detenida en 1975 y estuvo dos años presa, permaneciendo tres meses en el centro de detención de Villa Grimaldi, donde sufrió todo tipo de torturas y logró sobrevivir a la muerte por su entereza moral y su amor a la vida. Permaneció trece años en el exilio recorriendo distintos países, y de regreso en Chile es reconocida como una figura emblemática en la resistencia a la dictadura. Le tomó largos años superar tanto fisica como espiritualmente los daños sufridos durante su detención, los que relata en detalle en su testimonio.

Gladys Díaz es una artista multifacética que se ha destacado en numerosos campos, pero más que nada en el de los derechos humanos, campo y espacio en el cual ha dedicado gran parte de su vida, sobre todo al experimentar ella misma la prisión en Villa Grimaldi. Es además comentarista radical y activista política por medio de sus escritos y sus discursos a través del continente americano.

Semblanzas (fragmento)

LA MASACRE DE EL SALVADOR Y LA MILITANCIA POLÍTICA

En la época del Presidente Frei Montalva, cuando fue la matanza de El Salvador, yo trabajaba como periodista en la Radio Agricultura. Llegué al campamento a entrevistar a los huelguistas que cocinaban en una olla común en el sindicato. Después de conversar con ellos gran parte de la noche, fui sacada de la hostería en camisa de dormir y arrestada por haber ingresado al campamento sin permiso militar. Desde la comisaría oí el tiroteo y luego supe que hubo varias víctimas. Como es sabido, la huelga se suspendió sacrificándose a los trabajadores que no recibieron lo solicitado en el pliego de peticiones, y este hecho, nuevamente con la injusticia como motivo desencadenante, fue lo que decidió mi militancia revolucionaria.

Trabajé hasta el 11 de septiembre de 1973 en la Radio Agricultura, y después del golpe estuve un año y medio en la clandestinidad dirigiendo un periódico llamado *El Rebelde* donde denunciábamos todo lo que se silenciaba. Además, con un grupo de periodistas enviábamos información hacia el exterior. Esta llegaba a México y ahí se transformaba en "el correo de la resistencia", a raíz de lo cual empiezan a buscarme, hasta que me detienen en febrero de 1975.

SOBREVIVIR EN LA TORRE

Yo estuve en la torre de la Villa Grimaldi, y de la torre soy prácticamente una de los poquísimos sobrevivientes. Casi todos los detenidos que pasaron por allí están muertos.

Mi primer día en la Villa fue el más terrible: comprobé y tuve que enfrentar el hecho de que el ser humano es capaz de torturar brutalmente. Había leído acerca de las tiranías bananeras, pero siempre me decía que eso en Chile jamás podría pasar. Conocí muchos militares chilenos en mi profesión, pero aun en la clandestinidad, cuando oía de la tortura, no podía creer que fuera tan violenta.

La torre en Grimaldi era un lugar donde no se entraba por una puerta, sino que se trepaba por una especie de cuadradito que había en el suelo; entonces se trepaba para entrar y para salir. Esa es una forma psicológica de animalizar, y por la misma razón uno no podía bañarse, ni tener siquiera un papel de diario para la menstruación. En el primer tiempo yo me sentía con un hedor espantoso, después ya no porque solo se huele el olor de los demás. Una vez alguien al pasar —como yo iba vendada no sé quien fue— me regaló un cepillo de dientes medio usado y lo ocupamos todos los de la torre. Antes de eso, habría sido impensable que yo usara un cepillo de dientes ni de mi marido, ni de un hermano, ni de nadie, y ahí estábamos felices, todos con el mismo cepillo pasándolo de uno a otro.

Estuve tres meses en la torre de Grimaldi y saqué fuerzas no sé de dónde para resistir. De febrero a mayo dormí en el suelo sin nada para abrigarme; creo que cuando se está en una situación límite crece la capacidad inmunológica, porque seguramente se ponen todos los recursos con que el cuerpo cuenta al servicio de esa defensa. No tengo idea de cuál fue el fenómeno que a mí se me produjo, pero en los interrogatorios no perdí nunca la lucidez. Los médicos psiquiatras me han explicado que en las situaciones límite se recurre a todo el potencial que uno tiene. Por ejemplo, recuerdo que a mí me interrogaban cuatro personas y todos lanzaban preguntas; yo no perdía la coherencia de qué le estaba respondiendo a cada uno y nunca caí en una contradicción, aunque inventaba historias sobre la marcha por sobrevivencia. Vivía una situación de pánico permanente, cada minuto parecía ser el último. Recuerdo cuando me sacaban de la torre, cuando subían los tipos, y yo pensaba que me iban a torturar de nuevo, y el corazón se me salía por la boca. Recuerdo también que, a la semana de estar detenida, y como una forma de hacerme hablar, una especie de karateca me pegó con una enorme manopla de acero. Marcelo Moren Brito le indicaba dónde debía pegar. Así me quebró las costillas, me rompió el tímpano derecho; después me metieron en un tonel de agua sucia tratando de ahogarme. Durante la tortura me mantuvieron amarrada para que no me defendiera, o sea que mi cuerpo se balanceaba de un lado al otro; estaba vendada pero la venda se cayó y ellos estaban ahí, pégale y pégale y los vi.

Quedé sangrando, sangraba hasta por el ombligo, por la vagina, por los oídos, las narices. En la tarde permanecí ahí tirada y con la conciencia perdida; de repente abrí los ojos y me dije: "Dónde estoy, quién soy". No tenía noción de nada. Oí decir: "El médico, va el médico". Veo que entra una persona —estaba todo muy oscuro— y dice: "A ésta no le den ni una aspirina porque está liquidada, tiene los pulmones reventados". Eran las costillas las que estaban quebradas, pero él, ante mi dificultad para respirar, creyó que eran los pulmones.

Quedé botada allí hasta el día siguiente. Se me acercó una compañera, y yo, creyendo que era una machi, le dije: "Tú vienes a verme morir". Ella me amarró las costillas con un pedazo de su enagua. No sé cómo a las 24 horas pude pararme y arrastrarme para ir al baño.

Reflexionando pienso que el ser humano resiste porque no quiere perder la dignidad. Además, yo quería vivir, ni en los peores momentos ni bajo las circunstancias más atroces quise morir. No habría sido capaz de suicidarme por amor a la vida, pero no a cualquier vida tampoco, porque hoy sé positivamente que si no hubiera tenido la fortaleza que tuve, no tendría la tremenda integridad de hoy.

Recibí mucha solidaridad y la necesitaba. Para mí era básico el cariño y el respeto que me mostraban los compañeros; necesitaba sentir esa mano acariciándome el hombro, la espalda, que me dijeran: "Adelante, flaca; vas bien, flaca", para mí eso era importantísimo. Mientras yo esperaba la tortura, algún preso me cantaba para levantarme el ánimo. Y yo, a mi vez, le cantaba a mi compañero de celda para subirle la moral un himno que tenían los revolucionarios argentinos. En algunas ocasiones, entre todos entonábamos "México febrero 23" y "los dinos" nos hacían callar, porque les molestaba la similitud de la letra con la situación que se vivía en el país.

LA TORTURA Y EL PODER DE LA IMPUNIDAD

He tenido que vivir un proceso de cambio muy profundo para entender por qué el hombre hace algo que no hacen los animales: torturar. El animal caza para comer, por sobrevivencia, pero jamás tortura a otro. Entonces, ¿por qué el hombre?

Creo que el autoritarismo produce monstruos y que el ser humano en contacto con el poder puede convertirse en una fiera si no asume que cualquier cuota de poder que se tenga debiera ser colocada al servicio de los demás.

Lo que ocurre es que en la DINA había un poder omnímodo basado en la impunidad completa. Nosotros estábamos detenidos y ni siquiera fuimos reconocidos como existentes, porque todos los recursos de amparo que nuestras familias presentaron se resolvieron alegando que no estábamos en manos de ellos y que seguramente nos encontrábamos en el extranjero. Incluso algunos se permitieron decir: "Se fueron con sus amantes" e hicieron toda una leyenda respecto de esto.

Ahí se comprobó cuál era el alcance de esa cuota de poder que los convirtió o los hizo creerse dioses, porque ellos decidían quién vivía y quién moría. Era una borrachera de matar al otro impunemente, y no a uno, sino a todos los que se quisiera.

MIGUEL KRASSNOFF MARTCHENKO: VICTIMARIO Y VÍCTIMA

Miguel Krassnoff fue para mí la demostración más evidente de lo compleja que es la mentalidad de un torturador.

Recuerdo perfectamente y lo dije el año 1992 en una entrevista a la revista *Caras,* que mientras Krassnoff me aplicaba corriente en la parrilla, lo llamó por teléfono su señora. Yo estaba vendada pero escuché que él se manifestaba muy complacido porque ella había sido invitada esa tarde a tomar té con la señora Lucía Hiriart. Le hablaba amorosamente a su mujer insistiéndole que le recordara a la señora Lucía que él era de lealtad absoluta hacia "mi general". Luego pidió hablar con su hija mayor, y le dijo: "Estoy aquí en la oficina" y la oficina era la sala de tortura, y con una dulzura impresionante le pidió que cuidara mucho a su hermanito, o hermanita, no lo recuerdo, porque su mamá tenía que hacer algo muy importante esa tarde.

En ese momento yo estaba en la parrilla y él tenía encima de mis rodillas la máquina con que me estaba torturando mientras me decía: "Habla, y para el dedo cuando tengái algo que decir". Para atender el teléfono él suspendió esta actividad. Después me sacó la venda y me llamó a su escritorio como si nada hubiera pasado. Estaba muy alterado, empezó a gritarme, después se calmó y tratando de convencerme, me decía: "Es mejor que hables, crees que a mí me gusta hacer esto, torturar, no tiene nada que ver con el hombre que yo soy". Y como es un ser tremendamente arrogante, repetía: "Yo tendría que estar en puestos sumamente importantes" y luego me comentaba que él hacía esto porque lo mandaban y porque era muy inteligente y podía ver lo que otros no podían y además lograr que hasta los más duros confesaran.

Después de lo publicado en la revista *Caras,* he tenido comparendos en que me han careado con él, y siempre repite que yo, con esa entrevista, le hice un tremendo daño porque le causé conflictos con su hija; ella reconoció el diálogo, lo recordaba perfectamente. Y él en los juicios ha admitido que es efectivo, y que yo estaba ahí, pero agrega que esto sucedía en su escritorio. En todos los careos ha demostrado que este diálogo es lo que más lo desquicia y le produce un quiebre emocional, tanto así que me amenaza con ir a la oficina jurídica del Ejército para pedir autorización para querellarse contra la revista *Caras* y contra mí. Aun está en espera de la respuesta.

En mi opinión, Krassnoff se ha construido una "otra realidad", a lo mejor para mirar a sus hijos y mirarse al espejo sin escupirse. En los careos y recientemente en una entrevista al diario *El Mercurio* repite como un estribillo, sin ninguna emoción, que su misión fue la de "analista" y no de "torturador", que él hacía "entrevistas" pero no "interrogaba" porque la palabra interrogatorio se presta para elucubraciones como aquellas de que se le acusa en los careos: torturas, golpes y violaciones. En una conferencia de prensa le refuté este argumento diciéndole que se trataba de un analista muy especial, porque pasaba las tres cuartas partes de su vida laboral en la sala de tortura, y la cuarta en su escritorio; es decir, la mayor parte del día era torturador y seguramente había una hora en que era analista.

A pesar de toda su arrogancia, en los careos he visto que se han cambiado los papeles. Krassnoff está lleno de tics nerviosos, y yo le digo siempre: "Señor Krassnoff, me quiere explicar, la torturada soy yo y los tics nerviosos los tiene usted, ¿cómo se produce esta traslación?" En mi relación con él he logrado que el victimario se transforme en una víctima.

Con gran tranquilidad y ante la juez le he dicho: "Usted no tiene derecho a calificar a nadie de terrorista, porque usted ha pertenecido a la organización terrorista más grande que ha existido en América Latina". Él responde que no ha dicho eso, porque sabe muy bien que me detuvo como periodista y porque tenía un diario clandestino, y que si delante de una juez me acusa de terrorista, ahí mismo me querellaría contra él.

DESPUÉS DE GRIMALDI: EL PROCESO DE CAMBIO

Yo estuve dos años presa, tres meses en Grimaldi y después en Tres Alamos, donde sufrí todo tipo de torturas, como estar colgada, que se me inyectaran drogas por las venas, golpes de corriente.

Creo que mi proceso de cambio se inicia al salir de la Villa Grimaldi y darme cuenta de que lo vivido era tan horroroso que no podría salir sola de eso. Entonces, lo primero que hice fue un acto de humildad: aceptar que iba a necesitar mucha ayuda.

Siempre fui muy delgada, con 55 kilos de peso cuando fui detenida, y llegué a pesar 47. Mido un metro setenta y cinco y al salir quedé igual que esas imágenes de los prisioneros de los campos de concentración, era hueso y pellejo, perdí las pantorrillas, perdí todas las formas de una mujer.

Mi cuerpo era absolutamente asexuado, pensé que ni siquiera iba a recuperar mis facciones. Es terrible darse cuenta de que hasta eso te lo quitan, la persona física que uno fue. La primera vez que me vi en un espejo fue como dos meses después de estar en Tres Alamos. Las compañeras trataron de esconderlos, de que no hubiera ninguno a la mano y cuando por casualidad me vi en uno, lancé un grito. Como había estado vendada dos meses, sin sol ni nada, metida en una cueva, tenía el rostro hundido y negro, con los pómulos salidos. No era la Gladys que recordaba.

Mi primer sentimiento fue de rabia, dolor e impotencia, pero luego se fue transformando en mucha fuerza, en mucho sentido de vida. Sin embargo, a pesar de todo lo que he trabajado conmigo misma, de la evolución que espero haber hecho, el dolor no se ha terminado de cerrar y para mí es muy difícil dar cuenta del profundo proceso que he vivido.

Ya en libre plática en Tres Alamos, me di cuenta que yo era potencialmente una fuente de denuncia tremenda. Venían algunos periodistas de distintas partes, y cuando me entrevistaban tenía la oportunidad de denunciar y denunciar.

Finalmente me expulsaron del país, desde donde salí directamente de Tres Alamos al aeropuerto. A mi hijo que tenía cinco años y que lo cuidaba mi hermana, solo me lo entregaron dentro del avión después de la larga separación.

EL CAMINO ESPIRITUAL

Cuando finalmente salí de Chile, no sabía mucho cómo sanarme.

Me di cuenta de que siempre había estado sometida al autoritarismo, primero en mi familia con mi padre, después el partido, que también es un partido autoritario, jerarquizado, con una disciplina muy rígida. Entonces me di cuenta de que yo también tenía esos mismos rasgos.

Cuando uno quiere defenderse del autoritarismo, lo primero que se aprende es a ser autoritaria. Yo era una mujer que tenía mucho desarrollo del hemisferio izquierdo, es decir, era muy racional, lógica y siempre aplasté los sentimientos, y las emociones. Entonces lo primero que hice como trabajo conmigo misma fue recuperar lo que yo llamo mi femineidad.

Necesité muchas terapias psicológicas durante un largo tiempo, porque quería sanarme, limpiarme de lo que me causaba dolor y rabia.

Voy a tratar de decirlo de una manera más simple. A mí, en lo personal, me han pasado muchas cosas en la vida que recién ahora entiendo. En Villa Grimaldi se despertó en mí una capacidad de amar impresionante. O sea, la tortura, con todo lo brutal y horrorosa que fue, la relativicé sufriendo más con la tortura de los otros. A mí se me produjo un fenómeno que supongo es de crecimiento interno y que solo he venido a entender ahora: soy capaz de ponerme en el lugar del otro, de integrarme. En Grimaldi esto se expresaba en la necesidad de trasmitirle fuerza al que estaba a mi lado, aunque no supiera quién era porque estaba vendada; les cantaba y les pedía que fueran fuertes porque era posible serlo, les hablaba y los consolaba cuando lloraban.

En cuanto a mi militancia, debo decir que no me arrepiento de ella, siento que ha sido importantísima en el proceso de mi crecimiento personal, creo que fui parte de un grupo humano con ideales muy puros y con un gran sentido de pertenencia. Miro hoy día a los muchachos y me da una pena terrible que no tengan la oportunidad de compartir el sueño que nosotros tuvimos. Hoy creo que ninguna ideología es suficiente si no logra cambiar al hombre desde adentro. Estoy absolutamente segura que si el ser humano no se revoluciona interiormente, no podrá lograr ninguna revolución externa. Yo pensé que las ideologías iban a ser capaces de construir sociedades mejores. En el exilio constaté que no era así y llegué a la conclusión de que estuve dispuesta a dar mi existencia por una sociedad que el hombre fue incapaz de construir.

Por eso después de 13 años en el exilio, he orientado mi vida hacia una búsqueda de la esencia del ser, ayudando a las personas en talleres de creci-miento espiritual.

Estoy viviendo una etapa en que he descubierto que, mediante técnicas de meditación, es posible captar el campo de energía que a cada uno nos rodea. Aprender a conectarse con esa energía me ha permitido abrir el corazón y experimentar más profundamente un amor incondicional hacia todas las formas de vida.

La gente cree que esta realidad en que estoy ha significado un vuelco extraor-dinario de mi vida anterior, y yo no lo siento así. Por el contrario, mi evolución espiritual es la continuidad natural de mi pasado.

Nora Strejilevich, Argentina

Nora Strejilevich ha dicho que los viajes tienen que ver con procesos. El de ella la ha llevado desde su Argentina, donde nació en 1951, hasta países tan remotos como Japón, Sud Africa, Israel y Egipto, entre otros. Tuvo una infancia y adolescencia privilegiada hasta que el Proceso de Reconstrucción Nacional le robó de su familia y memoria. Strejilevich fue secuestrada y llevada a un campo de concentración en Argentina. De esa experiencia traumática nació su gran obra *Una sola muerte numerosa*, publicada en 1997, la cual ella basó en los testimonios, no sólo de ella sino también de los que le rodeaban.

En 1982 su testimonio "Una versión de mí misma" fue premiada en la Universidad de Alberta, y en 1990 "Sobre-vivencias" fue premiada en la Universidad de York. Sin embargo, es *Una sola muerte numerosa* que recibe más reconocimiento. Se le otorgó el Premio Letras de Oro en 1996 y fue adaptada al teatro por Bob Mayberry. Este la presentó en la Universidad Estatal de Grand Valley. En 2004 fue reeditada en Argentina. Mientras tanto, Strejilevich se encuentra con puesto de profesora en la Universidad Estatal de San Diego, donde enseña un curso sobre derechos humanos y literatura.

Obras

"Terror in Argentina" (1987, en la revista *Crime and Social Justice*)

Una sola muerte numerosa (1997)

"About Survivals" (2000, en la revista *Southwest Review*)

La construcción del sentido (2000, en celebración de la creación literaria de escritoras hispanas en las Américas)

Una sola muerte numerosa (fragmento)

NO ACORDARSE DE NADA

No me acuerdo de los números de celda, del número de preso que tenía en la cárcel, de cómo era la celda... De la única cosa que me acuerdo es de una ventana, pero no si las camas eran de metal o de madera. Me acuerdo del inodoro de Sierra Chica y de la bóveda que era esa prisión. De la burra, un armario donde se guardaban las cosas, y de no mucho más. No me acuerdo del uniforme, salvo que era gris y azul, pero sí de una araña, y del verso que le decía: "la soledad cayendo desde el techo como una inmensa araña". No me acuerdo de mucho más.

No acordarse de nada es la consigna. No me acuerdo ni de caras ni de asambleas, ni del humo ni del entusiasmo, ni de las consignas ni de los aplausos, ni de los amigos ni de los amantes ni de los vecinos.

Era tal la necesidad y la urgencia de olvidar situaciones, de olvidar compañeros, de olvidar rostros, que realmente los olvidé. Para nada ¿no? Porque finalmente, después de medio año de reclusión, vino un milico y me dijo que iba a quedar libre al día siguiente. Ahí es donde aprendí a odiar esa omnipotencia, porque la aprendí en carne propia. El último día de prisión me enteré de qué estaba acusado. La acusación era ser montonero, aseguraban que me habían secuestrado material subversivo de abajo de un colchón. Le dije que tenía que ser más que pelotudo para guardar material tan comprometedor debajo de un colchón, teniendo tal cantidad de cerros donde esconder algo así. El tipo se quedó pensando como tres minutos y me dijo: "Sí, tenés razón, mañana quedás libre". Anotó mi nombre y se retiró.

Nombres, nom-bres, nommmmmbresss, n-o-m-b-r-e-s. Que cómo se llaman mis compañeros de la universidad, los amigos de mi hermano, la esposa de mi primo, los que viajan a Israel conmigo, es decir, sin mí. Nombres: zutano y mengano. Marco y Aurelio. Ya no sé qué inventar para salir del paso sin contradecirme. Por suerte tengo muy mala memoria y no me acuerdo de casi nadie. No me acuerdo, por ejemplo, de Patricia, alela, negrita, mi doble.

SÍ, MI DOBLE

Durante años nos pisamos los talones sin darnos cuenta. Cuando entrabas al teatro de sombras, yo salía, cuando empezaba a estudiar música, vos terminabas. Eras amiga de Gerardo, era amiga de tu novio, pero no nos cruzamos. Teníamos la misma edad y la misma estatura, un aire de familia, y ciertas líneas invisibles al andar que por fin se juntaron en un punto.

Sala de espera, dos sillas enfrentadas. Toman entrevistas para un viaje, esa sigilosa vía de escape del cuartel que es nuestro país en el '77. Los militares no se interesan por nosotras, pero ese aire hediondo a rumores siniestros es irrespirable. Que cerca de casa se llevaron a una familia, que al bebé también, que a plena luz del día volvieron por el televisor y los muebles. Que vi un operativo, que tenían cortada la calle, que se oían gritos. Que al dueño de mi departamento lo vinieron a buscar.

Buenos Aires, 16 de julio de 1977. Día de nuestra partida del aeropuerto de Ezeiza. Buscás por todas partes: en el mostrador de Aerolíneas, en el portón de salida, en los negocios, en los baños, en los pasillos, en los teléfonos, en el hall central. Me hacés llamar por altoparlantes. Nada. Qué impuntualidad rayana en la locura, vociferás con más miedo que rabia. Cuando el avión despega se parte todo en dos. No llego, te vas. Ustedes vuelan, yo me hundo; ustedes aire, yo encierro; ustedes alas, yo miedo. El avión carga mis sueños en tu valija y así me burlo de la lógica simplista de los fusiles. Me voy con vos aunque falte a nuestra cita. Es que, te confieso, no tengo tiempo de recordarla. Pero en el país del no me acuerdo te pienso en secreto, no sabés cuánto. Con decirte que al aterrizar en Israel ya sos mi doble. Sí, mi doble. Tu misión es casi imposible: hacerte cargo de mis sueños sin dejar los tuyos. La idea nace cuando me dejan sola por días que son noches y noches que siguen siendo noches. En esa infinitud se recorta un teatro de sombras y recién me doy cuenta que te conozco de antes. La oscuridad me ayuda a distinguir tu infancia con nitidez: fabricando figuras en otro subsuelo, el ceño fruncido, impaciente porque tus personajes se resisten a nacer y saltar a la vida. Estás ansiosa por despertarlas, hasta que por fin, en la ciudad de Ur, aparece Gilgamesh con su lamento. El primer lamento de un hombre ante la muerte de otro, su amigo Enkidú. La rabia por esa pérdida resuena desde la Mesopotamia, su soplo vital de cuatro mil años tras las máscaras de cartulina negra. Asomada a castillos y colinas, sonreís en partituras que se mueven al son de tu clave imaginaria.

Vamos, ayúdame con tu rabia a combatir la muerte, Patricia. Es hora de poner en práctica lo aprendido, no en el proscenio sino en el tinglado. Soy la sombra, sos la mano. Y como a mi doble nada de lo mío le es ajeno, adivinarás mis sueños de sombra. Podré así salir de mi caverna y ver el sol, allá, en Jerusalén.

MARIPOSAS NOCTURNAS

Tienen mi libro *Oh Jerusalén*. Me leen párrafos. No tanto para mostrar que saben leer, sino para sondear mis relaciones con los terroristas del Irgún.

—*¡Pero el Irgún se acabó en el cuarenta y ocho!*

Eso los calma —y los calmaría aun más saber que el Irgún no era un grupo de izquierda— pero surgen nuevas inquietudes:

—*¿Qué hacía Marx en tu biblioteca? ¿Qué más leías? ¡Hablá!*

La campaña contra los libros la hizo el ejército mismo. Recorrían librerías céntricas y expurgaban las mesas y anaqueles. Recuerdo uno de esos episodios que fue presenciado por centenares de personas, pocos días después del golpe de Videla. Había un gran local de librería, un salón con mesas donde se apilaban libros nuevos y usados. Allí paró un camión militar y comenzó el ritual macabro... Los libros al caer hacían un ruido sordo. La gente guardaba silencio. Como los niños secuestrados, los libros no tenían voz para defenderse... La "limpieza" de libros fue una acción de las que llaman de "inteligencia". Un ejército que quema libros jamás puede ganar la guerra. Bayer, *Rebeldía y esperanza*

Me encanta abrir y cerrar esos libros enormes, de tapas duras y rojas. Abro: un lobo se asoma entre las sábanas disfrazado de abuela octogenaria. Cierro: la hormiguita viajera se aleja pisando el polvo con zapatos de madera. Los libros son mis salas de teatro: soy directora, espectadora y hasta actriz cuando se me da le gana.

Un día, en puntas de pie, alcanzo el estante de los mayores. Saco unos tomos gordos, llenos de letras y más letras. *Azabache* es mi favorito. En el otoño, cuando me enfermo, me lo llevo a la cama para que me saque de la fiebre al galope. Un caballo negro y salvaje que recuerda la extensa y deliciosa pradera de su primer hogar.

Mi trato con los libros es secreto. Nadie se entera de las lágrimas que vierto sobre David Copperfield, ni de mis aventuras con Tom Sawyer. En la lectura nacen y mueren mundos que sólo yo conozco.

Cuando nos mudamos al centro me refugio otra vez en el susurro acogedor de los libros. La ciudad me disgusta.

—*¿Por qué un departamento?* le pregunto con intensidad a cualquiera que me escuche. La calle Corrientes me aturde, me arruina el humor, me empuja hacia mi caverna mágica: la biblioteca. Ahí puedo crear mi propio espacio, elegir mis compañeros: *Los tres Mosqueteros, Martín Fierro, Mujercitas*. Mis amigos son las mayúsculas y las minúsculas que juegan bajo la mortecina luz de la lamparita.

Ya soy adolescente y me urge aprender. Los libros me salen al encuentro sin esperar que los elija. Quiero devorar la cultura. Tomo notas de párrafos, subrayo, leo y releo para fabricar un universo de conceptos demasiado vasto para mi cerebro. Quiero tragarlo todo, sin darme tiempo de digerir nada. Ahora soy estudiante universitaria y tengo una manía: leer ante todo los libros que nuestros profesores no recomiendan. Recuerdo algunas frases, ciertas ideas quizás. El resto pertenece al olvido. Sólo los libros permanecen. Infinitos mundos guardados en infinitos signos. Un día no encontré el que buscaba y me puse a escribirlo. Desde entonces sigo jugando a esconderme y encontrarme entre mis párrafos. Colecciono pensamientos, imágenes, mariposas nocturnas.

Dicen que las mariposas nocturnas se mueren con la luz. Pero son tantas que uno no lo nota, porque aparece otra y otra, y otra más, aleteando junto al farol. No se dan por vencidas.

K-48

Me doy por vencida. Debo deponer mi nombre, como un arma.

—*Te llamás K-48. Si te olvidás la sigla, olvidate de salir de acá.* K-48: nombre y apellido. Hay que acordarse del código del encierro.

Te tenías que acordar el número de los candados que te ataban los grillos a los tobillos, y te los sacaban nada más para torturarte o cuando te llevaban a bañarte. Ese candado era compartido con los destabicados. La prueba de que eran presos era el candado. Uno eso lo ve en las películas ¿no? pero resulta que te podían poner grillos, y vos caminar con grillos y candados... Los candados que nos ponían y nos sacaban no eran los únicos. También les decían candados a los guardias. Tenías un candado en la puerta de la celda, tenías un candado en los pies y tenías un candado afuera que te cuidaba. Y te llamaba por el número de candado. Jamás lo voy a olvidar.

Si me olvido me condeno, si no me olvido me condenan. Liquidada, de cualquier manera. No más aire libre, no más amigos, no más diarios ni besos ni luna ni trenes, no más.

Por la ventanilla del tren pasan a toda velocidad lagos, bosques de pinos, un volcán. Futalaufquen, Huechulaufquen, Lanin. Miel en las palabras, leche caliente con café en el tren que serpentea el sur, chocolate en la hostería donde los acampantes de la secundaria nos tiramos a dormir en cualquier parte. Deliciosa bebida caliente en la noche fría de San Martín de los Andes, tibio refugio con canciones, travesuras y ansiedad por descubrir qué se verá por la ventana cuando llegue el día.

Me despierta un sol excesivo para mis pupilas habituadas al smog. Los colores me marean, es demasiado fuerte el resplandor de la nieve en la cordillera. La intensidad de la luz me arrastra y salgo a caminar. Soy pasajera de un tren de cristal cuya terminal es un oasis, un espejo inmenso que atraviesan las montañas para llegar al centro de la tierra. No hay un alma. Sólo yo frente al panorama insólito del paraíso. Corro hasta el lago y me miro en el espejo. Las cumbres invertidas se parten en mil pedazos en cuanto el agua me acaricia los labios. Miro fijo cada detalle: el borde liso del canto rodado, el rocío, el vaivén de una balsa junto al muelle. Me zambullo en una paz inédita que me envuelve con brazos terrenales. Veo las escamas del lago entre mis dedos y me detengo en un universo sin horas. Ilimitado. Sello entonces un pacto con la Nora de cualquier época: recordar. Me escondo las imágenes en un bolsillo de la memoria para sacarlas cuando sea necesario. Hoy las proyecto en párpados entornados para que se acurruque el frío.

HACE FRÍO

Hace frío. Mucho frío. El frío viene de las paredes, se arrastra por el elástico del catre, sube por el colchón, trepa por la espalda y se clava en la nuca. Juega con la columna vértebral vértebra por vértebra, ida y vuelta, de arriba abajo, de abajo arriba, sin tregua. Frío de muerte haciendo muecas. Por la invisible reja de la celda entra un rayo de luz que corta el aire de un tajo. Choca contra la piel y veo un sudor viscoso. Trato de tocarlo, no sé cómo. Las manos se acercan y caen como peso muerto. Quiero mirarlo. La cabeza se levanta y se desploma. Quiero salir de esta red de heridas y moretones. Los pies esposados ya no luchan. El dolor gime de piernas a cabeza como tediosa obsesión que repite: estás presa, desaparecida, parecida, depe-sapa-repe-sipi-dapa. Me tapo los oídos. Trato de dormir, acurrucada, para olvidar que soy esta cosa inerte que palpita. Hay que recordar el número ka cuarenta y ocho, ka cuarenta y ocho, ka...

Cuando me robaron el nombre

fui una fui cien fui miles
y no fui nadie.
NN era mi rostro despojado
de gesto de mirada de vocal.

Camino mi desnudez numerada
en fila sin ojos sin yo
con ellos sola
desangrando mi alfabeto
por cadenas guturales
por gemidos ciudadanos de un país
sin iniciales.

Párpado y tabique
mi horizonte
todo silencio y eco
todo reja todo noche
todo pared sin espejo
donde copiar una arruga
una mueca un quizás.

Todo punto y aparte.

Hasta que un día
me devolvieron el nombre
y salí a lucirlo por los pasillos
del mundo.
Máscaras encontré
países perfiles adormecidos
lenguas golosas de novedades
absurdo.

Me dejé caminar así
hacia mi ningún lugar
hacia mi nada
por desfiladeros de huellas
sin rocío
sin poder traducir
mis cicatrices.

¡Ese nombre no es mío!
El mío

era cien era mil era todos
el mío

era cuerpo era vientre era voz
tenía vecinos silbaba
era diurno y nocturno
era un dios.

¡Se me ha perdido mi nombre!
por las veredas de un mapa
sin esquinas grité
entre puertas acribilladas de miedo.

¡Quiero mi nombre!
mi nombre propio curvo palpitante
¡Que me lo traigan!
envuelto en primaveras
con erre de rayuela
con o de ojalá
con a de aserrín aserrán.

Mi nombre enredadera se enredó
entre sílabas de muerte
DE SA PA RE CI DO
ido
nombre nunca más
mi nombre

Enajenada de sujeto
no supe conjugarme
no supe recorrer
el abecedario de mis lágrimas.

Fui ojos revolviendo ayeres
fui manos atrapando jirones
fui pies resbalando
por renglones eléctricos.

No supe pronunciarme.
Fui piel entre discursos
sin saliva sin vestigios
de donde ni por que

ni cuando ni hasta cuando.

No podrás jamás decirlo!
jamás decirte, pensé.

Pero escribirás
escribiré sí
miles de ges de eres de eses
garabatos vicarios
hijos de mi boca
remolinos de deseos
que fueron nombres.

Escribiré
látigos negros para domar
otras salvajes mayúsculas
ahogándome la sangre.
Resistiré resistirás
con nombre y apellido
el descarado lenguaje
del olvido.

Carlos Liscano, Uruguay

Para un novelista, cuentista, poeta y dramaturgo de tal calibre, sorprende que Carlos Liscano, nacido en Montevideo en 1949, sea virtualmente desconocido fuera de su natal Uruguay. Liscano, quien ha pasado veinticuatro años entre la cárcel y el exilio por actividades políticas, ha tenido cuatro obras publicadas en francés, dos en italiano y una en sueco, la mayor parte inéditas en español. Tenía veintidós años cuando fue encarcelado, y al salir trece años después, vivió en Suecia y posteriormente, Barcelona. Escribió su primera novela, *La mansión del tirano,* durante su encarcelamiento hacia 1982, pero es quizás *El furgón de los locos,* galardonado el primer lugar en narrativa inédita del Ministerio de Educación de Uruguay en 2002, el más poderoso testimonio de ese período. Los fragmentos aparecen en orden, pero aquí hemos elegido los que revelan un orden especial en torno a la temática del tratamiento en una prisión.

Liscano adquirió un gran interés por el teatro al trabajar como traductor e intérprete del Teatro Real de Suecia. Allí, su contacto con actores y directores refinaron su apreciación y Liscano llegó a dirigir varias obras en el curso de sus diez años de estadía en Suecia. El tema del otro y, recientemente, la literatura como vía de autoconocimiento son sus mayores preocupaciones literarias. Su más reciente novela, *El camino a Itaca,* ha sido descrita como la mayor escrita en los últimos años.

Obras

La mansión del tirano (1982)
La ciudad de todos los vientos (2000)
El camino a Itaca (2001)
El furgón de los locos (2001)

El lenguaje de la soledad

UNA VIDA SIN OBJETO(S)

Me propongo contar un viaje a los límites de la lengua, al territorio donde uno no sabe si es humano o es animal, un viaje al momento en que uno comienza a dudar si no sería mejor ser animal que ser humano. Para hacerlo he tomado una experiencia personal, que es también la experiencia que en mi país vivieron miles de ciudadanos en los años setenta y ochenta.

En noviembre de 1972 se inauguró en Uruguay una cárcel para presos políticos. Era una cárcel rara, una especie de reino negativo del logos. Allí lo fundamental era la palabra, pero por ausencia y deformación. Era un sitio donde las palabras perdían el significado más o menos aceptado por la convivencia y los diccionarios, para adquirir otros, imprevisibles.

Comenzando por el nombre del lugar. Se la conocía como "Cárcel de Libertad". El motivo de este involuntario oxímoron era la vecindad de la prisión con un pueblo que se llama Libertad. El nombre oficial de aquella institución uruguaya era Establecimiento Militar de Reclusión Número 1. Había, como es lógico y esperable, un Establecimiento Militar de Reclusión Número 2, donde se encerraba a las mujeres.

La cárcel era rara porque la represión allí dentro era poco visible, era silenciosa, era violenta, y era muy efectiva. La "solución final", elaborada y declarada por los militares y los civiles que los apoyaban, era la destrucción mental y física de los presos. Ya que no los habían matado en el momento de la detención ni en los meses posteriores de tortura, había que congelarles todo movimiento, acción y pensamiento de modo de llegar al mismo fin por otros medios.

Junto a este proyecto menor que llevaba adelante en las prisiones, el gobierno de civiles y militares se proponía fundar en Uruguay un reino milenario basado en el modo de pro-ducción castrense, para lo cual habían inventado una jerga compuesta de conceptos como "proceso", "cronograma", "insti-tuciones con dignidad", "lo cívico-militar", "actas institucio-nales", "enemigos de la patria" y muchas, muchas siglas que ni Champollion lograría descifrar. La radio, la televisión, los diarios comenzaron a expresarse en un "idioma oficial" ajeno a la vida, que enrarecía las relaciones entre los ciudadanos.

En ese país de la jerga cívico-militar hay que ubicar la cárcel de Libertad. En la entrada del celdario había un cartel inmenso que bien pudo haber envidiado Dante. Decía: "Aquí se viene a cumplir". Quería decir que a aquel paraíso terrenal de fabricación uruguaya nadie entraba por propia voluntad: los presos cumplían un merecido castigo y el glorioso Ejército Oriental se sometía al sacrificio de vigilar que el castigo se cumpliera. Allí el placer y la alegría estaban excluidos por definición.

En el Penal de Libertad había un edificio y un grupo de barracas, cinco. El edificio, a unos diez metros sobre el suelo, sostenido por 96 columnas, estaba dividido en cinco pisos, que se dividían en dos sectores, que se dividían en dos alas. Las barracas estaban divididas en dos sectores cada una. Nadie del edificio se podía comunicar con las barracas. Cada piso estaba aislado de los otros. Cada sector dentro de un mismo piso estaba aislado de los otros sectores, cada ala estaba aislada de la otra. Si contamos pisos, barracas, sectores, alas, la suma dice que los más de mil presos allí encerrados estaban divididos en unos treinta grupos incomunicados entre sí.

Todo esto es complicado y no vale la pena tratar de comprenderlo. Ni siquiera los presos llegaban a hacerse una idea exacta de la engorrosa organización que dominaba los traslados de individuos, los traslados de objetos, el procedimiento para higienizarse, para colgar la ropa lavada, el reparto de la comida, el envío y la recepción de cartas, las visitas de familiares y abogados, lo autorizado, lo prohibido, la vida toda.

Cuando uno, después de años, creía saber cómo funcionaba algo, se daba cuenta de que no había logrado pasar más allá de la superficie; que en lo profundo la organización tenía otras complejidades, recovecos, zonas oscuras indomeñables para el más experimentado administrador. Todavía más: si lograba penetrar en lo hondo, llegaba a ver que las excepciones a los procedimientos establecidos eran tantas, que en último análisis todos eran casos para los que el plan organizador intentaba encontrar soluciones lógicas, pero que las soluciones nunca resultarían organizables en un sistema consistente. Aun así, todo en la cárcel daba la impresión de tener una razón. El sector de la vida rebelde a la racionalidad castrense estaba en estudio, y ya se lograría dominarlo.

El paisaje del lugar era un yermo de metal y rejas, poblado de soldados, perros, garrotes y reglamentos. El prisionero iba a consagrarse durante años a inventar la realidad, a nombrar lo que no existía para que comenzara a existir. Era necesario generar situaciones donde la alegría y la risa aparecieran como espontáneas. Y aparecían, siempre aparecían, y nadie podía entender de qué se reían aquellos individuos.

Aislamiento y complicación burocrática eran las características del Penal de Libertad. Aislamiento del mundo, del resto del país y de los presos entre sí, hasta llegar al aislamiento individual. La cárcel parecía un satélite artificial, sobre sus columnas, inmóvil sobre el planeta Tierra, ajeno a las leyes de la sociedad y de la naturaleza. La vida se transformaba en moléculas que nunca llegaban a dar la imagen de un cuerpo único.

A lo anterior hay que sumarle medidas como obligar a los presos a marchar siempre con las manos a la espalda, identificarlos por un número que debían usar en el uniforme gris, en la camiseta, en las sábanas, en el pantalón de fútbol, número por el que uno era conocido, llamado, sancionado. Los presos no tenían pelo. Se los rapaba una vez por semana, o cada tres o cuatro días, o una vez al día. Hubo afortunados que fueron rapados de mañana y de tarde el mismo día.

Lo que no estaba expresamente autorizado caía en la categoría de lo prohibido. La categoría era exquisita en el territorio de la lectura. Cubría toda la Historia desde la Revolución Francesa (incluida ésta) en adelante, la física, química, electrónica, ciencias sociales, Víctor Hugo, Borges, Proust, Jardiel Poncela, Benedetti, los Hermanos Marx, la Biblia Latinoamericana. Nadie podría adivinar qué autores estaban prohibidos porque la lógica militar sigue parámetros inefables para el entendimiento de los civiles.

En aquella pequeña jungla de espacios compartimentados, reglamentos, órdenes, disposiciones contradictorias, arbitrariedades generales y de detalle, arbitrariedades permanentes y circunstanciales, decididas por las más altas cabecitas pensantes de las Fuerzas Armadas, y decididas también por el soldado del momento, la realidad se volvía abstracta. Cuando el mundo es parcelado y absurdo uno despega, entra en otra cosa, algo que al comienzo no sabe bien qué es y que luego de mucho tiempo logra organizar en la cabeza, o no logra organizar y se pierde en el delirio y la triste locura.

Había un problema menor que yo comprendí mucho tiempo después de haber ingresado al penal, cuando comencé a escribir: en la cárcel no existen objetos comunes, los que uno usa en la sociedad. No hay un reloj, una silla, una olla. Uno no enciende ni apaga la luz, no tiene llave para abrir y cerrar puertas, no hay un cuarto de baño, o el cuarto de baño es también dormitorio y comedor sin puerta, no hay una corbata, un pantalón, un peine. Uno no enciende ni apaga ningún fuego, no tiene dinero, no compra, no paga, no llama por teléfono, no lee el diario, no enciende la radio ni el televisor.

Uno acaba por olvidar cómo son muchos objetos y las situaciones en las que se utilizan. Esto aumenta la extrañeza con respecto a la palabra. Vocablos que uno conoce pierden utilidad, pasan a la categoría de cosas que solo viven en el lenguaje, como El Cipango y el número pi.

LA OBSESIÓN POR LA PALABRA

Lo más reprimido en la cárcel era la palabra. Si uno pasa mucho tiempo sin hablar pierde el hábito. Cuando un día se le permite volver a hacerlo, se aturde, siente dolor de cabeza, le duelen las mandíbulas, prefiere escuchar lo que dice otro, o mejor el silencio.

Como el ser humano es empecinado —y el preso lo es por definición, porque por algo está en la cárcel, alguna norma violó—, cuando uno no puede hacer uso de la palabra no hace otra cosa que querer hablar. Entonces la palabra adquiere un valor que no tiene en la vida normal: comienza a hacerse evidente que poder decir algo y que otro escuche y responda es una maravilla, la más grande maravilla del ser humano. En ese momento uno descubre lo que siempre supo pero nunca necesitó formularse: que el que es, es por la palabra.

Luego el preso pasará a aplicar esta conclusión a la sociedad, donde viven los libres. Si fuera de la cárcel hay gente que carece de la palabra, gente que no puede nombrar ni lo que existe ni lo que no existe, ¿cuál es la libertad de esa gente? Quien no puede expresarse o no tiene tiempo para pensar en qué y cómo merece ser expresado, ¿es?

El intento de romper el aislamiento y la imposibilidad de conseguirlo produce, sucesivamente, una sobrevaloración de la palabra y una subvaloración posterior. Porque uno avanza hasta preguntarse: ¿para qué hablar? ¿Hablar para nombrar qué realidad? ¿La realidad de la cárcel o la verdadera realidad que transcurre en el mundo y que al preso le está vedada? Mejor no hablar, mejor el silencio.

La falta de oportunidades de comunicarse hace que al principio uno viva obsesionado por romper el aislamiento, inventa códigos, lenguajes por golpes, lenguajes por señas. Pero esto, que a su vez valoriza de un extraño modo el habla, lleva a que las pocas oportunidades de comunicarse que se tienen sean aprovechadas al máximo. Se habla poco, claro, breve. Nadie puede darse el lujo de hacer largos discursos faltos de contenido objetivo, o de lo que a uno le parece objetivo, cuando la palabra está tan vigilada y reprimida. Así el lenguaje gana en precisión y pierde en dimensión, una dimensión que trataré de explicar con un ejemplo.

Al salir de la cárcel tuve esta sensación. Durante años nunca había hablado más que con una persona a la vez porque estaba prohibido juntarse más de dos en el patio. Con mi familia y los amigos nos sentábamos ocho o diez personas alrededor de una mesa. Todos hablaban a la vez. De acuerdo a mis hábitos, lo que los demás decían era importante porque ¿por qué iban a hablar si no?

Entonces yo quería atenderlos a todos, y me desesperaba porque todos hablaban al mismo tiempo. Empecé a darme cuenta de que lo que alguien decía no era atendido por los demás, se interrumpían unos a otros, cambiaban de asunto sin que al que estaba hablando le importara mucho. Yo los observaba, me parecía imposible que aquello fuera hablar. Luego entendí que no se decían nada, que estaban jugando. La gente se reúne no para contarse cosas importantes sino para jugar con las palabras. En los viejos tiempos, en las oportunidades en que podía conversar con alguien, yo hablaba 60 minutos y decía lo que tenía para decir. El otro escuchaba sin afirmar ni negar, en silencio. Dos o tres o cuatro semanas después el otro contestaba, en 60 minutos, todo lo que mi monólogo le había parecido. Era una especie de comunicación por telégrafo, uno por vez.

EL ANIMAL HABLADO

Había en la cárcel de Libertad un lugar especial que se llamaba "La isla". En aquel sitio separado del mundo que era el Penal de Libertad, había otro todavía más aislado, que se definía por su propio nombre. La isla eran los calabozos, el lugar donde se metía a los presos que infringían el reglamento, o se negaban a cumplir órdenes, o se rebelaban contra la arbitrariedad, o cometían errores, o habían caído en desgracia con algún militar. Motivos para ir a parar a La isla no escaseaban.

Los calabozos eran un lugar siniestro dentro de la cárcel. Algunos de los que allí entraron no volvieron a salir y los que salieron habían cambiado en algo sustancial que los volvía otros.

La isla era soledad, silencio y represión. No se podía hablar, nunca. No había luz, el agua para beber era racionada por los militares: por motivos ajenos a la comprensión del preso podían darla a las diez de la mañana, a las seis de la tarde o a las tres de la madrugada. El calabozo era una habitación de 2 x 2, de cemento gris, separada de la verdadera puerta por una reja, con un agujero en un rincón. El agua corría por las paredes y el suelo, el viento soplaba por un hueco a la altura del techo. Dos veces por día se abría la puerta y le entregaban al castigado un plato de aluminio con comida hirviendo. A los cinco minutos lo retiraban. Uno no se bañaba, no se afeitaba, no veía caras. Una vez por semana le cortaban el pelo. Podía tener barba de un mes, pero nada de pelo.

El tiempo del castigado no es el tiempo de la sociedad: es el tiempo que falta para cumplir el castigo. Para el castigado el futuro va comenzar el día en que acabe el castigo. El presente no es el tiempo de la Historia, del trabajo, de la creación, de la lucha con otros hombres y con cosas: es un paréntesis fuera del mundo. El castigado vuelve a la soledad esencial en que nacemos. Se convierte en un pensador a tiempo completo porque allí uno solo puede pensar. Está solo con sus pensamientos: 16 horas por día despierto, caminando en los dos metros y medio de la diagonal.

Cuando un ser humano está solo, absolutamente solo, cuando no hay naturaleza ni cultura ni sol ni luz artificial ni sonido, no está en el mundo. Entonces, ¿qué le queda? Le queda su propio cuerpo y le queda la palabra pensada. La palabra es el pasado, la tradición, la cultura. El cuerpo y la palabra son toda la vida del hombre absolutamente solo. Pero la palabra allí no vale para nombrar lo que no se tiene, ni para comunicarse. No hay nada, es el vacío: el agua no es agua, es humedad en las paredes. El sonido es el crujir de alguna puerta. La luz es la que el ojo inventa en la oscuridad, las imágenes que crea en las manchas de las paredes. Los olores son los del animal y sus heces. Está el cuerpo y está la palabra, pero el cuerpo no sirve para trabajar ni para el placer y la palabra no sirve para nombrar la ausencia de cosas, de gente, de amante, de amigos, vecinos, padres, hijos.

En aquel lugar, cuando la piel comenzaba a caerse por falta de sol, lo único que importaba era uno mismo. Uno se repetía: "Debo vivir, debo vivir, contra todo. Si el mundo se hunde, yo igual viviré." Aunque no sabía bien por qué, a uno le parecía que vivir era necesario. Para sobrevivir uno se concentra tanto en la naturaleza que se vuelve sólo cuerpo, se vuelve una bestia.

La palabra es la única compañía del castigado y es también su peor enemigo. A la bestia le basta con comer, beber agua, dormir algunas horas. En cambio la palabra no cesa de hostigar a la pobre bestia. En la palabra están los recuerdos, las ilusiones, las preguntas incontestadas, lo que se hizo mal, lo que no se hizo y se debió haber hecho. En la palabra está el ser humano. Pero uno duda de ser todavía humano, y más duda cuando al carcelero, por mera diversión, se le ocurre dejar sin comer a los presos. En La isla no hay voces más que la propia para responder, para estimular, disentir, aprobar y recordarle a uno que es mejor ser humano que ser bestia. Uno intuye que sin la palabra sólo quedaría la bestia, y es seguro que la bestia sobreviviría mejor que uno, que carga la maldición de ser un animal hablado.

Pero entonces, ya en el límite, la palabra inventa una vocecita, muy tenue, que habla, que vuelve a inventar el mundo, los colores, los sonidos, los olores agradables, las amables voces conocidas. Entonces la palabra vuelve a ser la salvación, vuelve a crearlo todo: los pájaros cuyo nombre nunca conoció, una puesta de sol en la infancia, los árboles y su sombra, una cancioncita trivial, la leyenda de la Escuela Pitagórica sobre los números irracionales, un cuento de Dino Buzzatti donde hay un rey, un gol que vio hacer a su jugador favorito. Todo vuelve a ser, a existir por el poder del que, no teniendo nada, descubre otra vez que posee la palabra, que es la que todo lo crea.

Es una lucha donde el único objetivo es sobrevivir. El mundo desaparece, uno se tiene a sí mismo y con ese individuo tiene que convivir. Uno puede despreciarse, sentirse lástima, odiarse un poco, pero no se puede declarar la guerra total ni condenar al otro que uno es. En algún momento tiene que absolverse, creer en sí mismo, sentir que aun siendo la vida lo que es, vale la pena vivirla.

Uno hace las paces, se respeta los defectos, rescata algo positivo, aunque sea mínimo, aunque sea ilusorio. De pronto se sorprende hablando solo. La primera vez la sorpresa de escuchar la propia voz puede provocar miedo: uno cree que hablar solo es el signo evidente de que ya se pasó para el otro lado. Luego se da cuenta de que hablar, aunque sea solo, es necesario y es sano. Entonces, reconciliado, se cuenta cosas, recuerda en voz alta, se canta canciones, formula frases que no quiere que se le escapen en el torrente del pensamiento.

DE LA PALABRA A LA LIBERTAD

Cuando nada es posible uno hace lo que puede dentro del estrecho andarivel que le dejan y, aunque no parezca, entre esos límites cabe un territorio prácticamente infinito. Por inversión extraña de las cosas, cuando el preso piensa en el mundo de fuera de la cárcel y lo compara con el suyo, siente que puede ejercer su libertad más que los otros.

Como no puede hacer que algo cambie, el preso trabaja sobre sí mismo, que es la única materia que puede dominar. A transformarse dedica las 24 horas del día. Esa transformación obliga a transformar el idioma, en varias etapas, en varias capas: el que él es, el proyecto de sí mismo, la representación ante el guardián, la relación con el preso que está en la celda de al lado, su secreto pasado.

La mentira ante el guardián que el preso representa permanentemente, está vigilada por el que él siente que es. Vive representando y representándose a toda hora. Es una obra de teatro sin pausa. Puede hacerse el que no sabe, el que no entiende, el distraído, el tonto, el loco. Cada una de esas representaciones exige coherencia en las acciones y un lenguaje también coherente. El preso escribe el guión y lo representa. Él es su propia obra de teatro, y esa obra, en la que se le va la vida, implica una moral para mostrar al represor y otra para sí mismo. Aun la insanía tiene una lógica. El preso se hace el loco para no enloquecer. Cada paso en la locura premeditada es una experimentación con el lenguaje. ¿Cuál de los dos soy, el loco, o el que hace que está loco?

Ante el represor vale todo, pero no hay que olvidar que esa segunda moral es hija y dependiente de la otra, la de la dignidad. El preso es un ser vencido, pero su existencia desafía a los vencedores. En una cárcel de presos políticos el preso es siempre "un enemigo de la sociedad". Ser un enemigo que no tiene nada ni nada puede, es una especie de escándalo existencial: suena dramático y acaba siendo ridículo. La mera existencia es ya resistencia, y le da al más débil un poder que el vencedor no tiene. Al vencido le basta con existir para dar significado al mundo. Al vencedor no le basta ni la muerte del vencido: observa al preso día tras día, meses, años: el otro sigue existiendo, respira, piensa, hace cosas en silencio. El vencedor sabe que lo que él ve no es más que una representación. Pero como el preso tiene muchas capas de representación, el represor no sabe nunca cuándo está frente a una representación y cuándo está frente al verdadero individuo. El preso, para el guardián, es un misterio. Nunca sabrá quién es. Esto hace del preso un ser poderoso y libre.

En el mundo desarticulado de la cárcel, parcelado, desconectado del gran mundo, y a su vez dividido en trozos inconexos, la palabra primero se retrae. Con los años, poco a poco la cárcel comienza a reflejarse en el lenguaje. El lenguaje organiza la realidad, le da forma, le impone un sentido y así modifica la realidad. Entonces las palabras vuelven por su camino, vuelven a conquistar trozos de libertad. Ahora tienen a su favor el peso que han adquirido después del viaje al límite, allí donde reside el animal y donde el ser humano se confunde con él.

Nunca se supera la añoranza del mundo real, el de los libres. Pero aparece una línea oblicua para llegar a él: la ironía, el humor negro. Cuando nada puede estar peor, no hay nada de qué reírse. Pero entonces, como nadie es más grotesco que un preso, todo puede ser motivo de risa. Esto acaba por dar una extraña fuerza: uno pasa a ser blanco de sus propias bromas y así se salva. El lenguaje vuelve a salvarlo. Uno ha organizado el terror a morir, ha discutido con él. No lo ha vencido, pero lo mantiene a raya. En una etapa posterior uno puede bromear sobre su propia situación. ¿Y por qué no hacerlo con la situación de los demás, de los libres, los que están afuera, que no saben lo que es la verdadera libertad?

La reflexión en torno al lenguaje, el llegar al límite donde el ser humano comienza a ser solo animal, lleva al descreimiento en el lenguaje. La palabra es la cultura, y la cultura, propiedad de los vencedores, es mentira, represión, arbitrariedad, mal-trato. Las palabras se vuelven inanes: todas las palabras, las de otros, las propias. Por este camino de la desconfianza en el lenguaje se llega a una ironía esencial y peligrosa. Uno desconfía del lenguaje, de sí mismo, de todo lo que se dice, y le parece que hasta el conocimiento científico es una construcción vacía.

Esto es sano, porque desarrolla la capacidad de nunca tomarse demasiado en serio. Pero es peligroso, porque puede llevar al descreimiento total en el ser humano, que es la palabra.

Por fortuna uno acaba descubriendo las palabras esenciales, las de la amistad, las de la solidaridad, la que nombra el sabor del pan y de la sal. Entonces vuelve poco a poco a rescatar la palabra, un poco temeroso, con mucho cuidado, comienza a sacarla de la basura donde la dictadura la ha hundido. Recuerda lo que ya sospechaba, o accede a un nuevo conocimiento: el ser humano no es solamente una criatura luminosa o solamente una bestia. El ser humano es las dos cosas y el lenguaje refleja las dos. Que el torturador también tenga el don de la palabra no anula el valor del silencio del torturado, que en el tormento se tragó las respuestas. Pese a la hipocresía, a la mentira, a la corrupción del pensamiento y los sentimientos que toda dictadura quiere imponer a la convivencia, hay palabras que importan y mucho, y esas deben ser salvadas para poder salvarnos.

Soledad y solidaridad, muerte y libertad, fueron objetos de reflexión alguna vez para cada preso, no importa con qué grado de elaboración y desarrollo ni hasta dónde llegó con las respuestas. Quisiera decirlo con pocas palabras y mucha modestia: yo, además de hacerme adulto, me hice escritor en la cárcel, y siento que algo de este viaje a los límites de la lengua están en el fundamento más profundo de todo lo que he escrito, en y después de la cárcel.

El furgón de los locos (fragmento)

Hace días que estoy en un cuartel del Ejército, encapuchado hasta los hombros; el pantalón, la camiseta, el calzoncillo, los zapatos empapados. Tengo 23 años. No sé qué día ni qué hora es. Sé que es de noche, tarde. Acaban de traerme de la sala de tortura, que está en la planta baja, bajando la escalera, doblando a la izquierda. Se oyen los gritos, un torturado, otro, y otro y otro, toda la noche. No pienso en nada. O pienso en mi cuerpo. No lo pienso: siento mi cuerpo. Está sucio, golpeado, cansado, huele mal, tiene sueño, hambre. En este momento en el mundo somos mi cuerpo y yo. No me lo digo así, pero lo sé: no hay nadie más que nosotros dos. Pasarán muchos años, casi treinta, antes de que pueda decirme qué es lo que siento. No decirme "qué se siente" sino qué sentimos él y yo.

I

Regreso muchos años hacia atrás.

Estoy en los calabozos de un cuartel del Ejército. Debajo de los calabozos está la sala de tortura. Somos siete presos, y excepcionalmente nueve o diez, cuando ponen a alguno de plantón en el corredor, que luego se llevan, y volvemos a ser siete. Siempre hombres, nunca una mujer. En otro sitio en este mismo cuartel hay un grupo de, se dice, unos sesenta o setenta presos. Allí están mezclados hombres y mujeres. Sabemos que también hay presos en todos los cuarteles del país, en Jefatura de Policía de Montevideo, y quizá hasta en las comisarías. También sabemos que algunos han muerto en la tortura. Es el 27 de mayo de 1972 y ya somos cientos. En los próximos años serán decenas de miles de torturados. Los torturadores serán ¿cuántos?

2

Todo el mundo se hace una idea sobre la tortura. Es claro que si uno sabe que puede ser detenido, en el momento de caer ya ha pensado en eso. Pero nadie podrá jamás hacerse una idea sobre los detalles. Los detalles tienen que ver con un conocimiento íntimo, relacionado con el cuerpo, no con el cuerpo humano en general, sino con el propio. La tortura se parece a una enfermedad: no duele a todos por igual, y sólo el que la ha padecido sabe qué se siente.

La tortura, ¿serán golpes, picana eléctrica, empalamiento?

En las últimas semanas, antes de llegar aquí, la represión en Montevideo estaba en el aire, se podía tocar. Ejército, Armada, Fuerza Aérea, patrullando día y noche, armados, amenazantes, temerosos. Calles cerradas, controles a toda hora. Ambiente tenso, violento, mucha violencia. Se lo puede leer en la prensa, escuchar en la radio. Entre abril y mayo ha habido cerca de veinte muertos. Es imposible no pensar que en algún momento uno va a ser detenido, y torturado. Es imposible no pensar en cómo hacer para soportar la tortura.

No importa todo lo que uno sepa, lo que haya escuchado, lo que haya leído sobre la tortura. La experiencia en el tormento es diferente a todo lo que uno supuso, y es única para cada uno.

Lo mejor, había pensado antes de ser detenido, es hacerse reventar. Aguantar hasta no poder más, y entonces no podrán torturar un cuerpo inerte. Pero hay una ventaja a mi favor en la que no he pensado: tengo veintitrés años, soy sano, mi corazón funciona bien. Luego, en la tortura, voy a pensar que mi edad y mi buena salud son una desventaja. Si el corazón me fallara en medio de la tortura, me moriría, y allí se terminaría todo. Pero el corazón no me falla, funciona como el de un hombre joven, fuerte, que ha hecho deporte toda su vida.

En la tortura uno prefiere morir, acaba por pedirle al verdugo que lo mate. El verdugo responde:

"Eso es lo que quisieras, que te matemos. Pero no lo vamos a hacer".

3

La muerte en la tortura no fue buscada por los torturadores, sino que no hicieron nada para evitarla. No hicieron nada de lo que podían haber hecho. Mataron a quienes quisieron, de un balazo, o lo tiraron al río, o lo tiraron desde una azotea. La forma no importa, los mataron porque decidieron matarlos. Pero la muerte en la tortura no fue planeada. Eso no les quita responsabilidad, ni disminuye su culpa. Siempre tuvieron a mano un cuerpo de médicos que les decía hasta dónde se podía llegar, cuándo había que parar y dejar descansar al detenido. Pero el torturador no consulta al médico antes de empezar su trabajo. Tampoco pregunta al detenido si tiene "contraindicada" la tortura. No está en la deontología del oficio. La muerte en la tortura no ocurre por casualidad, sino por brutalidad, y desidia, del torturador, de sus jefes, de los médicos. Los médicos militares no se forman en los cuarteles, se forman en la Universidad. Uno podría preguntarse cómo la misma Universidad que forma a los médicos que mueren en la tortura, forma a los que ayudan a torturar.

4

La noche es caótica y ruidosa. La tortura comienza alrededor de las diez o las once, rara vez se tortura durante el día. Durante la noche se oyen los gritos de hombres, mujeres, el ladrido de los perros que los militares azuzan contra los torturados para amedrentarlos. Los oficiales también gritan, amenazan, insultan. Después de un tiempo en los calabozos uno puede dormir aun con los gritos desesperados de los torturados.

En la sala de tortura hay olor a humedad, a tabaco. Como lugar de trabajo es inhóspito e insalubre. Hay un tanque de doscientos litros, de metal, cortado por la mitad, con agua. El preso, o la presa, entra a la sala, conducido de malos modos, a los empujones, a los golpes. Todavía no empezó la tortura, se trata sólo de atemorizar. Es "el ablandamiento".

Hay un torturador malo y otro bueno. El bueno advierte al detenido que a él no le gusta torturar, pero que su compañero es un hombre muy duro, de pocas palabras, violento, capaz de lo peor.

Para demostrarlo, el malo se hace oír.

Si se lo dejan a él, el prisionero aprenderá enseguida cómo funcionan las cosas aquí.

Pero el bueno todavía no ha renunciado a aplicar su bondadoso método, y continúa.

A él no le gusta que se torture. Pero en caso de que el detenido no hable por las buenas, no tendrá más remedio que dejar hacer a su compañero, que tiene muy mal carácter.

Si el detenido quiere, todo puede arreglarse sin violencia. Basta con que conteste a lo que se le pregunta.

De todos modos, el preso tiene que saberlo, si no colabora ellos igual obtendrán la información, para eso está el malo.

Por tanto, es preferible, para el preso y para ellos, obviar la tortura, y el mal rato. ¿Verdad?

Así que es mejor empezar las cosas sin violencia.

Porque ellos, el preso debe saberlo, tienen todo el tiempo del mundo para sacarle información.

¿El preso está dispuesto a colaborar?

El preso está aturdido, pero la cabeza le funciona a gran velocidad. No puede aparentar ser duro, y tiene que inventar respuestas verosímiles a posibles preguntas. También puede ponerse a delirar conscientemente, allí, enseguida, en el primer momento. Y luego sostener el delirio, días, semanas, meses. Eso es difícil, y es peligroso

El preso no elige el delirio. Elige otro camino, sinuoso, también peligroso, que no sabe a dónde conduce, pero que cree poder recorrer, con resistencia, con astucia. ¿Con coraje?

El preso promete colaboración.

Bien, si es que quiere colaborar que empiece por contar todo lo que sabe.

Entonces llega la desinteligencia entre el torturador y el prisionero. Porque el prisionero dice que quiere colaborar pero que no sabe nada.

En realidad el preso y el oficial juegan al mismo juego. El preso quiere saber cuánto sabe sobre él el interrogador, y para eso espera la pregunta que lo oriente. Si la pregunta nada tiene que ver con él, se sentirá tranquilo. Si la pregunta tiene alguna relación con él, con su actividad, o él tiene información que puede ayudar al torturador, el preso intentará elaborar una respuesta que dé el mínimo de indicios. Tiene segundos para inventar algo convincente, verosímil, y que no entregue ninguna información que el torturador ya no tenga. Por tanto, es mejor esperar, seguir negando, de plano, todo, hasta que el torturador haga una pregunta concreta, y así poder elaborar una mentira concreta que parezca verdad.

El torturador insiste en que para ahorrar tiempo y disgustos para ambas partes el preso debe contar todo lo que sabe.

Ya se está llegando al final.

El diálogo, o como pueda llamarse eso, por fin acaba cuando el preso repite que no sabe nada.

El torturador bueno se enoja, o hace que se enoja, y deja lugar al malo. El malo le da unos golpes, un puñetazo, una patada. El preso no sabe si es el malo o el bueno el que pega, pero supone que son los dos.

Los torturadores, hay siempre cuatro o cinco, acercan al preso al borde del tacho con agua. Uno de ellos mete la mano y la remueve.

¿El prisionero oye el agua? Bueno, si no habla irá a parar allí.

Después de un rato, largo o corto, el torturador se aburre y trata de meter al preso en el tacho. No es tarea fácil. El preso se resiste. Entonces empieza el ablandamiento de los músculos del estómago. A fuerza de golpes el preso se dobla de dolor y entonces es zambullido de cabeza en el tacho.

Eso dura ¿cuánto? Imposible medirlo. Para el preso es la eternidad.

5

A causa de los golpes en el estómago, en el momento de ser metido en el tacho el preso ya no tiene aire en los pulmones. Está encapuchado, esposado en la espalda. Traga agua, siente que se ahoga. Ésa es la sensación, la de morir ahogado.

Cuando lo sacan del tacho, la capucha de tela está llena de agua. Entonces una mano cierra la capucha sobre el cuello, y el agua demora en salir. La sensación de ahogo continúa unos segundos más. El preso grita y grita. No son gritos normales de dolor, sino como de bestia, de animal desesperado. No le dan la boca y la nariz para conseguir aire. El sonido sale entrecortado, como una sucesión de explosiones. Es un bramido más que un grito. El cuerpo se mueve, salta. No hay aire en ninguna parte.

6

Son dos las luchas que libra el preso, y las dos desiguales. Una es con los torturadores, que son muchos, todo lo pueden, y el preso está indefenso. Ni siquiera cuenta con todo su cuerpo para defenderse, no tiene las manos, no ve, apenas respira. El tiempo, el cansancio, el dolor y el desgaste físico transcurren en su contra. En esta partida el preso no tiene nada para ganar y todo para perder. Con fortaleza física, y mental, y suerte, y rabia, y odio, tal vez esta noche pueda terminar en tablas. Pero, ¿y la próxima noche?

El torturador no las tiene todas consigo. Pese a que repita a los gritos "Nosotros tenemos todo el tiempo del mundo para sacarte la información", el prisionero sabe que eso no es verdad. A medida que el preso resiste, y pasa el tiempo, la información que tiene pierde actualidad, deja de ser útil. Quizá los datos que esta noche el preso puede dar, y que permitirían detener a otros, ya no sirvan al amanecer. El torturador tiene prisa, ésa es su desventaja.

El torturador también se pone de mal humor, se cansa, suda, se ensucia, se hastía, comienza a beber, pierde el control, pega por pegar, sin profesionalismo. Es otra desventaja para él. Pasa las noches torturando, o en la calle, deteniendo gente, entrando a las patadas en casas donde hay familias, mujeres, niños. Tampoco puede atender su casa, su propia familia.

Muchos años después escucharé una historia, que no sé si es cierta. Un oficial de este mismo cuartel en que estoy, joven, recién casado, patrulla las calles de noche. Siente ganas de pasar por su casa, de ver a su mujer, que es joven, está sola, y a la que hace días no ve. La mujer no sabe que el marido pasará a visitarla a esa hora. El joven oficial ordena al chofer que se detenga frente a su casa. Se baja. Abre la puerta. Entra. La mujer está en la cama con un amante. El oficial saca la pistola y lo mata.

La otra lucha desigual que el preso sostiene es consigo mismo. Habla o no habla. En cualquier caso pierde, no hay tablas posible en esa partida. Si no habla, la tortura seguirá, el preso no sabe hasta cuándo, y el sufrimiento también. Si cree que aguantará a pie firme hasta el final y no lo consigue y se quiebra, puede ser desastroso, puede llevarlo a dar toda la información que tiene sin resistencia, sin obligar al torturador a arrancársela.

Si el torturado habla se enfrentará a su peor enemigo. Quedará solo ante sí mismo, semanas, meses, años, sintiéndose una mierda, preguntándose por qué, diciéndose que debió y pudo haber aguantado más, un poco más, otra noche, otra sesión, otra metida de cabeza en el tacho.

24

También tengo tiempo para irme en los recuerdos. Lo que viví, los momentos gratos con mis padres, mi hermana, los amigos. No me doy cuenta de que soy poco más que un muchacho, que no he vivido tanto como creía. Esa reflexión me ocurrirá dentro de algunos años. Lo que siento ahora es que mis recuerdos son pocos, que siempre vuelvo a los mismos, no sólo porque sean gratos, sino porque no tengo otros. Que quizá, pese a los pocos años, ahora podría tener otros recuerdos, pero que no aproveché todo lo que era posible lo vivido hasta hoy.

El pensamiento vuela, me hago planes, planes hermosos. Si mañana estuviera libre volvería a casa, dedicaría tiempo a mostrarles a los míos lo mucho que los quiero. Quisiera hacer lo que pude haber hecho y no hice, terminar lo que comencé y dejé por el camino, reparar lo mal hecho. Quisiera tener libros, leer, aprender. Sé todo lo que se puede aprender, y sé que no sé nada. Me gustaría que pasara ya este momento para empezar otra vez, estudiar, conocer. Sobre todo empezar a escribir. Pero para escribir hay que leer mucho. Hasta hace unas semanas pensaba que un día tendría tiempo para leer, y luego me pondría a escribir. ¿Escribir sobre qué? No sé, no se me ocurre. Es menos que un proyecto, una ilusión.

Quizá sería suficiente con mucho menos. Alcanzaría con poder caminar por la calle. Si pudiera hacerlo miraría de otro modo el paisaje, la gente, los lugares. No pasaría corriendo, sin atender. Me fijaría en los detalles. Pese a que conozco bastante bien la ciudad, sé que hay sitios en los que nunca he estado, y ahora siento curiosidad por conocerlos.

Esta situación, la tortura, es algo pasajero. Luego volveré a la normalidad. ¿Cuál es "mi" normalidad? No lo sé, no me lo pregunto, no puedo preguntármelo. Pero no se me ocurre pensar que la tortura y la cárcel serán para siempre, que algún día acabaré escribiendo sobre esto, sobre esta miseria. Que mi vida será inimaginable para mí sin esto que estoy viviendo, sin los trece años que viviré. Y que acabaré diciéndome, y no una vez sino muchas, con una convicción primitiva que va mucho más allá de la literatura, del más o menos hábil oficio de enhebrar palabras, que si hubiera sido posible otra vida para mí yo no la elegiría.

Podría, también, viajar, conocer otros países, otra gente, retomar los cursos de idioma. Entonces ya estoy en el delirio, el viaje a ninguna parte, tirado en el colchón. Y me doy cuenta de que deliro, pero no quiero dejar de hacerlo. No quiero volver al calabozo, a este cuartel, al dolor de saber que mi familia ha de estar sufriendo por mí, de que tengo veintitrés años, que soy ignorante, que seguiré siendo ignorante, una pobre bestia que no trabaja, no estudia, no se desarrolla. Intento seguir fantaseando, irme, volar, no ser yo aunque sea por un rato, creer que todo es suave, agradable, que estoy en mi casa, en una casa, sentado en medio de libros, estudiando, escribiendo.

7

El cuerpo, que durante tantos años fue lo único que tuve, pese a los golpes, a las miserias, al asco que una vez sentí por él, ahora, ya en el camino de la vejez, animal amigo, sigue siéndome fiel.

Quisiera decirlo, y decírselo, con las palabras más comunes que un hombre habituado a trabajar con palabras puede encontrar: me gustaría poder elegir la muerte de mi cuerpo, el día, el lugar, y el modo. Que le sea serena y plácida. Y algo absolutamente irracional: quisiera que un día mis huesos estén junto a los de mis padres, si fuera posible. Lo único que le pedí a mi cuerpo en la tortura fue que me permitiera algún día mirarlos a la cara con dignidad.

Reinaldo Arenas, Cuba

De la persecución y el ostracismo nació una figura ahora considerada como uno de los autores cumbres de la literatura cubana. Reinaldo Arenas, original de una familia humilde de Holguín, Cuba, participó en la revolución castrista desde una joven edad. Sin embargo, su participación no lo liberó de descubrir la injusticia y luego se opuso al régimen de Castro. Su segundo libro, *El mundo alucinante*, es considerado "contrarrevolucionario". Además de ser perseguido por su oposición, Arenas fue perseguido por ser homosexual. Su manuscrito de *Otra vez el mar*, escrito en 1978, fue hallado y destruido, pero Arenas lo rehizo. Harto de la tiranía y represión, trató éste de escapar de Cuba varias veces y fue encarcelado por dos años, hasta lograrlo en 1980. Ese mismo año apareció su novela *El palacio de las blanquísimas mofetas*, y Arenas se trasladó a Miami.

Aunque ya no perseguido por sus temas e ideología, se encontró solo y sin dinero. Fue en esa época que compuso su más deslumbrante poesía. En los Estados Unidos enseñó en la Universidad de Florida y fue nombrado profesor visitante en la Universidad de Nueva York. También colaboró en la revista *Mariel* durante toda su vida literaria, desde 1983 hasta su cierre en 1987. Publicó un libro de cuentos llamado *Antes del desfile*, pesimista precursor de su autobiografía, *Antes que anochezca*, publicada póstumamente. Encontrándose enfermo por causa del SIDA, Arenas tomó su destino en sus manos y se suicidó en 1991 en su apartamento en Nueva York.

Obras

El mundo alucinante (1966)
El palacio de las blanquísimas mofetas (1980)

Otra vez el mar (1982)
Antes que anochezca (1991)
Celestino antes del alba (2000)

Antes que anochezca (fragmentos)

UNA PRISIÓN "ABIERTA"

Llegamos a una prisión, llamada abierta, situada en el Reparto Flores, a un costado de Miramar. Torres le hizo una señal y habló al oído al guardia que cuidaba aquella prisión. Entramos allí y me dieron colchoneta y uniforme nuevos. Aquella prisión estaba al borde del mar y tenía hasta un pequeño malecón donde uno podía caminar y sentarse; era un cambio notable.

Pude darme un baño en las duchas, situadas en un tablado encima del mar. Abrí la boca para que el agua entrara en mí purificándome y mis dientes postizos fueron a dar al mar.

Al día siguiente por la madrugada nos levantaron, hicieron el recuento y nos llevaron para el trabajo, que consistía en construir edificios para los soviéticos. Trabajábamos desde la madrugada hasta las ocho o las nueve de la noche. Yo trabajaba como ayudante de un albañil que se llamaba Rodolfo; era un hombre de unos cuarenta años, que había ayudado a los rebeldes que luchaban contra Castro a principios de la Revolución y había sido condenado a muerte; después le habían conmutado la pena por la de treinta años de cárcel.

Muchos allí estaban condenados a treinta años y ya llevaban presos casi quince; habían envejecido debido al trabajo forzado. Toda la vida de aquellos hombres había sido destruida por aquel sistema; habían entrado a la cárcel con dieciocho años y muchos de ellos ya tenían casi cuarenta y sólo estaban a mitad de su condena.

Solamente descansábamos los domingos por la tarde, y cada quince días recibíamos visitas. En una de aquellas visitas vino Juan Abreu, quien al verme con el uniforme y la cabeza rapada no pudo contener las lágrimas; traté de consolarlo y le dije que a la próxima visita me trajese un ejemplar de *La Ilíada*, para seguir con su lectura. Cuando ya Abreu se marchaba llegó Norberto Fuentes; optimista, me dijo que lucía muy bien y que, seguramente, estaría allí sólo unos meses. Yo, desde luego, me mostré también optimista con él y le prometí que una vez que saliera de allí sólo escribiría elogios a la Revolución de Fidel Castro.

En la próxima visita Juan Abreu me trajo *La Ilíada*. En cuanto se fue comencé a leer el último canto que no pude terminar a causa de mi captura en el Parque Lenín. Cuando terminé de leerlo lloré como no lo había hecho desde que estaba en la prisión. Rodolfo, que dormía al lado de mi litera y no podía comprender que yo estuviese llorando por haber terminado de leer un libro, trataba de consolarme. Me decía que no me preocupara; que seguramente mi madre vendría a visitarme en la próxima visita; que no tenía por qué llorar porque pronto me darían la libertad.

Todos los días cuando llegaba la hora del baño yo buscaba en el fondo del agua tratando de encontrar mis dientes, pero era inútil tratar de hallarlos.

Una tarde me llamó uno de los presos que servía de enlace entre nosotros y los oficiales de la prisión. Me dijo que un personaje me estaba esperando en la oficina. Entré y allí estaba Víctor, que se puso de pie y me saludó entusiasmado; me felicitó y me dijo que estaba enterado del buen comportamiento que yo llevaba en la prisión y que era una lástima que yo cargase tantas carretillas de tierra, por lo que él procuraría que me cambiaran para algún trabajo burocrático, allí en la prisión; pero que todo marchaba muy bien y, casi seguramente, pronto estaría en libertad. Me pidió también que le hiciese una carta a mis editores en Francia, diciéndoles que yo estaba ya prácticamente en libertad y que iba todos los fines de semana a mi casa. Yo hice la carta y Víctor partió entusiasmado; había obtenido otro triunfo. Lo que él no sabía era que a través de Juan Abreu yo le enviaba notas subrepticias a mis amigos en Francia diciéndoles la verdadera situación en que yo me encontraba, y que hiciesen todo lo posible por sacarme del país.

Víctor venía con frecuencia y me preguntaba quiénes habían venido a verme. Yo sabía que allí estaba vigilado y por ello le dije a Juan en la próxima visita que no volviera a verme más; que eso lo comprometía. Mientras estuve allí no volví a ver a Juan; Norberto, sin embargo, sí venía con frecuencia, pero su nombre no tenía por qué ocultárselo a la Seguridad del Estado porque él era parte de ella.

Los presos podían encerrarse en algunas habitaciones de la construccions para los soviéticos y tener allí relaciones eróticas. Generalmente, el maestro de albañil elegía a uno como peón y ése terminaba siendo su amante; de esta manera las relaciones se podían llevar con mayor facilidad, pues o el maestro y el peón trabajaban juntos y no era extraño que estuvieran encerrados en una de las habitaciones de aquellos edificios, o se hacían horas extras durante la noche, lo cual se inscribía como un mérito.

Rodolfo, al seleccionarme a mí como su peón, tenía aspiraciones eróticas conmigo. Todos aquellos hombres, condenados a treinta años de cárcel, tenían muy pocas posibilidades de tener relaciones con alguna mujer. Por cierto muchas rusas, esposas de soviéticos, a la hora que nosotros pasábamos, se sentaban sin blúmers y cruzaban las piernas con la intención de provocarnos. Algunos de los presos, supe después, se escapaban por la noche de la prisión y hacían el sexo con aquellas rusas; eso era condenado ferozmente, no sólo por la fuga, sino por traición política. Pero a las rusas aquello las divertía muchísimo y cada vez que pasábamos se las arreglaban para alzar más las piernas para que los presos pudieran admirarlas. Eran unas verdaderas "jamoneras", como se decía en lenguaje cubano.

Rodolfo me contaba cuánto lo excitaban aquellas rusas, especialmente una rubia de enormes muslos y tetas descomunales; me decía que no podía más y yo le miraba desde mi litera su sexo y lo veía erguirse mientras me hablaba de aquella rusa. Nunca me decidí a extender una mano y tocar aquel promontorio; nunca me atreví a desempeñar, en la práctica, el rol de la rusa.

Recuerdo que había otro preso joven que yo había conocido ya en el Morro, que me hizo proposiciones. El era peón también y, mientras preparábamos la mezcla para nuestros maestros de albañil, me decía: "Chico, si vas a esperar hasta que te dejen en libertad, se te va a oxidar el culo". Yo no le hacía caso y seguíamos trabajando en forma amistosa.

El edificio donde yo trabajaba daba al patio de una mujer que había sido una artista cubana famosa, Xionara Fernández, que después había caído en desgracia política; era el típico ejemplar femenino que obsesionaba a los hombres cubanos. Diariamente, ella salía a cortar unas rosas que tenía sembradas en su jardín y con toda intención se inclinaba de una forma que enseñaba todas sus nalgas a los presos; todos los días, a las diez de la mañana, se celebraba la ceremonia de las rosas. Los presos, ya preparados para ese momento, se masturbaban; era un hermoso homenaje que ella recibía con extremo placer.

Mi mejor amigo durante este tiempo fue también un cocinero al que le llamaban Sancocho, porque según los presos, lo que preparaba de comida era un verdadero sancocho para cerdos. Era un hombre de unas trescientas libras, una especie de bola humana; su mayor inquietud era preparar aquella comida, por lo que lo hacía con tal pasión que era el alma de aquel comedor. Su verdadera pasión no era la gula, sino poder participar en los preparativos de aquella comida.

A mí me tomó afecto desde que llegué y siempre se las arreglaba para traerme algo de la comida que había sobrado. El estaba condenado a quince años de cárcel, también por problemas políticos, y conocía la historia de casi todos los presidiarios; me decía de quién debía cuidarme, con quién no debía hablar ni una sola palabra. Era indiscutiblemente homosexual, pero nunca me dijo nada acerca de ello. Nuestra amistad fue platónica, fue una hermandad tácita; todos los presos le decían despectivamente Sancocho, pero yo le llamaba Gustavo, que era su nombre. Fue tal vez la persona más noble que llegué a conocer en aquella prisión; tenía esa extraña inteligencia para poder sobrevivir en cualquier circunstancia y esa sabiduría propia del preso, que es capaz de olvidar que existe algo que esté más allá de los muros de su prisión y que puede sobrevivir con las pequeñas tareas diarias, con las pequeñas rencillas, con los pequeños chismes de nuestro alrededor. Con la ayuda de Sancocho, provisto de una espumadera, encontré en la costa cerca de las duchas, mis dientes postizos.

A mediodía Sancocho nos llevaba, con los otros cocineros, el almuerzo al lugar donde estábamos trabajando; era imparcial en el reparto de la comida; cuando me daba más a mí era porque sobraba. Un día Sancocho estaba de pie mirando una rastra enorme llena de cabillas que iba a ser descargada junto al edificio donde nosotros estábamos trabajando; en un momento en que el chofer retrocedió violentamente, una de las cabillas atravesó el enorme cuerpo de Sancocho matándolo al instante. No sé si fue un simple accidente o no; quizás el chofer no lo hizo siquiera por inquina personal contra él, sino sólo por divertirse; para muchos allí era gracioso ver cómo una cabilla reventaba aquel cuerpo tan voluminoso. Nadie nunca volvió a mencionar a Sancocho.

Por suerte para mí, por aquellos días hubo una movilización general y todos los que trabajábamos allí fuimos trasladados al campo para construir una escuela; una de las tantas Escuelas Secundarias Básicas que se construyen en Cuba con mano de obra esclava; es decir, con los presidiarios.

Llegamos a una enorme plantación donde en quince días teníamos que construir una escuela en el campo, para que luego vinieran los estudiantes y limpiaran aquellos platanales trabajando gratis para el Gobierno. Era casi agradable cambiar de lugar y poder estar en el campo y oler las plantas; había un arroyo y uno podía bañarse en él en los escasos momentos libres. Se trabajaba día y noche; muchas de aquellas escuelas se construían a tal velocidad y con tan pocos recursos que al cabo de uno o dos meses se derrumbaban, pero ya eso no era un problema nuestro; el problema era terminar aquella escuela cuanto antes.

A pesar del incesante trabajo, los presos estábamos más contentos allí; podíamos hacer nuestras comidas al aire libre y por las noches algunos hasta tocaban tambores con un taburete y bailaban. Era fácil distinguir los cuerpos que se internaban en los platanales para tener sus aventuras eróticas.

Una noche alguien se sentó en mi litera; pensé que estaba allí por equivocación. En medio de aquella oscuridad sentí que unas manos me tocaban el pecho y oí cómo aquella persona me decía: "Soy Rodolfo". Después se acostó en mi litera donde apenas cabía yo solo, y procurando hacer el menor ruido posible, se bajó los pantalones. Allí en pleno barracón, rodeado de más de quinientos presos masturbé a Rodolfo, quien, a última hora, no pudo dejar de escapar un alarido de placer.

Al otro día continuamos nuestro trabajo sin mencionar para nada lo ocurrido; además, nunca lo volvimos a repetir. El me seguía hablando de su novia hipotética y de lo mucho que la iba a gozar cuando saliera de pase.

Yo tenía una gran preocupación: no sabía si aún estaba sifilítico. Lo primero que le dije al médico en el Morro, después de haber recuperado el conocimiento, era que había tenido sífilis hacia el año 1973. Había sido una gran tragedia curármela porque todo estaba controlado por el Gobierno y los medicamentos necesarios estaban en manos del Estado. Otro terror era que en mi infancia había tenido meningitis y un médico me había dicho que la sífilis podía desarrollarme nuevamente la meningitis.

A través de amigos en el exterior, pude conseguir la penicilina y, en los chequeos que me hice, la sífilis había prácticamente desaparecido. De todos modos, una vez que salí de la Seguridad del Estado, el médico, clandestinamente, me volvió a poner la dosis de penicilina requerida para la enfermedad, aunque me dijo que ya estaba curado.

Cuando regresamos al Reparto Flores, mientras me estaba bañando, llegó al baño un mulato imponente que, no bien entró a la ducha, su sexo se irguió de una manera impresionante. Yo siempre he sido sensible a este tipo de hombres; él se me acercó con el sexo erguido y, por suerte, logré que mi mano enjabonada lo frotase varias veces para que eyaculase. Nunca vi a una persona más feliz después de eyacular; daba saltos sobre el tablado y decía estar muy contento de haberme conocido. Me dijo que teníamos que vernos al día siguiente después de las doce y yo le dije que sí, aunque no pensaba hacerlo. De todos modos, misteriosamente, al otro día aquel mulato fue trasladado. En mi paranoia, pensaba que me lo habían enviado para saber si continuaba en mis prácticas sexuales, porque en mi retractación yo había prometido no volver a tener contactos homosexuales.

Algunos domingos podíamos bañarnos en el mar; era una gran alegría poder meterme en aquellas aguas y alejarme al menos cinco o seis metros de la costa; esto, claro, se hacía sin permiso de los guardias y había que poner a vigilar a uno de los presos para que nos avisara en el caso de que viniese algún guardia. Naturalmente, cuando un preso ha llegado a la granja abierta no intenta escaparse porque sabe que si lo hace será devuelto a la prisión cerrada y está convencido de que no hay escapatoria; es un privilegio para él estar allí; algunos hasta tienen en ocasiones permiso para ver a sus familiares. A mí me iban a dar un pase y yo no lo acepté, pues no tenía ningún lugar donde pudiera quedarme; Norberto Fuentes me dijo que podía quedarme en su casa, pero yo preferí permanecer en aquel sitio hasta que me llegara la libertad.

Teóricamente, donde yo estaba no se permitían homosexuales; éstos se tenían que quedar en el Morro o eran llevados a una especie de campos de concentración, pero siempre algún homosexual se infiltraba en aquellas granjas para hombres; además de mi caso, había una loca muy evidente a la cual llamaban La Condesa (pero su nombre era Héctor), que recibía todas las noches en el patio de la granja. No sé cómo se las arreglaba para hacer té y hablaba de ballet, poesía y otros temas de carácter artístico. Allí podíamos leer libros, de modo que siempre había algo que comentar. El caso es que, como Héctor era muy notorio por su vida homosexual, se encontró con la situación de que un día los hombres le dijeron que no podía seguir allí por maricón; eso implicaba volver al Morro. Me pidió consejo y yo le dije que hiciera una lista de todas las personas con las que se había acostado allí y los amenazara con denunciarlos por ello; así lo hizo y la lista era enorme. Cuando los hombres se enteraron de aquello, dieron marcha atrás al asunto de la expulsión: "Caballeros, dejen eso; aquí hay hombres casados y nos van a comprometer", empezaron a decir. En fin, que la amenaza de que se descubriera que aquello no era más que una cueva de bugarrones impidió que Héctor fuese expulsado por los mismos presos que se lo habían templado, y allí pudo terminar su reeducación, reeducando también a los hombres en los baños cuando los demás dormían.

A finales de 1975 ya se comentaba entre los presos políticos la posibilidad de una conversación entre funcionarios de Fidel Castro y Estados Unidos acerca del indulto de los presos políticos y su salida hacia Estados Unidos. Desde luego, aquello era un dilema enorme. Fueron a Cuba algunos senadores, y la Seguridad del Estado escogió a los presos que se entrevistarían con los senadores norteamericanos; de modo que estos señores no se llevaron una impresión muy mala de las prisiones cubanas.

Por aquellos días, vino Víctor a visitarme y me dijo que yo estaba a punto de salir, y que ellos podían tal vez conseguirme algún trabajo; yo no tenía ni idea de lo que iba a hacer con mi libertad, ni acerca de dónde iba a vivir. Mis verdaderos amigos eran muy pocos; siempre son pocos cuando uno está en desgracia. Los otros, los policías, ofrecían una ayuda dudosa.

VILLA MARISTA

Llegamos a Villa Marista, la sede principal de la Seguridad del Estado cubana. Una vez allí, me llevaron hasta una oficina, me quitaron toda la ropa y me dieron un mono color amarillo, me quitaron mis chancletas y me dieron otras y me sentaron en un sillón que parecía como una silla eléctrica, llena de correas en los brazos y en las patas; sí, era una especie de silla eléctrica tropical. Allí me fotografiaron y me tomaron las huellas digitales. Después, me llevaron para el segundo piso; a mi paso veía las pequeñas celdas con un bombillo que se mantenía día y noche encendido sobre la cabeza del prisionero; comprendí que aquel sitio era, en efecto, más terrible que la Inquisición.

Llegué a mi celda, que era la número 21, donde me hicieron entrar. La pequeña escotilla que servía para mirar al pasillo, la dejaron cerrada. Allí, nunca supe cuándo era de día y cuándo era de noche; aquel bombillo permanecía encendido siempre; el baño era un hueco. Cuatro días estuve allí sin ver a nadie. Al cuarto día me sacaron de la celda y me llevaron a una oficina de interrogación.

Un teniente que dijo llamarse Gamboa comenzó su interrogatorio preguntándome si yo sabía dónde estaba; le contesté que sabía que estaba en la Seguridad del Estado. Entonces me dijo: "¿Tú sabes lo que eso significa? Significa que aquí te podemos desaparecer, te podemos aniquilar y nadie se va a enterar; todo el mundo piensa que tú estás en el Morro y es muy fácil morir allí de una puñalada o de cualquier otra forma". Desde luego, entendí lo que me estaba diciendo; comprendí en ese momento por qué no me habían llevado directamente a la Seguridad, sino al Morro; yo estaba en el Morro para todos mis amigos, incluso para mi propia madre, a la cual le habían dado el pase para que me fuera a ver con toda intención de que me viera en aquel lugar. Ahora, si me asesinaban ellos, la opinión pública pensaría que había muerto a manos de algún delincuente en el Morro y nunca habría estado en la Seguridad del Estado.

Era muy difícil para mí no enredarme en medio de aquellas miles de preguntas que constituían el interrogatorio. A veces lo comenzaban por la madrugada y podía prolongarse durante todo el día; otras veces me dejaban de interrogar durante una semana y parecía como si se hubiesen olvidado de mí, para luego reaparecer y llevarme de nuevo ante aquel oficial. Aquel hombre no creía ni una palabra de todo lo que yo le decía; a veces, enfurecido, se marchaba y durante horas yo me quedaba a solas en aquella oficina donde era interrogado, o venía otro oficial y continuaba el interrogatorio.

Había una cantidad enorme de rusos en la Seguridad del Estado; en realidad estaba absolutamente controlada por la KGB y no era otra cosa que una dependencia de ella. Los oficiales soviéticos eran los más respetados y temidos; todos se cuadraban ante ellos como si fueran generales; tal vez lo eran.

El teniente Gamboa insistía mucho en mi soledad, en que todos mis amigos me habían abandonado y nadie iba a hacer nada por mí. Insistía también en mis relaciones sexuales con Miguel Barniz. Al principio me preguntó cómo estaba mi amante y yo no sabía a quién se refería porque, en realidad, yo había tenido tantos que no podía saber de quién se trataba; entonces, me dijeron que se referían a Barniz y me preguntaron varias cosas acerca de él, incluso bastante íntimas. Siempre, aunque un individuo sea aliado de la Seguridad del Estado, ellos quieren tener todos los elementos posibles sobre esa persona para cuando caiga en desgracia o lo quieran eliminar. En aquel momento, yo no tenía nada que decir de Barniz.

"¿Y las hermanas Brontë?", me preguntó una tarde aquel oficial. En ese momento comprendí que una de las personas que había informado sobre mí, durante muchos años era Hiram Pratt; las hermanas Brontë eran los hermanos Abreu, y sólo Hiram Pratt sabía que yo les llamaba cariñosamente de ese modo. El teniente sabía de nuestras reuniones en el Parque Lenín y de nuestra amistad. No me sorprendió demasiado el hecho de que Hiram Pratt fuera un delator; después de vivir todos aquellos años bajo aquel régimen, había aprendido a comprender cómo la condición humana va desapareciendo en los hombres y el ser humano se va deteriorando para sobrevivir; la delación es algo que la inmensa mayoría de los cubanos practica diariamente.

Supe, al salir de la cárcel, que Hiram Pratt, bajo presión de la Seguridad del Estado, había ido a visitar a casi todos mis amigos averiguando dónde yo estaba escondido, cuando estaba prófugo. También fue a ver a mi madre.

La noche en que supe que Hiram era un delator, regresé a la celda bastante deprimido.

Un día empecé a sentir en la celda de al lado una especie de ruido extraño que era como si un pistón estuviera soltando vapor; al cabo de una hora empecé a sentir unos gritos desgarradores; el hombre tenía un acento uruguayo y gritaba que no podía más, que se iba a morir, que detuviesen el vapor. En aquel momento comprendí en qué consistía aquel tubo que yo tenía colocado junto al baño de mi celda y cuyo significado ignoraba; era el conducto a través del cual le suministraban vapor a la celda de los presos que, completamente cerrada, se convertía en un cuarto de vapor. Suministrar aquel vapor se convertía en una especie de práctica inquisitorial, parecida al fuego; aquel lugar cerrado y lleno de vapor hacía a la persona casi perecer por asfixia. Cada cierto tiempo entraba un médico a tomarle la presión y ver cómo marchaba el corazón y decía: "Aún pueden darle un poco más". Entonces el vapor comenzaba a hacerse más fuerte y, cuando ya estaba a punto de morir de un infarto, lo sacaban de la celda y lo llevaban al interrogatorio.

Aquello sucedió con mi vecino durante más de un mes; yo le daba golpecitos en la pared y él golpeaba como respuesta. En realidad, estaban asesinándolo, porque no había organismo capaz de resistir, con aquella pobre alimentación, aquellos baños de vapor incesantes. Al cabo de algún tiempo los baños cesaron; pensé que tal vez había confesado o quizá se había muerto.

Me cambiaron para una celda peor que la anterior; entendí que era el castigo por mi falta de sinceridad con el teniente que me estaba interrogando. Sin embargo, las denuncias que estaban haciendo mis amigos en el exterior tenían su efecto; aunque me seguían amenazando, temían a la opinión pública extranjera. Desde luego, no iban a sacarme de aquella celda, pero querían que yo hiciera una confesión donde dijera que era un contrarrevolucionario, que me arrepentía de mi debilidad ideológica al escribir y publicar los libros que ya había publicado, que la Revolución había sido extraordinariamente justa conmigo. En fin, una confesión que constituyera una conversión y, desde luego, el compromiso de trabajar para ellos y de escribir libros optimistas. Me dieron una semana para pensarlo. Yo no quería retractarme de nada; no creía que tuviera que retractarme de nada; pero después de tres meses en la Seguridad del Estado, firmé la confesión.

Desde luego, eso solamente prueba mi cobardía; mi debilidad, la certeza de que no tengo madera de héroe y de que el miedo, en mi caso, está por encima de mis principios morales. Pero me consolaba pensando que, cuando estaba en el Parque Lenín, había escrito en el comunicado a la Cruz Roja Internacional, a la ONU, a la UNESCO y otras muchas organizaciones, que nunca lo publicaron, que las denuncias que yo hacía contra el régimen de Fidel Castro eran absolutamente ciertas y que todo aquello era la verdad, aun cuando en un momento dado tuviera que negarlo; yo sabía que podía llegar el momento de mi retractación.

Entonces, cuando le dije al oficial que estaba dispuesto a redactar mi confesión, él mismo me dio papel y lápiz. Mi confesión fue larga; hablaba de mi vida y de mi condición homosexual, de la cual renegaba, del hecho de haberme convertido en un contrarrevolucionario, de mis debilidades ideológicas y de mis libros malditos que nunca volvería a escribir; en realidad, renegaba de toda mi vida y sólo salvaba en ella la posibilidad futura de integrarme al carro de la Revolución y de trabajar día y noche para ella. Yo pedía, lógicamente, la rehabilitación, es decir, ir para un campo de trabajo, y me comprometía a trabajar para el Gobierno y escribir novelas optimistas. También hacía la loa a los esbirros que me habían denunciado, diciendo que eran grandes personas a las que yo debía haber obedecido siempre: Portuondo, Guillén, Pavón, eran héroes. Aproveché para decir de Hiram Pratt todo lo peor que de él sabía, pero ellos no me hicieron mucho caso, porque les era muy preciada su labor de informante en los medios intelectuales y en el bajo mundo habanero.

Una vez redactada la confesión, el teniente la leyó con calma. A los tres días vino a mi celda y me felicitó; se veía eufórico y era evidente que estaba muy presionado por sus superiores para que yo acabara de firmar la confesión y sacarme de allí. Después supe que periódicos extranjeros habían publicado que yo estaba desaparecido y que no aparecía relacionado en ninguna de las prisiones de La Habana; era hora ya de que la Seguridad del Estado me sacara de allí y volviera a llevarme al Morro; eran cuatro meses de incomunicación.

En mi confesión, desde luego, no aparecía nadie que pudiese ser perjudicado y viviera en Cuba, ni mis amigos del extranjero. En fin, todo quedó como que yo era un contrarrevolucionario que había sacado mis manuscritos fuera de Cuba, que había publicado todo aquello, y que ahora me arrepentía y prometía no volver a tener nunca más contacto con el mundo occidental, ni escribir ni una línea contra la Revolución cubana. También prometía rehabilitarme sexualmente.

Una vez firmada mi confesión, me llevaron otra vez para mi celda. Pocas veces me sentí más miserable. Estuve allí como quince días más antes de que me trasladaran nuevamente para el Morro y tuve una entrevista con el teniente Gamboa; allí estaba también el teniente Víctor, que se veía entre enfurecido y amable. En realidad, ninguno de ellos podía imaginarse que aquella confesión era auténtica, pero no podían esperar jamás una declaración auténtica en una celda de torturas.

Durante toda aquella confesión, ellos insistían en que yo declarase haber corrompido a dos menores de edad, que eran aquellos dos delincuentes que se robaron mi ropa y la de Coco Salá en la playa. Por cierto, Coco Salá nunca fue a la cárcel por cuanto era informante de la Seguridad del Estado. Una vez que aclaró quién era en la estación de policía, salió libre, en tanto que a mí se me encarceló.

Mi juicio sería por un delito común grave: corrupción de menores. Hasta de violación se hablaba. De este modo, para evitar un escándalo internacional, yo sería condenado por un delito común. Así, encerrándome, por lo menos ocho años, me aniquilaban y separaban del mundo literario.

En los días siguientes a mi confesión, a veces, uno de los soldados que cuidaban el pasillo abría la escotilla y se ponía a conversar conmigo; me imagino que era por orientación del teniente Gamboa. Aquel guapo mulato abría la escotilla y a veces conversaba más de una hora conmigo; se rascaba los testículos y yo me erotizaba; así, muchas veces, yo me masturbaba mientras él caminaba frente a mi puerta.

Una noche, mientras yo dormía, él entró y me pidió fósforos; yo no podía tener fósforos en aquel lugar. Habló cinco minutos conmigo y después se marchó. Quizá fue una manera de inquietarme. Desde aquella noche soñaba que entraba a mi celda y hacíamos el amor. Tal vez él sabía que yo me masturbaba mirándolo y quizá se divertía con ello, pero de todas formas, nuestras conversaciones se prolongaron hasta que fue trasladado de allí.

Antes de la confesión yo tenía una gran compañía; mi orgullo. Después de la confesión no tenía nada ya; había perdido mi dignidad y mi rebeldía. Por otra parte, me había comprometido con el teniente a colaborar con ellos en lo que pudiera y podían pedirme que yo hiciese un acto público en el que recitase todo aquel texto. Además, después de mi confesión, podían eliminarme hasta físicamente.

Ahora, estaba solo con mi miseria; nadie podía contemplar mi desgracia en aquella celda. Lo peor era seguir existiendo por encima de todo, después de haberme traicionado a mí mismo y de haber sido traicionado por casi todos.

✦

Angelina Muñiz-Huberman, Francia

Angelina Muñiz-Huberman es conocida como la escritora que introdujo la novela neohistórica y la mística sefardí en la literatura mexicana con *Morada interior* en 1972. Nacida en Hyères, Francia, Muñiz-Huberman se distingue como narradora, poeta y ensayista. Adquirió su doctorado en letras y catedrática de la Facultad de Filosofía y Letras de la Universidad Autónoma de México, donde ha enseñado desde 1975. Es escritora invitada de varias universidades internacionales. Su obra ha sido traducida a varios idiomas y aparece en antologías como *The Oxford Book of Jewish Stories* publicado en 1989.

Activa en el campo de la enseñanza, ha formado varias generaciones de escritores y maestros. También ha recibido numerosos premios literarios por sus obras entre los cuales se encuentran los Premios Universidad Nacional, Magda Donato, Mujer de Valor (otorgado por la Federación Sefardí Americana), Xavier Villarrutia, José Fuentes Mares y Fernando Jeno, entre otros. Muñiz-Huberman fue la primera escritora en recibir el Premio Internacional de Novela Sor Juana Inés de la Cruz, el cual fue otorgado en la Feria Internacional del Libro de Guadalajara en 1993.

Obras

Tierra adentro (1977)
La lengua florida (1989)
Dulcinea encantada (1992)
Las raíces y las ramas (1993)
El mercader de Tudela (2001)

El prisionero

Fueron mis lágrimas mi pan de día y de noche,
mientras me dicen todos los días: ¿Dónde está tu
Dios?   Salmo 42, 3

Aquí, en el rincón de la celda, con las uñas arrancadas, el cuerpo maltrecho y amoratado, sé que he colmado la medida del dolor.

El dolor físico estalla las células y retuerce los nervios. Trae al principio el miedo y luego el olvido total. Al final ya nada importa y renace el valor. No hay qué perder si todo se ha perdido. No hay temor de hablar porque las palabras son vacíos. Sólo queda el dolor constante, desde un extremo a otro del cuerpo.

Es entonces cuando conozco mi cuerpo, cuando lo siento, poro a poro, desintegrarse velozmente en latigazos soñados.

El tiempo no existe: un ojo cerrado por los golpes no necesita saber si es de día o de noche; una pierna con los huesos rotos no lleva a ningún lado; un sexo mutilado no conoce el lapso del placer.

Ya nada me hace falta. Todo me sobra. Pensar en el regreso no es pensar. Si como un relámpago, surge la luz de la cara de ella, me sorprende y no la reconozco.

Porque si la reconociera, lloraría y el salobre de las lágrimas haría arder aún más el lugar de las uñas recién arrancadas.

Pero sí la reconozco, y la luz de su cara está ahí en la pared, donde no veo las manchas de sangre ni los insectos aplastados. Ella sonríe y entonces la recuerdo.

Sus ojos. Su pelo. Su mano acariciándome.

No, no quiero acordarme. Acordarme es sonreír, es perdonar. Y no quiero.

Mejor es el sopor del pensamiento delirante. Los ojos opacos de los verdugos. Las bocas lacias de los torturadores. Los palos, los látigos, los cuchillos. Todo lo duro y todo lo cortante.

No la cara de ella, ni su piel suave. Nada. No recordarla.

Ni siquiera hablar. Olvidar también el lenguaje. Sólo los gritos. Volver a lo más primitivo, a la oscuridad de la caverna, a la roca pertinaz.

Pero he aquí de nuevo la luz, una especie de amanecer que lucha contra tinieblas espesas y obstinadas. Una luz confusa, lenta, casi ciega, como cuando pueda empezar a abrir el ojo golpeado.

No es una luz que indica tiempo, no es una luz que ilumina. Es un hueco alumbrado dentro de mí, en mis entrañas, irradiando hacia todos los puntos de dolor de mi cuerpo. Es una claridad que me trae calma. Es una certeza de que el sufrimiento llega al fondo, pero que eso es todo y que la arena lo cubre y el mar lo lava.

Es la luz del bien que dora el espacio de la celda y que niega la raíz del mal.

Mi cuerpo, todo él bañado en luz, deja de doler. Creo que he sonreído. Creo que descanso. Creo que duermo. Creo que al despertar recobraré la esperanza perdida. Creo que entonces sabré contestar dónde está Dios.

Breve mundo

Junto al bosque fue donde los hombres levantaron cercas de alambre de púas y crearon un breve mundo cerrado. Construyeron torres de vigilancia, y soldados de casco de acero y con ametralladoras aguardaban. Adentro instalaron desnudas casas grises y frías, sin chimeneas y con ventanas sin cristales.

Dicen que ahí no volaban las mariposas ni crecían las flores, que el sol no calentaba ni el aire era transparente. Tampoco había árboles, ni pájaros que encontraran un lugar donde anidar. El suave bullicio del bosque cercano —roce de hoja con hoja, breve cristalino río, sordos zumbidos de insectos aleteantes, fragancia única de flores varias, una huella que sorprende o un sonido discordante, verdor de sombra fresca—, suave bullicio, en fin, nunca llegó al campo cercado. Como si los pájaros suspendieran su vuelo ante lo desconocido, como si el agua y el aire guardaran silencio, como si la vida acabara y una parálisis cósmica flotara en amenaza. Ese trozo de cielo ningún ser vivo lo cruzó. ¿Quién puede mirar al vacío?

Y abajo, en los límites de ese campo cercado por los hombres, pequeña vida empezó a crecer. Niños, muchos niños vestidos en forma inusitada, largos gabanes oscuros hasta el suelo, pantalones que se arrastran, ropas de otros cuerpos que no hallan su acomodo. Ropa errada, pero ropa deseada. Quien tiene un abrigo, aunque esté manchado de sangre, no lo habrá de soltar. Quien pudo quitarle una camisa a un muerto, la usará. Y el más afortunado de todos, el que consiguió un par de zapatos de cualquier medida. Ropas apolilladas, sudadas, pardas y malolientes. Ropas, todas ellas, no obstante con un signo: sobre la manga izquierda una estrella amarilla cosida. Éste es el uniforme de los niños que llenan las casas grises del campo cercado por alambres de púas y vigilado por soldados de altas botas negras, desde torres grises.

Los niños son muchos y no saben por qué han sido llevados allí. Tienen hambre y fatiga y el frío en las noches no les deja dormir. Cuando comprenden que habrán de pasar días o meses o tal vez años en ese lugar, lavan sus ropas y las tienden al pálido sol. Sus cuerpos desnudos tiritan y sus huesos se entrechocan. Todos están rapados y breves puntas de pelo empiezan a crecer. Algunos tal vez vivan hasta que sus cabezas se recubran de revueltas cabelleras. Otros, tal vez no vivan.

Dentro del campo hay un embrujo: nada brilla ni nada tiene color. Si el cielo no se ve es porque negras alas malas lo cubren. Negras alas de dragón, rey de la muerte y la desolación.

El dragón que revive cada vez que el hombre peca y lo invoca, obediente es y fiel a los labios que aprisionan sapos y víboras.

Dragón de escamas verdes que una a una, mil a mil, engranan perfectamente y van de más a menos y de menos a más, moldeando el imponente cuerpo, las larguísimas alas, la cruel cola y las patas terminadas en potentes garras. Su cabeza, si en reposo no tan feroz, abiertas las fauces lanza sin piedad llamas a diestra y siniestra. Dragón que creíamos de cuento de hadas y por nuestro error vuelto a nacer.

He aquí que el hombre que llama al dragón, de él se vuelve su esclavo y tiene que alimentar su vientre hinchado y su apetito insaciable. Porque el dragón todo lo promete, pero todo lo exige.

El dragón va lentamente contagiando con su fuego letal y los hombres que lo adoran marcan sus cuerpos frente a él y derraman gotas de sangre como sacrificio auspiciatorio. Estos hombres, con el signo grabado a fuego del dragón, ya no son libres, son la espada que va penetrando los cuerpos de los hombres que aún son libres. Aspiran al poder total del mundo y hacen crecer las ramas asfixiantes y las hierbas venenosas. El dragón reina en el corazón de estos hombres y sus ojos ya no ven, ni su piel siente, ni su oído oye; pero, en cambio, su pulso es infalible dardo, su fuerza, pesada cadena, sus músculos, artificio de acero.

Fabrican armas poderosas y torturan a quienes no se convierten a su locura. El dragón sabe instilarles gotas de ceguera y relámpagos de odio. A su paso, todo lo destruyen y lo pisotean y lo escupen.

Han jurado matar a todos los niños que llevan la estrella amarilla. Los traen de todos los rincones del mundo y esperan que llegue el tiempo de la muerte.

El dragón, desde lo alto, también espera regocijado el tierno alimento que habrá de recibir, extiende sus alas y oscurece aún más cada día.

La oscuridad es tal que apenas se distingue el ciclo del sol y de la luna. El frío arrecia y los niños se juntan, cuerpo con cuerpo, para recoger algo de calor. Se toman de las manos y cantan y empiezan a bailar, un baile lento y un canto ininteligible. Los niños son así.

El dragón se altera y bate las alas. Caen, como copos de cristal en fina lluvia, sus escamas relucientes. Así es el dragón.

Pero los soldados no son así y empuñan sus armas y redoblan la vigilancia. Pulen sus altas botas y sacan brillo al fusil.

Ocurre que un día, los niños empiezan a dibujar y todo lo que faltaba en ese estrecho mundo cerrado va apareciendo en trozos de papel recogidos de cualquier rincón. Rojos soles, casas con puertas y ventanas con alegres cortinas, chimeneas humeantes y caminos que llevan a la casa bordeados de flores y altos árboles al fondo. Niños y niñas que saltan y juegan; hasta perros y gatos y pájaros y mariposas, sobre todo mariposas. Grandes flores azules pegadas en las paredes. Soles derramados por todas partes.

Pero esto no se soporta. No es posible crear luz en un mundo oscuro. Una sonrisa no está permitida. El dragón trae la negrura total. Los soldados sacan a los niños uno por uno. Uno por uno se elevan en fuego hacia las fauces del dragón.

Y aún más arriba y más aún, hasta alcanzar el cielo abierto.

Envueltos en llamas, sus cuerpos resplandecen y alumbran. Es tal la intensidad de la luz que los soldados y el vencido dragón quedan ciegos, no sin antes haber podido contemplar, en asombro, un nuevo paraíso cerrado donde son tantas las multicolores mariposas de fuego que los niños no podrán atraparlas.

II • GUARDIANS AND THE GUARDED

Whereas the initial section of this anthology presents testimonials of incarceration, written in the first person, this second section contains plays by distinguished authors who explore what happens in the relationship between the political prisoner and his or her torturer. Their works ask, "What do victim and victimizer talk about?" "How do they communicate?" "How do they look at each other when one of them is gagged?" Mario Benedetti, the great Uruguayan writer, takes us down these dark and mysterious paths in *Pedro y el Capitán*. The dialogue is powerful, impossible to stop reading, as it forces us to consider who will triumph in the horrendous torture session and, more importantly, to whom moral authority really belongs.

Marco Antonio De La Parra's plays are among the most vital of contemporary drama and emerged at the height of the Chilean military dictatorship. The censure of theater was very different from the censure experienced by other Latin American writers. The process of publishing a book required special measures, other kinds of permits, but in theater everything is more transient, as it happens in the here and now, and thus the military junta did not fear dramatical works much. They thought the audience would forget what it had seen, whereas the experience of reading a book had greater staying power. The play *Lo crudo, lo cocido, lo podrido* remained in theaters for more than four years and became one of the most influential works of Chilean theater during the dictatorship. Set in an empty restaurant which no one dares enter or eat at except the rich and powerful, the play depicts an uninhabited and repressed Chile, controlled by certain privileged groups that come to the restaurant and order whatever they want. The waiters, who represent civil society, are mere servants.

The play included here by distinguished Argentine playwright Griselda Gambaro anticipates events of the 1970s. *Las paredes*, written in 1963, is the chilling testimony of a young student who was arbitrarily taken to a detention center. We clearly witness the dynamics of repression and violence manifested in his detention, the superfluous interrogations and moral complicity of those involved in this experience. Both Gambaro and Benedetti have dedicated a great part of their works to the relationship between violence and power.

Ariel Dorfman's play *La muerte y la doncella* brought him great notoriety. Like Benedetti's *Pedro y el Capitán*, Dorfman's work probes the peculiar relationship between victim and executioner, interrogator and interrogated, and poses the sensitive question, what happens when torturer and victim are both set free and have to coexist in a civil society? This is something all postdictatorship societies must face as they labor toward democracy. Is it possible to obtain justice? This brazen play addresses both questions and shows just how far revenge can take us on the road to reconciliation.

Mario Benedetti, Uruguay

El prolífico autor Mario Benedetti llegó a trabajar como vendedor, taquígrafo, contable, funcionario público y periodista. Nació en Tacuarembó, Uruguay, en 1920 y estudió en el Colegio Alemán de Montevideo y en el Liceo Miranda. De 1938 a 1941, vivió en Buenos Aires. Al regresar a Montevideo se hizo parte de la redacción del semanario *Marcha*, del cual fue parte hasta su clausura en 1947. Publicó su primer libro de poemas, *La víspera indeleble*, en 1945.

Tres años después publicó su primera obra ensayista, *Peripecia y novela*, seguida por su primera colección de cuentos, *Esta mañana*, en 1949. En 1953 apareció su primera novela, *Quién de nosotros*, pero fue su colección de cuentos, *Montevideanos*, de 1959, que le trajo fama y dio a conocer su estilo. Su siguiente novela, *La tregua*, de 1960, fue aún más exitosa, traducida a diecinueve idiomas y llevada al cine, teatro y radio.

Por razones políticas Benedetti se fue al exilio en 1973 y vivió en Argentina, España, Cuba y Perú. Sin embargo, sus experiencias en el exilio influenciaron su gran obra literaria, la cual abarca todos los géneros, incluso letras de canciones. Su novela *Primavera con una esquina rota* obtuvo el Premio Llama de Oro de Amnistía Internacional en 1987.

Obras

La víspera indeleble (1945)
Peripecia y novela (1948)
Esta mañana (1949)
Sólo mientras tanto (1950)
Quién de nosotros (1953)
Montevideanos (1959)

La tregua (1960)
La muerte y otras sorpresas (1968)
Con y sin nostalgia (1977)
Geografías (1984)
Primavera con una esquina rota (1987)

Pedro y el Capitán (fragmento)

CUARTA PARTE

El mismo escenario.

Sobre el piso está PEDRO, *o por lo menos el cuerpo de* PEDRO, *inmóvil, con capucha. Al cabo de un rato empiezan a oírse quejidos muy débiles.*
Entra el CAPITÁN, *sin chaqueta y sin corbata, sudoroso y despeinado.*

Capitán

Ah, lo trajeron antes de tiempo. *(Toca el cuerpo con un pie.)* Pedro. *(El cuerpo no da señales de vida.)* Vamos, Pedro, tenemos que trabajar. *(Va hacia el lavabo, moja la toalla, la exprime un poco, se acerca al cuerpo tendido, se inclina sobre él, le quita la capucha, y queda evidentemente impresionado ante el calamitoso estado del rostro de* PEDRO. *Se sobrepone, sin embargo, y empieza a limpiarle las heridas de la cara con la toalla un poco húmeda. Lentamente,* PEDRO *empieza a moverse.)* Pedro.

Pedro

¿Ah? *(Abre un ojo, pero parece no reconocer al* CAPITÁN.)

Capitán

¿Qué pasa? ¿Se siente mejor?

Pedro

¿Ah?

Capitán

Pedro, ¿me reconoce?

Pedro *(balbuceando)*

Desgracia... damente... sí.

El CAPITÁN *ayuda a* PEDRO *a instalarse en la silla, pero el preso no puede sostenerse. Esta vez sí lo han destruido. El* CAPITÁN *se quita su cinturón y con él sujeta a* PEDRO *al respaldo de la silla, a fin de que no se derrumbe.*

De a poco PEDRO *se va reanimando, pero visiblemente está acabado. De todos modos, siempre habrá una contradicción entre la relativa vitalidad que aún muestra su rostro y el derrengado aspecto de su físico.*

Pedro

    ¿Así que el capitán?

Capitán

    Claro. ¡Cómo le dieron esta vez! ¡Lo reventaron, Pedro, qué barbaridad!

Pedro

    Menos mal... que... ya estaba muerto.

Capitán

    ¿No le parece que ha llegado el momento de aflojar? Ya se portó como un héroe. ¿Quién va a ser tan inhumano para reprocharle que ahora hable?

Pedro *(no contesta. Luego de un silencio)*

    Capitán, capitán.

Capitán

    ¿Qué?

Pedro

    ¿Vos nunca hablás a solas?

Capitán

    Puede ser. Alguna vez.

Pedro

    Yo sí hablo a solas.

Capitán

    ¿Y eso qué?

Pedro

    Hablo a solas porque hace tres meses que estoy incomunicado.

Capitán

    ¿Cómo? Habla conmigo.

Pedro

    Esto no es hablar.

Capitán

   ¿Y qué es?

Pedro

   Mierda, eso es. *(Pausa.)* Hablo a solas porque tengo miedo de olvidarme de cómo se habla.

Capitán

   Pero habla conmigo.

Pedro

   No me refiero a hablar con el enemigo. Me refiero a hablar con un compañero, con un hermano.

Capitán

   Ah.

Pedro

   Capitán, capitán.

Capitán

   ¿Qué pasa ahora?

Pedro

   ¿No sentís que a veces flotás en el aire?

Capitán

   Francamente, no.

Pedro

   Claro, no estás muerto.

Capitán

   Y usted tampoco, aunque esté haciendo notables méritos para estarlo.

Pedro

   Pues yo a veces floto. Y es lindo flotar. Entonces voy hasta la costa.

Capitán

   No va nada. Ni a la costa ni a ninguna parte. Está enterrado aquí.

Pedro

   Eso es. Eso es. Enterrado, claro, porque estoy muerto. Pero cuando floto, voy a la costa. Es claro que no voy todos los días. Hay veces que no tengo ganas de ir. Ayer tuve ganas, y fui. Hace años, cuando iba a la costa, no flotando, sino caminando, siempre veía parejitas de enamorados, pero ahora ya no están. Ahora están peleando contra ustedes. Ahora están presos, o escondidos, o en el exilio. *(Pausa larga.)* ¿Cómo se llama tu esposa, capitán?

Capitán *(entre dientes)*
¿Qué le importa?

Pedro
¿Ves? Te di la oportunidad de que me lo dijeras buenamente. Pero yo sé que se llama Inés.

Capitán *(sorprendido)*
¿Y eso de dónde lo sacó?

Pedro
Ya te dije que yo sé más de vos que vos de mí. Inés. Pero no te preocupes. También sé que no tiene alias. Salvo que vos la llamás Beba. Pero no es un nombre clandestino. Qué suerte, ¿verdad? Hoy en día no es bueno tener nombre clandestino.

Capitán
¿A dónde quiere llegar?

Pedro
A mi muerte, capitán, a mi muerte.

Capitán
¿Qué gana con no hablar? ¿Que lo revienten?

Pedro
O que me dejen de reventar.

Capitán
No se haga ilusiones. No lo van a dejar.

Pedro
Si me muero, me dejan. Y me muero.

Capitán
Pero es largo morirse así.

Pedro
No tanto, si uno ayuda, si uno colabora.

Capitán *(de pronto ilusionado)*
  ¿Está dispuesto a colaborar?

Pedro *(pronunciando lentamente)*
  Estoy dispuesto a ayudar a morirme. *(Pausa.)* También estoy dispuesto
  ayudar a que Inés te quiera.

Capitán
  No se preocupe de eso. Ella me quiere.

Pedro
  Sí, hasta hoy. Porque no sabe exactamente en qué consiste tu trabajo.

Capitán
  Quizá se lo imagine.

Pedro
  No. No se lo imagina. Si lo imaginara, ya te habría dejado. Ella no es mala.

Capitán *(como un autómata)*
  No es mala.

Pedro
  Y también quiero ayudarte a que tus hijos (el casalito) no te odien.

Capitán
  Mis hijos no me odian.

Pedro
  Todavía no, claro. Pero ya te odiarán. ¿Acaso no van a la escuela?

Capitán
  Sólo el varón.

Pedro
  Pero la niña irá más adelante. Y los compañeritos y compañeritas infor-
  marán a uno y a otra sobre quién sos. En la primera gresca que se arme, ya
  lo sabrán. Es lógico. Y a partir de esa revelación, empezarán a odiarte. Y
  nunca te perdonarán. Nunca los recuperarás. Nunca sabrás si... *(No puede
  seguir hablando. Se desmaya.)*

  Al comienzo el CAPITÁN *no se le acerca. Lo mira sin mirarlo, ensimismado.
  Luego se va hacia el lavabo, llena un vaso con agua, se enfrenta a* PEDRO *y le
  arroja el agua a la cara. De a poco* PEDRO *recupera el sentido.*

Capitán

No se haga ilusiones. No se murió todavía. Seguimos aquí, frente a frente.

Pedro *(recuperándose)*

Ah, sí, hablando de Inés y el casalito.

Capitán

¡Basta de eso!

Pedro

Capitán, ¿por qué no me matás?

Capitán

¡Usted está loco! ¡Y quiere enloquecerme!

Pedro

¿Por qué no me matás, capitán? Será en defensa propia, te lo prometo. Además, quise huir. La ley de la fuga, ¿te acordás? Coraje, capitán, tenés la oportunidad de hacer la buena acción de cada día.

Capitán

Qué locuaz estás hoy.

Pedro

Me desquito un poco después de tanta mudez. Además, vos sos el interlocutor ideal.

Capitán

¿Yo?

Pedro

Sí, porque tenés mala conciencia. Es muy estimulante saber que el enemigo tiene mala conciencia. Porque todo eso que dijiste de que vos no naciste verdugo, todo eso es cuento chino. Vos trabajaste de "malo" y bastante tiempo, en un pasado no tan lejano. Te conocemos, capitán. O sea, que tienen que hacer más espesas las capuchas. Siempre hay alguien que ve a alguien. Y yo, por ejemplo, no me limito a conocer el nombre de tu mujer. También sé el tuyo. Y hasta tu alias.

Capitán

Está loco. ¡Yo no tengo alias!

Pedro

Sí que tenés. Sólo que tu alias no es un nombre, sino un grado. Tu alias es el grado de capitán. Y vos sos coronel. Sos coronel, capitán. Así que una de dos: o nos tratamos de Rómulo a Capitán, o nos tratamos de Coronel a Pedro. ¿Qué te parece, capitán? ¿Eh, Coronel?

Capitán *(que acusa el golpe)*
    ¿Sabe una cosa? Usted e más cruel que yo.

Pedro
    ¿Por qué? ¿Porque te aplico el mismo tratamiento? No es para tanto. Además, vos tenés todavía el poder, la picana, la pileta con mierda, el plantón. Yo no tengo nada. Salvo mi negativa.

Capitán
    ¿Le parece poco?

Pedro
    No, no me parece poco. Pero con mi negativa...

Capitán
    ... fanática...

Pedro
    Eso es, con mi negativa fanática, desaparezco, te dejo el campo libre. Mejor dicho, el camposanto libre.

    El CAPITÁN *está como vencido. También* PEDRO *está terriblemente fatigado. Por fin el* CAPITÁN *levanta la mirada. Habla como transfigurado.*

Capitán
    No, Pedro, usted no es cruel. Le pido excusas. Y ya que no es cruel, va a comprender. Usted dice que quiere que yo salve el amor de mi mujer y de mis hijos...

    Sin atender a lo que dice el CAPITÁN, PEDRO *comienza a hablar, y lo hace sin mayor conciencia del contorno.*

Pedro
    ¿De veras nunca hablaste a solas, capitán? Ahora estoy aquí, contigo. Pero igual voy a hablar a solas. De paso aprendés cómo se habla en tales condiciones. Tomá nota, capitán. Este es un ensayo de cómo se habla a solas. *(Pausa.)* Mirá, Aurora...

Capitán
    ... alias Beatriz...

Pedro *(como si no escuchara la acotación del* CAPITÁN *)*

Mirá, Aurora, estoy jodido. Y sé que vos, estés donde estés, también estás jodida. Pero yo estoy muerto y vos, en cambio, estás viva. Aguanto todo, todo, todo menos una cosa: no tener tu mano. Es lo que más extraño: tu mano suave, larga, tus dedos finos y sensibles. Creo que es lo único que todavía me vincula a la vida. Si antes de irme del todo, me concedieran una sola merced, pediría eso: tener tu mano durante tres, cinco, ocho minutos. Lo pasamos bien, Aurora...

Capitán *(con la garganta apretada)*

... alias Beatriz...

Pedro

... vos y yo. Vos y yo sabemos lo que significa confiar en el otro. Por eso habría querido tener tu mano: porque sería la única forma de decirte que confío en vos, sería la única forma de saber que confías en mí. Y también de demorarme un rato en confianzas pasadas. ¿Te acordás de aquella noche de marzo, hace cuatro años, en la playita cercana a lo de tus viejos? ¿Te acordás que nos quedamos como dos horas, tendidos en la arena, sin hablar, mirando la vía láctea, como quien mira un techo interior? Recuerdo que de pronto empecé a mover mi mano sobre la arena hacia vos, sin mirarte, y de pronto me encontré con que tu mano venía hacia mí. Y a mitad de camino se encontraron. Fíjate que éste es el recuerdo que rememoro más. También tu cuerpo, tu piel, también tu boca. ¿Cómo no recordar todo eso? Pero aquella noche en la playa es la imagen que rememoro más. Aurora...

Capitán *(sollozando)*

... alias Beatriz...

Pedro

... a Andrés decíselo de a poco. No lo hieras brutalmente con la noticia. Eso marca cualquier infancia. Explicáselo de a poco y desde el principio. Sólo cuando estés segura de que entendió un capítulo, sólo entonces empezale a contar el otro. Tal como hacés cuando le contás cuentos. Paulatinamente, sin herirlo, hacele comprender que esto no fue un estallido emocional, ni una corazonada, ni una bronca repentina, sino una decisión madurada, un proceso. Explicáselo bien, con las palabras tiernas y exactas que constituyen tu mejor estilo. Decile que no tiene por qué aceptarlo todo, pero que tiene la obligación de comprenderlo. Sé que dejarlo ahora sin padre es como una agresión que cometo contra él, o por lo menos así puede llegar a sentirlo, no sé si hoy, pero acaso algún día o en algún insomnio. Confío en tu notable poder de persuasión para que lo convenzas de que con mi muerte no lo agredo, sino que, a mi modo, trato de salvarlo. Pude haber salvado mi vida si delataba, y no delaté, pero si delataba entonces sí que iba a destruirlo. Hoy a lo mejor se habría puesto contento de que papi volviera a casa, pero nueve o diez años después se estaría dando la cabeza contra las paredes. Decile, cuando pueda entenderlo, que lo quiero enormemente, y que mi único mensaje es que no traicione. ¿Se lo vas a decir? Pero, eso sí, ensayalo antes varias veces, así no llorás cuando se lo digas. Si llorás, pierde fuerza lo que decís. ¿Estás de acuerdo, verdad? Alguna vez vos y yo hablamos de estas cosas, cuando la victoria parecía verosímil y cercana. Ahora sigue pareciendo verosímil, pero se ha alejado. Y no la veré y es una lástima. Pero vos y Andrés sí la verán y es una suerte. Ahora dame la mano. Chau, Aurora...

Capitán *(llorando, histérico)*
¡Alias Beatriz!

Se hace un largo silencio.
PEDRO, *después del esfuerzo, ha quedado anonadado. Tal vez ha perdido nuevamente el sentido. Su cuerpo se inclina hacia un costado; no cae, sólo porque el cinturón lo sujeta a la silla. El* CAPITÁN, *por su parte, también está deshecho, pero su deterioro tiene, por supuesto, otro signo y eso debe notarse. Tiene la cabeza entre las manos y por un rato se le oye gemir. Luego, de a poco se va recomponiendo, y aunque* Pedro *está aparentemente inconsciente, comienza a hablarle.*

Capitán
Pedro, usted está muerto y yo también. De distintas muertes, claro. La mía es una muerte por trampa, por emboscada. Caí en la emboscada y ya no hay posible retroceso. Estoy entrampado. Si yo le dijera que no puedo abandonar esto, usted me diría que es natural, porque sería abandonar el confort, los dos autos, etcétera. Y no es así. Todo eso lo dejaría sin remordimientos. Si no lo dejo es porque tengo miedo. Pueden hacer conmigo lo mismo que hacen, que hacemos con usted. Y usted seguramente me diría: "Bueno, ya ves, puede aguantarse." Usted sí puede aguantarlo, porque tiene en qué creer, tiene a qué asirse. Yo no. Pero dentro de mi imposibilidad de rescatarme, me queda una solución intermedia. Ya sé que Inés y los chicos pueden un día llegar a odiarme, si se enteran con lujo de detalles de lo que hice y de lo que hago. Pero si todo esto lo hago, además, sin conseguir nada, como ha sido en su caso hasta ahora, no tengo justificación posible. Si usted

muere sin nombrar un solo dato, para mí es la derrota total, la vergüenza total. Si en cambio dice algo, habrá también algo que me justifique. Ya mi crueldad no será gratuita, puesto que cumple su objetivo. Es sólo eso lo que le pido, lo que le suplico. Ya no cuatro nombres y apellidos, sino tan sólo uno. Y puede elegir: Gabriel o Rosario o Magdalena o Fermín. Uno solito, el que menos represente para usted; aquel al que usted le tenga menos afecto; incluso el que sea menos importante. No sé si me entiende: aquí no le estoy pidiendo una información para salvar al régimen, sino un dato para salvarme yo, o mejor dicho para salvar un poco de mí. Le estoy pidiendo la mediocre justificación de la eficacia, para no quedar ante Inés y los chicos como un sádico inútil, sino por lo menos como un sabueso eficaz, como un profesional reditualable. De lo contrario, lo pierdo todo. *(El* CAPITÁN *de unos pasos hacia* PEDRO *y cae de rodillas ante él.)* Pedro, nos queda poco tiempo, muy poco tiempo. A usted y a mí. Pero usted se va y yo me quedo. Pedro, éste es un ruego de un hombre deshecho. Usted no es inhumano. Usted es un hombre sensible. Usted es capaz de querer a la gente, de sufrir por la gente, de morir por la gente. Pedro, se lo ruego: diga un nombre y un apellido, nada más que un nombre y un apellido. A esto se ha reducido toda mi exigencia. Igual el triunfo será suyo.

Pedro *se mueve un poco. Trata de enderezarse, pero no puede. Hace otro esfuerzo y al fin se yergue.*
El CAPITÁN *apela a un recurso desesperado.*

Capitán
Se lo pido a Rómulo. Se lo ruego a Rómulo. ¡Me arrodillo ante Rómulo! Rómulo, ¿va a decirme un nombre y un apellido? ¿Va a decirme solamente eso?

Pedro *(a duras penas)*
No... , capitán.

Capitán
Entonces se lo pido a Pedro, se lo ruego a Pedro. ¡Me arrodillo ante Pedro! Apelo no al nombre clandestino, sino al hombre. De rodillas se lo suplico al verdadero Pedro.

Pedro *(abre bien los ojos, casi agonizante)*
¡No... , coronel!

Las luces iluminan el rostro de PEDRO. *El* CAPITÁN, *de rodillas, queda en la sombra.*

Marco Antonio De La Parra, Chile

Dramaturgo, cuentista, novelista mordaz y provocador, Marco Antonio De La Parra es conocido como uno de los mejores dramaturgos de la nueva generación de escritores en Chile. Nació en Chile en 1952. En 1978 se estableció como escritor con *Lo crudo, lo cocido, lo podrido*, obra que encendió controversia con la Universidad Católica de Santiago y por consecuencia fue cancelada por la administración un día antes de su debut. No obstante, para aquel entonces De La Parra había escrito *Matatangos*, presentada en ese mismo año en Washington, D.C.

Su próxima obra, *La secreta obscenidad de cada día*, presentada en Chile en 1984, ganó el Premio de Periodistas de Espectáculos por mejor obra en 1987. Esta se convirtió en una de las obras más presentadas en Latinoamérica y se tradujo a varios idiomas. De La Parra tuvo éxito también con su novela *El deseo de toda ciudadana*, la cual ganó el Premio Ornitorrinco en 1987. Durante el curso de su vida De La Parra ha recibido numerosos otros premios, incluyendo el Premio de la Crítica por su obra *Los infieles*, el Premio Municipal de Literatura y el Premio MAX a la más importante figura del teatro hispanoamericano.

Obras

Lo crudo, lo cocido, lo podrido (1978)
La secreta obscenidad de cada día (1983)
Sueños eróticos/Amores imposibles (1986)
El deseo de toda ciudadana (1987)
Madrid/Sarajevo (1993)
La pequeña historia de Chile (1994)
Monogamia (1999)

Taller de costura (2002)
Sushi (2003)

Lo crudo, lo cocido, lo podrido

(El escenario representa un viejo restorán, perdido en el centro de Santiago de Chile, que vivió días mejores. Telarañas, viejos cortinajes, estanterías polvorientas, grandes espejos manchados, muestran el paso del tiempo. Varias mesas pequeñas con sus respectivas sillas pueblan el local. Están sin sus manteles, incluso con sus sillas volteadas encima. La luz da la sensación de encierro, de humedad, de un aire espeso añejándose entre las paredes del local. No se ve ninguna ventana. La puerta que da hacia la cocina en un costado, al frente de la que conduce al exterior, que no se ve, tras unos enormes pilares. Al fondo, tras una baranda, los reservados del local. En el momento de comenzar la obra, situada en la época actual, están en escena Efraín Rojas y Evaristo Romero, ambos garzones, vestidos de chaqueta blanca, papillón negro y pantalones oscuros. Su ropa muestra visible deterioro disimulado tras una actitud digna. Están sentados en sillas distantes, uno en cada extremo del escenario, tras viejos periódicos que parecen pertenecer a la época de oro del local. Sus rostros maquillados los hacen algo parecidos, escondiendo la vejez tras una fachada de polvos y tinturas. La luz se va encendiendo poco a poco precedida del ruido de una gran celebración, copas, platos, conversaciones, himnos; murmullo que aún persiste al verse el restorán vacío como se le ha descrito. El ruido desaparece lentamente)

Evaristo

(Simulando leer. Caracterizando con la voz un viejo caballero de la clase alta)... Miren que cosa... Qué noticia... El León... Mmmmm... Arturo Alessandri Palma cambia su línea política para llegar de nuevo al sillón de La Moneda... Parte de su decisión trascendental se debió a los sabios consejos de un grupo de garzones del restorán de Los Inmortales... Sobre todo un tal... ¿Cómo se dice?... E-va-ris-to Ro-me-ro... Mmmmm.

Efraín

(En similar actitud, compitiendo en forma casi infantil) Vaya... Vaya... Don Carlos Ibáñez del Campo asume el gobierno ante la renuncia de don Emiliano Figueroa Larraín... Quién lo diría... En su discurso de agradecimiento hizo notar la colaboración en su nombramiento de los garzones del país... En especial *(Marcando las sílabas)* Efraín Rojas...

Evaristo

Arturo Godoy pierde de nuevo con Joe Louis... Se comenta que no siguió las indicaciones de Evaristo Romero... Su garzón de la suerte... ¡Qué mala pata!

Efraín

El Cardenal Caro asiste a una comida en honor del club Badminton, atendido muy bien por el gran garzón Efraín Rojas.

Evaristo

Perón se abraza con Ibáñez... Ambos coinciden en algo: opinan que Evaristo Romero es el mejor garzón del mundo...

Efraín

Se ha creado el premio Nobel de la Garzonería... A ver... Efraín Rojas, candidato seguro...

Evaristo

Encantado con Chile y sobre todo con los garzones del país se fue Clark Gable... Citó a un tal muchacho Romero como lo mejor que había visto en el mundo. *(Efraín, molesto por su derrota, arroja el diario y hace ademán de salir. Evaristo se levanta para intentar detenerlo continuando su caracterización de viejo aristócrata)*

Evaristo

(Tratando de detenerlo) ¡Señor Mac Intire... Mi viejo perro!

Efraín

(Aceptando continuar el juego) Nada menos que don Eulogio Etcheverri, ciudadano, qué gusto de verlo.

Evaristo

¡Quién diría! Don Narciso Mac Intire en persona... Se conserva muy bien, usted, pues colega... Ah y su mujer, ¿cómo está?

Efraín

Nunca tan buena moza como la suya, pues, don Eulogio.

Evaristo

Siempre tan adulador, don Narciso, la suya es una joya.

Efraín

Y usted tan joven que se le ve, parece no sentir el paso de los años, je, je, je.

Evaristo

¿Qué le parece si nos sentamos juntos a tomarnos un traguito, pues, don Narciso?

Efraín

Buena es la hora y bueno el apetito, don Eulogio.

Evaristo

Esta mesa está bonita. *(Se sientan)* Usted primero, don Narciso.

Efraín

¡Qué buena la comida de este local! ¿No es cierto, caballero?

Evaristo

A ver, ¡Mozo! Tráigame unas dos empanaditas de locos.

Efraín

A mí un canapé de erizos.

Evaristo

Sí, pues, con un blanco de la casa.

Efraín

Así se empieza bien la mañana.

Evaristo

Sí; que bien atienden aquí, ¿no?

Efraín

¡Y que facha la de estos mozos!

Evaristo

Sí, pues, sí parecen de la guardia prusiana nada menos.

Efraín

¡Qué calidad al servir, mire cómo le sirven el vino, ni una gota en el mantel, sí dan ganas de aplaudir!

Evaristo

Aquí es donde me vengo a tomar con mi senador Escayola... Cómo nos cuidan si nos llegamos a curar... Sí nos tratan como al príncipe de Gales, pues oiga.

Efraín

Ese muchacho Efraín, ¿se ha fijado? Que buen garzón... Tan inteligente.

Evaristo

Pero ese Evaristo sí que es simpático, el otro se pone de mal genio por cualquier cosa.

Efraín

Mal genio será, pero no es un bolsiflay como el otro, pues don Eulogio.

Evaristo

Mire, el único bien pelota de los dos es Efraín Rojas, que se taima en todos los juegos, pues don Narciso Mac Intire.

Eliana

(Entrando) No les dije que dejaran de discutir. O los borro del inventario como garzones y los anoto como políticos. (Sale)

Efraín

Mira huevón, aquí el único huevón eres tú, Romero.

Evaristo

Viste, viste, ya te enojaste...

Efraín

Cómo no me voy a enojar... No nos deja ni jugar la vieja esa, ya cinco veces hoy día que me trataba.

Evaristo

Cuidado... No se habla así de la hija del maitre Riquelme.

Efraín

¡Qué te metís vos... Bolsa de brevas!

Evaristo

Vos te pasai enojando... Se te nota que tenís una teja corrida.

Efraín

No me provoques será mejor.

Evaristo

Cuidado, acuérdate que yo fui boxeador: ya pus. (Se pone en guardia)

Efraín

Por eso tenís los sesos como puré... Huevón tonto.

Evaristo

¡Jetón!

Efraín

¡Mongólico!

Evaristo

¡Garzón de segunda!

Efraín

¡Mozo de casa de putas!

Evaristo

¡Eso sí que no, acuérdate que yo fui condecorado por el maitre Riquelme con la bandeja de bronce!

Efraín

Pero yo recibí la orden del mantel de punto... Para que veas... Ahí tenís. *(Ambos en guardia. Bufando con aspecto de disputa colegial. Entra Eliana; Efraín y Evaristo mutis)*

Eliana

¿Todavía conversando? ¿Es que no saben la hora que es? Llevo contadas 12.616 palabras y aún no se repiten los menús... Y los manteles... ¡Por amor de Dios!

Efraín

(Entrando con una escoba) Ay, esta señora Eliana. ¿Por qué no se quedará en la caja más mejor? Ahora va a enumerar toda la vajilla y el cubierto.

Eliana

Voy a enumerar toda la vajilla y el cubierto. Debo revisar los mostaceros y pimenteros, las alcuzas y los pocillos para el chocolate.

Efraín

(Para sí) Ahora me va a confundir con Romero.

Eliana

Oiga, Romero, le estoy hablando.

Evaristo

Diga, señora.

Eliana

¿No era usted Rojas?... Ay, debo volver a registrarlos en el inventario.

Efraín

(Para sí) Me mira ahora y me pregunta: ¿No era usted el tres, Rojas?

Eliana

¿No era usted el tres, Rojas?

Efraín

Siempre he sido el dos, señora.

Eliana

Pues de hoy en adelante es el uno.

Efraín

Como usted quiera, señora; aunque el uno es Reyes, señora.

Eliana

O si desea le pongo el tres.

Efraín

El tres es Romero, señora.

Eliana

Bueno, será el uno.

Efraín

Ya le dije que soy el dos.

Eliana

Ay, siempre tratando de confundirme, le pongo el dos en castigo, Romero.

Efraín

Mi nombre es Rojas, señora. Efraín Rojas.

Eliana

Con más razón entonces, Reyes.

Efraín

Rojas, señora.

Eliana

Bien, como quiera, como quiera... Con todo el trabajo que hay... Y usted, Romero, ¿dónde estaba?

Evaristo

    (Que también ha estado barriendo) No me he movido de aquí, señora.

Eliana

    No debería salir pues, debe colaborar... Colaborar... Debería de estar preocu-
pándose de atender las mesas de los Vicuña y Etchegaray que hicieron ya su
pedido para la cena de esta noche.

Efraín

    Pero si ellos están en el siete.

Eliana

    A ver... ¡Es cierto! *(Hojea los libros)* ¿Entonces, de dónde saqué esa reserva?...
Ah, no... No puedo equivocarme en mis libros... En ellos está todo claro...
No puedo cometer errores.

Evaristo

    No se preocupe, señora Eliana.

Efraín

    Déjala que se dé cuenta.

Eliana

    Ah... Se me olvidaba... alguien reclamó que uno de los garzones se sacaba
los mocos al servir la cazuela.

Efraín

    Tú fuiste, Evaristo.

Evaristo

    Tú habrás sido, Efraín, andas tan mal genio.

Eliana

    (Sin reír) Debo anotar fibroma veintisiete de la semana...

Evaristo

    No debería hacer eso con nosotros, señora.

Efraín

    A mí no me extraña.

Eliana

    Debo revisar mis reservas... Ah, ustedes, coloquen los manteles y el servicio.
    (Mutis de Eliana)

Efraín

¿De qué manteles habla?

Evaristo

¿Cómo que de qué manteles?

Efraín

Apenas quedan algunos... Llenos de agujeros... Todos manchados.

Evaristo

Ay, Rojitas... Tan criticón que estás.

Efraín

Perdona... En serio, perdona... Mejor arreglémonos.

Evaristo

(Estudiándolo, arreglándose mutuamente las corbatas) ¿Repetiste tus ejercicios matinales?

Efraín

Sí.

Evaristo

¿Y tus posturas de platos?... ¿Y los retiros de cubiertos?

Efraín

¿No debía ser Elías el que pase revista?

Evaristo

Lo hago para evitarte problemas.

(Pausa: Se miran)

Efraín

No te preocupes... En serio, no te preocupes.

Evaristo

Me preocupo.

Efraín

No.

(Comienzan a colocar los manteles, servilletas, platos, servicios, etc. en todas las mesas)

Efraín

(Con ingenuidad) Evaristo... ¿No sería mejor abrir la puerta?

Evaristo

¿Te estás volviendo loco, Efraín?

Efraín

(Tímidamente) No, es que se me ocurrió que sería lindo ver más gente en el local...

Evaristo

Pero... ¿No te basta con los reservados? Están llenos... De lo mejor de nuestra clientela...

Efraín

Es que no es lo mismo...

Evaristo

Pero fíjate... Están los diputados conservadores... Varios radicales adinerados... Hasta el boxeador Palazzi lo tenemos... Están todos...

Efraín

Pero... Si abriéramos un ratito no más...

Evaristo

¿Y que se cuele cualquiera?... ¿De esos que pasan por la calle?... Alguien incapaz de entender lo que es un garzón... Don Elías nos advirtió el peligro de abrir...

Efraín

Mira, ayer se me ocurría... Piensa un poco... Mira los manteles... Los ponemos, los sacamos y hace tanto tiempo que no viene nadie...

Evaristo

Shitt... No hables tan fuerte que te puede escuchar don Elías.

Efraín

Pero es cierto...

Evaristo

Pero es que no debe entrar cualquiera... Deberías tener claro eso... Somos distinguidos... Recibiremos sólo a ciertos clientes... (Le susurra ¡Es peligroso!)

Efraín

¡Bah!... Y además Elías sabe que no es así... No es que cerráramos la puerta para que no entrara nadie...

Evaristo

Rojitas...

Efraín

Es porque no viene nadie... Ah... Disculpa... Elías tiene que saberlo... Están incompletas las vajillas... También el cubierto... ¿Tú crees que no se da cuenta?

Evaristo

No, no es eso lo que te digo... Ay, Efraín, estás tan difícil... ¡Es que un garzón no debe dudar!

Efraín

Sí, es cierto... Un garzón ejecuta, atiende, no pregunta.

Evaristo

Exacto. Tal como lo dice don Elías.

Efraín

(Molesto) ¡No lo dice Elías!... ¡Lo dice el juramento!... Cuando entraste en la garzonería secreta te lo hicieron jurar sobre el mantel de la sociedad... Servir y aparentar... Atender.

Evaristo

Así lo dice don Elías.

Efraín

¡No es Elías, te lo digo, es el juramento!

Evaristo

¿Pero por qué tanto enojo?

Efraín

Porque Elías se cree el supremo tribunal de los garzones.

Evaristo

Es que quedamos ya tan pocos.

Efraín

Sí... No nos deja abrir la puerta... No nos deja cambiar... Poner algo más... No sé *(Con amargura)*, a veces da miedo que él esté equivocado.

Evaristo

Don Elías es superior a ti.

Efraín

Sí... Pero que tanto repetir y repetir las vestimentas... Ponerse el papillón... Poner las mesas... Esperar... Esperar... Esperar...

Evaristo

Don Estanislao tiene que llegar... Como todos...

Efraín

Pero *(Con desaliento)*, ¡otro más para los reservados!

Evaristo

Es que Don Estanislao es distinto... ¡Acuérdate como entraba! *(Canta)* Se abrían los portones... Un murmullo en aplausos estallaba, con sus enormes zapatones... Ahí entonces se paraba. Su corbata, su abrigo inglés... Y los gritos de la gente... Aplaudían con los pies, él sí que era diferente. Viva Ossa Moya, viva Ossa Moya, los escotes resoplaban, viva Ossa Moya, viva Ossa Moya... Su discurso hacía tiritar, viva Ossa Moya, viva Ossa Moya... (Habla) Aquí estoy para salvarlos, así él hablaba. *(Canta)* Viva Ossa Moya, viva Ossa Moya... Dilo y lo podrás recordar... *(Cambio)* Pase el señor, viva el señor... Siéntese, señor... Era sensacional.

Eraín

Pero lo importante es servir... Que venga más gente... Más gente.

Evaristo

(Canta) Ya verás cuando él se presente. Como éste y veinte salones... Se llenarán repletos de gente... Hasta los últimos rincones... Viva Ossa Moya, viva Ossa Moya... Será como si el Derby se corriera en el local... Viva Ossa Moya, viva Ossa Moya... Su presencia llenaría un estadio... Viva Ossa Moya, viva Ossa Moya... Su figura no tiene igual... Viva Ossa Moya, viva Ossa Moya... Ni que lo avisaran por la radio... Es él, es él, es él... *(Habla)* Esas bandejas que serviremos... Los mariscos pataleando... Los filetes que se rebasan... Los vinos transparentes.

Efraín

¡Ay!... Ojalá que fuera cierto.

Evaristo

¿Cómo que ojalá?... Si es seguro... Seguro... Si lo dice don Elías.

Efraín

(Remedándolo) Si lo dice Elías, si lo dice don Elías...

Evaristo

(Autoritario) ¡Por favor, Rojas!

Efraín

(Retractándose) No, no me hagas caso... Es una rabieta... Déjame no más... Tienes razón.

Evaristo

(Ligero tono amenazante) Estamos muy bien, Efraín. Estamos muy bien.

Efraín

(Repitiendo sin estar muy convencido) Sí, estamos muy bien... Y cuando él llegue todo será distinto... Va a llegar y todo será distinto...

Evaristo

(Satisfecho) Claro que sí... Claro que sí.

Eliana

(Entrando) ¿Señores?... Alguién reclamó que un mozo tenía el marrueco abierto.

Evaristo

¡Ay, no!

Efraín

(Revisándose) Yo no... Yo no... No puede ser.

Eliana

Es mi broma número veintiocho... Tengo que anotarla en el inventario.

Evaristo

Con todo respeto, señora Eliana, no debería hacernos esto.

Efraín

Se lo pasa jodiendo esta vieja ladilla.

Evaristo

(A Efraín) Así no se habla de la hija del maitre Riquelme Olavaria.

Eliana

Perdón, pero he revisado los libros... Y esa mesa está coja.

Efraín

Pero si todas las mesas están cojas.

Eliana

Eso no quita que esa mesa siga cojeando.

Evaristo

Pero si su mismo padre, que en paz descanse, las pidió así...

Efraín

Y las que no están cojas de entrada, de entrada les limamos una pata.

Evaristo

Es cierto, es fundamental que estén cojas. No nos puede privar del placer de deslumbrar al cliente.

Efraín

Sí, que nos llame con su queja y en una sonrisa, en un gesto, en un santiamén...

Evaristo

Sacamos el papelito del hipódromo doblado cuidadosamente en cuatro.

Efraín

A la inglesa.

Evaristo

O una tapita de cerveza levemente presionada.

Efraín

A la alemana.

Evaristo

O la primera cuestión que uno encuentra diseminada en el local...

Efraín

A la chilena.

Evaristo

O a la norteamericana con un... *(Enmudece súbitamente)*

Efraín

¿Con qué?

Evaristo

(Asustado) No, nada.

Eliana

Bueno, sea lo que sea, esa de allá no está coja.

Evaristo

¿No?

Efraín

¿Cuál?

Eliana

Esa, *(La señala)* la veinte. *(Mutis)*

Efraín

Esa no es la veinte... Esa es la doce y es la tuya.

Evaristo

No, si fuera la veinte sería la tuya...

Efraín

Se te debe haber olvidado alguna tapita...

Evaristo

A ver, a ver *(Revisa y luego disimula)*. No... No... Nada.

Efraín

Déjame ver.

Evaristo

(Tratando de disuadirlo) ¿Por qué no hacemos otra cosa?

Efraín

Déjame ver. *(Lo hace a un lado)*

Evaristo

(Balbuceando con pavor) Podríamos jugar a las adivinanzas... ¿Te sabes ésta? Una vieja larga y seca... ábrame la puerta que soy cantor.

Efraín

(Lo interrumpe) ¡Oye!... Dios me libre... ¡Santo garzón del cielo!... ¡Un chicle! *(Lo tiene entre sus dedos)* Un chicle... ¡Yo sintiéndome culpable y Romero mascando chicle!...

Evaristo

Oye... No es mío.

Efraín

    ¿De dónde lo sacaste?

Evaristo

    No sé... Puede que no sea un chicle... Yo creo que no es un chicle... ¡Eso!... ¡No es un chicle!... Es otra cosa... No sé qué... Pero no es un chicle...

Efraín

    No. Esto es un chicle... Alguien entró acá.

Evaristo

    O alguien ha salido.

Efraín

    Tú saliste.

Evaristo

    No. Yo no. Tú fuiste.

Efraín

    Jamás.

Evaristo

    Entonces, ¿cómo lo reconociste? ¿Ah?

Efraín

    ¿Y tú cómo puedes saber que no es un chicle?

Evaristo

    No sé... Se me ocurrió... Yo no he salido. Hace mucho tiempo que no salgo.

Efraín

    Yo tampoco. *(Se miran)* He mirado hacia fuera, eso sí.

Evaristo

    (Infantil) Yo también, pero no se lo digas a nadie, y menos a don Elías.

Efraín

    Prometido. *(Se dan la mano. De pronto estalla)* ¡Pero esa mesa es tuya, huevoncito!

Evaristo

    ¿Vas a seguir?

Efraín

Eso dijo la señora Eliana.

Evaristo

No, dijo que era la veinte y si es ésa, es que es tuya.

Efraín

¡Epale! Si sabemos que era la doce.

Evaristo

Era la veinte. Ahí venía a tomar el juez Moraga con su querida, con la señora del diputado.

Efraín

Por eso mismo, es la doce, tú los atendías.

Evaristo

Ah, entonces es la mía, no te puedes sentar en ella... ¡Sal de mi territorio! *(Lo tironea)*

Efraín

Y tú estás en la mía... Ahí mataron a Diego Godoy en la campaña del 33. *(Se tironean)*

Evaristo

Toma tu mesa y dame la mía. *(Intercambian las mesas)*

Efraín

Y pásame mi mantel. *(Intenta tironearlo)*

Evaristo

Es mío. *(Sujetando el mantel)*

Efraín

¡Eres un intrigante, Evaristo!

Evaristo

¡Eres un invasor, Efraín!

Efraín

¡Y tú un aprovechador, Romero!

Evaristo

¡Y tú andas pensando cosas en contra del local!

Efraín

¡Y tú mascas chicle!

Evaristo

¡Yo no masco chicle! *(Pausa. Efraín enmudece)*

Efraín

(Pensativo) Pero es cierto... Yo sí que pienso cosas.

Evaristo

Se te nota...

Efraín

Hasta al maitre Riquelme le debe haber pasado... A él que nos escogió y nos educó. *(Mirando hacia el cielo)* Santo maitre Riquelme, ten piedad de nosotros.

Evaristo

(Ambos en actitud de recogimiento) Escúchanos, maitre, te rogamos.

Efraín

Apiádate y mándanos clientes.

Evaristo

Envíanos a don Estanislao Ossa Moya en gloria y majestad.

Efraín

No nos desampares ni de noche ni de día.

Evaristo

Que venga con sus lindas señoras, con sus propinas jugosas, con sus gestos de gran señor, ¡Oh! Maitre Riquelme que estás en el cielo. ¡Que venga... Que venga... Que nadie lo detenga!... *(Pausa. Ambos permanecen mirando al cielo raso)*

Efraín

¿Nos habrá oído?

Evaristo

Claro que sí... Nos tiene que haber oído.

Efraín

¿Y si se puso sordo con los años?

Evaristo

Tenía como ochenta cuando murió.

Efraín

Tu edad.

Evaristo

Yo no alcancé a conocerlo bien.

Efraín

Yo de lejos apenas.

Evaristo

¡Qué falta que nos hace! *(Bajan la vista. Se sientan)*

Efraín

(En un suspiro) Hay que trabajar.

Evaristo

De pie.

Efraín

Hay que esperar.

Evaristo

Esperemos.
(Esperan de pie. El uno al lado del otro. Pausa. Con una amplia y falsa sonrisa. Miran hacia la puerta)

Efraín

(Sin dejar de sonreír) ¿Evaristo?... No puedo dejar de pensar.

Evaristo

Cambiemos de lugar... *(Cambian. Pausa)*

Efraín

Así tampoco.

Evaristo

Para el otro lado. *(Dan la espalda al público. Pausa)*

Efraín

Tampoco dejo de pensar.

Evaristo

A ver... ¿Y si esperamos de cabeza?

Efraín

Se vería feo.

Evaristo

Cierto, qué diría don Estanislao si nos ve.

Efraín

¿Qué puedo hacer?

Evaristo

¿Es muy... Mucho lo que piensas?

Efraín

No... Es que me vienen ideas.

Evaristo

(Con cierto horror) ¿Ideas?

Efraín

Sí, señor... ¡IDEAS!... *(Molesto y orgulloso)* A Efraín Rojas, garzón de segunda orden de la bandeja de plata, experto de la viña y del postre, con mención en sopas y salsas, se le vienen ideas a la cabeza.

Evaristo

¡Qué va a decir don Elías!

Efraín

Que diga lo que quiera... *(Se quiebra)* Por la... No puedo evitarlo... *(Muy amargo)* Es imposible que uno al cumplir cien años de servicio no le vengan ideas. Date cuenta... Hace tanto tiempo... Años... Que no recibimos clientes nuevos.

Evaristo

¿Y esos jóvenes qué...?

Efraín

Tuvimos que echarlos por orden de Elías... Acuérdate... No sé qué hacer... Qué costaría cambiar... Un poco que fuera... Imagínate *(Se va entusiasmando lentamente)*... En esa pared colocamos fotografías... De artistas... De cantantes... Y acá música... Y entonces... Una máquina de esas que tocan discos... No este vejestorio... Eso puede ser... Y una barra larga... Lavable... O sea, no la de roble... Sino colorida... Y servimos entre cantos... Sándwiches rápidos... Vasitos de papel... Como en todas partes... Y atendemos.

Evaristo

¿Te estás trastornando?... ¿Y la garzonería secreta?... ¿Y el juramento?

Efraín

Sí, sí, sí sé... Pero ahí volvería la parte... No tendríamos que tener la puerta cerrada... A lo mejor.

Evaristo

La puerta está cerrada para que no entre nadie.

Efraín

¡No! Está cerrada porque no entra nadie. En serio... Si a lo mejor volviéramos a estar de moda... Otra vez veríamos crímenes políticos *(En su entusiasmo dolido se ha encaramado a una silla)*... Esos nobles adulterios de la gente culpable... Esas borracheras de las autoridades... Esos ministros maricas... Esos guardaespaldas vulgares, esos hoyos de bala en el espejo... Volver a recoger esos secretos... Evaristo... Otra vez... Como antes... Llenos de secretos.

Elías

(Entrando) ¿Qué hace arriba de esa silla, Rojas?

Efraín

¡Oh! Señor Reyes.

Evaristo

Nada señor, estábamos jugando.

Elías

Se los he dicho... Un garzón no juega, sólo espera... O es que ya no saben esperar... ¿O han perdido la paciencia? Se imaginan lo que sería un garzón sin paciencia... *(Los mira con sospecha)* Eso sí que no... Ni impaciencia ni individualismos. Sólo lo jurado... *(A Evaristo)* Ese papillón está chueco, Romero.

Evaristo

Señor, ha sido la marea... O el viento norte.

Elías

¿Y esas solapas, Efraín?

Efraín

Es el peso de las soperas... La contundencia de los caldos.

Elías

¿Y esos bolsillos?

Efraín

Las propinas... Las propinas que me pesan...

Elías

(Suspira como un general tras haber pasado revista a sus tropas) Uno de estos días entrará don Estanislao por esa puerta... Y no debe encontrar desertores, sino garzones llenos de la sabiduría del gremio, constantes, incondicionales, dispuestos... *(Los mira)* ¿O es que alguno de ustedes ha salido?

Efraín

No, señor.

Evaristo

Sí, señor.

Elías

¿Cómo es eso?

Eliana

(Interrumpe. Entrando) He terminado el conteo de los clavos de la bodega... ¿Hay algo nuevo que inventariar?

Elías

Haga el detalle de la cocina.

Eliana

Está completo.

Elías

¿Y el de la loza?

Eliana

La loza china, la porcelana holandesa, los manteles de Bruselas, el plaqué de Windsor.

Elías

(*Se pasea admirando las mesas*) ¿Y esas hermosas alcuzas?

Eliana

Hay treinta y tres alcuzas de plata y de cristal.

Elías

Y esos hermosos floreros.

Eliana

De cristal Murano con gladiolos de colores.

Elías

¿Está todo anotado?

Eliana

Sí, señor. ¿Me firma la autorización para revisar las tablas del piso, los pliegues de las cortinas y las imágenes de los espejos? (*Elías firma. Ella susurra*) Anoche tuve un sueño...

Elías

(*Sin hacer caso de ella*) Ahora sí que podemos respirar tranquilos... ¿No es cierto?

Evaristo

Sí, don Elías... ¡Esperando a don Estanislao!

Elías

¿No es cierto, Efraín? (*Este no contesta*) ¿Efraín?

Efraín

(*Distraído*) Es que... Perdón... ¿Sí, señor?

Elías

(*Simulando estar sorprendido*) ¿Qué le pasa, Efraín?

Evaristo

(*Interrumpiéndolo*) No deberíamos practicar el...

Elías

(*Sin escucharlo*) No cree, Efraín, que me debe ayudar a llevar el peso del local... Es una misión dura, cruda... Mucho para mis hombros...

Efraín

(*Temeroso*) Pero es que usted mismo, don Elías... Usted mismo nos exige que...

Elías

¿No eres algo intolerante con este pobre viejo?

Evaristo

(*Intentando desviar la atención*) ¿No deberíamos practicar el francés?

Elías

Efraín... Eres injusto... Tengo ciento cuarenta y dos años; lo sabes, no estoy para discusiones.

Efraín

Perdón...

Evaristo

Por ejemplo: Potages... Poisson...

Elías

Mi buen Evaristo, tú sí que te compadeces del pobre viejo Elías. (*Complacido*) Bien, haremos la clase de francés... A ver, Evaristo... Di el menú que se dio el 11 de febrero de 1884 al Presidente de la República don Domingo Santa María, ¡en Valparaíso!

Evaristo

(*Recordando*) A ver... A ver.

Elías

Debe ser más rápido.

Evaristo

(*Pronuncia perfecto*) Potages... Bisque d'écrevisses... Consommé à la royale...

Elías

No, no, no... A ver tú, Efraín.

Efraín

Pero si él pronunció bien.

Elías

Por eso... Hay que decirlo mal... Dilo tú, a ver.

Efraín

(*Sin la perfección en el acento de Evaristo*) Potages... Bisque d'écrevisses... Consommé à la royale.

Elías

No, no, aun demasiado acentuado. Debe ser peor... Siéntate tú de cliente. ¡Vamos! Pon cara de cliente. (*Ahora con actitud de mozo*) ¿Se le ofrece algo, señor?

Efraín

(*Confuso*) ¿Qué hago?

Evaristo

Respóndele como si fueras un cliente.

Elías

¡No soples!... Y recuerden, Seseen al hablar. (*Habla en forma muy vulgar*) ¿Se le ofrece algo al caballero?

Efraín

(*Como un caballero bien*) Este... ¿Qué tiene?

Elías

(*Pronunciando muy mal*) Bisque d'écrevisses, consommé à la royale, corvina à la chambord.

(*Evaristo y Efraín ríen complacidos*)

Efraín

(*Sonriendo*) No. No se dice así. Se dice bisque d'écrevisses, consommé à la royale, corvina à la chambord. (*Lo pronuncia muy bien, corrigiéndolo*)

Elías

Perfecto... ¿Cómo te sentiste al corregirme?

Efraín

(*Ingenuamente contento*) Bien, bien... Me sentí bien.

Elías

¿Se dan cuenta? Se trata de parecer vulgares... (*Miran todos al público*) Nadie debe saber que sabemos.

Evaristo

Es un disfraz.

Elías

Eso, somos máscaras.

Efraín

Por eso no debemos mirarnos al espejo.

Elías

Por eso. Por eso no tenemos rostros... Ni nombres... Borrosos... Sólo servimos... No podemos aplastar al cliente con una pronunciación académica... Debemos darle la oportunidad de sentirse rodeado de inferiores... *(Vuelven todos a su acción)* Cierto que a algunos clientes los aplastamos premeditadamente... A esos arribistas, advenedizos, nuevos ricos... Por eso la garzonería es secreta... A pesar de nuestra influencia.

Evaristo

¿Nuestra influencia?

Elías

¿Cuántos crímenes? ¿Cuántos amores? ¿Cuántas glorias y pasiones guiamos en nuestro restorán?... Que ellos se sientan controlándolo todo... Pero basta un gesto nuestro y podemos quitar un candidato a la historia.

Evaristo

¡Ah, claro! Ya me acuerdo... Yo le manché la corbata a Maldonado, ese que quería ser elegido senador... Eso bastó para echar a perder su discurso... Se sintió incómodo.

Elías

¿Entienden ahora por qué todo es tan cuidado?... Detalladamente imperfecto... Parecer inútiles... Segundones... Actores de reparto...

Efraín

Es que uno pierde la costumbre... Después de tanto tiempo...

Elías

¿De tanto tiempo de qué?

Efraín

(Ingenuo) Señor Reyes, no se haga el leso... Hace tanto tiempo que no hacemos más que ensayar.

Elías

Don Estanislao se merecía siglos de ensayos, si fuese preciso... , como cada uno de nuestros clientes.

Evaristo

Los que llenan los reservados, pues Rojas.

Eliana

Está todo anotado en el libro... Todo inventariado...

Efraín

Ay, don Elías, tengo tantas penas en el alma.

Eliana

¿Penas en el alma? *(Evaristo la empuja violentamente)*

Evaristo

Podríamos practicar los chistes...

Elías

No, a Efraín le tiembla la barbilla... Debe confesarse...

Efraín

¿Otra vez?

Elías

Diariamente si fuera necesario.

Efraín

Bien, pero que no esté ella.

Eliana

Haré las cuentas de los reservados. *(Saliendo. Efraín se arrodilla junto a una silla en la que está Elías como confesor)*

Efraín

San Augusto Escoffier.

Elías

Santo protector del garzón.

Efraín

Y de la mesa puesta.

Elías

Hijo mío, di tus pecados y te diré quién eres.

Efraín

Ay, don Elías, le confieso que he tenido ideas.

Elías

Hum... Eso es delicado.

Efraín

He llegado a planear... Don Elías... He soñado incluso.

Elías

Un garzón no sueña.

Efraín

Se me ocurría que era mejor cambiar el local... Que podríamos abrirlo a la gente, a todos... No esperar más... *(Pausa temerosa)*

Elías

(Simulando interés) ¿Algo más?...

Efraín

(Con temor) Muchas cosas más.

Elías

Puede ser... Sí... Sí... Puede ser una buena idea... No me disgusta... ¿Qué más?

Efraín

¿En serio no le molesta?

Elías

Hay que ver... Cuenta... Cuenta...

Efraín

(Con ingenuo entusiasmo) Podríamos, podríamos, le decía a Romero que podríamos traer un aparato de música, de discos de moda... Vender sándwiches al paso... Papitas fritas a la americana... Incluso sería más rápido... Almuerzo para oficinistas... Así... Como todos...

Elías

Vaya... Vaya...

Efraín

Sería estupendo... Con tal de atender a alguien... Después de tanto tiempo *(Elías mira a Evaristo y le hace un sutil gesto)*... Volver a atender, no importa a quién... A todos por igual. *(Evaristo azota a Efraín con una servilleta)*

Elías

(Mientras continúa la flagelación de Efraín) Sí, es posible... Desprenderse de todo un siglo vivido... De todo lo aprendido... Empezar de nuevo... Renunciar a la misión original... Olvidar a don Estanislao... Al único caudillo que ha tenido el país... Como se olvida a un gato callejero... Toda la ingratitud posible... Sí... Sí... Puede ser *(Mira a Efraín jadeante en el suelo tras la flagelación)*... ¿Eso era lo que sugerías? ¿O te escuché mal, Efraín?

Efraín

No... No he dicho nada. Ha sido un error.

Elías

(Suspirando) La mala acústica... Seguramente... Con todos los reservados llenos... Qué más puede esperarse... Con la conversación de tanto parroquiano... O incluso con lo callado que están. *(Toma los tres cubiertos que le ofrece Evaristo y los une en una especie de cruz, la besa y la coloca sobre la frente de Efraín)* Ego Te Absolvo... (Pausa) ¡Qué lindas alcuzas! ¿No es cierto, Efraín? *(Arroja los cubiertos)*

Efraín

Sí, sí, lindas. *(Aún de rodillas)*

Evaristo

¡Qué lindos manteles!

Efraín

Sí, sí, muy... Muy lindos.

Elías

¡Qué lindo estar todos juntos, muy juntos!

Evaristo

Unidos.

Elías

Ni una divergencia, ni una duda.

Evaristo

Somos tan hermosos.

Elías

¡Qué hermoso eres, Evaristo!

Evaristo

!Y usted, don Elías, es tan sabio y apuesto!

Elías

¡Y tú eres también hermoso, Efraín!

Efraín

(Ayudándolo a levantarse) Sí, Efraín, un poco mañosito pero hermoso.

Elías

Somos los garzones más hermosos del país.

Evaristo

Los más hermosos del mundo.

Efraín

Los más hermosos.

Evaristo

Eso; Efraín, ¿ves que todo se pasa?... Ahora podemos esperar.

Efraín

(Sumiso) Cierto, ya me siento algo mejor...

Elías

Cuidado, antes hay que practicar.

Evaristo

Es cierto.

Efraín

¿Para el señor Ossa Moya?... ¡Es ya la décima... En el día vez!

Elías

¿Te sientes ya tan sabio?

Efraín

No, no es eso... Pero siento...

Elías

Por favor... Un garzón no siente... Un buen garzón jamás siente ni piensa... No tiene más vida que la que le dé el cliente, su nombre, su apodo, su propina... Recítale, Evaristo.

Evaristo

(Con sonsonete de recitar) "Mi destino es mi cliente, sólo él me hace diferente. Su palabra es mi decreto, mi existencia es su secreto." ¿Cómo me salió?

Elías

(Algo disgustado) No... No... Ensayen el tono de voz... Aún somos muy diversos... Debemos ser idénticos... Que nos confundan incluso...

(Los tres al mismo tiempo y tono)

Elías

¿Qué se le ofrece?

Evaristo

¿Qué se le ofrece?

Efraín

¿Qué se le ofrece?

(Cantal al unísono y moviéndose en igual forma)

Tengo para usted... Señor, señora, señorita
Todo un menú... Señor, señora, señorita
Que le dará felicidad inalcanzable.
Escoja usted... Señor, señora, señorita
Lo que desee... Señor, señora, señorita
Que correré por dar dicha inigualable.
Traigo la bandeja...
Sirvo el vino...
Pongo la mesa...
Con mucho tino...
Saco los platos...
Limpio las migas...
Sin arrebato.

Traigo el café...
Cobro la cuenta...
Gracias a usted.
Gracias, señor, señora, señorita *(Se repite tres veces)*
Retiro su propina.
¡Qué gente tan fina!

Efraín

   (Nostálgico) Si hubiera propina...

Elías

   ¿Dijiste algo?

Efraín

   ¿Yo?

Elías

   Algo te pasa.

Evaristo

   Que practique la identificación por la llamada, ahí veremos como anda...
   (Levanta los ojos y lo da vueltas como en el juego de la gallina ciega)

Elías

   (Yéndose a una mesa en un rincón) ¡Garzón!

Efraín

   Ese... Ese es un viejo cliente... Aún que no cumple el año de asistir.

Evaristo

   ¿Mozo?

Efraín

   Ah... Ah... Ese es un novato.

Evaristo

   ¡¡¿Señor?!!

Efraín

   Uno que viene a gastar la plata recién ganada.

Elías

   ¡Joven!

Efraín

Viejo mañoso, va a pedir galletas de agua.

Evaristo

Bien... Bien... ¿Y esto otro?... Oye, psst, ¡Pelao!

Efraín

Ah... Ése es de los de afuera.

Elías

¿Has salido que lo sabes? *(Sientan a Efraín aún vendado)*

Efraín

¡No... yo no... !

Elías

Entonces... ¿Cómo?...

Efraín

No sé... , se me ocurrió...

Elías

¿O es que acaso no te has concentrado en los ensayos?

Evaristo

(Intentando deshacer la tensión) Eso es... ¿Ensayemos? ¿No será mejor?... ¿Ya?

Elías

(Luego de mirar a Efraín y mover la cabeza en signo reprobatorio da una palmada) ¡Que comience la práctica!

(A las órdenes de Elías, se desplazan los tres garzones como en un ballet, frente a la visita imaginaria)

Elías

Efraín saca la silla, ofrece asiento. Evaristo extiende la carta. Yo entonces entro y pregunto...

Efraín

Pregunta... ¿Qué se le ofrece al señor?

Evaristo

Y agrega... ¿Algún aperitivo?

Elías

Efraín sirve las tostadas... Concéntrate Efraín *(Golpea las palmas)*... Retiren las flores, la mantequilla, antes el aperitivo, ofrecen el vino, le muestran la etiqueta, destapan el vino, lo escancian, degustan el vino, traen la entrada, traen la salsa, retiran la salsa, retiran las entradas, traen las ensaladas, traen la carne.

Efraín

Cocido

Evaristo

Crudo.

Elías

El gusto del cliente es siempre diferente... Retiran los platos.

Evaristo

Se sirve por la izquierda.

Efraín

Se retira por la derecha.

Elías

El chiste.

Efraín

(Desganado) ¡Ah! ¡Igual que en política!

Elías

Con más énfasis, Efraín, ¡por la sagrada bandeja!

Efraín

(Falso) ¡¡Igual que en política!! *(Carcajada mecánica de los tres)*

Elías

Ofrezco el postre.

Evaristo

Bandeja de fruta.

Efraín

Bandeja de pasteles.

Elías

Se sirve por la izquierda y se retira por la derecha.

Efraín

¡Ah!... ¡Igual que en política! *(Balbuceante, lo repite con más brío)* ¡¡Igual que en política!! *(Nueva carcajada mecánica)*

Elías

Café y bajativos.

Efraín

Retirar y barrer las migas.

Elías

El cigarro habano.

Efraín

Fósforo.

Evaristo

Cenicero.

Elías

(Pausa. Contemplan al supuesto cliente) Ahí, bebe, fuma y conversa don Estanislao.

Efraín

Complacido.

Evaristo

Contento.

Elías

Don Estanislao.

Eliana

(Entrando) Ay... Si es como verlo... Tan dulce y apuesto... Como lo tengo aquí anotado... *(Lee)* Dulce y apuesto... Estanislao Ossa Moya... El orador más dulce y apuesto de la nación... Y ¡tan decente!... ¡Tan bien!... ¡Tan fino!...

Efraín

Cuánto tiempo esperando.

Evaristo

Eso no está en el libreto.

Elías

Lo has arruinado todo... Tendremos que repetir el ensayo. *(Da una palmada)* ¡Que comience la práctica! *(Se repite la escena del ensayo hasta el momento en que Efraín va a coger la silla, momento en que éste interrumpe golpeando la mesa con furia)*

Efraín

¡No! ¡No aguanto otra vez! ¡No me resulta! *(Evaristo corre a contenerlo)* Hace un mes que vengo perdiendo mis capacidades, mis habilidosas manos de garzón de plato de fondo...

Evaristo

(Sujetándolo) Yo te puedo contar un chiste muy divertido... Te puede levantar el ánimo...

Efraín

(Alterado) Es que tengo presentimientos... No sé qué me pasa...

Evaristo

O, si quieres, te puedo pegar una patada en el poto... A veces resulta...

Elías

(A Efraín) Tu grado no te da derecho a presentir, Efraín... Y me huele que te estás volviendo un desertor... ¡No te basta con lo mejor de SANTIAGO... Con lo más escogido de la política y la noticia capitalina!... Ahí, en nuestros reservados...

Efraín

Es que... ¡No es lo mismo!... Esos ni remueven... Ya no nos necesitan... ¡Están todos muertos! *(Todos enmudecen. Evaristo mueve la cabeza reprobatoriamente y comienza a mover las mesas para preparar la tortura. Efraín, lívido, se da cuenta que ha cometido un error imperdonable)*

Elías

(Frío) Tú sabes cuál es el castigo de los desertores...

Efraín

(*Aterrado*) Sí... Sí... Perdónenme, por lo que más quiera, perdóneme, don Elías...

Elías

(*Revisando el instrumental*) Los tenedores de ostras para las encías... la sal gruesa para las heridas.

Efraín

No... Haré lo que quiera... Lo que me pida: descorcharé, picaré cebolla, seré cafetero, cortaré limones, la mantequilla...

Elías

El aceite de oliva para la nariz...

Efraín

No se olvide, don Elías, de la pimienta negra para los ojos...

Elías

El vinagre búlgaro para los oídos...

Efraín

Yo no quiero dejar de ser garzón... (*Rogando cada vez más angustiado*) Es por eso... Tengo susto... Dudo, temo, estoy asustado... Miedo a que se desmorone todo...

Elías

(*Completando su inventario*) Y una copa de cristal Baccarat para romperla en el ombligo...

Efraín

No... No (*Evaristo se le acerca sonriente. De pronto le da un rodillazo en los testículos y lo venda. Entre los gemidos de Efraín lo recuesta sobre la mesa preparada*)... Yo no he dicho nada... Nada... Nada...

Elías

(*Con cínica seriedad*) A ver... A ver... Efraín (*Lo acaricia en el pelo con un tenedor*) ¿qué son esas cosas que encontramos en tu estante?

Efraín

(*Maniatado*) ¿Qué cosas?

Elías

Esos planos y esas cosas que parecen folletos... Algo así como sandwichera RX 650 y la Cafetera Express Funikulá 79 Special... No te entiendo, queridísimo Efraín, ¡tanto nombre raro!... Evaristo vio esas cosas... Y él es algo débil... Apenas lleva lago más de cincuenta años en el oficio... El pobre se puede perjudicar... Y sería por tu culpa...

Evaristo

(Con dulce hipocresía) Yo soy muy, muy, muy inocente.

Efraín

Perdón... Perdón...

Evaristo

En serio... Yo soy muy inocente... Ni siquiera conozco los envenenamientos de segundo grado...

Elías

Y eso es algo que cualquier garzón de segunda sabe... ¿O tú ya lo has olvidado?

Efraín

No, no lo he olvidado

Elías

Pero dime... ¿A quién has pensado envenenar?

Efraín

A... A nadie...

Elías

No seas mentirosillo, Efraín...

Efraín

¿En serio quiere que se lo diga?

Elías

¿Qué de malo puede tener la verdad? Aquí todos podemos decir lo que pensamos. Sin miedo.

Efraín

Bueno... Una vez pensé envenenarlo a usted, don Elías...

Elías

Ah... Ah *(Simulando comprensión)*...

Efraín

Y a Eliana... Pero fue una vez no más... Un sueño... Usted sabe... eso nos pasa a todos...

Eliana

(Entrando) ¿Cuántas patas tiene cada mesa? ¿Cuatro, cierto? *(Sale)*

Elías

Nada menos que la digna Eliana, la digna hija del digno maitre Riquelme Olavaria... Mi maestro...

Efraín

Fue apenas un pensamiento... Una ocurrencia pequeñita...

Elías

¿Y cómo me ibas a envenenar, queridísimo Efraín?

Efraín

No... Si fue apenas una idea... Chiquitita... Sin importancia...

Evaristo

Como cuando le tiré la jaiba en el escote a la pesada de doña Elvira de Cifuentes...

Efraín

Fue una estupidez... Tienen que creerme... Pasó y se fue... Sólo quería tener más clientes...

Elías

(Furioso. Clavando el tenedor en la mesa de un golpe) ¡Tan poca paciencia! ¡Demasiado individualista! ¡Demasiado pensador!... Pareces haberlo olvidado todo... (Da una seña a Evaristo y ambos comienzan a intentar desvestirlo a tirones mientras Efraín se defiende)

Efraín

¡Es que son cosas que pasan! ¡Esas pesadillas! ¡Esos espejos desgarrados! ¡Ese chicle!

Elías

(Estupefacto) ¿Cuál chicle?

Evaristo

(Balbuceante) Ninguno... Yo no fui... No me mire a mí, don Elías...

Efraín

¡En una mesa de Romero!...

Evaristo

¡No! ¿No es cierto!... Usted sabe que yo siempre estoy contento... Que yo siempre obedezco... Que siempre estoy feliz... Si hay alguien que causa problemas aquí es Efraín Rojas. *(Lo azota con la servilleta)*

Elías

(Detiene a Evaristo con una señal) ¡Eliana! ¡Eliana!... *(Entra Eliana)* Hágase usted cargo de este asunto. *(Algo le dice al oído. Luego Elías y Evaristo salen. Se ocultan tras una cortina)*

Eliana

(Sibilinamente maternal) ¿Qué es lo que te pasa?... *(Comienza a encaramarse a la mesa donde aún está medio maniatado Efraín y lo desata)* Pobre muchachito... Pobre Efraín... Mi dulce... Dulce Efraín... Tan gracioso... Tan bueno. *(Lentamente comienza a acariciarle las piernas y los muslos)* ¿Cómo él va a hacer estas cosas malas?... Este muchacho Efraín... Tan atormentado... Siempre pensando... Tanto que observa...

Efraín

Es que a veces no lo puedo evitar *(Suspira)*... Tantas dudas...

Eliana

Esos vicios se quitan con fuerza de voluntad... Venga *(Pone su cabeza en la falda)*... Pobre Efraín... Ponga aquí su cabecita... Su maquinita de moler penas... Usted no debería pelear con Evaristo... Él lo hace por su bien... No o va a hacer ¿ya? *(Lo reprende como a un niño malcriado)*... ¿Nunca más?... Hágalo por su Elianita, ¿ya?...

Efraín

Ya ni los azotes me alivian...

Eliana

Pero si ahora está todo más tranquilo... Mira el local... Tenemos orden, limpieza, tenemos paz... Nos acostamos más temprano y los clientes están calladitos, tranquilos, cada uno en su reservado...

Efraín

(Suspirando) Ay... Doña Eliana...

Elías

    (Entrando con Evaristo) ¿Cómo te sientes ahora? ¿Más tranquilo?

Efraín

    ¿Me perdonan?...

Evaristo

    Sí... Por supuesto que sí... ¿No es cierto, don Elías?

Efraín

    A veces tengo tantas dudas, antes era más fácil, pero ahora veo las puras telarañas, siento la humedad, me crujen las tablas del piso...

Eliana

    No existen esas cosas, Efraín, no están anotadas en mis libros... Así que no existen.

Efraín

    Tiene razón... Si no están ahí, es que no existieron nunca.

Eliana

    Ven... Pobrecito, ven. Si quieres revisaremos mis libros.

Elías

    Revísalos, será mejor, sabrás a que atenerte. *(Evaristo trae el libro)*

Eliana

    Verás que todo está bien, todo está bien.

Elías

    Acerquémonos, unidos como siempre... Como hermanos de la misma sangre, como tripulantes de la misma nave, como dedos de la misma mano...

Efraín

    Y yo, don Elías, que soñé incluso con envenenarlo. *(Arrepentido)*

Elías

    Yo también he pensado envenenarme... Son gajes del oficio... No le hagas caso... Te perdono como hombre y como maestro.

Efraín

    Gracias.

Evaristo

¡Qué bueno es! ¿No es cierto, Rojas, que don Elías es tan bueno y tan sabio? *(A Eliana)* Anote... ¡Sabio!

Efraín

Sí, sí, sí.

Elías

Mirémonos. Estamos como en una foto.

Evaristo

Hay que sonreír... ¡El pajarito!

(Pausa estática. Fogonazos, cambian de pose después de cada uno)

Eliana

Anoche tuve un sueño.

Elías

Eso no tiene nada de especial, señora... Los sueños sueños son... Mientras no aparezcan en la cabecera del garzón.

Eliana

Es que les quiero contarlo... No sé cómo anotarlo en mi inventario... Es confuso.

Elías

Es que tenemos que ensayar el café moro y la paella.

Evaristo

Son ritos complicados.

Eliana

Me tienen que escuchar... No sé si es bueno o es malo.

Elías

Tenemos que repasar el banquete de jubilación y el de matrimonios.

Evaristo

Y el de bautismos.

Efraín

Yo casi he olvidado el de la celebración de las victorias.

Eliana

¿Qué diría mi padre si no escucharan el sueño de su hija?... Más cuando sospecho que no lo soñé yo...

Efraín

¿Cómo?

Eliana

Que lo soñó la otra... La del espejo... La que me mira fijo cuando recorro las grietas del espejo... Esa mujer vieja rodeada de fantasmas.

Efraín

Don Elías... Puede ser un aviso.

Evaristo

Puede ser la voz del maitre Riquelme que escuchó nuestras oraciones.

Efraín

Es cierto.

Eliana

¿Me escucharán?

Elías

Escucharemos tu sueño. *(Eliana comienza a subirse a una de las mesas)*

Evaristo

Usted lo interpretará, ¿verdad, don Elías? Y será un sueño de buenos augurios, ¿cierto, don Elías?

Efraín

Que lo cuente. *(La rodean)*

Eliana

(Haciendo una reverencia) Señores... Mi sueño... O el de la otra. *(Nueva reverencia)*
(Canta)

Sueño con mis pasos que crujen
escucho llantos, escucho gritos.
De atrás la voz de mi padre
me grita: "No hay nada más",

me vuelvo y no está.
Siguen mis pasos soñados soñando.
Veo a Efraín que está llorando
con una herida en el pecho;
veo a Evaristo riendo y
con los dedos se saca los ojos.
Veo a Elías tendido
Sobre una mesa hablando
De cuando era niño y reía
Y entonces
Escucho banderas
Y aplausos
Y una canción conocida y olvidada.

Elías

(*Interrumpiéndola*) Es un sueño sin sentido.

Efraín

Que siga.

Evaristo

Don Elías dijo que no.

Efraín

¡Que siga!

Eliana

(*Habla*) Se abre un portón de cristal
Un hombre grande, imponente
Hace su entrada fatal,
Vestido de oscuro,
Se arrastra y tropieza.

Efraín

(*Asustado*) Un hombre de abrigo hasta el suelo.

Evaristo

¿Un herido de guerra?

Eliana

Me llama y me dice que mire

Me dice que escuche
Y veo... Ay... Un animal muerto y enterrado
Y veo la sal que se derrama
escucho los vidrios del techo
me llama y me toma entre sus manos
levantada en vilo, vestida
y entonces la otra
la del espejo comienza a valsear
y el espejo... ¡Ay!... Estalla en mil pedazos
y detrás veo ladrillos demolidos
la ciudad ensangrentada
y despierto
con la boca seca
con el cuerpo frío
con el grito atragantado.
(Hace una reverencia)
Ese es mi sueño... *(Nueva reverencia)*

Elías

(Seco) No tiene sentido.

Efraín

Pero... ¿Cómo puede negarlo?...

Evaristo

(A Elías) Si don Elías no le ve sentido... Es que no lo tiene.

Efraín

Es un anuncio, puede ser un anuncio... Ay... Si yo supiera leer los sueños.

Evaristo

Dígale que es bueno, don Elías, que está lleno de felicidad, dígaselo, dígaselo.

Eliana

¿Y esos signos? ¿El animal muerto? ¿La sal que se derrama? ¿Los vidrios del techo que se trizan?

Elías

No tiene sentido.

Eliana

¿Debo o no debo anotarlo?

Efraín

(Agresivo) Están disimulando... Incluso entre nosotros aparentando... ¡Yo voy a leer ese sueño!

Elías

(Autoritario) No debes.

Evaristo

(A Efraín) El te dirá que estás equivocado, cabeza hueca. (A Elías) ¡Dígaselo, don Elías!

Elías

(A Efraín) Te has tornado arrogante... Pero no sabes nada de la lectura del porvenir de los sueños de los viejos. (Minimizando, arreglando a su antojo el sentido del sueño, demagógico, sin perder su aire de experto) ¡Está bien! ¡Voy a leer ese sueño! (Se sienta) Escucha: el sueño anuncia... La gloria del futuro, eso, el padre le dice... "Nada más", lo que significa "Nada más de problemas"...

Evaristo

¿Ves, Rojas, que todo va a ir bien?

Efraín

(Perdiendo el interés) Oigan, ¿y ese olor?

Elías

(Continúa la interpretación) Los llantos y los gritos son de afuera, no los de adentro.

Efraín

Un olor raro...

Elías

Y los aplausos y las canciones anuncian a don Estanislao.

Evaristo

Y ese animal muerto, la sal que se derrama y los vidrios no tienen ninguna importancia...

Efraín

¡En serio que hay olor a podrido!

Elías

(Contento) Es un sueño de buenos augurios...

Eliana

(Anotando) Un sueño de paz y alegría.

Efraín

(Ante la indiferencia del resto) ¡Pero, huelan, huelan!...

Evaristo

Cállate, Rojas, que interrumpes.

Efraín

Es que en serio, el olor a podrido brotó cuando pisaste una tabla del piso.

Eliana

(Oliendo) Parece que es cierto.

Elías

Otra de tus alucinaciones.

Evaristo

Igual que lo del chicle.

Eliana

¿No será de los reservados?

Efraín

No, están todos bien tapiados (Huelen)... Con madera o alquitrán.

Evaristo

Es cierto, de ahí no viene.

Eliana

Es un olor que no está en mi inventario. (Lee) Jazmines, azahares, asados, caldos, frutas frescas, vino caliente, vino frío, licores, quesos; no, tampoco es el camembert ni el roquefort.

Elías

(En contrapunto con la enumeración de Eliana) Sí, ahora lo siento. Búsquenlo pronto, ubiquen la causa.

Efraín

¿Ven que es cierto? Es por el suelo, ese olor a podrido.

Elías

Busquen, busquen.

Elías

Sigan buscando, no se distraigan.

Evaristo

¿No será el cocinero?

Efraín

No, si fuera así, vendría de la cocina, él está bien tapiado.

Eliana

¿Podría ser el viento sur que trae olores de alguna matanza?

Elías

Basta no se distraigan. *(Desesperado)* Ese olor es verdadero.

Efraín

Por aquí.

Evaristo

¿Por dónde?

Elías

Por ahí. *(Bajan todos hasta donde está oliendo Efraín)*

Efraín

Es en esta ranura del piso.

Eliana

¿Ranuras en el piso? No tengo eso anotado en el inventario.

Evaristo

¿Cierto don Elías que no es cierto? ¿Que no hay nada?

Efraín

Mira se ve la bodega desde acá.

Elías

¡Un cuerpo muerto allá abajo!

Eliana

¿Quién?

Efraín

    Es... Es... ¡Adolfo!

Evaristo

    ¡Adolfito nuestro guarén actor!... El guarén favorito de don Estanislao Ossa Moya.

Elías

    Nuestro guarén amaestrado... ¡No puede ser!

Efraín

    Es la desgracia, la pesadilla, la muerte.

Elías

    No puede ser... Tú, Efraín, con tus dudas, has traído la mala suerte.

Evaristo

    Sí, sí, no puede ser de otra manera.

Elías

    Anda tú, Eliana, a comprobar; trae su cuerpecito.

Evaristo

    ¿No podrá ser otro, uno parecido?

Elías

    No, es Adolfo, el único, el fiel Adolfo...

Elías

    Tú lo mataste con tu falta de fe.

Efraín

    No puede ser.

Elías

    ¡Aghhh! Tan fiel que era tierno Adolfo. Tan buen actor, tan útil.

Evaristo

    Sí, tan entrenado para espantar con sus paseos los tés de caridad cuando se alargaban.

Elías

    O asustaba a los borrachos; se creían delirando cuando salían, a una señal nuestra, a espantarlos mostrándoles los dientes y sacándoles la lengua.

Evaristo

Su noble cara de ferocidad.

Elías

O cómo lo tenía amaestrado don Estanislao, para que asustara a sus acompañantes que entre grititos se le abrazaban al cogote.

Evaristo

¡Noble bicho!

Efraín

¿Y tú crees que fue por mi culpa?

Elías

Tú, cállate, pájaro de mal agüero.

Evaristo

Tus malditas dudas, tus malditas ideas.

(Entra Eliana con una bandeja de plata cubierta)

Elías

Habrá que realizar para él la mejor de las despedidas.

Eliana

Es que no hay duda, corresponden sus señas, sus marcas, incluso estaba ahí en su covacha, en el lugar de la harina, cerca del estante de los quesos...

Elías

Jamás nos traicionó. *(Se ubican alrededor de la bandeja)* Oremos:

Evaristo

"Bendiga Dios esta casa y la cena de mesa".

Efraín

"Bendiga Dios este cuerpo y las penas que él acoge".

Evaristo

"Bendiga Dios nuestro pan y a los que comen de este plato".

Efraín

"Benditos servidos y servidores, sean honrados o ladrones".

Elías

(*Todos se arrodillan menos Elías*) Oh, Tú, Sagrado Garzón del Templo de las Cenas, Tú que serviste al Señor y escuchaste la voz del Chef del Universo. Tú, Supremo Maitre que recoges las migas y propinas de la humanidad, acoge en tu seno a Adolfo, guarén humilde y triste que en su condición de animal ganó aprecio de señores, susto de damas y espanto de borrachos; él que fue dueño y protector de las bodegas, que espantó a sus propios compañeros de especie, de raza y de clase para proteger a sus amos, que respetó a quienes conoció tal como si hubiera sido destinado a servir en la sublime Garzonería Secreta... Tal era su sed de servir, de hacer gracias, de cumplir lo pedido... Él, que nos siguió en las buenas y en las malas; y en el momento de los dolores y las penas y las fugas permaneció viva la esperanza junto a nosotros.

Evaristo

Hasta que la muerte lo sorprendió.

Eliana

Soñando.

Elías

Por causa de algunos que poblaron con su escepticismo contagiado de ideas foráneas lo que hasta ahora era sano compañerismo...

Efraín

Pero... No, no digo nada. (*Para sí*)

Elías

En tu cielo de bodega, en tu paraíso de pasadizos y sobras y restos correrás entre los más píos y puros de tus compañeros... Donde serás acogido en los brazos del Maitre Riquelme, de San Augusto Escoffier, de todos los Santos Garzones que sirven al restorán de la última morada. Oremos.

(*Recitan en un murmullo un menú en francés. Eliana se levanta, destapa la bandeja y Elías besa suavemente el guarén muerto*)

Eliana

Señores (*La miran*)... El animal es uno de los signos.

Evaristo

¿De qué habla?

Eliana

Del animal muerto... De Adolfo.

Efraín

¡Es el anuncio!... El sueño que usted dijo haber leído. *(Amargo desafío)*

Evaristo

¡Oh! Es el anuncio de los buenos tiempos por venir.

Elías

Cuidado, Evaristo. *(Evaristo al retroceder bota un salero)*

Efraín

¿De qué se asusta, don Elías?

Elías

Yo, de nada, todo está bien, todo está bien.

Eliana

Son dos los signos... La sal es el segundo. *(Echa sal sobre su hombro)*

Elías

Tengan calma... Tranquilos.

Efraín

Es usted el alterado.

Elías

No me critiques, no tienes derecho.

Efraín

Algo va a pasar.

Elías

Sí, sí, sé, todos están soñando, los mismos signos, los he escuchado comentarlo... Los he visto mirándose al espejo, han empezado a mirarse la cara, sobre todo tú, Efraín, ya ni siquiera te tiñes bien las canas... Has dejado que se te note la edad con tal de ser diferente, de tener distinto rostro, que no te confundan con nosotros... *(Suenan los vidrios del techo quebrándose)* No hagan comentarios... Sí sé, Eliana, es el tercer signo.

Efraín

Aparecían en mi sueño...

Evaristo

Y uno que tuve yo también.

Elías

Los signos están completos... Don Estanislao está por llegar. Y ordenen las mesas.

Evaristo

¡Efraín!... ¡Viene el señor Ossa Moya!

Efraín

¿Será posible?

Evaristo

Sí, viene con sus huestes, con sus himnos, con sus mujeres de maravilla.

Elías

Ha dicho sólo que viene, que los signos se han cumplido.

(Rápidos, agitados colocan las mesas como para una proclamación)

Elías

Las banderas...

(Carreras en uno y otro sentido, todos con sus bandejas y servilletas)

Efraín

Perdimos las banderas... Se quemaron en una curadera de los liberales... Y el resto tuvimos que usarlas para cortinas.

Evaristo

Quedan algunas del Santiago Nacional.

Efraín

¿No importa si son de algún club deportivo?

Eliana

Lo importante es cómo lo anote ya en las crónicas, no se preocupen.

Elías

Pronto... Pronto... Está al llegar... Tú, Eliana, abre la puerta.

Eliana

    ¿Abrirla? La tenía anotada como abierta.

Elías

    Pero está cerrada... Vamos, ábrela.

(Sale Eliana, se escucha la apertura, los goznes, vuelve a entrar)

Evaristo

    Está todo listo.

Efraín

    Para el esperado.

Evaristo

    Para el caudillo.

Elías

    Pónganse solemnes... Sonrían... Ahora *(Sonríen al unísono)*... Sientan el Juramento como el primer día que entraron a la Sociedad de Garzones.

Evaristo

    Al fin...

Efraín

    Hacía tanto tiempo.

Elías

    Shitt... Concéntrense.

Eliana

    El Senador... El Caudillo... ¡Qué hombre!...

(Se escuchan ruidos de pasos afuera)

Elías

    El candidato.

(Se escucha canturreo de borracho, un cuerpo que cae, que se arrastra, gimoteo, alguien que avanza a topetones con las paredes)

Evaristo
  Es él...

Efraín
  Al fin.

(Todos corren en actitud de espera. Se escucha un portazo y de pronto entra Ossa Moya, corpulento, deforme, de rostro rubicundo, amoratado, imponente, vestido como un mendigo ebrio, con la barba crecida, demacrado, gigantesco y decrépito, moviéndose como si le hablara a una multitud imaginaria. Los garzones y la cajera se comportan como si recibieran a un gran señor, le hacen una amable reverencia de saludo, le tratan de retirar el abrigo, le colocan la silla. Efraín vacila inicialmente, lo mismo Evaristo pero aceptan, a una señal de Elías que no pierde su compostura, atenderlo como a un gran señor con todo un séquito de invitados.
Los garzones recorren las mesas llenas de supuestos clientes comentando "Es el senador", "El famoso orador", "Un político de campanillas", "El líder de la Nación", "La esperanza de la patria", "Qué figura de varón", etc. Se mueven en un agitado ballet de entrar y salir trayendo bandejas supuestamente llenas, de atender a cientos de clientes imaginarios mientras deambula entre ellos el viejo grande y borracho salpicando con saliva y contoneándose en su paso vacilante, estrellándose con personas y objetos)

Ossa Moya
  (Entrando) Que se abran los baúles, que se destapen las botellas... Buenos días a mi patria querida... Noble y generosa... Por la misma mierda... Libre curso al vino que llegó el Tigre del Senado, don Estanislao... Poeta y roto choro este pechito... Mi pueblo querido... Todo el partido... Corrrelipipgio... No... Correligión... Correligionarios... Queridos correligio... Pinarpirios... Jua, jua, jua... Como chilenos de mi corazón... Ciudadanos, ciudadanos... Cómo está, don Felipe Bustamante ¡Ah!... Doña Inés de Valenzuela... Doña Marta Oliva... Cuándo nos pegamos otra cachita... Viva el candidato que defenderá al país... El candidato de la decencia y el respeto... Viva el candidato aquí presente... Aplaudan los mierdas... Qué gusto de verlos...

Elías
  Pase por aquí...

Evaristo
  Su abrigo por favor.

Ossa Moya

Sale de ahí, huevón ladrón... Mi abrigo... Quería mi abrigo el bolsiflay... No me huevos será mejor...

Eliana

Buenas noches, señor Senador.

Ossa Moya

¿Senador?... Qué Senador... Presidente... Presidente, señora... Las banderas... Ese aplauso *(Elías hace una seña y todos aplauden brevemente)*... Sirvan el banquete... Que el caudillo tiene un apetito pantagruélico...

Evaristo

(Entrando con una bandeja imaginaria, vuelve a salir) Aspic de fois gras en belle vue.

Ossa Moya

Maravillas... Qué mujeres han venido... Cuál mejor que la otra... Cómo están todos... Quién es el huevón que me está mirando... ¡Viva el Presidente!...

Efraín

(Entra de mala gana y con una bandeja simulada) Cazuela de ave. *(Sale)*

Evaristo

(Muy contento) Mayonesa e langostas. *(Sale)*

Efraín

(Entra) Empanadas de horno con carne y de mariscos. *(Sale)*

Ossa Moya

Traiga... Traiga... Cómo come el partido... Un partido bien comido merece ser elegido... Este país no es para muertos de hambre... Anota esa payasá en un lienzo... Esta sí que es campaña. *(Mientras entran y salen Evaristo y Efraín con los supuestos platos)*

Evaristo

Poulet au marechale.

Efraín

Jambon a la chilienne.

Evaristo
 Punch a la romaine.

Efraín
 Agneau roti.

Evaristo
 Salade nisse.

Efraín
 Bombe chantilly.

Ossa Moya
 ¿Y ese bomboncito *(Por Eliana)* quién es? ¡Ah! Me la van a presentar... Ese platito de postre y después vamos a levantar este país cagado... Con nuestra plata... Con hechos... No con hueveo.

Evaristo
 Gateau Flamand.

Efraín
 Savarin.

Elías
 Fruits y Café Noir...

Eliana
 ¡Que hable el señor Senador!

Todos
 Sí, sí que hable, que hable el candidato. *(Aplaudiendo)*

Ossa Moya
 Que alguien me presente... Ya pues, usted, doña Olga Matte, ya pues, presénteme.

Eliana
 (Tras una señal de Elías, Eliana realiza mecánicamente su parte, Evaristo trata de sonreír pero se va llenando de perplejidad, sólo Elías guía la escena) Este yo... En nombre de todos... Creo interpretar el secreto deseo de toda esta escogida concurrencia al pedir a nuestro invitado de honor que... Hable... Con ustedes... Don Estanislao Ossa Moya...

Ossa Moya

El candidato de la decencia, pues mijita. *(Le lanza un manotazo al trasero)*

Eliana

El candidato de la decencia y el respeto.

Ossa Moya

(Le pega un empujón. Se pone de pie bamboleante. Pasea su mirada ebria por la supuesta concurrencia) Gracias... Gracias... Queridos seguidores... Incondicionales de este héroe de tantas campañas... Pocas veces habrá brillado pecho más preparado para recibir la banda presidencial que el que porta este ilustre ciudadano... Porque no hay ni un solo huevón en este país que se la pueda conmigo... Por eso esta condecoración... No... Chuchas, me equivoqué... Estábamos hablando de la presidencia... O sea, mi candidatura será la del respeto, el orden y la limpieza... Eso que esos jovencitos se las dan de publicistas, mocosos de mierda, esos que ellos llaman slogans... Lo repito, el orden y el respeto... Por la gente decente, Ossa Moya será presidente *(Elías hace una señal y aplaude)*... Por una nación próspera y pujante, Ossa Moya, adelante... *(Aplauso)* Porque hemos hecho lo posible por gobernar y si no se nos dio la oportunidad es que ahora sí que se nos da... Upachalupa, que no se nos monten otros en la grupa. Chile para los chilenos decentes porque yo seré presidente... Putas que estoy ocurrente... Ja, ja, ja... Y ahora todos cantando el himno de la campaña... "A Ossa queremos... A Ossa queremos" *(Todos comienzan a cantar a una señal de Elías)*... Eso es... Porque yo les aseguro que seré implacable con los enemigos y los voy a mandar a todos a la cresta del mundo; y a todo el que me preste plata se la devolveré como si fuera un banco suizo... El resto, puras huevadas, no prometo ni una cosa... Ni más reuniones, ni más payasadas... Prometo plata para los que pongan plata y palos para el resto... No prometo ni una lesera más... Vote por mí que soy negocio seguro... Esta sé que es campaña por la cresta... Así que queda inaugurada la casa del orden y el respeto... Gracias y brindo... ¿Dónde cresta está el vaso? *(Lo toma)*... Brindo por... *(Medita)* ¿Por qué huevada había que brindar?... ¿Quién?... *(Le soplan)* Ah... Por el triunfo de este pechito... La Moneda es para los que mandan y aquí están los que mandan... Los que ponen la plata... Lo más selecto y escogido del pueblo de Chile... Lo mejorcito y qué fue... Salud... Señoras... Señores... *(Se va de espaldas)* Ja, ja, ja... *(Incorporándose a duras penas)* Putas que fuerte está soplando el viento norte... Pero no hay caída que por bien no venga... ¡Viva Ossa Moya!... ¡A ver ese himno!... ¡Cantemos! *(Todos cantan. Ossa Moya a trastabillones cae sobre*

las mesas desordenándolo todo. Se levanta con dificultad)... Algo tenía que decir... Pero no me acuerdo... *(Mira Efraín)* Tú tenías la culpa... Tenías cara de pobre huevón... Sindicalista... Seguro... Y ustedes... *(Los recorre con la vista)* ¿Y ustedes? ¿Eh? ¿Dónde están los otros que no han venido a saludarme?... Ya pues... No me sigan leseando... *(Ríe)* ¿Dónde se metieron? *(Se mete hacia los reservados)...* A ver... A ver... ¡Pepino Godoy Montes! Chiquillo de mierda... ¡Sé que te estás escondiendo!... Sale... ¡Me tenís miedo! ¿Ah?... Doña Inés... Salga... Si vengo mansito... De tigre me queda la pura raya no más *(Silba)...* Bah... *(Extrañado)* ¿Y la comida?... Puro paseo pero na ni na... Ya, pues, niños... ¿Me están hueveando?... *(Pícaro)* ¡Ah!... Me quieren hacer una fiesta sorpresa... Los muy pillos... *(Nadie contesta)* Pero contesten... *(Enmudece)* ¿Por qué no hablan?... *(Recorre el desorden con la vista)* No me van a decir que vine por puro...

Efraín
Dile, Elías.

Ossa Moya
¿Qué pasa?

Efraín
Tienes que reconocerlo, Elías.

Elías
Silencio, Efraín.

Ossa Moya
Ah... No hay nadie... Nadie...

Eliana
(Leyendo) "La multitud exclama entusiasmada ¡Viva el señor Senador!"

Ossa Moya
Salta pal lado vieja culeada... Senador... La multitud *(Irónico)* exclama entusiasmada ¡Seguro!... Estoy más podrido... Yo... Con esta facha... ¡Venir a decirme señor Senador!... *(Cae de rodillas)*

Elías
¿Se le ofrece algo, señor?

Ossa Moya
Por favor... No sigan... Estoy recagado... Me estoy muriendo, Elías... No me

dejen solo *(Se deja caer al suelo berreando como un bebé)*... Buuu... Buuu... Estanislao Ossa Moya... Debía haber pampeado en la elección... Quién mierda inventó el voto secreto... Lo teníamos todo cocinado... Y no resultó... Esta cagada de democracia... Perdimos... Ahora me pudro... Curado... Con el corazón en la mano... Elías... Viejo... Elías... Siempre tratando de sobarme el lomo... Nanai... Nanai... Ya pasó... Ya va a pasar... Sí, cierto... Pasó... Pero demasiado tarde... Nos hundieron... Esos pobretones... Esos arribistas... Esos inmigrantes alzados... Analfabetos... ésos... ésos hundieron al país... Si yo hubiera gobernado seríamos el país más rico de América... Ahora somos cagones y agonizantes... Quién mierda inventó esta cagada de democracia... Buuu... Bu...

Eliana

(Mientras lo dejan llorar) ¿Qué se hace ahora?

Efraín

(Con rabia) Ya no queda nada que hacer.

Elías

Cállate... Es un cliente... Aún así es un cliente... Respétalo...

Evaristo

(A Eliana) ¿No es cierto que no es don Estanislao Ossa Moya? ¿No es cierto? El no vendría solo. ¿No es cierto?

Efraín

(Para sí) Lo sabía, lo supe...

Ossa Moya

¿Dónde está Adolfo que no ha venido a saludarme?

Elías

Murió.

Ossa Moya

¡Más vivo el guarén!... Las paró antes que todos... Astuto el bicho... Se fue... ¿Y los otros?... Zúñiga... Valdés... Goycolea... Prieto...

Elías

Todos en los reservados, están todos muertos y sepultados.

Efraín

Han venido de uno en uno.

Elías

Falta usted... Nadie más...

Efraín

(*Apesadumbrado*) Lo esperamos tanto tiempo...

Evaristo

Nos imaginábamos que... (*Elías lo hace callar con un gesto*)...

Eliana

¿Cuántas patas tienen las sillas?... Debo anotarlo... (*En un susurro a Elías*) Necesitaremos tablas y clavos y alquitrán...

Ossa Moya

¿Tú sabes a qué vengo? ¿O no, Elías?

Elías

Sí.

Efraín

Lo soñamos.

Evaristo

Todos, hasta ella.

Elías

Vienes como todos los anteriores, y te hemos esperado.

Ossa Moya

Amables los carajos... Hasta las últimas... Ah... Ah... Está bien... Vengo a morirme... Como todos... Me tocó (*Nostálgico, amargo*)... Cuánta fiesta... Cuánta cosa hicimos... Cuánto tomamos... Derrochamos... Mis cuatro matrimonios... Mis candidaturas... Ah crestas... Las mujeres... Las peleas... (*Pausa*) Eso sí... Me tienes que cumplir un deseo... Como antes... Lo que mande el cliente...

Evaristo

(*A Efraín*) No puede ser, ¿no es cierto que no puede ser? (*A Eliana*) ¿No es cierto que no sale en el libro?

Eliana

No sé y no me importa, yo creo en lo que escribo.

Ossa Moya

(A Elías) ¿Cualquier deseo puedo pedir?

Elías

Cualquiera, señor, lo que le plazca, haremos lo imposible.

Ossa Moya

(Lo mira. Pausa. Sonríe) Quiero que hagas bailar a la mazucambera.

Elías

¿A quién?

Ossa Moya

Ja... Te gané... Elías... No te acuerdas... Me la mazucambé en el reservado tres... El mío... La empeloté y me la llevé pilchita hasta la misma fuente del Congreso... Putas que la hueveas... Tienes que cumplirlo, Elías...

Elías

El deseo del cliente es mi destino, escucho y obedezco. *(Ossa Moya sonríe y se va a sentar. Elías se reúne con el resto de los garzones)*

Efraín

¿Qué va a hacer ahora? ¿Con que yo tenía alucinaciones, ah?

Elías

No es tiempo de discutir. Ahora puedes atender a un cliente... A un gran cliente.

Evaristo

¿Es él... Él?

Elías

Sí... Y debemos mantener nuestro juramento... Como con todos los anteriores.

Efraín

Don Elías...

Elías

Tú servirás, Efraín.

Efraín

¿Y qué voy a servir?

Elías

Lo mejor de los licores, para monarcas, para emperadores, para presidentes...

Efraín

Es que... Debíamos antes...

Elías

No se hable más del asunto, no se haga esperar a un cliente.

(Efraín asiente y va hacia el fondo. Se coloca junto a Ossa Moya y mira servir un largo menú mientras recita una suave letanía con gran amargura. Ossa Moya simula comer)

Elías

(A Evaristo) Anda al tres... Busca las ropas que quedaron cuando vino a cantar la congalera.

Evaristo

Fue hace tanto tiempo.

Elías

Tanto tiempo que todo está igual... Trae el maquillaje... Los polvos y los disfraces... *(Sale Evaristo)* Tú, Eliana, acércate...

Eliana

Estoy contando las varillas de los respaldos.

Elías

Abandona tus libros y tus cuentas... Ahora vas a dejar de ser tú.

Eliana

Voy a ser la otra.

Elías

Sí. Margarita Miranda, la otra.

Eliana

¿La del espejo, la del sueño?... La recuerdo ahora.

Elías

Sí, tu mismo padre te lo habría pedido.

Eliana

(*Mientras la conducen fuera*) Tú me lo habrías pedido, padre... A tu hija que no sea tu hija... No sé cómo me llamo ni cuál fue mi nombre si es que lo tuve...

Ossa Moya

(*Alegando como un borracho de boite*) El show... El show...

Elías

(*Besando la frente de Eliana*) Ya sabes quien eres. (*Al dejarla fuera le hace una seña a Efraín y a Evaristo*) La orquesta.

(*Efraín y Evaristo se ubican al costado de la mesa central y simulan un redoble de orquesta tropical*)

Elías

(*Animador de boite*) Señoras, señores... Bienvenidos a la boite de Los Inmortales... Los mejores espectáculos internacionales de la gran noche santiaguina... Antes de comenzar debo recordar a nuestro estimado público la presencia, que nos honra sobremanera, del señor Presidente de la República, don Estanislao Ossa Moya (*Aplauso y fanfarria*)... Gracias... Señor Presidente... Su presencia aquilata la calidad de nuestro espectáculo y asegura que esta será la mejor de las noches de Los Inmortales... La gran noche de Santiago... Con ustedes, voy a presentar a la inigualable, la única, la voz más cálida y las caderas más tormentosas del Caribe, el ritmo hecho mujer... Tita Miranda... ¡La Mazucambera! (*A una seña Evaristo coloca en la vieja victrola un tema tropical "La Mazumbaca", mientras Eliana entra sonriente, vestida con viejos trapos que otrora fueron de luces. Comienza a cantar y a bailar grotescamente tratando de mezclar los estilos de Carmen Miranda y de la Tongolele. Ossa Moya entusiasmado acompaña con las palmas mientras se le llenan de lágrimas los ojos. Ossa Moya obliga a todos a bailar formando un tren tras Eliana, tomados de la cintura. Cae ésta agotada entre las sillas. Luego cae Ossa Moya. El disco termina. Queda sonando la aguja pegada*)

Elías

Ahora me corresponde casarlos... ¡Tráiganlos!...

Efraín

¿Casarlos?

Elías

Los casaré... *(A Efraín y Evaristo)* Ustedes acodíllense... Ellos acá... *(Arrastran a los exhaustos Ossa Moya y Eliana)* Que se tomen de la mano. *(Hojea una carta de menú como si fuera una Biblia)* Los declaro marido y mujer ante la Orden de la Secreta Garzonería... Compartirán la entrada, la sopa y el postre. Se servirán mutuamente el vino y junto a sus hijos sabrán compartir la carne y aliñar las ensaladas... *(Hace una señal a Evaristo y Efraín)* Llévenlos al tres... *(Los ve pasar hacia los reservados. Los bendice)* Que lo que el Supremo Chef del Universo ha unido, no lo separe un cliente. *(Don Estanislao Ossa Moya y Eliana se abrazan entre lágrimas y risitas arrastrados por los garzones)* No olviden las tablas... *(Los ve salir)* *(A solas)* Santo Maitre Riquelme... Ahora sé que el futuro no existe para mí... Que el tiempo es uno... Circular... Infinito... Repetido. *(Va hacia el tocadiscos y desconecta la aguja. Se escuchan en off los golpes de los martillazos. Una suave luz descubre los esqueletos contenidos en los reservados, Elías prepara el mantel de gala y los candelabros que rodean a éste. Luego se sienta en su centro. Es evidentemente una ceremonia fúnebre. Los ruidos en off terminan. Vuelven Efraín y Evaristo)* Mi misión está cumplida.

Efraín

(Sorprendido) ¿Y nosotros?

Elías

Sírvanme el vino del suicidio.

Evaristo

(Mientras prepara la bandeja y la copa del vino envenenado) No puede abandonarnos...

Efraín

Elías, podríamos cambiar las cosas. Es otro tiempo.

Elías

Que sea el tuyo... El mío está completo.

Efraín

Es que yo... No te entiendo.

Elías

Dame una razón, un cliente más y me quedo.

Efraín

Podríamos traer nuevos...

Elías

¡Un cliente dije, un verdadero cliente! *(Efraín enmudece. Se acerca Evaristo con lo pedido)*

Evaristo

(Apenado) Aquí tienes.

Elías

(Tomando la copa ofrecida por Evaristo) Lo haré como lo hizo mi maestro... Cuando vio las primeras guerras y esos primeros asaltos al orden y la moral.

Efraín

Pero eso es de otra...

Elías

(Levanta su copa y bebe) A la salud de la Garzonería Secreta *(Toma la bandeja)*... Mi bandeja de gala... Qué lástima no tener la chaqueta de terciopelo... Hubo que venderla para pagar cuentas de hace tanto tiempo... *(Se tiende sobre la mesa)*

Evaristo

¡No se muera, don Elías!

Elías

Efraín, acércate... *(Efraín lo hace)*. Ya el vino noble y efectivo corre por mi sangre... Quiero confesarte un secreto... No tengo la edad que digo tener... No tengo ciento cuarenta y dos años sino setenta y no me llamo Elías... Mi nombre es Ismael... Elías era el nombre del maitre Riquelme... Me lo dio al morir junto con su edad y yo seguí su camino, como él había seguido el de su maestro... Ahora tú serás el que era yo... Te llamas Elías...

Efraín

Mi nombre es Oscar.

Elías

Fue Efraín, ahora es Elías... Y tienes ciento cuarenta y dos años.

Efraín

Está bien. *(Apesadumbrado)*

Elías

Ahora recuerdo cuando llegué a niño al restorán... Recuerdo la cara del buen Elías Riquelme cuando me tomó en sus manos finas de garzón escogido... Qué tiempos aquellos... Qué gente... Nos teñíamos el pelo con esencias vegetales... Los maquillajes...

Evaristo

¿Qué le pasó?

Efraín

Está muerto.

Evaristo

Hay que cantarle.

Efraín

Cantémosle. *(Tararean muy desabrida y dolidamente "Isabelita, porteña bonita". De pronto Efraín se quiebra y solloza)*

Evaristo

¿Qué le pasa?... ¿Don Elías?... Respóndame, don Elías... Con todo respeto, don Elías...

Efraín

¡Me carga tu respeto! *(Arroja la servilleta. Furioso)* Mi nombre es Oscar... Oscar!... ¿Oyeron todos?... ¡Mi nombre es Oscar!...

Evaristo

(Tras tensa pausa) ¿Y ahora qué vamos a hacer?

Efraín

Yo sé lo que voy a hacer... Lo que debía haber hecho hace mucho tiempo... *(Sale hacia la cocina)*

Evaristo

(Solo) Pero... ¿Por qué no jugamos?... ¿Ya?... ¿Don Elías?... ¿Efraín?... ¿Qué le parece si jugamos a los viejos platudos?... ¡Don Narciso Mac Intire, mi viejo perro!... ¿No?... ¿O al chupe con las monedas de la propina?... ¿O al tira la bandeja?... ¿O a adivinar cuántos mocos hay debajo de las mesas?... *(Efraín entra vestido con vieja ropa de calle)* ¿Y esa ropa?... ¿No se la habrá puesto para salir, don Elías?

Efraín

(Le arroja un ajado y deshecho paquete de ropa que Evaristo oculta avergonzado) El paquete con tu ropa ni siquiera tiene polvo... Ni siquiera tiene el nudo hecho...

Evaristo

(Temeroso) Si sólo me la puse para probármela, don Elías...

Efraín

¡Mi nombre es Oscar!

Evaristo

Pero si usted quiere que yo me la ponga, me la pongo...

Efraín

¡Cosa tuya!

Evaristo

Es que necesito que me dé órdenes, alguien me tiene que dar órdenes, es su obligación darme órdenes. ¡Le ordeno que me dé órdenes!

Efraín

¡Haz lo que quieras! (Pausa. Evaristo intenta tomar del hombro a Efraín. Este lo evade. Medita Evaristo)

Evaristo

(Al cuerpo de Elías) Perdón, maestro. (Sale)

Efraín

(Solo. Mientras apaga los candelabros que rodean el cadáver de Elías). Yo no volveré a pedir perdón, no volveré a sentirme culpable ni a pedirle disculpas a nadie... Y no me voy a arrepentir, don Elías. ¡No me voy a arrepentir, señoras y señores! (Mira hacia la puerta, hace un ademán de salir pero vacila. Se deja caer en una silla)

Evaristo

(Entrando vestido de civil) Afuera encontraremos otros garzones, ¿no?... Alguien con quien jugar a algo entretenido... ¿Sí?

Efraín

(Encogiéndose de hombros) ¡Qué se yo! (Se pone de pie. Nuevamente intenta ir hacia la puerta pero vacila)

Evaristo

¿Qué le pasa?... ¿Don Elías?...

Efraín

No sé... No sé... *(Meditando)*

Evaristo

Si usted quiere que yo le abra la puerta, yo se la abro, don Elías...

Efraín

¡No! *(Se decide)* ¡Yo la voy a abrir!... Pero no soy don Elías... Mi nombre es Oscar...

Evaristo

Como usted mande, don Oscar... *(Ambos miran a la puerta)* ¿Vamos?

Efraín

Vamos. *(Salen. Se escuchan los goznes crujir. Una luz seca y descarnada invade el escenario desde la puerta. El ruido de la calle: vendedores, transeúntes, locomoción. Una canción popular va en aumento, poco a poco, hasta cubrir todo el sonido persistiendo aún al caer el telón)*

Griselda Gambaro, Argentina

Griselda Gambaro empezó su carrera literaria como novelista, pero es como dramaturga que ve grande producción y éxito. Nació en Buenos Aires en 1928 y escribió cuentos desde muy temprana edad. En 1963 se estrenó su obra *Las paredes* en el Teatro Abierto y sucesivamente *El desatino* y *Los siameses*, ambos de 1965. Se encontró en problemas con el gobierno por el contenido audaz de sus obras. En 1976 su obra *Ganarse la muerte* fue prohibida y Gambaro se vio forzada al exilio. Se trasladó a Barcelona, España, donde permaneció de 1977 hasta 1980. Regresó a la Argentina en 1983 cuando se reestableció nuevamente la democracia.

La obra de Gambaro se distingue por el rompimiento que muestra con la tradición teatral de Argentina de los años sesenta y setenta. Gambaro recibió la beca Guggenheim en 1982 y los Premios Fondo de las Artes y Emecé en 1984. También su novela *Después del día de fiesta* de 1994 recibió la Medalla de Cátedra Giacondo Leopardi de la Universidad de Buenos Aires y del Centro Nasionali de Studi Leopardi. Su dramaturgía es una de las más representadas en Argentina y ha sido traducida a varios idiomas.

Obras

Las paredes (1963)
El desatino (1965)
Los siameses (1965)
El campo (1967)
Ganarse la muerte (1976)
Dios no nos quiere contentos (1979)
Real envido (1980)

La malasangre (1981)

Antígona furiosa (1986)

Morgan (1989)

Penas sin importancia (1990)

Después del día de fiesta (1994)

Las paredes (fragmento)

PRIMER ACTO

Cuadro I

Un dormitorio estilo 1850, muy cómodo, casi lujoso. Pesados cortinados en la pared de la izquierda, ocultan lo que parece ser una ventana; en el centro de la pared de foro, un gran cuadro, con un soberbio marco labrado representa, con el verismo de la época, a un joven lánguido mirando a través de una ventana. Una sola puerta conduce a otras dependencias de la casa.

Al levantarse el telón, un joven de aspecto tímido y bondadoso, vestido pulcramente a la moda de fines de siglo, está sentado en una silla tipo viena, al lado de la puerta, con el aire de estar esperando a alguien. A su lado, inmóvil, un ujier con un sencillo uniforme, abotonado hasta el cuello. El aseo del uniforme contrasta con la barba del ujier, despareja y de varios días.

Un largo silencio.

De pronto, se escucha un grito de socorro que llega desde otras dependencias de la casa. El grito termina en un alarido ahogado.

El joven se levanta de un salto.

Joven
  ¿Escuchó?

Ujier
  (natural) Sí, sí.

Joven
  ¿Qué ha sido?

Ujier
  Un grito. *(Sonriendo)* Alguien a quien se le cayó la pared encima.

Joven

Alguien gritaba pidiendo socorro.

Ujier

¿Sí? No crea. La acústica. Defecto de construcción, ladrillos mal cocidos. Negligencia. Es bochornoso, pero no se puede tirar la casa abajo, por eso.

Joven

Era una persona, una voz.

Ujier

(admirado) ¿De quién?

Joven

De alguien. No sé.

Ujier

(paternal) Sueña. *(Se rasca una oreja)* ¿Escuchó?

Joven

(atiende, luego) No. Ahora no.

Ujier

¡Cómo lo engañan sus sentidos! Me rasqué una oreja y cuando lo hago, la trompa de Eustaquio suena como una orquesta. ¡Bom! ¡Bom! Costumbre.

Joven

Pero antes, antes *sí* escuché un grito, una llamada de auxilio. Parecía alguien... a punto de entregar su alma.

Ujier

(divertido) ¡Nunca lo hubiera expresado así! Decimos liquidado, muerto. Incluso fenecido. Pero "entregar su alma"... , es hermoso, poético. ¿Usted es escritor?

Joven

No.

Ujier

Es una lástima. Tiene condiciones. ¿Por qué no se sienta?

Joven

Me puso los pelos de punta ese grito.

Ujier

Tranquilícese. Fuera de eso, nunca se escucha nada por aquí. Silencio total. No sé si agradecerlo. A veces resulta aburrido. Otras veces, concedo, calma los nervios. ¿Usted está nervioso?

Joven

(se sienta, nervioso) No.

Ujier

Pues debiera estarlo.

Joven

¿Cree...?

Ujier

Sin duda.

Joven

¡Entonces hay motivo para preocuparse!

Ujier

Ninguno. Pero siempre es bueno atizar los nervios. No vivir como una pasta.

Joven

Bueno, si debo hablarle sinceramente, no puedo negar que me inquieta esta situación, no me explico...

Ujier

(lo interrumpe) ¿Qué situación? Se equivoca. Ningún encadenamiento de hechos se ha producido para crear nada. Usted otorga a los hechos una deliberación culpable. No, no, los hechos son inocentes. Simplemente, usted se ha llegado hasta nosotros, con un gesto amable que le agradecemos, para conversar un poco.

Joven

Me han traído.

Ujier

¿Quiénes? No dirá usted que el alto y el bajo "lo han traído".

Joven

Fueron ellos, sin embargo. "Venga con nosotros", me dijeron.

Ujier

¡Eso es distinto! ¡Que joven atolondrado es usted!

Joven

¿Yo?

Ujier

Sí, usted. Embrolla las cosas. No es justo.

Joven

Dije únicamente que ellos me condujeron hasta aquí. *(Intenta sonreír)* Solo no hubiera venido.

Ujier

¡Ah! ¡Observe usted esto! Puede afirmarse que le hicieron un favor. Solo se hubiera perdido.

Joven

No lo entiendo. ¡Me obligaron!

Ujier

¿A santo de qué iban a obligarlo? Y además, no es cierto. ¿Le han puesto cadenas, lo han traído a rastras por los cabellos? No. Lo invitaron. Con cortesía, lo sé. Los conozco. Usted accedió: por sus piernas subió al coche, con sus ojos vio el trayecto, sus posaderas, perdone usted la expresión, se han sentado por voluntad en esa silla. *(El joven se levanta)* No, permanezca sentado.

Joven

(como una posibilidad que hubiera rechazado tontamente) ¿Pero hubiera podido quedarme? ¿Acaso hubiera podido decir "no" y marchar a mi casa?

Ujier

(divertido) ¡No! ¡No hubiera podido decirlo! *(Ríe)* ¡A todas luces imposible!

Joven

(perplejo) Entonces... Confiese que hubo cierta presión, ¿verdad?

Ujier

¡Vuelta a lo mismo! ¡Qué obstinación! No, no. No obligamos a nadie. Y por otra parte, ¡ni que fuéramos la peste! No aseguro que nuestro contacto social sea un placer, pero de ahí a afirmar que sólo con cadenas se hubiera llegado hasta aquí... Es poco cortés.

Joven

¡No, señor! ¿Qué está usted diciendo? Cambia mis intenciones. Hubiera preferido otra oportunidad. Pasé el día fuera, en el campo.

Ujier

Descansando.

Joven

Descansando, es claro, pero caminé entre los árboles, remé. No estoy acostumbrado a tanto ejercicio, por eso...

Ujier

(exultante) ¡Me lo hubiera dicho antes! ¡Qué manera de hablar a tontas y a locas sin comprendernos! ¡Lo felicito!

Joven

¿A mí? ¿Por qué?

Ujier

¡Pasó el día en el campo! ¡Usted es como yo! Yo adoro el campo, el pasto, las bestias. ¡Ah!, ¿y las puestas de sol? ¿Qué me cuenta de las puestas de sol? *(Desorbitado)* ¡Las nubes y los arreboles! ¡El canto de los pájaros!
(Golpean en la puerta)

Voz del Funcionario

¿Molesto? ¿Puedo pasar? *(Entra el Funcionario, un señor alto y robusto, de mediana edad. Está vestido con llamativa elegancia, demasiado vibrante el color del chaleco, excesivos la blancura y bordados de la camisa. Tiene un rostro simpático y jovial, gestos teatrales y enfáticos, risa fácil)*

Funcionario

¡Querido señor! ¿Cómo está usted? Hace tiempo que tenía deseos de conocerlo. La ocasión la pintan calva: la aprovecho. ¡Muy, muy contento de verlo! *(Estrecha calurosamente la mano del joven. Se aparta, lo observa)* Es como me lo imaginaba. Joven, amable, rostro franco, una lealtad a toda prueba. ¿Me equivoco? *(No espera respuesta)* ¡No, no, sé que no! Espero que me perdone el pequeño cambio que hemos introducido en sus planes. Usted los tendría, ¿eh? Ah, no hay joven que no sueñe con alguna muchacha encantadora. Proyectos: la luna de domingo, el cuerpo dispuesto... *(Ríe con una corta carcajada cómplice)* Pero todo será para bien. *Tutto per bene,*

¿no? Puede retirarse, ujier. Yo hablaré con el joven. La juventud habla mi idioma. *(Divertido)* ¡Yo no hablo ninguno! *(Ríe. El ujier sale. El joven, que no ha tenido oportunidad de pronunciar palabra, no sabe qué decir ahora, da unos pasos y mira ansioso al Funcionario. El Funcionario imita ostensiblemente el gesto del joven, lo mira a su vez y le sonríe con alentadora cordialidad. Ríe. Finalmente pregunta, señalando a su alrededor)* La habitación, ¿es de su agrado? ¡Qué cuarto!, ¿eh? Con toda seguridad, no esperaba esta sorpresa.

Joven

No.

Funcionario

(con júbilo) ¡Ah! ¡Por fin escucho su voz! Congratulaciones. *(Le estrecha las manos)* Bella voz, excelentemente modulada. A ver, a ver, ¡otra vez! ¿Le gusta la habitación?

Joven

Sí.

Funcionario

"No, sí." ¡Muy bien! *(Lo abraza)* ¡Muy bien, repito! Me preocupé especialmente, con cuidado digno de mejor causa, de que su alojamiento resultara confortable. Me rompí el alma..

Joven

Por favor, no debió molestarse.

Funcionario

¡Si no fue molestia! Los resultados compensaron. Este no es un alojamiento principesco, por desgracia.

Joven

Sin embargo...

Funcionario

(cortante) Sin embargo, puede ser la habitación de un caballero en desahogada posición económica, lo sé. Alguien que viva libre y sin apuros. No es su caso, evidentemente.

Joven

¿Estoy en un apuro?

Funcionario

(sonríe) ¿Quién no está en un apuro? Dígame: ¿en su habitación de la pensión disfrutaba usted de esta comodidad, estos cortinados, estos muebles? ¿Disponía de un espacio tan amplio para estirar las piernas?

Joven

De ningún modo. Mi habitación es mucho más modesta. Vivo bien, pero sin lujos.

Funcionario

¡Me alegra escuchar eso!: su sinceridad. *(Señala el cuadro)* ¿Vio usted el cuadro? Lo colgamos ayer. Busqué en el sótano un tema grato: la juventud, la nostalgia... ¿Advirtió qué finura de ejecución, qué matices?

Joven

Sí.

Funcionario

¡Pero hable un poco! Parezco un charlatán. *(Con alarma)* ¿Lo intimido, acaso? Míreme en los ojos. ¡Ay!, me sentiría muy herido.

Joven

(con un esfuerzo, vence su timidez) No, no, señor. Esperaba encontrar una... *(vacila)*

Funcionario

¡Sí, sin miedo!

Joven

(con timidez) Una celda...

Funcionario

(admirado) ¡Una celda! *(Ríe)* ¡Vaya, vaya! Las ideas de la gente...

Joven

Y me encuentro con este cuarto... Sí, mucho más confortable que mi propia habitación.

Funcionario

Qué idea...

Joven

Pensaba en el cielo desde un pequeño cuadrado. Lo temía.

Funcionario

¿Qué temía usted?

Joven

Pues... eso: una celda. La opresión del espacio, el no poder abrir una puerta y salir.

Funcionario

(admirado) ¡Qué lejos de la realidad vive usted!

Joven

Me sorprenden con esta gran ventana, estos cortinados. ¿Me permite?

Funcionario

Sí, por supuesto.

Joven

Mentalmente, me había preparado para enfrentar barrotes, el signo convencional de una cel... *(Aparta los cortinados. Corren sobre la pared lisa)*

Funcionario

(ríe, contento) ¡Qué hallazgo, qué hallazgo! *(El joven, atónito, se vuelve hacia él)* Idea mía, el elemento sorpresa. Cortinados que no cubren una ventana se transforman en símbolos puros de bienestar, de lujo. ¿Se da cuenta? Evito todo despilfarro utilitario. *(Silencio del joven)* ¿Qué le pasa? ¿Digo mal?

Joven

(vacilando) No sé realmente...

Funcionario

(agrio) ¿Cómo?

Joven

(desanimado) No se me había ocurrido. Es un punto de vista... particular.

Funcionario

Lógico: mío. ¿Acaso hay otro?

Joven

Creía encontrar allí una ventana...

Funcionario

¿Lo hubiera preferido?

Joven

Tal vez...

Funcionario

(ríe, paternal) ¡Qué niño es usted aún!

Joven

¿No le incomoda una pregunta?

Funcionario

¡Todas las que usted quiera! Para eso estoy.

Joven

Si hubiera allí una ventana... ¿tendría barrotes?

Funcionario

(con sincera y divertida sorpresa) ¿Barrotes? ¡Qué idea! *¡Quelle idée!* ¿Para qué?

Joven

En fin... Si esto hubiera sido una celda, no resultaría tan descabellado.

Funcionario

(ofendido) ¿Una celda? ¿Tiene usted una idea fija? ¿Con este lujo, con este *confort?* El país de Jauja sería, vamos.

Joven

Perdóneme. No sé por qué me han traído, *(rectifica)* me he llegado hasta aquí.

Funcionario

(se encoge de hombros) Y si no lo sabe usted, ¿cómo voy a saberlo yo?

Joven

Yo vine, pero ellos me invitaron.

Funcionario

¿Ellos? ¿Quiénes?

Joven

Los... El alto y el bajo, los nombró el ujier. Uno era alto, y el otro, bajo.

Funcionario

Eso es. Yo los mandé.

Joven

(con una sonrisa de alivio) ¡Ah, usted!

Funcionario

Sí, pero no deja de ser un poco inconsciente de su parte, llegarse hasta aquí e ignorar el motivo.

Joven

Era de noche. Estaba rendido después del día en el campo. Los sentí... fuertes, poderosos, es tonto... armados.

Funcionario

(con alarma) ¡Santo Dios!, ¿no me dirá que... ?

Joven

No, no. No me amenazaron con armas. Me preguntaron el nombre debajo del foco de la estación. Entonces les vi el bulto en el bolsillo, no sacaban la mano del bolsillo, tuve la impresión...

Funcionario

(muy fastidiado) ¡Ah, señor, si vamos a vivir de impresiones! Yo también tengo la mano en el bolsillo. (Saca la mano abierta del bolsillo) ¿Y qué?

Joven

Tiene usted razón. Ahora que lo pienso serenamente, quizás procedí mal. Me acobardó mi fatiga.

Funcionario

(indiferente) O la noche. O los dos hombres. O las armas que tenían en el bolsillo. Todo puede ser.

Joven

Me limité a seguirlos. Venga usted con nosotros y sabrá el motivo, dijeron.

Funcionario

Claro, por algo vino. Es evidente.

Joven

(desorientado) Sí.

Funcionario

¡Y no hubiera venido, señor mío! ¿Para qué?

Joven

Entonces... ¿me puedo ir?

Funcionario

(ríe) ¡Ah, qué niño es usted! Ahora no. Hay un motivo. ¿Con quiénes habló? Cuénteme todo. Soy su padre.

Joven

En la puerta me recibió el ujier, me condujo a este cuarto.

Funcionario

(furioso por la omisión) ¡Principesco! ¡No es una basura! *(Como el joven calla y lo mira con la boca abierta)* ¡Siga!

Joven

Me senté aquí, a esperar.

Funcionario

(preocupado) El ujier le ofreció una silla, supongo.

Joven

Sí.

Funcionario

(tranquilizado) Es muy amable. Ya lo verá usted. Pero lo interrumpo, continúe.

Joven

Escuchamos un grito, alguien gritaba.

Funcionario

(sonriendo) No se habrá sobresaltado, espero. Gritan siempre, ¡qué vicio!

Joven

¿Quiénes?

Funcionario

Los otros. Están como usted, alojados confortablemente, y gritan. ¿Se les cae la pared encima? *(Ríe)*.

Joven

Eso dijo el ujier.

Funcionario

¿Sí? ¡Qué casualidad! De trabajar tanto a mi lado, piensa y habla como yo: mimetismo. ¿Sabe lo que ocurre? El exceso de comodidad los vuelve desconsiderados, ingratos. Se les pone agrio el carácter. No les importa nada el silencio, la tranquilidad de los otros.

Joven

Me sobresaltó un poco. Había, sí, mucho silencio. Lo que menos esperaba... Y además parecía un grito de auxilio, un grito verdaderamente angustiado, alguien que ni siquiera a costa de la vida podía creer en lo que estaba sucediendo.

Funcionario

(risueño) ¿Y qué estaba sucediendo? ¿Un dedo apretado en un cajón?

Joven

No sé.

Funcionario

(colérico) ¡Ah, pasan la broma! ¿Eh? Descansan y no lo agradecen. Gritan, perturban. (Depone el enojo y ríe, comprensivo) ¡Ah, joven! No hay que pedir peras al olmo. No somos estoicos en este país, un poco de tortura y ponemos el grito en el cielo. No hablemos más. ¿Le explicaron algo sobre su situación?

Joven

No.

Funcionario

(sin escucharlo, contento) La suya es una verdadera situación. Se lo habrá dicho el ujier. Usted está, propiamente, en el nudo dramático. ¿Y qué le dijeron? Yo aclararé detalles.

Joven

No me dijeron nada.

Funcionario

(indignado) ¡El animal! ¡Esos animales! Completamente inútiles. Tengo que estar en todo. Discúlpelos, señor. ¡Yo les dije que no le explicáran nada! Me imagino, se lo debe estar comiendo la inquietud. ¿Usted cómo se llama? ¿Ruperto de Hentzau o Hentcau? Debe conocer la historia: hay un villano de novela que se llama Ruperto de Hentzau. Mejor que no sea usted.

Joven

No soy.

Funcionario

¡Va a resultar sencillísimo entonces! ¿No es usted?

Joven

(sonríe) En absoluto. *(Lleva la mano al bolsillo)* Le mostraré...

Funcionario

(lo detiene) ¡No necesito documentos! ¡Faltaría más! Su palabra basta. *(Suspira)* ¡Qué alegría! Que por un azar del destino usted pudiera resultar Ruperto de Hentzau me quitaba el sueño. La averiguación demorará unos días. ¿Le fastidiaría mucho quedarse con nosotros?

Joven

No puedo. Realmente, no puedo. Trabajo, debo cumplir.

Funcionario

Oh, yo sé bien que usted trabaja y debe cumplir. Me entero de las cosas antes de que sucedan. Ya arreglaremos este inconveniente de algún modo. ¿Existe otro? *(Antes de que el joven pueda hablar. Bonachón)* Tenga usted en cuenta de que no valen los impedimentos sentimentales y que, por otra parte, no se podrá marchar. Así que: ¿por qué no se queda?

Joven

Le ruego que considere mi trabajo. No estoy enfermo. ¿Qué excusa daré? Son muy estrictos.

Funcionario

No se inquiete por su trabajo. Usted es joven, conseguirá otro. O no conseguirá otro. Quizás lo favorezca la suerte. ¿Se tomó vacaciones este año? Descansará unos días. Vendré todas las mañanas a charlar con usted. Desayunaremos juntos. ¿Qué prefiere? ¿Café solo o café con leche?

Joven

Es igual. Le agradezco, pero, para mí es...

Funcionario

(le coloca la mano sobre el hombro) No me agradezca nada. Me siento un poco como su padre. Permítame unos consejos. Ponga buena cara al mal tiempo. Aunque no es justo llamar "mal tiempo" a este cuarto. Corramos las cor-

tinas. Disminuye el lujo. *(Las corre y se vuelve hacia el joven)* ¿Observó usted el cuadro? Pintura de primera calidad. Usted creyó que había una ventana detrás de los cortinados, yo creí que había aquí una ventana. *(Señala la ventana en el cuadro)* Aquí, en estos vidrios que reflejan el sol, que se ensucian como los reales. Y todavía no me convenzo... Optimismo, joven. Mejor que la ventana no esté en ningún lado. Prefiero enriquecer los símbolos. Fraguar ventanas sobre un muro, un cuadro, un ojo. En todos lados, menos en las ventanas. *(Ríe, lo observa)* ¡Pero qué tristeza, joven! Sólo la muerte no tiene remedio. O el remedio es la muerte. A la inversa. *(Ríe)* ¡Ay, qué cabeza la mía! ¡Usted debe estar muerto de hambre! ¿Comió?

Joven

No. Pero no tengo apetito, se lo aseguro.

Funcionario

¡Pues me alegro! ¿Por qué no tiene apetito? ¿Le sucede con frecuencia? No tema decírmelo. No es una enfermedad venérea. ¿Consultó a un médico?

Joven

No. Normalmente como mucho, pero en este momento...

Funcionario

¡Por la situación! Crea en mí: puede dormir en paz. ¿Usted no se llama Ruperto de Hentzau o Hentcau?

Joven

De ningún modo. Me llamo...

Funcionario

¡Lo sé! Hernández. Basta que lo averigüemos para que quede usted en libertad. Aunque no se puede afirmar que esté preso ahora. Esto no es una celda. Usted debe saber cómo son las celdas, cómo son las cárceles. ¡Qué suciedad, qué promiscuidad! Ningún respeto por la persona humana. Como perros. *(Bruscamente)* ¿Qué hora es? ¿Sería tan amable? No tengo reloj. ¿Vio usted qué miseria?

Joven

(saca un reloj del bolsillo y lo consulta. El Funcionario lo mira ávidamente) Las once y cuarto.

Funcionario

¡Tan tarde! ¿Me permite, caballero? *(Toma el reloj, lo examina)* ¡Hermoso reloj! *(Se lo devuelve)* ¿Un regalo?

Joven

Recuerdo de mi padre.

Funcionario

¡Ah, los padres, cuánto debemos agradecerles! ¿Es de plata?

Joven

Sí, me lo regaló al morir.

Funcionario

(sin pensar en lo que dice) Al morir, ¡qué bien! El mío no me regaló nada. *(De nuevo, toma el reloj que el joven mantiene entre las manos. Señala)* ¿Son sus iniciales?

Joven

Sí, me llamo como mi padre.

Funcionario

(bonachón) ¡No diga más! Nosotros tenemos que averiguarlo. Cuestión de rutina. *(Con pesadumbre devuelve el reloj)* Tome. ¿Dónde lo guarda?

Joven

Aquí, en este bolsillo. *(Lo guarda)*

Funcionario

¡Qué cansado estoy! ¿Podría sentarme en su cama? Digo "su cama" porque considero que nuestros huéspedes son dueños absolutos de nuestra habitación. *(Se sienta pesadamente en la cama, exagera)* A mi edad no se puede permanecer mucho tiempo de pie. ¡Cuánto envidio su juventud! El vigor, la decisión, y, ¿por qué no decirlo?, la capacidad para el amor. Siéntese a mi lado. *(El joven se sienta)* He tenido un día fatigoso. El cuerpo toma venganza. Pesan doblemente los años, los disgustos, los ligustros. ¿Qué hora dijo que era?

Joven

Las once y cuarto.

Funcionario

No, no eran las once y cuarto. Fíjese.

Joven

(saca el reloj. El Funcionario vuevle a mirarlo, ávida y calculadoramente) Las once y cuarto... pasadas.

Funcionario

(seco) Mejor ser exactos. Veintitrés y diez y ocho. ¿No se lo dije? Oh, sí, sí, la vida corre al mar y el tiempo la acompaña. (Ríe) Ayúdeme, por favor. (Intenta incorporarse con exagerado esfuerzo. El joven lo ayuda solícitamente) Gracias, las articulaciones duras, los goznes que se oxidan. (Se levanta, tanteando subrepticiamente los bolsillos del joven. Después de un momento, parece recuperar su agilidad) Hasta mañana, hijo. Me preocuparé por usted. Sí, moveré todos los goznes, resortes e influencias. Y mandaré al ujier para que lo ayude a instalarse.

Joven

Gracias. No necesito nada.

Funcionario

No diga eso. Cada hombre necesita su muerte, por lo menos. (Ríe) Hasta mañana, hijo, hasta mañana. (Abre y se dirige al ujier que, obviamente, esperaba detrás de la puerta) Pase, ayude al señor. (Al joven) El ujier estará a su entera disposición. (Muy paternal) Descanse. ¡Buenos sueños! (Sale)

Ujier

¿Me permite, señor? ¿Se ha instalado ya?

Joven

No tenía nada conmigo. (Sonríe) Me arreglaré.

Ujier

No es tan fácil: soplar y hacer botellas. ¿Cómo le sucedió?

Joven

Bajaba del tren, después del día en el campo, y...

Ujier

(fastidiado) ¡Oh, sí, la misma historia! Se llegó hasta nosotros. Pero debió ser más previsor. ¿Cómo sale sin llevar una muda de ropa, algunos alimentos, suficiente dinero? ¿Dinero tiene, supongo?

Joven

Un poco. Nunca llevo mucho por temor de que me roben.

Ujier

Bueno, ya ve usted a lo que conduce el exceso de temor en cuanto al dinero, la falta de previsión en lo demás. No sé cómo se arreglará usted. El alojamiento es confortable, pero todo no se nos debe exigir.

Joven

¡No, por supuesto!

Ujier

Usted es un joven simpático, por eso lo digo. No lo veo abusando, al contrario. Se habrá dado cuenta que eso de "el ujier a su entera disposición" es una figura literaria.

Joven

Trataré de molestar lo menos posible. Ahora mismo, iba a acostarme.

Ujier

¡Usted es como yo! ¡Qué buena voluntad! Da gusto. Lo que esté en mi mano... ¡cuente conmigo, señor! *(Le estrecha la mano efusivamente)*

Joven

Gracias. Todos son muy buenos aquí.

Ujier

(seco) La bondad no basta. *(Lo observa)* Tiene una barba de chivo. ¿Cuándo se afeitó?

Joven

(se palpa el rostro) Esta mañana. ¿Ve?, tengo un rasguño, me corté.

Ujier

"Esta mañana", ¡como si la barba no creciera! Crece en los muertos, ¿qué se puede esperar de los vivos? El desaseo de un barbudo es casi repugnante, ¿no?

Joven

Pero yo... *(Se palpa el rostro, vagamente inquieto)* ¿Tanta barba tengo?

Ujier

Obsérvese.

Joven

(se toca las mejillas) Apenas si raspa. *(El ujier guarda un reprobador silencio, ajeno por completo a su barba de varios días)* ¿No podría afeitarme?

Ujier

¡Ah, sí! Usted dice muy suelto: "¿no podría afeitarme?" Pero, señor, hay que hablar con más juicio. No pedir a tontas y a locas. ¿Dónde iríamos? Nosotros no tenemos nada. No somos una peluquería. ¿Por qué no salió con sus útiles de afeitar?

Joven

¡Fui a una excursión al campo! ¡Qué absurdo!

Ujier

¿Y con eso qué? No sea inconsciente. Mejor pecar por exceso que por falta. Supóngase que mañana temprano lo dejen libre, podría ir directamente a la oficina. Pero con la barba crecida, ni pensarlo.

Joven

El Funcionario dijo "varios días".

Ujier

Varios días, ¿para qué? ¿Para averiguar si usted es Hentcau o Hentzau? Vamos, esta noche misma lo saben.

Joven

¿Y puedo quedar libre?

Ujier

Esta noche misma, no. Nunca dejan libre de noche. Por los ladrones, la oscuridad. Mañana temprano, sí.

Joven

Y podría llegar a horario.

Ujier

Sería magnífico. *(Comprensivo)* ¿Lo quieren mal?

Joven

¿En la oficina? No, no, me estiman. Pero prefiero no alterar el ritmo de las cosas. *(Vuelve a palparse el rostro)* ¿Quiere usted ayudarme? Se lo agradecería vivamente.

Ujier

Es un placer escucharlo. ¿En qué forma?

Joven

> *(sin entender)* ¿Cómo?

Ujier

> ¿En cuánto? No, no, ¿qué digo? ¿Para qué pretender que el agradecimiento se traduzca en otra forma que en agradecimiento? Pero el problema de los útiles, ¿cómo solucionarlo? Tendrá que comprar jabón, navaja, una buena crema...

Joven

> Sin crema es igual...

Ujier

> No crea, la piel sufre. Vamos, no puedo quedarme aquí indefinidamente. *(Tiende la mano)* ¿Qué decide?

Joven

> *(saca la billetera, cuenta los billetes, con visible pesar extiende uno)* ¿Es suficiente?

Ujier

> *(lo toma. Con impertinencia)* El jabón. ¿O piensa afeitarse sin jabón, el caballero? Ya le avisé que carecemos de todo. En la casa hemos tenido pocas oportunidades de servir a caballeros con ocurrencias tan peregrinas como las suyas.

Joven

> ¿Como las mías? No entiendo.

Ujier

> Sí, caballeros que pensaran en afeitarse antes de... *(guarda un silencio significativo)*

Joven

> *(palidece)* ¿Antes? Dijo "antes". ¿Antes de qué?

Ujier

> *(con sonrisa estúpida)* ¿Yo dije antes? ¡Qué extraño! Es una palabra que no uso nunca: le tengo tirria. Si preciso decir antes, digo después. Mis actos me siguen siempre a la zaga, retardados. Después de acostarme, digo, iré a dar una vuelta.

Joven

> *(bajo)* Dijo antes.

Ujier

(como si no entendiera) No, no. Nunca voy antes. Me acuesto, duermo un rato y despúes paseo, lúcido, rozagante. Así concilio, con una fractura de tiempo, el lenguaje con mis actos. Hay palabras que odio, otras que me abandonan por su cuenta. Le aseguro que a ésta la había desterrado de mi vocabulario, habrá vuelto.

Joven

La dijo. ¿Por qué?

Ujier

¡Ya no me acuerdo! ¿Es que usted también quiere decirla?

Joven

No. ¿Pero por qué la dijo usted? ¿Antes "de qué"?

Ujier

¡Ah, bueno! ¿Por qué no la termina? ¡Había resultado fastidioso, señor mío! ¿Cuándo quiere usted el jabón para afeitarse, mañana?

Joven

Ahora, si es posible.

Ujier

Ya está. ¿Vio cómo usted también dijo "si es posible" y yo no le hago cuestiones? (Le muestra el dinero) Esto no alcanza. Si pudiera comprar al fiado, lo haría, pero ni por usted puedo: me conocen. ¡Y a qué hora se le ocurre a usted afeitarse!

Joven

(extiende un segundo billete) ¿Está bien así? ¿Alcanza?

Ujier

(impertinente, con la mano abierta) No. No está bien. (Cuando el joven agrega otro billete, cierra la mano y embolsa el dinero. Muy amable) En dos minutos vuelvo. Trate de no aburrirse. Puede pasear por el cuarto, deleitarse con la contemplación del cuadro, mirar por la ventana, verá usted a un joven que mira por la ventana. Duerma un rato. ¡Vuelvo en seguida! (Sale. El joven, después de un momento, tienta el picaporte. La puerta está cerrada con llave. Vuelve al interior del cuarto, golpea con los nudillos un mueble para apreciar su solidez, contempla el cuadro con ingenua admiración. Luego se quita los zapatos y se acuesta. Se escucha un ruido, afuera. El joven se incorpora, camina hasta la *puerta y prueba el picaporte. No cede. Con un gesto entre desalentado y sorprendido, se acuesta nuevamente, cuidando de no arrugarse la ropa. La escena se oscurece)*

Joven

(*somnoliento*) Apenas llegue el ujier me afeitaré. Sí, me afeitaré y mañana... Mañana, a primera hora... *(Se oye nuevamente un grito que llega de otras dependencias de la casa. Una luz intensa ilumina la habitación. El joven se sienta en la cama con sobresalto)* Oscuridad.

Cuadro II

La escena se ilumina mientras se escuchan unos violentos golpes en la puerta.

Voz del Ujier

(*grita*) ¡Caballero, caballero, abra! ¡Despiértese!

Joven

(*ha despertado sobresaltado. Va a correr instintivamente hacia la puerta, pero se detiene con un gesto de incertidumbre, porque se ha hecho silencio ahora. Va hacia la puerta y mueve el picaporte. No cede. Balbucea)* Está cerrado...

Voz del Ujier

(*melosa*) Abra, caballero, se lo ruego.

Joven

  ¡Está cerrado!

Voz del Ujier

  Se le enfría la comida y es una lástima. Este corredor está lleno de corrientes de aire. ¿Quiere usted que me resfríe? ¡Malo! Abra, por favor. Vamos, hágame el gusto. Dé un paso, otro... apoye la mano en el picaporte, ¡abra ahora!

Joven

(*a su pesar, ha seguido las indicaciones, mueve el picaporte: no cede. Retrocede con un gesto de desalentada incomprensión)* ¡No... no puedo abrir! ¡La puerta está cerrada!

Voz del Ujier

(*impaciente*) Ah, vamos! ¡Colma la medida! ¿Quién le dio tanta confianza, caballero? Yo, no. No hable tampoco. ¡Me las pagará usted! ¡Abra! *(Pega unos fuertes golpes sobre la puerta. El joven intenta abrirla infructuosamente. Se aleja unos pasos. Balbucea unas palabras incomprensibles. Se escucha nuevamente la voz del ujier, ahora melosa y persuasiva)* ¿Está allí, caballero?

Joven

(con un hilo de voz) Sí

Voz del Ujier

(ídem) Abra, conversaremos. Ya le dije que adoro el campo, el olor del campo cuando llueve, ¡qué gloria! *(Furioso)* ¡Abra de una maldita vez! Lo oigo cuchichear detrás de la puerta. Sé que está ahí. ¡No juegue conmigo, idiota! ¡Le romperé la crisma!

Joven

Pero... ¡no entiendo! ¿Qué pretende? ¡Está cerrada por fuera!

Voz del Ujier

(en un paroxismo de furia, pateando la puerta) ¡Ah, qué bestia! ¡Abra de una vez! ¡Abra, abra, abra!

(Irreflexivamente, el joven tiende el brazo hacia la puerta. Antes de que su mano alcance el picaporte, la puerta se abre bruscamente. Entra el ujier, empujando una mesa rodante con platos, fuentes y una botella en un balde, al frío. Contra lo que suponían sus gritos, está muy contento, tararea. Se ha afeitado y masajeado el rostro de tal manera que la piel luce tersa, empolvada, muy brillante. El joven lo contempla estupefacto)

Ujier

(risueño, con una veladura de burla) ¿Pero el caballero no tiene apetito? ¡Vaya que se hizo rogar antes de abrir la puerta! ¿Acaso le gusta estar encerrado?

Joven

¿Qué dice? ¿Cómo iba a abrir?

Ujier

Lo ignoro, pero sé que cerró. Apenas me marché anoche, cerró. Escuché claramente el ruido de la llave, no soy sordo.

Joven

¡Mentira! ¡Sabe usted bien que la puerta estaba cerrada por fuera!

Ujier

(secamente) No, yo no sé nada. Usted sospecha que yo le gasté una broma, no adivino el fin, yo sospecho de usted: estamos a mano. ¡Y yo tengo razón!

Joven

¿Con qué medios iba a cerrar yo, quiere decirme? ¿Con qué llave?

Ujier

(enojado) ¡Me importa un rábano! No soy un niño para que me cierren la puerta en las narices. ¡Y concluyamos, caballero! Para que no repita usted esa broma estúpida, yo me ocuparé de eso. En el futuro, cerraré *yo* la puerta, se lo advierto. *(Bruscamente, rompe a tararear. Se afana preparando los platos. Su aire es risueño y diligente. Levanta la cabeza y ve al joven, inmóvil y cabizbajo. Cordialmente)* ¡No se quede así, señor! ¡Estimado señor, seamos amigos! Un momento de arrebato lo tiene cualquiera, por eso no nos vamos a amargar la vida. Contemple esto. *(Maquinalmente, el joven se toca la barba)* Sí, el joven tiene barba dura, lo observé apenas entré. Pero no se preocupe. Su aspecto es óptimo aún. ¡Oh, qué olor delicioso! Tendremos otros defectos, pero en cuanto a atención... ¡silencio!, como cuando se escucha el himno. *(Se aleja unos pasos y contempla la disposición de la mesa. Ríe)* Me río porque... así debe ser la comida de los condenados... Sí, sí, así debe ser.

Joven

(pálido) ¿De... ? ¿De quiénes?

Ujier

De los condenados. ¡La comida fin de curso! *(Ríe)* La última, la víspera del luctuoso suceso, del tránsito. ¡Y ésta parece realmente... ! ¿Se imagina cómo deben comer? Con las tripas estranguladas. ¡Tanto les daría tragar piedras! ¡Qué desperdicio! *(Ríe alegremente. Después de un momento, ve al joven que se ha desplomado sobre una silla. Afectuoso)* ¿Qué es eso?

Joven

Dice... dice usted que... que es la comida de...

Ujier

(risueño) ¡No, no, señor! Cálmese. ¿Me cree capaz de semejante falta de tacto? Parece el almuerzo, pero no. ¡No es, no es! ¡Se lo aseguro! *(Ríe. Sirve una copa y se la tiende)* No sea tan pusilánime. Beba. *(El joven bebe. Ujier, afectuosamente)* ¿Mejor? De suponer que usted iba a reaccionar así, me hubiera guardado bien de hacer consideraciones al margen. ¡Qué ánimo sensible el suyo! ¿Me permite una observación?

Joven

Sí.

Ujier

Uno de sus defectos, caballero, es preocuparse demasiado. Cuando entró usted con el alto y el bajo, observé esto en seguida: que usted se preocupaba demasiado. Otros no: vienen alegres, les interesa la aventura. Claro, tanto de una cosa como la otra: todos al tacho.

Joven

(demudado) Todos... ¿a... dónde?

Ujier

(ríe) ¿Ve? ¿Ve usted? Está preocupado de nuevo. Es una forma de decir, bastante ordinaria, por cierto. Y en su caso, se lo comunico confidencialmente, las cosas van bien, cada vez mejor. Se lo repito, deseche las inquietudes. Todo mal es temporario. Por fuerza debe ser temporario porque la vida es breve. ¿Sabe usted lo que soy yo?

Joven

(tímidamente) Un ujier...

Ujier

(brutalmente) ¡No diga sandeces!

Joven

No... no acierto.

Ujier

(en el colmo de la diversión) Yo era un pobre diablo. Y ahora, no soy más un pobre diablo.

Joven

¿Pues qué es usted?

Ujier

¡Un diablito! *(Ríe. Se detiene bruscamente)* Vamos, ¿usted no se ríe?

Joven

(sonriendo a duras penas) No... no.

Ujier

(ríe) ¿De qué tiene miedo?

Joven

(empieza a tentarse) De nada. ¿Pero por qué voy a... ?

Ujier

   (riendo) ¡Porque sí! ¡Festeje su propio funeral! ¡Haga como yo!

Joven

   (conteniéndose) ¿Usted... usted festeja... su funeral?

Ujier

   (rápido) ¡No, el suyo! *(Ríe)* Le cortarán la cabeza, así que... ¡ríase!

Joven

   (conteniéndose con trabajo, como si el ujier hubiera dicho un chiste graciosísimo)
   ¡Que me cortarán... ! ¡Vaya! Que... ¡qué divertido! ¡Que me cortarán... ! No
   tengo ganas. ¡No quiero!... *(Se levanta, volteando involuntariamente la silla)*

Ujier

   (ríe) ¡Le apuesto que sí! *(El joven camina unos pasos, aguantando la risa, los
   puños apretados contra el pecho. Doblado en dos, se sienta en la cama. El ujier se
   le acerca, riendo, familiarmente le da un golpe formidable en la espalda)* ¡Se
   atoró, señor?

Joven

   *(se levanta como si un resorte se hubiera roto en él, se arquea hacia atrás y
   comienza a reír abierta, angustiosamente)* ¡Ay! ¡Ay! ¿Si me atoré, dice? ¡Qué
   gracioso! ¿Nunca escuché... nada... tan... gracioso... ! *(Ríe hasta las lágrimas)*
   ¡Ayúdeme! ¡Ayú... deme!

Ujier

   *(que cesó en sus carcajadas apenas el joven rompió a reír, lo observa desde la
   puerta. Menea la cabeza con expresión un poco disgustada, un poco triste)* Qué
   manera de reír, caballero...

Joven

   (cesa de reír por puro agotamiento) No pude evitarlo. Me tenté. Qué cosa...
   idiota.

Ujier

   En su situación... No digo que sea para preocuparse, pero dista de ser lucida.
   ¡Dista bastante! Imagínese que el Funcionario pasara casualmente por el
   corredor, ¿qué pensaría de mí? ¿De usted?

Joven

   ¡Pero no tengo la culpa! ¡Usted empezó!

Ujier

(*muy irritado*) Yo empecé, ¿y con eso, qué? Deslindemos responsabilidades. No quiero censurarlo. Hay gustos y gustos. Pero trate de que sus gustos no perjudiquen a los otros. Limítese a arruinar su reputación, ¡no la mía! (*Se marcha dando un portazo*)

Joven

¿Qué dice? Me tentó y luego... (*Bruscamente, va hacia la mesa y bebe dos copas de vino. Sonríe, animándose. Come algo mientras pasea por el cuarto, lo recorre metódicamente partiendo desde la pared de la izquierda hasta tropezar con la cama en el extremo opuesto, y viceversa. Tararea unas palabras ininteligibles. De pronto, se para en seco, espantado. Observa incrédulo las paredes. Repite el paseo con pasos visiblemente controlados*) ¡No, imposible! ¿Qué sucedió? ¿Qué...? ¡Qué...! (*Se abalanza hacia la puerta y golpea fuertemente*) ¡Ujier! ¡Ujier!

Ujier

(*se asoma de inmediato. Amablemente*) Caballero, ¿llamó?

Joven

(*demudado*) ¡La... la habitación!

Ujier

(*ídem*) ¿Qué sucede con la habitación?

Joven

(*aterrorizado*) ¡Disminuyó de tamaño!

Ujier

(*toma la botella y se la muestra al joven. Reprocha amablemente*) ¡Señor! Vine corriendo desde la calle, ¡y me llamó para esto!

Joven

¡No estoy borracho!

Ujier

(*sonríe*) ¿Y entonces?

Joven

Está... más chica.

Ujier

(*ídem*) ¡No me diga!

Joven

Paseaba por la habitación contando los pasos. Diez pasos había desde la pared hasta la cama, ¡y ahora hay ocho! Ocho...

Ujier

(se sienta en la cama, indulgente) Veamos. ¿Siempre cuenta los pasos?

Joven

Aquí. Me paseo y canto: *(canta con un hilo de voz)* "diez pasos desde la pared hasta la cama, diez pasos desde la cama a la pared, diez pasos..." Es tonto, lo sé.

Ujier

¿Siempre tuvo esa costumbre?

Joven

Sí.

Ujier

(admirado) ¿Toda su vida se la pasó contando los pasos? ¿Cuántos contó usted, en total? ¿Lo sabe? Debe ser una cifra astronómica.

Joven

No. Quise decir... Aquí empecé, para distraerme, inconscientemente.

Ujier

Ah, inconscientemente. Yo conozco esta habitación. Le puedo asegurar que no ha variado un ápice.

Joven

(con desaliento) ¿No?

Ujier

No. *(Una pausa)* Espere... La pintaron una vez, eso sí. Le cambiaron el color. Antes, las paredes eran grises. *(Las paredes son grises)*

Joven

Sin embargo, yo conté diez pasos y ahora hay ocho.

Ujier

¡Qué obstinación! ¿O busca un pretexto para charlar conmigo? *(Sonríe, se le acerca, equívoco)* ¡Qué amable! Una sorpresa deliciosa.

Joven

(retrocede) No. Estoy seguro.

Ujier

Yo también. Es fácil probarlo. *(Camina desde la pared hasta la cama. Con firme inconsecuencia)* Efectivamente, hay ocho pasos. *Siempre* hubo ocho pasos.

Joven

¡No es posible!

Ujier

Sí, señor, es posible porque lo suyo resulta completamente inverosímil. ¿Siempre se ha preocupado usted por la exactitud? ¿Cuánto mide su cuarto de la pensión?

Joven

No sé, exactamente. No me fijé nunca.

Ujier

(reticente) Curioso, ¿eh? Curioso. *(Breve pausa)* ¿Cuatro metros?

Joven

No. Menos. Es un cuarto chico de... tres por tres. Eso es: tres por tres.

Ujier

¡Muy equivocado, señor! Mide tres con cinco centímetros. Realmente extraño que lo ignore. Lo sé yo y no vivo en él. ¿Cuánto hace que lo ocupa?

Joven

Dos años.

Ujier

Y aquí, controla la medida del cuarto antes de habituarse a él, puede decirse. ¿Cómo sabe si el cuarto no se está adaptando a usted?

Joven

¿A mí? ¿En qué forma?

Ujier

(agresivo) ¡Qué sé yo! ¿O piensa que se lo estamos escamoteando a pedazos?

Joven

¡No, no pienso! No era mi intención controlar nada. En este cuarto sucedió porque estaba ocioso, me entretenía.

Ujier

Como estaba ocioso, contó diez pasos, luego ocho, mañana contará veinte o cincuenta. ¿Sus pasos fueron iguales? ¿Está seguro?

Joven

Sí.

Ujier

No. Hacía largo rato que estaba solo. Demasiado tiempo. No es saludable: uno concluye por pisar su sombra.

Joven

¿Largo rato? ¡Se había ido usted!

Ujier

(no lo escucha) La soledad crea alucinaciones, no está usted acostumbrado a estar solo.

Joven

¡No fue por eso! El cuarto...

Ujier

¡Basta! Le hago una comparación: la oscuridad crea fantasmas, ¿y existen los fantasmas? No, señor. La verdad sólo se salva por las comparaciones. Sus ojos han apreciado mal el tamaño del cuarto. Me ha llamado a mí para comparar nuestras verdades. Y yo le digo, caballero, ¡que está absolutamente equivocado!

Joven

¿Yo? *(Mira a su alrededor, vacila)* Sería una locura...

Ujier

(contento) ¿No es cierto?

Joven

Sin embargo, hubiera apostado...

Ujier

¡Nada, no apueste nada que pierde!

Joven

¿Qué?

Ujier

(ríe tranquilizadoramente) ¡Qué sé yo lo que pierde! ¡Resígnese! El Funcionario vendrá a verlo mañana, a primera hora. Cuando el Funcionario llega temprano, siempre trae gratas noticias. "La felicidad no puede esperar", dice, y madruga. Sería conveniente que lo esperara despierto, aseado. Es tan bueno que no lo pide, pero sé que eso le encantaría.

Joven

¿Cómo va a molestarme? Por supuesto que voy a estar despierto. ¿A qué hora vendrá?

Ujier

A las diez o a las veintidós. ¿Le gusta a usted el campo, caballero?

Joven

Sí. Había ido al campo. Precisamente, al bajar del tren fue cuando me invitaron a...

Ujier

Lo sé. Yo lo adoro. ¡Las puestas de sol! Soy un campesino en potencia. Sueño con comprarme una granja. Sé castrar pollos... ¡y hasta gallinas! (Ríe, luego serio) La vida sana me apasiona, levantarse al amanecer, respirar el aire puro, sembrar, ordeñar, castrar... ¡qué gloria! (Mientras el ujier habla, el joven busca el reloj en el bolsillo. No lo encuentra. Luego, con muestras de perplejidad, infructuosamente, revisa sus otros bolsillos. Se oye un grito, largo y angustiado)

Joven

(sobresaltado) ¿Escuchó?

Ujier

(estira los brazos, bostezando) ¿Qué? No, no escuché.

SEGUNDO ACTO

Cuadro III

El mismo ambiente, sensiblemente empequeñecido. Han desaparecido las cortinas y el cuadro. Una pequeña lámpara lateral ilumina al joven, que está acostado y duerme.
Entra el ujier y enciende la luz central del techo. Trae una bandeja de estaño con una taza con café con leche y un pedazo de pan. Con grosera brusquedad, deposita todo sobre la mesita de luz.

El joven despierta y se incorpora.

Joven

Buenos días. ¿Qué hora es? Me quedé dormido.

Ujier

(seco) Marmota.

Joven

¡El Funcionario! ¿Todavía no llegó?

Ujier

(ídem) Sí, llegó, pero es invisible.

Joven

(ríe) Seguramente no tardará en llegar, ¿verdad?

Ujier

(ídem) No puedo contestar a ninguna pregunta. ¡A ninguna!

Joven

Me dijo usted que vendría.

Ujier

Sí. ¿Y qué? Vendrá, no vendrá. No es asunto que me concierna. En el futuro, me limitaré a mis obligaciones: saldré ganando.

Joven

¿Por qué lo dice? ¿Ha tenido disgustos?

Ujier

(furioso) ¡Bastantes! Y le ruego que tome su desayuno. ¡No estoy aquí para sufrir plantones por nadie!

Joven

Sí, sí, por supuesto. *(Toma la taza y hace ademán de buscar la cucharita)*

Ujier

Ya tiene azúcar. Hoy no traje cubiertos.

Joven

No es nada. *(Toma unos tragos de café con leche ante el ujier que manifiesta ostensiblemente su impaciencia)* Deje la bandeja. La recoje después.

Ujier

(agresivo) No. La llevaré *ahora*. (Con sonrisa equívoca) Anoche faltaba una pieza.

Joven

¿Faltaba?

Ujier

Sí, me extraña en usted. Pero está visto que sólo se puede confiar en uno mismo. Y no siempre.

Joven

¿Qué es lo que insinúa?

Ujier

No insinúo: afirmo. Es común en los muchachos. Un vicio asqueroso: ir a los cafés y robar las cucharitas.

Joven

¿Robarlas?

Ujier

Sí.

Joven

¡Pero debe haberse caído! ¿Cómo se le ocurre que puedo escamotear una cucharita?

Ujier

Era de plata, ¿por qué no?

Joven

No es mi costumbre, ¡por eso!

Ujier

Ah, señor, sus costumbres son cosa suya. Yo sólo sé lo que compruebo: traje cuatro cubiertos con la cena, llevé tres de vuelta. Usted no es el único. Aprovechan la impunidad. (Furioso) ¡Saben que no van a juzgarlos por eso! ¡Están tranquilos! ¡Roban!

Joven

¡Me está calumniando! ¡Maldito sea si toqué esa cucharita! ¿Para qué la quiero?

Ujier

¡Ladrón!

Joven

¡Cállese, no le permitiré insultarme!

Ujier

Sí, me permitirá usted lo que se me antoje. Quién sabe lo que se habrá guardado ya.

Joven

Le repito que... ¡Me quejaré al Funcionario, le comunicaré sus estúpidas acusaciones!

Ujier

¡Hágalo! Me admira su sangre fría. Pero yo tengo la culpa por ingenuo. Fue un error confiar en usted: la platería, mis confidencias sobre el campo y lo demás. Pero si me buscan, me encuentran. ¡Pagará con creces lo de la cucharita, verá!

(Silenciosamente, a tiempo de escuchar las últimas palabras del ujier, el Funcionario ha aparecido en la puerta. Conserva su aire teatral, invariablemente simpático y risueño)

Funcionario

¿Qué está usted diciendo? No se irrite tanto, le vendrá dolor de cabeza. Cálmese. El joven no pagará nada. ¡Faltaría más! Es nuestro huésped, no lo olvide. *(Avanza sonriendo al encuentro del joven)* ¿Cómo está usted, querido señor? ¡Me alegra verlo después de tanto tiempo! ¡Cómo extrañé nuestras conversaciones! ¡Qué lástima que nunca hayamos podido conversar!

Joven

(pálido de indignación, le estrecha la mano. Balbucea) Bien. ¡Me acusa...!

Funcionario

¡De nada! ¡Niñerías! ¡No quiero enterarme! ¡Silencio! *(Al ujier, con paternal severidad)* Vaya, vaya, hijo, a sus obligaciones. No se demore más. Tiene mucho que hacer esta mañana. *(El ujier recoge la bandeja y al pasar delante del Funcionario, se inclina con una exagerada reverencia servil, pero, al mismo tiempo, le guiña un ojo. El joven, estupefacto, advierte el familiar gesto de complicidad. Funcionario, muy contento, frotándose las manos)* ¡Bueno, bueno, bueno! Podemos decir, como en una comedia, ¡al fin solos! *(Ríe)*

Joven

Señor, ¿de veras no quiere usted saber... ?

Funcionario

¡Nada, nada, nada! Como ve, me trirepito. *(Ríe, muy contento de su chiste)*
¿No le interesa su asunto? ¡Qué apático había resultado!

Joven

Es que estoy... sorprendido, asqueado. ¡Acusarme... !

Funcionario

(categórico) ¡Ni una palabra! ¡Sobre ese punto, ni una palabra! ¡Chismes, no!
(Ablandándose) ¿Quiere que conversemos sobre el tiempo, el arte? Me gusta
la ópera.

Joven

(desdichado) De lo que usted quiera.

Funcionario

No, diga usted.

Joven

¿Tiene novedades para mí? Me dijo el ujier que hoy, seguramente...

Funcionario

¡Sssss! ¡No lo nombre a ése! Apesta. *(Una pausa)* Novedades tengo, ¡y muy
buenas! ¡Excelentes! Pero, ¿por qué esa prisa? Vita longa, res breve. *(Ríe)*

Joven

(ríe ansioso, por compromiso) ¿Así que tiene usted novedades?

Funcionario

¡Qué impaciente! ¡Cómo le gusta acribillarme a preguntas! Déjeme respirar.
No soy joven como usted. ¿Qué edad tiene?

Joven

Veintidós años.

Funcionario

Lo advertí en seguida, le daba veinte o cuarenta, ni uno más. Y lo advertí por
su impaciencia, caballero, ¡su carácter! *(Ríe)* Si no, se comportaría como yo.
Obraría con mesura, con voluptuosa lentitud. Apenas si movería el brazo
con la esperanza de no mover el tiempo. *(Se sienta)* ¡Ah, la juventud! Mi

padre visitaba prostíbulos. Me lo dijo él. ¡Qué viejo puerco! Yo no. Continencia, moderación, impotencia. *(Ríe)* ¡Qué serio y callado es usted! ¿No ríe nunca?

Joven

¡Sí, desde luego!

Funcionario

¡Ya sabía que no iba a mentirme! ¿De qué reían tanto usted y el ujier, la otra mañana?

Joven

¿La otra mañana?

Funcionario

Sí. Pasaba casualmente por el corredor. Le pregunté al ujier: broma del caballero, me dijo. Es muy alegre, un carácter regocijado. Lo apruebo. La juventud hay que disfrutarla.

Joven

¿Broma mía?

Funcionario

Sí, por eso me asombra verlo tan serio. Cuénteme usted la broma, me gusta reír. Con humor sano, naturalmente.

Joven

No, ninguna broma. Fue...

Funcionario *(muy interesado y risueño)* Sí...

Joven

Nada, imagínese usted que... No sé cómo explicárselo.

Funcionario

(ídem.) ¿Un cuento verde?

Joven

No.

Funcionario

(ríe) ¿Así que distraía al ujier con cuentos verdes? No protestaré, aunque estaba trabajando y no debía. Cuéntemelo.

Joven

No. No era eso.

Funcionario

(lo palmea familiarmente) ¡Animo! No acostumbro, pero por esta vez... Yo le contaré otro. Sé miles.

Joven

Le repito que no fue por eso. Es que ignoro realmente el motivo por el cual empezó a reír el ujier, o, por lo menos, no lo recuerdo. Y no quería reírme...

Funcionario

(seco y desconfiado) ¡Qué extraño!... ¿Reían de mí, acaso?

Joven

¡No, por favor! ¿Cómo piensa usted? Me tenté.

Funcionario

¿Y por qué se reía él? Usted no está en situación de tentarse de risa.

Joven

(lívido) ¿No estoy en situación?

Funcionario

(sonríe instantáneamente) Porque su situación no es grave ni jocosa: *entière-ment normal.* ¿Qué tal mi francés, señor? Lo estudié con Madame Ninón de Lenclos. *(Espía al joven que, obviamente, no conoce a Ninón de Lenclos)*

Joven

Me parece excelente, lo habla usted muy bien.

Funcionario

(probando) ¡*Bon jour, bon jour!* *(Alarmado)* ¿O *bon soir?* *(Saca el reloj del joven del bolsillo y lo consulta con naturalidad delante de él, que no acusa la evidencia)* ¿No digo yo? ¡Me atrasé! Mi maldita costumbre de ponerme a charlar con imbéciles, me entusiasmo, me extravío. Joven, estimadísimo joven, buenas noticias. Las que usted esperaba, quizás. No defraudar nunca es mi mayor alegría. ¿Oídos atentos?

Joven

Sí.

Funcionario

Tenemos una sorpresa. *(Se calla)*

Joven

Lo escucho, señor.

Funcionario

¿No imagina lo que puede ser?

Joven

(imaginando mal) Sí, sí, imagino.

Funcionario

Esta breve temporada que está pasando entre nosotros, *avec nous*, debe ser imborrable para usted. Le hemos traído a... ¡Adivine!

Joven

¿Cómo?

Funcionario

Sí, fuimos a buscarla hasta su propio cuarto, en la pensión. *(Pícaro)* ¿Quién es?

Joven

(aplastado) ¿Cómo? No tengo a nadie.

Funcionario

(satisfecho) Piense.

Joven

A nadie. *(Intenta sonreír)* Por lo menos, en mi cuarto. Esta... ¿ésta es la noticia?

Funcionario

¿Qué esperaba? Yo le dije noticias, lo sé. Fue un error de plural. ¿Está contento?

Joven

No. Creí... ¡Creía que iba a salir en libertad?

Funcionario

Nadie le impide creerlo. *(Toca un timbre en la pared y llama al mismo tiempo)* ¡Ujier, ujier! ¿Sabía que había aquí un timbre?

Joven

No. Pero no saldré hoy.

Funcionario

¿Por qué lo asegura? ¿Qué hay de cierto en el mundo? No toca.

Joven

¿Saldré hoy?

Funcionario

(categórico) No. Apretemos el timbre, quizás suene. *Nessuna cosa è certa.*

Joven

¿Cuándo, entonces? No quisiera pecar de fastidioso, señor Funcionario, pero en la oficina son estrictos. ¿Qué excusa daré para esta ausencia? Temo perder el trabajo. No dispongo de otras entradas y mi pensión corre, sigo ocupando el cuarto, en cierta forma.

Funcionario

¿Su pensión corre? *(Ríe)* ¡Vaya figura! *(Risueño)* Trataremos de que eso no suceda, de que no ocupe dos cuartos a la vez. ¡Con la escasez de alojamiento!

Joven

¿Puedo contar, entonces... ?

Funcionario

(tranquilizador) ¡Con todo! Créame, me satisface comprobar que, no obstante su situación, piensa usted en la oficina.

Joven

(inquieto) ¿No obstante?

Funcionario

¡Su óptima situación! Otros pensarían en bueyes perdidos. Usted, no. Es un joven de porvenir. *(Aburridísimo)* ¡Qué cargante! ¿Escuchó el timbre?

Joven

No.

Funcionario

Sin embargo, funcionaba. Todo puede ser cierto, pero es mejor asegurarse. *(Grita, mientras toca el timbre)* ¡Ujier, ujier!

Voz del Ujier

¡Ya voy, señor!

(Se presenta el ujier, trae contento una muñeca de porcelana entre los brazos. Es una muñeca enorme, vestida con excesiva profusión de tules y puntillas, entera-mente cursi y anti-infantil, rulos ensortijados y una boquita roja y fruncida)

Funcionario

(contento) ¡Ah, muy oportuno! Me leyó el pensamiento. *(Toma la muñeca y, muy ufano, se la presenta al joven)* ¿La reconoce?

Joven

(atónito) ¿Este adefesio? Yo esperaba... No me explico cómo me traen esto. ¿Para qué?

Funcionario

¡Ah, no, señor! ¡Había resultado mal agradecido!

Joven

Excúseme. ¡Ni siquiera me pertenece! Pertenece a mi patrona.

Funcionario

¡Pero la tenía usted en su habitación! ¿Dónde estaba, ujier?

Ujier

En la habitación del caballero.

Funcionario

(ufano) ¡Ya ve!

Ujier

Estaba sobre la cama, así. *(Toma la muñeca y la deposita sobre la cama. La acomoda con una ostentación equívoca)* En la cama del caballero, eso es. *(Ríe)* ¿Dormía con ella, caballero? Como sucedáneo es bastante insatisfactorio.

Funcionario

(furioso) ¡Impudicias no, ujier! ¡Repórtese!

Ujier

¡Perdón!

Joven

(tímidamente) Precisaba unas camisas, una muda de ropa. Claro que si mañana puedo salir en libertad...

Funcionario

  (*risueño*) Puede salir, puede entrar, colita no vale. (*Ríe*) Le hemos traído el
  arte, caballero. ¿Qué importancia tienen las camisas? Puede quedarse con la
  camisa sucia hasta mañana, hasta pasado, hasta mil años. ¿Pero sin el arte,
  caballero? Nos asfixiaríamos. Agradézcanos.

Ujier

  La señora de la pensión me rogó encarecidamente que la cuidara. Sólo por
  excepción permito que se la lleve usted al joven, es un alma sensible, dijo. Se
  expresa muy bien para ser dueña de una pensión.

Joven

  Odio esa muñeca. No sabía cómo sacármela de encima sin ofender a la
  patrona. Demasiado grande. Es un fastidio en el cuarto, una aberración.

Ujier

  (*divertido*) Aberración, quizás..., la tenía usted sobre la cama.

Joven

  ¿Y con eso?

Ujier

  Como de noche todos los gatos son pardos, ¿quién le dice? (*Ríe*)

Funcionario

  (*paternal*) ¡Ujier! Modere el lenguaje. Se lo recomendé. Es su único defecto.

Joven

  Los huéspedes se la pasan unos a otros. Nadie la quiere. Nadie se atreve a
  romperla. Temen a la patrona. Yo también.

Ujier

  (*toma la muñeca, la examina*) Ni una sola cascadura. Perfecto estado.

Funcionario

  (*divertido*) No, no temen a la patrona. Es el arte, caballero. ¿Cómo no lo entiende usted? Por eso no se han atrevido a romperla, los huéspedes de su patrona
  y usted mismo. El arte es todo lo que merece perdurar: la elevación de sentimientos, el devenir de los seres y las cosas. Usted no rompe la muñeca para
  asegurar la belleza de los mundos, el orden. En una palabra: para que los árboles puedan seguir creciendo e impulsando nuevas hojas hacia afuera, de manera que la tierra no se transforme en un páramo desolado. (*Toma aliento*) ¡Ah!

Ujier

(ufano) ¡Muy bien, señor! ¡Ha estado elocuente!

Funcionario

(modesto) Gracias.

Joven

(lanza una tímida risita) ¡Es tan fea!

Funcionario

Sí, lo acepto. Es un vehículo desgraciado, pero cumple sus fines.

Joven

¿Sus fines?

Funcionario

Sí, joven, sus fines. Usted me agrada porque pregunta siempre. Sirve al arte.

Joven

No quisiera contradecirlo, señor, pero me gustaría romperla. Apenas puedo, la oculto bajo la cama. Y aún así, sueño pesadillas.

Funcionario

Se engaña, caballero. Usted protege a la muñeca, los demás huéspedes también. Por eso está intacta. Rómpala.

Joven

¡Que la rompa!...

Funcionario

Sí, no repita. Parece el eco. Hágala pedazos.

Joven

(al cabo de un silencio) Bueno, ¡no es mía!

Funcionario

¡Tanto da! ¿Quién se lo impide?

Joven

¿Para qué? No entiendo para qué.

Funcionario

¿No lo deseaba?

Joven

No así.

Funcionario

¿Y cómo?

Joven

¡Por un accidente!

Funcionario

Los accidentes se buscan. Tropieza usted con esta silla, ¡y adiós la muñeca!

Ujier

(entrega la muñeca al joven. Risueño) ¡Animo, caballero!

Joven

(buscando una salida) Pienso... Señor Funcionario, usted tenía razón, yo no entiendo nada. ¿Para qué apresurarme? Sirve al arte, quizás.

Funcionario

(furioso) ¡Ah, maldito hipócrita! ¡Rómpala!

Joven

(atemorizado) Si usted me lo ordena, lo haré.

Funcionario

De ningún modo. ¿Qué me importa? ¡Me voy!

Joven

¡No, no! ¡La rompo!

Ujier

¡Adelante, caballero! Aquí está la silla. *(Le pone la silla por delante)*

Joven

(después de un silencio) No puedo.

Funcionario

(irritado) Pero, dígame, ¿no se moría usted por romperla? Dése el gusto.

Joven

No puedo. Mi patrona. Ni un vaso se nos podía volcar en la mesa. Rezonga el día entero. No quiero escucharla.

Funcionario

(con brutal franqueza) ¿Y por qué va a escucharla? ¿Cuándo?

Joven

(alelado) ¿Cuándo...?

Funcionario

(furioso) ¡Póngase cera en los oídos! ¡Sáqueme esta porquería de la vista! ¡Rómpala!

Joven

(intenta obedecer, pero le falta valor. Angustiado) ¿Pero por qué? No me parece correcto. Usted dijo que representaba el arte.

Funcionario

¡Y ahora le digo que es un esperpento!

Joven

(como si la muñeca quemara, la deposita sobre la cama) ¡No es mía! Pertenece a mi patrona. Perdone usted, no puedo romperla. (Angustiado) ¿Es que no voy a salir más de aquí?

Funcionario

(un silencio. Luego, como si la pregunta lo divirtiera, depone su enojo, ríe bonachonamente. En seguida, el ujier le hace eco) ¡Ah, cómo piensa usted esa barbaridad!

Joven

(lo mira en suspenso, luego sonríe también, con alivio) Me asusté. ¡Ser impune hasta ese extremo, señor Funcionario! Si no fuera por los gritos de mi patrona, la rompería con gusto. Es un adefesio, lo sé bien.

Funcionario

(seco) Yo no estaría tan seguro.

Joven

(sorprendido) ¿No cree usted que es un adefesio?

Funcionario

Ah, ¿cómo puedo pronunciarme irreflexivamente sobre cuestión tan delicada? Meditaré esta noche. ¿Qué hora es, joven? (Apresuradamente) ¡No, no! No me diga la hora, la conozco. Todas las horas, hasta la caída del sol. Y después de todo, ¿quién lleva la cuenta del tiempo? Yo, no. Así el tiempo me olvida. *(Ríe)* ¡Qué tarde! Hasta mañana. *(Le estrecha la mano calurosamente)* Mañana vendré, espéreme sentado. Conversaremos. Optimismo. *Bonne nuit.* ¡*Buona notte!*

(Se marcha. El joven lo ve alejarse con expresión sorprendida y estúpida. Luego mira a la muñeca, con cuidado la deposita sobre el piso, debajo de la cama)

Ujier

(*se le acerca, meloso)* ¿Quiere que vaya hasta su casa? Si usted me facilita la llave de su cuarto, puedo traerle los útiles de afeitar, una muda de ropa.

Joven

¿Para qué?

Ujier

Está sucio. Lo estimo, señor.

Joven

Entonces, ¿no saldré más de aquí?

Ujier

Usted entiende todo al revés. Probablemente mañana.

Joven

El Funcionario no me lo aseguró.

Ujier

Es tímido. ¿No observó usted cómo se ríe siempre por timidez? Le prometió venir mañana, le traerá buenas noticias. En caso contrario, desaparece. Promete venir y desaparece. *(Ríe)*

Joven

(con recelo) ¿No será mi caso? ¿Vendrá?

Ujier

(fastidiado) ¡Cuántas vueltas! *(Amable)* ¿Está contento de nosotros?

Joven

(sin saber qué decir) Sí. *(Después de una pausa)* ¡Sí, sí!

Ujier

No nos cansamos de hablar sobre usted. Se comentan sus gestos, sus generosidades, hasta sus pequeños tics.

Joven

(inquieto) ¿Mis tics?

Ujier

Sí, incluso eso. Pocos alojados han contado con tantas simpatías. No las pueden contar, eso es todo. El Funcionario está encantado. De mí, no hablo. ¡Tenemos tantos puntos de contacto!

Joven

¿Quiénes?

Ujier

¡Nosotros! ¡El campo! (Muy hastiado) ¡Otra vez! (Sonríe) Usted vino del campo directamente hasta aquí, yo sueño con ir de aquí al campo. Déjeme que lo huela. (Huele) Margaritas, tréboles. Olor a gallinas también.

Joven

(ofendido) No, a gallinas no. No me acerqué a ninguna gallina.

Ujier

Lástima. Pero alguna vez se habrá acercado y le quedó el olor. Un olor gratísimo, como a espliego. Yo lo tendré al tanto sobre su situación.

Joven

¿Sabe usted algo?

Ujier

Es inmejorable.

Joven

¿Averiguaron ya cómo me llamo?

Ujier

Están en eso. Henfó.

Joven

¿No, no me llamó Henfó!

Ujier

Están en eso, averiguaron que no se llama Henfó. Y en el fondo, carece de valor lo que averigüen. Su libertad está próxima, es inminente.

Joven

¡Mentira!

Ujier

  ¡Ah, le agradezco la confianza!

Joven

  ¿Por qué no me lo dijo el Funcionario?

Ujier

  Por delicadeza.

Joven

  No entiendo.

Ujier

  No importa.

Joven

  No... ¡no lo creo!

Ujier

  ¡Palabra de honor! ¿Por qué voy a decirle una cosa por otra?

Joven

  ¿No está bromeando, verdad?

Ujier

  (con un gesto ampuloso) ¿Yo?

Joven

  Sería tonto, cruel... Sabe lo que significa para mí.

Ujier

  (indiferente) Como para mí.

Joven

  Se lo ruego entonces, dígame la verdad.

Ujier

  Está dicha como en presencia de la muerte. Usted saldrá en libertad dentro de... horas, mañana a primera hora. ¿Qué gano en esto? Tanto me da.

Joven

  Me saca usted un peso de encima. *(Ríe)* Estaba un poco inquieto. ¿Por qué? Por aprensión, me doy cuenta.

Ujier

(muy comprensivo) No se culpe. Culpe a la naturaleza humana, caballero.

Joven

Muy cierto.

Ujier

(lo interrumpe) ¡No me agradezca! ¿Sabe adónde voy mañana?

Joven

No.

Ujier

¡Al campo! Y aquí es donde veré la gratitud de su corazón.

Joven

No entiendo, pero si en algo puedo serle útil...

Ujier

Podrá. Imagínese, debo consultar la hora con mucha frecuencia. Desper-
tarme a las siete y tomar el tren de las siete y treinta. Observé que usted tiene
un hermoso reloj, ¿recuerdo de familia?

Joven

Sí, me lo regaló mi padre.

Ujier

¿Sería tan gentil de facilitármelo por algunos años?

Joven

(una pausa. Con desaliento) No lo tengo.

Ujier

¿Qué dice?

Joven

Lo perdí.

Ujier

(incrédulo) ¿Lo perdió aquí?

Joven

Supongo que en el cuarto.

Ujier

(da un paso hacia atrás) Ah, querido señor, si no desea prestar su condenado reloj, dígalo y no se hable más. Pero no use subterfugios. Yo sé bien que en este cuarto no puede haber perdido su reloj.

Joven

¡Pues le repito que no está en mi poder!

Ujier

¡Y yo le digo que miente!

Joven

Mire. Lo ponía bajo la almohada. (Levanta la almohada) No está. No lo tengo conmigo. Desapareció.

Ujier

¿A quién se lo quiere hacer creer?

Joven

¡A nadie! ¡Le digo que desapareció! ¿Es usted sordo? ¿Qué le diré a mi padre? No le diré nada: murió. Pero es lo mismo: como si tuviera que verlo y rendirle cuentas. Dios mío, ¿qué excusa daré a mi propia conciencia por haberlo extraviado tan tontamente?

Ujier

¿No me está haciendo un escamoteo sucio, como el de la cucharita? Me parece que no le agrada prestar sus cosas. ¡Tacaño asqueroso!

Joven

¡Váyase al diablo!

Ujier

(con un empellón, lo arroja al suelo) Más cuidado, jovencito. ¿O se tragó el cuento de que sale mañana? (Le revisa los bolsillos, da vuelta de arriba abajo las ropas de la cama) ¡No lo tiene! ¡Ni que lo hubiera hecho adrede! ¡Vaya idiota! ¡Se lo hizo robar!

Joven

(se incorpora) Me lo hice...

Ujier

(furioso y desolado a la vez) ¡No repita! ¡Idiota! ¡Es usted un idiota! No puede negarlo. ¡Qué mala suerte! Tratarlo con tantos bemoles para esto. ¡Qué insaciable, maldito sea! ¿Para qué quiere él tantos relojes? ¡Nunca me puedo quedar con nada!

Joven

¿Quién es él? ¿Qué dice usted?

Ujier

(se abalanza furioso hacia el joven) ¿No lo sabe? ¡Idiota! ¡Idiota! (Le pega) ¡Lo mataría por idiota!

Cuadro IV

La escena a oscuras. El ambiente se verá luego notablemente reducido con relación al cuadro anterior. Como únicos muebles, un catre y una silla que ocupan casi todo el espacio. Se escuchan las toses y la respiración de alguien fuertemente resfriado.

Voz del Funcionario

¿Puedo encender la luz?

Voz del Joven

Sí, como no. Estoy despierto. Encienda usted.

Funcionario

(enciende entre resoplidos) Perdóneme por molestarlo a esta hora, pero es mi único momento libre. Me dije: mejor temprano que nunca.

Joven

(Está sentado en el catre, tiene el traje arrugado, un ojo negro y se mueve como si hubiera recibido una paliza) Por favor, cómo va a molestarme, al contrario. Le agradezco mucho que haya venido. Se le ve muy resfriado.

Funcionario

¡No me hable! Pesqué una gripe anoche, a la salida del teatro. El aire caldeado del interior, la noche fría: en resumidas cuentas, hoy no puedo más. Me sostengo en pie de milagro, (se golpea el pecho) puro espíritu. ¿Le gusta a usted el teatro? Fui a escuchar Lucía de Lamermoor. El aria de la locura me pone los pelos de punta, me arrebata del asiento. Adoro el bel canto, joven, la ópera. Yo mismo, ¡ejem...! (Carraspea y sonríe tímidamente, los ojos bajos)

Joven

(sin entender) ¿Usted mismo?

Funcionario

¿No es asombroso?

Joven

(que sigue sin entender) ¡Ah...! ¡Qué bien! ¡Usted mismo!

Funcionario

¿No me cree? Ocurre siempre. Nadie imagina que uno tiene su sensibilidad. Todos ven al Funcionario, ¡qué época! Escuche. (Se pone la mano sobre el pecho, adelanta un pie, tropieza con el catre, lo apoya encima, y canta unas notas con voz ruda y muy potente)

Joven

(comprende al fin) ¡Ah, qué hermosa voz! Claro, ¿cómo se me iba a ocurrir? Mis felicitaciones.

Funcionario

¡Espere!... (vuelve a cantar y luego mira al joven, esperando su reacción)

Joven

(tonta y sinceramente impresionado) ¡Qué extraordinario! ¡Si yo tuviera esa voz...! Son verdaderas condiciones artísticas. ¿Canta en algún lado?

Funcionario

(rojo de placer) ¿Cantar en algún lado? ¡Ni soñarlo! ¡Con este resfrío! ¡Si pudiera dejar el puesto...! Pero a esta altura de la vida, ¿quién se arriesga? Yo, no. Cantaría en La Scala. (Bruscamente) ¡Ah, joven, su asunto! ¡Cómo perdemos tiempo hablando! ¿Pero qué le pasó en el ojo?

Joven

Tuve... tuve una incidencia con el ujier.

Funcionario

¿Qué clase de incidencia? ¿Le pegó, acaso?

Joven

Sí, me pegó.

Funcionario

(seco) Ah, ¿suele usted delatar a los ausentes?

Joven

¿Delatar?

Funcionario

¿Qué es lo que está haciendo?

Joven

No era mi intención, en absoluto. Precisamente deseaba explicarle lo sucedido.

Funcionario

Sea breve, no me sobra el tiempo. No me agrada tampoco, cuchichear a espaldas de los otros.

Joven

¡No lo pretendo! ¿Cómo supone usted... ?

Funcionario

(interrumpiéndolo) Para mí no hay subordinados y ajenos, hay amigos y enemigos. Así, exponga sus quejas con precisión y saldremos ganando. Fallos salomónicos, señor mío.

Joven

Fue... fue un error...

Funcionario

(áspero) ¡Cállese! ¡No juzgue, si no quiere ser juzgado! (Una pausa, impaciente) ¿Y? ¿Qué espera?

Joven

El ujier me pidió prestado el reloj.

Funcionario

¡Vaya descaro! ¿Por eso le pegó usted?

Joven

No, él me pegó a mí.

Funcionario

Había entendido lo contrario.

Joven

No, observe usted mi ojo.

Funcionario

Está negro. ¿Y por qué le pegó al ujier?

Joven

No, señor. Yo no le pegué. Vino él...

Funcionario

No diga "él", diga "el ujier". Mejor evitar toda familiaridad.

Joven

Vino el ujier y...

Funcionario

(abstraído) Podría decir "el señor ujier... " *C'est plus joli.*

Joven

Vino el señor ujier y me pidió prestado el reloj.

Funcionario

¡Vaya descaro! ¿Por eso le pegó usted a él?

Joven

(confundido) No, no, señor, no le pegué.

Funcionario

Sin embargo, los hechos son muy claros. Cantan los hechos, pruebas al canto. Vino el ujier, le pidió el reloj, usted se enfureció y le pegó. Y, vamos a ver, ¿de quién era el reloj?

Joven

Mío. Recuerdo de mi padre.

Funcionario

Bueno, pero el ujier tiene edad para ser su padre. No comprendo porqué procedió usted con tanto arrebato.

Joven

Le aseguro que no le levanté la mano. No me hubiera atrevido.

Funcionario

¿Por qué no? Se lo merecía, ¿entonces?

Joven

Me parece que es un malentendido, señor. *(Tocándose el ojo)* Me... me duele.

Funcionario

No tiene ninguna mancha en el ojo, el ujier, pero no puedo juzgar por eso. Usted se dará cuenta. Déjeme ver, ¿no es de nacimiento?

Joven

No, señor. Ayer no la tenía.

Funcionario

Sí, a veces ocurren accidentes parecidos. Uno se acuesta sin dolor de muelas y se levanta con dolor de muelas. Así debió sucederle a usted. ¿Acaso cree, por ventura, que este resfrío lo tengo de nacimiento? Tampoco me esperó levantado. ¡Vaya falta de cortesía! Soy bueno, pero no tonto.

Joven

Perdóneme, me sentía mal. Me encuentro molido.

Funcionario

¿Es mi culpa? Yo también me siento mal y aquí estoy, cumpliendo con mi deber. Prescindamos de lo personal, joven, porque si continuamos en este tren de siento y no siento, no terminaremos nunca. Sabe que dispongo de contados minutos y me demora. ¿Lo hace a propósito?

Joven

¿No! No, señor. No sé cómo expresarle que lo lamento mucho.

Funcionario

¡Ah, por fin escucho una frase atinada! ¿Quiere saber cómo marcha su asunto, l'affaire?

Joven

Sí, por favor.

Funcionario

(alegre y ampuloso) ¡Laissez faire!

Joven

No... no entiendo.

Funcionario

(ufano) ¿Por qué no estudia? El porvenir pertenece a los que estudian idiomas. Le hice una comunicación de interés, ¿y con qué resultado? ¡Ninguno! Se levantó con el pie izquierdo, esta mañana, usted.

Joven

(al borde de sus fuerzas) Sí. Sería tan amable de...

Funcionario

¡De repetirla! ¡Como si no costara nada! Hagamos un esfuerzo. Su asunto marcha bien, requetebién. ¿Quiere más detalles? Se los daré. ¿Qué nombre enrevesado el suyo! ¿Cómo se pronuncia? ¿Hencau, Hencó, Hempó? ¡Ah, pero no importa! Para los resultados finales es completamente indiferente. Deseo congratularlo a usted, ahora. (Ríe) ¡Joven afortunado! Mañana, a esta hora, usted... (Lanza una alegre carcajada, ahogada a medias por un resoplido. Saca un pañuelo y se suena. El joven sonríe, pero, quebrado por la emoción, se sienta en el catre y oculta el rostro entre las manos. El Funcionario emerge el rostro del pañuelo y lo observa, encantado, divertido. Luego se acerca y se inclina hacia él. Con tono confidencial y casi tierno) Vamos, ¿qué es eso, qué es eso? No lo pasó mal entre nosotros, ¿verdad? La vida es sueño. Y la muerte. No se asuste. Sólo le costará un poco soñarla...

Joven

(levanta la cabeza, no ha entendido o no ha escuchado) ¿Qué dice usted?

Funcionario

(se aleja hacia la puerta, sonríe alegremente) ¡Si fuera joven! No sabe cómo lo envidio. ¡Ah, la juventud! ¡Me dedicaría al canto! ¡Do, do, do! (Canta) Hasta mañana, hijo, hasta mañana. Aunque mañana ya no nos veremos. ¡Quién sabe!

(Sale. El joven se palpa el rostro, intenta pasear por la reducida habitación, tropieza con el catre. Levanta la muñeca del suelo, la mira, concluye por colocarla encima del catre, la acomoda con torpeza y se sienta al lado, en la silla, como si velara a alguien. Después de un momento, se presenta el ujier con una jofaina y una compresa)

Ujier

(desenvuelto) ¿Quiere usted colocarse esta compresa? Lo aliviará. El Funcionario siempre me aconseja obrar con mesura. Golpea, pero trata de no lastimar a nadie, me dice. Aunque en esta oportunidad, no me reprendió. ¡Es tan comprensivo! Tome. (Le coloca la compresa sobre el ojo) Sosténgala. ¿Le duele?

Joven

(lo aparta. Sostiene la compresa) No. Ahora no.

Ujier

(*ufano*) No fui al campo hoy. ¿Se acuerda? Soñaba con respirar tréboles y margaritas. Vaya, ujier, me rogaba el Funcionario, usted necesita un poco de sol, de esparcimiento. Distráigase. ¡Pero no pude marcharme! Me dolían en carne propia cada uno de los golpes que le di, me sacudía el remordimiento.

Joven

(*con un gran esfuerzo*) No quiero... saber nada con usted.

Ujier

¡Compréndame! Mi gran anhelo de volver al campo, a la vida sana y bucó- lica, suele impulsarme a gestos reñidos con el buen gusto, hasta un poco despreciables, lo admito. ¿Pero es mía la culpa?

Joven

Lo ignoro. Usted sabrá.

Ujier

¡No sé nada! ¡Muy cómoda su actitud! (*Le arranca la compresa*) Cometo acciones despreciables bajo el impulso de necesidades líricas, ¿no merezco tolerancia? Como lo del reloj, por ejemplo. ¿Podría el señor perdonarme? ¡Qué malentendido lo del reloj! Pero, caballero, ¿la vida entera no es acaso un malentendido? ¿Llevamos la misma vida? Y entonces, ¿por qué el mismo final? ¿Es justo? ¿Cómo no perder la paciencia?

Joven

No me interesa. Salgo mañana. Ya no nos veremos más. Se lo digo ahora: ¡me alegro!

Ujier

¡Ay, no! No puede desaparecer dejándome con el remordimiento. ¡No lo soporto! Excuse mi actitud con lo del reloj. Obré con excesiva vehemencia. Después de todo, el Funcionario estaba en su derecho.

Joven

(*asombrado y aterrorizado a la vez*) ¿Cree usted que se llevó mi reloj?

Ujier

(*con naturalidad*) Sí, acostumbra. Después los vende.

Joven

> ¡Me está mintiendo! ¡El Funcionario es un caballero! Es... un padre... Sí, un padre.

Ujier

> ¡Quién lo duda! No permitiré media palabra contra el Funcionario.

Joven

> ¡Pero me está usted diciendo que me robó el reloj!

Ujier

> ¡Que se lo llevó! Cuidado con las expresiones, joven.

Joven

> !Es lo mismo!

Ujier

> No. Sostuve que se llevó su reloj, de ahí al robo hay un gran trecho, ¿no le parece?

Joven

> (balbucea) ¡Mi... mi reloj!

Ujier

> (muy comprensivo) ¿De su padre, verdad? Duele perder los recuerdos de familia. No es el valor intrínseco lo que se lamenta, es la sonrisa con la que nos entregaron el reloj, las palabras...

Joven

> (bajo) ¿Cómo lo sabe usted?

Ujier

> (con una risita) Lo intuyo.

Joven

> Entonces, por favor, conteste esto, nada más que esto: el Funcionario, ¿se llevó mi reloj?

Ujier

> En primer lugar, ¿qué quiere usted que le conteste?

Joven

> Sí o no.

Ujier

(ríe) Yo supongo...

Joven

(trastornado) ¡Imposible! Me aseguró, no, no me aseguró por... exceso de honestidad, para que ningún hecho imprevisible pudiera desmentirlo, que salía mañana. Y usted sostiene ahora... Llevarse mi reloj, ¿para qué? ¡Me lo hubiera pedido! *(Casi gritando)* ¡Es un Funcionario, no un cualquiera!

Ujier

¿Quién sostiene lo contrario? Yo creo que usted desea pensar que el Funcionario no se llevó su reloj. ¿Y por qué no se da el gusto?

Joven

¡No es que quiera pensarlo! Me niego a creer una infamia semejante. Seré como un padre para usted, me dijo.

Ujier

¡Lo es! Un padre le da un reloj, otro padre se lo lleva. *(Ríe)* Bromeaba. Habrá perdido el reloj en el cuarto. ¿Revisó el cuarto? ¿Revisó sus bolsillos? Hablando de bolsillos, ¿no tiene usted algún cuarto?

Joven

¿Para qué?

Ujier

¿Cómo para qué? ¿No desea enterarse de una noticia que le interesa muy de cerca?

Joven

¿Qué noticia? Salgo mañana. De esto tengo que preocuparme.

Ujier

Ciertamente, hará bien en preocuparse. Está por verse.

Joven

¿Cómo?

Ujier

¡Ah, no! Odio los apresuramientos.

Joven

¿Qué sabe usted?

Ujier

La gratitud es un sentimiento de mérito, pero no se puede comprar nada con ella, ni una gallina. ¿Y cómo conciliaré mi apetito de gallinas y... ?

Joven

(con nerviosidad, saca la billetera y le entrega unos billetes) ¡Basta, termínela! ¿Qué pasa? ¿Adelantaron la fecha? ¿Saldré hoy? ¿Es eso?

Ujier

(ríe y le agita los billetes delante de la cara) ¡No digo nada ahora! ¡No digo absolutamente nada! ¡Qué miseria! ¡Guárdese su puerco dinero! (Sin embargo, se lo embolsa en el bolsillo). ¡Maldito tacaño! Está a punto de... Cierro la boca. ¡Buenas noches!

Joven

¡Vuelva! ¿Cómo va a dejarme así?

Ujier

¡No me arrancará una palabra! ¡Miserable! (Sale. El joven se restriega las manos con un gesto de impotencia, camina, choca con los muebles. Bruscamente, se dirige hacia la puerta y llama. De inmediato, se asoma el ujier que, a todas luces, ha estado esperando el llamado. Muy contento) ¿Señor?

Joven

¿Puede servir la billetera? (Se la tiende. Mansamente) Por favor, ¿quiere usted hablar? El Funcionario me prometió que mañana...

Ujier

(sin escucharlo, toma la billetera y la examina) Un poco ajada en los bordes, su billetera, caballero. (Se la guarda) ¿No puede ofrecerme otra cosa? Aumentó el precio.

Joven

¡Pero... ! ¡Usted es un... !

Ujier

¡No discutamos! Si no está conforme, me voy. De inmediato, mutis eterno. Al fin y al cabo, la culpa es suya por salir con tan poco dinero.

Joven

¡Qué quiere usted que le dé? ¿Lo imposible? ¿No ve que no tengo nada conmigo? Cuando salga...

Ujier

(terminante) ¡No contemos con eso!

Joven

(demudado) ¿No saldré nunca más?

Ujier

No afirmé eso. Su futuro no me interesa. Yo no me comprometo con el futuro de nadie, es como si usted estuviera muerto. *(Se apresura)* Es una forma de decir.

Joven

¿Quiere usted la muñeca?

Ujier

¿Ese cachivache? ¡No! Además, ¿cómo me da una cosa que no le pertenece?

Joven

Discúlpeme. ¿Pero qué puedo ofrecerle? ¡No tengo nada! ¿No entiende?

Ujier

¡Me voy!

Joven

(lo sujeta, humildemente) Por favor... No quise ofenderlo. Pierdo la cabeza. ¿Qué es lo que usted sabe? Comprenda mi inquietud.

Ujier

La comprendo, la comparto. Ninguna causa espúrea ha hecho aumentar el precio, caballero. Las novedades viejas son las que cuestan más. Sí, señor, hace ya media hora que me enteré casualmente, pegando el oído a una puerta, de su próximo destino. ¿Ignora acaso lo que significa media hora en la vida de una novedad? Puede significar mucho tiempo. Puede ocurrir que ya no se conozca, que se transforme en secreto. Y el secreto es como la muerte. *(Sonríe)* No pretendo asustarlo. Nadie sabe lo que hay detrás. Puede ser... sí... la muerte.

Joven

(lúcido) ¡Mi muerte!

Ujier

¡Dale con su muerte! Estoy hablando en general. Podría hacerlo en particular, si usted quisiera. Investigue su persona. ¿Quién le asegura que no olvidó algo de valor en sus bolsillos?

Joven

(revisa sus bolsillos, saca un llavero) Tengo este llavero. Quizás sirva.

Ujier

(lo examina. Impertinente) ¿Sin llaves?

Joven

Han desaparecido.

Ujier

Ah, sí, cuando nos llevamos todo de su cuarto.

Joven

¿De mi cuarto?

Ujier

No, de mi cuarto. (Guarda el llavero)

Joven

Dijo usted que se llevaron todo de mi cuarto.

Ujier

¡Cuánta reticencia! Usted es capaz de agotar a un santo. ¿No le trajimos la muñeca? ¿Qué pretende? ¿Que hubiéramos entrado por la ventana? No discutamos porque me callo la boca y asunto concluido.

Joven

(con un hilo de voz) ¿Hablará usted?

Ujier

(amable) ¡Naturalmente! De cualquier modo le hubiera comunicado la noticia. ¿A mí para qué me sirve? No hacía falta tanto escándalo. ¿Por qué grita? (Un silencio) ¿Está cómodo allí?

Joven

Sí.

Ujier

Así me gusta: ¡alegre! ¿Quiere usted sentarse? ¿No? Sería mejor. Sentado, no se aflojan las rodillas. En todo caso, el suelo está más próximo. (Ríe. El joven se si-

enta) ¡Muy bien! Considere esto como un regalo de despedida. En efecto, es un regalo comunicarle una noticia tan sorprendente por tan poco. *(Al joven que, mordido por la impaciencia, va a levantarse)* ¡No, siéntese! ¿Está dispuesto?

Joven

(al borde de sus fuerzas) Sí.

Ujier

La novedad es la siguiente: a medianoche, caerán las paredes sobre usted. *(Alegremente)* Daba lo mismo que no lo supiera. Por excepción, la novedad es la muerte. La muerte es como un secreto, haga ver que no lo sabe.

Joven

(no encuentra su voz, tiembla, finalmente, salta del asiento) ¿Qué dice usted, canalla?

Ujier

No, moderación en los términos. Hubiera querido comunicarle otra noticia, su próximo casamiento, por ejemplo. Desgraciadamente, nada de mujeres. No soy misógino, pero en la novedad no había mujeres.

Joven

Escúcheme. No lo dice en serio, ¿verdad?

Ujier

¿Recuerda usted los gritos?

Joven

Sí.

Ujier

¡Ya ve!

Joven

Se equivoca, se equivoca totalmente. Gritan por vicio. No hay por qué inquietarse. El Funcionario me lo explicó.

Ujier

(mundano) Muy interesante. ¿Qué le explicó?

Joven

Eso: gritan por vicio. El tiempo los hace gritar, pasa sin tocarlos, como si estuvieran muertos. Y entonces, gritan para llamar al tiempo, para que acuda y los toque, los envejezca, los haga... acudir a la oficina. *(El ujier ríe. El joven, obstinado)* Eso les pasa a los otros. Yo mismo... A veces, siento impulsos de gritar. Pienso en la oficina, me angustio.

Ujier

No todos son oficinistas.

Joven

Gritan porque se cansan, se aburren, ¡pero no se mueren!

Ujier

(con sospechosa aquiescencia) No, no se mueren.

Joven

Me estaba usted mintiendo.

Ujier

Los matan. No es lo mismo, reconózcalo, que haber vivido y estar sobre una cama y dejar que venga la muerte, como un sueño. Es otro temperamento, otra situación.

Joven

(grita) ¡No, no! Quiere asustarme. ¡No sé con qué objeto, quiere asustarme!

Ujier

(complaciente) ¡Dios me libre!

Joven

(con un esfuerzo) Pero no... lo logró.

Ujier

(ríe) ¡No es fácil asustar a la gente!

Joven

¿Qué creía usted? *(Sonríe penosamente)* Ahora... dígame la verdad.

Ujier

Las paredes caerán sobre usted. Es nuestra costumbre al dar las doce. Hora aciaga, hora nupcial. Vaya usted a descubrir si es una cosa, si es la otra, si son las dos cosas a la vez.

Joven

¡Usted no puede comunicarme esto tan tranquilamente! ¡No puede exigirme mi billetera, el llavero, para comunicarme una noticia así!

Ujier

¿Así cómo?

Joven

¡Así atroz!

Ujier

(se sienta, se golpea los muslos) ¡Ah, ah! ¡Qué arbitraria interpretación! ¿Por qué no tenía derecho a solicitarle una retribución justa? ¿Qué digo justa? ¡Una miseria! Estuvo clamando por la noticia. Buena, mala, allá usted. ¿Qué sé yo? Podía ser, incluso, una buena noticia. ¿Qué era usted antes? Empleado de oficina. No todos poseen la suerte de morir aplastados, planchados.

Joven

¡No puede comunicarme una noticia así! ¿Qué he hecho? ¿Está loco?

Ujier

Señor, ¿qué quiere que le diga? Usted de todo hace un drama. Me limito a darle una noticia confidencial y no la termina nunca.

Joven

Se achicó la habitación, pero eso puede suceder... ¡No esta cosa horrible!

Ujier

No, tampoco eso.

Joven

¿Verdad? No estamos en un país de locos. El cuarto no se achicó. *(Sonríe infantilmente)* El vino.

Ujier

Sí, por eso fue.

Joven

Me confundí. Después no conté más. El cuarto dejó de moverse. Nadie mueve el mundo. Está como siempre, intacto.

Ujier

¡Pero está equivocado, señor! ¡Le mueven el piso!

Joven

(rectifica, gritando) ¡Las paredes! ¡Son las paredes! *(Helado)* No, no. Me está mintiendo.

Ujier

(lo contempla. Después de un silencio, ríe) ¿Por qué no? Le miento, no le miento, ¿qué significa para usted? ¿Es para poner el grito en el cielo?

Joven

(gritando) ¡Significa mucho: me pone nervioso! ¡Déjeme en paz! ¡Me aturde! ¡Me...!

Ujier

(festivo) ¡Y se enojó! ¡Finalmente, se enojó! ¡Bromeaba! ¡Nos alegramos tanto cuando usted dejó de jorobar con el cuarto! Nos inquietaba su salud. Por este motivo le buscamos la muñeca, el arte, como dice el señor Funcionario. Para que se distrajera o... *(guarda un equívoco silencio)*

Joven

¿Por eso me miente ahora? ¿Para distraerme, para probarme?

Ujier

Sí.

Joven

Estoy en mi sano juicio, no le haré caso.

Ujier

(ríe) ¡Me lo temía! "Murió la verdad". *(Una pausa)* Queda muy bien el cuadro.

Joven

¿Dónde?

Ujier

En el otro alojamiento. Un joven también. El cuadro le gustó. Usamos siempre el mismo, por otra parte.

Joven

El Funcionario lo eligió para mí, en el sótano.

Ujier

¡Desvaría! Imagínese si vamos a tener un cuadro para cada uno. ¿Y cuando se caigan las paredes?

Joven

¡No vuelva con eso, estúpido!

Ujier

Perdóneme, la costumbre.

Joven

¿Y los cortinados? ¿También están allí los cortinados, en la otra habitación?

Ujier

Por supuesto.

Joven

¿Está allí mi reloj?

Ujier

¿No habíamos arreglado el punto? ¿No lo había perdido?

Joven

No sé. Quizás esté allí y usted lo ignora. Quizás se lo apropió el joven ese que ocupó mi alojamiento.

Ujier

(le encanta la idea) Sí, sí. Deducción muy atinada. ¿Cómo no lo pensamos antes? El tercero en discordia.

Joven

(obstinado) Quizás esté consultando la hora en este momento. ¿Por casualidad no le vio usted mi reloj entre las manos?

Ujier

Me pareció verlo. Sí, sí, cuando lo guardaba en el bolsillo. (Blandamente) ¡Qué porquería!

Joven

(con furia reconcentrada) Cuando salga, le rompo todos los dientes.

Ujier

Lo apruebo. Desquítese.

Joven

El domingo iré al campo.

Ujier

¡Como yo! ¡Ni que fuéramos hermanos!

Joven

Necesito descansar un día. El lunes volveré al trabajo. No me crearán problemas.

Ujier

No se preocupe. Por otra parte, el Funcionario lo recomendará. Conoce a toda la gente. Hablando del Funcionario, me voy. No quiero que me acuse de charlatán. *(Se encamina hacia la puerta)* ¡Tiene un carácter! ¡La peste!

Joven

¡Escúcheme! Me... me prometió comunicarme una noticia.

Ujier

(se detiene, con negligencia) ¡Le comuniqué tantas!

Joven

¿Me ha mentido?

Ujier

¡Sí, sí! "La verdad sospechosa". *(Ríe)*

Joven

(con obstinada decisión) El domingo iré al campo.

Ujier

Muy bien. Ninguna objeción. Pero de aquí al domingo, faltan unos días. *(Divertido)* No puede esperar de pie, de ningún modo. Venga, siéntese acá. *(Le acerca una silla, el joven se sienta dócilmente. El ujier, con repentina inspiración, le pone la muñeca entre los brazos. Lo contempla risueño)* Así, sea usted bueno y espere. El domingo irá al campo, recuérdelo. Quédese tranquilo, no se mueva. Espere, espere, espere... *(Diciendo esto, sale, suave, furtivamente, la misma expresión divertida y risueña. La puerta queda abierta. El joven mira hacia la puerta, luego, con obediente determinación, muy rígido, la muñeca entre los brazos, los ojos increíble y estúpidamente abiertos, espera)*

Telón

Ariel Dorfman, Argentina

Ariel Dorfman se ha destacado como dramaturgo y en sus obras, ensayos, novelas, cuentos y poesías ha presentado su pasión por los derechos humanos y un profundo análisis de la cultura popular. Nació en Buenos Aires, Argentina, en 1942, pero se trasladó a los Estados Unidos con su familia y luego a Chile en 1954. Cursó estudios en la Universidad de Chile, donde también enseñó posteriormente. Fue profesor de literatura iberoamericana en la Universidad de Amsterdam, la Universidad de Maryland y la Sorbona de París. A causa del golpe militar en Chile se exilió en Francia, Holanda y los Estados Unidos, donde todavía escribe en inglés al igual que en español.

Ha recibido varios premios, entre ellos el del Writers Guild de Gran Bretaña por su rodaje de veinte minutos, *Prisoners in Time*. Desde 1983 ha enseñado en la Universidad de Duke. Ha publicado artículos en varios periódicos como el *New York Times*, *Village Voice*, *Washington Post*, *Philadelphia Enquirer*, *Marcha*, *Los Angeles Times*, *Le Monde*, *Hoy* y *Clarín*, entre otros. Participó también en colaboración con el gobierno de la Unidad Popular. Su obra más conocida es *Para leer al Pato Donald*, publicada en 1971, la cual ha sido traducida a varios idiomas y fue un éxito en ventas.

Obras

Para leer al Pato Donald (1971)
Ensayos quemados en Chile (1974)
Supermán y sus amigos del alma (1974)
La última aventura del llanero solitario (1979)
Reader's nuestro que estás en la tierra (1980)
Patos, elefantes y héroes (1985)

Sin ir más lejos (1986)
Los sueños nucleares de Reagan (1986)
Death and the Maiden (1992)

La muerte y la doncella (fragmentos)

SEGUNDO ACTO

Escena 1

Pasado el mediodía.
Roberto todavía en la misma posición, Paulina de espaldas a él mirando hacia el
ventanal y el mar, meciéndose lentamente mientras habla.

Paulina

Y cuando me soltaron... ¿sabe dónde fui? Donde mis padres no podía... en ese tiempo yo había roto relaciones con ellos, eran tan promilitares, a mi mamá la veía muy de vez en cuando... Qué cosa, no, que le esté contando todo esto a usted, como si fuera mi confesor. Cuando hay cosas que nunca le conté a Gerardo, ni a mi hermana, ni menos a mi mamá... mientras que a usted le puedo decir exactamente lo que me pasa, lo que me pasaba por la cabeza cuando me soltaron. Esa noche estaba... , bueno, ¿para qué describir cómo estaba, Doctor, si usted me inspeccionó a fondo antes de que me soltaran? Estamos bien, así, ¿no? Como un par de viejos tomando sol en un banco de la plaza. *(Roberto hace un gesto, como que quiere hablar o soltarse)* ¿Tiene hambre? No es para tanto. Tendrá que aguantarse hasta que vuelva Gerardo. *(Imitando la voz de un hombre)* "¿Tenís hambre? ¿Querís comer? Yo te voy a dar de comer, m'hijita rica, yo te voy a dar algo sustancioso y bien grande para que te olvidís del hambre." *(Su propia voz)* De Gerardo usted no sabe nada... Quiero decir que nunca supo. Yo nunca solté el nombre. Sus colegas. Me preguntaban: "Cómo una hembra así, con una raja tan rica, cómo vai a estar sin un hombre... Si alguien tiene que estar urándosela, señorita. Díganos quién se la está tirando". Pero yo nunca solté el nombre de Gerardo. Lo que son las cosas. Si yo menciono a Gerardo, seguro que usted no comete el error garrafal de venir anoche a sonsacarle información. Para eso vino, ¿no? Aunque la verdad verdad es que si yo menciono a Gerardo él no estaría nombrado a esa comisión investigadora sino que otro abogado estaría investigando su caso. Y yo iría a declarar a esa comisión y contaría que a Gerardo lo conocí asilando gente... metiéndolos a las embajadas, a eso me dediqué yo en los días después del golpe. Entonces yo estaba dispuesta a todo, increíble que no tuviera miedo a nada en ese tiempo. Pero en qué estaba yo... Ah, le estaba contando acerca de esa noche. Esa noche, igual que usted me puse a golpear en la puerta y cuando Gerardo finalmente me abrió, se veía un poco alterado, el pelo lo tenía... *(Se oye el sonido de un auto, que se detiene afuera. Después, una puerta de auto que se abre y se cierra. Paulina va a la mesa y toma el revólver en su mano. Entra Gerardo)* ¿Cómo te fue con el auto? Fue fácil parchar el...

Gerardo

Paulina. Me vas a escuchar.

Paulina

Claro que te voy a escuchar. ¿Acaso no te he escuchado siempre?

Gerardo

Siéntate. Quiero que te sientes y quiero que me escuches, que verdaderamente me escuches. *(Paulina se sienta)* Tú sabes que yo me he pasado la vida defendiendo el estado de derecho. Si algo me ha reventado del régimen militar...

Paulina

Diles fascistas, no más.

Gerardo

¡No me interrumpas! Si algo me ha reventado de ellos es que acusaron a tantos hombres y mujeres, hicieron de juez y parte y acusadores y ejecutores y no les dieron a quienes condenaron la más mínima garantía, la posibilidad de defenderse. Aunque este hombre haya cometido los peores crímenes del Universo, tiene derecho a defenderse.

Paulina

Pero yo no le voy a negar ese derecho, Gerardo. Te voy a dar todo el tiempo del mundo para que consultes con tu cliente, a solas. Estaba esperando que llegaras tú para darle a esto un comienzo oficial. Puedes sacarle esa... *(Le hace un gesto a Gerardo. Mientras Gerardo le desata el pañuelo a Roberto, Paulina indica la grabadora)* Queda avisado que todo lo que diga va a quedar grabado acá.

Gerardo

Por Dios, Paulina, cállate de una vez. Deja hablar a...
(Pausa breve. Paulina echa a andar la grabadora)

Roberto

(carraspea, luego con voz ronca y baja): Agua.

Gerardo

¿Qué?

Paulina

Quiere agua, Gerardo.

(Gerardo corre a llenar un vaso con agua y se lo trae a Roberto, dándoselo a beber. Se lo bebe entero)

Paulina

Rica el agua, ¿no? Mejor que tomarse su propio pichí, en todo caso.

Roberto

Señor Escobar. No tiene perdón este abuso. Realmente no tiene perdón de Dios.

Paulina

Momento. Momento. No diga ni una palabra más, Doctor. Vamos a ver si está grabando.

(Toca unos botones y luego se escucha la voz de Roberto) Voz de Roberto en la grabadora

Señor Escobar. No tiene perdón este abuso. Realmente no tiene perdón de Dios.

Voz de Paulina en la grabadora

Momento. Momento. No diga una palabra más, doctor. Vamos a...

(Paulina para la grabadora)

Paulina

Bueno. Ya tenemos una declaración sobre el perdón. El Doctor Miranda opina que no tiene perdón, ni perdón de Dios, atar a alguien contra su voluntad por unas horas, dejar a esa persona sin habla por un par de horas. Estamos de acuerdo. ¿Algo más?

(Toca otro botón)

Roberto

Señora, yo no la conozco. No la he visto antes en mi vida. Puedo sí decirle que usted está muy enferma. Pero usted, Señor Escobar, no está enfermo, señor. Usted es un abogado, un defensor de los derechos humanos, un opositor al gobierno militar, como lo he sido yo toda mi vida, usted es responsable de lo que hace y lo que debe hacer ahora es desatarme de inmediato. Quiero que sepa que cada minuto que pasa sin que usted me libere lo hace más y más cómplice y tendrá que pagar las consecuencias de...

Paulina

(se le acerca con el revólver): ¿A quién está amenazando?

Roberto

Yo no estaba...

Paulina

Sí, está amenazando. Entendamos algo de una vez, Doctor. Aquí se acabaron las amenazas. Allá afuera puede que manden ustedes todavía, pero aquí, por ahora, mando yo. ¿Se entiende? (Pausa)

Roberto

Tengo que ir al baño.

Paulina

¿Mear o cagar?

Gerardo

¡Paulina! Señor Miranda, nunca en su vida ella habló de esta...

Pauline

Vamos, Doctor, ¿cómo es la cosa? ¿Por adelante o por detrás?

Roberto

Parado.

Paulina

Desátalo, Gerardo. Yo lo llevo.

Gerardo

¿Pero cómo lo vas a llevar tú? Lo llevo yo.

Paulina

Yo voy con él. No me mires así. No es la primera vez que va a sacar su cosa en mi presencia, Gerardo. Vamos, Doctor, levántese. No quiero que se mee en mi alfombra.

(Gerardo suelta las amarras. Con lentitud y dolor, Roberto va cojeando hacia el baño, con Paulina apuntándole. Después de unos instantes, se escucha el ruido de *la meada y luego el wáter. Mientras tanto, Gerardo corta la grabadora y se pasea nerviosamente. Paulina vuelve con Roberto)*

Paulina

Amárralo. *(El lo hace)* Más fuerte, Gerardo.

Gerardo

Paulina, tengo que hablar contigo.

Paulina

¿Y quién te lo está impidiendo?

Gerardo

A solas.

Paulina

No veo por qué tenemos que hablar a espaldas del Doctor Miranda. Ellos discutían todo en mi presencia...

Gerardo

Paulina linda, por favor. Te ruego que no seas tan difícil. Te quiero hablar donde nadie nos puede oír.

(Salen a la terraza. Durante la conversación de ellos, Roberto va a ir tratando de zafarse de sus ataduras, lentamente lográndolo con las piernas)

Gerardo

Bueno. ¿Qué es lo que pretendes? ¿Qué pretendes, mujer, con esta locura?

Paulina

Ya te dije, juzgarlo.

Gerardo

Juzgarlo, juzgarlo... Pero ¿qué significa eso, juzgarlo? Nosotros no podemos usar los métodos de ellos. Nosotros somos diferentes. Buscar vengarse de esta...

Paulina

No es una venganza. Pienso darle todas las garantías que él no me dio a mí. Ni él ni ninguno de sus... colegas.

Gerardo

Ya ellos también los vas a traer hasta acá y los vas a amarrar y los vas a juzgar y...

Paulina

Para eso, tendría que disponer de sus nombres, ¿no?

Gerardo

... y después los vas a...

Paulina

¿Matarlos? ¿Matarlo a él? Como él no me mató a mí, se me ocurre que no sería procedente que...

Gerardo

Qué bueno saberlo, Paulina, porque si piensas matarlo, me vas a tener que matar a mí también. Te lo juro que vas a tener que...

Paulina

Pero cálmate. No tengo la menor intención de matarlo. Y menos a ti... Claro que, para variar, no me crees.

Gerardo

¿Pero entonces qué vas a hacerle? Lo vas a qué entonces, lo vas a... Y todo esto porque hace quince años atrás a ti te...

Paulina

A mí me... Qué cosa, Gerardo. Termina. *(Breve pausa)* Nunca quisiste decirlo. Dilo ahora. A mí me...

Gerardo

Si tú no quisiste decirlo, ¿cómo iba a hacerlo yo?

Paulina

Dilo ahora.

Gerardo

Sólo sé lo que me dijiste esa primera noche... cuando...

Paulina

Dilo. A mí me...

Gerardo

A ti te...

Paulina

A mí me...

Gerardo

Te torturaron. Ahora dilo tú.

Paulina

Me torturaron. ¿Y qué más? *(Pausa breve)* ¿Qué más me hicieron, Gerardo? *(Gerardo va hacia ella, la toma en brazos)*

Gerardo

(susurrándole)
Te violaron.

Paulina

¿Cuántas veces?

Gerardo

Muchas.

Paulina

¿Cuántas?

Gerardo

Nunca me dijiste. Perdí la cuenta, dijiste.

Paulina

No es cierto.

Gerardo

¿Qué es lo que no es cierto?

Paulina

Que hubiese perdido la cuenta. Sé exactamente cuántas veces. *(Pausa breve)* Y esa noche, Gerardo, cuando... empecé a contarte, ¿qué juraste hacer? ¿Te acuerdas qué juraste hacer con ellos si los encontrabas? *(Silencio)* Dijiste: "Algún día, mi amor, vamos a juzgar a todos estos hijos de puta. Vas a poder pasear tus ojos"... —recuerdo exactamente esa frase, me pareció, como poética— "pasear tus ojos por la cara de cada uno de ellos mientras escuchan tus acusaciones. Te lo juro". Dime a quién recurro ahora, mi amor.

Gerardo

Fue hace quince años.

Paulina

¿Ante quién acuso a este médico, ante quién, Gerardo? ¿Ante tu Comisión?

Gerardo

Mi Comisión. ¿De qué Comisión me estás hablando? Con tus locuras, vas a terminar imposibilitando todo el trabajo de investigación que pretendíamos. Voy a tener que renunciar a ella.

Paulina

Siempre tan melodramático. Supongo que no irás a usar ese tono de melodrama cuando hables a nombre de la Comisión.

Gerardo

¿Pero eres sorda? Te acabo de decir que voy a tener que renunciar.

Paulina

No veo por qué.

Gerardo

Tú no ves por qué, pero todo el resto del país va a ver por qué y especialmente los que no quieren que se investigue nada van a ver por qué. Uno de los miembros de la Comisión Presidencial a cargo de investigar la violencia de estos años y que tiene que dar muestras de moderación y ecuanimidad...

Paulina

¡Nos vamos a morir de tanta ecuanimidad!

Gerardo

Y objetividad, que uno de sus miembros haya permitido que secuestren, amarren y atormenten en su casa a un ser humano indefenso... Tú sabes cómo los diarios que sirvieron a la dictadura me van a crucificar, van a usar este episodio para menoscabar y quizás terminar con la Comisión. *(Pausa breve)* ¿Quieres que esos tipos vuelvan al poder otra vez? ¿Quieres que tengan tanto miedo de que vuelvan para sentirse seguros de que no los vamos a lastimar? ¿Eso quieres? ¿Que vuelvan los tiempos en que esos tipos decidían nuestra vida y nuestra muerte? Suéltalo, Paulina. Pídele disculpas y suéltalo. Es un hombre —parece por lo que hablé con él—, es un hombre democrático que...

Paulina

Ay, m'hijito, por favor, cómo te meten el dedo en la boca... Mira. No quiero hacerte daño y menos quiero hacerle daño a la Comisión. Pero ustedes en la Comisión se entienden sólo con los muertos, con los que no pueden hablar. Y resulta que yo sí puedo, hace años que no hablo ni una palabra, que no digo ni así de lo que pienso, que vivo aterrorizada de mi propia... pero no estoy muerta, pensé que estaba enteramente muerta pero estoy viva y sí que tengo algo que decir... así que déjame hacer lo mío y tú sigue tranquilo con la Comisión. Yo te puedo prometer que este enjuiciamiento no les va a afectar, nada de esto se va a saber.

Gerardo

No se va a saber siempre que este señor se desista de hacer declaraciones cuando lo sueltes. Si es que lo sueltas. Y aun en ese caso, yo tengo que renunciar de todas maneras, y mientras antes, mejor.

Paulina

¿Tienes que renunciar aunque no se sepa?

Gerardo

Sí.

(Pausa)

Paulina

Por la loca de tu mujer, que antes era loca porque no podía hablar y ahora es loca porque puede hablar, ¿por eso tienes que... ?

Gerardo

Entre otras cosas, sí, si tanto te interesa la verdad.

Paulina

La verdad verdad, ¿eh? *(Pausa breve)* Espérate un momento.

(Va a la otro pieza y encuentra a Roberto a punto de zafarse. Apenas la ve, él se paraliza. Paulina lo vuelve a atar, mientras imposta la voz)

"¿Que no te gusta nuestra hospitalidad? ¿Querís irte tan pronto, huevona? Afuera no vai a gozar como habís gozado acá con tu negro. ¿Me vai a echar de menos?"

(Paulina empieza lentamente a recorrer el cuerpo de Roberto, con sus manos, casi como haciéndole cariños. Se levanta asqueada, casi vomitando. Vuelve a la terraza)

Paulina

No sólo le reconozco la voz, Gerardo. *(Pausa breve)* También le reconozco la piel. El olor. Le reconozco la piel. *(Pausa)* Y si yo pudiera probarte sin lugar a dudas de que este doctor tuyo es culpable... de todas maneras ¿quieres que lo suelte?

Gerardo

Sí. *(Pequeña pausa)* Con más razón si es culpable. No me mires así. Imagínate que todos actuaran como lo haces tú. Tú satisfaces tu propia obsesión, castigas por tu cuenta, te quedas tranquila mientras los demás se van a la... todo el proceso, la democracia, se va a ir a la mierda...

Paulina

¡Nada se va a la mierda! ¡No se va a saber!

Gerardo

La única manera de garantizar eso es que lo mates y ahí la que se va a ir a la mierda eres tú y yo contigo. Suéltalo, Paulina, por el bien del país, por el bien nuestro.

Paulina

¿Y el bien mío? Mírame... Mírame.

Gerardo

Mírate, ay amor, mírate. Te quedaste presa de ellos, todavía estás presa en ese sótano en que te tenían. Durante quince años no has hecho nada con tu vida. Nada. Mírate, tenemos la oportunidad de comenzar de nuevo, de respirar. ¿No es hora de que...?

Paulina

¿Olvide? Me estás pidiendo que olvide.

Gerardo

Que te liberes de ellos, Paulina, eso es lo que te estoy pidiéndo.

Paulina

¿Y a él lo dejamos libre para que vuelva en unos años?

Gerardo

Lo dejamos libre para que no vuelva nunca más.

Paulina

Y lo vemos en el Tavelli y le sonreímos y él nos presenta a su señora y le sonreímos y comentamos lo lindo que está el día y...

Gerardo

No tienes para qué sonreírle, pero sí, de eso se trata. Empezar a vivir, sí.

(Pausa breve)

Paulina

Mira, Gerardo, qué te parece un compromiso.

Gerardo

No sé de qué estás hablando.

Paulina

Un compromiso, una negociación. ¿No es así como se ha hecho esta transición? ¿A nosotros nos dejan tener democracia, pero ellos se quedan con el control de la economía y las fuerzas armadas? ¿La Comisión puede investigar crímenes pero los criminales no reciben castigo? ¿Hay libertad para hablar de todo siempre que no se hable todo? (Pausa breve) Para que veas que no soy tan irresponsable ni tan... enferma, te propongo que lleguemos a un acuerdo. Tú quieres que yo a este tipo lo suelte sin hacerlo daño, y yo lo que quiero... ¿te gustaría saber lo que quiero yo?

Gerardo

Me encantaría saberlo.

Paulina

Cuando escuché su voz anoche, lo primero que pensé, lo que he estado pensando todos estos años, cuando tú me pillabas con una mirada que me decías que era... abstracta, decías, ida, ¿no? ¿Sabes en lo que pensaba? En hacerle a ellos lo que me hicieron a mí, minuciosamente. Especialmente a él, al médico... Porque los otros eran tan vulgares, tan... pero él ponía Schubert, él me hablaba de cosas científicas, hasta me citó a Nietzsche una vez.

Gerardo

Nietzsche.

Paulina

Me horrorizaba de mí misma... pero era la única manera de conciliar el sueño, de salir contigo a una cena en que me preguntaba siempre si alguno de los presentes no sería... quizá no la exacta persona que me... torturó, pero... y yo, para no volverme loca y poder hacer la sonrisa de Tavelli que me dices que tengo que seguir haciendo, bueno, iba imaginándome meterles la cabeza en un balde con sus propios orines o pensaba en la electricidad, o cuando hacemos el amor y a mí me estaba a punto de dar el orgasmo, era inevitable que pensara en... y entonces yo tenía que simularlo, simularlo, para que tú no te sintieras...

Gerardo

Ay, mi amor, mi amor.

Paulina

Así que cuando escuché su voz, pensé lo único que yo quiero es que lo violen, que se lo tiren, eso es lo que pensé, que sepa aunque sea una vez lo que es estar... *(Pausa breve)* Y que como yo no iba a poder hacerlo... pensé que ibas a tener que hacerlo tú.

Gerardo

No sigas, Paulina.

Paulina

En seguida me dije que sería difícil que tú colaboraras.

Gerardo

No sigas, Paulina.

Paulina

Así que me pregunté si no podía utilizar una escoba... Sí, Gerardo, un palo de escoba. Pero me di cuenta de que no quería algo tan... físico, y ¿sabes a qué conclusión llegué, qué es lo único que quiero? *(Pausa breve)* Que confiese. Que se siente a la grabadora y cuente todo lo que hizo, no sólo conmigo, todo, todo... y después lo escriba de su puño y letra y lo firme y yo me guardo una copia para siempre... con pelos y señales, con nombres y apellidos. Eso es lo que quiero. *(Pausa breve)*

Gerardo

El confiesa y tú lo sueltas.

Paulina

Yo lo suelto.

Gerardo

¿Y no necesitas nada más que eso?

Paulina

Nada más. *(Gerardo no contesta durante una pausa breve)* Así podrás seguir en la Comisión. Teniendo su confesión, estamos a salvo, él no se atreverá a mandar a uno de sus matones a...

Gerardo

¿Y tú esperas que yo te crea que lo vas a soltar después que confiese? ¿Y esperas que te crea él?

Paulina

No veo que ninguno de los dos tenga otra alternativa. Mira, Gerardo, a gente de esta calaña hay que darle miedo. Dile que estoy preparándome para matarlo. Dile que por eso escondí el auto. Que la única manera de disuadirme es que confiese. Dile eso. Dile que nadie sabe que él vino acá anoche, que nadie va a poder encontrarlo jamás. A ver si con eso lo convences.

Gerardo

¿Que yo lo convenza?

Paulina

Creo que es una tarea más grata que tener que tirárselo, ¿no?

Gerardo

Hay un solo problema, Paulina. ¿Qué pasa si no tiene nada que confesar?

Paulina

Si no confiesa, lo voy a matar. Dile que si no confiesa, lo voy a matar.

Gerardo

Pero ¿qué pasa si no es culpable?

Paulina

No tengo apuro. Dile que yo lo puedo tener aquí durante meses. Hasta que confiese.

Gerardo

Paulina, ¿me estás escuchando? ¿Qué puede confesar si no es culpable?

Paulina

¿Si no es culpable? *(Pausa breve)* Ahí sí que se jodió. *(Bajan la luces)*

Escena 2

La hora del almuerzo.

Están sentados Gerardo y Roberto, todavía atado pero con las manos por delante, frente a frente, en la mesa del living. Gerardo está sirviendo unos platos de sopa caliente. Paulina se encuentra instalada lejos de ellos en la terraza frente al mar. Ella puede ver pero no oírlos. Roberto y Gerardo se quedan unos instantes mirando la comida. (Silencio)

Gerardo
  ¿Tiene hambre, Doctor Miranda?

Roberto
  Por favor, trátame de tú.

Gerardo
  Prefiero tratarlo de usted, como si fuera mi cliente. Va a facilitar mi tarea. Creo que debería comer algo.

Roberto
  No tengo hambre.

Gerardo
  Déjeme que le ayude... *(Llena una cuchara con sopa. Lo alimenta con la cuchara, como a un bebé. Va sirviéndolo, durante la conversación que sigue, y también sirviéndose él de su plato)*

Roberto
  Está loca. Perdone, Gerardo, pero su señora...

Gerardo
  ¿Pan?

Roberto
  No, gracias. *(Pausa breve)* Debería buscar tratamiento psiquiátrico para...

Gerardo
  Para ponerlo de una manera brutal, Doctor, usted viene a ser su terapia. *(Le va limpiando la boca a Roberto con una servilleta)*

Roberto
  Me va a matar.

Gerardo *(sigue alimentándolo)*
  A menos que usted confiese, lo va a matar.

Roberto
  Pero qué es lo que voy a confesar, qué voy a poder confesar si yo...

Gerardo

No sé, Doctor Miranda, si está informado de que los servicios de inteligencia del régimen anterior contaron con la colaboración de médicos para sus sesiones de tortura...

Roberto

El Colegio Médico se impuso de esas situaciones, y fueron denunciadas y, hasta donde se pudo, investigadas.

Gerardo

A ella se le ha metido en la cabeza que usted es uno de esos médicos. Si usted no tiene cómo desmentirlo...

Roberto

Desmentirlo, ¿cómo? Tendría que cambiar mi voz, probar que ésta no es mi voz... Si lo único que me condena es la voz, no hay otra prueba, no hay nada que...

Gerardo

Y su piel. Ella habla de su piel.

Roberto

¿Mi piel?

Gerardo

Y su olor.

Roberto

Son fantasías de una mujer enferma. Cualquier hombre que hubiese entrado por esa puerta...

Gerardo

Desafortunadamente, entró usted.

Roberto

Mire, Gerardo, yo soy un hombre tranquilo. Lo que me gusta es quedarme en mi hogar, o venir a mi casa en la playa, no molestar a nadie, sentarme frente al mar, leer un buen libro, escuchar música...

Gerardo

¿Schubert?

Roberto

Schubert, no tengo por qué avergonzarme. También me gusta Vivaldi, y Mozart, y Telemann. Y tuve la pésima ocurrencia de traer "La Muerte y la Doncella" a la playa. Mira, Gerardo, yo estoy metido en esto sólo porque me diste pena abandonado ahí en la carretera moviendo los brazos como loco... mira, a ti te toca sacarme de aquí.

Gerardo

Lo sé.

Roberto

Me duelen los tobillos, las manos, la espalda. No podrías...

Gerardo

Roberto... yo quiero ser franco contigo. Hay un solo modo de salvarte. *(Pausa breve)* A mi mujer hay que... darle en el gusto.

Roberto

¿Darle en el gusto?

Gerardo

Consentirla, que ella sienta que estamos, que tú estás dispuesto a colaborarle, a ayudar.

Roberto

No veo cómo podría yo colaborarle, dadas las condiciones en que me...

Gerardo

Darle en el gusto, que ella crea que tú...

Roberto

Que yo...

Gerardo

Ella me ha prometido que basta con una... confesión tuya.

Roberto

¡No tengo nada que confesar!

Gerardo

Tendrás que inventar algo entonces, porque no va a perdonarte si no...

Roberto *(alza la voz, indignado)*

No tiene nada que perdonarme. Yo no hice nada y no voy a confesar nada ni colaborar en nada. En nada, entiendes. *(Al escuchar la voz de Roberto, Paulina se levanta de su sitio y empieza a dirigirse hacia los dos hombres)* En vez de estar proponiéndome estas soluciones absurdas, deberías estar convenciendo a la loca de tu mujer de que no siga con este comportamiento criminal. Si sigue así va a arruinar tu carrera brillante y ella misma va a terminar en la cárcel o el manicomio. Díselo. ¿O acaso eres incapaz de poner orden en tu propio hogar?

Gerardo

Roberto, yo...

Roberto

Esto ya ha llegado a límites intolerables... *(Entra Paulina desde la terraza)*

Paulina

¿Algún problema, mi amor?

Gerardo

Ninguno.

Paulina

Los vi un pocón... alterados. *(Pausa breve)* Veo que terminaron la sopa. No se puede decir que no sé cocinar, ¿no? ¿Cumplir mis funciones domésticas? ¿Quieren un cafecito? Aunque creo que el Doctor no toma café. Le estoy hablando, Doctor... ¿acaso su madre nunca le enseñó modales?

Roberto

A mi madre no la meta en esto. Le prohíbo que mencione a mi madre.
(Pausa breve)

Paulina

Tiene toda la razón. Su madre no tiene nada que ver en todo esto. No sé por qué los hombres insisten en insultar a la madre de alguien, concha de su madre, dicen, en vez de decir...

Gerardo

Paulina, te ruego que por favor vuelvas a salir para que yo pueda seguir mi conversación con el Doctor Miranda.

Paulina

Claro que sí. Los dejo solitos para que arreglen el mundo.
(Paulina comienza a salir. Se da vuelta)

Paulina

Ah, si él quiere mear, me avisas, ¿eh, mi amor... ?
(Sale al mismo sitio que ocupó antes)

Roberto

Está realmente loca.

Gerardo

A los locos con poder hay que consentirlos, Doctor. Y en su caso, lo que ella necesita es una confesión suya para...

Roberto

¿Pero para qué?, ¿para qué le puede servir a ella una... ?

Gerardo

Yo creo que entiendo esa necesidad suya porque es una necesidad que tiene el país entero. De eso hablábamos anoche. La necesidad de poner en palabras lo que nos pasó.

Roberto

¿Y tú?

Gerardo

¿Y yo qué?

Roberto

¿Y tú qué vas a hacer después?

Gerardo

¿Después de qué?

Roberto

¿Tú le crees, no es cierto? ¿Tú crees que yo soy culpable?

Gerardo

¿Si yo te creyera culpable, estaría yo acá tratando de salvarte?

Roberto

Estás confabulando con ella. Desde el principio. Ella es la mala y tú haces de bueno.

Gerardo

¿Qué quieres decir con eso de... ?

Roberto

Repartiéndose los roles, en el interrogatorio, ella la mala, tú el bueno. Y después el que me va a matar eres tú, es lo que haría cualquier hombre bien nacido, al que le hubieran violado la mujer, es lo que haría yo si me hubieran violado a mi mujer... así que dejémonos de farsas. Te cortaría las huevas. *(Pausa. Gerardo se levanta)* ¿Dónde vas? ¿Qué vas a hacer?

Gerardo

Voy a buscar el revólver y te voy a pegar un tiro. *(Pausa breve. Cada vez más enojado)* Pero pensándolo bien, voy a seguir tu consejo y te voy a cortar las huevas, fascista desgraciado. Eso es lo que hacen los verdaderos machos ¿no?Los hombres de verdad verdad le meten un balazo al que los insulta y se violan a las mujeres cuando están atadas a un catre, ¿no? No como yo. Yo soy un pobre abogado maricón amarillo que defiende al hijo de puta que hizo mierda a mi mujer... ¿Cuántas veces, hijo de puta? ¿Cuántas veces te la culeaste?

Roberto

Gerardo, yo...

Gerardo

Nada de Gerardo acá... ojo por ojo, acá, diente por diente acá... ¿No es ésa nuestra filosofía?

Roberto

Era una broma, era sólo...

Gerardo

Pero ¿para qué ensuciarme las manos con un maricón como vos... cuando hay alguien que te tiene muchas más ganas que yo? La llamo ahora mismo, que ella se dé el placer de volarte los sesos de un balazo.

Roberto

No la llames.

Gerardo

Estoy cansado de estar en el medio, entre los dos. Arréglatelas tú con ella, convéncela tú.

Roberto

Gerardo, tengo miedo.

(Pausa breve)

Gerardo *(se da vuelta y cambia de tono)*
   Yo también tengo miedo.

Roberto
   No dejes que me mate. *(Pausa breve)* ¿Qué le vas a decir?

Gerardo
   La verdad. Que no quieres colaborar.

Roberto
   Necesito saber qué hice, no te das cuenta de que no sé qué tengo que confesar.
   Lo que yo le diga tendría que coincidir con su experiencia. Si yo fuera ese hombre, sabría todo, todo, pero como no sé nada... Si me equivoco, capaz de que ella me... necesitaría tu ayuda, necesitaría que tú me... que me contaras lo que ella espera...

Gerardo
   ¿Te das cuenta que me estás pidiendo que engañe a mi mujer?

Roberto
   Le estoy pidiendo que salve la vida de un hombre inocente, Señor Escobar. *(Pausa breve)* ¿Usted me cree, no es cierto? Sabe que yo soy inocente, ¿no?

Gerardo
   ¿Tanto le importa lo que yo piense?

Roberto
   ¿Cómo no me va a importar? Usted es la sociedad, no ella. Usted es la Comisión Presidencial, no ella.

Gerardo *(meditativo, apesadumbrado)*
   Ella no, claro... ¿Qué importa lo que piense ella, no?
   (Se levanta bruscamente y empieza a retirarse)

Roberto
   ¿Dónde va? ¿Qué le va a decir?

Gerardo
   Le voy a decir que tienes que mear. *(Bajan las luces)*

Fin del segundo acto.

TERCER ACTO

Escena 1

Está atardeciendo. Gerardo y Paulina están afuera, en la terraza frente al mar. Gerardo tiene una grabadora. Roberto adentro, atado.

Paulina

No entiendo por qué.

Gerardo

Necesito saber.

Paulina

¿Por qué?
(Pausa breve)

Gerardo

Te quiero, Paulina. Necesito saberlo de tus labios. No es justo que después de tantos años quien me lo diga sea él. No sería... tolerable.

Paulina

En cambio si yo te lo digo ¿es... tolerable?

Gerardo

Más tolerable que si me lo dice primero él.

Paulina

Ya te lo conté una vez, Gerardo. ¿No te bastó?

Gerardo

Hace quince años me empezaste a contar y después...

Paulina

No te iba a seguir contando frente a esa puta, ¿no? Apareció esa puta, saliendo de tu dormitorio medio desnuda pregúntandote que por qué estabas tardando tanto, no iba a...

Gerardo

No era puta.

Paulina

¿Sabía ella dónde estaba yo? *(Pausa breve)* Sabía, claro que sabía. Una puta.

Acostarse con un hombre cuando su mujer no estaba precisamente en condiciones de defenderse, ¿no?

Gerardo

No vamos a empezar con esto de nuevo, Paulina.

Paulina

Tú empezaste.

Gerardo

Cuántas veces te lo tengo que... Llevaba dos meses tratando de ubicarte. Ella pasó a verme, dijo que podía ayudar. Nos tomamos unos tragos y... por Dios, yo también soy humano.

Paulina

Mientras yo te defendí, mientras tu nombre no salió de mi boca. Pregúntale, pregúntale a Miranda si yo siquiera te mencioné una vez, mientras que tú...

Gerardo

Ya me perdonaste, ya me perdonaste, ¡hasta cuando! Nos vamos a morir de tanto pasado, nos vamos a sofocar de tanto dolor y recriminación. Terminemos la conversación que interrumpimos hace quince años, cerremos este capítulo de una vez por todas, terminémosla de una vez y no volvamos a hablar de esto nunca más.

Paulina

Borrón y cuenta nueva, ¿eh?

Gerardo

Borrón no, cuenta nueva sí. ¿O vamos a estar pagando una y otra y otra vez la misma cuenta? Hay que vivir, gatita, vivir, hay tanto futuro que nos...

Paulina

¿Y que querías? ¿Que te hablara frente a ella? ¿Que te dijera, me violaron, pero yo no dije tu nombre, frente a ella, que yo te lo... ? ¿Cuántas veces?

Gerardo

¿Cuántas veces qué?

Paulina

¿Cuántas veces le hiciste el amor? ¿Cuántas?

Gerardo
  Paulina...

Paulina
  ¿Cuántas?

Gerardo
  Mi amor.

Paulina
  ¿Cuántas? Yo te cuento, tú me cuentas.

Gerardo *(desesperado, sacudiéndola y después abrazándola)*
  Paulina, Paulina, Paulina. ¿Me quieres destruir? ¿Eso quieres?

Paulina
  No.

Gerardo
  Lo vas a conseguir. Lo vas a conseguir y vas a quedarte sola en un mundo en que yo no exista, en que no me vas a tener más. ¿Eso es lo que quieres?

Paulina
  Quiero saber cuántas veces hiciste el amor con esa puta.

Gerardo
  No sigas, Paulina. No digas ni una palabra más.

Paulina
  La habías visto antes, ¿no? No fue ésa la primera noche. Gerardo, la verdad, necesito saber la verdad.

Gerardo
  ¿Aunque nos destruya?

Paulina
  Tú me cuentas, yo te cuento. ¿Cuántas veces, Gerardo?

Gerardo
  Dos veces.

Paulina
  Esa noche. ¿Y antes?

Gerardo *(muy bajo)*

Tres.

Paulina

¿Qué?

Gerardo *(más fuerte)*

Tres veces antes.

Paulina

¿Tanto te gustó? *(Pausa)* Y a ella le gustó, ¿no? Le tiene que haber gustado si
volvió...

Gerardo

¿Te das cuenta de lo que me estás haciendo, Paulina?

Paulina

¿Irreparable?

Gerardo

(desesperado): ¿Pero qué más quieres? ¿Qué más quieres de mí? Sobrevivimos la dictadura, la sobrevivimos, y ahora ¿nos vamos a destruir, vamos
a hacernos tú y yo lo que estos desgraciados fueron incapaces de hacernos?

Paulina

No.

Gerardo

¿Quieres que me vaya? ¿Eso quieres? ¿Que salga por esa puerta y no vuelva
nunca más?

Paulina

No.

Gerardo

Lo vas a conseguir. Uno también se puede morir de demasiada verdad.
(Pausa) ¿Me quieres destruir? Me tienes en tus manos como si fuera un
bebé, indefenso, en tus manos, desnudo. ¿Me quieres destruir? ¿Me vas a
tratar como tratas al hombre que te... ?

Paulina

No.

Gerardo

¿Me quieres... ?

Paulina *(susurrando)*

Te quiero vivo. Te quiero adentro mío, vivo. Te quiero haciéndome el amor y te quiero en la Comisión defendiendo la verdad y te quiero en mi Schubert que voy a recuperar y te quiero adoptando un niño conmigo...

Gerardo

Sí, Paulina, sí, mi amor.

Paulina

Y te quiero cuidar minuto a minuto como tú me cuidaste a mí a partir de esa...

Gerardo

Nunca vuelvas a mencionar a esa puta noche. Si sigues y sigues con esa noche, me vas a destruir, Paulina. ¿Eso quieres?

Paulina

No.

Gerardo

¿Me vas a contar entonces?

Paulina

Sí.

Gerardo

¿Todo?

Paulina

Todo. Te lo voy a contar todo.

Gerardo

Así... así vamos a salir adelante... Sin escondernos nada, juntos, como hemos estado estos años, así, ¿sin odio? ¿No es cierto?

Paulina

Sí.

Gerardo

¿No te importa que te ponga la grabadora?

Paulina

Pónmela.

(Gerardo pone la grabadora)

Gerardo

Como si estuvieras frente a la Comisión.

Paulina

No sé cómo empezar.

Gerardo

Empieza con tu nombre.

Paulina

Me llamo Paulina Salas. Ahora estoy casada con el abogado don Gerardo Escobar pero en ese tiempo...

Gerardo

Fecha...

Paulina

El 6 de abril de 1975, yo era soltera. Iba por la calle San Antonio...

Gerardo

Lo más preciso que puedas...

Paulina

A la altura de Huérfanos, cuando escuché detrás mío un... tres hombres se bajaron de un auto, me encañonaron, si habla una palabra le volamos la cabeza, señorita, uno de ellos me escupió las palabras en el oído. Tenía olor a ajo. No me sorprendió que tuviera ese olor sino que a mí me importara, que me fijara en eso, que pensara en el almuerzo que él acababa de comerse, que estaba digiriendo con todos los órganos que yo había estudiado en mi carrera en Medicina. Después me reproché a mí misma, tuve mucho tiempo en realidad para pensarlo, yo sabía que en esas circunstancias había que gritar, que la gente supiera que me agarraron, gritar mi nombre, soy Paulina Salas, me están secuestrando, que si uno no pega ese grito en ese primer momento ya te derrotaron, y yo agaché el moño, me entregué a ellos sin protestar, me puse a obedecerlos demasiado pronto. Siempre fui demasiado obediente toda mi vida.

(Empiezan a bajar las luces)

El Doctor no estaba entre ellos.

Con el Doctor Miranda me tocó por primera vez tres días más tarde cuando... Ahí lo conocí. *(Bajan más las luces y la voz de Paulina sigue en la oscuridad)*

Al principio, yo pensé que él podía salvarme. Era tan suave, tan buena gente, después de lo que me habían hecho los otros. Y entonces escuché, de repente, el cuarteto de Schubert.

(Se empieza a escuchar el segundo movimiento de "La Muerte y la Doncella")

No saben lo que es, escuchar esa música maravillosa en aquella oscuridad, cuando hace tres días que no comes, cuando tienes el cuerpo hecho tira, cuando...

(Se escucha en la oscuridad la voz de Roberto)

Voz de Roberto: Ponía música porque eso ayudaba al rol que me tocaba hacer, el rol del bueno, que le dicen, ponía Schubert para que me tomaran confianza. Pero también porque era un modo de aliviarles el sufrimiento. Tienen que creerme que yo pensé que era un modo de aliviarles el sufrimiento a los detenidos. No sólo la música, sino que todo lo que yo hacía. Así me lo propusieron a mí cuando comencé.

(Suben las luces como si fuera la luna la que ilumina. Es de noche. Está Roberto frente a la grabadora confesándose. Ya no se escucha el Schubert)

Roberto

Los detenidos se les estaban muriendo, necesitaban a alguien que los atendiera, alguien que fuera de confianza. Yo tengo un hermano, miembro de los servicios de seguridad. Tienes la oportunidad de pagarle a los comunistas lo que le hicieron a papá, me dijo una noche —a mi papá le había dado un infarto cuando le tomaron el fundo en Las Toltecas. Quedó paralítico—mudo, con los ojos me interrogaba, como preguntándome qué había hecho yo para vengarlo. Pero no fue por eso que yo acepté. Fue por razones humanitarias. Estamos en guerra, pensé, ellos me quieren matar a mí y a los míos, ellos quieren instalar acá una dictadura totalitaria, pero de todos modos tienen derecho a que algún médico los atienda. Fue de a pocón, casi sin saber cómo, que me fueron metiendo en cosas más delicadas, me hicieron llegar a unas sesiones donde mi tarea era determinar si los detenidos podían aguantar la tortura, especialmente la corriente. Al principio me dije que con eso les estaba salvando la vida y es cierto, puesto que muchas veces les dije, sin que fuera así, que si seguían se les iban a morir, pero después empecé a... poco a poco, la virtud se fue convirtiendo en algo diferente, algo excitante... y la máscara de la virtud se me fue cayendo y la excitación me escondió, me escondió, me escondió lo que estaba haciendo, el pantano de lo que estaba... y cuando me tocó atender a Paulina Salas ya era demasiado tarde. Demasiado tarde...

(Empiezan a bajar las luces)

... Demasiado tarde. Empecé a brutalizarme, me empezó a gustar de verdad verdad. Se convierte en un juego. Te asalta una curiosidad entre morbosa y científica. ¿Cuánto aguantará ésta? ¿Aguantará más que la otra? ¿Cómo tendrá el sexo? ¿Tendrá seco el sexo? ¿Es capaz de tener un orgasmo en estas condiciones? Puedes hacer lo que quieras con ella, está enteramente bajo tu poder, puedes llevar a cabo todas las fantasías. *(Bajan más las luces y sigue la voz de Roberto en la semioscuridad, con la luz de la luna sobre la grabadora)* Todo lo que te han prohibido desde siempre, todo lo que tu madre te susurraba que nunca hicieras, empiezas a soñar con ella, con ellas de noche. Vamos, Doctor, me decían, no va a rehusar carne gratis, ¿no? Eso me lo decía un tipo que llamaban... el Fanta se llamaba, nunca supe su nombre verdadero. Les gusta, Doctor... si a todas estas putas les gusta y si además usted le pone esa musiquita tan bonita que les pone, seguro que se le acurrucan más todavía. Esto me lo decía frente a las mujeres, frente a Paulina Salas me lo dijo, y yo finalmente, y yo finalmente... pero nunca se me murió ninguna...

(Vuelven a subir las luces y está amaneciendo. Roberto, desamarrado, escribe en una hoja de papel las palabras que salen de su voz desde la grabadora, mientras Gerardo y Paulina escuchan. Frente a él hay un montón de hojas escritas)

Voz de Roberto

(desde la grabadora)

Nunca se murió ni una de las mujeres, ni uno de los hombres a los que me tocó... asesorar. Fueron, en total, cerca de 94 los presos a los que atendí, además de Paulina Salas. Es todo lo que puedo decir. Pido que se me perdone.

(Gerardo corta la grabadora, mientras Roberto escribe)

Roberto

Que se me perdone...

(Gerardo pone de nuevo la grabadora)

Voz de Roberto

Y que esta confesión sirva de prueba de mi arrepentimiento y que tal como el país se está reconciliando en paz. *(Gerardo corta la grabadora)*

Gerardo

Tal como el país se está reconciliando en paz. ¿Lo escribió?

(Gerardo vuelve a poner la grabadora)

Voz de Roberto

... Se me permita vivir el resto de mis días... con mi terrible secreto. No puede haber peor castigo que el que me impone la voz de mi conciencia.

(Gerardo corta la grabadora)

Roberto

(mientras escribe)

... castigo... conciencia. *(Gerardo corta la grabadora. Hay un momento de silencio)* ¿Y ahora? ¿Quiere que firme?

Paulina

Ponga ahí que esto lo escribe de su propia voluntad, sin presiones de ninguna especie.

Roberto

Eso no es cierto.

Paulina

¿Quiere que lo presione de verdad, Doctor? *(Roberto escribe un par de frases más, se las muestra a Gerardo, que mueve la cabeza afirmativamente)*

Paulina

Ahora puede firmar.

(Roberto lo firma. Paulina mira la firma, recoge los papeles, saca la cassette de la grabadora, pone otra cassette, aprieta un botón, escucha la voz de Roberto)

Voz de Roberto

Ponía música porque eso ayudaba al rol que me tocaba hacer, el rol del bueno, que le dicen, ponía Schubert para que me tomaran confianza. Pero también porque era un modo de aliviarles el sufrimiento.

Gerardo

Por favor, Paulina. Basta.

Voz de Roberto:

Tienen que creerme que yo pensé que era un modo de aliviarles el sufrimiento a los detenidos. No sólo la música, sino que todo lo que yo hacía.

Gerardo

(aprieta un botón, interrumpiendo la voz de Roberto en la cassette-grabadora)
Este asunto está terminado.

Paulina

Casi terminado, sí.

Gerardo

No te parece que sería hora...

Paulina

Tienes toda la razón. Tenemos un acuerdo. (Paulina va hasta la ventana y se
queda un rato mirando las olas, respirando profundamente) Y pensar que me
pasaba horas así, al amanecer, tratando de distinguir, tan tan lentamente las
cosas que la marea había dejado atrás duranta la noche, mirándolas y
preguntándome qué serían, si iban a ser arrastradas de nuevo por el mar. Y
ahora... Y ahora... Tan generosos que son los amaneceres en el mar después
de una tormenta, tan libres que son las olas cuando...

Gerardo

¡Paulina!

Paulina (dándose vuelta)

Cierto. Me alegra ver que sigues siendo un hombre de principios. Pensé,
ahora que sabes que de veras es culpable, pensé que yo iba a tener que
convencerte de que no lo mataras.

Gerardo

No soy como él.

Paulina

(tirándole las llaves del auto a Gerardo)
Anda a buscarle el auto.
(Breve pausa)

Gerardo

¿Y a él lo dejo acá solo contigo?

Paulina

¿No te parece que tengo edad como para saber cuidarme?
(Breve pausa)

Gerardo

Está bien, está bien, voy a buscar el auto... Cuídate.

Paulina

Tú también.

(Va hasta la puerta)

Paulina

Una cosa más, Gerardo. Devuélvele la gata.

Gerardo

(tratando de sonreír): Y tú devuélvele el Schubert. Tienes tu propia cassette. *(Pausa breve)* Cuídate.

Paulina

Y tú también.

(Sale. Paulina lo mira. Roberto va desatándose los tobillos)

Roberto

Si me permite, señora, quisiera ir al baño. ¿Supongo que usted no tiene para qué seguir acompañándome?

Paulina

No se mueva, Doctor. Nos queda todavía un pequeño asunto pendiente. *(Pausa breve)* Va a ser un día increíblemente hermoso. ¿Sabe lo único que me hace falta ahora, Doctor, para que este día sea de verdad verdad perfecto? *(Pausa breve)* Matarlo. Para que yo pueda escuchar mi Schubert sin pensar que usted también lo va a estar escuchando, que va a estar ensuciando mi día y mi Schubert y mi país y mi marido. Eso es lo que me hace falta...

Roberto *(se levanta bruscamente)*

Señora, su marido partió confiado... Usted dio su palabra, señora.

Paulina

Es cierto. Pero cuando di mi palabra, me quedaba un pocón de duda de que usted de veras fuera ese hombre. Porque Gerardo tenía razón. Pruebas, lo que se dicen pruebas... bueno, por ahí me podía haber equivocado, ¿no? Pero sabía que si usted confesaba, si lo escuchaba confesarse... Y cuando lo escuché, las últimas dudas se me esfumaron, y me di cuenta de que no iba a poder vivir tranquila si no lo mataba. *(Le apunta con el revólver)* Tiene un minuto para rezar y arrepentirse de veras, Doctor.

Roberto

Señora, señora... no lo haga. Soy inocente.

Paulina

Está confeso, Doctor.

Roberto

La confesión, señora... La confesión es falsa.

Paulina

¿Cómo que es falsa?

Roberto

Mi confesión la fabricamos, la inventé...

Paulina

A mí me pareció súmamente verídica, dolorosamente familiar...

Roberto

Su marido me indicó lo que tenía que escribir, algo inventé yo... algo inventé, pero la mayoría me lo sugirió él a partir de lo que él sabía que le había pasado a usted, una fabricación para que usted me soltara, él me convenció que era la única manera de que no me matara y yo tuve que... usted sabe cómo, bajo presión, uno dice cualquier cosa, pero soy inocente, señora, por Dios que está en el cielo le...

Paulina

No invoque a Dios, Doctor, cuando está tan cerca de comprobar si existe o no. El que sí existe es el Fanta.

Roberto

Señora, qué es lo que...

Paulina

Varias veces en su confesión usted menciona al Fanta, ese tipo grande, fornido, se comía las uñas, no es cierto, no sé cómo tendría la cara. De lo que pude darme cuenta es que se comía esas uñas de mierda.

Roberto

Yo no conocí nunca a ningún señor que se llamara así. El nombre me lo dio su marido, todo lo que dije se lo debo a la ayuda de su marido... Pregúntele cuando él vuelva. El le puede explicar.

Paulina

El no tiene nada que explicar. Yo sabía que él iba a hacer eso, para salvarle la vida a usted, para protegerme a mí, para que yo no lo matara, yo sabía que él utilizaría mi confesión para armar la suya. El es así. Siempre piensa que es más inteligente que los demás, siempre piensa que tiene que estar salvando a alguien. No lo culpo, Doctor. Es porque me quiere. Nos mentimos porque nos queremos. El me engañó a mí para salvarme. Yo lo engañé a él para salvarlo. Pero gané yo. El nombre que le mencioné a mi marido fue el del Chanta, el Chanta, a propósito, un nombre equivocado para ver si usted lo corregía. Y usted lo corrigió, Doctor, usted corrigió el nombre del Chanta y puso el Fanta y si fuera inocente no tendría cómo haber sabido el nombre verdadero de esa bestia.

Roberto

Le digo que fue su marido el que me... Escuche. Por favor escúcheme. Primero dijo Chanta, después lo cambió y me dijo que era el Fanta. Debe haber pensado que era un nombre que le venía más a ese tipo de... Yo no sé por qué él me lo... Pregúnteselo. Pregúnteselo.

Paulina

No es la única corrección que usted hizo de la versión que yo le entregué a mi marido, Doctor. Habían varias otras mentiras.

Roberto

¿Cuáles, cuáles... ?

Paulina

Pequeñas mentiras, pequeñas variaciones que yo fui metiendo en mi relato a Gerardo, y varias veces, Doctor, no siempre, pero varias veces como con el Fanta, usted las fue corrigiendo. Tal como supuse que iba a ocurrir. Pero no lo voy a matar porque sea culpable, Doctor. Lo voy a matar porque no se ha arrepentido un carajo. Sólo puedo perdonar a alguien que se arrepiente de verdad, que se levanta ante sus semejantes y dice esto yo lo hice, lo hice y nunca más lo voy a hacer.

Roberto

¿Qué más quiere, señora? Tiene más de lo que todas las víctimas de este país van a tener. Un hombre confeso, a sus pies, humillado *(se arrodilla)*, rogando por su vida. ¿Qué más quiere?

Paulina

La verdad, Doctor. Dígame la verdad y lo suelto. Va a estar tan libre como Caín después de que mató a su hermano, cuando se arrepintió. Dios le puso una marca para que nadie lo pudiera tocar. Arrepiéntase y yo lo dejo libre. *(Pausa breve)* Tiene diez minutos. Uno, dos, tres, cuatro, cinco, seis. ¡Vamos! Siete. ¡Confiese, Doctor!
(Roberto se para del suelo)

Roberto

No. No lo voy a hacer. Por mucho que me confiese, usted no va a estar nunca satisfecha. Me va a matar de todas maneras. Así que máteme. No voy a seguir permitiendo que una mujer loca me trate de esta manera vergonzosa. Si quiere matarme, máteme. Sepa, eso sí, que mata a un hombre inocente.

Paulina

Ocho.

Roberto

Así que seguimos en la violencia, siempre en la violencia. Ayer a usted le hicieron cosas terribles y ahora usted me hace cosas terribles a mí y mañana... más y más y más. Yo tengo niños... dos hijos, una mujercita... Qué tienen que hacer ellos, pasarse quince años buscándola y cuando la encuentren, ellos...

Paulina

Nueve.

Roberto

Ay, Paulina... ¿No te parece que es hora de terminar de una vez?

Paulina

Y por qué tengo que ser yo la que se sacrifica ¿eh?, yo la que tengo que morderme la lengua, siempre nosotros los que hacemos las concesiones cuando hay que conceder, ¿por qué, por qué? Esta vez no. Uno, uno, aunque no fuera más que uno, hacer justicia con uno. ¿Qué se pierde? ¿Qué se pierde con matar aunque no fuera más que uno? ¿Qué se pierde? ¿Qué se pierde?
(Van bajando las luces y quedan Paulina y Roberto, en la penumbra, ella apuntándolo a él y antes de que hayan bajado del todo, empieza a escucharse una música de cuarteto. Es el último movimiento del cuarteto Disonante de Mozart.)

Paulina y Roberto van siendo tapados por un espejo gigante que le devuelve a los
espectadores su propia imagen. Durante un largo rato, mientras oyen el cuarteto
de Mozart, los espectadores simplemente miran su propia imagen en el espejo.)

Escena 2

Lenta o bruscamente, según los recursos de que se dispongan, el espejo se transforma
en una sala de conciertos. Han pasado varios meses. Es de noche. Aparecen Gerardo
y Paulina, ambos vestidos en forma elegante. Se sientan entre los espectadores y de
espaldas a ellos, sea en dos butacas del mismo público o en sillas que se colocan frente
al espejo, viéndose sus caras. También es posible, aunque no recomendable, que las
sillas estén colocadas de cara al público. Se escuchan por debajo de la música algunos
sonidos típicos de un concierto: carrasperas, una tos aislada, un aletear de pro-
gramas, hasta alguna respiración entrecortada. Al llegar a su final la música,
Gerardo empieza a aplaudir y se escucha un aplauso que va creciendo entre lo que
evidentemente es el público presente. Paulina no aplaude. Los aplausos empiezan a
disminuir hasta que desaparecen del todo y se oyen los ruidos habituales de una sala
de conciertos cuando se termina parte del programa: más carrasperas, murmullos de
los espectadores, cuerpos que se mueven hacia el foyer. Empiezan los dos a salir,
saludando gente, parándose a charlar de pronto. Se alejan de sus asientos y avanzan
por un foyer imaginario que está aparentemente lleno de espectadores. Se oyen
cuchicheos, se ve humo que sale de cigarrillos, etc. Gerardo se pone a hablar con
miembros del público, como si asistieran al concierto.

Gerardo *(en forma íntima, a diversos espectadores)*
  Gracias, muchas gracias. Sí, quedamos bastante contentos con el Informe...
  (Paulina va yéndose hacia un lado, donde está instalado un puesto de venta.
  Gerardo seguirá hablando con quienes lo rodean hasta que ella vuelva) Se está
  actuando con una gran generosidad, sin ningún ánimo de venganza personal. Mira, te voy a decir cuándo supe que la Comisión de veras iba a
  ayudarnos a sanar las heridas del pasado. Fue el primer día de nuestra
  investigación. Se acercó a dar su testimonio una señora de edad, Magdalena
  Suárez, creo que se llamaba, tímida, hasta desconfiada. Empezó a hablar
  parada. "Siéntese", le dijo el Presidente de la Comisión y le ofreció una silla.
  La señora se sentó, y se puso a llorar. Después nos miró y nos dijo: "Es la
  primera vez, señor", nos dijo —su marido estaba desaparecido hace nueve
  años, y había hecho miles de trámites, miles de horas de espera—, "Es la
  primera vez," nos dijo, "en todos estos años, señor, que alguien me ofrece
  sentarme".

Imagínate lo que es que te traten durante años de loca y mentirosa y de pronto eres otra vez un ser humano, contando tu historia para que todos la puedan escuchar. No podemos devolverle el marido muerto, pero podemos devolverle su dignidad; que por lo demás ella nunca perdió. Eso sí que no tiene precio. *(Suena una campana que indica que está por recomenzar el concierto)* Bueno, los asesinos... ya sabía que me lo ibas a preguntar... Mira, aunque no sepamos, en muchos casos, sus nombres, o no podamos revelarlos... *(Paulina ha seleccionado unos dulces, paga, vuelve a juntarse con Gerardo. Entra Roberto en una luz levemente distinta, con cierta dualidad casi fantasmagórica, como de luna. Ella todavía no lo ve. Roberto se queda contemplando a Paulina y a Gerardo desde lejos)* Ah, Paulineta linda, justo a tiempo. Bueno, viejito, a ver si nos tomamos unos tragos en casa, ahora que estoy más libre. La Pau hace un pisco sour que es de miedo.

(Se sientan. Roberto los sigue. Se sienta en un extremo de la misma fila, mirando siempre a Paulina. Se escuchan aplausos, al entrar los músicos. Unos breves acordes para templar los instrumentos. Empieza a oírse "La Muerte y la Doncella." Gerardo mira a Paulina que mira al frente. El le toma la mano y entonces, sin soltársela, comienza a mirar también al frente. Después de unos instantes, ella se da vuelta lentamente y mira a Roberto que la está mirando. Se quedan así por unos instantes. Después ella vuelve y mira al frente. Roberto sigue mirándola. Las luces bajan mientras la música toca y toca y toca.)

Fin de la obra.

III • VOICES OF A SILENCED MEMORY

This section links human rights in Latin America with the treatment of indigenous people. Since the nineteenth century, important texts like the novel *Aves sin nido* by the Peruvian Clorinda Mattos de Turner have denounced the treatment of native populations. Bartolomé de las Casas wrote one of the first treatises on the abuse of human rights at the time of the Spanish conquest of the Americas. José María Arguedas, also from Peru, dedicated a great part of his work to include the Indo-American world as an integral part of Latin American culture and continues to inspire contemporary writers to think about these issues today.

The brief poem "El manual de los inquisidores," by Venezuelan author Margara Russotto, reminds us of the historical continuity of torture in the Americas from the Inquisition to the present. The poem's strength lies in the power of its topic and the silence commonly associated with torture.

In *Balún Canán*, by Mexican writer Rosario Castellanos, a landholder's daughter narrates her experiences as innocently observed through her eyes. At the same time she is critical of the perpetual state of violence and oppression that will culminate in the Zapatista revolution in Chiapas. This autobiographical novel written in the 1970s is one of the defining texts of the continent's indigenous literature.

Following the democratization of the American continent, indigenous cultures throughout Latin America experienced a rebirth; especially of their native languages. In Chile the Mapuche communities were brutally affected by Augusto Pinochet's repressive regime, having not only their lands but also their language and identities usurped. During the 1980s, the voice of Chilean poet Elicura Chihuailaf emerged as an earth-shattering force and created a clear and powerful conscience with regard to the poetry of the indigenous world. To his voice we add that of Guatemalan poet Víctor Montejo, whose writing has revived a sealed, silenced, and humiliated history.

Claudia Bernardi is one of Latin America's most committed visual artists. Her work is inspired by the moving experiences surrounding human rights violations in her native country, Argentina, as well as by more recent horrors, such as the massacre in El Mozote, El Salvador, where more than eight hundred peasants were assassinated by the military. The powerful essay included here presents the testimony of Rufina Amaya, the sole survivor of the massacre, and the events that forever marked her life and history as a witness and as an artist.

Just as the indigenous is part of the Latin American conscience, so too is the presence of dark skin. Nancy Morejón masterfully describes the experience of slaves arriving in Latin America in the poem "Mujer negra." Another of her poems, "Nana silente," reveals the South African experience as one that could create bridges and alliances within indigenous communities.

This section also includes a fragment from Pablo Neruda's extraordinary *Canto General*. This poem, considered by many to be quintessentially Latin American, encompasses the experience of the indigenous communities throughout the continent upon the arrival of the Spaniards. Neruda discusses the destiny of the continent through his poetry and in so doing he recovers the fundamental essence of its mixed races and its hybrid identity. The fragment dedicated to Fray Bartolomé de las Casas reflects Neruda's commitment to honor this Spanish priest who fervently defended the human rights of the indigenous people.

The work of José Emilio Pacheco, both as a poet and as a narrator, has been deeply characterized by a need to explore history and its consequences. In the fragment included here, Pacheco examines the Holocaust and its repercussions for emigrants living today in Mexico. This is an important meditation on the theme of alterity.

The piece by Noga Tarnopolsky, "La familia que desapareció," is persistent in its treatment of the pursuit of memory as well as the right to remember. In this poignant text, Tarnopolsky recounts how an entire family in Argentina disappeared. She is also part of this family, thus making the reading deeply evocative as well as courageous. Through her voice, which is both personal and historical, we are able to trace the history of an entire family that exemplifies a nation.

Margara Russotto, Venezuela

Margara Russotto es una de las voces de mayor prestigio en la poesía contemporánea de Venezuela. Ha recibido varios premios por su labor poética como también por sus estudios críticos. Russotto es una gran traductora del italiano y del portugués, difundiendo las obras de Giuseppe Ungaretti, Claudio Magris, Oswaldo de Andrade y João Cabral de Melo Neto, entre otros. Russotto se desempeña como profesora de literatura latinoamericana en la Universidad de Massachusetts, en Amherst.

Obras

Epica mínima (1996)
Bárbaras e ilustradas: las máscaras del género en la periferia moderna (1997)
El diario íntimo de Sor Juana (2002)
Dispersión y permanencia (2002)
Tópicos de retórica femenina (2003)

El manual de los inquisidores (1607)

Primeramente es la lengua
que debe ser domada
torcida
mutilada
extirpada.

Juramentos de pureza
sobre los Santos Evangelios:
contestar que sí.

Reconocimiento del hereje en los días de fiesta.
Primer signo:
por sus ojos encajados
de ver malos espíritus.
Segundo:
rostro escondido en la capucha.
Tercero:
puede no usar capucha y cojear un poco.

Las mujeres hechiceras deben ser quemadas.
De inmediato las conoceréis
porque hablan del futuro,
cultivan hierbas hediondas
y locas de remate
quieren hacer de médico.

La abjuración en lengua vulgar
nunca en eclesiástico latín,
para colectivo escarmiento y terror.

¿Por qué te demoraste en seguir
nuestro buen consejo?

Repetir tres veces el nombre del Señor.
Sigue formulario para humillar al sospechoso:
Hija mía, por aquello que oímos decir que tu pensaste

Y ya está dicho:
el que no creyere en mí
quebrado sea en dos como rama seca

y lanzado sea a la hoguera.

Rosario Castellanos, México

Rosario Castellanos se desempeñó en una variedad de géneros literarios desde la poesía hasta el periodismo. Nació en la Ciudad de México en 1925 y pasó su infancia y adolescencia en Chiapas. Estudió filosofía en la Universidad Nacional Autónoma de México y luego hizo un posgrado en la Universidad de Madrid por medio de una beca del Instituto de Cultura Hispánica en el campo de la estética. Castellanos fue nombrada becaria Rockefeller en el Centro Mexicano de Escritores entre 1954 y 1955, y trabajó como directora general de información y prensa de 1960 a 1966 en la Universidad Nacional Autónoma de México. Enseñó en esa misma universidad desde 1962 hasta 1971, cuando fue nombrada embajadora de México a Israel.

Castellanos fue activa en varias organizaciones culturales indígenas. Obtuvo el Premio Chiapas en 1957, y en 1961 recibió el Premio Xavier Villaurrutia por *Ciudad real*. Un año después ganó el Premio Sor Juana Inés de la Cruz por su novela *Oficio de tinieblas*. Su obra ha sido traducida a varios idiomas y ha sido incluida en varias antologías poéticas.

Obras

Trayectoria del polvo (1948)
El rescate del mundo (1952)
Lívida luz (1960)
Ciudad real (1960)
Oficio de tinieblas (1962)
La novela mexicana contemporánea y su valor testimonial (1966)
Balún Canán (1967)
Poesía no eres tú (1972)

Balún Canán (fragmento)

PRIMERA PARTE

I

—... Y entonces, coléricos, nos desposeyeron, nos arrebataron lo que habíamos atesorado: la palabra, que es el arca de la memoria. Desde aquellos días arden y se consumen con el leño en la hoguera. Sube el humo en el viento y se deshace. Queda la ceniza sin rostro. Para que puedas venir tú y el que es menor que tú y les baste un soplo, solamente un soplo...

—No me cuentes ese cuento, nana.

—¿Acaso hablaba contigo? ¿Acaso se habla con los granos de anís?

No soy un grano de anís. Soy una niña y tengo siete años. Los cinco dedos de la mano derecha y dos de la izquierda. Y cuando me yergo puedo mirar de frente las rodillas de mi padre. Más arriba no. Me imagino que sigue creciendo como un gran árbol y que en su rama más alta está agazapado un tigre diminuto. Mi madre es diferente. Sobre su pelo — tan negro, tan espeso, tan crespo— pasan los pájaros y les gusta y se quedan. Me lo imagino nada más. Nunca lo he visto. Miro lo que está a mi nivel. Ciertos arbustos con las hojas carcomidas por los insectos; los pupitres manchados de tinta; mi hermano. Y a mi hermano lo miro de arriba abajo. Porque nació después de mí y, cuando nació, yo ya sabía muchas cosas que ahora le explico minuciosamente. Por ejemplo ésta:

Colón descubrió la América.

Mario se queda viéndome como si el mérito no me correspondiera y alza los hombros con gesto de indiferencia. La rabia me sofoca. Una vez más cae sobre mí todo el peso de la injusticia.

—No te muevas tanto, niña. No puedo terminar de peinarte.

¿Sabe mi nana que la odio cuando me peina? No lo sabe. No sabe nada. Es india, está descalza y no usa ninguna ropa debajo de la tela azul del tzec. No le da vergüenza. Dice que la tierra no tiene ojos.

—Ya estás lista. Ahora el desayuno.

nte mí el plato mirándome fijamente sin par-
de la mesa. Y después... no sé. Me da miedo

pasa haciendo sonar su esquila de estaño una
rio que suiza quiere decir gorda.) El dueño la
s esquinas se detiene y la ordeña. Las criadas
vaso. Y los niños malcriados, como yo, hace-
mantel.

esperdicio— afirma la nana.

Como todos.

sde mañana la leche no se derramará.

II

Mi nana me lleva de la mano por la calle. Las aceras son de lajas, pulidas, resbaladizas. Y lo demás de piedra. Piedras pequeñas que se agrupan como los pétalos en la flor. Entre sus junturas crece hierba menuda que los indios arrancan con la punta de sus machetes. Hay carretas arrastradas por bueyes soñolientos; hay potros que sacan chispas con los cascos. Y caballos viejos a los que amarran de los postes con una soga. Se están ahí el día entero, cabizbajos, moviendo tristemente las orejas. Acabamos de pasar cerca de uno. Yo iba conteniendo la respiración y arrimándome a la pared temiendo que en cualquier momento el caballo desenfundara los dientes —amarillos, grandes y numerosos— y me mordiera el brazo. Y tengo vergüenza porque mis brazos son muy flacos y el caballo se iba a reír de mí.

Los balcones están siempre asomados a la calle, mirándola subir y bajar y dar vuelta en las esquinas. Mirando pasar a los señores con bastón de caoba; a los rancheros que arrastran las espuelas al caminar; a los indios que corren bajo el peso de su carga. Y a todas horas el trotecillo diligente de los burros que acarrean el agua en barriles de madera. Debe de ser tan bonito estar siempre, como los balcones, desocupado y distraído, sólo mirando. Cuando yo sea grande...

Ahora empezamos a bajar la cuesta del mercado. Adentro suena el hacha de los carniceros y las moscas zumban torpes y saciadas. Tropezamos con las indias que tejen pichulej, sentadas en el suelo. Conversan entre ellas, en su curioso idioma, acezante como ciervo perseguido. Y de pronto echan a volar sollozos altos y sin lágrimas que todavía me espantan, a pesar de que los he escuchado tantas veces.

Vamos esquivando los charcos. Anoche llovió el primer aguacero, el que hace brotar esa hormiga con alas que dicen tzisim. Pasamos frente a las tiendas que huelen a telas recién teñidas. Detrás del mostrador el dependiente las mide con una vara. Se oyen los granos de arroz deslizándose contra el metal de la balanza. Alguien tritura un puñado de cacao. Y en los zaguanes abiertos entra una muchacha que lleva un cesto sobre la cabeza y grita, temerosa de que salgan los perros, temerosa de que salgan los dueños:

—¿Mercan tanales?

La nana me hace caminar de prisa. Ahora no hay en la calle más que un hombre con los zapatos amarillos, rechinantes, recién estrenados. Se abre un portón, de par en par, y aparece frente a la forja encendida el herrero, oscuro a causa de su trabajo. Golpea, con el pecho descubierto y sudoroso. Apartando apenas los visillos de la ventana, una soltera nos mira furtivamente. Tiene la boca apretada como si se la hubiera cerrado un secreto. Está triste, sintiendo que sus cabellos se vuelven blancos.

—Salúdala, niña. Es amiga de tu mamá.

Pero ya estamos lejos. Los últimos pasos los doy casi corriendo. No voy a llegar tarde a la escuela.

III

Las paredes del salón de clase están encaladas. La humedad forma en ellas figuras misteriosas que yo descifro cuando me castigan sentándome en un rincón. Cuando no, me siento frente a la señorita Silvina en un pupitre cuadrado y bajo. La escucho hablar. Su voz es como la de las maquinitas que sacan punta a los lápices: molesta pero útil. Habla sin hacer distingos, desplegando ante nosotras el catálogo de sus conocimientos. Permite que cada una escoja los que mejor le convengan. Yo escogí, desde el principio, la palabra *meteoro*. Y desde entonces la tengo sobre la frente, pesando, triste de haber caído del cielo.

Nadie ha logrado descubrir qué grado cursa cada una de nosotras. Todas estamos revueltas aunque somos tan distintas. Hay niñas gordas que se sientan en el último banco para comer sus cacahuates a escondidas. Hay niñas que pasan al pizarrón y multiplican un número por otro. Hay niñas que sólo levantan la mano para pedir permiso de ir al "común".

Estas situaciones se prolongan durante años. Y de pronto, sin que ningún acontecimiento lo anuncie, se produce el milagro. Una de las niñas es llamada aparte y se le dice:

—Trae un pliego de papel cartoncillo porque vas a dibujar el mapamundi.

La niña regresa a su pupitre revestida de importancia, grave y responsable. Luego se afana con unos continentes más grandes que otros y mares que no tienen ni una ola. Después sus padres vienen por ella y se la llevan para siempre.

(Hay también niñas que no alcanzan jamás este término maravilloso y vagan borrosamente como las almas en el limbo.)

A mediodía llegan las criadas sonando el almidón de sus fustanes, olorosas a brillantina, trayendo las jícaras de posol. Todas bebemos, sentadas en fila en una banca del corredor, mientras las criadas hurgan entre los ladrillos, con el dedo gordo del pie.

La hora del recreo la pasamos en el patio. Cantamos rondas:

> *Naranja dulce,*
> *limón partido...*

O nos disputan el ángel de la bola de oro y el diablo de las siete cuerdas o "vamos a la huerta del toro, toronjil".

La maestra nos vigila con mirada benévola, sentada bajo los árboles de bambú. El viento arranca de ellos un rumor incesante y hace llover hojitas amarillas y verdes. Y la maestra está allí, dentro de su vestido negro, tan pequeña y tan sola como un santo dentro de su nicho.

Hoy vino a buscarla una señora. La maestra se sacudió de la falda las hojitas del bambú y ambas charlaron largamente en el corredor. Pero a medida que la conversación avanzaba, la maestra parecía más y más inquieta. Luego la señora se despidió.

De una campanada suspendieron el recreo. Cuando estuvimos reunidas en el salón de clase, la maestra dijo:

—Queridas niñas: ustedes son demasiado inocentes para darse cuenta de los peligrosos tiempos que nos ha tocado vivir. Es necesario que seamos prudentes para no dar a nuestros enemigos ocasión de hacernos daño. Esta escuela es nuestro único patrimonio y su buena fama es el orgullo del pueblo. Ahora algunos están intrigando para arrebatárnosla y tenemos que defenderla con las únicas armas de que disponemos: el orden, la compostura y, sobre todo, el secreto. Que lo que aquí sucede no pase de aquí. No salgamos, bulbuluque-ando, a la calle. Que si hacemos, que si tornamos.

Nos gusta oírla decir tantas palabras juntas, de corrido y sin tropiezo, como si leyera una recitación en un libro. Confusamente, de una manera que no alcanzamos a comprender bien, la señorita Silvina nos está solicitando un juramento. Y todas nos ponemos de pie para otorgárselo.

Víctor Montejo, Guatemala

Víctor Montejo es uno de los protectores de la herencia cultural de Guatemala. Nació en 1951 en Jacaltenango. Durante 1980 su vida cambió cuando por la guerra civil tuvo que abandonar su familia y comunidad y huir a los Estados Unidos. Allí, después de un tiempo, se reunió con su familia y realizó estudios en la Universidad de Nueva York en Albany, seguido por un doctorado en la Universidad de Connecticut.

Montejo siguió su carrera enseñando en la Universidad de Bucknell en Pensilvania desde 1993 hasta 1994 y luego en la Universidad de Montana entre 1995 y 1996. Actualmente es profesor de estudios de los aborígenes americanos en la Universidad de California en Davis. Participa en la directiva de la Fundación Yax Te' como vice presidente y en la Fundación para la Educación Maya. Ha fundado una biblioteca comunitaria en su pueblo natal y también está involucrado en el estudio de la literatura oral y la música del pueblo popti'. La mayoría de sus obras han sido traducidas al inglés.

Obras

Testimonio: muerte de un pueblo guatemalteco (1986)
The Bird Who Cleans the World and Other Mayan Fables (1991)
Piedras labradas (1995)
Las aventuras del Mister Puttison entre los mayas (1998)
El Q'anil: el hombre rayo (1999)

Interrogatorios de los ancestros

"Tristes hijos humillados
y abandonados.
¿Por qué no han repetido
nuestra historia
y la rueda de katunes
grabada en las estelas
frente a los templos?"
"¡Oh sabios y grandes padres!
nuestras estelas
también fueron removidas
de sus lugares
y se han dispersado
en los grandes museos
del mundo."

"Tristes hijos dormilones,
los engañados.
¿Por qué han dado en subasta
nuestros conocimientos,
las ciencias escritas
en esas piedras indescifrables
a los ojos extranjeros?"
"¡Oh sabios y grandes padres!
nuestras estelas
fueron robadas del suelo
y no vendidas.
Otra vez esos ladrones..."

"Tristes hijos, dormilones
los desposeídos.
¿Qué se han hecho los libros
del culto anual
con los símbolos pintados
que a todas horas
interpretaban los Ah Be'?"

"¡Oh sabios y grandes padres!
los extranjeros

también se llevaron esos
códices nuestros,
allá, al otro lado del mar."

Y dirán ellos:
"Tristes hijos quejumbrosos
y abofeteados.
¿Por qué los libros sagrados
en otras manos están como adornos?
Acaso pretenden leer su contenido
e interpretar
nuestros mensajes ocultos?"
"¡Oh sabios y grandes padres!
nadie hoy puede
como ustedes, leerlos.
Se han ido desvaneciendo
poco a poco
las sabidurías del pasado."

"Y ustedes hijos nuestros,
¿Pueden arrancar
las cíclicas enseñanzas
que se esconden
en nuestros jeroglíficos?"
"¡Tampoco, padres!
nuestros pueblos han sido silenciados
y además,
vivimos muy distanciados
de aquellos centros
donde un día, ustedes
con maravilla
alzaron los muros
de nuestros grandes templos
y ciudades."

"¿Y quienes, entonces, pueden
leer los signos
y los caminos brillantes
de los luceros

y del 'Camino del Frío'
que serpentea
en el azuloso cielo?"
"¡Oh sabios y grandes padres!
algunos Mayanistas
dicen que tienen la clave
para leerlos;
y que sólo ellos creen
poder interpretar
los misterios escondidos."

Y se reirán
a carcajadas los ancestros
cuando escuchen
a sus hijos lamentarse,
pues tomará mucho tiempo leer
y no sólo imaginar
las historias escritas
en las piedras labradas.

Entonces, los ancestros
volverán a llamar a sus hijos
y les dirán con orgullo.
"Tristes hijos humillados
y despojados,
ustedes deben avivar
con muchos leños
la pequeña llama sola
que aún brilla
en el copal oloroso
del incensario
que aún se nos ofrece
en el corazón
del cerro, junto al mar.

Serán ustedes
otra vez nuestros vasallos,
los hijos preclaros
que en los katunes venideros

no volverán a ser humillados.
Pero, aún les queda
la negra noche por vencer.
Enciendan, pues, sus ocotes
todos juntos, los pueblos,
y que sus pasos al unísono
rompan hoy,
el sello del futuro."

Elicura Chihuailaf, Chile

Elicura Chihuailaf nació en 1952 en Quechurewe, IX Región, y estudió enseñanza en el Liceo Pablo Neruda de Temuco y obstetricia en la Universidad de Concepción. Como poeta mapuche de Chile, se preocupa por la permanencia de su cultura y se distingue por publicar sus poemas en español y mapudungun, el lenguaje de su pueblo. Obtuvo gran reconocimiento al traducir la poesía de Pablo Neruda al mapudungun en *Todos los cantos*, publicado en 1996. Hoy en día la poesía de Chihuailaf aparece en italiano, húngaro, inglés, francés, sueco y croata.

En 1992, dirijió la revista *Literatura y Arte Mapuche Espíritu Azul*. Dos años después, coorganizó el Encuentro de Escritores Mapuche y Chilenos en Temuco. En 1977 recibió el Premio Municipal de Literatura de la Municipalidad de Santiago y ha ganado el Premio Consejo Nacional del Libro en dos ocasiones. Chihuailaf también ha sido invitado a festivales nacionales e internacionales y ha dado clases en varias universidades. Por un tiempo trabajó como secretario general en lenguas indígenas de América. Actualmente vive en la precordillera de Temuco.

Obras

El invierno y su imagen (1977)
En el país de la memoria (1988)
El invierno, su imagen y otros poemas azules (1991)
De sueños azules y contrasueños (1996)
Todos los cantos; antología, prólogo y versión en mapunzugun de poemas de Pablo Neruda (1996)
La palabra: sueño y flor de América, antología de literatura indígena de América (1998)

Sueño azul

La casa azul en que nací está situada en una colina
rodeada de hualles, un sauce, castaños nogales
un aromo primaveral en invierno —un sol
    con dulzor a miel de ulmos—
chilcos rodeados a su vez de picaflores
que no sabíamos si eran realidad o visión
    ¡tan efímeros!
En invierno sentimos caer los robles partidos
    por los rayos
En los atardeceres salimos, bajo la lluvia o
    los arreboles, a buscar las ovejas
(a veces tuvimos que llorar la muerte de alguna
    de ellas, navegando sobre las aguas)

Por las noches oimos los cantos, cuentos y
    adivinanzas a orillas del fogón
respirando el aroma del pan horneado por mi
    abuela, mi madre, o la tía María
mientras mi padre y mi abuelo —Lonko de la
    comunidad— observaban con atención y respeto
Hablo de la memoria de mi niñez y no de una
    sociedad idílica
Allí, me parece, aprendí lo que era la poesía
las grandezas de la vida cotidiana, pero sobre todo
    sus detalles
el destello del fuego, de los ojos, de las manos

Sentado en las rodillas de mi abuela oí las
    primeras historias de árboles
y piedras que dialogan entre sí, con los
    animales y con la gente
Nada más, me decía, hay que aprender
    a interpretar sus signos
y a percibir sus sonidos que suelen esconderse
    en el viento
Tal como mi madre ahora, ella era silenciosa
    y tenía una paciencia a toda prueba

Solía verla caminar de un lugar a otro, haciendo
    girar el huso, retorciendo la blancura de la lana
Hilos que en el telar de las noches se iban
    convirtiendo en hermosos tejidos

Como mis hermanos y hermanas —más de una
    vez— intenté aprender ese arte, sin éxito
Pero guardé en mi memoria el contenido
    de los dibujos
que hablaban de la creación y resurgimiento del
    mundo mapuche
de fuerzas protectoras, de volcanes, de flores y aves
También con mi abuelo compartimos muchas
    noches a la intemperie
Largos silencios, largos relatos que nos
    hablaban del origen de la gente nuestra
del primer espíritu mapuche arrojado desde el Azul
De las almas que colgaban en el infinito
    como estrellas
Nos enseñaba los caminos del cielo, sus ríos sus señales
Cada primavera lo veía portando flores en sus
    orejas y en la solapa de su vestón
o caminando descalzo sobre el rocío de la mañana
También lo recuerdo cabalgando bajo la lluvia
torrencial de un invierno entre bosques enormes
Era un hombre delgado y firme

Vagando entre riachuelos, bosques y nubes
    veo pasar las estaciones:
Brotes de Luna fría (invierno), Luna del verdor (primavera)
Luna de los primeros frutos (fin de la primavera
y comienzo del verano)
Luna de los frutos abundantes (verano)
y Luna de los brotes cenicientos (otoño)
Salgo con mi madre y mi padre a buscar
remedios y hongos

La menta para el estómago, el toronjil para
la pena

el matico para el hígado y para las heridas
el coralillo para los riñones —iba diciendo ella
Bailan, bailan, los remedios de la montaña
—agregaba él
haciendo que levantara las hierbas entre mis manos
Aprendo entonces los nombres de las flores y de las plantas
Los insectos cumplen su función
Nada está de más en este mundo
El universo es una dualidad
lo bueno no existe sin lo malo
La Tierra no pertenece a la gente
Mapuche significa Gente de la Tierra
—me iban diciendo

En el otoño los esteros comenzaban a brillar
El espíritu del agua moviéndose sobre el lecho
pedregoso
el agua emergiendo desde los ojos de la Tierra
Cada año corría yo a la montaña para asistir
a la maravillosa ceremonia de la naturaleza
Luego llegaba el invierno a purificar la Tierra
para el inicio de los nuevos sueños y sembrados
A veces los guairaos pasaban anunciándonos
    la enfermedad o la muerte
Sufría yo pensando que alguno de los
    mayores que amaba
tendría que encaminarse hacia las orillas
    del Río de las Lágrimas
a llamar al balsero de la muerte
para ir a encontrarse con los antepasados
y alegrarse en el País Azul
Una madrugada partió mi hermano Carlitos
Lloviznaba, era un día ceniciento
Salí a perderme en los bosques de la
    imaginación (en eso ando aún)
El sonido de los esteros nos abraza en el otoño

Hoy, les digo a mis hermanas Rayén y América:
Creo que la poesía es sólo un respirar en paz

—como nos lo recuerda nuestro Jorge Teillier—
mientras como Avestruz del Cielo por todas
las tierras hago vagar mi pensamiento triste
Y a Gabi, Caui, Malen y Beti, les voy diciendo:
Ahora estoy en el Valle de la Luna, en Italia
    junto al poeta Gabriele Milli
Ahora estoy en Francia, junto a mi hermano Arauco
Ahora estoy en Suecia junto a Juanito Cameron
    y a Lasse Söderberg
Ahora estoy en Alemania, junto a mi querido
    Santos Chávez y a Doris
Ahora estoy en Holanda, junto a Marga
    a Gonzalo Millán y a Jimena, Jan y Aafke,
    Juan y Kata

Llueve, llovizna, amarillea el viento en
    Amsterdam
Brillan los canales en las antiguas lámparas
    de hierro y en los puentes levadizos
Creo ver un tulipán azul, un molino cuyas
    aspas giran y despegan
Tenemos deseos de volar: Vamos, que nada
    turbe mis sueños —me digo
Y me dejo llevar por las nubes hacia lugares
    desconocidos por mi corazón.

Claudia Bernardi, Argentina

Claudia Bernardi es sin lugar a dudas una de las pintoras latinoamericanas que ha dedicado gran parte de su obra a difundir la temática de los derechos humanos. Bernardi ha colaborado con el Equipo Argentino de Antropología Forense y ha participado en exhumaciones en casos de masacres contra las poblaciones civiles de El Salvador, Guatemala y Etiopía.

Sus pinturas reflejan esta experiencia y sus imágenes logran expresar el dolor del genocidio que forma parte de su pintura. Bernardi también trabaja el video y la escultura. Su obra ha sido presentada en los Estados Unidos, Europa, Israel y América Latina.

Pasa un ángel: silencio y memorias de la masacre de El Mozote

13 DE OCTUBRE DE 1992

Patri, Luis y Mimi salieron esta mañana para Morazán en el helicóptero de la Naciones Unidas. Yo estoy yendo a Morazán en uno de los vehículos de ONUSAL (Organización de las Naciones Unidas en El Salvador). El conductor que me viene a buscar nunca ha estado por allá. Tiene un mapa y direcciones claras de cómo llegar a Morazán. Tampoco está familiarizado con el caso que se investiga. Quiere saber. Le digo lo que yo sé de la masacre. Las cuatro horas de viaje de San Salvador a Morazán pasan rápidas contándole lo que leí en el informe oficial del testimonio dado por la única sobreviviente de la masacre. El testimonio ha sido dado por Rufina Amaya Márquez, la única sobreviviente de la masacre de El Mozote.

El Mozote era una comunidad localizada en el Norte de Morazán. Era una comunidad de gente que no simpatizaba con el FMLN. Se trataban de mantener alejados de la guerrilla y al mismo tiempo intentaban mantenerse apartados del ejército. Rufina dice que en la mañana del 11 de diciembre de 1981, soldados del Batallón Atlacatl llegaron a El Mozote. Dividieron a los hombres de las mujeres, separaron a las mujeres más jóvenes de las mayores, y los niños de sus madres. A los hombres y a los muchachos los encerraron en la iglesia del caserío. A Rufina la metieron en una casa que estaba localizada exactamente enfrente de la iglesia, del otro lado de la plaza. Era la casa de Alfredo Márquez. Desde ahí vio que sacaban a los hombres de la iglesia y que los decapitaban con machetes. Rufina vio a su marido, Domingo Claros, tratando de escapar. Los soldados lo balearon por la espalda y cuando estaba jadeando y derribado los soldados le tironearon la cabeza para atrás y lo decapitaron de un solo machetazo. Rufina tiene una notable y detallada información de todo lo que vio mientras la mantuvieron encerrada en esa casa.

Todos estaban siendo ejecutados en El Mozote. Rufina podía oir las voces de las muchachitas y de las niñas a quienes habían llevado al Cerro de la Cruz, una loma situada atrás de la iglesia, donde las estaban violando y asesinando. Rufina quedó en el último grupo de mujeres que sacaban de la casa para ser ejecutadas. En ese momento, todavía estaba con sus cuatro hijos. La menor, María Isabel, tenía ocho meses. Rufina la tenía en brazos cuando un soldado la empujó para que saliera. Cuando salió, el soldado le quiso quitar a la niña. Rufina se aferró a su hija. El soldado le arrancó a la niña y empujó a Rufina contra el piso. Todas las mujeres gritaban pidiendo que no las mataran. Todos los niños lloraban. En esa confusión de gente desesperada, Rufina pudo esconderse detrás de un arbusto y se quedó alejada del grupo. Estuvo escondida por dos días. Sobrevivió. Rufina es la única sobreviviente de la masacre de El Mozote.

En su testimonio, Rufina describe el momento en el cual escuchaba y reconocía los gritos de sus hijos que la llamaban. Rufina quería tirarse desesperadamente en la locura de aquella masacre y morir. Morirse con todos los demás. Ella sabía que era la única que estaba quedando viva. Fue esa certeza lo que le impidió gritar y ser tragada por los ríos de sangre que corrían por todas partes. Rufina había perdido el miedo. Se quedó en silencio, escondida, con un único predicamento para el futuro: le contaría al mundo lo que había pasado en El Mozote.

El conductor parece conmovido. Es de Noruega. Me dice que esas cosas no suceden en Noruega. "¿Qué cosas?" le pregunto. "Masacres. En Noruega no hay masacres. ¿En Argentina hay masacres?" Me lo pregunta como si me estuviera preguntando si hay manzanas en Argentina. "Sí", le digo, "en Argentina hay masacres". Me pregunta si me da miedo trabajar en una exhumación rodeada de tanta muerte. Me hace pensar. Miedo no tengo. El sentimiento es diferente. Es más complejo. Estoy asustada pero no quiero huir. La verdad... estoy ansiosa de empezar la exhumación. Sé que va a ser brutal y quiero estar allí. Quiero poner las manos en la tierra, abrirle la boca a la tierra y preguntarle cuáles son los secretos que ha guardado por tantos años. Los esqueletos en una fosa común me dan una profunda ternura. No puedo entender como semejante horror se puede convertir en ternura. No le digo esto al conductor de Noruega. No creo que me pueda entender.

No tengo miedo. Quiero saber qué pasó en El Mozote.

Llegué, finalmente, a El Mozote.

La llegada fue difícil, primero a San Miguel, luego a San Francisco Gotera. El paisaje es de una enorme belleza. El cielo, vehemente, con nubes espesas de colores alterados por el calor tan intenso. La vegetación de las montañas me hace acordar a Brasil. Sin embargo, la geografía es más brutal. Más dramática. Tosca. El camino hacia El Mozote es disparejo. Mucha piedra. Terreno irregular. Paramos varias veces para que nos dieran direcciones de cómo seguir porque nos perdíamos entre pasajes y surcos de tierra enrojecida. Cada vez que salía del coche para preguntar: "Cual es el camino hacia El Mozote?" sentía que estaba pidiendo información sobre algo terrible. La gente me señalaba, en silencio, la dirección hacia una tierra de sangre. Me preguntaba si ellos podrían haber estado cerca de El Mozote en el momento de la masacre.

¿Dónde estaban?
¿Perdieron familia?
¿Vieron algo?
¿Escucharon algo?
¿Se acuerdan de algo?
¿Prefieren no acordarse?

Seguimos, siempre hacia el Norte.

Vimos una señal, un pedazo de metal de forma triangular muy oxidado. Tiene letras caladas. Dice "El Mozote".

Seguimos cinco kilómetros más. Hay otra señal: un cartel en la entrada de un sendero. Hay siluetas pintadas de mujeres y hombres y una leyenda: "En El Mozote más de 1000 campesinos fueron masacrados por el Batallón Atlacatl en diciembre de 1981."

Aunque estaba conversando con el conductor de ONUSAL se me hacía difícil tragar. Algo me estaba apretando la garganta. Era angustia.

Estoy en El Mozote.

Vi gente a la distancia. Cuando estaba saliendo del coche, un hombre se me acercó. Era un campesino. Se sacó el sombrero en un gesto de respeto hacia mí y me dijo: "Aquí, más de 1000 gentes fueron masacradas en diciembre de 1981".

15 DE OCTUBRE DE 1992

La exhumación de la masacre de El Mozote empezó hace dos días. Técnicamente, todo el caserío es el lugar de enterramiento. Un enorme sitio arqueológico para investigar. El caserío ha sido dividido en nueve zonas arqueológicas o sitios. El Juez pertinente en la causa, Dr. Federico Portillo Campos, decidió que el Sitio #1, el primer sitio que se exhumaría, sería el edificio conocido como "El Convento". Es un edificio de cinco metros de ancho por siete metros de largo, situado adyacentemente a la pared Sur de la iglesia. La iglesia aparece hoy totalmente destruida. Las paredes de adobe originales del Convento se pueden identificar a través de la intensa vegetación que las cubre. Fue arduo el trabajo de dejar el área clareada y lista para empezar la exhumación dentro de lo que fue el edificio original del Convento.

Rodeamos el Sitio #1 con sogas que dividen el perímetro del edificio en secciones de 1,50 metros cada una. Las paredes Norte, Sur, Este y Oeste son identificadas y se conforman las cuadrículas: A, B, C, D, marcándolas a lo largo de la pared Norte. 1, 2, 3, 4, sobre la pared Oeste. De esta manera, todo lo que se encuentre dentro del edificio podrá ser recuperado y catalogado de acuerdo al sistema arqueológico de cuadrículas. Existe una lógica y un orden claro en el proceso arqueológico que es altamente gratificante. Es un contraste enorme con el desorden y la confusión general que nos espera dentro del edificio.

"Si de allí una sóla gritazón se oía"

Es Rufina Amaya Márquez quien habla. Hoy la fuimos a ver después que salimos de El Mozote. Rufina es la única sobreviviente de la masacre de El Mozote. Yo ya sabía eso. También sabía que había sido el Batallón Atlacatl que llegó a El Mozote para matar a todos y que fue entre el 8 y el 13 de diciembre de 1981. Yo sabía que Rufina había perdido a sus cuatro hijos y a su esposo. Había perdido a toda su comunidad. Lo había leído en el testimonio. Yo sabía que, milagrosamente, se había podido escapar.

Sobrevivió.
Sobrevivir.
Hablar.
Hablar muchos años después de lo que ella recordaba.

Habló y dijo:

que había gente en el Convento

que habían metido gente en la iglesia, pero que a algunos los habían sacado, los habían decapitado en la plaza y a otros los habían hecho entrar al Convento, al lado de la iglesia,

que habían dejado a la gente muerta adentro del Convento y que cuando los primeros brigadistas del FMLN llegaron veinte días después de la masacre, cuando finalmente pudieron entrar en el caserío, el olor a muerte era insoportable y no se podía reconocer si los muertos eran hombres o mujeres, o cuanta gente había dentro del Convento

que vieron una pila de cuerpos en descomposición. Empujaron las paredes de adobe que todavía habían quedado en pie sobre la pila de los cuerpos irreconocibles y descomponiéndose.

Todo esto yo ya lo sabía.

Pero, hoy, despúes de haber encontrado los primeros restos humanos en el Convento, cuando fuimos a ver a Rufina y le contamos... recién ahí fue que la realidad me dio un sopapo. Y entendí.

Con el alma entendí.

"Si de allí sólo una gran gritazón se oía. Yo no quiero ir a El Mozote mientras ustedes trabajan por que sé que me voy a poner a llorar. Por ahí deben estar los huesitos de mis hijos."

Llegamos hoy a El Mozote con la lentitud y la ineficacia usual de este grupo informe y casi retardado de personas que las autoridades de este país han adjudicado como "equipo de colaboradores". Eso es otra historia: las autoridades de este país, la Suprema Corte de Justicia, los Acuerdos de Paz...

Empezamos a trabajar al mediodía bajo un inmenso sol. Ayer habíamos limpiado el área. Esta mañana fueron apareciendo ladrillos, tierra y maderas calcinadas.

"Debería haber una cocina", dijo alguien
El EAAF no decía nada.
Aparecieron tejas. Tejas del techo original.
El EAAF no decía nada.

Hasta ese momento la evidencia era de un edificio derrumbado. Coincide con el testimonio de Rufina. Durante el almuerzo, estábamos desorientados por la inesperada colaboración del Juez. Es posible pensar que el Juez y sus colaboradores tienen información que nosotros no tengamos y que ellos sepan que en este edificio no hay presencia de restos humanos. ¿Por qué habrá elejido el Juez este edificio para empezar la exhumación? ¿Será que están esperando que no encontremos a nadie?

Volvimos a la fosa cerca de las 2 de la tarde bajo el mismo sol inmenso, tan brillante que los colores se derriten y hacen que los contornos de las formas sean poco claros. En la misma cuadrícula, A2, aparecieron los primeros fragmentos óseos.

Mimi los encontró, y con una ternura inimaginable, los cubrió con cuidado. Siguió cepillando la tierra que los cubría para recorrer la trajectoria completa del esqueleto.

En A1, Patri encontró fragmentos de vestimenta. Posiblemente, la parte de atrás de un pantalón. Más tejas.

Bajo las tejas, más huesos.
Huesitos.
Huesitos de un niño.
No es mayor de cinco años.
Yo me agaché sobre el muro de arranque y vi desde esa poca altura las huellas de una historia terrible. Efectivamente, en el Convento hay restos humanos.

No parecen ser de combatientes. No tenían edad para ser combatientes. No podían ser combatientes guerrilleros a los cinco años. ¿Qué ha pasado aquí?

Pongo las manos en la tierra. Es tierra roja, plena de hierro. Empiezo a cepillar con cuidado, y por primera vez en mi vida, yo también voy descubriendo fragmentos óseos de niño. Trabajo en A1 y A2. Alguien en C1 descubre un maxilar. En D1, alguien más descubre un cráneo. La miro a Patri. Ella deja de trabajar y me dice despacito, sin mirarme, que es el cráneo de un adolescente.

Miro alrededor y veo caras
gente,
paisajes,
colores,
árboles,
cielos,
tierra.
Me veo inmersa en todo esto y pienso ¡qué absurdo!, qué imposiblemente absurdo es todo esto.

Alguien me pregunta ¿por qué hago este tipo de trabajo? Le contesto: "Es como tocar la historia con las manos".

Estoy tocando historia con mis manos.

20 DE OCTUBRE DE 1992

Hay 38 esqueletos.
Los hemos excavado lentamente. Con pinceles. Cuidadosamente.

Me parece increíble estar con las manos metidas en la tierra buscando, pacientemente, los secretos de vidas interrumpidas.

Hay violencia. Vidas rotas por la violencia. No tengo miedo, ni estoy asqueada ni horrorizada. Todo esto es muy diferente a lo que esperaba pero no podría describirlo. Quizás sea que estoy trabajando en "piloto automático", de una forma similar a cuando hago arte.

Pero,

cuando Luis me llama para hacer una anotación, para medir un nuevo hallazgo y para marcarlo en los mapas arqueólogicos,

y me paro

desde allí veo el retrato más brutal de esta masacre.

Entonces... siento algo nuevo. Una presión. Casi me sofoca. Es una oscuridad marcada por sonidos que no me son familiares. Es posible que junto con el testimonio elocuente de los huesos se hayan retenido los gritos de los niños que estaban siendo asesinados a machetazos y que los lamentos de las madres acorraladas en el edificio puedan haber quedado intactos para que se los descubrieran recién ahora.

No lo puedo explicar.

Junto a los esqueletos se van recuperando otros objetos: platos, anteojos, un pedazo de tela que alguna vez debe haber sido un corpiño identifica la presencia de una mujer.
Una piedra de moler.
Abajo de la piedra de moler, hay un esqueleto pequeño.
Alguien mató a una niña aplastándola con una piedra de moler.

Alguien camina hoy por esta tierra con la memoria de haber matado a una niña aplastándola con una piedra de moler.

Un periodista me pregunta si no me da miedo estar entre tantos muertos. Le digo que más miedo me da pensar que los responsables de la masacre todavía están vivos. Están libres. Eso me aterra.

Hemos llegado a entablar amistad con algunos de los campesinos que vienen a ver cómo trabajamos. Reconocemos sus caras. No sabemos sus nombres. Llegan todos los días y se quedan parados en silencio, por muchas horas, prestando enorme atención a lo que hacemos. Vienen de Segundo Montes y de otras regiones de Morazán. Algunos son familiares de los masacrados de El Mozote.

¿Qué clase de persona sería yo si estuviera aquí viendo cómo alguien recoge los restos de mi gente amada? ¿En qué clase de persona me convertiría si yo estuviera aquí viendo que alguien está recogiendo los huesos de mi hermana?

Hasta hoy, hemos exhumado 38 cráneos.

38 vidas
38 historias
trabajo
trabajo y trato de no pensar
mi vida
mi historia
mis confusiones se dilatan y va quedando un sentimiento de dulzura.
Una inconcebible reacción en este infierno abierto.

David, de Tutela Legal, es un ser humano sutil. Aprecio mucho su presencia entre nosotros. Nunca nos deja solos. Habla muy poco y, sin embargo, su presencia se siente en todo momento. David ha trabajado para el Arzobispado de San Salvador por muchos años. Ha peleado esta guerra demandando respeto por los derechos humanos. Ha cruzado retenes militares en el medio de la guerra para sacar de las prisiones a gente que había sido encarcelada sin autoridad legal.
Nunca lo veo estar desatento.
Alerta.

Como un animal. Cauteloso.
Debe haber aprendido esa destreza en tiempos de grandes peligros.
Y, sin embargo,
es un poeta.

Pocas veces habla de su poesía. Pero se considera más un poeta que un abogado. La única vez que habló de su poesía fue para apuntar un deseo para el futuro: "Yo quisiera un futuro donde pudiera escribir poesía sin tenerle miedo a la guerra".

David parece estar registrando todo lo que ve en una zona profunda y extranjera de su memoria. Parece estar ahorrando los momentos, los suspiros, los gentiles vientos de octubre. Lo miro a él mirándonos a nosotros. Mirando la fosa común. Contando esqueletos. En silencio.

David es un poeta.

22 DE OCTUBRE DE 1992

La Hermana Antonia dijo que Dios debía estar de nuestro lado y con nosotros porque llovió torrencialmente en toda la región menos en El Mozote.
Llovió en Arambala.
Llovió en Segundo Montes.
Llovió en Jocoaitique.
Llovió en San Francisco Gotera.
En El Mozote, no llovió.
Estábamos muy preocupados pensando que semejante tormenta pudiera haber dañado o, inclusive, destruído el sitio de la exhumación. Sea por Dios o por alguna otra fuerza de este mundo o de otro, El Mozote permaneció seco, inmóvil, silencioso, contundente. Un testimonio que crece día a día mientras exhumamos. Ya hay 59 esqueletos que nos informan de la masacre. En un espacio de apenas cinco metros por siete, hay por lo menos 59 personas masacradas. Seguramente, habrá más.

Esqueleto #33: Encontramos señales de que era una mujer.
Una hebilla de pelo.
Partes de un corpiño.
En su cavidad pelviana, como si estuvieran guardados en un nido, encontramos

huesitos diminutos acumulados humildemente. Esta mujer estaba embarazada en el momento en que murió. En el esqueleto #33 encontramos los restos de un feto. Esta mujer que hoy todavía no tiene nombre estaba embarazada de más de siete meses en el momento de su muerte.

Trabajo mucho en este esqueleto. Uno desarrolla una sensación de familiaridad, uno se va encariñando con el esqueleto. Fui descubriendo su ropa de color verde. Su pelo claro. La posición de sus piernas. Desde donde yo estaba trabajando me era difícil llegar a la pelvis. Le pedí a Mimi que no estaba lejos de mí que también la trabajara. Poco después Mimi descubriría un "infante no-nato".

No puedo respirar. Otra vez, la presión en el pecho, en la garganta. Mimi agarra algunos de los huesitos de la pelvis. Los cuenta, alguien está anotando esto para el informe. Yo no estoy anotando. Yo no estoy dibujando los mapas arqueológicos. Eso lo voy a hacer después. Creo que va a ser muy difícil traducir gráficamente lo que estoy viendo.

Resistir.

Resistir la brutalidad. Desde donde uno pueda. Hoy, yo resisto trabajando en esta exhumación amando esqueletos que contienen historias que deben contarse.

Miro a David. Me pregunto cómo va a resistir él con su poesía. Me pregunto cómo voy a traducir yo todo esto en arte. Es un concepto inalcanzable. Es demasiado real y demasiado físico. La muerte tiene volumen. Tiene olor. Tiene sonido. Tiene ropa y pelo y huesos y tierra y año tras año de espera para que alguien llegue y abra este espacio. Este susurro.

"Un lugar en el mundo". Pienso en esto mientras trabajo. Supongo que yo sabré cuál es mi lugar en el mundo cuando me dé cuenta de que ya no puedo partir. Me entristece por que me doy cuenta de que yo puedo vivir en cualquier lugar y puedo partir de todas partes. He perdido mis raíces. El insoportable dolor del tránsito. El tránsito constante. Pertenecer a todos los lugares y a ninguno.

Creo que esta vivencia en El Salvador me ha dado una nueva perspectiva de lo que significa "un lugar en el mundo" más allá de las fronteras. Aquí he conocido gente extranjera que están tan arraigados a esta tierra y a esta historia como si hubieran nacido en ella. Conocí al Padre Rogelio y al Padre Esteban. Rogelio ha estado aquí, en Morazán, por años, peleando esta guerra siempre al lado de los campesinos. El Padre Esteban ha estado en Perquin por quince años. Dos hombres: uno de Bélgica, el otro de España, lejos de sus historias y de sus naciones por tanto tiempo. Y... me veo a mí misma, en paz. Feliz, a pesar de este horrendo trabajo que estamos haciendo. Y... entiendo que "el lugar en el mundo" nunca es geográfico. Es el espacio ocupado por las pasiones, por las convicciones, por las demandas del espíritu, por los sentimientos que nos abaten y nos propelen y nos hacen sentir que la vida vale la pena, a pesar de todo.

Resistir.

"El lugar en el mundo" nunca es geográfico. Es el lugar donde la mayor cantidad de mí misma pueda experimentarse, expandirse. Donde la mayoría de Claudia pueda existir.

Me parece increíble que Patri y yo estemos viviendo esto juntas. Pienso en Papá y Mamá. ¿Qué pensarían de nosotras si estuvieran vivos? Miro a Patri mientras trabaja y me impresiona lo parecida que somos. Tenemos las mismas manos, que son las manos de nuestra madre. Dedos largos, dedos delgados que se mueven con gentileza, ligeramente, desmembrando la tierra. Patri está siempre muy callada. Tiene una mirada intensa. Su boca está siempre tensa. Su cuerpo adquiere posiciones imposibles para alcanzar algunos de los esqueletos sin perturbarlos. Está siempre alerta. De una forma diferente a como David está "alerta".

Miro a Patri y me acuerdo de veranos en Buenos Aires, fiestas de cumpleaños, peleas de hermanas, ir al colegio en las mañanas frías y húmedas del invierno. ¿Cómo fue que hemos llegado a estar juntas en esta exhumación? Las "Hermanas Bernardi". Miro a Patri, y veo en nosotras el parecido de nuestros padres muertos. Tengo la inquietante certeza de que Patri es el único ser vivo en este mundo que tiene las mismas memorias que yo atesoro de nuestra niñez. La misma historia.

Las manos de Patri se parecen a las mías. Somos hermanas.

La antropología forense es un trabajo altamente científico, extremamente preciso y meticuloso. Sin embargo, las repercusiones de las investigaciones son siempre políticas porque en casos de masacres contra población civil hay, siempre, responsables.

Pienso en mi arte. Es un espejo en el cual todo lo que me hiere, todo lo que me conmueve, tarde o temprano, se convierte en el tema narrativo de una obra. ¿Pintaré El Mozote?

Sin dudas.

El Mozote se va a convertir en Claudia. No porque quiera forzar una postura política. Después de El Mozote yo seré otra Claudia.

¿Cómo es armar un esqueleto, Claudia? Es como El Mozote.

¿Cómo huele una fosa común? Huele como El Mozote.

¿Cuál es el color de la tierra guardada en un pedazo restringido del tiempo? Es el color de El Mozote.

¿Cómo es la sensación de sostener los huesitos mínimos de un feto humano extraídos de una cavidad pelviana? Es la sensación de El Mozote.

Patri, Mimi y yo estuvimos hablando una mañana muy temprano sobre las exhumaciones y si eran, en verdad, necesarias. Yo estaba esperando palabras tales como "derechos humanos", "justicia", "contra la impunidad". Patri y Mimi desconfían del nivel de justicia que el gobierno salvadoreño está dispuesto a utilizar para negociar con los responsables de masacres como ésta. Hay muchos Mozotes en El Salvador. Mimi cree que les van a dar amnistías. Yo no lo puedo creer. Quizás sea que me rehuso a creerlo. Tengo que creer en algo más justo que darle amnistías a todos los criminales. Y entonces?... La pregunta obligatoria: "¿Para qué estamos haciendo esto?" "Por los familiares", dijo Patri.

Uno se puede llenar la boca de palabras impresionantes y redondas, derechos humanos, justicia en contra de la impunidad, y... sin embargo... la verdad... es que lo estamos haciendo por los familiares.

Hoy fuimos a Jocoaitique a tomar testimonio a uno de los sobrevivientes de la masacre de La Joya. Lo encontramos a él, a su esposa y a sus hijos. Secretamente, yo me estaba preguntando ¿cómo es posible que alguien pueda continuar viviendo con dignidad después de haber visto a sus hijos ser tajeados en pedazos? Escucho a Don Pedro Chicas y a Doña Rosa hablar:

Don Pedro enterró gente de su comunidad después de la masacre. Entre ellos, a sus propios padres. Don Pedro y su familia lograron salvarse porque estaban trabajando en la parte más alta de la ladera. Ellos no estaban en el caserío de La Joya cuando llegó el ejército. Desde los altos de la montaña, podían ver las nubes oscuras y gruesas de humo que se desparramaban desde su caserío. El ejército estaba quemando todo. Supieron que algo terrible había pasado cuando empezaron a distinguir el olor a carne quemada. Don Pedro Chicas, Doña Rosa, embarazada de ocho meses, y cinco niños pequeños se escondieron en una cueva en lo alto de la montaña. La masacre de La Joya fue unos días después de la masacre de El Mozote. Hay menos víctimas, porque cuando se empezaron a ver los grandes nubarrones negros que venían de El Mozote, la gente salió despavorida de su caserío y se fue a esconder a la montaña. Don Pedro y su familia estuvieron escondidos en esa cueva por tres meses. Doña Rosa dio a luz en diciembre. Fue un niño. Lo llamaron Noel. Sólo tenían pastos y frutas silvestres para comer. Después de esos tres meses en escondite, salieron de la cueva y buscaron refugio en un caserío abandonado, Jocoaitique. El caserío de La Joya ya no existía.

Unos años después de la masacre de La Joya, Doña Rosa comenzó un proyecto que ella bautizó: "Pan y Leche para los Niños". Un grupo de mujeres civiles, desarmadas, cruzaría el Rio Torola, llegarían a San Francisco Gotera y allí comprarían pan y leche para los niños que vivían en los caseríos al Norte del Rio Torola. La zona del Norte del Torola se consideraba como zona "ocupada" por la guerrilla. Por esa razón, no llegaban víveres ni comida. Los niños, que nunca saben de políticas, se estaban muriendo de hambre. En uno de esos viajes arduos y desesperados, Doña Rosa fue detenida por el ejército, en el Destacamento #4, de San Francisco Gotera. La acusaron de "subversiva". La pusieron en un calabozo y la torturaron. En ese momento, ella estaba embarazada y su hijo de dos años, David, estaba con ella. La liberaron. Es un milagro que haya sobrevivido. Cuando volvió a Jocoaitique, siguió trabajando en el proyecto de "Pan y Leche para los Niños".

Estaba escuchando esta historia en el contexto de tomar testimonio, pero no me pude contener. Le pregunté: "Doña Rosa, ¿por qué siguió trabajando en el proyecto 'Pan y Leche para los Niños' después de lo que le pasó en San Francisco Gotera?"
Me miró perpleja.
Me dijo: "Yo no había hecho nada malo".

Son las 8:00 de la noche en punto. Las luces de Segundo Montes se han apagado. Estuvimos en una reunión. La gente siguió charlando. Sus siluetas contra el azul de la noche. Cientos de luciérnagas iluminaron su tránsito confundiéndose con el collar de las estrellas. Tengo plena conciencia en este momento de que no quiero estar en ningún otro lugar, que no necesito nada más ni nada menos, que no extraño a nadie ni a nada.

Puedo decir
       que
            soy feliz.

24 DE OCTUBRE DE 1992

Trabajamos todo el día. Se empezaron a levantar los primeros esqueletos de las cuadrículas B1 y C1. Esqueletos #4 y #3. Esto se hace con un cuidado infinito porque los restos son inmensamente frágiles. Son de niños. Ninguno mayor de 6 años de edad. Se volvieron a encontrar esqueletos en la zona de la puerta. También son de niños.

Al final de la tarde vino Rufina.

La vi llegar con su hija de siete años, Martita. Una hija que tuvo muchos años después de la masacre. Rufina vestía de celeste y se agarraba a Martita como quien se aferra a una ancla, a un presente menos doloroso que el pasado al que se estaba por enfrentar en la fosa del Convento.

Yo no pude trabajar más.
Mimi paró.
Patri se levantó.
Luis se quedó en la fosa, mirando hacia abajo e incapaz de ocultar su tristeza.

Rufina se cubrió la boca con las dos manos como si quisiera ahogar un grito.
No lloró.

La mirada intensa clavada en el agujero de la exhumación, una boca abierta en
esta tierra que se tragó a sus hijos. Ella estaba tratando de adivinar cuáles de
todos aquellos restos pequeños serían los de sus cuatro hijos. ¿Cuáles de
aquellos vestiditos serían los de sus hijas? ¿Cuáles las vestimentas de su hijo
mayor? Ella se acuerda de todo. Rufina sabe que los huesos de sus hijos están
en algún lugar dentro de los inesperados perímetros del caserío de El Mozote.

Mirar a Rufina es como tocar el aspecto accidental de la historia. O... quizás... la
persistencia de la Verdad. ¿Por qué y cómo fue que ella se escapó?

Rufina se escapó.

Ella vio.
Ella habló.
Ella pudo identificar.
Hoy, estamos descubriendo la historia que Rufina recuerda.
Los responsables de esta masacre están libres.

David llevó de regreso a Rufina a su casa. Ella vive en una casa modesta hecha
de madera y barro, en el pequeño caserío de Quebracho.

Como nosotros no teníamos transporte, empezamos a caminar hacia el "desvío
de Arambala". Es un camino largo. Arduo. La época de las lluvias está por
empezar. Una lluvia torrencial se desató sobre nosotros y nos empapó como si
hubiésemos saltado al rio. Mojados como estábamos lo mismo decidimos
subir la montaña hacia Perquin. Yo quiero pintar un mural en Perquin y el
Padre Esteban nos está esperando para hablar de eso.

Estábamos exhumando niños hasta hace una hora y ahora estamos yendo a
Perquin para hablar de un mural.

Patri, Luis y Mimi están cansados pero lo mismo me quieren apoyar. Bromean.
Me dicen que quieren ser personajes del mural, parte de la "narrativa" del
mural. Camino al lado de Patri sintiendo su cansancio y su ropa mojada, su
cuerpo agitado por la subida de la montaña. Me doy cuenta y soy consciente de
que la quiero tanto que casi me duele.

Perquin está casi destruído. Edificios derrumbados muestran la violencia de la guerra. Es en Perquin donde vive el Padre Esteban. El Padre Esteban nació en las Islas Canarias en España. Esteban vivió los 12 años de la guerra en Perquin. Tiene una mirada demandante, intensa, aprendiendo todo de la persona con quien él conversa. Sin embargo, no es alguien que intimide. Al contrario. Me hace sentir calma. Segura. Por alguna razón, me siento avergonzada frente a él. Quizás sea porque puedo percibir su compasión y su bondad. ¿Cómo alguien puede conservar la bondad después de pasar por tantos infiernos? ¿Será el perdón lo que hace la diferencia?

Le quiero preguntar a Esteban sobre el perdón. Me siento avergonzada porque no sé si yo puedo, si yo podría, perdonar.

Hablamos sobre el mural. A él le encanta la idea y hasta propuso pintar un mural en El Mozote. Eso es imposible hasta que la investigación de la masacre de El Mozote no se termine. Técnicamente hablando, El Mozote es "la escena del crimen". Nada puede ser cambiado o perturbado hasta que sea autorizado por la Suprema Corte.

Conocimos a tres mujeres: Dina, Marianita y Mercedes. Marianita es mexicana, pero no es fácil detectarlo. Ella parece, habla y tiene los modismos típicos de las mujeres de Morazán. Se lo digo. Ella habla con largos silencios entre sus frases. Ella ahorra palabras. Ella dice que éste es el lugar donde ella podría morir. De esta manera, ella ha adquirido de esta tierra, todo: su espíritu.

Me cuentan la historia del mural de la iglesia de Perquin: parte del mural está todavía pintado con la imagen de Monseñor Romero. La otra parte de la pared, hacia la izquierda de la entrada de la iglesia, está en blanco.

Durante los años de la guerra, el ejército cubría los murales con pintura blanca y la gente pintaba sobre la pintura blanca, otros murales. El ejército los blanqueaba, y la gente pintaba nuevos murales.

Ida y vuelta, vuelta e ida.

Al final de la guerra, el lado izquierdo de la entrada de la iglesia está en blanco, y el lado de la derecha todavía guarda la imagen de Monseñor Romero. Monseñor Romero es muy amado en El Salvador. La gente salvadoreña no habla de Monseñor Romero como un santo. Distante de este mundo. Hablan de Monseñor como un hombre, compasivo, dignificado, accesible. Un ser humano en su mejor garbo. Monseñor Romero está vivo entre la gente salvadoreña. Su muerte es una confirmación de su poder.

Aunque no nos involucramos con frecuencia en conversaciones con el grupo de gente del Instituto de Medicina Legal que ha sido asignada a trabajar en el sitio, le pregunté a uno de ellos qué era lo que él pensaba de Monseñor Romero. "Ah... Monseñor Romero era un hombre temible porque decía la verdad". Voy a pintar un mural en las paredes de la iglesia al lado de la imagen de un hombre que era temible por que decía la verdad.

31 DE OCTUBRE DE 1992

Estoy en San Salvador. Inusualmente sola. Se fueron todos y yo decidí quedarme. Me gusta estar sola. Lo necesitaba. Estoy cansada. Me siento plena.

Estoy físicamente cansada y emocionalmente plena.

El viernes en la tarde había un total de 64 esqueletos. Ahora, estamos encontrando vestimentas asociadas a los esqueletos. Pequeñas ropitas. La mayoría de los esqueletos son de niños. Aparecen vestiditos,
camisitas,
ropas de niños.
Todos muy chiquitos.

Trabajo en el esqueleto #57. Era una niña. Busco entre su vestido. En uno de los bolsillos del vestido hay algo. Un lacito de tela verde anudada. Había algo amarrado dentro de ese minúsculo tesoro: dos monedas de un centavo y un botón rojo. Es más difícil encontrar estos objetos asociados a los esqueletos que desenterrar los restos. Uno se puede preparar para encontrar los huesos, pero estos pedazos de vida guardados en un bolsillo como secretos enterrados me van mostrando a una niña jugando en algún lado cerca de aquí. Dos monedas y un botón rojo... No los quería perder. Yo hacía los mismo cuando era chica. Mi abuela me había enseñado. Ella también había hecho lo mismo cuando ella era una niña. Esta chiquita que hoy es el esqueleto #57 alguna vez tuvo nombre, tuvo padres y hermanos y hacía lo que todas las nenas hacen.

Desatamos su historia cepillando el olvido de sus pequeños huesos.

Estoy tan cansada... pero quiero escribir un poco más. Tengo miedo de olvidarme. Pero ¿cómo podría olvidarme? Sin embargo, siento la urgencia de escribir, de enumerar lo que voy viendo. Quisiera poder hacer arte. Como no puedo hacer arte, pienso en hacer arte: estoy pensando en los "objetos asociados" que retienen las memorias de la gente de El Mozote.

Quiero ser sutil. No puede ser una obra de estruendos. Tiene que ser una obra "silenciosa". Como es silencioso el instante de sostener un vestido de niña que contiene, intacta, la parrilla costal en la cual los pequeños huesos arqueados de cada costilla se parecen a los huesos de un pájaro. Los huesos de un ala. El ala ausente de un ángel.

Hay silencio. Ha pasado un ángel.

¿Cómo podría ser sutil y al mismo hablar del silencio contenido que siento en el sitio de la exhumación? El horror que vemos es inmenso. Si tuviera que traducir en una tela o en una serie de fotografías 64 restos humanos entremezclados, alarmaría a la gente. Sería un trabajo temible. Sin embargo, El Mozote a mí no me da miedo.

Dentro de marcos simples, o quizás de cajas de madera muy simples, huellas de vida acumuladas en fracciones de historia: Un pedazo de tela verde, anudada, conteniendo dos monedas y un botón rojo.
un peine
pedazos de alambre
una hebilla de pelo
el zapato quemado de un niño
la mitad de una camisita rosa de niño, también quemada
pequeñas cruces y medallitas de la Virgen María Madre de Dios y del Cristo Negro de Esquipulas
un cuchillo oxidado
un juguete

Todas estas cosas hemos encontrado.
Todo cubierto de polvo de pigmentos creando la atmósfera del sitio de enterramiento. O, mejor dicho, de des-enterramiento. El desenterrar de la historia de la gente de El Mozote.

I DE NOVIEMBRE DE 1992

Estamos en San Salvador. Patri y yo fuimos a tomar el desayuno juntas. Me siento afortunada de estar con ella. Me siento cerca de ella. Aprendo de ella. Patri es dura, especialmente cuando habla con la gente del gobierno y con la "autoridad". Inclusive, el Juez parece estar intimidado por Patri. Eso es bueno. Patri se transforma cuando habla con los familiares. Cambia. Es atenta e inmensamente cálida con ellos. Para mí es importante ver como cambia. Ella es capaz de mantener su posición de científica y de autoridad como parte del grupo de investigadores. Ella no les sonríe siquiera y esa seriedad la hace poderosa. Por otro lado, cuando ella está tomando testimonios a los familiares de las víctimas de El Mozote, es indudable que está conmovida.

Mimi se enojó mucho hoy con el Juez y con los miembros de la Corte Suprema que estaban en el sitio. Algunos oficiales del gobierno se habían quejado de que estábamos trabajando "demasiado despacio". Patri, Luis y yo estábamos trabajando cerca de la pared Sur y no pudimos escuchar lo que estaban diciendo. "Esto no es un museo", "Tenemos que terminar esto pronto", "Necesitamos usar máquinas".

Mimi se paró y con una determinación que sorprendió a todos les gritó:

"¿Qué creen que estamos haciendo? Nosotros somos profesionales y estamos haciendo esta exhumación de la única manera que se debe hacer. Cualquier otra forma destruiría evidencias y lo que ha pasado aquí, nunca se terminaría de saber. ¡Nosotros vinimos aquí con la única propuesta de encontrar la verdad y lo estamos haciendo! Si ustedes tienen alguna queja sobre nosotros o sobre la forma en que trabajamos tengan la decencia de hablarnos de frente y no a nuestras espaldas. En lo que nos concierne, nosotros informaremos cualquier irregularidad a la Comisión de la Verdad de la Naciones Unidas."

Después de eso hubo un absoluto silencio.

Se comportan como niños.

4 DE NOVIEMBRE DE 1992

Mimi y yo fuimos a Jocoaitique para tomar testimonios y datos pre-mortem de algunos de los familiares de las víctimas de El Mozote que están ahora viviendo en ese caserío. Estábamos en la casa de Don Pedro Chicas. Es una casa austera. Pobre. Simple. Limpia. Hay agujeros en las paredes. Al principio, pensé que podrían haber sido hechos por animales. A veces me olvido que ha habido una guerra por aquí. Los agujeros son de ráfagas de armas de fuego. Quizás de morteros de 60 mm. Jocoaitique fue una zona de guerra por muchos años. Los fundadores originales del caserío con muchas de sus familias se fueron de Jocoaitique a principios de los años 80, al comienzo de la guerra. Los nuevos pobladores de Jocoaitique son todos sobrevivientes de masacres. La mayoría son sobrevivientes de la masacre de La Joya. A pesar de la pobreza, Doña Rosa nos recibe con café, tortillas, un huevo hervido, un poco de cuajada. Yo sé que ellos casi no tienen que comer. Tienen doce hijos. Parientes cercanos y lejanos, hijos de sus hijos, todos viven cerca unos de los otros. Ellos no pueden contar con tener comida. A veces hay, muchas otras veces no hay nada que comer. Esto es el comienzo de la pos-guerra en El Salvador.

Doña Tránsito Luna y su hija Nicolasa vinieron para hablar con nosotras acerca de sus parientes muertos en El Mozote: José Fabián, su esposa y cuatro niños. "Allí, se acabaron todos. El mayor de los niños tenía 8 años. El menor, sólo dos. Todos fracasaron".

En el Convento seguimos encontrando huesos de niños. Ropa de niño
voces de niños
risas de niños
gritos de niños
Vidas de niños convertidas en polvo.

Todo en El Mozote es color tierra. Polvo de tierra siena, ocre oscuro, verde aterrado, polvo de tierra siena tostada en los huesos y un blanco de tiza azulado en los restos calcinados. Cuando los huesos se queman a un punto de calor intensísimo, se tornan blancos y no negros. Blanco de tiza azulado. En la entrada del edificio hay restos de huesos blanco calcinados. Evidentemente, esto es el resultado de altísima temperatura. Se asume que un explosivo fue lanzado desde afuera del edificio hacia dentro del edificio, poco después de la masacre.

Todo es color tierra en El Mozote. Está cubierto de pigmentos de tierra,
pigmentos de tiempo,
pigmentos de historia.

Hay calidez alrededor de nosotros cuando trabajamos. Estoy desarrollando una enorme destreza para identificar los sutiles cambios de los colores aterrados. Ahora mis ojos pueden identificar fácilmente los casi imperceptibles fragmentos óseos que van apareciendo en la tierra. Encuentro fragmentos de huesos que se convertirán en polvo cuando los toque. Se parece y se siente como un aserrín finísimo. Los huesos se mantienen húmedos, aún después de estar expuestos al sol por largo tiempo. Este aserrín no se termina de secar. Separo lo que es hueso de lo que es tierra.

Todo es color tierra en El Mozote. Hay algo que quiebra lo aterrado de todo. Entre las vestimentas, generalmente asociadas a la parrilla costal, o al cráneo o a regiones del cuerpo identificadas como "vitales" se encuentran joyas de verde. Pequeños fragmentos de metal, metal de cobre avejentado. Son tan delgados que me hacen pensar en la cáscara de un huevo de un pájaro raro y mágico. Dentro de esta aterrada substancia, las joyas de verde brillan, calladamente.

Estos fragmentos de metal color turquesa son núcleos de proyectiles. Ésta es la confirmación de que los niños de El Mozote fueron asesinados dentro del edificio.

6 DE NOVIEMBRE DE 1992

Las autoridades de este país todavía quieren argumentar que hubo "combate" o "fuego cruzado" entre el FMLN y el ejército salvadoreño en El Mozote. Entre ayer y hoy, hemos encontrado 35 proyectiles asociados a los restos esqueletizados, incrustados en los huesos. Los hemos encontrado asociados a huesos importantes: cráneos, pelvis, parrilla costal. Tengo miedo de reconstruir la historia de estos disparos.

¿Quién podría matar a un niño desarmado?
¿Quién podría matar a un niño tan pequeño como para estar vestido con una camisita que tiene apenas 7 pulgadas de largo?
Hemos encontrado 64 esqueletos. Hay más. ¿Cuántos más?
Luis estima que al final de la exhumación habrá cerca de 80 esqueletos. De esos 80, 70 serán esqueletos de niños.

El Coronel Monterrosa es identificado como el responsable material de la masacre.
Yo digo: Herodes Monterrosa.

Cuando llegamos ayer al Juzgado de San Francisco Gotera con los "hallazgos del día" y comenzamos a contar y a catalogar la vestimenta asociada a los esqueletos, una de las secretarias del Juez se cubrió la boca aterrorizada y gritó: "¡Dios mío! Esta es ropa de niños. ¡Esto parece un Jardín de Infantes! ¡No lo puedo creer! ¡Nadie ha dicho nunca que había tantos niños! ¿Por qué mataron a los niños? ¡Esto es terrible!

El Juez le ordenó que se callara.

18 DE NOVIEMBRE DE 1992

Hoy, la exhumación de El Mozote ha terminado.

Se han encontrado 119 individuos y 24 concentraciones de fragmentos óseos. En un espacio de 35 metros cuadrados, se encierran 119 vidas amputadas contenidas en aquel silencio por once años. Fue impresionante ver el espacio vacío. Ese espacio al cual me había acostumbrado a ver poblado de esqueletos, que aún sin nombres, me fueron dando la idea de una comunidad.

Un espacio vacío.

Lo barrimos.

En el piso del edificio se encontraron 38 agujeros compatibles con perforaciones producidas por arma de fuego. Así debe quedar en el informe oficial hasta que un experto en balística confirme las evidencias. Lo que yo veo, lo que el Equipo Argentino de Antropología Forense ve es que a estos 119 individuos los mataron a corta distancia, ahí mismo. Cada agujero en el piso es el testimonio de alguien matando a otra persona a corta distancia. De los 119, aproximadamente 100 son niños. Todavía no se puede mencionar el número exacto de víctimas. Eso se establecerá en el paso final de esta investigación en el análisis de laboratorio. Los restos serán transportados para ser estudiados y para sacarles radiografías en la morgue del Instituto de Medicina Legal de Santa Tecla, en San Salvador.

En los últimos días hemos estado encontrando la mayor concentración de restos óseos en el área de la entrada del edificio. En las cuadrículas A2, A3, B2,

B3, hemos encontrado ahí los esqueletos más pequeños, las ropitas mínimas. Pequeñas camisitas de bebés.

Esqueleto #119:

Lo sigo. Fragmentos de calota, algunos, calcinados. Una camisita muy pequeña de mangas cortas. Debe haber sido de algún color claro en algún momento. Ahora, es del color de los años acumulados. Dentro de las mangas, hay dos pequeñísimos humeros todavía articulados a los omóplatos. Los levanto con una ternura agonizante. Siento mi cuerpo inundado de horror, de amor, de una dulzura que no puedo comprender. Siento barro en la boca. Tengo una oscuridad arcillosa en las manos y no estoy segura si es sólo tierra de este suelo salvadoreño. Es una tierra pesada, plena de ríos de sangre.

Pongo los huesos y la camisita sobre pedazos de cartón que nos sirven como un precario laboratorio.

Mientras preparo la cámara para fotografiar y documentar, me doy cuenta que estoy llorando, deseando que nadie lo note. Por otro lado, no puedo entender por qué no estamos todos llorando. Esta clase de dolor se parece a una borrachera. Me marea y me hace perder la perspectiva. ¿No estoy muy segura de donde estoy?

Levanto la vista.
Veo a David. Se está acercando hacia mí, quizás con la excusa de sacar una foto.
Me mira y sabe.
Me mira y comprende.
Me pregunta, con una voz que me rescata de la locura: "¿Era un niño pequeño, verdad?"
"Sí", le digo. Y ya no me avergüenza llorar y lloro en silencio.

La cara mojada de lágrimas. Las manos manchadas de sangre.

Pongo la cinta de métrica bajo la camisita.

Son 9 pulgadas. De lado a lado, 9 pulgadas.

Dibujo una línea vertical en la camisa para indicar donde voy a hacer el corte para abrirla.

Corto la camisa. La abro. Todas las vértebras están presentes. El lado izquierdo de la parrilla costal está intacto. Todas las costillas son identificables. Los huesos apenas parecen humanos. Parecen los huesos de un pajarito. Los huesos son tan frágiles, se van a desintegrar cuando los toque. El lado derecho de la parrilla costal se ha convertido en polvo. Los huesos se han convertido en aserrín. Aún puedo distinguir partes del omóplato, la clavícula y, todavía articulados, los dos húmeros custodiados por las dos mangas.

Pongo los huesos y la camisa sobre el cartón. Los huesos están húmedos, tiernos. Por alguna razón pienso en tierra fértil. Los números dan testimonio: éste individuo era un niño muy pequeño, no mayor de un año de edad. Muy probablemente, algunos meses menor que eso. Continúo trabajando "profesionalmente" tomando algo de distancia, con algo de abstracción. Escucho una voz en el medio de mi pecho que se parece a mil voces: es un grito. Por adentro me recorre la corriente de un río espeso mezcla de rabia, mezcla de desolación. Sorprendentemente, no siento el fantasma de la depresíon. Muy por el contrario, siento que me inunda una ola de energía, una urgencia de actuar.

Resistir.

Resistir la locura.

Resistir sosteniendo estos huesos como si fueran los de mis hijos. La membrana que separa la esperanza de la desesperación es tan delgada. Es un pasaje peligroso. Lo siento en el territorio de mi cuerpo. Es real. Es físico como una herida en carne viva. La membrana puede desmoronarse fácilmente. Este precario equilibrio me inquieta.

El sumo acto de subversión es resistir esta locura amando estos huesos de un niño a quien nunca conocí.

Los hilos de la historia son misteriosos. ¿Quién podría haber imaginado que once años después de la masacre alguien estaría abriendo esta fosa común? Sin embargo, Rufina está aquí. Tutela Legal está aquí. Los familiares están aquí. Nosotros estamos aquí.

Ayer Mimi estaba triste. Decía que iba a extrañar El Mozote. Yo también voy a extrañar El Mozote. Hemos aprendido a amar a cada uno de los restos como a gente a quienes podríamos haber conocido. Estos son sentimientos nuevos para mí y me frustra no poder expresarlos bien. ¡Ojalá fuera poeta! Pienso en colores. Pienso en imágenes. Pienso en darle a las memorias la oportunidad de que aterricen en un espacio saturado de un hermoso azul cálido con un toque de laca carminada, impregnando las capas más profundas del papel de un rojo alzarín. No como sangre. Como vida. Pienso en un verde cobrizo como fondo a una figura de mujer con el tórax extendido. Es Rufina. Mira a Rufina. ¡Tengo tantas preguntas para hacerle! He visto a Rufina reírse. ¿Cómo se puede reír Rufina? ¿Acaso ha perdonado? Le quería preguntar a Esteban sobre el perdón pero no lo hice. Le quiero preguntar a Rufina y no sé como hacerlo.

Quizás no sea perdón sino la brutal evidencia de que "la vida no ha terminado" y ella está dispuesta a seguir viviendo.

Perdonar es entender.

Yo me rehuso a entender.

Yo no quiero entender porqué El Mozote ha pasado.

Informe forense de la investigación de la masacre de El Mozote, El Salvador

15 de diciembre de 1992

Honorable Juez Federico Ernesto Portillo Campos
Segunda Corte de Primera Instancia
San Francisco Gotera, El Salvador
[...]
Las evidencias físicas de la exhumación del edificio del Convento de El Mozote confirman la acusación de crimen masivo. Las evidencias son las siguientes:

1. Se ha identificado la presencia de 143 esqueletos, incluyendo 131 niños menores de 12 años de edad, 5 adolescentes y 7 adultos. La edad promedio de los niños era aproximadamente de 6 años de edad. Había 6 mujeres, de edades entre 21 y 40 años, una de las cuales estaba en el tercer trimestre de

gestación, y un hombre de aproximadamente 50 años de edad. Pudo haber, de hecho, un número mayor de muertos. Esta incertidumbre en relación al número de esqueletos es el resultado de las extensas lesiones perimortem de los esqueletos, daños postmortem de los esqueletos, y entrecruzamientos asociados. Muchos infantes de corta edad podrían haber sido totalmente cremados. Otros niños podrían no haber sido contados como resultado de la extensa fragmentación de los restos esqueletizados.

[...]

Equipo Argentino de Antropología Forense

Ramón Levil,
*Woman Who
Dreams.*

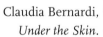

Claudia Bernardi,
Under the Skin.

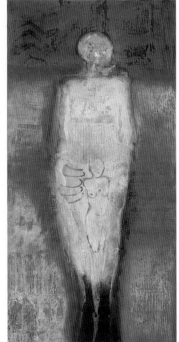

Cecilia Vicuña,
Violeta Parra.

Liliana Wilson Grez,
The Meaning of Life.

Violeta Morales,
*Women Dancing
Alone.*

Cecilia Vicuña,
Fidel y Allende.

Alberto Ludwig, *The House of the Spirits.*

Violeta Morales, *Homage to Salvador Allende.*

Cecilia Vicuña,
Chilean.

Violeta Morales, *My Brother Newton*.

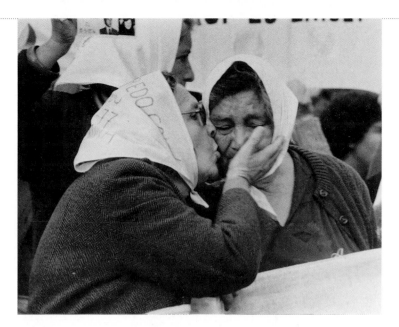

Alicia D'Amico, *Embrace*.

Angélica Besnier, *I Am Woman*.

Reefka Schneider,
*Homage to the
Disappeared.*

Guillermo Nuñez,
Torture.

Emma Sepúlveda, *La Vejez*.

Nancy Morejón, Cuba

Los versos de Nancy Morejón tienen los temas de la femineidad y la negritud como piezas claves. Morejón nació en La Habana, Cuba, en 1944, donde estudió lengua y literatura francesa. Desde joven se conocía su gran talento. A los quince años ya tenía las calificaciones para enseñar inglés. Publicó su primer libro de poemas, *Mutismos,* en 1962, a los dieciocho años. Ese mismo año colaboró junto a otros poetas en la antología *Novísima poesía cubana,* la cual trataba de alejarse de la condición histórica por la que pasaba la isla. En 1967 se dio a conocer como ensayista con su libro de investigaciones y ensayos, *Lengua de pájaro: comentarios reales.* Su *Cuaderno de Granada* apareció en 1984 y fue traducido al inglés ese mismo año.

Morejón recibió aún más reconocimiento al publicar *Nación y mestizaje en Nicolás Guillén.* El libro fue premiado por la Unión de Escritores y Artistas de Cuba en 1980 y recibió el Premio Mirta Aguirre en 1983. Morejón ganó el Premio de la Crítica en Cuba en 1986 por su libro *Piedra pulida* y en 2001 recibió el Premio Nacional de Literatura de Cuba. Su trabajo ha aparecido en varios idiomas y Morejón misma ha traducido la poesía de Paul Eluard, Jacques Roumain y Aimé Césaire. Esta reconocida poeta ha viajado a los Estados Unidos para participar en numerosas conferencias.

Obras

Mutismos (1962)
Amor, ciudad atribuida (1964)
Richard trajo su flauta y otros argumentos (1967)
Parajes de una época (1979)

Octubre imprescindible (1983)
Cuaderno de Granada (1984)

Mujer negra

Todavía huelo la espuma del mar que me hicieron atravesar.
La noche, no puedo recordarla.
Ni el mismo océano podría recordarla.
Pero no olvido el primer alcatraz que divisé.
Altas, las nubes, como inocentes testigos presenciales.
Acaso no he olvidado ni mi costa perdida, ni mi lengua ancestral
Me dejaron aquí y aquí he vivido.
Y porque trabajé como una bestia,
aquí volví a nacer.
A cuanta epopeya más digna intenté recurrir.

Me rebelé.
Su Merced me compró en una plaza.
Bordé la casaca de su Merced y un hijo macho le parí.
Mi hijo no tuvo nombre.
Y su Merced murió a manos de un impecable *lord* inglés.

Anduve.
Esta es la tierra donde padecí bocabajos y azotes.
Bogué a lo largo de todos sus ríos.
Bajo su sol sembré, recolecté y las cosechas no comí.
Por casa tuve un barracón.
Yo misma traje piedras para edificarlo,
pero canté al natural compás de los pájaros nacionales.

Me sublevé.
En esta tierra toqué la sangre húmeda
y los huesos podridos de muchos otros,
traídos a ella, o no, igual que yo.
Ya nunca más imaginé el camino a Guinea.
¿Era a Guinea? ¿A Benín? ¿Era a
Madagascar? ¿O a Cabo Verde?
Trabajé mucho más.

Fundé mejor mi canto milenario y mi esperanza.
Aquí construí mi mundo.

Me fui al monte.
Mi real independencia fue el palenque
y cabalgué entre las tropas de Maceo.
Sólo un siglo más tarde,
junto a mis descendientes,
desde una azul montaña.

Bajé de la Sierra
Para acabar con capitales y usureros,
con generales y burgueses.
Ahora soy: sólo hoy tenemos y creamos.
Nada nos es ajeno.
Nuestra la tierra.
Nuestros el mar y el cielo.
Nuestras la magia y la quimera.
Iguales míos, aquí los veo bailar
alrededor del árbol que plantamos para el comunismo.
Su pródiga madera ya resuena.

Nana silente para niños surafricanos

Mamá no tenía paz
y no había pan.
Papá no tenía paz
y lo habían castigado.
Mamá no tenía paz
y no había pan.
Papá no tenía paz
y murió degollado.
Mamá no tenía paz
y no había pan.

Amo a mi amo

Amo a mi amo.
Recojo leña para encender su fuego cotidiano.
Amo sus ojos claros.
Mansa cual un cordero
esparzo gotas de miel por sus orejas.
Amo sus manos
que me depositaron sobre un lecho de hierbas:
Mi amo muerde y subyuga.
Me cuenta historias sigilosas mientras
abanico todo su cuerpo cundido de llagas y balazos,
de días de sol y guerra de rapiña.
Amo sus pies que piratearon y rodaron
por tierras ajenas.
Los froto con los polvos más finos
que encontré, una mañana,
saliendo de la vega.
Tañó la vihuela y de su garganta salían
coplas sonoras, como nacidas de la garganta de Manrique.

Yo quería haber oído una marímbula sonar.
Amo su boca roja, fina,
desde donde van saliendo palabras
que no alcanzo a descifrar
todavía. Mi lengua para él ya no es la suya.

Y la seda del tiempo hecha trizas.

Oyendo hablar a los viejos guardieros, supe
que mi amor
da latigazos en las calderas del ingenio,
como si fueran un infierno, el de aquel Señor Dios
de quien me hablaba sin cesar.
¿Qué me dirá?
¿Por qué vivo en la morada ideal para un murciélago?
¿Por qué le sirvo?
¿Adónde va en su espléndido coche
tirado por caballos más felices que yo?

Mi amor es como la maleza que cubre la dotación,
única posesión inexpugnable mía.

Maldigo

esta bata de muselina que me ha impuesto;
estos encajes vanos que despiadado me endilgó;
estos quehaceres para mí en el atardecer sin girasoles;
esta lengua abigarradamente hostil que no mastico;
estos senos de piedra que no pueden siquiera amamantarlo;
este vientre rajado por su látigo inmemorial;
este maldito corazón.

Amo a mi amo pero todas las noches,
cuando atravieso la vereda florida hacia el cañaveral
   donde a hurtadillas hemos hecho el amor,
me veo cuchillo en mano, desollándole como a una res sin culpa.

Ensordecedores toques de tambor ya no me dejan
oír ni sus quebrantos, ni sus quejas.
Las campanas me llaman...

Madre

Mi madre no tuvo jardín
sino islas acantiladas
flotando, bajo el sol,
en sus corales delicados.
No hubo una rama limpia
en su pupila sino muchos garrotes.
Qué tiempo aquel cuando corría, descalza,
sobre la cal de los orfelinatos
y no sabía reír
y no podía siquiera mirar el horizonte.
Ella no tuvo el aposento de marfil,
ni la sala de mimbre,
ni el vitral silencioso del trópico.
Mi madre tuvo el canto y el pañuelo
para acunar la fe de mis entrañas,

para alzar su cabeza de reina desposeída
y dejarnos sus manos, como piedras preciosas,
frente a los restos fríos del enemigo.

Nélida

A la memoria de Angel Roberto Hernández
Riverend

Era la brisa de la primavera
y Nélida, callada, se asomaba al balcón,
todos los días.
Siempre fue así.
Y Nélida, como en las tarimas del mercado,
asomada al balcón.

Así era siempre.
Nélida recostada a las barandas
de un vetusto balcón sin dueño
hablándole en la madrugada
a las voces del pregonero
sin que su voz llegara a mis oídos.
Apaisada, desde su densa piel,
iba saliendo un humo hasta la luna.

Era la brisa de las Misiones
tocando a cada puerta,
preguntando por la sombra de Nélida, pequeña,
enredada al balcón
con una flor junto a la sien.
Así estaba por siempre, acodada al balcón.

Pepe Romera pasaba cabizbajo.

Pasaba Hilda Menchaca
sin levantar sus ojos del portón.

Pasaban todos bajo la enramada
sumergidos sus cuerpos en un río de sonidos.

Pasaba una brisa de mar
clavándose como una cicatriz.
Siempre fue así.

Chiquitica ambulante
atravesando la parlante barbería de los Taylor:
sobre la esquina el espejo y el dril del primer Guillermo.
Manrique con su más antigua barbería
con Guillermito adentro, menor y acompañado;
con su bata blanquísima y la esquina;
Manrique con sus rejas chirriantes
como gatos mojados por un agua del cielo.

Un buen día
esa brisa del mar paró su rumbo
para asomarse a los balcones de Manrique
de una mujer tostada por el sol,
de una mujer con sombra y sin canteros,
una sola mujer, pequeña y sin palabras,
a quien llamaban Nélida todos los que pasaban
los que volvieron a pasar,
los que pasamos y seguimos pasando
bajo el balcón de Nélida.

Paso y reclamo su vista fija en el andamio.
Nélida con sus brazos de ahorcada.
Vuelvo a pasar buscando un arcoiris.
Paso de nuevo y, al pasar, levanto la mirada
y paro yo también
para buscar refugio sin tampoco saberlo
en el balcón de Nélida
—ya sin brisa marina,
sin su Manrique y sin su flor—,
que desapareciera, sin saberlo, una tarde
sepultado su cuerpo por los escombros
implacables de un techo,
sepultado su cuerpo por los escombros del dolor.

Plumilla

Bajo el balcón de Nélida
hay una mujer negra
con marpacíficos clavados
entre su oreja y su sien.

Bajo el balcón de Nélida
hay una mesa fabricada
con maderos oscuros,
que se colma de albahaca y azucenas
trenzados por la cercanía de los mares
y hay girasoles vomitando su luz
entre el resplandor de un delantal dormido;
seguramente aullando ante el cercano vórtice
de un ciclón sin escrúpulos
conocido en nuestro porvenir como Isidore,
Conde de la Miseria,
que la mujer espera como a un galán de noche
cuya sola presencia o nombre
la hacen temblar únicamente de pavor
frente a los arcos del mediodía,
a la sombra del fantasma de Nélida.

Pablo Neruda, Chile

Nació Neftalí Ricardo Reyes Basoalto en Parral, Chile, en 1904. Tristemente, ese mismo año falleció su madre. Dos años después se trasladó con su familia a Temuco, donde ingresó al Liceo de Hombres de Temuco. Allí publicó sus primeras poesías en el periódico regional *La Mañana*, y adoptó el seudónimo Pablo Neruda. Terminó su sexto año de humanidades en 1920 y se trasladó a Santiago, donde siguió sus estudios en literatura, ingresando en la Universidad de Chile. Allí estudió pedagogía en francés.

Neruda publicó su primer libro, *Crepusculario*, en 1923 en la revista *Claridad*. Realizó su primer viaje a Europa en 1927 y en 1929 asistió al congreso Panhindú donde conoció a Gandhi. Embarcó a Madrid, España, en 1934 para trabajar como cónsul, pero por su posición antifranquista y la guerra civil española fue destituido de su cargo. Regresó a Chile en 1937, no antes de publicar *España en el corazón*, libro que sirve como testimonio de lo que estaba ocurriendo. Este período fue integral en su formación política, y se refleja en su poesía.

Al volver a Chile Neruda fundó y presidió sobre la Alianza de Intelectuales de Chile para la Defensa de la Cultura. No permaneció en Chile por mucho tiempo, sino que tomó el puesto de cónsul en Francia. Usó su posición para ser de ayuda a españoles que querían escapar la guerra, consiguiendo *El Winnipeg*, barco que fue desde Francia hasta Valparaíso. De nuevo regresó a Santiago en 1940, pero en 1941 viajó a Centroamérica.

Perseguido por ser miembro del Partido Comunista, Neruda se largó al exilio en varios países en 1949. Durante ese tiempo escribió la mayoría de su *Canto general* y tuvo una afanada producción literaria. Obtuvo el Premio de la Paz en el Congreso Partidarios por la Paz. Regresó a Chile en 1952 y en 1953 recibió el Premio Stalin de la Paz. Publicó *Odas elementales* en 1957, obra caracterizada por su sencillez y claridad de tema.

En 1970, Neruda fue presentado como candidato para la presidencia por el Partido Comunista, pero declinó a favor de Salvador Allende, a quien apoyó como amigo y político. En 1971, asumió el cargo de embajador en Francia y recibió el Premio Nobel de Literatura. Renunció su cargo en 1972 y regresó a Chile. Allí acudió a intelectuales latinoamericanos y europeos para evitar un enfrentamiento en su país pero el cáncer terminó su vida trágicamente en Santiago el 23 de septiembre de 1973.

Obras

Crepusculario (1923)
Veinte poemas de amor y una canción desesperada (1924)
Tentativa del hombre infinito (1925)
Residencia en la tierra (1933)
Las furias y las penas (1936)
España en el corazón (1937)
Tercera residencia (1942)
Himno y regreso (1947)
Que despierte el leñador (1948)
Canto general (1950)
Todo el amor (1953)
Odas elementales (1954–1957)
Estravagario (1958)
Memorial de Isla Negra (1964)
Confieso que he vivido (1974)

Canto general (fragmento)

LOS LIBERTADORES

Fray Bartolomé de las Casas

Piensa uno, al llegar a su casa, de noche, fatigado
entre la niebla fría de mayo, a la salida
del sindicato (en la desmenuzada
lucha de cada día, la estación
lluviosa que gotea, del alero, el sordo
latido del constante sufrimiento)

esta resurrección enmascarada,
astuta, envilecida,
del encadenador, de la cadena,
y cuando sube la congoja
hasta la cerradura a entrar contigo,
surge una luz antigua, suave y dura
como un metal, como un astro enterrado.
Padre Bartolomé, gracias por este
regalo de la cruda medianoche,

    gracias porque tu hilo fue invencible:

pudo morir aplastado, comido
por el perro de fauces iracundas,
pudo quedar en la ceniza
de la casa incendiada,
pudo cortarlo el filo frío
del asesino innumerable
o el odio administrado con sonrisas
(la traición del próximo cruzado),
la mentira arrojada en la ventana.
Pudo morir el hilo cristalino,
la irreducible transparencia
convertida en acción, en combatiente
y despeñado acero de cascada.
Pocas vidas da el hombre como la tuya, pocas
sombras hay en el árbol como tu sombra, en ella
todas las ascuas vivas del continente acuden,
todas las arrasadas condiciones, la herida
del mutilado, las aldeas
exterminadas, todo bajo tu sombra
renace, desde el límite
de la agonía fundas la esperanza.
Padre, fue afortunado para el hombre y su especie
que tú llegaras a la plantación,
que mordieras los negros cereales
del crimen, que bebieras
cada día la copa de la cólera.
Quién te puso, mortal desnudo,

entre los dientes de la furia?
Cómo asomaron otros ojos,
de otro metal, cuando nacías?

Cómo se cruzan los fermentos
en la escondida harina humana
para que tu grano inmutable
se amasara en el pan del mundo?

Eras realidad entre fantasmas
encarnizados, eras
la eternidad de la ternura
sobre la ráfaga del castigo.
De combate en combate tu esperanza
se convirtió en precisas herramientas:
la solitaria lucha se hizo rama,
el llanto inútil se agrupó en partido.

No sirvió la piedad. Cuando mostrabas
tus columnas, tu nave amparadora,
tu mano para bendecir, tu manto,
el enemigo pisoteó las lágrimas
y quebrantó el color de la azucena.
No sirvió la piedad alta y vacía
como una catedral abandonada.
Fue tu invencible decisión, la activa
resistencia, el corazón armado.

Fue la razón tu material titánico.

Fue la flor organizada tu estructura.

Desde arriba quisieron contemplarte
(desde su altura) los conquistadores,
apoyándose como sombras de piedra
sobre sus espadones, abrumando
con sus sarcásticos escupos
las tierras de tu iniciativa,
diciendo: "Ahí va el agitador",
mintiendo: "Lo pagaron
los extranjeros",

"No tiene patria", "Traiciona",
pero tu prédica no era
frágil minuto, peregrina
pauta, reloj del pasajero.
Tu madera era bosque combatido,
hierro en su cepa natural, oculto
a toda luz por la tierra florida,
y más aún, era más hondo:
en la unidad del tiempo, en el transcurso
de la vida, era tu mano adelantada
estrella zodiacal, signo del pueblo.
Hoy a esta casa, Padre, entra conmigo.
Te mostraré las cartas, el tormento
de mi pueblo, del hombre perseguido.
Te mostraré los antiguos dolores.

Y para no caer, para afirmarme
sobre la tierra, continuar luchando,
deja en mi corazón el vino errante
y el implacable pan de tu dulzura.

José Emilio Pacheco, México

José Emilio Pacheco nació en 1939 en México. Cuando era joven estudió en la Universidad Nacional de México y después trabajó como asistente en *La Revista de la Universidad de México* durante 1959 y 1960. Enseñó literatura en la Universidad de Essex en Gran Bretaña. Su primer libro de poesía fue *Los elementos de la noche,* publicado en 1963. Los siguientes libros publicados incluyeron *El viento distante* (1963), *El reposo del fuego* (1966), *Irás y no volverás* (1973), *Islas a la deriva* (1976), *Desde entonces* (1980), *Los trabajos del mar* (1983) y *An Ark for the Next Millennium: Poems* (traducido por Margaret Sayers Peden, 1993). Pacheco es conocido no solamente por sus libros de poesía sino también por sus traducciones de obras escritas por Samuel Beckett, Yevgeny Yevtuschenko y Albert Einstein, entre otros. En 1969, ganó el Premio Nacional de Poesía en México por su obra *No me preguntes cómo pasa el tiempo.* Además, ganó el Premio José Asunción Silva por la obra *El silencio de la luna.* Hoy en día, vive y enseña cursos en México.

Morirás lejos (fragmento)

GROSSAKTION

1. Testimonio de Ludwig Hirszfeld

El fin perseguido al instituir el ghetto de Varsovia es acabar con los judíos como se exterminó a los perros de Constantinopla: encerrarlos para que mueran de hambre, de piojos y suciedad hasta que se devoren unos a otros.

A nuestra espalda se ha cerrado la puerta de la vida. Ya no somos personas. Todo mundo puede pegarnos.

Separados de Varsovia por muros y alambradas cuatrocientos mil seres poblamos el ghetto: de cinco a ocho en cada habitación. Recibimos doscientas calorías diarias: una décima parte de lo que el hombre necesita para vivir.

En las aceras los desperdicios forman montañas. Es difícil avanzar por calles repletas de gente. Todos van vestidos de andrajos. Algunos no tienen ni siquiera camisa. Diariamente llegan refugiados. Se les dio un plazo de cinco minutos para abandonar sus casas. Los ancianos, los inválidos y los enfermos; los que se rezagaron en la caminata hacia esta ciudad de la muerte; los hijos que se aferraban al cadáver de sus padres: a todos ellos se les asesinó de inmediato.

Dondequiera yacen cubiertos con periódicos los cadáveres de quienes han muerto de tifus exantemático.

Por todas partes pulula un sinnúmero de niños. Difícilmente podrá nadie olvidar sus voces. Los niños alimentan al ghetto; sin ellos moriríamos de hambre. A veces un centinela alemán sonríe a un niño y disimuladamente le permite pasar o regresar del lado "ario". Acaso al ver al pequeño judío ha recordado a sus hijos. Finalmente ellos también son hombres. Pero aunque no todos sean verdugos y asesinos muchos disparan contra los niños. A diario alguno de estos heroicos contrabandistas llega al hospital herido de bala.

En todo momento se ven espectáculos atroces. Una mujer intenta dar a su hijo un pecho reseco. A su lado hay otro niño, muerto. En mitad del arroyo se encuentran moribundos con una mueca de dolor en el rostro. Constantemente hay que amputar a los niños dedos, manos o pies congelados.

Veo una niña que intenta deslizarse al exterior. El guardia nazi le da el alto. La niña se abraza a sus botas y pide clemencia. El centinela ríe y dice: "No morirás pero no volverás a contrabandear." Luego dispara a los pies de la niña.

Pregunto a otra: "¿Qué te gustaría ser?" Me responde: "Un perro, porque a los centinelas les gustan los perros."

Al principio se obligó a los judíos a saludar a todo alemán. Después se prohibió saludar a ningún alemán. En consecuencia son siempre apaleados: cuando saludan y cuando no saludan.

Atraviesan el ghetto autobuses a cuyas ventanillas se asoman rostros desfigurados por la curiosidad. Para ellos es una visita al zoológico. Goebbels les ha enseñado qué significa el poderío y cómo hay que despreciar a las gentes de razas extrañas.

Todo el misterioso proceso que convierte a un hombre en asesino consiste en una transformación del mismo orden. En el alma humana se produce un mínimo reajuste de conceptos y sentimientos, pues hay que despojar a la futura víctima de todos los atributos de la humanidad para conferirle los de una especie repulsiva: una chinche, una rata o un piojo.

Los judíos que trabajan en los barrios arios pasan ante la guardia sombrero en mano y en formación. Los centinelas detienen a un grupo, obligan a sus componentes a desnudarse y a arrastrarse. O bien los ponen de rodillas o los hacen bailar. Los centinelas miran el espectáculo y se doblan de risa.

Sólo consigno hechos que he presenciado o que me han referido testigos dignos de confianza. Pero no pueden notas como éstas expresar verdaderamente el horror de nuestra vida en el ghetto.

SALÓNICA

r] Los incisos comprendidos entra la *m* y la *p* son un disparate, una chocarrería, mero prurito de complicar lo que es tan diáfano y evidente, por más que me quisiera prolongar al infinito las hipótesis —años de encierro le mostraron, a él tan impaciente, la inofensiva y consoladora utilidad de las narraciones: desde el hombre de las cavernas hasta el último todos necesitamos en una u otra forma de ellas— y eme, como ya se dijo, preferiría continuar indefinidamente las posibilidades de un hecho tan simple: *a* vigila sentado en un parque, *b* lo contempla tras una persiana; pues sabe que desde antes de Scherezada las ficciones son un medio de postergar la sentencia de muerte.

GROSSAKTION

2. Anotación del diario de Hans Frank, gobernador general

Hemos condenado a morir de hambre a millón y medio de judíos. La mortandad se duplicará en los meses de invierno. Esta guerra no terminará sin que los hayamos exterminado a todos. Y si lograran sobrevivir sólo sería parcial nuestra victoria. Hay que despojarnos de toda compasión: nadie que no pertenezca al pueblo alemán merece piedad.

Noga Tarnopolsky, Israel

Noga Tarnopolsky representa en gran parte la historia y la biografía de muchos de los autores latinoamericanos cuya vida está marcada por el exilio. Tarnopolsky nació en Israel de padres argentinos y fue educada en Suiza y los Estados Unidos. Hoy es reconocida como una de las periodistas más dinámicas y prestigiosas de Israel. Escribe para los periódicos internacionales más renombrados, entre ellos el *Jerusalem Post,* el *New York Times* y la revista *El Ny.*

Actualmente Tarnopolsky escribe una biografía de Marshal Meyer, el rabino argentino y defensor de los derechos humanos durante la dictadura argentina. Escribe además poesía y ensayos sobre cultura de América Latina.

La familia que desapareció

Durante años, mi primo Daniel tuvo un sueño recurrente. Está parado en un cementerio. Cinco coches fúnebres se acercan por el camino, cada uno con un ataúd con los cadáveres de un miembro de su familia: su padre y su madre, su hermana, su hermano y su cuñada. Entre él y el camino hay cinco tumbas abiertas. Los ataúdes se sacan de los coches; la ceremonia del entierro comienza. Daniel cumple con el ritual tradicional judío, diciendo Kaddish sobre cada uno de los cadáveres y haciendo descender los ataúdes en las tumbas, uno a uno. Terrones de tierra golpean contra los ataúdes. Para Daniel, este sonido es exquisito, y lo tranquiliza. En ese momento, el sueño avanza. Ahora, está nuevamente en el cementerio, en el mismo lugar junto al camino. Esta vez, está parado junto a cinco lápidas, cada una con el nombre grabado de un miembro de su familia que ya no está: Hugo Abraham Tarnopolsky, Blanca Edelberg de Tarnopolsky, Betina Tarnopolsky, Sergio Tarnopolsky, Laura Del Luca de Tarnopolsky.

"Este sueño es fácil", me dice Daniel, con una pequeña e irónica sonrisa. "Una fantasía más que nada". Estamos sentados en la mesa de su cocina en París en una calurosa noche de abril, 1997. La esposa de Daniel, Mariana, y su hijo de cuatro años están durmiendo. Hablamos en voz baja para no despertarlos. Cuando Daniel habla, sus oraciones tienden a ser largas, entrelazadas, o desaparecen en silencios impenetrables. Daniel, que tiene cuarenta y un años, trabaja como terapeuta físico y psicológico en un hospital de París. Tiene una cara angosta y expresiva, con labios gruesos y anchos, y unas cejas espesas que suben y bajan cuando habla. Cuando quiere estar seguro que entiendo lo que acaba de decir, me mira directamente, clavándome su mirada.

Hace veintitrés años, la familia de Daniel "desapareció": la palabra que se ha utilizado para describir lo que le ocurrió a aproximadamente treinta mil personas en Argentina durante los años 1976 al 1983, cuando el país estaba controlado por una junta militar. Hace doce años, Daniel presentó una demanda civil que acusaba al gobierno de Argentina y a dos líderes de la junta, Almirante Emilio Massera y Almirante Armando Lambruschini, con el secuestro y muertes por negligencia de sus padres y hermanos. ¿Qué le sucedió, exactamente, a la familia de Daniel? Sigue sin saberse, nunca se han localizado los cuerpos. Argentina no cuenta con una ley de libre acceso a la información, y el gobierno se ha negado a abrir los expedientes relacionados con las actividades de la junta. En 1994 un tribunal federal se pronunció a favor de Daniel, pero el gobierno apeló la decisión. Dos años más tarde, un tribunal superior respaldó esa decisión, pero eliminó a Lambruschini como acusado sobre la base de que no había estado en el poder cuando ocurrieron los secuestros. Una vez más, el 31 de agosto de este año, el Tribunal Superior de Argentina ratificó la decisión, y le adjudicó a Daniel el equivalente de un millón doscientos cincuenta mil dólares, el costo a ser dividido entre Massera y la República Argentina. Se espera que esta decisión sin precedentes tenga amplias ramificaciones en Argentina, e igualmente en otros países latinoamericanos cuyos gobiernos han cometido delitos similares en contra de sus ciudadanos. Irwin Cotler, un profesor de abogacía en la Universidad de McGill que se especializa en legislación internacional sobre derechos humanos, dice, "Este fallo puede ser considerado como el lado civil de la 'doctrina Pinochet' y la herencia de Nuremberg. La doctrina Pinochet estipula que no existe inmunidad de enjuiciamiento para los ex o actuales jefes de estado y otros oficiales importantes por delitos de Nuremberg." La decisión en el caso Tarnopolsky establece claramente que en este momento no existe inmunidad de responsabilidad civil por estos delitos, y que los Masseras que los autorizaron deben indemnificar a la víctima. Además, el caso establece que el estado es responsable de hacer restitución por la conducta criminal que se llevó a cabo bajo su autoridad.

Para muchos miembros de las clases media y alta de Argentina, el golpe militar del 24 de marzo, 1976, fue un gran alivio. Después de tres años inestables durante los cuales el país fue gobernado por un Juan Perón débil y moribundo, y luego por su segunda esposa que actuó como un títere, el golpe militar les trajo esperanzas de recuperación económica y estabilidad social. Durante los últimos y grotescos períodos de gobierno de Perón y su esposa como Presidentes, los Montoneros, asociados con el peronismo y otro grupo de izquierda, el ERP, o Ejército Revolucionario del Pueblo, habían realizado una serie de acciones violentas, incluyendo la puesta de bombas, en las que unas cuatrocientas personas, muchos de ellos policías y oficiales militares e importantes industrialistas, habían sido asesinados o lesionados gravemente.

Hasta el día que mi tío, mi tía y mis primos desaparecieron, ellos eran una familia activa, exitosa, de la clase media alta en Buenos Aires. Hugo Tarnopolsky, que tenía cincuenta y un años en 1976, era uno de seis socios en Síntesis Química, una compañía que producía productos químicos para usos agrícolas e industriales. Su esposa, Blanca (llamada Luli por sus amigos y familiares), tenía cuarenta y ocho años, y era una psicóloga educacional que se especializaba en discapacidades de aprendizaje. Menuda, gordita, con fuertes convicciones y a menudo intensa, era una firme creyente en lo que ahora llamamos "valores familiares".

El hijo mayor de Hugo y Luli, Sergio, que en aquel momento tenía veintiún años, era el rebelde de la familia. A pesar de la posición antiperonista de sus padres, que eran intelectuales de izquierda sin ninguna afiliación política, él era un miembro de la Juventud Peronista. En el momento de las desapariciones, estaba completando el servicio militar en la escuela de mecánica de la armada. Daniel estaba más unido a su hermana menor, Betina, de quince años en ese entonces. La menor de la familia, era rubia y alegre, porfiada, popular en la escuela, y —según recuerda Daniel— "un poco gordita al estilo holandés". Cuando se empezaron a escuchar comentarios sobre las desapariciones, Hugo habló de la posibilidad de irse de Argentina, aunque no tenía ningún destino específico en mente. Betina, en particular, se oponía al cambio, y su padre, que no creía en forzar las decisiones sobre sus hijos, no habló más del asunto.

La mañana del 14 de julio, 1976, Daniel, que se acababa de graduar de secundaria, con, como él lo dice, "ninguna idea sobre qué hacer", se estaba preparando para ir a una conferencia sobre terapia de danza, un tema que le interesaba mucho. Como se iba de la casa por varios días, su mamá le preguntó si necesitaba más dinero. Daniel dijo que no; luego, a las ocho y media, se fue para la conferencia. Esa noche, llamó a sus padres, y su papá le dijo que lo esperaban para cenar en la casa de su abuela la noche siguiente. A las 8 de la noche del 15 de julio, Daniel llamó nuevamente a su casa para preguntar si los planes para la cena seguían en pie. Nadie contestó. Entonces llamó a su abuela, Rosa Edelberg. Después de escuchar su voz, ella dijo, "¿Quién es?"

"Daniel, por supuesto".

"¿Dónde estás?"

"En la casa de mis amigos."

"Vení inmediatamente aquí. Tengo que hablarte".

"¿Qué pasa?"

"Vení aquí y hablamos".

Cuando llegó a la casa de su abuela, ella le dijo que se había despertado con el timbre de la puerta a las tres de la mañana. Había escuchado al padre de Daniel, Hugo, llamando. "Abrí, soy yo". Él estaba parado en la puerta, solamente con su pijama y zapatillas, y estaba rodeado de hombres en ropa de calle que exigían saber en dónde podían localizar a Betina. Y resultó que Betina estaba durmiendo en la casa de su abuela, en un cuarto extra que ella y Daniel usaban con frecuencia para quedarse. Los hombres despertaron a Betina tirándole un vaso de agua en la cara, y se la llevaron con ellos, en su camisón. Rosa, que tenía setenta y dos años, quedó ilesa.

Rosa intentó sin éxito llamar a su hija Blanca, la esposa de Hugo. Al amanecer, se tomó un taxi a Palermo, un elegante barrio residencial, hasta el edificio donde vivía la familia de Daniel. Su apartamento estaba en la planta baja, al costado de la elegante sala de entrada de mármol del edificio. En donde solía haber una puerta, Rosa encontró un enorme agujero y, más allá, todo lleno de escombros y en total caos. El portero le dijo que a eso de la una de la madrugada un grupo de hombres armados había venido a buscar a los Tarnopolsky. Después de señalar el apartamento, los hombres le habían dicho que se fuera del área porque querían poner una bomba. Entonces encendieron un dispositivo explosivo tan poderoso que hizo volar las ventanas de la sala de entrada. Poco después, el portero escuchó alaridos.

Rosa fue a la policía local e hizo una queja indicando que un grupo de hombres que decían pertenecer al servicio de seguridad había secuestrado a su nieta, su hija y su yerno. Más tarde esa mañana ella recibió una llamada telefónica muy alterada de Raquel Del Luca, cuya hija Laura se había casado hace poco con el hermano mayor de Daniel, Sergio. La Sra. Del Luca tenía un relato similar: hombres no identificados habían venido a su casa de noche, y se habían llevado a Laura, que se estaba quedando allí mientras Sergio cumplía con su servicio militar en la academia naval. (Como se determinó más tarde, Sergio había sido secuestrado esa noche.) "Lo primero que hice cuando me enteré lo que había sucedido fue quemar mi libreta de direcciones, ahí mismo en la cocina de mi abuela", me dice Daniel. "A esta altura, ya habíamos escuchado lo suficiente como para saber que te localizaban mirando la libreta de direcciones de las personas que ya habían sido secuestradas, y yo no sabía qué es lo que iba a suceder a continuación. Después de salir de lo de mi abuela, regresé a la casa de los amigos en donde me estaba quedando la noche anterior y les dije lo que había ocurrido. Ellos dijeron 'Está bien, podés dormir aquí esta noche, pero tenés que irte mañana' ".

Le pregunté a Daniel si se volvió a reconectar con los amigos que no lo dejaron quedarse por más de una noche. El sonríe, después dice, "En realidad nos mantenemos en contacto. Son amigos, hasta diría que son buenos amigos. Mirá, ellos se tenían que proteger. Yo no estaba en una posición como para exigirle nada a nadie. Ciertas personas querían ayudar, otras no, y, desde ese momento, solo podía responder a los que querían hacerlo". Me doy cuenta que, con el pasar de los años, el autocontrol de Daniel es una suerte de coraza, una suerte de defensa en contra de cualquier sentimentalismo que pudiera distorsionar lo poco que sabe sobre la desaparición de su familia.

Daniel me dice que, aunque no ha visto a su papá por más de veinte años, aún se encuentra en un diálogo constante con él. "Muchas veces, le he pedido ayuda a mi papá", dice. "Cuando las cosas marchan bien, creo que él me ayuda; cuando las cosas salen mal, lo maldigo por no ayudarme". Hugo Tarnopolsky era un hombre multifacético cuyos intereses iban mucho más allá de los asuntos de negocios, incluyendo literatura francesa, ciencia-ficción y yoga, que él practicaba con mucha dedicación. Pablo García Reinoso, un viejo amigo de la familia, tiene un recuerdo vívido de Hugo. "Inclinaba la cabeza para reposar su pipa en la mano mientras te escuchaba, y asintiendo con la cabeza. Irradiaba luz. Había algo muy tierno en él, y se podía ver esto en su hogar, que estaba lleno de vida".

Me atormenta la figura de Hugo llevando a la policía a su hija. Me pregunto qué le pasaba por la cabeza. Daniel cree que sus padres fueron torturados aún antes de que se los llevaran de su casa. Hasta se anima a decir: quizás Hugo no estaba en sus cabales cuando llegó a la puerta de Rosa con los secuestradores. Yo sugiero otra posibilidad: quizás Hugo pensó que, simplemente al estar con Betina, él —su padre— podría protegerla. Daniel mueve la cabeza. No queda claro si está de acuerdo, en desacuerdo, o simplemente no puede pensar en esto.

El único tema que provoca ira en la voz de Daniel es Betina. "Es una de las cosas que nunca voy a entender", dice. "¿Qué diablos podría una chica de quince años haberles hecho para perseguirla de una manera tan cruel? Lo que siempre he querido es que alguien se atreva a decir, 'Nosotros secuestramos a tus padres por X razón. Tu mamá tenía que morir por este otro motivo. Tu hermana de quince años tenía que morir por...'" Pero son incapaces de admitirlo. Ellos mataron simplemente por matar, como perros rabiosos atacando a su presa.

Yo tenía quince años y vivía en Ginebra, Suiza, con mis padres cuando estos hechos ocurrieron, y mis memorias tienen la claridad e increíble precisión de los recuerdos de una niña. Hubo una explosión de llamadas telefónicas; después, mi padre le dijo a mi madre que nadie sabía donde estaba Hugo, su primo. Una tarde, mientras mis padres estaban dormitando, mis ojos se toparon con una línea en el *International Herald Tribune,* que había quedado en el sofá del living. En la columna de la contratapa, el gobernador de la provincia de Buenos Aires, General Ibérico Saint Jean, fue citado diciendo, "Primero, mataremos a todos los subversivos; después mataremos a todos los colaboradores; después a los simpatizantes; más tarde... a aquellos que permanecen indiferentes; y por último mataremos a los tímidos".

Daniel pudo refugiarse por unos pocos días en la casa de un amigo de sus padres, Chiquito Serebrennik. Después se escondió en una casa en Martínez, un suburbio de Buenos Aires, aterrorizado e inseguro de si debía pasar a la clandestinidad o dejar el país. Al cabo de un mes de una existencia semiclandestina —recibía ayuda financiera de los socios del negocio de su padre— se decidió a salir de Argentina, temiendo que el peligro que tanto él como los que lo ayudaban corrían era demasiado grande. Primero voló a Chile, después fue a Israel por unos meses. Eventualmente, pasó a refugiarse en Francia. Daniel y yo nos atrancamos mucho cuando tratamos de hablar acerca de sus años de exilio, de 1976 a 1984, atrapados por las distorsiones lingüísticas que fueron empleadas por la junta y sus oficiales para edulcorar sus acciones: los años de control militar pasaron a llamarse el proceso, una abreviatura benigna del Proceso de Reorganización Nacional, que es como la junta se refería a su control. El término "guerra sucia" fue acuñado por los militares, lo que se emplea para justificar los asesinatos, como si hubiera habido una guerra real, con dos lados. Lo que le sucedió a la familia de Daniel lo llamamos inevitablemente una desaparición.

Durante los primeros años del exilio de Daniel, nadie sabía en realidad lo que quería decir "desaparecer". Ocasionalmente, ciertas informaciones aisladas flotaban en Argentina, incompletas y extremas. Entre los exiliados argentinos, circulaban descripciones de tortura, algunas atroces —ratas vivas colocadas en las vaginas de las mujeres, por ejemplo— pero nadie creía que cada desaparecido estaba en realidad muerto. Una mujer, que había estado detenida en la escuela de mecánica de la armada, y que más tarde escapó, contó de haber conocido, en agosto de 1976, a una joven adolescente que se presentó como Betina Tarnopolsky y que dijo que toda su familia estaba encarcelada ahí. La mujer reportó que Betina había sido torturada con choques eléctricos, que la dejaban seca, con una sed que la atormentaba. Ella pidió y recibió agua, lo que solamente agravaba su agonía. Con el transcurso de los años, dos otras mujeres que lograron salir de la misma cárcel clandestina reportaron que Sergio había actuado en una película que se mostraba a los prisioneros, en la que "confesaba" haber colocado una bomba en una base naval.

Me pregunto si Hugo y Luli se animaron a esperar que su hijo menor, Daniel, estuviera sano y salvo. Daniel no lo cree. "Fíjate, nunca tuve más contacto con ellos, así que no podían saber nada de mí", dice. "Ellos nunca se enteraron de lo que pasó, o donde yo estaba. Me supongo que era obvio que no estaba allí, pero no tengo ninguna idea de lo que pensaban. Yo sé mucho más de lo que les sucedió a ellos de lo que ellos supieron de mí. A menos que me puedan ver desde las alturas".

Le pregunto, "¿Eres creyente?"

Daniel responde, "Terminé creyendo en el más allá —quizás simplemente a causa de mi deseo de tener algún contacto con ellos. Pero, ¿quién sabe? Creo —es mi esperanza— que la vida continúa después de la muerte. Vivo con esta ilusión".

A fines de la década de los años 70, Daniel intentó llamar la atención internacional a la desaparición de su familia. Voló a todas las capitales europeas para reunirse con cualquier ministro de relaciones exteriores que lo escuchara. Lo escucharon sin decir nada, dice, y nada resultó de sus demandas. Hasta los demás exiliados argentinos que habían perdido a miembros de su familia no podían, en su mayoría, compartir su sentido de urgencia. Aunque Daniel no puede explicar su reacción, me sospecho que estaban simplemente estupefactos ante la magnitud de su pérdida.

Daniel dice que nunca pensó cómo lo veían otras personas. Luego acepta que puede no ser una coincidencia que su amigo más cercano entre los exiliados era una mujer que tenía casi la misma edad que su mamá y que había perdido a sus tres hijos.

En su memoria, "Escritura o la vida", Jorge Semprún, el antiguo Ministro de

Cultura de España y sobreviviente de los campos Nazis de la muerte, describe lo que él llama "la mirada", refiriéndose a la manera incrédula en que lo miraban dos jóvenes soldados, que fueron las primeras personas que lo vieron después de su liberación de Buchenwald. Escribe, "Están parados frente a mí sin poder creer lo que ven, y de repente, ante su mirada horrorizada, yo me veo a mí mismo en su horror... Ellos me miran, con los ojos despavoridos por el pánico". Le pregunto a Daniel si la gente lo miraba a él de esa manera. "No tengo idea", dice. Pero uno de sus viejos amigos en París, Pierre Cappanera, recuerda momentos cuando Daniel estaba "super nervioso, inquieto, demasiado voluble, dudaba todo". Cappanera añade, "Para mí, él era un sobreviviente del Holocausto. Leí a Elie Wiesel para tratar de entenderlo mejor. Me enfrenté a una total incomprensión, horreur absolue."

"A fines de 1976, Daniel vino a Ginebra una vez de visita. Un día, regresé a casa de mis clases para encontrarlo sentado en la cama, convulsionado por unos temblores terribles que parecían haber tomado posesión de todo su cuerpo. Me quedé parado mirándolo, pero era como si yo no existiera. Daniel tenía los ojos cerrados, su cara contorsionada. Se sentó temblando y llorando sin hacer ruido. Nunca le dije nada a nadie acerca de lo que había visto".

Veinte años más tarde, le pregunté a Daniel si se acordaba de ese momento. "No", responde, pero reconoce la aflicción. Me dice que ha sufrido de paroxismos súbitos, incontrolables por muchos años. Siempre pensó que nadie lo había visto en ese estado. Para 1983, después de siete años en el poder, la junta argentina había fallado en todos los frentes. La economía estaba destruida; la aventura de Las Malvinas había culminado con la humillación nacional; las demandas de grupos de derechos humanos para que se aplicaran sanciones económicas estaban dando sus resultados. Después de la derrota militar de Argentina por Inglaterra, el gobierno no tuvo otra alternativa que hacer un llamado a elecciones. Raúl Alfonsín, el presidente del Partido Radical socialdemócrata, fue elegido Presidente. En París, un Daniel feliz empacaba sus valijas y regresaba a su casa. Por un período de tiempo, trabajó en la antigua compañía de su padre. Un día, una vieja amiga de Betina llamada Mariana lo llamó. Se encontraron en un café, y en un plazo de un año se casaron.

A comienzos de 1985, el gobierno democrático de Argentina dio el extraordinario paso de hacer un juicio público a sus militares por crímenes de lesa humanidad. En el tribunal, el abogado de uno de los principales acusados, el Almirante Lambruschini, testificó que la familia Tarnopolsky había sido secuestrada porque se sospechaba que Sergio había puesto una bomba en la escuela de mecánica de la armada. No produjeron ninguna prueba del tal complot. Se encontró culpable al predecesor de Lambruschini en la junta, el Almirante Massera, de tres asesinatos premeditados, sesenta y nueve secuestros, y doce casos de tortura; fue sentenciado a cadena perpetua. Lambruschini fue sentenciado a ocho años en la cárcel por treinta y tres secuestros y diez casos de tortura. Para Daniel, estas determinaciones de culpabilidad representaban una esperanza para una buena Argentina. Daniel y Mariana se mudaron a un apartamento no muy lejos del barrio en el que había crecido, y juntos empezaron lo que Daniel llamó mi nueva/vieja vida. Hasta este momento, Daniel dice que Buenos Aires es el único lugar donde se siente entero. En la sección judía del cementerio británico en Buenos Aires colocó una simple placa con los nombres de los cinco miembros de su familia que desaparecieron. (El me recuerda que las lápidas como las de su sueño están prohibidas por la ley judía en los casos en donde no hay un cuerpo.)

La vida continúa sin grandes cambios para Daniel y Mariana hasta la Semana de Pascuas de 1987, cuando un coronel de la armada, Aldo Rico, intentó dar un golpe de estado. Toda esta confusión desembocó, el domingo de Pascuas, en la más grande demostración a favor de la democracia en la historia de Argentina. Daniel y Mariana estaban entre la multitud en la Plaza de Mayo cuando el Presidente Alfonsín salió al balcón presidencial para decir: "Felices Pascuas. La casa está en orden". En ese momento, Daniel se dio cuenta que se había hecho un arreglo con los militares. Dándose vuelta a su esposa, dijo, "No podemos vivir aquí". Mariana, que es una mujer reservada y sofisticada, recuerda. "Parecía haber sido afectado físicamente. Estaba rígido. Yo sabía que no iba a haber forma de aliviar su ansiedad o de convencerlo que había algo por lo que valía la pena quedarse en Argentina. Al menos, ninguna manera honesta".

Al día siguiente Daniel estaba haciendo cola en la caja de un banco, cuando escuchó a uno de los asistentes quejarse de que había sido un mal fin de semana porque la cobertura del fútbol en la televisión había sido cancelada. "Nadie en Argentina se había dado cuenta de que casi habíamos perdido la democracia y los derechos civiles", me dice. "Simplemente a la gente no le importaba un rábano. Sentí como que las vidas de mis padres habían sido desperdiciadas, que su existencia en Argentina, y ahora la mía, estaban siendo ridiculizadas". Durante los siguientes tres años, los temores crecientes de un intento de golpe resultaron en una serie de amnistías y perdones que, eventualmente, resultaron en la liberación de todos los oficiales de la junta que habían sido encontrados culpables de delitos. Primero vino la ley de punto final, el intento de Alfonsín de lograr una reconciliación nacional, que decía que después del 23 de febrero, 1987, no se iban a escuchar en los tribunales más demandas de abusos de derechos humanos por parte de los miembros de la junta. Esto fue seguido, en mayo, por la ley de debida obediencia, que absolvía a los soldados y oficiales por debajo del rango de teniente coronel de cualquier responsabilidad por delitos que pudieran haberse cometido. Después de otro intento golpista, el candidato del Partido Radical en las elecciones presidenciales, Eduardo Angeloz, fue derrocado por el líder del Partido Peronista, Carlos Saúl Menem. El año siguiente, Menem, que había sido un fuerte opositor de estas absoluciones cuando era candidato presidencial, perdonó y liberó a más de doscientos oficiales que ya habían sido encontrados culpables. Massera entre ellos, después de haber cumplido cinco años de su cadena perpetua. Lambruschini, que había cumplido seis años de su sentencia de ocho, también fue liberado.

Daniel y Mariana se fueron de Argentina. "Sentí que mis padres habían sido asesinados por segunda vez, y que si me quedaba, en una sociedad que negaba la existencia de los muertos, me iba a volver loco", dice. Para ese entonces, ya se había hecho ciudadano francés y contaba con un diploma de la Universidad de París. Vendió el apartamento de sus padres, que había podido reclamar como propiedad abandonada, y utilizó el dinero para comprar un apartamento en París. En 1993, nació su hijo; hace dos años, él y Mariana tuvieron una hija.

En 1997, durante una conversación que tuve en Jerusalem con Marcos Aguinis, el novelista argentino que actuó como Ministro de Cultura de Alfonsín, Aguinis atribuyó la costumbre de su país de olvidarse de sus responsabilidades cívicas a una terrible tradición sudamericana que data de la época de la colonia española, que consiste de burlarse de la ley, y que considera a la justicia como algo que se puede manipular o profanar, y una creencia que las consecuencias inmediatas son más importantes que una tradición legal, sistemática y permanente.

Como dice mi padre, "Lo que resulta crítico entender es que los argentinos, aún cuando logran hacer algo importante, no se dan cuenta. Traer a los generales a la justicia fue un gran hecho histórico, pero luego los argentinos revelaron su incapacidad de entender el significado de lo que acababan de lograr, y lo desarmaron. De tal manera que los generales están desacreditados personalmente, pero tienes docenas de torturadores y secuestradores caminando por las calles. Desde la desaparición de Hugo, cada vez que regreso a Argentina, aprieto los dientes".

Hasta la fecha, no existe ningún caso registrado en el que haya un acto violento de venganza por parte de ninguna víctima de la junta. Cuando le pregunto a Daniel por qué sucede esto, él dice, simplemente, "porque nosotros no somos como ellos". Le pregunto si alguna vez piensa en vengarse. "¡Oh, sí!", responde. "Con Massera me imagino situaciones increíbles en las que voy caminando por la calle, igual que en la televisión, con un revólver y un silenciador. Me acerco a Massera y digo, 'Buen día'. El me mira con sorpresa y me pregunta quién soy. 'Vos mataste a mis padres y hermanos', y, con eso, lo liquido ahí mismo, para mí, esto va a terminar solamente cuando estén todos muertos: Massera, Lambruschini, los otros. Recién entonces se va a empezar a disipar. Lo único que debe perdurar es la memoria, la memoria nacional, si gano mi demanda, gana la memoria".

En la demanda civil presentada por Daniel en 1987 por daños en contra de Massera, Lambruschini y la República Argentina, estuvo representado por Betina Stein, una tenaz abogada de veintisiete años que se acababa de graduar de la facultad de abogacía. Cuando ella presentó la demanda, el término desaparecido no existía en el código legal argentino. "Homicidio existía", dice Stein, "secuestro por extorsión, existía. Pero no, desaparición". La fe de Stein en el caso de Daniel era tal, que en contra de los consejos de sus colegas, se quedó con el caso, sin compensación, durante doce años.

En noviembre, 1994, un juez federal en Buenos Aires, Oscar Garzón Funes, entregó un veredicto sin precedentes en la historia legal de Argentina. Su fallo le concedió a Daniel la suma simbólica de un millón de dólares, a ser pagado en partes iguales por Massera, Lambruschini y el gobierno. En su decisión, el juez Garzón Funes escribió que "[las amnistías] no alteraban de manera alguna la obligación de reparar las consecuencias del delito, más aún cuando los culpables del delito habían llegado al poder de manera ilegal... Massera y Lambruschini eran la encarnación del estado despótico, fuera de la ley que subvertía las costumbres y la moralidad del pueblo. La democracia debe compensar por los delitos de estas personas, y corresponde que el Estado mismo pague parte de las reparaciones".

El Presidente Menem acusó al juez de sobrepasarse en su autoridad judicial y anunció que el gobierno tenía la intención de apelar. Garzón Funes respondió a los ataques de Menem con una explicación de su fallo que no hacía concesiones: "Está basado en solamente una cosa: la defensa del derecho a la vida". Después Menem pasó, por decreto presidencial, la ley de indemnificación. Una ley diseñada para evitar juicios similares. Fijaba la cantidad de los daños que un sobreviviente podría reclamar por un pariente desaparecido en doscientos veinte mil dólares. El caso de Daniel, que estaba trancado en las apelaciones del gobierno, demoró cinco años más para resolverse. Finalmente, la noche del 31 de agosto, él me llamó.

"¿Estás sentada?", dijo.

"Sí".

"¡Ganamos la demanda!"

Unos pocos días después del fallo, Daniel voló a Argentina a estar presente cuando el Tribunal Supremo hiciera pública su decisión. Otros días más tarde, celebró una ceremonia en el cementerio británico, en donde se erigió una placa a la memoria de su familia. De la mano de Betina Stein, llorando, les habló a sus padres desaparecidos: "He hecho todo lo que podía hacer por ustedes. Mi esposa y mis hijos no pudieron estar aquí hoy, pero están conmigo. Les hablo sin parar a mis hijos de ustedes. Espero que mis primos, y sus tíos y tías, les digan cómo eran ustedes, lo que les gustaba, lo que odiaban. Todavía no puedo absorber lo que sucedió, y para mí el peor dolor viene de lo que le hicieron a Betina, que aún no había comenzado a vivir".

IV • WHERE FEAR NESTS

One of the most frightening aspects of what happened during the military dictatorships was the constant sense of uncertainty and betrayal. The struggle to control an ideology dominated a great part of daily life in Latin America under a semblance of order and normalcy. This illusion of normalcy in contrast with the reality of what happened in the secret prisons and to the indigent populations made fear perpetual. Sometimes people ask, "What about the other side?" That is to say, what about the leftist resistance or the violence brought on by groups such as Tupac Amaro in Peru? The leftist movements during the military decades did not engage in the shattering acts of repression carried out by the right wing. Groups such as Tupac Amaro were almost obliterated at the beginning of the 1970s. These groups have neither their own literature nor a testimonial voice to date.

During the military dictatorship, violence against women acquired unsurpassed strength. Distinguished sociologist Julieta Kirkwood was one of the most enlightening voices during the years of the Chilean military dictatorship, making evident the relationship between the political violence of the region and that occurring in people's homes, where domestic abuse was as well guarded a secret as the torture taking place in detainment centers. Psychiatrist Judith Herman also noted an interesting correlation between the increased abuse and violence against women and political violence.

This section begins with the story "La noche en blanco" by Argentine writer Reina Roffé, in which the author clearly portrays the repression and terror of daily life in Buenos Aires, Montevideo, or Santiago when gigantic green helicopters with no identifying marks flew overhead, spreading fear amidst the silence of the night. Her story also reveals history as a singular force.

Memories intermingle to help us understand that a common denominator in Spanish and Latin American history united the dictatorial presence of Franco in Spain to the military juntas of Argentina. With her extraordinary narrative, Roffé captures the hallucinating fear of what it means to disappear.

Starting with her earliest texts, Luisa Valenzuela unmasked the horror of living under the Argentine military junta. Her texts were among the most popularly read during the so-called Dirty War. From exile in New York she wrote "Los censores," an essential example of literature that censors itself. The story deals with a mailman who censors his own correspondence, a compelling reflection of the era in which he lived.

Marta Traba's personal and artistic life reflects Latin American history. Exiled from her native Argentina, she worked in Paris and Rome as an art historian and became a promoter of contemporary art in Latin America. A renowned art critic and founder of the Museo de Arte Conte in Bogotá, she is also known for her poetry and novels. This anthology highlights fragments of her most important book about fear and repression, *Conversación al sur*. This enigmatic novel centers on the voices and memories of a renowned actress and a militant woman, who meet in an apartment in Montevideo to talk, remember, and attempt to understand the past. The text presents clearly what it means to live in fear, but it also conveys the significance of the defiant Mothers of the Plaza de Mayo marching in circles, with their embroidered kerchiefs and photos of the disappeared, asking where their sons and daughters are.

Through her testimony, Nobel Peace Prize winner Rigoberta Menchú recounts the history of oppression experienced by the Guatemalan indigenous communities beginning with the discovery of the Americas. Menchú's voice allows us to understand the deep nexus between personal history and collective history, between historical memory and silenced memories.

Peruvian writer Rocío Quispe-Agnoli's stories manifest another component of the history of fear: the oppression of women and minors. In "El cuarto mandamiento," Quispe makes evident the cruel violence against children. Her writing brings us closer to the zones of fear dominated by physical violence and corporal punishment, which often occur during adolescence. Her text also reinforces the relationship between physical and political violence within society.

Lourdes Vázquez, a Puerto Rican narrator and poet, writes a magnificent story with various subtexts. In "Nos buscan," fear and uncertainty pervade. The story has no specific locale; it could take place anywhere in Latin America. Through Vázquez's vibrant narrative, we experience the harrowing need to hurry and the urgent desire to escape danger. The question remains though, "Where to go?" It seems impossible to escape and be able to live freely.

Susana Rotker's powerful article about street violence, "Insolencias de lo prohibido," focuses primarily on Caribbean cities and Caracas. Rotker makes us rethink symbols that refer not only to armed conflicts but to other configurations of violence that occur in the face of extreme poverty, including the displacement of people from rural areas to the city, unemployment, prostitution, and the lack of dignity that comes of living in abject poverty. Rotker depicts the new abysses of repressive history in which postcolonial theories and the myth of progress assumed in Venezuela cease to exist and citizens become victims of attacks, kidnappings, and death in the streets.

The story included here by Elena Poniatowska, "Las lavanderas," alludes to the history of domestic abuse of workers. Poniatowska manages to poetically describe physical abuse through the image of hands, which are equally wounded and nourished by life.

Antonio Skármeta's literature has had the ability to move readers—even make them laugh—and has accompanied a whole generation of Chileans who have been able to feel connected to their country's history while in exile.

Finally, Carlos Cerda creates a powerful and moving testimony of Chile's past and its legacy of terror through the metaphorical concept of an empty house. The home in *Una casa vacía* was once inhabited by a family, then became a house of fear and torture.

The disappearance of many individuals continues to plague the cultural and political history of countries and people who wish to deny what happened. The body that is gone, never to be found, but remembered as a constant presence by its family, forces society to negotiate its past for its future. A country that is constantly thinking and imagining within the metaphor of the silenced body becomes a country devoid of a past and a historical memory.

Reina Roffé, Argentina

Reina Roffé desde joven ha realizado una intensa labor en los campos de literatura y periodismo. Nacida en 1951 en Buenos Aires, Argentina, Roffé ha vivido en Madrid desde 1988. Su primera novela, *Llamado al Puf*, obtuvo el Premio Pondal Ríos al mejor libro de autor joven en 1973. En ese mismo año también publicó su ensayo *Juan Rulfo: autobiografía armada*. Publicó su segunda novela, *Monte de Venus*, en 1976; ésta fue prohibida por la censura durante la última dictadura militar en Argentina.

Roffé se trasladó a los Estados Unidos en 1981 por medio de la beca Fulbright para escritores. Allá continuó su trabajo literario y publicó su novela *La rompiente* en 1987, la cual obtuvo el Premio Internacional de Novela Breve. La crítica ha señalado a *La rompiente* como una de las obras que inaugura una forma osada de narrar la subjetividad femenina. Se caracteriza como un texto que manifiesta las preocupaciones de un período de terror y represión, y al mismo tiempo elige a la mujer como el centro de la narración en fin de analizar su relación con la historia y presentar su voz propia. En hacer esto, presenta entonces un diálogo no sólo de la represión de la dictadura sino de la represión sexual y sexista.

Aparte de su trabajo como novelista, Roffé ha escrito para varios periódicos en Argentina, los Estados Unidos y España. Sus cuentos también han aparecido en diversas publicaciones y antologías en Europa y América, traducidos al inglés y al alemán. Entre sus libros más recientes se destaca *El cielo dividido*, publicado en 1996. En 1993 recibió la beca Antorchas de Literatura.

Obras

Llamado al Puf (1973)
Juan Rulfo: autobiografía armada (1973)

Monte de Venus (1976)
Espejo de escritores (1985)
El cielo dividido (1996)
Conversaciones americanas (2001)
Juan Rulfo (2001)

La noche en blanco

La mujer del A los había visto llegar. Casi siempre lo hacían a la medianoche, no a esa casa de apartamentos, sino a cualquiera, en cualquier barrio, en cualquier parte de la ciudad. Sólo aquellos que eran buscados, a veces los veían llegar; los demás no querían ver ni oír nada.

Del coche bajaron dos hombres, eran inconfundibles. La mujer del A se apartó de la ventana, despertó a la niña, que dormía profundamente, y, sin más, la tomó en sus brazos y la sacó al pasillo en piyama. Tocó tres timbres breves, firmes, alarmantes en la puerta del B. Mientras esperaba que le abrieran, en esos escasos segundos, apretó a la niña contra su pecho. La niña, anegada aún en el sueño, preguntó:

—¿Qué pasa, Mami?

El pasillo estaba oscuro, todo el edificio en silencio. Sólo un ruido mecánico, agónico atravesó aquellos escasos segundos, sólo un resplandor iluminó fugazmente la espera, provenían del ascensor que descendía hacia la planta baja.

La mujer debió de albergar alguna esperanza, pues lo que dijo, cuando la vieja le abrió la puerta, fue:

—Pase lo que pase, no salga, no llame a nadie. Quédese con la nena nada más por esta noche.

La vieja retrocedió unos pasos y se echó a un lado. Intentó alisarse los cabellos, que llevaba revueltos, pero sus manos no respondieron.

La niña, ahora de pie en la habitación única del B, se restregó los ojos y bostezó con la boca muy abierta; luego, se volvió hacia la puerta como buscando algo, a alguien. Su madre había desaparecido. De nuevo, se restregó los ojos y, dirigiéndose a la vieja, dijo:

—¿Qué pasa?

La vieja quitó unos periódicos del sofá y le indicó a la niña que se sentara allí. Después de esto, ambas, la niña y la vieja, formaron dos siluetas fijas, pétreas, expectantes una de la otra y de lo que iba a suceder, de lo que ya estaba sucediendo.

La presencia de los hombres se dejó sentir sin demasiada bulla en el edificio.

Fueron certeros, expeditivos. Prescindieron de llamar. Dieron una patada en el A y entraron. La operación fue limpia, rápida.

—Si esto no es una guerra... —murmuró la vieja evaluando la situación, mientras aplastaba el cigarrillo a medio fumar en un cenicero lleno de colillas y ceniza.

La niña miró el cenicero embobada, con el embeleso del sueño, de la duermevela. Todavía de pie, dijo:

—¡Qué olor!

La vieja repitió entre dientes:

—Si esto no es una guerra... —al tiempo que se servía un trago de licor como si escanciara en la copa su alimento primordial, un elixir.

—Quiero agua —se oyó decir a la niña en un tono de voz normal; antes, todo se había dicho en susurros.

—En mi casa, las cosas se piden por favor —respondió la vieja que aún usaba un tono quedo, bajo; y con su acento extranjero ilustró el tratamiento que deseaba recibir—: Señora, ¿me puede usted dar un vaso de agua? Gracias.

La niña, después de beber un sorbo, dijo desafiante:

—Acá nunca hubo una guerra.

La vieja, a la vez, saboreó su elixir, chasqueó la lengua.

—Me lo dijo la maestra, en el cole —se ratificó la niña.

El silencio persistía como antes de los ruidos que, de cualquier forma, habían sido discretos.

—Te hice un lugar en el sofá, ¿por qué no te sentaste? —la vieja ajustó el cinturón de su bata, y agregó—: Será mejor que duermas.

—Ya no tengo sueño —dijo la niña observando la habitación, que era todo el apartamento, un cuarto único repleto de muebles, fotografías, libros y periódicos apilados sobre el piso, en cada rincón. Finalmente, se acomodó en el sofá, tomó un diario, lo abrió y se escondió detrás de sus páginas.

La vieja sonrió como si, de pronto, la hubiera enternecido un recuerdo, una imagen soterrada que emergía de su memoria y le permitía distenderse un instante, despejar lo oscuro, asociar lo bueno. Se sentó a una mesa y aguardó el siguiente movimiento de la niña. Bebió, fumó un cigarrillo. En el mantel había migas, cortezas de pan, manchas de vino, tiznes, pequeños agujeros, quemaduras. Contabilizó el rastro de los días vertidos sobre la tela a cuadros. La niña seguía quieta, detrás del diario.

—¿Cómo te llamás? —se animó a decirle.

La niña no respondió.

—¿Te comieron la lengua los ratones? —dijo y, de inmediato, se arrepintió.

Pensó que no sabía tratar con niños, nunca se le había dado bien, a pesar de haber tenido dos.

—¿Fue el ratoncito Pérez? —insistió desafortunadamente para enmendar el error. Cuando iba a añadir algo más, tuvo un acceso de tos. Bebió otro trago, pero el licor no detuvo aquella acometida que parecía emanar de los pulmones, de los años de alcohol y tabaco que le había echado al cuerpo. Carraspeó tratando de suavizar las asperezas; incluso se levantó a servirse un vaso de agua, a limpiarse la nariz y las flemas. Al volver a su sitio, permaneció callada. Aunque de tanto en tanto necesitaba aclararse la garganta, tragar saliva, respirar hondo. Miraba el deslucido azul en los cuadros del mantel.

Eran los dos tan pequeños, se dijo para sí, recordando a sus hijos. Uno había muerto de neumonía, el otro de una enfermedad sin nombre, hacía ya tanto tiempo.

La niña asomó la cabeza por encima del diario y se escondió tan pronto como pudo comprobar que la vieja continuaba ahí, frente a ella, a unos metros.

—Ah, ya me acordé —dijo la vieja de repente—. Te llamás Petronila.

—No —respondió enseguida la niña bajando el diario—, ése es un nombre muy feo. Yo me llamo Alicia.

Un nombre muy feo, se dijo la vieja, feo, el hambre; de eso, de hambre había muerto uno de sus hijos.

La niña tenía el diario sobre su falda, se había cruzado de brazos y miraba sin ver las páginas, desolada, con la cabeza baja y una expresión de encono.

La vieja fue a sentarse a su lado.

—¿Sabés leer, Alicia?

La niña primero rezongó, después dijo:

—Sí, y de corrido.

—¿Podrías leerme lo que dice ahí, debajo de esta foto? Tiene una letra tan chiquita...

—Fran, Fran —balbuceó Alicia—, Mit, Mite...

La vieja se quitó los anteojos, con su aliento humedeció los cristales y los frotó con un pañuelo de papel arrugado que sacó del bolsillo de la bata.

—A ver, a ver —dijo colocándose los anteojos.

—Es muy difícil —exclamó Alicia.

—Ahí dice François Mitterrand.

—Mi-tte-rrán. ¿Quién es?

—El nuevo presidente de Francia.

—Francia está muy lejos.

—De muy lejos vengo yo —replicó la vieja canturreando.

La niña empezaba a relajarse. Bostezó largamente y se estiró con un suave ronroneo de gato. La vieja aprovechó para decirle:

—Creo que deberías dormir.

—No, no voy a dormir nunca más en la vida —contestó muy resuelta y volvió a simular que leía el diario.

Que le tuviera a la nena nada más por esta noche, le había dicho la mujer del A, una desconocida, con quien hasta apenas una hora atrás no había cruzado más que el saludo. ¿Cómo pudo creer que sólo sería por esta noche?, pensó. Ella, en cambio, nunca había creído que iba a ser por una noche, casi cuarenta años atrás, cuando llegaron con su blanca, impoluta piel quienes la fueran a buscar, allá, en la France de la France, en París. Olían a tabaco inglés. Aquellos alemanes olían a tabaco inglés, limpios, blancos, con sus trajes perfectos y sus botas de cuero reluciente. ¿Dónde la habían llevado primero? Tenía los recuerdos superpuestos. Quizás a la rue des Saussaies, allí interrogaban, allí la Gestapo sumergía a las mujeres en una bañera, antes y después de las preguntas, eran tan pulcros. Sí, había estado en la rue des Saussaies y en la cárcel de Fresnes, vio su impresionante portal. Ella, al contrario que la mujer del A, no albergó ninguna esperanza de vida; sintió, eso sí, una especie de perverso alivio porque sus hijos ya habían fallecido cuando la fueron a buscar. ¿En el 42, en el 43?, las fechas se le escapaban ahora, tenía la sensación de que en menos de un año ambos se le habían muerto, el más pequeño de hambre, por no querer comer, por no tolerar ningún alimento, ni papillas ni jugo de carne, nada. Era extraño sentir alivio, pero la muerte les había evitado cosas todavía más tremendas; un alivio que la acompañó luego, durante todo aquel tiempo en el campo de concentración, donde esperaba lo peor, donde iban a parar los casos difíciles, peliagudos, como el de ella, una francesa que no soportó despertarse con el ruido de las cuadrillas militares sobre París.

—¿Lo conoce? —dijo de pronto la niña.

—¿A quién?

—A éste —respondió señalando la foto—, a Mitterrand.

—Sí, lo conocí cuando se hacía llamar Morland.

—¿Tenía otro nombre, como los artistas?

—Ajá —asintió la vieja.

—¿En serio?

—Por supuesto, yo nunca miento. Era su nombre de batalla, un seudónimo, un nombre falso, como a veces usan los artistas.

—¿Era amigo suyo?

—Digamos que era amigo mío —dijo, y al ver que la niña esperaba una explicación, continuó—, y de los que deseaban la liberación de mi país. Fue jefe de la Resistencia, en la Segunda Guerra Mundial. ¿Has oído hablar de esto?

—Sí —dijo la niña—, pero yo de esa historia todavía no sé mucho —y tratando de demostrar lo que sabía, agregó—: Entonces Mitterrand es un patriota, como San Martín y Bolívar.

La vieja se rió y tuvo otro acceso de tos. Se le inflamó la cara, el cuello, se le enrojecieron los ojos; debió secarse las lágrimas con el pañuelo arrugado que guardaba en el bolsillo de la bata.

—Bebe y fuma demasiado —la regañó Alicia—. No para de toser y es usted muy mayor.

Era cierto, pensó la vieja, bebía y fumaba mucho. El tabaco y el licor eran los únicos placeres que le pedía, le exigía su cuerpo. Los únicos que necesitaba, a los demás ni siquiera podía echarlos de menos, había prescindido de ellos inadvertidamente. Y no era tan mayor. Había cumplido 62 años, una edad en la que muchas mujeres aún gozaban del sexo, presumían y cuidaban la línea. Ella, por el contrario, no había recuperado el peso perdido durante la guerra. Su piel se le pegaba a los huesos. Nada retuvo de lo que había engullido al salir del campo alemán, de todo lo que le obligaron a comer. Porque volvía a perderlo en la cama y en los viajes. Había viajado de un país a otro, había saltado de una cama a otra, había hecho el amor hasta el desvanecimiento, había huido con el cuerpo, con la mente, siguiendo a sus amantes a cualquier sitio sin ninguna convicción mas que la de dejarse ir. Había aprendido varias lenguas y con todas ellas había hablado el idioma de la seducción para no recalar en ningún amor definitivo. Sólo por cansancio, por pereza, por el ancho océano entre una orilla y otra, se afincó donde estaba, en esa ciudad del cono sur que se parecía a París, que empezaba a dolerle como París en guerra.

El cristal de la vitrina que tenía frente a ella la reflejaba. Intentó atusarse el pelo con un gesto inútil de coquetería. Las canas gruesas, rebeldes y los tintes habían convertido su cabellera en una mata opaca y enmarañada. En otra época, rememoró, su melena lucía con el brillo de la seda, tersa, acariciable, le daba personalidad, aunque siempre se supo poquita cosa: baja, descarnada, miope y con lentes de culo de botella que la hacían mayor, más de lo que era, pero esto ya carecía de importancia. Ahora se hallaba consumiendo serenamente, sin tiempos, sin fugas, de esa vida íntima construida entre las cuatro paredes de su apartamento que contenían la medida exacta de su deseo: cigarrillos negros, brandy, buena lectura, el *bel canto* los días de fiesta, una canción en la radio cada noche y su proverbial desorden que a nadie llamaba la atención. Ella y sus miasmas, sus manías, ella y nada más que ella. Era un descanso, una cura, el mejor retiro que había podido conseguir después de tantas batallitas.

—Vamos a ver, Alicia —dijo con una repentina urgencia—, tenés que decirme dónde está tu papá.

—No lo sé —respondió sin levantar la vista del diario.

—¿Cómo que no sabés?

—Tuvo que irse y no sé dónde está.

—¿Y tus abuelos? Porque tendrás abuelos, algún tío, ¿verdad?

—Mis abuelos murieron antes de que yo naciera —dijo, e inmediatamente, como acordándose de algo, añadió—. Y no me haga más preguntas, a mi mamá no le gusta que hable con extraños.

—Si te dejó acá es porque confía en mí.

Alicia se mordió una uña, la escupió, luego dijo:

—No sé, no sé nada, de verdad.

—¿De verdad, verdadera? —dijo apelando a un juego de palabras que había empleado con sus hijos alguna vez, un juego infantil que creía olvidado.

—Claro —respondió Alicia con una límpida carcajada—, la verdad siempre es verdadera.

—¿Cuándo se fue tu papá?

—Uy, un montón —exclamó de manera espontánea.

—¿Cuánto hace que desapareció? —dijo la vieja y, ni bien formular la pregunta, se estremeció.

—Unos cuatro años —contó Alicia ajena al estremecimiento de la vieja—. Mamá y yo estábamos en la playa, cuando volvimos Papá se había ído. Yo era chiquita, pero me acuerdo. Había un despelote en la casa, todo tirado. Entonces, regresamos a la playa, pero no a la misma, sino a otra, y después nos fuimos a las sierras.

—No se quedaban mucho tiempo en un mismo lugar.

—Mamá decía que era mejor mudarse. Casa nueva, vida nueva.

—Pero volvieron a la ciudad.

—Sí, sí —dijo ahora contrariada, con fastidio—. Tengo frío, mucho frío.

La niña había empezado a temblar. Pero la vieja no pudo ofrecerle sus brazos; a cambio, corrió a buscar una manta y la arropó.

—¿Mejor así?

—Regular —respondió la niña con un tono de abandono, de aflicción.

Dejaré de hacerle preguntas, se dijo la vieja, el interrogatorio, aun el más amable, fuerza las palabras, es una especie de tortura, destempla, como un espejo sombrío, deformante, que no refleja lo que se debe decir o refleja más de la cuenta y por eso atemoriza con sus sombras. Lo sabía, lo había vivido primero con sus padres, luego con los hombres que fueron sus amantes y también en la rue des Saussaies. De los detalles no guardaba memoria, sólo sensaciones: la escandalosa galería de ecos, la visión arrebatadora de los sub-suelos percudidos de sangre, un ritmo vertiginoso de cascada, cayendo, retor-nando, y la clausura de sus labios hinchados de apretarlos. Entonces, pese al miedo, se creía valiente, había afrontado toda clase de interrogatorios, veja-ciones, crímenes, incluso el dolor más grande, el que no se podía describir ni procesar, el que llevaba como un cirio ardiente en lo más profundo, la muerte de sus hijos. Pero ahora se prefería cobarde, quieta, en calma, indiferente, se prefería ahí donde estaba, habitando su espacio interno, su recinto enlutado. Sesenta y dos años de un siglo que sumaba hambrunas, persecuciones, geno-cidio, fanatismo, necedad, delirio. El mundo era eso: una factoría incesante de estupidez y horror. ¿Qué iba a hacer ella, una veterana sola y enferma con esa pobre niña asustada? Era evidente que su madre había vuelto a la ciudad creyendo que los dictadores y sus sicarios, instalados en el poder desde hacía cinco años, empezaban a aflojar. Parecía olerse en el aire una tregua o el final de la etapa más oscura y violenta. Ya se habían cobrado una víctima de la familia, el padre de la niña, para qué iban a querer otra. Fue un error, un exceso de confianza arriesgarse así, poner en peligro a la pequeña y comprometerla a ella, que no quería saber nada de más batallitas. Después de la Liberación de París, recordó, todavía una semana después de que las campanas de todas las iglesias anunciaran el final de la ocupación, de la guerra, y las calles se atibo-rraran de gente y de júbilo, persistían los francotiradores que apuntaban a matar.

—¿Querés que te caliente un vaso de leche? —dijo al advertir que la niña seguía temblando.

—Qué asco —manifestó Alicia y frunció la nariz.

—De acuerdo —dijo la vieja conciliadora—. Cuando quieras algo, me lo decís.

—Bueno —se quedó pensando y agregó—. ¿Sabe alguna canción?

—Me temo que no.

—Es una pena. Mi señorita dice que la música tranquiliza a los chicos y a las fieras.

—Muy cierto. ¿Estás intranquila?

—Un poquito, un poquito bastante.

—Ah, ¿todavía con frío?

—Si tenés frío, tapáte con la manta de tu tío —dijo Alicia imitando el acento de la vieja— Si tenés calor, tocá el tambor.

—Ahora te burlás de mí, ¿no? —dijo con una expresión cómplice.

La niña se rió con una risa sonora, exagerada. Festejó una y otra vez con esa risa su atrevimiento, su picardía. Luego, se calló, miró hacia el techo, volvió a reír, se arrebujó en la manta, tiritó súbitamente y se le llenaron los ojos de lágrimas.

—Alicia, nena —exclamó la vieja que tampoco esta vez pudo abrazarla—. ¿Qué te pasa?

—Nada —respondió secándose las lágrimas con sus manos trémulas.

—¿Seguro?

—A Seguro se lo llevaron preso —dijo de manera automática, como si la respuesta formara parte de algo aprendido que se dispara solo, sin intención, ya vacío de significado, de gracia, carente de interés para la niña que ahora añadía—: No me gusta la noche.

—Entonces, dormí —le sugirió la vieja.

—Yo no voy a dormir nunca más en la vida —contestó Alicia con un hilo de voz. Se había recostado envuelta en la manta y luchaba por mantener los ojos abiertos.

Qué extremos, qué tercos son los niños, dijo para sí la vieja, tan raros con su cándido dramatismo, como aquel hijo suyo que se negó al alimento, que se dejó ir, cuando los sicarios, los francotiradores, esa peste que se reproducía por generación espontánea, le volaron la cabeza a su padre. Se le habían ido uno detrás del otro, en cadena, su compañero y los hijos. Y ella, también ida, un muerto viviente. Ninguno de sus pequeños había alcanzado la edad de Alicia. Una desgracia con suerte, se consoló, porque había cosas más tremendas que la muerte. El dolor, la orfandad, el desamparo, la mentira, y lo que pensaba hacer con esa pobre criatura asustada. Porque algo tenía que hacer.

Los pensamientos la incomodaron en el recodo del sofá donde permanecía al acecho de la niña sin poder tocarla.

—Usted no es lo que yo creía —dijo Alicia saliendo del letargo, hablando para resistírsele al sueño.

—¿Y qué creías de mí?

—Que era una sabia.

—¿Por los anteojos?

—Sí, pero también porque se parece a Madame Curie, la mujer que aparece en un libro del cole.

—Y ahora, al conocerme, has comprobado que no soy lo que parezco.

—Qué sé yo —dijo colocándose en posición fetal—. Cuando la veía en el pasillo o en la calle me daba la impresión de que era muy seria, una vieja

chinchuda como la directora de un cole al que fui, al que fui —repitió débil-
mente—, no me acuerdo.

—Dormí, Alicia, descansá.

Pero Alicia, desoyéndola, continuó:

—No es tan seria usted, es —buscó las palabras que el sueño se llevaba—, es
una abuelita.

—Dormí —dijo la vieja conmovida—, todavía quedan unas horas para que
amanezca. Luego, se levantó y fue hacia la mesa para servirse una copa y
ponerle distancia a las emociones.

Si amanecía con buen tiempo, se dijo, haría lo que tenía que hacer. Entonces, se dirigiría con paso seguro (aunque a Seguro se lo llevaron preso) a
una agencia de viaje y compraría un pasaje a París, ya era hora de regresar a
casa. Quizá Morland aún se acordaría de ella y podría arreglarle una buena
pensión, un subsidio hasta el final de sus días. Pasearía a la orilla del Sena y se
hincharía a brandy en el café de Flore, fumaría gitanes. Qué hermosa postal,
ironizó, ya se veía en ella: una abuelita con lentes de culo de botella en la France
de la France bebiendo y fumando a sus anchas.

—¿Cuándo va a venir mi mamá? —dijo Alicia con un suspiro hondo y los
párpados tensos por el sueño, un sueño más poderoso que su voluntad.

—Mañana —respondió la vieja, titubeante, desde aquella distancia en la que
pretendía haberse instalado. Su rostro tenía el color de los cirios, de esa larga
noche en blanco.

—¿De verdad, verdadera? —dijo la niña antes de dormirse.

Sus hijos nunca llegaron a conocer la verdad. Mejor, pensó la vieja, les habría
mentido tanto.

Luisa Valenzuela, Argentina

Periodista, novelista y cuentista nacida en Buenos Aires, Argentina, en 1938, Luisa Valenzuela tiene una gran capacidad para usar el humor y lo grotesco para denunciar la represión y tortura que hubo en Argentina en las décadas del setenta y ochenta. Desde muy joven colaboró en la revista *Crisis* y el diario *La Nación*. En 1959 se estableció en Francia, donde escribió su primera novela a los veintiún años, *Hay que sonreír*, publicada en 1966. Entre 1972 y 1974, Valenzuela vivió en México, Barcelona y brevemente en Nueva York, estudiando literatura marginal norteamericana como becaria para el Fondo Nacional de las Artes. Se estableció más permanentemente en Nueva York en 1979 y enseñó varios talleres en las universidades de Nueva York y Columbia. Valenzuela ha sido un fellow del New York Institute for the Humanities y del Fund for Free Expression.

Valenzuela ha sido parte además del Freedom to Write Committee de PEN America Center, Amnistía Internacional y America's Watch. En 1980 obtuvo la beca Guggenheim. Ha publicado varios libros, entre los cuales se destacan los volúmenes de cuentos *Aquí pasan cosas raras*, publicado en 1976, *Simetrías*, publicado en 1993, y la novela *Cola de lagartija*, de 1983. Su obra ha sido traducida al inglés y parcialmente a otros idiomas. Es doctora honoris causa de la Universidad de Knox, Illinois, y en 1997 recibió la Medalla Machado de Assis de la Academia Brasileira de Letras.

Obras

Hay que sonreír (1966)
Los heréticos (1967)
El gato eficaz (1972)

Aquí pasan cosas raras (1976)
Como en la guerra (1977)
Libro que no muerde (1980)
Cambio de armas (1982)
Donde viven las águilas (1983)
Cola de lagartija (1983)
One Siren or Another/Unas y otras sirenas (1988)
Realidad nacional desde la cama (1990)
Novela negra con argentinos (1991)
Simetrías (1993)

Los censores

¡Pobre Juan! Aquel día lo agarraron con la guardia baja y no pudo darse cuenta de que lo que él creyó ser un guiño de la suerte era en cambio un maldito llamado de la fatalidad. Esas cosas pasan en cuanto uno se descuida, y así como me oyen uno se descuida tan pero tan a menudo. Juancito dejó que se le viera encima la alegría —sentimiento por demás perturbador— cuando por un conducto inconfesable le llegó la nueva dirección de Mariana, ahora en París, y pudo creer así que ella no lo había olvidado. Entonces se sentó ante la mesa sin pensarlo dos veces y escribió una carta. *La* carta. Esa misma que ahora le impide concentrarse en su trabajo durante el día y no lo deja dormir cuando llega la noche (¿qué habrá puesto en esa carta, qué habrá quedado adherido a esa hoja de papel que le envió a Mariana?).

Juan sabe que no va a haber problema con el texto, que el texto es irreprochable, inocuo. Pero ¿y lo otro? Sabe también que a las cartas las auscultan, las huelen, las palpan, las leen entre líneas y en sus menores signos de puntuación, hasta en las manchitas involuntarias. Sabe que las cartas pasan de mano en mano por las vastas oficinas de censura, que son sometidas a todo tipo de pruebas y pocas son por fin las que pasan los exámenes y pueden continuar camino. Es por lo general cuestión de meses, de años si la cosa se complica, largo tiempo durante el cual está en suspenso la libertad y hasta quizá la vida no sólo del remitente sino también del destinatario. Y eso es lo que lo tiene sumido a nuestro Juan en la más profunda de las desolaciones: la idea de que a Mariana, en París, llegue a sucederle algo por culpa de él. Nada menos que a Mariana que debe de sentirse tan segura, tan tranquila allí donde siempre soñó vivir. Pero él sabe que los Comandos Secretos de Censura actúan en todas partes del mundo y gozan de un importante descuento en el transporte aéreo;

por lo tanto nada les impide llegar hasta el oscuro barrio de París, secuestrar a Mariana y volver a casita convencidos de su noble misión en esta tierra.

Entonces hay que ganarles de mano, entonces hay que hacer lo que hacen todos: tratar de sabotear el mecanismo, de ponerle en los engranajes unos granos de arena, es decir ir a las fuentes del problema para tratar de contenerlo.

Fue con ese sano propósito con que Juan, como tantos, se postuló para censor. No por vocación como unos pocos ni por carencia de trabajo como otros, no. Se postuló simplemente para tratar de interceptar su propia carta, idea para nada novedosa pero consoladora. Y lo incorporaron de inmediato porque cada día hacen falta más censores y no es cuestión de andarse con melindres pidiendo antecedentes.

En los altos mandos de la Censura no podían ignorar el motivo secreto que tendría más de uno para querer ingresar a la repartición, pero tampoco estaban en condiciones de ponerse demasiado estrictos y total ¿para qué? Sabían lo difícil que les iba a resultar a esos pobres incautos detectar la carta que buscaban y, en el supuesto caso de lograrlo, ¿qué importancia podían tener una o dos cartas que pasan la barrera frente a todas las otras que el nuevo censor frenaría en pleno vuelo? Fue así como no sin ciertas esperanzas nuestro Juan pudo ingresar en el Departamento de Censura del Ministerio de Comunicaciones.

El edificio, visto desde fuera, tenía un aire festivo a causa de los vidrios ahumados que reflejaban el cielo, aire en total discordancia con el ambiente austero que imperaba dentro. Y poco a poco Juan fue habituándose al clima de concentración que el nuevo trabajo requería, y el saber que estaba haciendo todo lo posible por su carta —es decir por Mariana— le evitaba ansiedades. Ni siquiera se preocupó cuando, el primer mes, lo destinaron a la sección K, donde con infinitas precauciones se abren los sobres para comprobar que no encierran explosivo alguno.

Cierto es que a un compañero, al tercer día, una carta le voló la mano derecha y le desfiguró la cara, pero el jefe de sección alegó que había sido mera imprudencia por parte del damnificado y Juan y los demás empleados pudieron seguir trabajando como antes aunque bastante más inquietos. Otro compañero intentó a la hora de salida organizar una huelga para pedir aumento de sueldo por trabajo insalubre pero Juan no se adhirió y después de pensar un rato fue a denunciarlo ante la autoridad para intentar así ganarse un ascenso.

Una vez no crea hábito, se dijo al salir del despacho del jefe, y cuando lo pasaron a la sección J donde se despliegan las cartas con infinitas precauciones para comprobar si encierran polvillos venenosos, sintió que había escalado un peldaño y que por lo tanto podía volver a su sana costumbre de no inmiscuirse en asuntos ajenos.

De la J, gracias a sus méritos, escaló rápidamente posiciones hasta la sección E donde ya el trabajo se hacía más interesante pues se iniciaba la lectura y el análisis del contenido de las cartas. En dicha sección hasta podía abrigar esperanzas de echarle mano a su propia misiva dirigida a Mariana que, a juzgar por el tiempo transcurrido, debería de andar más o menos a esta altura después de una larguísima procesión por otras dependencias.

Poco a poco empezaron a llegar días cuando su trabajo se fue tornando de tal modo absorbente que por momentos se le borraba la noble misión que lo había llevado hasta las oficinas. Días de pasarle tinta roja a largos párrafos, de echar sin piedad muchas cartas al canasto de las condenadas. Días de horror ante las formas sutiles y sibilinas que encontraba la gente para transmitirse mensajes subversivos, días de una intuición tan aguzada que tras un simple "el tiempo se ha vuelto inestable" o "los precios siguen por las nubes" detectaba la mano algo vacilante de aquel cuya intención secreta era derrocar al Gobierno.

Tanto celo de su parte le valió un rápido ascenso. No sabemos si lo hizo muy feliz. En la sección B la cantidad de cartas que le llegaba a diario era mínima — muy contadas franqueaban las anteriores barreras— pero en compensación había que leerlas tantas veces, pasarlas bajo la lupa, buscar micropuntos con el microscopio electrónico y afinar tanto el olfato que al volver a su casa por las noches se sentía agotado. Sólo atinaba a recalentarse una sopita, comer alguna fruta y ya se echaba a dormir con la satisfacción del deber cumplido. La que se inquietaba, eso sí, era su santa madre que trataba sin éxito de reencauzarlo por el buen camino. Le decía, aunque no fuera necesariamente cierto: Te llamó Lola, dice que está con las chicas en el bar, que te extrañan, te esperan. Pero Juan no quería saber nada de excesos: todas las distracciones podían hacerle perder la acuidad de sus sentidos y él los necesitaba alertas, agudos, atentos, afinados, para ser perfecto censor y detectar el engaño. La suya era una verdadera labor patria. Abnegada y sublime.

Su canasto de cartas condenadas pronto pasó a ser el más nutrido pero también el más sutil de todo el Departamento de Censura. Estaba a punto ya de sentirse orgulloso de sí mismo, estaba a punto de saber que por fin había encontrado su verdadera senda, cuando llegó a sus manos su propia carta dirigida a Mariana. Como es natural, la condenó sin asco. Como también es natural, no pudo impedir que lo fusilaran al alba, una víctima más de su devoción por el trabajo.

Marta Traba, Argentina

Marta Traba tuvo un impacto profundo sobre el arte latinoamericano por medio de la crítica y la pedagogía. Nació en 1930 de padres gallegos en Buenos Aires, Argentina, y desde joven mostró interés por la escritura. Ese interés la motivó a elegir una carrera en filosofía y letras, estudiando en la Universidad de Buenos Aires. Allí publicó sus primeros artículos sobre arte, pero debido a la condición de Argentina y su deseo por libertad elijió exilio en Europa, continuando sus estudios en la Sorbona de París de 1949 a 1950. Dos años después escribió su primer libro de poemas, *Historia natural de la alegría*.

En 1954 se estableció junto a su esposo, Alberto Zalamea, en Colombia. Participó en la revista *Mito*, junto al gran modernista Jorge Gaitán Durán, y publicó sus críticas de arte en varios diarios de Bogotá. También realizó un programa de televisión sobre historia de arte, obtuvo su cátedra en la Universidad Nacional, fundó el Museo de Arte Moderno de Bogotá y dio clase en la Universidad de los Andes.

En 1958 publicó un ensayo sobre la estética, *El museo vacío*, y en 1961, *La pintura nueva en Latinoamérica*. Denunció los actos del ejército y fue expulsada del país en 1969, pero eso no detuvo su labor. En 1973, en México, editó un libro sobre la historia del arte latinoamericano. Después de vivir en Montevideo, Caracas, Barcelona, San Juan y París, reclamó Colombia como país suyo en 1982. Murió trágicamente en un accidente aéreo después de vencer un cáncer en noviembre de 1983.

Obras

Historia natural de la alegría (1952)
El museo vacío (1958)

La pintura nueva en Latinoamérica (1961)
Arte de América Latina (1980)

Conversación al sur (fragmento)

Agarré el pañuelo blanco y me dieron ganas de llorar.

—La última vez que vi una enorme manifestación agitando los pañuelos blancos fue en Chile, hace unos meses, frente a la Casa de la Moneda. Una maravilla ver miles de pañuelos blancos agitándose.

—Nosotros también tenemos miles de pañuelos blancos —contestó mientras cerraba la puerta con llave—, pero no es una maravilla.

Mientras bajábamos la escalera le dije que, de todas maneras, era de buen augurio. Un olor repugnante de sopa de coles nos salió al paso.

—Eso esperamos —murmuró ya en la vereda, y me apretó la mano. Sonreía penosamente, como disculpándose por decir algo insincero.

Las dos mujeres caminan una detrás de otra, porque esa vereda es muy angosta y siempre hay alguien sentado en el umbral con las piernas estiradas, sin importarle un comino de los transeúntes. Ella hubiera preferido que caminaran por otro lado, por Florida, por ejemplo, pero a lo mejor Elena evitaba la gente. En la primera bocacalle miró hacia abajo, al puerto, y reconoció con repentina nostalgia los perfiles de los barcos anclados lejos. Creyó volver a la infancia, cuando barcos y puertos ejercían una atracción ansiosa, no comparable a nada, que la salvaba de la porquería del barrio porteño. Caminaron sin hablar hasta que desembocaron en la plaza.

Se detuvo, parpadeando por culpa de la luz que venía de ese enorme espacio destemplado, con su ridículo obelisco en el medio. "Debe ser la reverberación de las baldosas", pensó y se vio cruzando tantas veces, de niña primero, de muchacha después. Atravesaba en diagonal la maldita plaza como una ciega, con los ojos entrecerrados para evitar la reverberación. Ahora, al abrir los ojos, vio que el sol estaba todavía alto en un cielo inmaculado, sin una nube ni para muestra. Le molestó ese azul y blanco que se atropellaban convocando la escarapela y la bandera. No había remedio contra la cursilería patriotera. Prefería mil veces los trópicos con sus cielos turbulentos, ocupados día y noche en sus feroces juegos de carga y descarga. Fue comprobando que había algunos grupitos, no muchos, por el centro de la plaza. Pero ¿qué tenía de raro la plaza? Miró y miró buscando qué había de raro en una plaza provinciana que se conocía de memoria. Fue pasando del Cabildo a la Catedral, volvió atrás. La inefable casa rosada le cerraba la posibilidad de ver el río. ¿Cuándo echarían abajo ese adefesio? Todo estaba igual que siempre, feo, chato, pelado. Y de golpe se dio cuenta; en la plaza no había nadie, aparte de los grupos de mujeres que llegaban para la manifestación. Absolutamente un alma. No había gente parada curioseando, no pasaban chicos ni hombres preocupados en sus asuntos, no sesteaban los viejos en los bancos. Ni un solo vendedor ambulante. "Me estoy volviendo loca yo también", pensó, y volvió a recorrer todo con parsimonia. Los grupos se engrosaban; mujeres solas o en montón convergían de las calles laterales. "No es posible", se repitió. "¿Por qué no hay nadie?" Se dio vuelta y vio venir hacia ella cuatro mujeres que se anudaban los pañuelos bajo la barbilla. Más lejos, al final de la cuadra, una muchachita se lo ataba al cuello mientras se acercaba. Miró las ventanas que daban a la calle. Nadie estaba asomado. Aturdida, sacó su pañuelo blanco de la cartera y se lo anudó. Desde el cordón de la vereda, Elena miraba aumentar la manifestación. Pero ella seguía obsesionada de que a las cuatro y media de la tarde no pasara una sola persona ajena a la manifestación. Elena sacó de la cartera la foto de Victoria y se puso a mirarla; parecía bastante ajada, aunque ella le alisaba los pliegues y le enderezaba una esquina doblada. No se atrevió a pedirle que le dejara verla. Mirando de reojo le pareció que Victoria estaba parada en una playa, pero con pantalones y un sweater de cuello alto. ¿Tenía las manos en los bolsillos? Pero Elena bajó la foto y comenzó a caminar hacia el centro de la plaza. En un segundo que ella se quedó atrás, sin saber muy bien qué diablos hacer, una mujer que pasaba apresuradamente con un fajo de hojas mimeografiadas le alargó una. Era una lista de veintitrés páginas; le vinieron ganas de hacer un cálculo y se puso a contar con el índice cuántos nombres cabían en cada página. Iba por la línea cuarenta y cinco cuando alguien se detuvo cerca suyo y le dijo: "No haga cuentas, compañera, acá hay alrededor de mil, pero los desaparecidos son muchísimos más. Hace poco empezamos a hacer las listas. Es un trabajo complicado, porque muchos se niegan a dar el nombre completo, la edad, y los nombres y teléfonos de los padres." Se encogió de hombros y siguió caminando. Le molestó que le dijera "compañera" y que se metiera en lo que no le importaba, pero volvió a echar un vistazo a la lista. De repente se fijó en las edades; la mayoría oscilaba entre quince y veinticinco años; siguió leyendo. Una mujer de 68, otra de setenta y cinco. La cruzó un escalofrío. Un bebé de cuatro meses, una niña de dos años, otra de cinco, dos hermanitos de tres y cuatro. Empezó a temblarle la mano que sostenía la lista. ¿Cómo puede desaparecer un niño de cuatro meses? Leyó: Anselmo Furco, cuatro meses, desaparecido el... ? Padres: Juan Gustavo Furco, 23, Alicia, 20, desaparecidos.

Seguía el nombre de los abuelos, domicilio y teléfono. Un espasmo en el estómago la obligó a buscar una pared donde apoyarse. Alguien se acercó y le dijo: "¡Vamos, coraje, no se desanime!" La empujaban hacia la plaza. Con el aire se rehizo algo y miró a su alrededor. ¿Así que éstas eran las locas de Plaza de Mayo? Increíble tal cantidad de mujeres y tanto silencio; sólo se oían pasos rápidos, saludos furtivos. Ni un carro celular, ni un policía, ni un camión del ejército en el horizonte. La casa rosada parecía un escenario irreal, con las ventanas cerradas por espesos cortinajes. Tampoco los granaderos estaban montando guardia en la puerta. Fue cuando advirtió la ausencia de los granaderos que la operación del enemigo se le hizo horriblemente transparente: *se borraba del mapa la Plaza de Mayo durante las dos o tres horas de las habituales manifestaciones de los jueves.* No podían ametrallar a las locas ni tampoco meterlas presas a todas. Hubiera sido impolítico, mientras afirmaban con todos los medios a su alcance que la "Argentina corazón" era un verdadero paraíso. El sistema era ignorarlas; ignorar la existencia de la plaza y de las locas que pataleaban. ¿A ese grado de refinamiento habían llegado? Y por qué no, si al mismo nivel estaban en cuanto a torturas y desapariciones. Un país desarrollado hace bien las cosas.

La desesperación se abría paso dentro de ella; de nuevo la martirizaban las preguntas. ¿Qué pasaba con la gente que habitualmente atravesaba la plaza a esa hora? ¿Y los empleados del banco? ¿Y los tipos que pululaban en la esquina de la municipalidad? Maldita sea, ¿dónde se metían? ¿Qué pasaba con los curas y las beatas que debían rezar a esa hora en la catedral? ¿Se escapaban por las puertas de atrás o esperaban en la oscuridad? ¿Qué pasaba con los tipos que debían firmar en ese momento una importante transacción en las notarías que daban a la plaza? ¿Cómo se había conseguido que toda esa gente, sin la menor posibilidad de ponerse de acuerdo para hacerse humo, se hubiera hecho humo? ¿A qué terror obedecían tan ciegamente? ¿O es que todos repudiaban a esos cientos de mujeres desesperadas porque los obligaban a comprobar cómo es un dolor inenarrable? Y ese despreciable ciudadano feliz que no asomaba por la plaza ni la punta del zapato bien lustrado, repetía de buen grado que adoraba el fútbol, que comía carne todos los días, que viajaba a Mar del Plata cuando le daba la gana, que no se perdía un domingo de playa a pesar de la infamia esa de los muertos flotando en el Río de la Plata que circulaba entre los enemigos de la patria; ¿o la conciencia lo perseguía por las noches?

Entre tanto las mujeres seguían llegando y ya formaban una verdadera multitud que desbordaba las veredas. Perdió de vista a Elena y ni se le ocurrió buscarla en semejante gentío, pero de todos modos se fue metiendo, poco a poco, abriéndose paso con dificultad.

—¿Sabés que tengo unas fotos terribles que un amigo sacó uno de esos jueves? Si hubiera sabido que íbamos a hablar de eso te las habría traído. La verdad es que no sabía muy bien por qué volviste a Buenos Aires. Además qué te podrían decir las fotos si ya lo viste personalmente. También hay un grupo que está sacando copias de las fotos del archivo de desaparecidos. Eso es todavía más macabro. Pero las de los chicos son importantes, porque se ha dado el caso que aparezcan en otro país. Es un infierno.

¡Y qué infierno, Dolores! Un infierno nuevo, inventado, que hasta ahora no se le ocurrió a nadie. Sin decir nada, sin gritar, las mujeres levantaban las fotos lo más alto posible. ¿Para qué si nadie las veía? Calculé que no pasaría mucho tiempo antes de que esas caritas casi infantiles fueran irreconocibles a fuerza de estrujarlas y sobarlas. Cerca mío una vieja levantaba con las dos manos una foto de esas de estudio artístico de barrio. La muchacha de la foto sonreía tiesa, ladeando la cabeza como seguramente la había exigido el fotógrafo. Estaba sentada con las piernas cruzadas, medio ocultas por un traje de tul. Otra llevaba una foto carnet en la palma de la mano, protegiéndola como si fuera un huevo que acabara de empollar ahí mismo; fue levantándolo con delicadeza y empezó a moverlo de derecha a izquierda; mientras lo hacía temblaba y las lágrimas le corrían por la cara, pero mantenía los labios apretados. Justo al lado, una sacó de la cartera una fotito enmarcada en un óvalo. Me miró y se sonrió como excusándose. No tenía más que fotos sacadas cuando era chico, ¿quién iba a pensar? Le pregunté qué edad tenía ahora. "Cumple veinte años el mes que viene. Un chico de oro. Pensábamos hacerle una fiesta." Casi no pudo terminar la frase, pero se repuso, suspiró y levantó también su marquito lo más alto que pudo. Empecé a sentirme mal sin hacer nada ni tener nada que mostrar. Levanté la lista con ambas manos y me quedé esperando. ¿Eso sería todo? ¿Llorar en silencio con otro que llora en silencio?

Y fue cuando comenzó esa cosa que no puedo explicarte, Dolores. ¿Qué te diría? ¿Que de repente alguien comenzó a gritar y los gritos se multiplicaron y en minutos la plaza era un solo alarido? ¿Eso no te dice nada, verdad? ¡Hay tantas griterías por todos lados! Y a lo mejor te sonreís si te digo que yo, que no tenía nada que ver con nada, también me puse a gritar, no te sé decir qué, como tampoco entendía ni una palabra de lo que las otras gritaban, porque las palabras estaban como tajeadas por sollozos y aullidos. Me pareció oír de vez en cuando "¿dónde están?" "¿dónde están?" pero a lo mejor me lo imaginé. Sin embargo debían preguntar algo que movilizaba la cólera general, porque la masa de mujeres se movió hacia adelante, como una marea. Avanzaban, nos entrechocábamos, tropezábamos unas con otras. La confusión era inenarrable mientras se echaban al aire centenares de hojas de papel. Yo hacía lo mismo que las locas, y no te puedo decir lo que sentía; como si me estuvieran por arrancar las entrañas y me las agarrara con una fuerza demencial para salvarlas. Pero ¿qué digo? No sé si fue así. Trato, ¿ves? no puedo. Oí un amenazador rumor sobre mi cabeza y la bajé instintivamente; al momento comprendí que lo hacían las palomas, planeando despavoridas sin encontrar lugar donde posarse. Se mantenían en agónicos vuelos circulares, llenos de refriegas de plumas y picotazos frenéticos. Tropecé de frente con una muchacha que gemía; no tendría más de veinte años. ¿A quién habría perdido? ¿A su bebé, a su compañero, a sus padres? No podía ver la foto estrujada entre ambas manos. Creí ver en un grupo un pedazo de la chaqueta de Elena y me abrí paso a codazos para encontrarla. Estaba en la mitad de un círculo que coreaba al unísono, y ahí sí pude entender claramente "dónde están", "dónde están". Me daba la espalda, pero aunque le toqué el hombro y la sacudí, no se dio vuelta. Entonces le grité su nombre. Ah, Dolores, si vos decís que la conociste bien, jamás la hubieras reconocido en ese momento. Para mí, que pasé la mitad de mi vida junto a ella, era una completa extraña. No quiero ni acordarme de esa cara desfigurada, la boca abierta gritando y sobre todo la piel, esa piel delicada que aparecía manchada, amoratada. No levantaba la foto de Victoria sino que la apretaba con las dos manos contra el pecho, encorvándose; una vieja acosada por la muerte. Le pasé la mano por los hombros y grité con ella. Hasta que todo se fue aplacando. Las locas comenzaron a separarse. Tres mujeres de edad indefinida calmaban a otra que levantaba el puño contra la casa rosada. Se empezaron a reacomodar las chaquetas, a retocarse las blusas, a poner la cartera en su sitio, se tocaban el pelo, miraban hacia todos lados buscando el lugar adecuado para salir de la plaza. El gentío raleó, y se vio el piso de baldosas tapizado de hojas mimeografiadas. Yo estaba anonadada, no podía reponerme tan rápidamente. De nuevo perdí de vista a Elena. Pasaron pocos minutos antes de que la plaza fuera quedando vacía. Una mujer sacó un paquete de la cartera y empezó a tirar migas de pan a las palomas. Pero las palomas todavía desconfiaban; se posaban histéricamente sobre los papeles y volvían a alzar vuelos insensatos sin tomar la comida. Me dieron ganas de emprenderla a patadas con las palomas, pero tuve lástima de la mujer; ¿cuántas veces habría hecho lo mismo con su chico o su chica desaparecidos?

Rigoberta Menchú, Guatemala

Destacada escritora y activista por la reforma social, Rigoberta Menchú nació en Chimel, Guatemala, en 1959 y fue criada en la cultura maya-quiché. Sus primeros años se caracterizaban por la pobreza y trabajo en los campos. Aunque no fue educada formalmente, mostró una gran aptitud natural para el liderazgo. Menchú tomó parte en actividades sociales desde su adolescencia por medio de la iglesia católica y se distinguió en el movimiento por los derechos de la mujer. Su trabajo encontró oposición entre la guerrilla en el área y su familia entera sufrió abusos y tragedias, incluyendo violación y asesinato.

En 1980 Menchú huyó de la persecución a México. Allí comenzó sus actividades de resistencia contra la opresión y a favor de los derechos de los pueblos indígenas. En 1983 contó su historia a Elizabeth Burgos Debray, recogida en el libro *Me llamo Rigoberta Menchú y así me nació la conciencia* el cual ganó reconocimiento internacional. En 1992 fue la primera mujer indígena en ganar el Premio Nobel de la Paz. Además, las Naciones Unidas la nombraron embajadora de la buena voluntad en el año internacional de los pueblos indígenas, 1993. También fue asesora personal del director general de la UNESCO y presidente de la Iniciativa Indígena de la Paz.

Obra

Me llamo Rigoberta Menchú y así me nació la conciencia (1983)

Me llamo Rigoberta Menchú y así me nació la conciencia (fragmentos)

XVIII

ACTIVIDAD POLÍTICA EN OTRAS COMUNIDADES.

AYUDA A SUS AMIGAS VIOLADAS POR EL EJÉRCITO.

PROBLEMAS DE COMUNICACIÓN POR LAS

DIFERENCIAS DE LENGUA.

TOMA DE LA ALDEA POR EL EJÉRCITO.

UN SOLDADO HECHO PRISIONERO

> *No esperéis que los extranjeros os recuerden lo debido, que para tal empeño tenéis conciencia y espíritu. Todo lo bueno que hagáis ha de salir de vuestra iniciativa.*   Popol Vuh

En ese tiempo yo estaba libre. Mi padre me decía, tú eres independiente, tú tienes que hacer lo que quieres hacer, pero siempre y cuando vaya en función de nuestro pueblo. Era la idea de mi padre. Yo tenía la plena libertad de decidirme, de irme a otro lugar. Entonces yo dije: "Yo me voy." Precisamente porque nosotros, en la aldea, no nos secuestró ningún soldado. No violó a ninguno. Pero en otras aldeas, yo no soportaba, muchas mujeres, cientos de mujeres, señoritas, viudas, estaban embarazadas porque los soldados las obligaron a utilizarlas sexualmente. A mí me daba vergüenza de quedarme en mi lugar tan sólo porque yo estaba tranquila y no pensar en los otros. Entonces decidí irme. Mi padre sabía y decía, donde te estás metiendo es posible que no seas dueña de tu vida. Te matan en un momento. Te matan mañana, pasado mañana o cualquier tiempo. Pero yo sabía que era un compromiso que yo tenía que cumplir de ir a enseñar a las otras gentes como se tienen que defender en contra de un enemigo. Un compromiso con el pueblo y, precisamente, un compromiso como cristiana que soy, que tengo fe y que creo que existe una alegría para todos pero esa alegría está acaparada por unos cuantos. Era mi motivación. Tenía yo que enseñar a los otros. Por eso me fui a la comunidad más necesitada, donde estaban más amenazados y donde yo ya tenía amigas. En las fincas conocí a muchas compañeras, amigas de esa comunidad y también las conocí cuando íbamos al río a buscar los animalitos, los jutes para vender en el pueblo. Esas amigas también buscaban. Es como caracolitos y cuando se venden en el mercado, la gente los come mucho porque vienen de la montaña. Entonces, todos los domingos, mi mamá también bajaba al río a agarrar todos los animalitos, a pescar los jutes y al siguiente día los llevaba al mercado para venderlos. Lo hacen más las mujeres porque los hombres, todos los sábados se dedican a arreglar los corrales para los animales o a hacer pequeños trabajos en la casa que nunca en la semana tienen tiempo de hacerlo. Así es cómo nosotras nos dedicamos a buscar jutes. Al mismo tiempo las mujeres tenemos mucho amor al río. Entonces, es un ambiente muy lindo cuando una baja al río, aunque todo el día tengamos que pasar en el río buscando los jutes en las piedras. Pero, para mí, era un gozo. Así eran las amigas mías y nos conocimos y se confirmó nuestra amistad cuando estábamos en las fincas, precisamente en corte de algodón, cuando ellas eran muy chiquitas. Y, como el corte de algodón tiene tres manos, como decimos en Guatemala. La primera mano le toca cortarla a los adultos. El algodón está como esponja, como nieve. Pero la segunda mano también parte le toca a los adultos. La tercera mano les toca a los niños ya que los niños se meten abajo de los árboles. El algodón no es alto, sino que es pequeño. Un metro de altura y los más grandes a dos metros o metro y medio. Entonces, los niños se meten abajo del algodón para sacarlo todo ya que no se tiene que perder ninguna parte del algodón, pues no nos pagan lo que supuestamente nos deben de pagar. Entonces, con esas amigas, muchas veces hacíamos tratos de que yo ya era grande y ellas chiquitas. Entonces yo hacía la segunda mano, por ejemplo, y mis amigas hacían la tercera mano. Se metían abajo y yo arriba. Así es cuando hablamos, cortando algodón. Nos hicimos muy amigas. Y cuando oigo la noticia de mis vecinos, que dijeron que tales fulanas fueron violadas por el ejército, a mí me daba rabia todo eso. Pensar que mis amigas eran lindas, eran humildes. Más por eso me decidí. Yo decía no es posible que eso pasara así, y que yo me quedara en casa. Claro, no estábamos con un territorio liberado sino que de un rato al otro se temía al enemigo ya que el régimen siempre cuenta con maquinarias modernas, cuentan con armas modernas, entonces era posible que hubiera una masacre en mi aldea. Sin embargo, yo sentía más necesidad de estar en otro lugar y me trasladé a otra aldea. Pude estar cerca de mis amigas y me contaban todas sus desesperaciones de haber sido violadas. Eran cuatro amigas. Dos de ellas se quedaron embarazadas del ejército y las otras dos no. Pero estaban enfermas porque las habían violado cinco soldados cuando llegaron a su casa. Una de las dos embarazadas me decía, cuando estuve viviendo en su casa: "Odio a ese niño que tengo y no sé que hacer con él. Este hijo no es mi hijo", y se afligía y lloraba y todo. Pero yo le decía: "Tú tienes que amar a tu hijo: no tuviste la culpa." Y ella decía: "Porque yo odio al soldado. Cómo es posible que tenga que alimentar al hijo de un soldado", decía la compañera. Abortó al niño. Pero con la ayuda de la misma comunidad; ella era de otra etnia. La misma comunidad le ayudaba y le decía que no era un caso raro sino que así fue con nuestros antepasados que fueron violados, que tuvieron hijos sin querer, sin amor de tener un hijo. Pero sufrían mucho las dos amigas. Yo no sabía qué hacer, me sentía cobarde.

En esa comunidad hablábamos la misma lengua. Lo que pasa es que en Guatemala la lengua quiché domina mucho. Las principales lenguas son la quiché, la cakchiquel y la mam. De las tres madres se desprenden todas las series de lenguas que existen. Sin embargo no es que siempre en una etnia se hable la misma lengua. Por ejemplo los ixiles, son quichés pero no hablan quiché y sus costumbres son diferentes a las del quiché. Entonces, es una conjunción de etnias y de lenguas y de costumbres y de culturas, etcétera. O sea, que existan tres lenguas madres no quiere decir que todos nos entendamos. No nos entendemos. Era así con las compañeras. Eran de otro pueblo, de otra comunidad. Nos entendíamos, aunque con muchas deformaciones de la misma lengua...

Las dos no embarazadas que fueron violadas tendrían sus catorce años. Estaban muy malas y yo no sabía qué era lo que tenían, pues. Una no podía caminar bien y a la otra le dolía mucho, mucho el estómago. Ella decía que le dolía el estómago, y yo, sinceramente, ante eso, no tenía conocimiento. Y las dos embarazadas rechazaban a sus niños y no querían ser madres de los hijos de los soldados. Yo me sentía cobarde ante eso. No sabía qué hacer. Sentía grandes lástimas de verlas. Era muy confusa la situación de ellas. Para ellas mi estancia fue muy favorable porque yo las acompañaba como cuando éramos jóvenes, cuando éramos más niñas. Así es como empezamos a implementar las mismas trampas, aun con otras opiniones, ya que esa misma comunidad tenía muchas cosas ocultas y que no habían implementado por respeto hacia todos esos instrumentos. Entonces, vimos la gran necesidad que había de implementarlo porque valía más la vida, aunque descubran muchos de nuestros secretos como indígenas. Y empezamos a utilizarlos. Otra comunidad que quedaba cerca del lugar donde yo estaba, el pueblo de Cotzal, estaba muy perseguida. Fue muy reprimida en el año 1960. A partir de ese tiempo, fue masacrada, fueron violadas muchas mujeres, fueron torturados muchos hombres. Entonces a esa aldea, vino una señora, era una anciana. Entre nosotros, en Guatemala, desgraciadamente, como decía mi abuelo, hoy día no podemos vivir mucho tiempo. Sino la edad que una persona aguanta, son unos sesenta años, o sea la esperanza de vida. Muy pronto se muere la gente por todas las condiciones. Pero la señora era muy admirable; era un caso en la aldea. Tendría sus noventa años, por ahí. Le acababan de matar a su último hijo. En primer lugar le mataron a su marido. El marido fue al pueblo, y ya no regresó. Para ir a buscarlo se fue el otro hijo y ya no regresó. El otro se fue, tampoco regresó. Los otros fueron secuestrados en casa. De modo que dejaron la ancianita sola. La anciana buscaba refugio y yo estaba en la aldea. Entonces, con los compañeros habíamos implementado la autodefensa como lo implementamos en mi aldea. Habíamos puesto en práctica todas las trampas de la misma aldea. Entonces, decían mis compañeros que había una anciana que quiere venir a nuestra comunidad y piensa que aquí debe también estar. Entonces yo les decía: "Cómo no, pues, se trata de ayudarnos y de defendernos hasta lo último." Que si el ejército entra a horas de la noche, ya estaba la ancianita. Entonces dijimos que antes de que entrara la noche, todos nos teníamos que ir al monte a dormir. En la noche hacíamos guardias combinadas. Un muchacho o una señorita o un señor y una señorita, y así nos turnábamos para cuidar la comunidad toda la noche. Ya era un cambio en la concepción de la aldea. La misma aldea pedía que combináramos las tareas por una razón. Porque para hacer la guardia de noche teníamos que hacer la imagen de un tronco, sin movernos, porque sino seríamos carne de cañón del ejército. Entonces la compañera tendría que estar por un lado, como dando la imagen de algo diferente a un hombre. La concepción de la misma aldea. Las mismas trampas eran diferentes. Las armas eran diferentes. De acuerdo con las costumbres de los compañeros de la comunidad. A mí me aceptaron, aunque debo decir que entre nosotros los indígenas, desgraciadamente nos separan las barreras étnicas, las barreras idiomáticas: es algo característico de Guatemala. Existimos en un pequeño lugar y tanta barrera no permite el diálogo de unos a otros. Al mismo tiempo entre nosotros los indígenas, decimos aquí está mi etnia y aquí tengo que estar, pues. Otra etnia no tiene por qué venir a meterse en esta etnia. Todas las barreras que el mismo régimen alimenta cada vez más. Entonces empezamos a trabajar, me aceptaron muy bien, por toda la utilidad que daba a la aldea.

Así es cómo el ejército toma la aldea en la noche. Y cuando oían los perros, disparaban a lo loco al aire. Disparaban por todas partes y nadie estaba en su casa. Prácticamente la aldea había sacado todas sus cosas de las casas y las había llevado a su campamento de aldea de la comunidad. Entonces aunque el ejército quisiera robar, nada había en las casas. Y aunque quemaban las casas, no significaban mucho ya que las mismas montañas cubrían a las comunidades. Así es cuando van dos, tres, cuatro noches. La anciana señora se aburría. No aguantaba el frío. Llovía mucho, mucho. Cuando empezaban los torrentes de lluvia en la noche, el agua pasaba abajo de los campamentos que teníamos en la montaña y nos mojábamos todos. Entonces la señora ya era grande, no aguantaba el frío y un día se decidió. "Que me maten pero yo ya no me voy con ustedes a la montaña." Para nosotros era difícil aceptar de dejar una buena anciana que nos había enseñado tantas cosas y que incluso nos había ayudado a perfeccionar muchas cosas a través de su experiencia como anciana. Entonces la comunidad dijo que no estaba de acuerdo con que la señora se quedara en su ranchito. Pero ella dijo: "No, me quedo. Tengo que quedarme aquí. Si me matan, que me maten, pues, yo no tengo hijos, no tengo nietos, todos mis nietos han sido secuestrados y, no hay por quién, pues. Y, aunque si he contribuido, pero ésta fue mi parte." Entonces, con tanta tristeza, con tanto dolor hubo de dejar a la señora en su casa. Entra la noche y nos vamos todos para la montaña. Individualmente salimos y nos encontramos todos en la montaña. En todas las casitas habían trampas en las puertas de las casas. La trampa consiste en un palo, una zanja grande, grande. Como de la profundidad entre el techo y el piso. Ese hoyo está atravesado por un palo y encima se le pone una tabla de modo que el que se pare encima, se va al hoyo. En el día se arregla pero en la noche se pone. Eso lo sabíamos nosotros, y toda la comunidad para que nadie de nosotros se fuera al hoyo. Y la señora puso su trampa. La señora puso su trampa, preparó su hacha, su machete, sus azadones, sus piedras, todo lo que necesitaba para defenderse, lo puso en un lugar y se durmió. Nosotros fuimos y vimos que nos dieron la seña desde lejos. Siempre tenemos compañeros que vigilan en los puntos principales por donde entra el ejército. Entonces los compañeros nos dieron la seña a través de ocotes. Encendían una gran llama y según las vueltas que le da el compañero a la llama significa el número de soldados que entran en la aldea. Y cuando sale el ejército, el compañero también tiene que hacer la seña para indicarnos si salieron todos o si no salieron todos. Entonces, todo el mundo estaba desesperado. Yo, de mi parte, estaba desesperadísima porque estaba segura que iban a matar a la señora o la iban a violar porque yo sabía que esos asesinos eran tan criminales, que no sabían respetar la vida de una persona, de un anciano como de un niño. Les gusta mucho violar a los ancianos como a los niños. Eran como las dos de la mañana, los perros ladraban, disparaban y todo y que no se oían gritos de la señora. Estábamos lejos de la comunidad pero, al mismo tiempo, podíamos recoger todos los sonidos de la aldea. No se oía nada. Pensamos que ya la habían matado a la pobre señora. Eran como las tres y media de la mañana, el compañero dio señas que el ejército había salido de la aldea. Nos indicó el número que había salido. No había salido una parte. Nosotros no sabíamos qué hacer. Entonces, esperamos que amaneciera para ver si regresábamos a la aldea o nos quedábamos en la montaña. Como a las cinco y media de la mañana, casi estaba amaneciendo, y vamos viendo la señora que llega. Cómo es posible que la señora escapó a la muerte. La señora se paró y dijo: "Tengo una sorpresa para ustedes", y se reía y al mismo tiempo lloraba. Pero lloraba de alegría que llevaba. Una ansiedad, algo que se podía ver en la cara de la señora. Y nosotros inmediatamente dijimos que era una oreja. Porque en muchas comunidades han existido orejas que se venden al mismo régimen y puedo decir que no es su culpa sino que es la misma necesidad, obliga a que ellos se vendan. Como son amenazados no ven otra alternativa. Y se prestan como un instrumento para sacar información a la comunidad y pasarla al régimen; lo que causa muchas muertes. Entonces nosotros pensamos que la señora era una oreja, aunque lo dudábamos porque la señora era una persona muy clara. E inmediatamente la comunidad tomó muy en serio la cosa porque ya en ese tiempo estábamos claros que, no es que nos gustara la violencia, pero sí que era la única alternativa que nos quedaba para defender la vida de nosotros, pues la empleábamos con justa razón. Entonces si la señora se vende, tendríamos que ajusticiarla con todo sentimiento. Y la señora dice: "Les traigo una sorpresa. Yo he matado un soldado", dice; "he matado un soldado". Y nadie creía. Claro, cómo era posible creer que la señora que en primer lugar era anciana, en segundo, ya ni veía y en tercer lugar, no tenía armas iguales a las armas del enemigo... Entonces la señora dijo: "Estoy contenta, no quiero morir, quiero vivir más. Yo maté a un soldado." Y nadie le creía. "Yo estoy diciendo la verdad", decía. "Si quieren les enseño las armas." Llevaba el arma grande del soldado, llevaba una pistola y la señora estaba feliz. Enséñame, enséñame cómo se usa esto. Para mí era un sueño, era como una telenovela, de no creer. Después la señora dijo: "Lo que pasó es que entraron en mi casa, lograron brincar la trampa, todos, la mayor parte de los soldados, yo me escondí y salí por otro lado, tratando de escapar de la casa, como me di cuenta que me iban a coger, sólo traje hacha porque no tenía otra cosa. Y al soldado que estaba afuera mirando adentro, yo le di con el hacha en la cabeza y cayó al suelo y los otros pensaron que eran guerrilleros. Entonces por salir corriendo, uno de los soldados cayó en la trampa y el otro estaba rodándose en el suelo. Los demás soldados se encargaron de ametrallar a su compañero que estaba herido. Él estaba tratando de escaparse."

Estaba viejo, y claro, después vimos que la herida no era grande, no era como para que lo mataran. Pero los otros se encargaron de matar a su compañero y se fueron. A eso se debía la seña que nos dieron de que no estaban todos y nos

390 WHERE FEAR NESTS

creó más sospechas cuando la señora llegó al campamento, pues sabíamos que todo el ejército no había salido de la aldea. Para mí era un gozo que gozaba tanto, tanto. Y yo decía, esto es el triunfo de nuestros secretos que nadie ha descubierto y eso es lo que necesitamos hacer porque no es justo que la vida de nosotros no valga como la vida de cualquier pájaro y nos matan como nos quieren matar. La señora necesitaba un premio, pero un premio grande. Sin embargo, no sabíamos ni qué darle, pues. Un agradecimiento de lo que ella había hecho. La señora se propuso y dijo: "Yo quiero vivir, yo quiero seguir con ustedes." La señora casi bailaba, ahora tenemos con qué defendernos. Si sabemos manejar esto, tendríamos un arma igual a la que tienen ellos. Esto es lo que mató a mis hijos, dice la señora. Claro, para ella era algo diferente y para nosotros también. ¿Qué hacíamos con el soldado? Porque cayó en la trampa con todo y armas. Incluso tenía granadas. Estaba bien equipado. Pudimos recoger al muerto, lo sacamos de la comunidad y lo fuimos a dejar en un camino donde lo pudieran ver pero que no quemara la comunidad. Aunque de todos modos los otros sabían que allí se quedó. El otro no estaba muerto, estaba vivo, pero en la trampa. No sabíamos qué hacer con el otro porque si nos acercábamos a la trampa, era capaz de ametrallarnos. Entonces, le dijimos que pusiera todas las armas. Le mandamos un lazo al hoyo, hablándole de fuera, diciéndole que nos mandara las armas y que tenía vida, pero que si él se oponía, también se iba a morir. Entonces el soldado que tendría tanta pena de estar en el hoyo, dijo que sí, nos amarró las armas en el lazo y lo sacamos. Pero, ¿quién confirmaba si tenía otra arma? Por eso teníamos grandes penas. Pero muchos de la comunidad dijeron: "Aunque tenga armas, podrá matar uno de nosotros pero no podrá matar a todos." Entonces sacamos al soldado con un lazo y lo jalamos todos. Salío y era cierto que estaba todo desarmado. Nos había entregado todas las armas. Con ese soldado se hizo el mismo método que se hizo con el otro en mi comunidad, y también le decían, cómo es posible que un soldado sea así. Y las compañeras embarazadas tuvieron que explicarle al soldado que ellas estaban criando un hijo de un soldado. Pero que ellas no eran capaces de darle vida a una sangre como la sangre que tiene un soldado. O sea, para el indígena, era algo como un monstruo que no soportaba. Entonces, el soldado lloró y dijo: "Yo no tengo la culpa. A mí me mandan. Antes de venir aquí, nos obligaron", dijo el soldado. "Y si no cumplimos, nos matan. Nosotros obedecemos a un capitán y por medio de ese capitán, nosotros actuamos. Y, si yo me voy del ejército, de todos modos soy enemigo del pueblo y si dejo las armas, soy enemigo del ejército. Entonces, si no me matan por un lado, me matan por otro. Yo no se qué hacer", dijo. Entonces le dijimos que desde ahora, si para él era difícil, que tratara de esconderse o de buscarse qué hacer pero no fuera un criminal como el ejército. Y él nos explicó muchas cosas de las torturas que le daban en el cuartel. Y él decía: "Desde el primer día, cuando yo llegué al cuartel, me dijeron que mis padres eran tontos" —y como él era indígena, también—. Mis padres son unos tontos porque no saben hablar, que a mí me iban a enseñar a hablar como debían de hablar las personas. Entonces, me empezaron a enseñar el castellano y me dieron un par de zapatos que a mí me costó usar, pero sin embargo, los tenía que usar a puros golpes. Me pegaban para que yo me acostumbrara. Después me decían que yo tenía que matar a los comunistas de Cuba, de Rusia. Tenía que matarlos a todos y así es cuando me dan un arma." Nosotros le preguntábamos: "¿Y a quién matas con esta arma? ¿Por qué nos estas buscando a nosotros? ¿Es que te dicen que si tu padre o tu madre están en contra de ti, también esta arma sirve para matarlos?" "Yo uso el arma como me mandan hacerlo. Todo esto no es porque tenga la culpa. A mí me agarraron en el pueblo." Lloraba y a uno hasta le daba ternura como humano que es uno.

En ese tiempo yo ya entendía muy bien la situación, yo sabía que los culpables no eran los soldados. Son los regímenes que obligan también a nuestro pueblo a ser soldados. Ya allí habló el soldado y nos dijo todo lo que hacían. En ese tiempo fuimos más listos, porque la primera vez, como decía, sólo se le rogó al soldado y ni siquiera se le preguntó por qué lo hacía. Ya en el segundo le pudimos sacar muchas informaciones, sobre cómo tratan al soldado en el ejército. "Tenemos que obedecer al capitán. El capitán siempre va detrás y si no cumplimos, nos ametralla." Nosotros le decíamos: "¿Y por qué no se unen, pues, si es un solo capitán?" "Es que no todos pensamos igual", decía. "Muchos han llegado a creer en lo que hacemos." Y le preguntábamos: "¿Y, ustedes, qué defienden? ¿Dónde están los comunistas?" El soldado ni sabía cómo eran los comunistas. Le preguntamos: "¿Qué cara tenían los comunistas?" Y él decía: "Es que nos dicen que están en las montañas, que no tienen cara de gente y así." No tenía ni siquiera idea de lo que estaba haciendo. Entonces le dijimos: "Tu estás defendiendo a un rico. Tú estás defendiendo al poder, pero no estás defendiendo a tu pueblo." "Es cierto", dijo. "Desde ahora, yo ya no voy a regresar. Les prometo, les juro, que no regreso al cuartel." Y nosotros le decíamos, si eres verdaderamente un hijo del pueblo, si verdaderamente te acuerdas de los consejos de nuestros antepasados, tienes que irte a buscar tu vida donde sea pero que no sigas siendo criminal. No nos sigas matando. Y el soldado se fue convencido y supimos que el soldado ya no regresó al ejército, sino que se escondió. Tal vez lo hayan matado o estará vivo, pero el soldado ya no regresó al campamento. Y era la segunda experiencia que yo tenía en lo organizativo, en la lucha del pueblo. Mis sueños eran seguir luchando y conocer más a mi pueblo indígena de cerca. Al mismo tiempo, me preocupaba mucho todo lo que era de nuestros antepasados, seguir poniéndolo en práctica; aunque las torturas, los secuestros, han dañado mucho al pueblo. Pero no por eso tenía que perder su esperanza en el cambio. Así es cuando empecé a trabajar ya como organización campesina y pasé a otra etapa de mi vida. Ya son otras cosas, otras formas.

XXIII

TORTURA Y MUERTE DE SU HERMANITO QUEMADO VIVO
JUNTO CON OTRAS PERSONAS DELANTE DE LOS
MIEMBROS DE LA COMUNIDAD Y DE SUS FAMILIARES

> *Mi madre decía que una mujer cuando ve que su hijo es torturado, quemado vivo, no es capaz de perdonar a nadie y no es capaz de quitarse ese odio.*
> Rigoberta Menchú

> *... pero en el otro invierno vendrá el desquite, y alimentaban la hoguera con espineros de grandes shutes, porque en el fuego de los guerreros, que es el fuego de la guerra, lloran hasta las espinas.*
> M. A. Asturias, "Hombres de maíz"

Fue en 1979, me recuerdo que cayó mi hermanito, la primera persona torturada en mi familia. Tenía dieciséis años. Cuando hubo la despedida de la familia, todo el mundo se fue por su lado; él se quedó en la comunidad ya que, como decía, era secretario de la comunidad. Era el más pequeño de mis hermanos, pues tengo dos hermanitas más chicas. Una andaba con mi madre y otra se quedó en la comunidad aprendiendo y entrenando la autodefensa. Porque no encontró otra solución, mi madre se había ido a otros lugares. Mis hermanos también porque estaban perseguidos y para no exponer a la comunidad... Es que a nosotros, a mi familia, el Gobierno nos dio la imagen como si fuéramos monstruos, como si fuéramos extranjeros. Pero mi padre era quiché, no era cubano. El Gobierno nos acusaba de comunistas y de ser la mala cizaña. Entonces, para no exponer la comunidad, y para arrancar la "mala cizaña", tuvimos que ir a diferentes lugares. Pero mi hermanito se había quedado en la comunidad. El 9 de septiembre de 1979 fue secuestrado mi hermanito. Era un día domingo y había bajado a otra aldea. Mi hermano trabajó en su aldea y también en otras aldeas. Se llamaba Petrocinio Menchú Tum. Mi mamá es Tum. Mi hermano tenía una tarea que cumplir. Le gustaba mucho lo organizativo. Entonces fue a organizar a otros lugares en donde el ejército lo detectó y lo secuestró. Desde el 9 de noviembre, mi madre se preocupó y también nosotros. En ese tiempo, todavía doy gracias que no nos mataron a todos, mi madre todavía acudió a las autoridades. Ella decía, si por mi hijo me matan que me maten. Yo estaba en otra región. Yo me encontraba por Huehuetenango cuando mi hermano cayó. Dicen que el día que cayó, mi madre se encontraba en casa. Mis hermanos estaban cerca también. Entonces mi madre se fue al pueblo a ver dónde estaba su hijo y nadie le dio razón dónde estaba el hijo. Sin embargo el hijo había sido entregado por uno de la comunidad. Como decía anteriormente, donde menos se piensa hay gente que se presta a todas las maniobras. Por la pura necesidad, muchas veces venden a sus propios hermanos. Ese hombre de la comunidad había sido un compañero, una gente que siempre colaboraba y que estaba de acuerdo. Pero, le ofrecieron quince quetzales, o sea quince dólares para que entregara a mi hermano y él lo entregó. El ejército no sabía quién era él. Ese día mi hermano iba con otra muchacha para otra población cuando lo agarraron. Entonces la muchacha y la mamá de la muchacha siguieron los pasos de mi hermano. Desde el primer momento le amarraron las manos atrás, lo empezaron a empujar a puros culatazos. Caía mi hermano, no podía defender la cara. Inmediatamente, lo que primero se empezó a sangrar fue la cara de mi hermanito. Lo llevaron por los montes donde había piedras, troncos de árboles. Caminó como dos kilómetros a puros culatazos, a puros golpes. Entonces amenazaron a la muchacha y a la madre. Ellas exponían la vida por no dejar a mi hermanito y saber dónde lo llevaban. Dice que le dijeron: "¿Quieren que les hagamos lo mismo que a él, quieren que las violemos aquí?", dijo el soldado criminal éste. Y le dijo a la señora que si se quedaban iban a ser torturadas como él porque él era comunista, un subversivo, y los subversivos tenían que morir con los castigos que merecen. Es una historia increíble. Logramos saber cómo se murieron, qué torturas les dieron desde un principio hasta los últimos. Entonces llevaron a mi hermanito, quien soltaba sangre en diferentes partes de su cuerpo. Cuando ellos lo dejaron, ya no se veía como una persona. Toda la cara la tenía desfigurada por los golpes, de las piedras, de los troncos, de los árboles, mi hermano estaba todo deshecho. Su ropa se había roto por todas las caídas. De allí dejaron que las señoras se fueran. Lo dejaron allí. Cuando llegó al campamento, apenas caminaba, ya no podía caminar. Y la cara, ya no veía, en los ojos, habían entrado hasta piedras, en los ojos de mi hermanito. Llegó en campamento lo sometieron a grandes torturas, golpes, para que él dijera dónde estaban los guerrilleros y dónde estaba su familia. Qué era lo que hacía con la Biblia, por qué los curas son guerrilleros. Ellos acusaban inmediatamente la Biblia como un elemento subversivo y acusaban a los curas y a las monjas como guerrilleros. Le preguntaron qué relación tenían los curas con los guerrilleros. Qué relación tenía toda la comunidad con los guerrilleros. Así lo sometieron a grandes torturas. Día y noche le daban grandes, grandes dolores. Le amarraban, le amarraban los testículos, los órganos de mi hermano, atrás con un hilo y le mandaban a correr. Entonces, eso no permitía, no aguantaba mi hermanito los grandes dolores y gritaba, pedía auxilio. Y lo dejan en un pozo, no sé como le llaman, un hoyo donde hay agua, un poco de lodo y allí lo dejaron desnudo durante toda la noche. Mi hermano estuvo con muchos cadáveres ya muertos en el hoyo donde no aguantaba el olor de todos los muertos. Había más gentes allí, torturadas. Allí donde estuvo, él había reconocido muchos catequistas que también habían sido secuestrados en otras aldeas y que estaban en pleno sufrimiento como él estaba. Mi hermano estuvo más de dieciséis días en torturas. Le cortaron las uñas, le cortaron los dedos, le cortaron la piel, quemaron parte de su piel. Muchas heridas, las primeras heridas estaban hinchadas, estaban infectadas. Él seguía viviendo. Le raparon la cabeza, le dejaron puro pellejo y, al mismo tiempo, cortaron el pellejo de la cabeza y lo bajaron por un lado y los dos lados y le cortaron la parte gorda de la cara. Mi hermano llevaba torturas de todas partes en su cuerpo, cuidando muy bien las arterias y las venas para que pudiera aguantar las torturas y no se muriera. Le daban comida para que resistiera y no se muriera de los golpes. Allí había veinte hombres torturados o en plena tortura. Había también una mujer. La habían violado y después de violarla, la habían torturado. Inmediatamente mi madre se comunicó a través de otros medios y yo regresé a casa. Tenía mi hermano tres días de desaparecido cuando yo llegué a casa. Más que todo consolando a mi madre, porque sabíamos que los enemigos eran bastante criminales y no podíamos hacer nada, pues. Si íbamos a reclamar, inmediatamente nos secuestraban. Ella fue los primeros días pero la amenazaron y le dijeron que si llegaba por segunda vez, le tocaba lo que a su hijo le estaba tocando. Y ellos dijeron de una vez a mi madre que su hijo estaba en torturas, así es que no se preocupara.

Cuando oímos, el 23 de septiembre, que los militares sacaron boletines por diferentes aldeas. A mi aldea no llegaron porque sabían que el pueblo estaba preparado y listo para esperarlos en cualquier momento. En otras aldeas, donde también tenemos compañeros, entregaron boletines y propaganda donde

anunciaban el castigo para los guerrilleros. Que tenían en su poder tantos
guerrilleros y que en tal parte iban a hacer el castigo para los mismos. Entonces, cuando nos llegó la noticia, era como a las once de la mañana, me
recuerdo del día 23, y mi madre decía, mi hijo va a estar ahí en los castigos. Iba
a ser público, o sea, llamaban a la gente para que fueran a presenciar los
castigos. Al mismo tiempo, decía el boletín, que tuvimos oportunidad de tenerlo en la mano, que el que no iba a presenciar, era cómplice de los guerrilleros. O sea, amenazando al pueblo en esa forma. Entonces mi madre decía,
vamos, ya que llaman a todos, tenemos que ir, pues. Mi padre también inmediatamente llegó a casa y decía, no es posible perder esta oportunidad,
tenemos que ir a ver. Estábamos como locos. Llegaron mis hermanos. Estábamos todos en casa, mis hermanos, mis hermanitas, mi mamá, mi papá, yo.
Estábamos preparando nuestro almuerzo para comer al mediodía cuando
oímos esa noticia, ya ni siquiera hicimos el almuerzo no nos acordamos de
llevar un poco de comida para el camino. Nos fuimos. Teníamos que atravesar
una larga montaña para llegar a la otra aldea. Fue en Chajul donde fueron
castigados. Entonces dice mi mamá, ¡mañana tenemos que llegar! Sabíamos
que quedaba lejos. Nos fuimos, pues, desde las once de la mañana de ese día
23, para Chajul. Logramos atravesar grandes partes de la montaña a pie. Parte
de la noche estuvimos caminando, con ocote, en la montaña. Como a las ocho
de la mañana estábamos entrando al pueblo de Chajul. Los soldados tenían
rodeado el pequeño pueblo. Había unos quinientos soldados. Habían sacado a
todas las gentes de sus casas, amenazándolas de que si no iban a presenciar el
castigo, les tocarían las mismas torturas o los mismos castigos. A nosotros nos
pararon en el camino, pero no sabían que éramos familiares de uno de los
torturados. Y decían, ¿a dónde van? Y mi padre dijo, vamos a visitar el santo de
Chajul. Es un santo muy visitado por muchos pueblos. El soldado decía, nada
de eso, caminen, vayan a tal lugar. Y si llegan, van a ver que no van a salir de
esta aldea. Entonces nosotros dijimos, está bueno. Nos pararon como unos
veinte soldados en diferentes partes antes de llegar al pueblo. Todos nos
amenazaron igual. Estaban esperando a los señores que no encontraron en sus
casas cuando catearon las casas, por si iban al trabajo, que obligadamente
regresaran al pueblo a ver los castigos. Llegamos allí y había mucha gente
desde temprano. Niños, hombres, mujeres, estaban allí. Minutos después, el
ejército estaba rodeando a la gente que lo estaba presenciando. Había aparatos,
tanquetas, jeeps, había todas las armas. Empezaron a volar por helicóptero
encima de la aldea para que no vinieran los guerrilleros. Era su temor. Y abrió
el mitin el oficial. Me recuerdo que empezó a decir que iban a llegar un grupo

de guerrilleros que estaba en su poder y que le iba a tocar un pequeño castigo. Es un pequeño castigo porque hay castigos más grandes, dice, van a ver el castigo que va a haber. ¡Eso es por ser comunistas! ¡Por ser cubanos, por ser subversivos! Y si ustedes se meten a subversivos, se meten a comunistas, les toca igual que lo que les toca a esos subversivos que van a venir dentro de un rato. Mi madre casi tenía cien por ciento seguro que su hijo iba a llegar allí. Todavía yo dudaba, pues, porque yo sabía que mi hermano no era criminal como para sufrir todos esos castigos. Y, minutos más tarde entraron tres camiones del ejército. Uno iba delante. El del medio era el que llevaba los torturados y el otro atrás. Los cuidaban muy bien, hasta con tanquetas. Entra el camión donde llevaban los torturados. Empezaron a sacar uno por uno. Todos llevaban uniforme del ejército. Pero veíamos las caras monstruosas, irreconocibles. Entonces mi madre se acerca al camión para ver si reconocía a su hijo. Cada uno de los torturados tenía diferentes golpes en la cara. O sea, llevaban diferentes caras cada uno de ellos. Y mi mamá va reconociendo al hermanito, a su hijo, que allí iba entre todos. Los pusieron en fila. Unos, casi, casi estaban medio muertos o casi estaban en agonía y los otros se veía que sí, los sentían muy, muy bien. El caso de mi hermanito, estaba muy torturado y casi no se podía parar. Todos los torturados llevaban en común que no tenían uñas, les habían cortado partes de las plantas de los pies. Iban descalzos. Los obligaron a caminar y los pusieron en fila. Se caían inmediatamente al suelo. Los recogían. Había una tropa de soldados que estaban al tanto de lo que mandaba el oficial. Y sigue su rollo el oficial donde dice que nos teníamos que conformar con nuestras tierras, nos teníamos que conformar con comer nuestros panes con chile, pero que no teníamos que dejarnos llevar por las ideas de los comunistas. Que todo el pueblo tenía acceso a todo, que estaba contento. Casi repitió, si no me equivoco, unas cien veces "comunistas". Empezaba desde la Unión Soviética, de Cuba, de Nicaragua. Y mencionaba que los comunistas, que los mismos de la Unión Soviética habían pasado a Cuba y después a Nicaragua y que ahora estaban en Guatemala. Y que a esos cubanos les tocaba la muerte como la que les tocaba a los torturados. Cada pausa que hacía en su discurso, levantaban a los torturados con culatazos, con sus armas. Nadie podía salir del círculo del mitin. Todo el mundo estaba llorando. Yo, no sé, cada vez que cuento esto, no puedo aguantar las lágrimas porque para mí es una realidad que no puedo olvidar y tampoco para mí es fácil contarlo. Mi madre estaba llorando. Miraba a su hijo. Mi hermanito casi no nos reconoció. O quizá... Mi madre dice que sí, que todavía le dio una sonrisa, pero yo, ya no vi eso, pues. Eran monstruos. Estaban gordos, gordos, gordos todos. Inflados estaban, todos heridos. Y yo vi, que me acerqué más de ellos, la ropa estaba tiesa. Tiesa del agua que le salía de los cuerpos. Como a la mitad del discurso, sería como una hora y media o dos horas ya, el capitán obligó a la tropa a que le quitara la ropa de los torturados para que todo el mundo se diera cuenta del castigo si nos metíamos en comunismos, en terrorismo, nos tocaría ese castigo. Amenazando al pueblo. Y forzosamente querían que se cumpliera lo que ellos decían. No podían quitarle la ropa a los torturados así nada más. Entonces vienen los soldados y cortan con tijeras la ropa desde los pies hasta arriba y quitan la ropa encima de los cuerpos torturados. Todos llevan diferentes torturas. El capitán se concentró en explicar cada una de las torturas. Esto es perforación de agujas, decía. Esto es quemazón con alambres. Así explicaba cada una de las torturas y de los torturados. Había unas tres personas que parecían vejiga. O sea, inflados, pero no tenían ninguna herida encima del cuerpo. Pero estaban inflados, inflados. Y decía él que esto es precisamente de algo que les metemos al cuerpo y duele. Lo que importa es que ellos sepan que esto duele y que el pueblo sepa que no es fácil de tener un cuerpo como el que llevaban. El caso de mi hermanito, estaba cortado en diferentes partes del cuerpo. Estaba rasurado de la cabeza y también cortado de la cabeza. No tenía uñas. No llevaba las plantas de los pies. Los primeros heridos echaban agua de la infección que había tenido el cuerpo. Y el caso de la compañera, la mujer que por cierto yo la reconocí. Era de una aldea cercana a nosotros. Le habían rasurado sus partes. No tenía la punta de uno de sus pechos y el otro lo tenía cortado. Mostraba mordidas de dientes en diferentes partes de su cuerpo. Estaba toda mordida la compañera. No tenía orejas. Todos no llevaban parte de la lengua o tenían partida la lengua en partes. Para mí no era posible concentrarme, de ver que pasaba eso. Uno pensaba que son humanos y que qué dolor habrían sentido esos cuerpos de llegar hasta un punto irreconocible. Todo el pueblo lloraba, hasta los niños. Yo me quedaba viendo a los niños. Lloraban y tenían un miedo. Se colgaban encima de sus mamás: No sabíamos qué hacer. Durante el discurso, cada vez el capitán mencionaba que nuestro Gobierno era democrático y que nos daba de todo. Qué más queríamos. Que los subversivos traían ideas extranjeras, ideas exóticas que nos llevaba a una tortura y señalaba a los cuerpos de los hombres. Y que si nosotros seguíamos las consignas exóticas, nos tocaba la muerte como les toca a ellos. Y que ellos tenían todas las clases de armas que nosotros queramos escoger, para matarnos. El capitán daba un panorama de todo el poder que tenían, la capacidad que tenían. Que nosotros como pueblo no teníamos la capacidad de enfrentar lo que ellos tenían. Era más que todo para cumplir sus objetivos de meter el terror en el pueblo y que nadie hablara. Mi madre lloraba. Casi, casi mi madre exponía la vida de ir a abrazar a ver a su hijo. Mis hermanos, mi papá tuvieron que detenerla para que no expusiera su vida. Mi papá, yo lo veía, increíble, no soltaba una lágrima sino que tenía una cólera. Y esa cólera claro, la teníamos todos. Nosotros más que todo nos pusimos a llorar, como todo el pueblo lloraba. No podíamos creer, yo no creía que así era mi hermanito. Qué culpa tenía él, pues. Era un niño inocente y le pasaba eso. Ya después, el oficial mandó a la tropa llevar a los castigados desnudos, hinchados. Los llevaron arrastrados y no podían caminar ya. Arrastrándoles para acercarlos a un lugar. Los concentraron en un lugar donde todo el mundo tuviera acceso a verlos. Los pusieron en filas. El oficial llamó a los más criminales, los "Kaibiles", que tienen ropa distinta a los demás soldados. Ellos son los más entrenados, los más poderosos. Llaman a los kaibiles y éstos se encargaron de echarles gasolina a cada uno de los torturados. Y decía el capitán, éste no es el último de los castigos, hay más, hay una pena que pasar todavía. Y eso hemos hecho con todos los subversivos que hemos agarrado, pues tienen que morirse a través de puros golpes. Y si eso no les enseña nada, entonces les tocará a ustedes vivir esto. Es que los indios se dejan manejar por los comunistas. Es que los indios, como nadie les ha dicho nada, por eso se van con los comunistas, dijo. Al mismo tiempo quería convencer al pueblo pero lo maltrataba en su discurso. Entonces los pusieron en orden y les echaron gasolina. Y el ejército se encargó de prenderles fuego a cada uno de ellos. Muchos pedían auxilio. Parecían que estaban medio muertos cuando estaban allí colocados, pero cuando empezaron a arder los cuerpos, empezaron a pedir auxilio. Unos gritaron todavía, muchos brincaron pero no les salía la voz. Claro, inmediatamente se les tapó la respiración. Pero, para mí era increíble que el pueblo, allí muchos tenían sus armas, sus machetes, los que iban en camino del trabajo, otros no tenían nada en la mano, pero el pueblo, inmediatamente cuando vio que el ejército prendió fuego, todo el mundo quería pegar, exponer su vida, a pesar de todas las armas... Ante la cobardía, el mismo ejército se dio cuenta que todo el pueblo estaba agresivo. Hasta en los niños se veía una cólera, pero esa cólera no sabían como demostrarla. Entonces, inmediatamente el oficial dio orden a la tropa que se retirara. Todos se retiraron con las armas en la mano y gritando consignas como que si hubiera habido una fiesta. Estaban felices. Echaban grandes carcajadas y decían: ¡Viva la patria! ¡Viva Guatemala! ¡Viva nuestro presidente! ¡Viva el ejército! ¡Viva Lucas! El pueblo levantó sus armas y corrió al ejército. Inmediatamente salieron. Porque lo que se temía allí era una masacre. Llevaban toda clase de armas. Incluso los aviones encima volaban. De todos modos, si hubiera un enfrentamiento con el ejército, el pueblo hubiera sido masacrado. Pero nadie pensaba en la muerte. Yo, en mi caso, no pensaba en la muerte, pensaba en hacer algo, aunque fuera matar a un soldado. Yo quería demostrar mi agresividad en ese tiempo. Muchos del pueblo salieron inmediatamente a buscar agua para apagar el fuego y nadie llegó a tiempo. Muchos tuvieron que ir a acarrear el agua —el agua está en un solo lugar donde todo el mundo va—, pero quedaba muy lejos y nadie pudo hacer nada. Los cadáveres brincaban. Aunque el fuego se apagó, seguían brincando los cuerpos. Para mí era tremendo aceptarlo. Bueno, no era únicamente la vida de mi hermanito. Era la vida de muchos y uno no pensaba que el dolor no era sólo para uno sino para todos los familiares de los otros: ¡Sabrá Dios si se encontraban allí o no! De todos modos eran hermanos indígenas. Y lo que uno pensaba era que a los indígenas ya la desnutrición los mata. Y cuando apenas los padres nos pueden dar un poco de vida y hacernos crecer con tanto sacrificio, nos queman en esta forma. Salvajemente. Yo decía, esto no es posible y allí fue precisamente donde a mí, en lo personal, se me concretiza mi fe de decir, si es pecado matar a un ser humano ¿por qué no es pecado lo que el régimen hace con nosotros?

Todo el mundo se movilizó de modo que en dos horas había cajas para cada uno de los cadáveres. Todo el pueblo se movilizó para buscar una manta para ponerle encima. Me recuerdo que manojos de flores cortaron y los pusieron cerca. El pueblo de Guatemala, la mayor parte es cristiano. De una u otra forma expresan su fe y fueron a buscar al cura y —por supuesto ese cura fue asesinado también—, a pedirle favor, pues, se encontraba lejos de la aldea, que bendijera la manta para ponerla encima de los cadáveres. Cuando se acabó el fuego, cuando nadie sabía qué hacer, a veces daba miedo de ver los torturados quemados y a veces daba un ánimo, valor para seguir adelante. Mi madre casi se moría de tanto dolor. Abrazó a su hijo, platicó todavía con el muerto, torturado. Lo besaba y todo, quemado. Yo le decía a mi mamá: vámonos a casa. No podíamos ver... No podíamos seguir viendo a los muertos. No era tanto la cobardía de no verlos, sino que era una cólera. Era algo que no se podía soportar. Entonces, toda la gente prometió darle sepultura cristiana a todos esos torturados y muertos. Entonces mi mamá decía, no puedo estar aquí. Nos tuvimos que marchar, retirarnos de todo y no seguir viéndolo. Mi padre, mis hermanos, estábamos allí, con tanto dolor. Sólo vimos que el pueblo... tenía flores, tenía todo. El pueblo decidió enterrarlos en el mismo lugar. No los llevaron a la casa. Hubiera sido el velorio en una casa pero el pueblo decía, no se murieron en una casa, entonces merecen que este lugar sea santo para ellos. Los dejamos allí. Y empezó a llover; llovía mucho. Entonces la gente mojada y todo, vigilando los cadáveres. Nadie se retiró del lugar. Todos se quedaron allí. Nosotros nos fuimos a casa. Parecíamos mudos, borrachos; a nadie le salía una palabra de la boca. Llegamos a casa y mi papá dijo: yo regreso al trabajo. Así fue cuando mi papá se puso a hablar con nosotros. Decía, con justa razón, que si muchos eran valientes de dar hasta sus últimos momentos, hasta sus últimas gotas de sangre, "¿por qué nosotros no seríamos valientes de darlas también?" Y mi madre también decía: "No es posible que las otras madres sufran lo que yo he sufrido. No es posible que todo el pueblo vaya a pasar por esto, que le maten a su hijo. Yo también me decido, decía mi mamá, a abandonar todo. Yo me voy. Y así decíamos todos, pues, porque no había otra cosa qué hacer. Aunque, de mi parte, no sabía qué era lo más efectivo: ir a tomar las armas, ir a pelear con tantas ganas, o ir a algún pueblo y seguir levantando la conciencia del pueblo. Mi padre decía: "Yo de viejo seré guerrillero." "Pelearé a mi hijo con las armas." Pero también pensaba que era importante la comunidad, pues tenía experiencia en lo organizativo. Sacamos conclusiones de que lo importante era organizar al pueblo para que el pueblo no tuviera que sufrir lo mismo que nosotros, la película negra que tuvimos con mi hermanito. Al siguiente día mi papá arregló sus cosas y de una vez se despidió de la casa. "Si regreso o no regreso —dijo—, sé que la casa va a quedar. Trataré de ocuparme de todo lo de la comunidad; lo que ha sido siempre mi sueño. Entonces yo me voy." Mi papá se retiró. Mi mamá se quedó en casa y no sabía qué hacer. No soportaba, se acordaba de todo. Lloraba en sus momentos cuando se acordaba. Pero, la mayoría de las veces, no lloraba mi mamá. Trataba de estar contenta. Y decía que era el hijo que le costó mucho hacerlo crecer, porque casi se moría cuando era niño. Ella tuvo que hacer muchas deudas para curarlo. Y después le tocó eso. Y le dolía mucho. Pero había veces que se sentía contenta. Me recuerdo que en ese tiempo, mi madre ya tenía mucha relación con compañeros de la montaña. Y, como quedó ropa de mi hermanito, habían quedado sus pantalones, sus camisas, entonces mi mamá, proporcionó la ropa a uno de los compañeros de la montaña. Le decía que esa ropa era muy justo que fuera para servicio del compañero porque era la ropa de su hijo y que su hijo siempre estuvo en contra de toda la situación que vivimos. Y ya que los compañeros estaban en contra de eso, tenían que darle utilidad a la ropa. Mi mamá estaba a veces loca. Todos los vecinos llegaban a verla. Y mi mamá siempre pensaba: "¿Si yo me pongo a llorar ante los vecinos, qué ejemplo será? No se trata de llorar sino que se trata de pelear", decía. Se hacía una mujer dura. Y a pesar de que todo el tiempo estaba un poco mal, se sentía muy cansada, seguía adelante. Yo me quedé todavía una semana en casa. Ya, después me decidí, y dije: tengo que irme. Así es cuando yo partí ya con más ganas al trabajo. Sabía que mi mamá también tenía que salir de casa. Casi ya no hubo comunicación, ni para dónde nos vamos, ni qué vamos a hacer. A mis hermanos pude despedirlos y tampoco supe qué iban a hacer ellos. Cada quien tomó su decisión por su lado. Y me fui.

XXVI
SECUESTRO Y MUERTE DE LA MADRE DE RIGOBERTA MENCHÚ. REMEMORANDO A SU MADRE

El tiempo que estamos viviendo lo tenemos que vencer con la presencia de nuestros antepasados.
Rigoberta Menchú

Querían incendiar mis tierras, acabar con mis jóvenes y lactantes, y raptar a las vírgenes. El Señor Todopoderoso los rechazó por mano de una mujer.
La Biblia, Judit

Así fue cómo mi madre regresó al pueblo, y a escondidas va a comprar cosas para la comunidad cuando la secuestran el 19 de abril del 80.

Sabía que mi madre, cuando mataron a mi padre, estaba en camino para regresar a mi aldea. Yo tenía tanta pena de ella, porque me decía que tenía mucho que hacer si se quedaba en otras etnias, en otros lugares, en la organización de las personas. Si mi madre regresó al altiplano fue precisamente porque de mi aldea cayeron más de ocho compañeros vecinos en la embajada de España. Esos ocho compañeros eran los mejores de nuestra aldea, eran compañeros muy activos. Entonces mi madre decía, yo regreso a mi tierra porque mi comunidad me necesita en estos momentos. Y ella regresó. Los curas, las monjas, que se encontraban en ese tiempo en mi pueblo, le ofrecieron ayuda para que ella pudiera salir fuera del país pero mi madre nunca soñó con ser refugiada. Ella decía: "No es posible, mi pueblo me necesita y aquí tengo que estar." Regresó a la casa, y es cierto, pues, que la comunidad casi se estaba muriendo de hambre, ya que no podía bajar a un pueblo ni a un lugar y nadie se atrevía exponer su vida sólo por ir a comprar algo para comer.

A veces oía que mi madre andaba por otros departamentos porque de casualidad unas personas me contaban sobre la señora que tenía tal experiencia y todo eso. Entonces yo decía, es mi madre. Que bueno que no está en el altiplano. Pero para mí eran grandes las tensiones, porque no sabía dónde andaba y qué le podía pasar. Uno está claro, y tiene la convicción, de que si en un momento dado los padres perdían la vida, la pierden con toda claridad. Y tenía la esperanza de verlos todavía. Si un día nos pudiéramos juntar todos. Mi mamá decía que con su vida, con su testimonio vivo, trataba de decirles a las mujeres que tenían que participar como mujeres para que cuando llegara la represión y cuando nos tocara sufrir, no sólo sufran los hombres. Las mujeres también tenían que participar como mujeres y las palabras de mi madre decían que una evolución, un cambio, sin la participación de las mujeres no sería un cambio y no habría victoria. Ella estaba clara como si fuera una mujer de tantas teorías y con tanta práctica. Mi mamá casi no habló el castellano, pero hablaba dos lenguas, el quiché y un poco el keckchi. Mi mamá utilizaba todo ese valor y ese conocimiento que tenía y se fue a organizar. Ay, pero me dolía mucho cuando oía decir que mi madre andaba por Sololá y después oía de otras gentes que andaba por Chimaltenango o que andaba por El Quiché. Así mi mamá empezó a recorrer muchos departamentos, organizando. Y, precisamente, iba directo a las mujeres y decía que una mujer cuando ve que su hijo es torturado, su hijo es quemado, no era capaz de perdonar a nadie y que no era capaz de quitarse ese odio, ese rencor; yo no soy capaz de perdonar a mis enemigos. Llevaba un gran mensaje y tuvo mucho pegue en muchos lugares. Mi mamá fue muy respetada por mucha gente. Incluso llegó hasta los pobladores. Mi mamá era muy activa. Trabajaba lo mismo y platicaba con la gente. O sea, no había necesidad de reuniones para llegar a hablar con mi mamá, sino que llegaba a las casas, platicaba y trabajaba torteando y dando su experiencia. Era así su trabajo. Contaba su experiencia y ayudaba a la gente en el trabajo. Recuerdo, cuando desapareció mi hermanito, todos los de la comunidad se unieron, se juntaron e hicieron una protesta después de que mi madre fue a reclamar a la policía, al ejército y que no le dieron ninguna respuesta. Entonces, todos, todos fueron. Por primera vez la comunidad actuaba junta: la mayor parte eran mujeres. Sabíamos que si bajaban los hombres, eran secuestrados y torturados.

Rocío Quispe-Agnoli, Perú

Rocío Quispe-Agnoli desde niña tenía una inclinación hacia el arte. Al principio su interés era la pintura. Sin embargo, fomentada por su madre, la literatura llegó a ocupar el primer lugar. Quispe-Agnoli escribió su primer cuento a los diecisiete años de edad, el cual conllevaba dos de los temas que más le apasionan: el amor y el ajedrez. Para ella el escribir es como un acto de amor y el ajedrez, una metáfora del lenguaje.

Quispe-Agnoli vivió en Alemania por seis años por razones personales. Lo encontró difícil al principio, pero admite que esa experiencia dejó una huella en su obra literaria, pues en sus relatos aparece la autorreflexión del estatus del extranjero. Le interesa la literatura como medio de operar cambio en el mundo.

Quispe-Agnoli se graduó de la Universidad de Brown, donde escribió su tesis sobre la literatura colonial hispanoamericano. Ha publicado varias investigaciones históricas en revistas académicas. Fue finalista del XI Premio Ana Matute por su relato "El cementerio de Acarí." Actualmente es profesora de español en la Universidad Estatal de Michigan.

Obra

Retazos de amor y muerte (2003)

El cuarto mandamiento

Vistiendo una falda tableada a cuadros, con zapatos negros de charol, medias cubanas y una blusa blanca, Martina se agacha debajo de las faldas etéreas de una joven mujer, a quien nunca había visto antes. La niña se siente recogida y feliz, bajo estas faldas que flotan revelándole a una princesa mágica sin piernas. El hada de ilusión tiene largos cabellos negros y rizados, con ojos oscuros pero rostro indefinido. Lleva un vestido que parece de tul, mucho más azul que un cielo despejado, brillante y luminoso. Sus mangas son largas y estrechas, y el traje se le ciñe al talle. A partir de la cintura salen unas enormes faldas mundo, que vuelan como un mantel que se airea. Algún viento suave e indeterminado sostiene las faldas de la princesa mágica. Hay mucha luz, todo está bien, Martina se siente feliz y protegida, hasta contenta. Como cuando llega su cumpleaños y tiene una fiesta grande. La única vez en el año en que la niña de diez años se siente importante. Fuera de esa fecha, nunca lo ha sido, no lo va a ser. Le espera una vida oscura y amorfa como la gordura que su madre le impreca cada vez que tienen que ir a comprarle ropa. Martina se estremece al recordar la primera parte del sueño. No sabe dónde está, todo es oscuro y tenebroso. La niña mira un horizonte espantoso, lo domina una especie de caracol enorme que amenaza invadir todo el espacio con su concha marrón. Martina imagina que el caracol es una máquina infernal que late debajo de la tierra, que crece cada vez más, hasta arrollarla y sacarla del espacio de sus sueños. Y cuando cree morir aplastada bajo el peso del caracol, sale expelida por un túnel que la deposita debajo de las faldas flotantes de la mujer joven, mezcla de todas las princesas que se ha imaginado al leerse los cuentos de hadas acumulados en la biblioteca y que sólo ella lee. La princesa mágica la rescata del caracol gigante y le ofrece un mundo luminoso, caliente y protector. Martina se siente tan feliz que no se quiere despertar. Pero la despiertan. Hay que levantarse, vestirse, ponerse ese horrible uniforme gris, tomar desayuno a la fuerza aunque no tenga hambre, y salir para el colegio en el carro del padre, que las llevará a ella y su hermana antes de irse a la oficina. Así comienza cada día, tomando una leche espesa con cacao cuya nata se tiene que tragar aunque no le guste, comiéndose un pan francés con mantequilla que no le sabe a nada porque hay que comer tan rápido y no lo puede sopear. Finalmente están ella y su hermana, comidas y arregladas en el garaje, esperando que su padre salga. Pero él, para variar, se demora. El, que las ha apresurado tanto con la amenaza de dejarlas varadas si no están listas cuando salga. El que tiene un mundo tan ocupado fuera de la casa, no sale. Pasan cinco, diez, diez y siete minutos y se trepan en el carro. El padre viene corriendo, lo hace todo rápido.

En el tráfico de la ciudad pega bocinazos, se enfada, le pega al timón y me da más miedo que antes. Prende la radio, busca impaciente entre las estaciones hasta encontrar la que le gusta. Y nos hace escuchar cada mañana cuando nos lleva al colegio, esas marchas militares que nos recuerdan que un cholo militar ha sacado al presidente y se ha puesto él en su lugar. Un cholo resentido que quiere hacerle la vida imposible a los ricos y a los blancos, a cualquier blanco aunque no sea rico. Ser blanco en este país se ha convertido de la noche a la mañana en un estigma. De ser los que aborrecen han pasado a ser los aborrecidos. Y yo soy la más blanca de mis hermanos, la que se parece más a mi madre. Yo nací así, yo no pedí que me hicieran blanca, o chola, o negra, o la mezcla de todo eso. Yo simplemente nací así.

Mi hermana y yo jugamos en el hotel de Chincha donde hemos venido a pasar un puente de semana santa. Han aparecido otros niños que también están en el hotel y jugamos con una pelota. Fuera de la mirada de mis padres, jugando espontáneamente con otros niños que se acercan a mí, aunque sea blanca, fea y gorda, me siento bien, hasta alegre. Alguien tira la pelota muy alto, y para lucirme salto lo más que puedo y la atrapo. Los otros chicos se sorprenden y creo ver en sus caras una mirada de aprobación por jugar bien. Estoy contenta, muy contenta. Otra vez viene la pelota muy alto y me estiro para alcanzarla. Pero la curva de la pelota pasa mucho más lejana de lo que espero y salto con todas mis fuerzas. Con todas mis fuerzas. Con todas mis fuerzas, caigo al pasto y mi cuerpo gira sin control hasta caer sobre la enorme luna de una ventana del hotel. La luna no se rompe porque es muy gruesa pero se raja totalmente. No entiendo aturdida lo que me pasa. Los amigos espontáneos desaparecen más rápido que conejo de mago y mi hermana me mira sin decir palabra. Un jardinero que lo ha visto todo da la voz. Veo a mis padres venir hacia mí. Mi hermana sigue estática pero no hay ninguna expresión en su cara que me permita leer lo que piensa. Creo que no sabe lo que va a pasar. Tampoco lo imagino yo. Mi madre se queda a unos tres metros de la ventana en cuya luna sigo pegada. Mi padre se acerca y yo hago un esfuerzo para incorporarme, lo logro y le muestro que estoy bien a pesar del golpe. Mi padre no dice nada, tampoco puedo leer sus pensamientos. El me mira fijamente, aprieta los labios hacia dentro y, desde su altura de hombre grande, adulto y fuerte, me da tal bofetón en la cara que me tira de nuevo al suelo, al mismo tiempo que me siento totalmente mojada y caliente entre las piernas. Mi madre y mi hermana miran la escena indiferentes, ninguna dice nada, ninguna protesta, ninguna me defiende. Creo que eso es peor que el bofetón de mi padre. Me duele más comprobar que ellas tienen tanto miedo como yo. Tirada y mojada en el suelo por mis propios orines, lloro. Lloro amargamente, sin protestar, sin decir siquiera que yo no soy la única culpable. Lloro sin decir que somos todos los chicos, incluso mi hermana, los que hemos jugado con la pelota. Lloro porque he esperado que me pregunten si estoy bien o no, si me he hecho algún rasguño con la luna de la enorme ventana. Lloro porque en lugar de recibir cuidado, me pegan, me pegan una vez más, de manera formidable y humillante. Lloro porque el que me pega es mucho más grande que yo y no lo puedo enfrentar. Lloro aterrorizada y no digo una palabra más, porque sé que si lo hago, no recibiré más que gritos y tal vez un segundo bofetón por insolente. Lloro amargamente tirada al lado de la luna rajada, de mi alma, mi orgullo y mi respeto hechos añicos. Y pienso que mi padre se parece al cholo dictador resentido que ahora tiene el poder, y mi madre se pliega cobardemente como los blancos asustados a quienes se les han quitado los latifundios. Tengo tanta vergüenza que quisiera hacer un hueco en la tierra y meterme en él y desaparecer para siempre. Quisiera atravesar un espejo como el de los cuentos que he leído y mudarme de mundo para evitar sus bofetones injustos. Pero mis hadas con varitas mágicas sólo existen en los libros de la biblioteca, y ahora están muy lejos.

Horas más tarde, echada en la cama de su cuarto de hotel, Martina se sigue tragando las lágrimas por la humillación, la ofensa y la injusticia. Su abuela le ha dado un pequeño catecismo con tapas que asemejan al marfil sin serlo y una cerradura de metal como el de los diarios de las chicas. Una crucecita de metal sobresale de la tapa en alto relieve, y una cinta blanca se ubica caprichosa entre las páginas de borde dorado con purpurina. La abuela de Martina se lo ha dado para consolarla rezando a Dios. Dios, ¿dónde estás para permitir esas cosas? ¿Rompí la luna a propósito? No. ¿Por qué dejas que abusen de mí? ¿Por qué no se abrió el cielo para dejar pasar tu luz santa y dejaste escuchar tu voz grave para defenderme? ¿Acaso no estás en todas partes y lo ves todo, todo el tiempo? Martina abre el librito y lo hojea con desencanto. En una página encuentra los mandamientos de la ley de Dios que se ha tenido que memorizar en el colegio para el examen de Religión. Amarás a Dios sobre todas las cosas (Dios me da igual, la verdad. Nunca lo veo). No tomarás su santo nombre en vano (nunca he jurado por Dios, por otras cosas sí, pero por Dios, no. Cómo voy a jurar por alguien que no veo). Guardarás las fiestas (siempre nos dan feriado en el colegio y me alegro). Honrarás a tu padre y a tu madre, honrarás... Martina se detiene y lo lee varias veces para metérselo en la cabeza. Honrarás... honrarás... honrar... matar... ¿y si los matara?... honrar... matar. Matarás a tu madre y a tu padre, claro, y luego los honraré en su entierro. Martina se ha calmado un poco, deja el librito y se acurruca en la cama. Cierra los ojos buscando desaparecer. Con las mejillas calientes por el llanto, se duerme.

¿Veneno? No sé, sí, tal vez. Y ¿si le lavan la barriga y sobrevive? Si llega a saber que le puse veneno en el ají que siempre se echa en la sopa, me mata a bofetones, ahí sí. Lo fantástico sería vaciarle los frenos al carro, como en las películas. Sí, que salga y se estrelle al son de las marchas militares que escucha. Tendría que hacerlo un día que no nos lleve al colegio, un día que salga solo a ver a esa mujer que no es mi mamá. Pero eso nunca lo sé. Tampoco sé dónde están los frenos de un carro. Y no puedo pedirle ayuda a nadie. ¿Cortarle el cuello mientras duerme por la tarde? ¿Y si abre los ojos cuando lo estoy haciendo? No me atrevería a seguir. Una vez vi una película en la tele en que alguien mataba a otro poniendo cianuro en las velas. Pero ya no usamos velas, sólo en los cumpleaños y no resulta suficiente ¿Cómo lo hago? ¿Cómo lo mato? ¿Cómo hago para que desaparezca? ¿Por qué no se va con la otra mujer? ¿Por qué mi mamá no le da el divorcio, cuando él se lo pidió hace años? ¿Por qué no se muere uno de esos domingos en que viene borracho de ver a sus paisanos manejando como un Fitipaldi? ¿Por qué tiene tan buena suerte? ¿Por qué tuvo él que ser mi padre? Martina piensa y piensa sin descanso cuál es la mejor forma de deshacerse de su padre. Piensa cada vez que termina de leer uno de sus cuentos, escondida entre el sofá amarillo y las cortinas de aquel salón de la casa, reservado sólo para las grandes fiestas. Ese salón le fascina porque siempre está oscuro, con las cortinas de tul y las otras cortinas gruesas siempre corridas. El salón tiene un olor particular que Martina identifica muy bien. Un olor a guardado, a falta de luz y aire, un olor que para ella huele a refugio. Entre el gran sofá amarillo y las cortinas ha encontrado un lugar seguro y cómodo, para esconderse e irse de su casa cada vez que lo quiera. Allí lee, fantasea, duerme a veces. Hay arañas, pero le han hecho un espacio a Martina y conviven sin molestarse. Martina no las aplasta y las arañas no la pican. Las arañas son buenas madres, piensa Martina. Tejen su casa, la cuidan, la preparan, la llenan de huevos. Alguien le ha contado que cuando el macho fecunda a la hembra, ésta lo mata porque ya no lo necesita. ¿Por qué no aprenderemos de las arañas? piensa Martina. Una voz lejana le interrumpe la reflexión sobre las arañas. La madre la llama para algo y Martina no responde de inmediato. Deja que su madre llame una y otra vez hasta que decide salir de su escondite, que nadie debe conocer. La madre le dice que se vista para ir a las clases de ballet. ¡Qué asco! piensa Martina. ¿Para qué quiere su mamá que vaya al ballet? Se tiene que poner esas mallas ajustadas y pegadas al cuerpo, todas rosadas, y esas zapatillas de ballet con la planta dura de madera. Martina es la niña más gorda del grupo y una de las más pequeñas. Sus ojos achinados en su cara redonda acentúan sus rasgos mestizos, aunque para su padre sea blanca y por eso, despreciable. Su hermana, más grande que ella y más mestiza aún, sí que está bien. Cecilia es grande, siempre fue grande, nació grande. Era tan grande que su padre creía que iba a ser hombre. Pero Cecilia nació una niña. No le importó mucho al padre al final. Era tan grande y tan rolliza que parecía futbolista. Cecilia siempre demostró mucho carácter desde que nació. No dormía por las noches y se la pasaba haciendo ruidos extraños. Aunque se demoró mucho en hablar, siempre dejó clara su voluntad. Dos años después llegó Martina, pequeña, tranquila, dormilona. Martina se satisfacía con la leche de la madre, dormía toda la noche y nunca hacía ruido. Su madre la creyó una bendición después de las noches en blanco con Cecilia. La abuela le había contado a Martina que su padre no estuvo en el hospital cuando ella nació. Nadie sabía dónde estaba, seguro que con otra mujer. La niña tímida y tranquila, cara opuesta de su hermana, creció confirmando ser hija de su madre y nieta de su abuelo. Por eso el padre no la quería. Cecilia había salido tosca y chola como él, tenía el carácter de un muchacho. Martina era blanquiñosa, callada y seguramente debilucha como su madre.

Mi abuela también me había dicho que mi padre no me quería porque pensaba que yo no era su hija. Pero mi madre católica, apostólica y romana, que no había querido darle el divorcio cuando se fue a vivir con otra mujer, era incapaz de ser infiel. Al final, no importaba. Igual, yo tampoco lo quería. Me habría gustado tener otro padre, pero me tocó éste de mala suerte. Así que había que deshacerse de él, y dejar sólo mujeres en la casa: mi madre, mi abuela, Cecilia, las empleadas y yo. Eso sí que sería el paraíso, como las veces que mi padre se iba de viaje, y nos quedábamos todas las mujeres solas en la casa. "Se va el gato, y salen los ratones" decía mi abuela, mi abuela que odiaba a mi padre por ser indio precisamente. Y él me odiaba a mí porque yo era blanca. Cuando él se iba de viaje, mi madre nos permitía, a Cecilia y a mí, dormir en su cama con ella. Era muy bonito despertarse y ver a mi mamá leyendo en la cama o tomando el desayuno con una bandeja con patas. Yo podía hacer que alcanzáramos ese paraíso y que se quedara entre nosotros. Nadie lo haría sino yo.

Una vez más se celebra el cumpleaños del padre de Martina con una comida, a la que sus amigos más queridos vienen. Estos llegan con sus esposas sonrientes, que llevan peinados y tacones altos. Rápidamente los hombres y las mujeres se separan en dos grupos. Ellos beben whisky y ellas un licor suave, como corresponde a las señoras. A Cecilia y a mí, que nos han vestido de niñitas domingueras, nos hacen pasar las servilletas blancas y los bocaditos salados que acompañan al coctel. Las mujeres nos dicen a las dos que qué grandes estamos, que si nos gusta el colegio, que qué queremos ser cuando seamos grandes. Cecilia, que sabe manejar muy bien sus preferencias, dice que quiere ser administradora, como su papá. Yo no sé qué responder. Nunca me he puesto a pensar qué quiero ser cuando sea grande. Ni siquiera sé si quiero ser grande. Porque si ser grande significa ser como mi mamá o mi papá, no tengo ganas de ser grande. Yo quiero ser como Alicia en el país de las maravillas, cruzar el espejo de un cuento y participar en la fiesta de alguna princesa y ver todo lo que pase en el cuento de cerca. Quiero hablar con duendes y animales, dormir en una casa de jengibre y escapar de la bruja mala antes de que ella me coma. Quiero perderme en un bosque y encontrar en el medio un castillo de hielo y luz, con una reina que me acoja y me enseñe trucos de magia y me cuente muchas historias. Con ella paseo a través de las paredes transparentes de su castillo. A veces veo en ellas a hombres y animales atrapados, condenados a un frío eterno. La reina de las nieves me dice que no se han portado bien con ella y por eso reciben un castigo. Me parece bien. Yo me porto bien y me castigan. ¡Cómo será cuando me porto mal! Nunca me he portado mal a propósito. Tengo tanto miedo que no sé lo que es eso, portarse mal porque sí, no de casualidad. La reina del castillo helado y luminoso me ha dado un frasco tan mágico como ella. Es tan bonito que no lo tomo de inmediato y lo miro fascinada. "Tómalo", me dice ella con una voz llena de ecos, "tómalo y úsalo cuando lo necesites."

Al terminar la comida, los hombres, incluyendo a mi padre, están borrachos y se les cierran los ojos. Sus mujeres, con sonrisas de cartón, los tratan de sostener y les siguen la cuerda en la conversación para que no se pongan violentos. Mi padre se pone a hablar de política y elogia sin parar al cholo dictador que lo hace sentirse finalmente superior a los blancos. Aunque sea mestiza, para él soy blanca y los blancos son el enemigo que hay que pisotear y humillar como ellos han humillado a los indios por casi quinientos años. En el colegio, no soy blanca, soy chola y mis compañeras me lo refriegan todo el tiempo. Soy chola y encima gorda, aunque mi segundo apellido suene gringo. Pero ahora que lo veo borracho una vez más, haciéndole pasar vergüenza a mi madre con sus comentarios desatinados y resentidos, ya no me importa ser blanca para unos y chola para otros. Yo sólo quiero que él desaparezca, como sea, cuando sea, donde sea. Que se vaya y nunca regrese. Uno de sus amigos borrachos ha tenido la genial idea de que cada uno diga lo que siente por su amigo, hoy, el día de su onomástico. Odio al amigo y su idea como a mi padre. Ahora habrá que decir palabras rebuscadas que para mí no serán sino mentiras repugnantes. Si dijéramos la verdad, la verdad que no existe en esta casa mientras él esté con nosotros, me castigarían y me condenarían al destierro de mi cuarto por varios días. Los invitados empiezan a hablar sandeces, trozos de frases repetidas en las tarjetas de felicitación, palabras que no se las cree nadie: "Es un gran hombre, honrado, trabajador, honesto", "Es un gran padre de familia, nunca le falta nada a sus hijos", "Es un gran amigo, siempre hay cariño en su casa." Gran, gran, gran. De "gran" sólo tiene el comienzo del apellido, Granda. Los hombres borrachos, incluido mi padre, con los ojos a medio cerrar y una sonrisa floja, asienten con la cabeza cada comentario que les guste, aunque sepan que son mentiras dichas por el miedo. El miedo, el miedo que me señorea desde que lo puedo recordar. El miedo con el que quiero acabar lo más pronto posible. La liberación del miedo que le quiero regalar a mi madre, a mi abuela, incluso a mi hermana para festejar nuestro paraíso cotidiano. El miedo me ha conducido de la mano a la copa de vino tinto que mi padre bebe, después del whisky y la cerveza. Esa nueva copa que le he llevado de la cocina, llena de vino nuevo, porque la otra la había derramado de un manotazo torpe al querer servirse él mismo. Contaba con eso, él hacía siempre lo mismo cuando estaba borracho. El alcohol lo ponía torpe y terminaba manchando los manteles primorosos de mi madre al intentar servirse más vino. Había siempre que reemplazar la copa rota y desparramada con una nueva. Una nueva que yo traje, con la pócima que me había dado la reina del castillo de hielo, y que había mezclado con el vino tinto que mi madre me había pedido servirle. Veía cómo se acercaba mi turno, con terror por las cosas asquerosamente elogiosas que tenían que salir de mi boca para alabar a este hombre borracho que me había enseñado sólo el miedo. Empecé a pensar lo que tendría que decir sin que me temblara la voz de la rabia contenida y de la nueva humillación que me dolía tanto como el bofetón de Chincha. Mientras lo hacía, una tía soltera y querida repetía formulismos para salir del paso y quedar bien ante la invitación. Mi tía había apenas comenzado cuando mi padre se puso blanco como un papel y empezó a sudar frío. Unas horcajadas remecieron su cuerpo y se levantó violentamente de la mesa. Antes de terminar de levantarse, cayó al suelo retorciéndose de dolor. Los invitados se abultaron a su alrededor sin saber qué hacer. Pensaron que eran los inicios de los diablos azules por la mezcla de la borrachera y la emoción de tanto elogio, aunque sólo fueran palabras hechas. Mientras reaccionaron llamando a un médico o a emergencia, el veneno ya había hecho su efecto. Le perforaría el estómago, como él me perforó la cara con sus bofetones.

Mi madre y mi hermana se ocupan de rodearlo con caras culpables, pensando lo mismo que yo probablemente, pero sin decirlo. Ese hombre, mi padre, se retuerce en el suelo con dolores inexplicables. Suena una sirena a lo lejos, vienen los médicos de emergencia. Ojalá no lleguen a tiempo. Todo lo dejo en manos de Dios, si existe. Llegan finalmente, despejan el comedor, le ponen inyecciones para detener lo que se tenga que detener. Pero nada se detiene. La naturaleza y los mandamientos de la ley de Dios siguen su rumbo sin detenerse. Mi padre se sigue retorciendo como un gusano atacado, echado en el suelo como una marmota. La marmota, como me llamaba cuando me veía mirar televisión. O cuando me vio, vestida para la primera comunión y me dijo, también borracho: "Moby Dick. Eres la ballena blanca, Martina." Dicen que cuando uno se está muriendo, se acuerda de sopetón de todo lo que ha hecho en su vida. Ojalá tú lo recordaras como lo recuerdo ahora. En uno de tus revolcones, nuestros ojos se han encontrado. Y por primera vez en diez años de miedos y ansiedades, nuestros papeles se han invertido. He visto el miedo en tus ojos de cadáver exquisito. Y debes haber visto en los míos todo el odio que te tengo, este odio acumulado y callado desde que me di cuenta de que formabas parte de mi mundo. Por error. Estás en mi mundo por error. Y te tengo que sacar de aquí. Los médicos no pueden hacer más y te llevan de la casa. Espero que no vuelvas. Mi tía soltera me abraza para que no vea cómo te llevan. Esa noche, como raras veces en años, duermo sin una piedra en el estómago. Espero que cuando amanezca, te hayas ido para siempre.

Es verano y no tenemos colegio. Mi madre ha suspendido esta vez las vacaciones útiles por duelo. No sabe que no me importa. Es justamente lo contrario, odiaba las clases de ballet donde me enrollaban como una funda de plástico rosado y se acentuaban mis rollos. Mi madre cambia cosas de la casa mientras encuentra una nueva. No le gusta la idea de que nos quedemos allí desde que él se fue. Mi abuela cose. La muchacha riega el jardín. Mi hermana escucha música encerrada en nuestro cuarto o habla largas horas por teléfono con amigas. Yo leo en el salón escondido, leo mis historias mágicas y sueño con escribirlas. Sueño. Lo único que me apena en nuestro paraíso de mujeres es que desde que él se fue, no he vuelto a soñar con la princesa mágica que me acogía bajo sus faldas, ni con el caracol gigante que me arrollaba sin piedad. Tampoco he vuelto a leer el cuento de la reina de las nieves. Lo he guardado por si acaso. No vaya a ser que lo vuelva a necesitar. O que alguno de mis hijos lo necesite.

Lourdes Vázquez, Puerto Rico

Lourdes Vázquez nació en Puerto Rico en 1950. Establecida hoy en Nueva York, es una escritora prolífica cuyos trabajos literarios han aparecido en revistas literarias y antologías alrededor del mundo. Su temática incluye literatura, feminismo, cultura popular y escritura femenina. La biografía sobre la poeta puertorriqueña Marina Arzola que publicó en 1990 fue aclamada por la crítica y nombrada entre los mejores diez libros del año. Además Vázquez recibió el Premio Internacional Juan Rulfo del Cuento en 2000.

Entre sus obras se destacan *Las hembras*, publicado en 1987, y *Las historias de Pulgarcito*, de 1990. También publicó el libro *De identidades: bibliografía y filmografía de María Luisa Bemberg* en 1990. Ha participado en varias conferencias y ha organizado eventos relacionados con cultura y literatura. Actualmente trabaja como bibliógrafa para Africa, América Latina y antropología en la Universidad de Rutgers. Su primera novela, *Sin ti, no soy yo*, fue publicada en 2005.

Obras

Las hembras (1987)
Las historias de Pulgarcito (1990)
De identidades: bibliografía y filmografía de María Luisa Bemberg (1990)
Hablar sobre Julia (2002)
Park Slope (2003)

Nos buscan

—¿Quién inventó el miedo?
Lilia bebe sorbos de tequila desde temprano en la mañana. Cansada, soño-

lienta, toma la copita con los dedos, se estira en el sofá y traga poco a poco un tequila claro pero denso. ¿Quién inventó el miedo? Para qué sirve, sino para mantenernos varados en un espesor de agua color mercurio.

—¿Todavía andas ahí tirada? ¿No sabes que debemos empacar? ¿Desconoces que el momento se aproxima?

—Ya sé, Antonio, ya sé. Hay que empacarlo todo. Perder el apartamento, las camas, los libros, los cuadros, mis tereques de tantos viajes, los juguetes de los niños.

—Tú tuviste la culpa. Por tu propia estupidez estamos metidos en este lío.

Lilia no se levantó. Siguió toda la mañana traguito a traguito y continuó toda la tarde hasta que llegaron los niños de la escuela.

—Niños, hay que empacar. Hay que salir corriendo, pero su madre está ahí. Impávida.

—Mami, vamos a ayudarte a empacar. Yo me quiero llevar mis juguetes. La ropa no me importa. Podemos comprar ropa nueva, pero los juguetes me hacen falta. Además hay que llevarse a Motita.

Esa noche Antonio preparó un sopón de camarones con tostones. Los niños se fueron a la cama con la barriga contenta. Lilia se fue con ellos y se acurrucó en el colchón del piso. ¿Por qué hay que huir? Nadie lo entiende. Vivimos en el país de los abandonados. De los solos. De los aislados. Sin embajadas, sin misiones diplomáticas, sin pasaportes, sin ayuda internacional. Lilia se levantó, caminó el pasillo, abrió la puerta y salió a la calle. Las estrellas reventaban en el firmamento y un buho llamaba a su pareja con urgencia.

—Es una estúpida. Ya se fue. Es lo único que sabe hacer.

La temperatura se mantenía agradable. Caminó por los adoquines de la ciudad vieja. Vio las prostitutas de siempre en la esquina de siempre, descubrió al loco Millo recogiendo cachivaches de los zafacones, observó tantos televisores encendidos como casas. Lilia creyó ver a un hombre que la seguía. Caminó un buen rato y llegó a la laguna. Allí contempló al perro de piedra todavía esperando a su amo. Una vez más el mismo hombre se le topó de frente. Dos turistas de la mano disfrutaban la luz de los faroles, las olas, la brisa, el zumbido del mar. Allí estuvo un buen rato, hasta que ya no hubo más que contemplar y una voz de hombre la trajo a la realidad.

—¿Qué vigila con tanta intensidad? ¿Quién fue el dador que le entregó esos ojos tan hermosos?

Lilia se voltéo y un hombre impecable la tomó por sorpresa.

—Desde la terraza de mi apartamento se puede echar una mirada al horizonte con más amplitud. Dijo con un fuerte acento.

—Me encantaría presenciarlo.

Sin decir más el hombre la tomó de la mano. Caminaron hasta un condominio cercano, tomando el elevador. Amaneciendo, Lilia regresó a su apartamento y se acurrucó con los niños en una de sus camas.

—Estás aquí. Creí que te habías quedado fuera toda la noche.

—No. Di una vuelta porque necesitaba reflexionar. ¿Por qué tenemos que irnos? ¿Hacia dónde? Estoy tan cansada de tener que volver a salir de aquí, de tener que abandonarlo todo nuevamente, de ocultarnos, de escapar y además esquivar a quien no quiere vernos, a quien no quiere saber de nosotros.

—Hay que irse. Lo sabes. Es parte de la consecuencia de haber nacido aquí. A todo el mundo le toca. Todo el mundo parte. Unos porque no encuentran trabajo, otros porque están cansados de celebrar misas para sus hijos muertos a balazos, otros, porque se les van los familiares en busca de trabajo. Se sienten solos. A otros les crean carpetas, archivos secretos, son maltratados, perseguidos y antes de enloquecer se marchan. Y hay otros, los más estúpidos, los que se enfrentan al gobierno.

—¿Y cómo yo me metí con el gobierno?

—Tú sabes como lo haces, Lilia.

Un timbrazo en la puerta los azoró.

—¿Quién es?

—Es Remedios La Bella, querida. ¡Abreme! Y la puerta se abrió.

Lila saltó encima de Remedios y la llenó de besos.

—Lilia, querida. Como siempre andas lela. Vengo a rescatarte. Aquí tienes a Remi de cuerpo entero. Perdona por no haber venido antes, pero he estado ocupadísima, ocupadísima con mis santos. A decir verdad y he hecho varias consultas sobre tu caso y tú estás quemá, mija. A ti te la han echao fuerte. Bueno, bueno, vamos a empacar. ¿Y los niños? Durmiendo, me imagino. Bueno, pues aquí la Remi trajo desayuno. Cafecito colao para todo el mundo, un pan fresco con queso y jamón de La Bombonera. Me parezco a la virgen de la Providencia. Me encanta este papel protagónico de monja con bolas entre las piernas.

Remedios La Bella la tomó de las manos y la examinó completa.

—Estás horrible.

—Muchas gracias, y ¿tú cómo estás? le respondió Lilia.

—Cómo quieres que esté. Tú bien lo sabes, preocupadísima ando por ti. Contestó Remi. Tú pareces que andas trasnochá y a Arturo no se le ve buena cara.

—Tú ya sabes cómo es Arturo.

—Voy a ver qué dicen las noticias. Exclamó Lilia. Se fue a acurrucar al sofá con su cafecito en la mano. Buscó el control, encendió el televisor y cambió canales. Justo para ver una foto en la pantalla cuya descripción decía: "El hombre amaneció muerto. Aparentemente de un ataque al corazón, aunque se sospecha que fue un ataque provocado. El sujeto llevaba una temporada en la isla como parte de una delegación de comercio de su país. El guardián del hotel señala que una mujer subió con él a su apartamento tarde en la noche".

Lilia apagó el televisor y salió corriendo para la cocina. Le hizo señas a la Remi.

—Estoy metida en problemas.

—Ya lo sé.

—No Remi, esto es otra cosa.

—¡No me digas que la cagaste nuevamente!

—Remi, que no se entere Arturo. Enciende el televisor con el volumen muy bajo, para que solo tú lo escuches.

—¡Qué barbaridad, Lilia! ¿Qué pasó?

Allá se fue Remedios La Bella. Se enchufó al televisor con el control en mano. Cambia canales, cambia canales hasta que encontró la noticia del día.

—No te dije que los santos me dijeron que lo tuyo es bien fuerte. A quien se le ocurre acostarse con el primero que aparece en la calle. ¿Tú no has oído hablar del SIDA, AIDS por si acaso? Además que los santos me dijeron que eso te pasa porque todavía tienes muchas pruebas que responder. Definitivamente tú viniste aquí a aprender a cocotazo limpio. No salgas hasta que yo te lo diga. Yo voy para la calle a comprar tinte de pelo y unas gafas oscuras. Carajo que lo tuyo pica y arde. Yo que pensaba irme con las locas a Madrid de vacaciones. Lo voy a tener que posponer hasta que no te vea montada en un avión con todo y muchachos.

—Veo que te pintaste el pelo.

—Luzco horrible, Arturo. Me parezco a Santa Dorotea de Sabana Grande después de una juerga. Los niños empacaban y retozaban con Motita.

—Es lo único que te importa. Cómo lucir ante las cámaras. Gritó Arturo.

—Déjalo, Lilia. No tiene remedio. Está enamoradísimo de ti. No te va a dejar sola ni en paz. Además de estar metida en problemas, le pegas cuernos con quien te da la gana. El pobre anda ya canonizado.

—Pero, Remi, tú te pintas el pelo y te ves regia, en cambio yo parezco una fregona. ¿No se me vería mejor una peluca?

—Querida, yo creo que tienes razón. Vi unas en la calle De Diego de Río Piedras que son una maravilla. Son las que usan las dominicanas, y por eso las ves fabulosas. Porque esas sí que saben huir. Huyen con elegancia. Huyen de país en país, hasta que consiguen trabajo y mantienen a toda la familia allá en la República, pero siempre bien vestidas y arregladas. Y esos pelos, querida. Los beauty parlors de esas mujeres son los que te dan el mejor servicio, entienden mucho mejor de lo que se trata nuestro pelo. Y en días en que el pelo está malo, digo peor, se ponen sus pelucas. ¡Dios mío que estoy diciendo! Se me olvidó tomarme la hormona today. Me tienes haciendo disparates.

—Tocan a la puerta. ¿Quién podrá ser? Ya nadie nos visita. Remi, puedes ir a ver quién es.

—¿Dónde está Lilia? De frente a Remi un hombre negro preguntó.

—¡Qué modales, niño! ¿No te enseñaron en tu casa que primero se dan los buenos días? Por eso este país está como está. Llamas a una oficina y te tratan de "amor, amorcito, en qué puedo ayudarte". Pero si yo a usted no lo conozco, para que me venga tratando de amorcito.

—Buenos días. Necesito ver a Lilia.

—Bueno, pasa. Pero sólo un momento, pues estamos empacando. Tú ya sabes.

El hombre negro se depositó en la sala del apartamento de frente a Lilia y de inmediato preguntó:

—¿Sabes quién tiene las armas?

—Tonto. Contestó Remi. Que va a saber Lilia de armas. Ella no tiene ni puta idea.

—Ella es la única que sabe.

—¿De qué armas me hablan?

El hombre negro se le abalanzó a Lilia.

—No te hagas la tonta. Sabemos que escondiste las armas del grupo en alguna parte.

—¡Si la tocas te costará caro, bien caro! Gritó Arturo.

—Remi tiene razón, ella no tiene la más minima idea, ni yo tampoco. Nadie en esta casa sabe de lo que hablas. Así que te advierto.

Remedios La Bella acompañó al hombre hasta la puerta. Apuró el paso para poder caminar al frente, como sin saber, mientras remeneaba el culo. El hombre negro fijó sus ojos en el culo de Remi, embrujado. Remi abrió la puerta.

—Qué pena que tengamos que vernos en estas circunstancias. En alguna otra ocasión será. Y le tiró la puerta en la cara.

—Ahora sí que hay que huir. Con el gobierno por un lado y esta ganga por el otro, mija andas muy popular en estos días. Vete a darte un baño de sales para que se te aclare la energía un poco. Niños, vayan a bañarse con su mami. Arturo y yo empacaremos.

Lilia abrió la pluma de agua de la bañera y buscó sus sales. Los niños entraron al baño con alborozo.

—¿Podemos bañar a Motita?

—Seguro, esta bañera es grande y cómoda. La voy a extrañar mucho. Todos ahora a quitarse la ropa. En un santiamén quedaron desnudos. Lilia apretó y besó a los niños, los cargó y se metió a la bañera rebosante de burbujas. Motita saltaba y entraba y salía de la bañera dejando un charquero de agua por todo el piso.

—Cuéntame un cuento, Mami.

—Un cuento. Yo no sé contar cuentos. Yo escribo fábulas, a veces reales, a veces no tan reales. Últimamente las fábulas que he escrito a mucha gente no les han gustado. Tal vez por eso tenemos que huir.

—Cualquiera puede contar cuentos.

—Yo no. Respondió Lilia. Yo sólo sé construir fábulas.

—Cuéntame una fábula.

—Una mariposa que sale de su madriguera y se enamora de un elefante.

—¿Qué le pasó al elefante?

—El la rechazó porque era muy pequeña y podía lastimarla. Y ella se quedó triste toda la vida, viendo como el elefante enamoraba elefantas.

—Y murió de tristezas como Margarita, que linda está la mar. Construye otra fábula, Mami.

—Una sirena que arrastraba los barcos hacia el fondo del mar, porque se sentía muy sola allá abajo con tanto azul alrededor.

—Pobrecita. ¿Cuántos barcos arrastró?

—No los suficientes, porque siempre regresaba a la superficie en busca de más barcos.

—Ahora otra fábula.

—Un grupo de personas abandonadas en la orilla de una isla peleándose entre sí. Parecen perros desamparados, sin destino pero aún más sin imaginación...

Arturo abrió la puerta y entró bruscamente al baño.

—Lo siento. Es muy tarde. Tendremos que irnos ahora. Nos han avisado que vienen por ti.

—¿Quiénes?

—Tendremos que escapar por la puerta de la parte de atrás, la que da al basurero. Ponle esta ropa a los niños. Y tú ponte cualquier cosa. Remi está terminando de empacar. Lilia comenzó a secar a los niños cuando Arturo se le acercó y por un instante sintió que la deseaba.

—Arturo, perdóname.

—Toda la vida, Lilia, toda la vida te perdono. Ahora vístete. Le contestó Arturo mientras la apretaba contra el pecho.

—Este baño está too crowded. Vociferó Remi, mientras entraba al cuarto de baño.

—Yo sigo vistiendo a los niños. Lilia, ya es muy tarde, vístete tú también.

—Voy a abrir la ventana del baño, creo que por ahí tendremos que irnos. Esa ventana es lo suficientemente ancha. Exclamó Arturo mientras recogía a toda su familia como un oso recoge a sus cachorros.

—Sí. Así tendremos que desaparecer, por el mismo hueco que Alicia huyó, a través del espejo de la ciudad. Sin dejar rastros.

—No te me pongas metafísica, Lilia, fue lo último que dijo Remi.

Susana Rotker, Venezuela

La talentosa periodista y académica Susana Rotker se da a conocer por sus estudios sobre la violencia en Latinoamérica. Nacida en 1954, Rotker estudió comunicación social en la Universidad Andrés Bello de Venezuela en 1975, donde también trabajó como crítica de cine y literatura y reportera en el diario *El Nacional*. Luego se trasladó a los Estados Unidos, donde hizo su doctorado en la Universidad de Maryland en el campo de literatura hispanoamericana. Después siguió a su esposo, el periodista Tomás Eloy Martínez, a la Argentina. Allí contribuyó a la revista *Humor de Buenos Aires* desde 1989 a 1990.

Después de vivir en Argentina y Colombia por un tiempo, Rotker regresó a los Estados Unidos. Enseñó en el Departamento de Español y Portugués en la Universidad de Rutgers y vivió en Nueva Jersey. En 1992 se le otorgó el prestigioso Premio Casa de las Américas por su libro *La invención de una escritura*. Además publicó un sinnúmero de artículos y ensayos en revistas como *Modern Language Quarterly, Crisis, Estudios* y *Vida Sudamericana,* entre otros, y recibió becas del Social Science Research Council y del Wilson International Center. Publicó su libro *Ciudadanías del miedo* en Venezuela en 2000. Por causa de un trágico accidente automovilístico, falleció el 27 de noviembre de ese mismo año.

Obras

Los transgresores de la literatura venezolana (1991)
Fundación de una escritura o La invención de la crónica (1992)
La invención de una escritura (1992)
José Martí: crónicas, antología crítica (1993)

Ensayistas de nuestra América, siglo XIX (2 volúmenes): estudio preliminar, notas críticas y selección de textos (1994)
Ciudadanías del miedo (2000)

Insolencias de lo prohibido: periodismo y violencia en los 90

¿Cómo pensar el Caribe continental hoy, especialmente las realidades urbanas donde todo pacto social se disuelve tras las coordenadas de la violencia, la pobreza y el miedo? Si la cultura ordena y a la vez subvierte, pero siempre tratando de crear sentidos, ¿cómo leer, cómo escribir sobre un presente como el colombiano, donde los grupos armados —sea guerrilleros, paramilitares o narcotraficantes— son tan estables desde hace cincuenta años que puede hablarse ya de un estilo de vida, por no cometer la imprudencia de referirse a la violencia como el gran generador de empleos? Solíamos entender los enfrentamientos armados como negociaciones por la fuerza para derrotar al enemigo y/o llegar a un acuerdo con él, pero en Colombia los grupos armados "no tienen casi nada que ganar con un acuerdo [con el Gobierno], y mucho que perder: sus armas, sus proveedores de fondos, sus bases territoriales, su halo revolucionario en algunos estrechos círculos locales e internacionales."[1] La paz, en este caso, podría traerles la ruina. Los parámetros políticos tampoco parecen funcionar para comprender la actualidad venezolana, tantos años país/mito del progreso y democracia petrolera, país donde de pronto, como si emergiera de los abismos de la historia o de una pesadilla lacaniana, aparece el "retorno de lo reprimido": la bajada a la ciudad de Caracas de los pobres de los cerros en febrero de 1989, sin otra ideología manifiesta que la de expresar su rabia por al aumento del precio en el transporte asaltando comercios, robando comida, incendiando automóviles; luego, el primer intento de golpe de estado en cuarenta años de democracia, protagonizado por el hoy indefinible presidente de la República Hugo Chávez.[2]

Valga aquí una acotación. En su libro *The Magical State*, Fernando Coronil cuenta que, durante años, pocos analistas internacionales le prestaron atención a Venezuela, puesto que se la consideraba un país predecible y, por lo tanto, de poco interés. El mito del progreso y la modernización, más los enormes ingresos petroleros, producían una impresión de estabilidad absoluta, de movimiento hacia el futuro. Pero dos acontecimientos cruciales habrían de modificar todo el mito de la felicidad. Cuando me fui de Venezuela, a comienzos de los ochenta, ayuna de noticias sobre mi país llamaba al consulado en protesta de la falta de información en los periódicos; invariablemente, el *attaché* de prensa me contestaba: "los países felices no aparecen en la prensa". Algo pasó muy serio y muy profundo desde entonces, si así medimos las variables: tan sólo durante la segunda semana de abril de 1999 el *New York Times* le dedicó tres veces páginas completas a Venezuela, una de ellas con fotos a todo color. Es como si en muy pocos años se hubieran formado, en el mismo espacio geográfico, dos países del mismo nombre que conviven a la fuerza: la próspera, democrática y estable Venezuela que fue —en el recuerdo activo e intransigente— y el país de hoy, del que se dice: "conocemos el desastre del que acabamos de salir, no sabemos hacia cual nos dirigimos ahora". Ocurrió la bajada de los cerros, el primer intento de golpe militar, la pérdida de la inocencia, el escándalo de la pobreza. Como bien lo dice Boris Muñoz, uno de los jóvenes cronistas estudiados en este trabajo, "nosotros pertenecemos a la generación del *día después*", una generación sin ilusiones estructuradas a través de partidos políticos ni nada semejante.

La situación de violencia pone en suspenso las teorías de las que se dispone: en el caos, el Otro somos todos. El espacio no está tan claramente dividido en centro/periferia, puesto que se trata de un mapa compartido, malamente compartido. Las relaciones se vuelven horizontales en el plano de la desconfianza. No hay justicia social: el miedo es el único "recurso" equitativo. De poco me sirven los conceptos de la hibridez o del "tercer espacio" cuando, al llegar a Caracas me advierten que puedo caer víctima de un carterista —tal vez cómplice de la policía—, que no tome taxi ni autobús porque me pueden secuestrar con el resto de los pasajeros, que si me voy con el automóvil de un amigo de confianza trate de no parar en la carretera, aunque tiren piedras y rompan el vidrio, porque es preferible pagar por un nuevo limpiaparabrisas pero seguir viva. La práctica cotidiana de la paranoia poco tiene que ver con la imagen de la Venezuela que presenta el número de abril de la revista de Continental, la línea aérea: las imágenes a todo color muestran negros alegres y eróticamente sudorosos que bailan al son de los tambores, se prometen extraordinarias playas de coral, un clima siempre grato, buena comida y aventuras ecológicas a Canaima. Ambas imágenes son ciertas; tratando de pensar al Caribe continental en el final del milenio, aún no sé qué hacer con ellas. Sólo sé que un nuevo sujeto ha surgido en esta última década y que desde esa posición hablamos y pensamos al deambular por las ciudades: la de la *víctima-en-potencia*. Las teorías se precipitan al abismo cada vez que salimos a la calle; aún dentro de las propias casas nadie se siente ya seguro. Ciudadanía, democracia, propiedad, solidaridad, seguridad, derecho a la vida, centro/periferia, arriba/abajo: conceptos que se eclipsan cuando las relaciones sociales están tan profundamente erosionadas. *"El orden de las ciudades está construido con la incertidumbre que nos produce el otro, inoculando en nosotros cada día la desconfianza hacia el que pasa a mi lado en la calle. Pues en la calle se ha vuelto sospechoso todo aquel que haga un gesto que no podamos descifrar en veinte segundos"*, escribe José Martín Barbero desde Colombia. Y agrega: *"...me pregunto si ese otro, convertido cotidianamente en amenaza, no tiene mucho que ver con lo que está pasando en nuestra cultura política, con el crecimiento de la intolerancia, con la imposibilidad de ese pacto social del que tanto se habla, esto es, con la dificultad de reconocerme en la diferencia de lo que el otro piensa, en lo que al otro le gusta, en lo que el otro tiene como horizonte vital, estético o político."*[3] Esa imposibilidad o dificultad de identificación quiebra nuestro sistema de pensamiento, tiñe las esperanzas de solidaridad social, nos convierte en derrotados y escépticos sobrevivientes.

De poco me sirven las teorías poscoloniales cuando, al llegar a Cartagena de Indias, me cuentan sobre los "desplazados", tragedia inmensa que pocos fuera de Colombia conocen, aunque sí sepamos, hasta el cansancio, de los dramas humanos en Ruanda, el Congo, Bosnia y ahora los albanos de Kosovo. Por alguna de esas fallas irónicas de la globalización, ¿quién sabe que tan sólo entre 1985 y 1996 un millón y medio de personas fueron expulsadas de sus hogares por la violencia, que tan sólo en 1996, treinta y seis mil hogares fueron vaciados por la guerrilla o los paramilitares? El cuento se repite, sin explicación: de un día para otro, un grupo armado se presenta y le avisa a un pueblo entero que debe desalojar inmediatamente; para que no queden dudas, matan a algunos habitantes como ejemplo, muchas veces partiéndolos con una sierra eléctrica. Se dice que es una guerra por la tierra, una guerra librada en el cuerpo de los campesinos que hoy deambulan en los cinturones de miseria urbanos, como el del barrio Nelson Mandela [sic], pegado a los basurales de Cartagena, la más bella ciudad del Caribe y tal vez de toda América Latina.[4] Ya en la ciudad, la gente se queja de los precios de la vivienda, inflados por la cantidad de apartamentos vacíos por el lavado de dinero del narcotráfico.

Sea allí, entre los fortines para protegerse de los piratas que venían en busca de esmeraldas en tiempos de la Colonia, sea en Barranquilla o en otras ciudades de la costa, se repiten los mismos cuentos: se aconseja no manejar entre una ciudad y otra por los secuestros, que hoy adquieren sabor moderno y tropical: los secuestradores permiten pagar a plazos, es decir, calculan cuanto vale uno y lo dejan ir temporalmente libre, después de arreglar el pago a crédito por el derecho a seguir con vida.

Me pregunto por qué se habla tan poco de toda esta violencia en la letra escrita. Tal vez porque no sabemos aún como entenderla: o la leemos con los espejuelos de teorías escritas para otras realidades, o no la leemos en absoluto, acaso porque estamos demasiado inmersos en ella. Por la urgencia de entender, me asomo a las crónicas periodísticas, esos artefactos culturales tan sugerentes por la inmediatez que les aporta el periodismo, por su hibridez discursiva y por su búsqueda de un sistema de representación despojado de las convenciones de la información noticiosa. La selección es pequeña: unos pocos libros y crónicas sueltas producidas en los últimos cinco años del milenio, y sólo incluyo los que versan directamente sobre la violencia urbana, sin que esto signifique que no exista una enorme y rica variedad de crónicas que reconstruyen otras franjas de la realidad, una franja más amable de lo cotidiano. Me enfoco en un corpus muy específico, que trata de un problema muy específico y, como lo acabo de decir, no absoluto; son: *La ley de la calle* de los venezolanos Boris Muñoz y José Roberto Duque —de quien incluyo crónicas también sueltas—, el libro por venir y aún sin título del colombiano Alberto Salcedo y *Noticias de un secuestro*, de otro costeño, Gabriel García Márquez. Las estrategias de la escritura son completamente diferentes: por un lado se escribe desde la derrota de las utopías, desde la subjetividad de quien llamo aquí *víctima-en-potencia*, tratando de comprender —y acaso aprender a defenderse de su entorno—, en vano. Por otro lado está el caso de José Roberto Duque quien, desde su columna semanal en *El Nacional*, es el único que logra articular un discurso coherente o al menos puntual. Duque viene de los barrios más duros y *desde allí escribe*, sin necesidad de intermediarios, inaugurando en la prensa un espacio de escritura cuyo lugar de enunciación está *en el otro lado*, con una voz que no es la del resentimiento indiscriminado o la amargura, sino la del que tiene claro el nombre de los culpables y se compromete y se juega la vida cada semana en la escritura, dando nombres y apellidos concretos que vienen de la esfera de la autoridad. No pretendo atribuirle a José Roberto Duque una épica idealizada y esencialista, atribuyéndole la autenticidad de un Robin Hood marginal ya legitimado por su mero origen marginal; sólo apunto aquí a la creación de un espacio diferente, con un rol que no es más el tradicional de la *ciudad letrada*.

La primera sorpresa: los mejores cronistas del Caribe colombiano, cuando escriben sobre la violencia, vuelven la mirada hacia Medellín y Bogotá, como queriendo respetar "la muy antigua y noble ciudad de Cartagena de Indias", "patrimonio de la humanidad",[5] perpetuando la ilusión del paradigma de que en Colombia la violencia sólo ocurre en el altiplano, mientras que la costa es el espacio del realismo mágico. Mi primera reacción hacia *Noticias de un secuestro* fue de rechazo al libro, porque nunca intenta explicar "el lado de los pobres" o acercarse al rostro humano de los jóvenes para quienes el sicariato parece la única opción. Ahora bien, visto desde la perspectiva de la *víctima-en-potencia*, el rechazo se atenúa: nadie a quien le han secuestrado o asesinado un hijo o un amigo se preocupa por comprender las condiciones sociales del asesino. Cuando el horror nos golpea directamente, las actitudes y las reacciones cambian. Pensándolo mejor, el déficit —por usar un término del golpeado sistema económico— de *Noticias de un secuestro*, no está en la carencia de empatía o curiosidad hacia el Otro, sino en la falta de empatía o curiosidad hacia la verdadera víctima: usted, yo, los ricos, los no tan ricos, las clases medias, los pobres. *Noticias de un secuestro* mantiene el sistema de castas colombiano, dándole el "privilegio" de ser víctima sólo a la élite de Bogotá, despachando en pocas líneas a las víctimas de "segundo orden" aun en el episodio histórico concreto que reconstruye y con él, nos despacha a todos nosotros, todos los demás que viven (vivimos) la realidad como una amenaza y no como un privilegio.[6]

Busco "violencia" en el *Diccionario de construcción y régimen de la lengua castellana* de R. J. Cuervo, emitido por la clase dominante colombiana.[7] La palabra no aparece en los ocho tomos. Tampoco la palabra "justicia". Sí, en cambio, encuentro "justo": sólo en su segunda acepción aparece relacionado a la justicia, como un atributo o una cualidad espiritual, no como un sustantivo. Tal vez en estos silencios y ausencias esté el origen de todo.

Acostumbrados a hablar de la lucha de clases —en otra época— y ahora de las minorías étnicas o sexuales, olvidamos que el miedo conforma hoy la más profunda de las verdades, que aunque la gente trate de vivir sin pensarlo, todos los días allí sigue, agazapado y pronto a saltar tiñendo los hábitos con la sensación de lo imprevisible. El miedo, consciente o no, está ya en la base misma de la cultura y del modo de las asociaciones sociales hoy, aun de las más espontáneas; el miedo es un sentimiento que comparte un grupo social contra otro.[8] Aquí se trata de una guerra no declarada del todos contra todos y del sálvese quien pueda, sin duda originada por la desesperación social, ya muy organizada en Colombia por sus cincuenta años de violencia, más espontánea y errática en las calles de Caracas. Hay que desligar dos aspectos del mismo problema: por un lado la violencia social, cuerpo a cuerpo, por un reloj, una videocasetera o algo de dinero en efectivo, pero también la corrupción y el abuso angurriento de las élites políticas y económicas tradicionales; por otro lado la desconfianza hacia los demás, el miedo como modo de violencia que impide ordenar. El miedo anula la escritura para lograr la comprensión, invade el espacio de la letra que sirve para clasificar, para aprender a que la violencia no nos toque; el miedo desconcierta y de él salen textos desconcertados, que, seguramente sin buscarlo, terminan generando en los lectores (interpelando, reforzando, representando) ese otro espacio de la violencia que es el miedo. Acaso yo misma, al escribir sobre el tema, al traerlo al primer plano —como los cronistas— reproduzco la poética de la interpelación paranoica.

En *El gol que costó un muerto* de Alberto Salcedo, William Blandón alias El Chifis, es un mísero aficionado al futbol que un día cometió el error de meter la pelota en el arco contrario.[9] El Picao jura matarlo y lo persigue largo tiempo. Para su suerte, El Chifis logra invertir una emboscada que le tendieron y termina matando a su victimario. El recuerdo lo persigue: un error en la cancha del barrio lo ha convertido en asesino y le ha hecho perder la paz para siempre, sobre todo porque ya sabe el origen del encono de El Picao contra él: la pérdida de una apuesta cuyo valor era apenas una caja de cervezas. Banalidad de la tragedia, fatalidad de los destinos.

La banalidad de las historias cruza la frontera y se repite, con una naturalidad escalofriante, en las crónicas recogidas en *La ley de la calle: testimonios de jóvenes protagonistas de la violencia en Caracas*.[10] Es el reino de la fatalidad: los cronistas no acusan a nadie, no señalan la sociedad explotadora ni predican la revolución; de la lectura de *La ley de la calle* se sale en un estado de desánimo total, sin ternura, sin compasión y sin esperanza. Es un libro sobre jóvenes de catorce y quince años, el mayor de los entrevistados tiene treinta. Algunos títulos: "Pasos de Caracol", "Yo nunca he sentido miedo", "Uno cuida los zapatos porque esa es la imagen de uno", "No soy un delincuente", "Vivir, morir en una sola vida", "La guerra va por dentro". La segunda parte incluye testimonios y análisis del problema de la violencia desde otros puntos de vista: la iglesia, un juez, un grupo de policías, científicos sociales, y dos textos sobre la violencia en Colombia y Brasil. Se trata de crónicas despojadas, sin la búsqueda estética "literaria" de la crónica que caracterizó la década del ochenta: los nombres han sido cambiados (son menores de edad). Los periodistas, deliberadamente, han tratado de borrarse, acaso por intentar encontrar un equilibrio ante un relato sobre una realidad inverosímil, demasiado sangrienta y fabulosa. El equilibrio no fue fácil a la hora de escribir: Boris Muñoz es un periodista universitario de la Caracas de clase media e intelectual, José Roberto Duque es un periodista —casi un lenguaraz a los fines de este libro— criado en el "23 de Enero", uno de los barrios más duros de la ciudad. Duque, sin duda, sirvió de contacto y de pasaporte; ambos tuvieron que colaborar intensamente —de sus desencuentros da cuenta el prólogo de Muñoz— y sentarse, además, a escribir un glosario para el lector al final del libro. Lenguaraz y glosario: rasgos comunes a muchos de estos libros sobre la violencia, como si los cronistas de la ciudad estuvieran entrando a territorio extraño, ajeno, desconocido.

En el prólogo se aclara la posición desde la que se escribe: *"Permanecer al margen ante el testimonio de un joven capaz de matar bestialmente para conservar un par de zapatos, sin perder la sangre fría... era una operación que había que cuidar permanentemente"* (p. 11). Permanecer al margen. ¿Se puede, acaso? La gran mayoría de estas crónicas de la violencia se destaca, precisamente, por el borramiento del autor; el dato es significativo, puesto que las crónicas latino-americanas solían caracterizarse por la reivindicación de la subjetividad.

Inolvidable las historias de la cárcel para menores y el relato de Bladimir, el muchacho de dieciocho años que bajó con un grupo a la playa para divertirse, durmiendo en las noches en la arena por falta de dinero para entrar a un hotel, bailando y haciendo el amor con su novia. Hasta que le robaron los zapatos. Indignado, le saca la pistola a un amigo y, creyendo que le ha sacado las balas, termina disparándosela en plena cara a la novia de su hermano, matándola por error. El espacio "playa" poco tiene que ver con la representación sinuosa y eróticamente tropical que hace, por ejemplo, Edgardo Rodríguez Juliá en las crónicas de *El cruce de la Bahía de Guánica: cinco crónicas playeras y un ensayo*, publicado a fines de los ochenta.[11]

En *La ley de la calle* habla Manuel, también un menor: *"La gente cree que los que son como yo son unos asesinos, pero eso es mentira. Lo que pasa es que aquí en el barrio siempre tienes que estar alerta para que no te jodan. Mis amigos y yo prac-ticamos [a tirar con las pistolas] siempre para estar bien entrenados..."* (p. 44). Manuel explica la importancia de la ropa de marca en su medio (¿se podrá hablar aquí del medio como el "habitus" a lo Bourdieu, ya no como el medio ambiente de los naturalistas y deterministas, sino como el conjunto de disposi-ciones que se forman a través de la familia, la educación, las culturas de grupos paritarios y la memoria colectiva?).[12] Dentro de ese "habitus" *"Uno cuida los zapatos porque esa es la imagen de uno"* (p. 45) y, de hecho, más de un asesinato entre la misma gente de los barrios se produce por envidia a la ropa que alguien luce: *"Lo del Chaveto ocurrió por culpa de unos malditos Nike. El me había visto algunas veces con mis Charles Barkley, mis Bull Jackson y mis Punto Negro. Siempre he usado zapatos de marca y nunca había tenido culebra por eso"* (p. 40).

En Caracas cualquiera puede morir en la calle por unas zapatillas Nike. Como dice Fernando Vallejo en *La Virgen de los sicarios*, refiriéndose a Colombia:

¿Cómo puede uno hacerse matar por unos tenis?, preguntará usted que es extranjero. *Mon cher ami, no es por los tenis: es por un principio de Justicia en*

el que todos creemos. Aquel a quien se los van a robar cree que es injusto que se
los quiten puesto que él los pagó; y aquel que se los va a robar cree que es más
injusto no tenerlos.[13]

El discurso ha dejado de ser el de la lucha de clases, para ser el de la posesión efímera de algunos símbolos del bienestar. Retomo las discusiones sobre el Otro y la violencia, a lo Levinas: la violencia se da cuando el Otro no es aceptado en cuanto tal o cuando uno mismo es absorbido por el otro, la violencia tiene que ver con aceptarse o no como el espejo y la negación mutua, la totalidad de cada uno. Levinas, el gran filósofo de la otredad, habla de la violencia narcisista de querer capturar, tematizar, reducir al otro. El problema es que aquí, en el Caribe continental de este fin de siglo, no se trata sólo de una violencia moral, sino de una violencia contra el cuerpo. Encuentro una división reaccionaria en mi propio razonamiento: ¿cómo rechazar la ética de Levinas o el idealismo de los años sesenta, cuando a la vez se tiene miedo? No me refiero aquí a dejar de lado el deseo de la justicia social, sino a la pérdida del elemental contacto solidario entre seres humanos en la vida cotidiana. Ese contacto —indispensable para la identificación y comprensión entre grupos e individuos, para hacer viable la empatía entre unos y otros— ha sido desbancado por una desconfianza instintiva hacia los Otros. Pienso en Levinas, en la Otredad moral, en la realidad del miedo. En estos textos no hay representación paternalista del pobre y de la injusticia social, la representación no es más que una sucesión de historias sin adjetivos, casi siempre en la primera persona del testimonio y sin la reivindicación de que por fin el subalterno está hablando. Oír hablar a estos jóvenes, como a los sicarios de *No nacimos pa'semilla* de Alonso Salazar Jr., no tiene ya el valor del articulado espacio de la voz de las minorías.[14] Aquí no hay articulación, no hay queja ni explicación: la fatalidad ocurre y allí está, todo es corrupto y natural, no se ven alternativas ni culpables. La vida es así, parecen decir, sin que la voz sugiera la distancia tradicional que suele atribuírsele a los autores del centro cuando hablan de la abyecta periferia: no hay fisonomías descritas para capturar al Otro como estereotipo, ni descripciones de espacios pervertidos o malolientes. Es más, la representación del espacio es muy complicada: acaso porque no hay en Caracas urbanización que no tenga adentro su cuota de ranchos miserables —ni aun las más elegantes— el espacio, aun localizado en un barrio, es más bien móvil y más o menos indeterminado: más que espacio geográfico es un espacio social que se mueve dentro del círculo inacabable de la droga, la violencia y los informes policiales. Es una topografía humana y adolescente, donde jamás se contempla el trabajo, terminar la escuela ni mucho menos llegar a adulto. La muerte cotidiana desafía los límites de la razón, es el reverso del principio epicúreo de la vida y la estética del placer que Antonio Benítez Rojo atribuía al Caribe.[15]

Las crónicas de *La ley de la calle*, pese a la referencialidad y temporalidad de su lenguaje, funcionan como aporías. No hablo aquí del concepto al modo en que lo utiliza Jameson en *The Political Unconscious,* donde el texto es considerado como un espacio de la ideología que figurativamente apunta a la realidad social y, sobre todo, al subtexto de las contradicciones sociales, porque en las crónicas el subtexto es el texto mismo.[16] Uso el término aporía para diferenciar las crónicas de la violencia de los textos de resistencia que parecen marcar y organizar una estructura opuesta a la conceptualidad filosófica que los domina y contiene. Estas crónicas de la violencia no organizan ningún sistema de coherencia; aun dándole la voz a los que normalmente no la tienen, no logran normalizarlos, apropiándoselos en el orden de la escritura y en el orden del pensamiento. Les dan voz y rostro, pero hacerlo no produce el cortacircuitos que otros textos de este orden no convencional podrían sugerir. Porque no hay que olvidar el horizonte de recepción o de lectura de estas crónicas: son textos de escasa circulación comparativamente hablando (aun publicados en la prensa nacional, el tiraje de periódicos es verdaderamente reducido en relacíon con la población total; recogidos en libro, no suelen tener un tiraje mayor que los dos mil ejemplares, salvo en el caso de García Márquez). Los lectores potenciales son a su vez una pequeña porción del público de periódicos y no pueden dejar de leer con su presente paranoico; para el lector local, los personajes que circulan en estos textos pueden ser los mismos que los están esperando a la salida de la casa, del mercado o del aeropuerto. El lector es miembro potencial del sector que he llamado aquí la *víctima-en-potencia* y con esa carga de lectura se acerca a estos testimonios que no inspiran compasión. Valga acotar también que la mayoría de estas crónicas que recogen el testimonio del Otro, cuestionan la definición tradicional del género testimonial. No tienen la carga de conciencia y representatividad política que se le ha solido encabalgar al género, ni tampoco el valor de creador de un espacio de comprensión y empatía hacia las minorías. En la práctica, las crónicas de la violencia son textos urgentes que funcionan como poéticas de la interpelación, reforzando el miedo.

En un brillante análisis sobre la crisis de lo popular, Jean Franco define el sentido de "crisis" de un modo aplicable a la cultura de la violencia.[17] Ella anota una crisis de la terminología y del discurso de la Ilustración (la periferia y la marginalidad producen fisuras en el sistema del conocimiento occidental).

También menciona *"un problema de representación dentro de las sociedades neo-
liberales, en donde la estratificación social se entiende en términos de consumo y los
movimientos sociales son capaces de traspasar los límites de las clases."* En esta
realidad el consumo no tiene que ver con la productividad sino con la exhibi-
ción de algunos símbolos del buen vivir —los productos anunciados en TV
pasan incluso a ser apodos, desde el ratón Mickey hasta la leche Nestum—; las
clases sociales no tienen la movilidad ascendente supuestamente aportada por
el esfuerzo y el trabajo. Los límites se desdibujan sólo en las complicidades de
la inseguridad, mientras que el otro escándalo —el de sociedades donde casi el
ochenta por ciento de la población está poco y mal alimentada—, permanece
intocable, como un polvorín a punto de estaller, no se sabe hacia dónde.

Jorge Castañeda, reflexionando sobre el caso colombiano, dice:

> *Hasta ahora, las élites latinoamericanas han oscilado entre dos destinos: todo
> —mediante la sempiterna y abismal desigualdad de nuestras sociedades— o
> nada —cuando las tensiones se extreman y estallan las muy contadas revolu-
> ciones sociales del siglo... Sería una paradoja más en un siglo de sorpresas que
> una desconcertante mezcla de idealistas, asesinos, revolucionarios y narco-
> secuestradores lograran en el corazón de las tinieblas lo que nadie conquistó
> nunca en América Latina: un minuto de humildad y modestia de las élites más
> recalcitrantes del mundo.*[18]

Pero, más allá de esta expresión de deseo, retomo el paradójico borramiento
de la subjetividad de las crónicas de la violencia, como una característica con-
tradictoria de este fin de siglo, donde reina la subjetividad. Leyéndolas, ese
borramiento no es el que se ampara en las estrategias de la objetividad perio-
dística, reproduciendo la impersonalidad del lenguaje "fáctico" para asegurar
criterios de verosimilitud. Lo que se ve es un deseo de diferenciarse, de marcar
distancia con los testimoniantes, como se ve en la cita del prólogo a *La ley de la
calle*. La distancia o el borramiento parece esquivar la *identificación* con los
protagonistas de la violencia; entiendo identificación como "hacer que dos o
más cosas distintas aparezcan como una misma" o "reducirse a una sola y
misma cosa varias que la razón aprehende como diferentes."[19] Este ir hacia el
Otro diferenciándose —como para defenderse— del rostro del Otro, revela un
abismo de miedo.[20] Comprender, acercarse demasiado, al menos en este momento histórico, parece presentar el riesgo de la *identificación* o la disolución
del ser en lo otro temido y buscado. Es una época de encierro, la época de la
víctima-en-potencia en todas las clases sociales. Se terminaron los tiempos del
"turismo social" de los buenos burgueses, de los viajes antropológicos a las

zonas pobres, del terror limitado a las noches oscuras en los barrios más "duros". Nadie sale indemne de la aventura, porque los espacios se mezclan, porque ahora la realidad nos toca a todos y es mejor intentar marcar las diferencias, la integridad de los cuerpos y el sentido.

Esta necesidad de diferenciarse llega casi a una explosión que da la vuelta ciento ochenta grados en "Una basura llamada ser humano", de Alberto Salcedo. El cronista visita los barrios duros de Bogotá, en busca de una historia de amor entre adictos al bazuco. Es la bajada al infierno y, a medida que baja, a diferencia de lo que ocurre en las crónicas de la violencia hoy, el escritor va haciéndose por una vez más y más presente, mostrando cuán diferente son sus propias opiniones de las de los entrevistados.[21] El cronista, por una vez, muestra asco. He aquí algunos de sus comentarios, dirigidos al lector en segunda persona, como a un igual:

> En una hora de permanencia en ese lugar, usted verá raponazos, prostitutas de sólo 10 años, niños que fueron violados y echados de la casa por algún padrastro malvado, refriegas a físico cuchillo, compraventa de drogas, desvalijamiento de carros... Si le atrae la idea de practicar el ejercicio de observación, deberá, eso sí, estar vestido de la manera más lumpenesca que le sea posible. Y el tono de la mirada tendrá que guardar un equilibrio casi pedagógico entre el no mirar, que es sospechoso, y el fisgonear con desparpajo, que también generaría recelo.

Es una realidad tan cruda que corre el riesgo de parecer irreal. Cojean sus preceptos sobre el bien y el mal. Se saturan sus sentidos. O se atrofian. Hombre educado bajo el temor de Dios inculcado por las tías, usted no querrá tocar la grasosa realidad que lo rodea, y ese no tocar, si llegara a prolongarse, podría tullirle el tacto. Como siempre es conveniente no ver mucho, usted puede terminar siendo un ciego, como Borges, y no precisamente inmortal. Si algún ruido se interpone entre usted y la blasfemia que quiere escuchar, no se afane: recuerde que también por los oídos la gente se entera de cosas que, para su tranquilidad, es mejor no saber. Y luego están los olores, tan tumultuosos, tan densos —aceite de taller mecánico con queso viejo, almizcle con orines—, que es muy probable que cuando usted salga de allí no sepa cuál es el olor verdadero del mundo.

Porque, agrego yo, esa "grasosa realidad" ya no queda atrás, al salir de la villa miseria.

José Roberto Duque, el coautor de la *Ley de la calle*, es diferente. Los demás cronistas han tomado el tema de la violencia, pero no se dedican sólo a ella en sus textos, variando el tema de acuerdo con el caso. Duque sí se queda allí, en la violencia urbana: semana a semana, habla con la voz no del que va de visita a los barrios pobres sino con la voz de quien sale de allí. Es el único que no teme a la *identificación* (ver nota 20). Su columna se llama, no por azar, "Guerra nuestra", y merece un estudio completo. Su estética y su razón son completamente *otras*; él no necesita glosario, en él no hay necesidad de distancia y, es más, en su denuncia semanal la tragedia es una con el humor. Nadie como él para echar chistes antes de contar una masacre o un asesinato, sin que haya un solo gesto forzado ni macabro. Su sentido del humor sólo es posible en aquellos que no conocen otra realidad y, por lo tanto, no se espantan por lo que ven o cuenta, pese a que no lo compartan.[22] De hecho, los textos de Duque son una denuncia en contra del *status quo*, una denuncia donde compromete el nombre y el cuerpo con sus relatos siempre apuntalados con nombres y apellidos de asesinos, víctimas, culpables.

Algunos títulos de sus crónicas muestran otro aspecto de la cultura de la violencia: "Los tiempos de fiesta no son para morir", "No por mucho disculparse resucitan los muertos", "Entre jueces y abogados te veas", "Un tiro en la nuca por ofender la moral pública", "Instrucciones para vengar al caído", "Para subir al cielo basta toparse con la autoridad" o, el que me parece más sugerente para este estudio, "Los últimos días de un ser sin derecho a explicaciones". "Guerra nuestra" es todo lo contrario del resto de las crónicas que van de "aquí" para "allá" un tanto paralizadas por el asombro y la impotencia. Para Duque, que habla desde "allá" hacia "aquí", sí hay culpables a señalar con el dedo: la policía, los jueces, el sistema carcelario, los hospitales. Todo un sistema corrupto, completamente corrupto, donde la verdadera violencia viene del sistema mismo. Los policías son invariablemente asesinos y lo peor que le puede pasar a alguien es caer en manos de un juez, de un abogado o de un médico negligente.

Duque habla únicamente de los barrios pobres, pero muchas de sus descripciones podrían aplicarse, por ejemplo, a la violencia indiscriminada de la autoridad hacia los jóvenes sin importar más que su edad. Para comprender la impotencia de la *víctima-en-potencia* de cualquier nivel en la escala social, valga citar el comienzo de "La justicia de los sin ley":

Hace ya algún tiempo Inocencia Contreras, una habitante de la calle Raúl Leoni de Bello Monte, se acostumbró a que, cuando tocaban a la puerta de su casa y anunciaban que era la policía, ella debía abrirles, correr a arrinconarse en un sofá y quedarse quieta hasta que los uniformados lo desordenaran todo, les hicieran preguntas de todo tenor y finalmente se marcharan con las manos vacías. No había más nada qué hacer; oponer resistencia es un delito, un delito casi tan grave como mirarle la cara a un policía o preguntarle qué demonios es lo que busca.[23]

El párrafo demuestra la impotencia ante la autoridad corrupta. Caer en manos de la policía o de un juez le da miedo no sólo al pobre sino a cualquiera, puesto que "oponer resistencia es un delito". La arbitrariedad es sin duda mayor hacia los desposeídos, pero aun un miembro de las clases más pudientes —especialmente si es joven— sabe que es preferible no oponer resistencia ante un abuso policial, al menos hasta que consiga amparos lo suficientemente importantes como para evitar venganzas, como le ocurre a Ignacia Contreras quien, en la crónica de Duque, sólo consigue que los policías se ensañen aún más contra ella y su familia por haberlos denunciado. La policía no entra a todas las casas a robar, sería injusto y falso afirmarlo; lo que es absolutamente cierto es que pocas personas llaman a la policía después de haber sido asaltadas, porque es un recurso que no les inspira ninguna confianza. La *víctima-en-potencia* no es un concepto que intenta igualar a las clases sociales, borrando sus diferencias y equiparando los padecimientos del rico con los del pobre o suponiendo que ambos cuentan con los mismos recursos para defenderse o actuar; en lo único que los compara es que todos enfrentan la inseguridad y la impotencia ante lo arbitrariedad de la violencia en sus distintas expresiones. Unos más, otros menos, pero nadie se salva de vivir bajo el signo de lo imprevisible. No se puede vivir arrinconado en un sofá y quedarse quieto en todo momento; así que, la amenaza de convertirse en víctima ronda latente en todas las conductas y reaparece con mucha frecuencia en las conversaciones.

Ahora bien, a diferencia de lo que se observa en los otros cronistas de la violencia, para Duque el espacio urbano no sólo existe, sino que es determinante de modo absoluto. Hay barrios tan "duros" que parecen de otra dimensión, aunque ocupen el mismo mapa: *Usted escucha nombrar eso de Casalta III y ya le entra como un espasmo, un sobresalto de los que producen la referencia a las profundidades abisales, a las regiones inaccesibles. La sola mención de Casalta III lo pone a usted a temblar. ¿Quién es capaz de vivir en un lugar como ese?, se pregunta, aunque muy posiblemente ni siquiera sepa donde queda. Ocurre lo mismo cuando alguien cuenta algo sobre Cartanal, o sobre Mopia, Mamera o Mesuca.*[24] También:

"San Agustín del Sur, San Agustín del Sur. ¿Por qué, cuando uno menciona el nombre de esa parroquia, lo primero que le viene a la mente es la imagen de un enfrentamiento armado, de una redada policial, de un vaporón incontenible, de saqueos y desórdenes? Tenemos ese gran problema: absorbemos todos los clichés. Nos

venden —o nos meten a la fuerza— una característica, para aplicársela de manera automática a un sector, y nosotros le zampamos enseguida al simplista. Facilito: el juego consiste en escuchar un nombre y responder en medio segundo con la fórmula elaborada, enlatada al vacío."

Duque enumera barrios con sus características: el barrio de los ladrones, el de los guerrilleros y tirapiedras, el de los recogelatas, el de los narcos, el de los malandros, el de las "caritias buenísimas y autos de fábula", el de la gente fina y simpática, el de las morenitas sabrosas. Todo esto para contar cómo encontrar a jóvenes en un barrio peligroso equivale a pensar que están atracando o consumiendo droga, cuando en realidad están oyendo música y tomando cerveza, como cualquier hijo de vecino; de acuerdo con Duque, la policía nunca pregunta antes de disparar.

La violencia estraga la cultura. De aquel cuento del realismo mágico de García Márquez "Un hombre muy viejo con unas alas enormes", queda hoy una crónica de Duque llamada "Un hombre muy duro con unos hierros enormes", donde hace el relato de un asaltante homicida.[25]

Quisiera concluir este trabajo con el optimismo de Jorge Castañeda cuando habla del eventual castigo a las élites, quisiera creer que estas representaciones de una realidad apocalíptica abren el camino para un futuro mejor. Pero hoy apenas puedo articular lo que me contestó Boris Muñoz, el coautor de *La ley de la calle*, cuando le pregunté si había sacado algo en claro después de su experiencia en los barrios de Caracas. Lo que comprendió después de sumergirse en la violencia y escribir un libro entero es, literalmente: "Que la vaina está bien jodida."[26]

Notas

1. Jorge Castañeda, "El singular caso de Colombia", sección Internacional y Diplomacia, Cuerpo A, *El Nacional*, 5 de abril de 1999.

2. Fernando Coronil, *The Magical State: Nature, Money, and Modernity in Venezuela*, The University of Chicago Press, Chicago, London, 1997, p. 368.

El desconcierto se generaliza. Así, ¿cómo pensar a Hugo Chávez quien, por dar un ejemplo, escribió —a los tres meses de asumir el mando presidencial— una carta de solidaridad como Jefe de Estado al temible terrorista Carlos El Chacal, a cuenta de que se trata de un ciudadano venezolano que reconoce en Chávez a un verdadero líder popular? "Si ustedes tratan de explicarme por medio de cánones tradicionales de análisis, nunca saldrán de la confusión. Si ustedes están tratando de determinar si Chávez es de izquierda, de derecha o de centro, si es socialista, comunista o capitalista, bueno, yo no soy nada de eso pero tengo un poco de todo eso", declaró Hugo Chávez a Larry Rohter del periódico *The New York Times*. Ver "Venezuela's New Leader: Democrat or Dictator?", 10 de abril de 1999, p. A3. La carta del presidente Chávez está fechada el 3 de marzo de 1999 y aparece dirigida al "Ciudadano Ilich Ramírez Sánchez... Distinguido compatriota" (reproducida por *El Nacional On Line*, 18 de abril de 1999, con llamada en la primera página; http://www.el-nacional.com).

En Colombia, el mismo presidente Andrés Pastrana trata de enfrentar esta realidad desconcertante con recursos desconcertantes: él, el godo colombiano por excelencia, busca alianzas con el imprevisible presidente/comandante Hugo Chávez y con el otro comandante, Fidel Castro, a ver si lo ayudan a resolver sus problemas con ese añejo líder guerrillero llamado Marulanda o "Tiro Fijo".

3. José Martín Barbero, comp. "Comunicación y ciudad: entre medios y miedos", *Pre-textos*, Editorial Universitaria del Valle, Cali, 1996, p. 80.

4. Uno de los primeros en denunciar el problema de los desplazados fuera de Colombia fue Tomás Eloy Martínez en una columna titulada "Colombia: tierras de nadie", enviada al sindicato de prensa del *New York Times* en junio de 1997 y reproducida en distintos periódicos latinoamericanos (copia del texto facilitada por el autor).

5. Gabriel García Márquez, *Noticias de un secuestro*, Mondadori, Barcelona, 1996, pp. 228 y 229.

6. Difícil aprehender el sufrimiento real de las víctimas de los secuestros, su miedo, su sufrimiento. García Márquez, pródigo en la escritura como pocos, dice en el prólogo a *Noticias de un secuestro*: "Mi única frustración es saber que ninguno de ellos encontrará en el papel nada más que un reflejo mustio del horror que padecieron en la vida real" (*Noticias* 7). El dolor, ya se sabe, no tiene palabras. Elaine Scarry, *The Body in Pain: The Making and Unmaking of the World*, Oxford University Press, New York, 1987.

7. R. J. Cuervo, *Diccionario de construcción y régimen de la lengua castellana*, Instituto Caro y Cuervo, Santa Fe de Bogotá, 1984, 8 vol. La definición de justo se encuentra en V:841. Sobre el rol de los presidentes gramáticos, ver Erna Von Der Walde, "Limpia, fija y da esplendor: el letrado y la letra en Colombia a fines del siglo XIX", en *Siglo XIX: Fundación y fronteras de la ciudadanía, Revista Iberoamericana*, números 178–179, enero–junio 1997, pp. 71–86; a ella le debo la sugerencia de la representación de Colombia a través de los paradigmas violencia/altiplano, realismo mágico/costa, además de una enriquecedora lectura de este trabajo.

8. Algunos estudios útiles para pensar la violencia: Hent de Vries and Samuel Weber, *Violence, Identity and Self-Determination*, Stanford University Press, Stanford, 1997; Steve Pile and Michael Keith, *Geographies of Resistance*, Routledge, London and New York, 1997; David Sibley, *Geographies of Exclusion: Society and Difference in the West*, Routledge, London and New York, 1995: Michel de Certeau, *The Practice of Everyday Life*, trad. Steven Rendall, University of California Press, Berkeley, Los Angeles, London, 1984; David L. Scruton, ed., *Sociophobics: The Anthropology of Fear*, Westview Press, Boulder and London, 1986; Yi-Fu Tuan, *Landscapes of Fear*, Panteón, New York, 1979;

Mary Douglas and Aaron Wildavsky, *Risk and Culture: An Essay on the Selection of Technical and Environmental Danger,* University of California Press, Berkeley, 1982; Marjorie Garber, *Symptoms of Culture,* Routledge, New York, 1998.

9. Alberto Salcedo es colaborador de *El Universal* de Cartagena. Los textos que aquí se comentan me fueron facilitados directamente por el autor; serán parte de un libro a ser publicado este año en Colombia, aún sin título. El resto de las crónicas incluidas en este libro no versan sobre la violencia.

10. José Roberto Duque y Boris Muñoz, *La ley de la calle: testimonios de jóvenes protagonistas de la violencia en Caracas,* Fundarte, Caracas, 1995.

11. Edgardo Rodríguez Juliá, *El cruce de la Bahía de Guánica: cinco crónicas playeras y un ensayo,* sl, Editorial Cultural, 1989.

12. Pierre Bourdieu, *The Field of Cultural Production: Essays on Art and Literature,* Columbia University Press, New York, 1993, 64. Cito de la traducción al español de Nora López (ver nota 17).

13. Fernando Vallejo, *La Virgen de los sicarios,* Santillana, Bogotá, 1994, p. 68.

14. Alonso Salazar Jr., *No nacimos pa'semilla,* Cinep, Bogotá, 1994.

15. Sobre la incongruencia de la muerte como principio social, ver Zygmunt Bauman, *Cultural Critique,* Sage, London, 1992. Antonio Benítez Rojo, *The Repeating Island: The Caribbean and the Postmodern Perspective,* trad. James E. Maraniss, Duke University Press, Durham, 1992.

16. Fredric Jameson, *Documentos de cultura, documentos de barbarie: la narrativa como acto socialmente simbólico* [*The Political Unconscious: Narrative as a Socially Symbolic Act,* 1989], trad. Tomás Segovia, Visor, Madrid, 1989, pp. 65– 66.

17. Jean Franco, "La globalización y la crisis de lo popular", trad. Nora López, *Nueva Sociedad* 149, mayo–junio 1997. Reproducido en http://www.nuevasoc.org.ve.

18. Castañeda, op. cit.

19. Julio Casares, *Diccionario ideológico de la lengua española,* Gustavo Gili, Barcelona, 1981.

20. En una reseña sobre un libro de lecturas del Holocausto, Daphne Merkin discute con la autora sobre su modo de leer el horror histórico. Todo depende de si estamos o no dispuestos a dar el salto para ver a los nazis como una mala versión de nosotros mismos o como monstruosas criaturas más alla de la comprensión. Primo Levi no podía hacer el salto, por miedo de que comprenderlos sería justificarlos. La identificación con el otro no debe confundirse con el narcisimo proyectado en el otro: "In my view understanding does not require anything so heroic as 'identification,' which is at best a slapdash procedure and too often a misleading one." Merkin se pregunta cómo acercarse con mente abierta a los nazis.

Su propuesta es acercarse con el ánimo de comprender al individuo y lo que sus acciones significaban en su ambiente y cómo éste lo modificaba a su vez. Ver "Meditations on the Unthinkable: An Australian Anthropologist Challenges Traditional Views on the Horrors of the Holocaust", Review of *Reading the Holocaust* by Inga Clendinnen,

Cambridge University Press, New York, 1999; *The New York Times Book Review*, 117–18, 11 de abril de 1999.

21. Cuando aduce que las personas a las que se les roban los carros no son ricas, el testimoniante contesta:

Lo que sí le digo es que a mí no me parece que el que tiene un hijueputa carro sea pobre. Pobres somos nosotros, que nacimos en la mierda y conocemos la mierda y sabemos a qué sabe la mierda. No esos hijueputas que se meten por aquí en severas máquinas, desafiándonos en nuestro propio territorio. El que quiera vivir tranquilo que se vaya a buscar la tranquilidad en otra parte. ¿O es que usted cree que nosotros estamos tranquilos y felices en este puto país, en este puto mundo que nos tocó?

22. Cuando escribe en una crónica que comienza contando chistes sobre los estereotipos regionales, se interrumpe y dice: "*Más temprano o más tarde llega el momento de apartar a un lado el factor chiste, el factor alegría y de asomarse a lo amargo de estas calles, por más que uno quiera escurrirle el bulto a esas cosas. Qué le vamos a hacer*" y pasa a contar el asesinato arbitrario de un chofer —a golpe de bates de béisbol y tiros de pistola— por parte de unos hombres identificados como policías. Duque, "Los tiempos de fiesta no son para morir", *El Nacional On Line*, 29 de marzo de 1998.

23. Caracas, "Guerra Nuestra" en *Siete Días*, diario *El Nacional*, 7 de febrero de 1999 (en http://207.87.13.24/eln070299/ph8s2.htm).

24. "Instrucciones para vengar al caído", *El Nacional On Line*, 7 de mayo de 1998.

25. Aun en este retrato de un criminal, Duque introduce su protesta, agregando una coda final que nada tiene que ver con la historia del asesino; es una denuncia contra el racismo como mecánica de prejuicios. El espacio del cuerpo funciona de modo similar al de los espacios urbanos: no importa si un negro es ingeniero y decente, basta que se aparezca en un *mall* con una franela a rayas para que los vigilantes lo saquen a empujones e insultos como sospechoso de alguna felonía, "Un hombre muy duro con unos hierros enormes", *El Nacional On Line*, 11 de abril de 1999.

En estos escenarios de la violencia el espacio del cuerpo funciona al revés también, puesto que las blancas rubias —especialmente las mujeres— están más expuestas a los robos, porque se las asocia con el estereotipo del privilegio de clase. Ambos datos ponen en evidencia cuán infundado es el mito local de una nación felizmente mestiza.

26. Conversación personal, abril de 1999, New Brunswick.

Elena Poniatowska, Francia

La periodista y narradora Elena Poniatowska nació en París, Francia, en 1923, pero a causa de la Segunda Guerra Mundial se trasladó con su familia a México en 1942. Estudió en los Estados Unidos, Francia y México y se ha desempeñado en el periodismo desde 1954. Se dio a conocer como escritora en 1969 con la novela *Hasta no verte Jesús mío*, pero no fue hasta su próxima publicación, en 1971, *La noche de Tlatelolco*, libro sobre la masacre aprobada por el gobierno de estudiantes mexicanos, que ganó reconocimiento internacional al escribir.

Poniatowska ha colaborado en varias revistas, entre ellas *Revista Mexicana de Literatura*, *Absides* y *Artes de México*, y en cortos cinematográficos sobre Sor Juana Inés de la Cruz, José Clemente Orozco y otros temas. Ha obtenido varios premios, incluyendo el Premio Mazatlán de Literatura en 1969 y el Premio Xavier Villaurrutia en 1971. También ha recibido las becas Guggenheim y Emeritus. En 1979 se convirtió en la primera mujer en recibir el Premio Nacional Mexicano por periodismo. Su más reciente publicación, *La piel del cielo*, recibió el Premio Alfaguara. Sus obras han sido traducidas al inglés, francés, holandés, alemán y danés. Actualmente enseña literatura y periodismo en la Universidad de California en Irvine.

Obras

Lilus Kikus (1954)
La luna y sus lunitas (1955)
Palabras cruzadas (1961)
Hasta no verte Jesús mío (1969)
La noche de Tlatelolco (1971)

Querido Diego, te abraza Quiela (1978)
Fuerte es el silencio (1980)
Nada, nadie las voces del temblor (1988)
Tinissima (1992)
La piel del cielo (2001)

Las lavanderas

En la humedad gris y blanca de la mañana, las lavanderas tallan su ropa. Entre sus manos el mantel se hincha como pan a medio cocer, y de pronto revienta con mil burbujas de agua. Arriba sólo se oye el chapoteo del aire sobre las sábanas mojadas. Y a pesar de los pequeños toldos de lámina, siento como un gran ruido de manantial. El motor de los coches que pasan por la calle llega atenuado; jamás sube completamente. La ciudad ha quedado atrás; retrocede, se pierde en el fondo de la memoria.

Las manos se inflaman, van y vienen, calladas; los dedos chatos, las uñas en la piedra, duras como huesos, eternas como conchas de mar. Enrojecidas de agua, las manos se inclinan como si fueran a dormirse, a caer sobre la funda de la almohada. Pero no. La terca mirada de doña Otilia las reclama. Las recoge. Allí está el jabón, el pan de a cincuenta centavos y la jícara morena que hace saltar el agua. Las lavanderas tienen el vientre humedecido de tanto recargarlo en la piedra porosa y la cintura incrustada de gotas que un buen día estallarán.

A doña Otilia le cuelgan cabellos grises de la nuca; Conchita es la más joven, la piel restirada a reventar sobre mejillas redondas (su rostro es un jardín y hay tantas líneas secretas en su mano); y doña Matilde, la rezongona, a quien siempre se le amontona la ropa.

—Del hambre que tenían en el pueblo el año pasado, no dejaron nada para semilla.

—Entonces ¿este año no se van a ir a la siembra, Matildita?

—Pues no, pues ¿qué sembramos? ¡No le estoy diciendo que somos un pueblo de muertos de hambre!

—¡Válgame Dios! Pues en mi tierra, limpian y labran la tierra como si tuviéramos maíz. ¡A ver qué cae! Luego dicen que lo trae el aire.

—¿El aire? ¡Jesús mil veces! Si el aire no trae más que calamidades. ¡Lo que trae es puro chayotillo!

Otilia, Conchita y Matilde se le quedan viendo a doña Lupe que acaba de dejar su bulto en el borde del lavadero.

—Doña Lupe ¿por qué no había venido?

—De veras doña Lupe, hace muchos días que no la veíamos por aquí.

—Ya la andábamos extrañando.

Las cuatro hablan quedito. El agua las acompaña, las cuatro encorvadas sobre su ropa, los codos paralelos, los brazos hermanados.

—Pues ¿qué le ha pasado Lupita que nos tenía tan abandonadas?

Doña Lupe, con su voz de siempre, mientras las jícaras jalan el agua para volverla a echar sobre la piedra, con un ruido seco, cuenta que su papá se murió (bueno, ya estaba grande) pero con todo y sus años era campanero, por allá por Tequisquiapan y lo querían mucho el señor cura y los fieles. En la procesión, él era quien le seguía al señor cura, el que se quedaba en el segundo escalón durante la santa misa, bueno, le tenían mucho respeto. Subió a dar las seis como siempre, y así, sin aviso, sin darse cuenta siquiera, la campana lo tumbó de la torre. Y repite doña Lupe más bajo aún, las manos llenas de espuma blanca:

—Sí. La campana lo mató. Era una esquila, de esas que dan vuelta.

Se quedan las tres mujeres sin movimiento bajo la huida del cielo. Doña Lupe mira un punto fijo:

—Entonces, todos los del pueblo agarraron la campana y la metieron a la cárcel.

—¡Jesús mil veces!

—Yo le voy a rezar hasta muy noche a su papacito... Arriba el aire chapotea sobre las sábanas.

Antonio Skármeta, Chile

Antonio Skármeta nació en Antofagasta, Chile, en 1940 y empezó a escribir desde los nueve años de edad. Sin embargo, no fue hasta el final de los sesenta que publicó su primer libro, *El entusiasmo*. En esa década se hizo parte de dos organizaciones, el Instituto Nacional y el MAPU (Movimiento de Acción Popular Unida) Obrero Campesino. También estudió filosofía y literatura en la Universidad de Chile y se graduó de la Universidad de Columbia en Nueva York. En 1969 recibió el Premio Casa de las Américas por su volumen de relatos *Desnudo en el tejado*.

En 1973, cuando ocurrió el golpe de estado, Skármeta se encontraba enseñando literatura y dirigiendo obras de teatro importadas de Broadway. Viajó entonces a Berlín y Argentina, donde publicó su segundo libro de relatos, *Tiro libre*. Pasó quince años en Alemania Occidental cultivando su pasión por el cine, trabajando para la Academia Alemana de Cine y Televisión en Berlín Occidental como profesor de guión cinematográfico. Su primer libro publicado en exilio fue *Soñé que la nieve ardía*, de 1975, y le siguió una novela basada en el guión para un director alemán, *La insurrección*.

Skármeta regresó a Santiago de Chile en 1989, pero antes publicó *Ardiente paciencia*, obra mejor conocida como *El cartero de Neruda*. Basada en un guión, ésta se transformó en una película exitosa, la cual ganó un Oscar y fama en el extranjero. Skármeta entonces se dedicó a un programa de televisón, *El show de los libros*, el cual también recibió numerosos reconocimientos. También enseña en la Universidad de Washington en San Louis, Missouri. En 1999 publicó *La boda del poeta* y en 2001 su secuela, *La chica del trombón*.

Obras

Reina la tranquilidad en el país

El Gobernador se levantó del escritorio y fue apagando una a una las persianas. Se aflojó la corbata, y antes de sentarse palpó las ondulaciones del delicioso sillón de cuero hundiéndose luego en su penumbra. El viento empujaba algunas pelusas de sol por las suaves puntas de las celosias, pero éstas no alcanzaban a vulnerar la sombra casi vegetal que el Dr. Mendoza había conseguido entramando tules y cortinajes. En medio de ese sedoso sopor, la nuez del cuello brincó con el paso grueso de su saliva, y trajo la lengua hasta los labios. Cuando los hubo humedecido, filtró los dedos en el resquicio derecho del sillón y trajo a la superficie la botella de whisky a medio llenar. Se adjudicó una dosis, aflojó el cinturón, luego el botón alto de los pantalones y emitiendo un suspiro apretó el tabique de la nariz entre el índice y el pulgar y se dispuso a iniciar la siesta. Como complotados, cuatro ruidos sonaron simultáneos: bombas lacrimógenas cercanas, sirenas policiales lejanas, teléfono en el suelo, estridente, grosero en esa sombra calma. El cuarto disturbio era, con todo, el más suave: nudillos tímidos picoteando la puerta del gabinete.

El Gobernador estiró su pie derecho descalzo y le propinó un leve puntapié a la cabeza del tubo telefónico que lo desenganchó de su horquilla y lo hizo acolcharse en la muelle alfombra. El odioso parlante del auricular alcanzó a despedir la voz de una mujer ("¿Aló? ¿Es el despacho del Gobernador? ¿Aló? ¡Por favor conteste!") antes de que el Dr. Mendoza posase el dedo gordo de su pie derecho en la horqueta. Cesaron los estampidos de las bombas lacrimógenas, y las sirenas se alejaron hasta esfumarse.

Sólo los pequeños golpes en la puerta seguían inexcusables.

—¡Pase!— suspiró, ajustándose mecánicamente el nudo de la corbata.

Se frotó fuertemente los párpados cuando vio que era el Viejo Parra quien se metía por un breve hueco de la puerta, casi en punta de pies, seguramente contagiado por la solemne sombra de iglesia en la que caía, acentuada por la alfombra ondulante y sigilosa.

Apretó las cejas tratando de localizar a la autoridad en el escritorio y el Dr. Mendoza disfrutó la pequeña venganza de dejarlo un segundo en esa especie de clandestinidad desconcertada.

—¿Gobernador?— dijo el Viejo Parra, hablándole a una pared, pero prestando oído al lado opuesto, sin ubicarse en la penumbra.

—Diga, ¿qué quiere?

—Soy el Viejo Parra.

—Sí, ya me di cuenta. ¿Qué quiere?

—Nada, señor. Que quiero que me ayude a buscar a mi hijo que me lo llevaron. Que me lo saque no más de donde lo tienen. Eso yo venía respetuosamente a pedirle.

El Gobernador levantó "El Mercurio", extrajo del saco una esplendorosa lapicera, y simuló anotar algo en el margen, aunque lo que hizo en verdad fue dibujar un círculo que luego fue rellenando con tinta.

—Haremos lo que se pueda. ¿Cómo se llama su hijo?

—Gustavo Parra.

—"Gus-ta-vo Pa-rra". Ya está. Vamos a ver qué se puede hacer.

El Viejo Parra carraspeó y se agarró la barbilla.

—Doctor— dijo. —Yo quería pedirle que si no fuera mucha la molestia, usted llamara por teléfono ahora mismo para que lo suelten. Dicen que cuando se los llevan, los torturan y después los matan.

El Gobernador inició el trazado de un segundo círculo dentro del cual redondeó un tercero.

—No, hombre. Esas cosas no se hacen por teléfono. Vaya no más tranquilo, que yo me ocupo.

El Viejo Parra asintió comprensivo, pero no hizo amago de despedirse. Estaba ahí pestañeando como si le aletease un pájaro en las pupilas.

—Gobernador, —dijo —yo quería pedirle que si no es mucha molestia usted me ayudara también a salvar a mi nieto Arturito. También se lo llevaron.

—Al padre y al hijo —dijo el Gobernador.

—Sí. Gustavo Parra y Arturo Parra. Padre e hijo.

—"Ar-tu-ro Pa-rra" —silabeó el Gobernador. Con la mano derecha fue rellenando de tinta el círculo, y con la izquierda probó otro sorbo de la botella amanuense.

—Listo —dijo, abultando el cuello ante el escalofrío que le provocó el vigoroso tránsito del licor por la garganta. —Haremos lo que se pueda con la mejor voluntad del mundo.

—Gracias, Gobernador.

—De nada, hombre, de nada.

El Dr. Mendoza bostezó ya con los ojos cerrados, y tras concluir el magnífico acto con un temblor que aflojó sus músculos, echó atrás la cabeza y se dispuso a dormir. Presintió que el sueño se le metería envolvente y certero como un lagarto. Hasta el ruido lejano de una bomba lacrimógena, hasta los gritos de "Y va a caer, y va a caer" le parecieron difusos, elementos naturales de ese sopor tibio que identificaba como seguro conductor del sueño.

Entonces hubo un carraspeo en la habitación, desmesurado aún para la amplitud de su gabinete. Se adelantó sobre el sillón y vió que el Viejo Parra estaba en la puerta entreabierta con un dedo en alto como si acabara de acordarse de algo.

—Señor Gobernador, —dijo entonces el anciano frotándose las palmas —yo quería pedirle, sin que le parezca mucha frescura, que a ver si usted pudiera también preocuparse de salvar a mi nuera.

El Gobernador entonces dejó caer la lapicera sobre la alfombra. El Viejo Parra se adelantó a recogerla, ya habituado a la penumbra, y se la extendió con su punta puesta.

—Se llama Nina Cisneros —dijo. —Nina Cisneros de Parra.

Carlos Cerda, Chile

Carlos Cerda es sin lugar a dudas uno de los escritores y ensayistas más notables de la generación de los setenta, generación forzada al exilio. La obra de Cerda ejemplifica esta condición de escritor exiliado en Alemania después del golpe militar chileno de 1973. Sus ensayos exploran la temática de la censura, la pérdida del idioma y la identidades fracturadas.

Entre sus obras más notables se encuentran *Una casa vacía* y *Morir en Berlín*. Además Cerda se desempeñó como crítico literario y profesor en varias universidades chilenas. Después de su exilio en Berlín, regresó a Chile en 1985 y continuó con su obra final, *Una casa vacía*. Ganó distinguidos premios, entre ellos el Premio Municipal de Literatura y el Premio Consejo Nacional del Libro. Falleció en 1985.

Una casa vacía (fragmento)

CAPÍTULO ONCE

21

Julia sintió que un golpe la demolía: el miedo estaba ahí otra vez. Parecía ya tan lejano el alivio de esa noche anterior, ir entrando en el sueño de manera distinta porque algo tonto y al mismo tiempo esperanzador acababa de ocurrir: Andrés la había besado. El abrazo en la puerta al despedirse, la sorpresiva —y al mismo tiempo esperada— cercanía de los cuerpos en esa especie de cobijo, y de atracción, y de necesidad presentida desde el primer reencuentro, culminando en el roce de las mejillas, en la rápida caricia que los labios de Andrés pusieron húmedamente en su frente, y luego en la definitiva locura de esa otra humedad animando los labios y luego las lenguas. Se durmió con una confianza nueva, la certeza de que después de tanto tiempo y tantas caídas —una sola, tal vez, que ya no tenía principio ni fin—, la humedad de un beso era la cercanía, lo que llegaba tocando, lamiendo, curando. Volvió al comedor para apagar las luces y subir a su dormitorio. Desde la ventana lo vio alejándose, apegado a la sombra de los árboles, apurado, girando para mirar hacia atrás, no a ella sino a la otra sombra posible, eso que se teme en la oscura soledad de una calle. Cuando fue apenas una mancha de claridad trémula, Julia se quedó un momento para contemplar las carpetas, declaraciones, denuncias y expedientes que se habían ido desordenando sobre la mesa, como si fueran extraños animales con vida propia, y sintió de pronto, casi con miedo, o al menos como un sobresalto, que esos papeles e incluso las voces que hablaban desde ellos, que rogaban desde ellos y que desde las frases repetidas seguían llorando, eran lo contrario de la humedad y de la cercanía. Eran lo seco, lo muerto que se perpetuaba, lo contrario de la tibieza que volvía a sentir. Tuvo la intuición de que esos testimonios repetidos hasta el infinito iban a ser desde ahora para ella algo muy distinto, ya no esa suerte de savia de la que creyó vivir cuando en realidad sólo había estado muriendo, sino el cumplimiento de una tarea urgente e inexcusable. Sí, ahora se podía ver y sentir así. Mañana volvería a esas carpetas, seleccionaría lo que le pidió el Vicario, una veintena de testimonios que dejarían en evidencia la existencia de casas de tortura clandestinas, moradas del horror que una red de funcionarios administraba y conocía. Le habían sugerido que se dedicara de preferencia a los casos de mujeres torturadas, y que seleccionara los párrafos de las denuncias que permitieran detectar señales de la ubicación o las características de esas casas. Durante toda la tarde estuvo leyendo esos testimonios y pensó que le bastaría un par de horas del domingo para completar lo encomendado para el lunes. Estuvo leyendo mientras en un segundo plano de su conciencia —¿o sería el primero?— recordaba la "cena danzante" de aquella noche y los tragos de amanecida, la claridad celeste despertándolos de ese sueño de caricias reprimidas y besos esquivos que formaban parte de un juego cobarde entre adultos.

Y ahora, encerrada en el baño del segundo piso, mientras escucha las risas que llegan desde abajo envueltas en los primeros aromas de las salsas y el chisporroteo de las brasas, ahora que recuerda palabra por palabra los testimonios, se ve a sí misma la noche anterior junto a la mesa, examinando las carpetas, sintiendo de otra manera su casa vacía, imaginando los pasos de Andrés ya en otras calles, tirando sus colillas encendidas sobre otras veredas. Sí, lo que enciende y da vida se reconoce de inmediato, no puede existir sin que se tenga la conciencia de que existe. Es lo contrario de la simulación o la búsqueda de coartadas. Es lo que es. Es lo que se sabe que es. Y sin embargo, a pesar de esa certeza, como si navegara una contracorriente que la pone de nuevo en el momento anterior al beso, incluso en el momento anterior a la visita, en el momento en que lee los testimonios como lo ha hecho durante años en la Vicaría y en los tribunales y en el café del Paseo Ahumada, y en el comedor de su casa, y en su propia cama, así, puesta de ese lado del tiempo, retraída a ese sentir que por unas horas creyó superado, está ahora de nuevo escuchando minuciosamente esos testimonios. Huele no sólo las fragancias que llegan desde el jardín y la cocina, sino también los olores descritos en los testimonios, los peldaños que se cuentan una y mil veces, el ruido del árbol contra los vidrios de la ventana, la suma de voces que van construyendo con su rumor una casa que es idéntica a ésta que ahora la encierra a ella, ya no sólo a las últimas ocupantes ultrajadas. La aprisiona en este baño junto a todos sus recuerdos, todas esas palabras resonando desde su oficina: ¿otro cafecito, Chelita?; desde el comedor de su casa: ¿tienes que leer todas esas carpetas, Mamá?; desde el auto hacía poco más de dos horas: ¿y han descubierto alguna casa con ese sistema?, Andrés escéptico pero respetuoso de su empeño, esa porfiada ilusión, lo que ha venido haciendo todos los días durante los últimos años. Ella siente que esas voces, el coro completo, no sólo el llanto de las torturadas sino también las palabras cálidas de su hijo que renuncia a su compañía antes del sueño, de sus amigos, tienes que cuidarte, flaca, andas muy nerviosa con todo esto, deberías pensar en unas vacaciones; las palabras del Vicario y, desde hace un par de días, las de Andrés: todas forman el coro, todas hacen el llanto, todas gritan la vida. ¿Cómo pudo pensar que algo decisivo podía cambiar en su vida, si su vida y la de todos en nada había cambiado? ¿Cómo llegó a creer que era posible firmar un armisticio por su cuenta? ¡Si pensó incluso comprarle una corbata! Es más: mientras leía esa tarde los testimonios, descubrió que no estaba realmente leyéndolos sino pensando en una corbata. ¿Por qué en una corbata? La idea del regalo, es cierto, estaba justificada por un comentario de Andrés la noche en que convinieron ir juntos al asado en casa de Cecilia. Dijo, como al pasar, que ojalá no trasnocharan, la noche siguiente cenaría con toda su familia, iban a celebrar su cumpleaños. "Afortunadamente, las comidas en familia son pecados veniales, lo terrible son los encuentros con los amigos, ya tengo el hígado hecho pedazos... Pero en realidad no es tan grave, allá se practica el mismo deporte con prolijidad alemana." Estaba de cumpleaños, entonces, en la víspera del asado, irían juntos a la nueva casa de Cecilia y lo menos que podía hacer era esperarlo esa noche con un pequeño regalo, un gesto de cariño para el retornado. ¿Eso no más? Sí, sólo eso, se mintió, pero en ese momento *nos llevaron entonces a Jackeline y a mí al sótano, eso significaba bajar a empujones la escalera hasta el primer piso y luego esos ocho peldaños tan empinados, era imposible no caerse, sobre todo si una iba con los ojos vendados.* ¿Qué? ¿Qué estaba leyendo cuando su imaginación se entretenía eligiendo los colores de la corbata? Porque lo mejor sería regalarle una corbata, era menos comprometedor, casi impersonal, todo el mundo le regala corbatas a un hombre maduro el día de su cumpleaños. No todo el mundo, se dijo desde el reproche que la fustigó junto a esa suerte de revelación. No todo el mundo está pensando en regalar una corbata en el instante mismo en que lee cómo dos mujeres son empujadas hacia un sótano donde van a ser torturadas. Y era tan fuerte, sin embargo, la idea de la corbata, tan natural; ¿le gustaría? Y más que eso: ¿qué pensaría él si le regalaba una corbata? Iba irrumpiendo con tanta fuerza la simple normalidad de las cosas, la hermosa normalidad de la vida sin excesos, sin *esos excesos,* la palabra mentirosa que mencionaba de esa forma el crimen. Recuerda ahora que mientras iba encendiendo un cigarrillo tras otro, convencida de que leía los testimonios igual que en la Vicaría, donde también leer esas líneas terribles y fumar eran una misma cosa, advirtió que el acto de fumar carecía ahora de excusa, pues la verdad es que no estaba entendiendo lo que leía, ni siquiera estaba leyendo: estaba pensando en Andrés. En su cumpleaños de la víspera con su familia; en su padre hemipléjico; en la mentira piadosa para que el viejo no tuviera una recaída; toda esa materia viscosa que envolvía en la misma mentira el dolor verdadero y los engaños generosos que nada reparaban. Acepta entonces la verdad, no te queda sino aceptarla, allí están la fuente y la fuerza de tu resurrección. No fue el beso, no fue esa humedad en tus labios, la vida que creías definitivamente enterrada. No. No fue el beso de esa noche, en el instante anterior al retorno a las carpetas apiladas sobre la mesa del comedor; fue antes, incluso antes del beso, en esa tarde que precedió a la humedad y la cercanía, la tarde en que estuvo leyendo —como en la Vicaría, pero esta vez en su casa, esperándolo—, que ocurrió el olvido: se había puesto a pensar en ese cumpleaños y en los coqueteos de la primera y la segunda noches, y en lo que esperaba de esta tercera que se acercaba tan despacito, llena de todo eso que a la vez ella quería y no quería, lo que en el fondo había estado esperando, con temor, desde hacía mucho tiempo, sin saber que sería así, exactamente así de simple: la ansiosa espera de un timbrazo. Pasa, ya estoy lista, y luego de sentir un beso distinto, de saludo, ya sin pensar en ese beso que estuvo esperando todo el tiempo, ¿quieres tomar algo?, y Andrés, con un acento que ella siente ahora notoriamente distinto al de la noche anterior, ¿no está tu hijo?, le traje estos chocolates. Mi hijo está desde el jueves donde mi suegra. Donde *mi ex suegra*, quisiera decir, pero sabe que él entiende, quizás mejor que nadie. ¿No es tarde ya?, pregunta Andrés como si buscara motivos para no aceptar su invitación, y ella no, en Chile nadie llega a una comida antes de las diez, veo que te has vuelto absolutamente *tedesco*. ¡Y qué tierno estuvo sin embargo en el auto! La forma de acariciarle la mano cuando ella acercó la suya al encendedor al ver que Andrés sacaba otro cigarrillo. Fue el último gesto sorpresivo que recordaba de Andrés. Luego, lo que ocurrió en el trayecto y al llegar a la casa, incluso ese otro beso, que le pareció lleno de cariño pero muy distinto del que había estado recordando toda la tarde, se perdió como se pierde un suceso reciente, sin espacio para la nostalgia, sin tiempo para transformarse en recuerdo. Pero la memoria estaba ahí esa noche. Era también una especie de materia viscosa que lo envolvía todo, eran esas voces conocidas. *¿No está cansada, Chelita? ¿Quiere que hagamos una pausa? No, quiero que terminemos luego.* Era ese ruido extraño que escuchaba ahora en el baño de la casa nueva, ese quejido que parecía venir desde las entrañas de la casa, y por eso pegó su cabeza a los azulejos y estuvo un rato largo tratando de oír, hasta que sí, era eso, por suerte era eso, el ruido clandestino del agua en las cañerías, pero sonando en sus tímpanos como una voz humana, como si allí alguien estuviera llorando.

V • Memory and History

Essays have been an essential medium within the literature and culture of human rights. Writers motivated by the urgency of telling frequently resort to journalism, following a long tradition of freedom of speech extolled by authors like Jacobo Timerman. The essays in this section provide a framework for a singular period in history.

After the military coup in Chile, an impressive number of poems and stories were produced denouncing the government's abuses and describing what it felt like to live in fear, oppressed by a nefarious dictator. Years later, with the advent of democracy in Chile, the figure of the dictator appeared in constant dialogue with the writer and civil society.

Julio Cortázar represents a crucial voice in the struggle for human rights as reflected both in his writing and in his political activism. His essays explore the Machiavellian means used to hide evidence of a body that has disappeared and thus ceased to exist. In his work, which here includes the fictionalized "Recortes de prensa" in addition to the essays "Negación del olvido" and "Una maquinación diabólica," Cortázar bears witness to the violence within Argentine society and postulates a double form of exile in which the writer lives and suffers.

Isabel Allende's essay allows us to better understand what it meant for Latin American women to search for the missing so that they could recover the bodies and give them a proper burial. Allende tells us about the widows of Calama, in northern Chile, who look for their loved ones in the middle of the desert.

Elena Poniatowska's text dedicated to the disappeared communicates the overwhelming pain of having lost a loved one, and having all questions about his or her disappearance met with the absolute emptiness of complicity and silence.

In the moving text "Inventario," Nora Strejilevich takes stock of the dictatorship in the face of history and the memory of fading times.

Although exile and the obsession with return have a constant presence in the history of human rights, there are individuals who participate in the search for a historical memory that can vindicate them. This has become embodied by the memory of Salvador Allende, a figure of extreme importance for future generations. Roberto Castillo writes a moving essay about Allende and the historical period that forever marked his friends and enemies. Through distance and the eloquence of Castillo's prose, we can begin to understand how to judge Allende's life and those he helped shape.

Colombian poet Anabel Torres looks back on the vertiginous history of her country in her essay "La escritura perseguida." In 1985, a horrible volcanic eruption killed thousands. The military coup took place that same year, thus uniting political disaster and natural tragedy.

Amado Láscar's "Generación del silencio" allows us to enter the life of young students in Santiago. His text helps us fathom what it meant for a generation of youths to experience the passion of being part of a revolutionary process to transform not only society but the way they would all live.

The final texts in this section are by Gabriela Mistral and are representative of her humanistic vision of America and her defense of human rights and civil society. Mistral was one of the most tenacious fighters for democracy in Latin America, specifically for the rights of women and children. She worked as a United Nations delegate and also for the Peace Corps, bringing to international attention a deep pacifism and a desire to bring the Americas closer, especially in their relation with the United States. In keeping with the title of this anthology, Mistral always wrote toward hope.

Julio Cortázar, Bélgica

Julio Cortázar atribuyó su naturaleza pacifista a su nacimiento en Bruselas, Bélgica, en 1914, cuando ésta se encontraba bajo control alemán. Cuatro años después, Cortázar se trasladó junto a su familia a la Argentina, donde él se graduó como maestro de escuela. Luego ingresó en la Universidad de Buenos Aires, pero por razones económicas no logró terminar sus estudios. Trabajó como maestro primario por un tiempo y enseñó en la Universidad de Cuyo. Posteriormente, se mudó nuevamente a Buenos Aires, donde trabajó como gerente en la cámara del libro.

Durante todo este tiempo Cortázar escribio y en 1938 publicó su primer libro, *Presencia,* una colección de sonetos, bajo el seudónimo Julio Denis. Publicó su primer cuento, "Bruja," en la revista *Correo Literario* en 1944. Al mismo tiempo participó en manifestaciones de oposición contra el peronismo y colaboró también en otras revistas. En 1948 recibió et título de traductor público en francés e inglés. Tradujo trabajos de escritores como Edgar Allan Poe, G. K. Chesterton, André Gide y Daniel Defoe.

En 1951 publicó su libro de cuentos cortos, *Bestiario,* el cual a pesar de contener algunas de sus obras maestras del género, pasó inadvertido por los críticos. Con la ayuda del gobierno se mudó a París, donde trabajó como traductor. Allí publicó su gran obra *Rayuela* en 1963, la cual lo dio a conocer en toda América. Su estilo se conoce por su deslumbrante fantasía y temas existenciales. En 1973 se le otorgó en Francia el Premio Médicis por mejor publicación extranjera por el *Libro de Manuel.* En Nicaragua recibió de Ernesto Cardenal la Orden de la Independencia Cultural Rubén Darío. Murió en París, Francia, en febrero de 1984.

Obras

Los reyes (1949)
Bestiario (1951)
Los premios (1960)
Rayuela (1963)
62/Modelo para armar (1968)
Libro de Manuel (1973)
Nicaragua violentamente dulce (1983)

Negación del olvido

Pienso que todos los aquí reunidos coincidirán conmigo en que cada vez que a través de testimonios personales o de documentos tomamos contacto con la cuestión de los desaparecidos en la Argentina o en otros países sudamericanos, el sentimiento que se manifiesta casi de inmediato es el de lo diabólico. Desde luego, vivimos en una época en la que referirse al diablo parece cada vez más ingenuo o más tonto; y sin embargo es imposible enfrentar el hecho de las desapariciones sin que algo en nosotros sienta la presencia de un elemento infrahumano, de una fuerza que parece venir de las profundidades, de esos abismos donde inevitablemente la imaginación termina por situar a todos aquellos que han desaparecido. Si las cosas parecen relativamente explicables en la superficie —los propósitos, los métodos y las consecuencias de las desapariciones—, queda sin embargo un trasfondo irreductible a toda razón, a toda justificación humana; y es entonces que el sentimiento de lo diabólico se abre paso como si por un momento hubiéramos vuelto a las vivencias medievales del bien y del mal, como si a pesar de todas nuestras defensas intelectuales lo demoníaco estuviera una vez más ahí diciéndonos: "¿Ves? Existo: ahí tienes la prueba".

Pero lo diabólico, por desgracia, es en este caso humano, demasiado humano; quienes han orquestado una técnica para aplicarla mucho más allá de casos aislados y convertirla en una práctica de cuya multiplicación sistemática han dado idea las cifras publicadas a raíz de la reciente encuesta de la OEA, saben perfectamente que ese procedimiento tiene para ellos una doble ventaja: la de eliminar a un adversario real o potencial (sin hablar de los que no lo son pero que caen en la trampa por juegos del azar, de la brutalidad o del sadismo), y a la vez injertar, mediante la más monstruosa de las cirugías, la doble presencia del miedo y de la esperanza en aquellos a quienes les toca vivir la desaparición de seres queridos. Por un lado se suprime a un antagonista virtual o real;

por el otro se crean las condiciones para que los parientes o amigos de las víctimas se vean obligados en muchos casos a guardar silencio como única posibilidad de salvaguardar la vida de aquellos que su corazón se niega a admitir como muertos. Si basándose en una estimación que parece estar muy por debajo de la realidad, se habla de ocho o diez mil desaparecidos en la Argentina, es fácil imaginar el número de quienes conservan todavía la esperanza de volver a verlos con vida. La extorsión moral que ello significa para estos últimos, extorsión muchas veces acompañada de la estafa lisa y llana que consiste en prometer averiguaciones positivas a cambio de dinero, es la prolongación abominable de ese estado de cosas donde nada tiene definición, donde promesas y medias palabras multiplican al infinito un panorama cotidiano lleno de siluetas crepusculares que nadie tiene la fuerza de sepultar definitivamente. Muchos de nosotros poseemos testimonios insoportables de este estado de cosas, que puede llegar incluso al nivel de los mensajes indirectos, de las llamadas telefónicas en las que se cree reconocer una voz querida que sólo pronuncia unas pocas frases para asegurar que todavía está de este lado, mientras quienes escuchan tienen que callar las preguntas más elementales por temor de que se vuelvan inmediatamente en contra del supuesto prisionero. Un diálogo real o fraguado entre el infierno y la tierra es el único alimento de esa esperanza que no quiere admitir lo que tantas evidencias negativas le están dando desde hace meses, desde hace años. Y si toda muerte humana entraña una ausencia irrevocable, ¿qué decir de esta ausencia que se sigue dando como presencia abstracta, como la obstinada negación de la ausencia final? Ese círculo faltaba en el infierno dantesco, y los supuestos gobernantes de mi país, entre otros, se han encargado de la siniestra tarea de crearlo y de poblarlo.

De esa población fantasmal, a la vez tan próxima y tan lejana, se trata en esta reunión. Por encima y por debajo de las consideraciones jurídicas, los análisis y las búsquedas normativas en el terreno del derecho interno e internacional, es de ese pueblo de las sombras que estamos hablando. En esta hora de estudio y de reflexión, destinada a crear instrumentos más eficaces en defensa de las libertades y los derechos pisoteados por las dictaduras, la presencia invisible de miles y miles de desaparecidos antecede y rebasa y continúa todo el trabajo intelectual que podamos cumplir en estas jornadas. Aquí, en esta sala donde ellos no están, donde se los evoca como una razón de trabajo, aquí hay que sentirlos presentes y próximos, sentados entre nosotros, mirándonos, hablándonos. El hecho mismo de que entre los participantes y el público haya tantos parientes y amigos de desaparecidos vuelve todavía más perceptible esa innumerable muchedumbre congregada en un silencioso testimonio, en una implacable acusación. Pero también están las voces vivas de los sobrevivientes y de los testigos, y todos los que hayan leído informes como el de la Comisión de Derechos Humanos de la OEA guardan en su memoria impresos con letras de fuego, los casos presentados como típicos, las muestras aisladas de un exterminio que ni siquiera se atreve a decir su nombre y que abarca miles y miles de casos no tan bien documentados pero igualmente monstruosos. Así, mirando tan sólo hechos aislados, ¿quién podría olvidar la desaparición de la pequeña Clara Anahí Mariani, entre la de tantos otros niños y adolescentes que vivían fuera de la historia y de la política, sin la menor responsabilidad frente a los que ahora pretenden razones de orden y de soberanía nacional para justificar sus crímenes? ¿Quién olvida el destino de Silvia Corazza de Sánchez, la joven obrera cuya niña nació en la cárcel, y a la que llevaron meses después para que entregara la criatura a su abuela antes de hacerla desaparecer definitivamente? ¿Quién olvida el alucinante testimonio sobre el campo militar "La Perla" escrito por una sobreviviente, Graciela Susana Geuna, y publicado por la Comisión Argentina de Derechos Humanos? Cito nombres al azar del recuerdo, imágenes aisladas de unas pocas lápidas en un interminable cementerio de sepultados en vida. Pero cada nombre vale por cien, por mil casos parecidos, que sólo se diferencian por los grados de la crueldad, del sadismo, de esa monstruosa voluntad de exterminación que ya nada tiene que ver con la lucha abierta y sí en cambio con el aprovechamiento de la fuerza bruta, del anonimato y de las peores tendencias humanas convertidas en el placer de la tortura y de la vejación a seres indefensos. Si de algo siento vergüenza frente a este fratricidio que se cumple en el más profundo secreto para poder negarlo después cínicamente, es que sus responsables y ejecutores son argentinos o uruguayos o chilenos, son los mismos que antes y después de cumplir su sucio trabajo salen a la superficie y se sientan en los mismos cafés, en los mismos cines donde se reúnen aquellos que hoy o mañana pueden ser sus víctimas. Lo digo sin ánimo de paradoja: Más felices son aquellos pueblos que pudieron o pueden luchar contra el terror de una ocupación extranjera. Más felices, sí, porque al menos sus verdugos vienen de otro lado, hablan otro idioma, responden a otras maneras de ser. Cuando la desaparición y la tortura son manipuladas por quienes hablan como nosotros, tienen nuestros mismos nombres y nuestras mismas escuelas, comparten costumbres y gestos, provienen del mismo suelo y de la misma historia, el abismo que se abre en nuestra conciencia y en nuestro corazón es infinitamente más hondo que cualquier palabra que pretendiera describirlo.

Pero precisamente por eso, porque en este momento tocamos fondo como jamás lo tocó nuestra historia, llena sin embargo de etapas sombrías, precisamente por eso hay que asumir de frente y sin tapujos esa realidad que muchos pretenden dar ya por terminada. Hay que mantener en un obstinado presente, con toda su sangre y su ignominia, algo que ya se está queriendo hacer entrar en el cómodo país del olvido; hay que seguir considerando como vivos a los que acaso ya no lo están pero que tenemos la obligación de reclamar, uno por uno, hasta que la respuesta muestre finalmente la verdad que hoy se pretende escamotear. Por eso este coloquio, y todo lo que podamos hacer en el plano nacional e internacional, tiene un sentido que va mucho más allá de su finalidad inmediata; el ejemplo admirable de las Madres de la Plaza de Mayo está ahí como algo que se llama dignidad, se llama libertad, y sobre todo se llama futuro.

Una maquinación diabólica: las desapariciones forzadas

Al agradecer la invitación que me ha hecho la Comisión Independiente sobre Cuestiones Humanitarias Internacionales para que participe en su sesión plenaria que se abre hoy en Nueva York, quiero dejar constancia de que me ha sido formulada en mi calidad de escritor identificado con la causa de los pueblos latinoamericanos. No soy, y ustedes lo saben bien, un especialista en los problemas que van a tratarse en esta reunión y que la Comisión va a estudiar con la competencia y la experiencia de todos sus distinguidos miembros. He venido aquí como alguien que se consagra sobre todo a la literatura, pero ocurre que en América Latina la literatura y la historia constituyen hoy más que nunca un terreno común, y sólo aquellos escritores que no quieren asumir su responsabilidad como hombres latinoamericanos evaden la misión cada día más urgente de estar presentes como testigos y casi siempre como acusadores ante la escalada del desprecio que tantos regímenes políticos manifiestan frente a los derechos humanos más elementales.

No es a ustedes a quienes debo recordarles la Declaración Universal de Derechos Humanos proclamada hace ya tantos años por las Naciones Unidas; como yo, saben de sobra hasta qué punto esa declaración se ha vuelto letra muerta para muchos que en su día se comprometieron a respetarla y a aplicarla. Por eso, y porque un escritor responsable se dirige siempre a la conciencia y a la sensibilidad de sus lectores, lo que quiero decir aquí sobre el problema de las desapariciones forzadas en muchos de nuestros países no se refiere a los aspectos jurídicos y técnicos que tocan al derecho nacional e internacional, sino a esa realidad inmediata que concierne a las personas como tales, aludiendo concretamente a aquellas que han desaparecido sin dejar huellas y a aquellas que, unidas por lazos de parentesco o de afecto a las víctimas siguen viviendo de día en día el interminable horror de un vacío frente al cual toda palabra pierde peso y todo consuelo se vuelve irrisorio.

Pero precisamente por eso es necesario hablar de lo concreto, hablar hasta el cansancio, porque lo más monstruoso y culpable frente a esto es el silencio y el olvido. Ustedes, desde sus funciones específicas, ni callan ni olvidan; nosotros los escritores, los artistas, estamos también aquí para alentarlos en su dura misión y compartirla en todos los planos.

Quiero citar textualmente algo de lo que dije en el Coloquio sobre la desaparición forzada de personas, celebrado en París en enero y febrero de 1981, puesto que el problema está lejos de haberse solucionado y esta reunión es una nueva etapa en la búsqueda de un camino que pueda llevar a una definición más clara de las cosas y a una multiplicación de los medios capaces de ponerles fin. "Pienso —dije entonces— que todos los aquí reunidos coincidirán conmigo en que cada vez que a través de testimonios personales o de documentos tomamos contacto con la cuestión de los desaparecidos en la Argentina o en otros países latinoamericanos, el sentimiento que se manifiesta casi de inmediato es el de lo diabólico. Desde luego, vivimos en una época en la que referirse al diablo parece cada vez más ingenuo o más tonto; y sin embargo es imposible enfrentar el hecho de las desapariciones sin que algo en nosotros sienta la presencia de un elemento infrahumano, de una fuerza que parece venir de las profundidades, de esos abismos donde inevitablemente la imaginación termina por situar a todos aquellos que han desaparecido. Si las cosas parecen relativamente explicables en la superficie —los propósitos, los métodos y las consecuencias de las desapariciones—, queda sin embargo un trasfondo irreductible a toda razón, a toda justificación humana: y es entonces que el sentimiento de lo diabólico se abre paso como si por un momento hubiéramos vuelto a las vivencias medievales del bien y del mal, como si a pesar de todas nuestras defensas intelectuales lo demoníaco estuviera una vez más ahí diciéndonos: '¿Ves? Existo: ahí tienes la prueba.'

"Pero lo diabólico, por desgracia, es en este caso humano, demasiado humano: quienes han orquestado una técnica para aplicarla mucho más allá de casos aislados y convertirla en una práctica de cuya multiplicación sistemática dan idea las cifras que ya todos conocemos —30.000 desaparecidos solamente en la Argentina—, saben perfectamente que ese procedimiento tiene para ellos una doble ventaja: la de eliminar a un adversario real o potencial (sin hablar de los que no lo son pero que caen en la trampa por juegos del azar, de la brutalidad o del sadismo), y a la vez injertar, mediante la más monstruosa de las cirujías, la doble presencia del miedo y de la esperanza en aquellos a quienes les toca vivir la desaparición de seres queridos. Por un lado se suprime a un antagonista virtual o real; por el otro se crean las condiciones para que los parientes o amigos de las víctimas se vean obligados en muchos casos a guardar silencio como única posibilidad de salvaguardar la vida de aquellos que su corazón se niega a admitir como muertos. Si toda muerte humana entraña una ausencia irrevocable, ¿qué decir de esta ausencia que se sigue dando como presencia abstracta, como la obstinada negación de la ausencia final? Ese círculo faltaba en el infierno dantesco, y los supuestos gobernantes de mi país, entre otros, se han encargado en estos últimos tiempos de crearlo y de poblarlo."

Dos años han pasado desde la reunión de París donde dije esas palabras. Si la evolución histórica en la Argentina ha terminado con la monstruosa etapa de las desapariciones, al igual que las torturas y los asesinatos, otros regímenes se han encargado de continuar en América Latina una práctica que diariamente es verificada y denunciada por múltiples organizaciones nacionales e internacionales, por observadores, periodistas y testigos. Uno de sus focos más conocidos se sitúa hoy en plena América Central, en El Salvador, donde el más reciente informe de Amnesty International habla de millares de desapariciones. Bien se ve que no necesito salir de América Latina para comprobar la permanencia de una práctica que exige de todos y de cada uno de nosotros una multiplicación de esfuerzos para difundir más y más en el seno de las comunidades libres la existencia de algo que es como un cáncer planetario, una proliferación maligna que apenas disminuida en una zona reaparece con nueva virulencia en otra. Todos los derechos humanos son igualmente legítimos, pero como lo dijera Niall MacDermot, Secretario General de la Comisión Internacional de Juristas, "las desapariciones constituyen tal vez la peor violación de los derechos humanos. Es la negación del derecho de una persona a existir, a tener una identidad. Convierte a una persona en una no-persona".

Pero las desapariciones forzadas no se limitan ni mucho menos a un mecanismo de represión dirigido a eliminar a quienes se considera como enemigos. En la Argentina, para citar el país donde esta técnica de la muerte y del miedo ha rebasado todos los límites imaginables, las desapariciones no sólo han ocurrido en el nivel de los adultos sino que se han hecho extensivas a los niños, secuestrados muchas veces al mismo tiempo que sus padres o parientes cercanos, y sobre los cuales no ha vuelto a saberse nada. Niños que van desde los recién nacidos a los que ya entraban en la edad escolar. Niños cuyo secuestro y desaparición nada justificaba como no fuera el sadismo de los raptores o un refinamiento casi inconcebible de su técnica de intimidación. Esos niños, ¿podían considerarse como subversivos, según calificaban los militares a los jóvenes y adultos desaparecidos? Esos niños, ¿eran enemigos de lo que ellos llaman patria, llenando de sucia saliva una palabra que tanto significa para los pueblos latinoamericanos? ¿Y qué ha ocurrido con esos niños, si no han muerto en su enorme mayoría? Si quedan sobrevivientes, ¿qué pueden saber hoy los que fueron un día frente a los tráficos, ventas, adopciones y desplazamientos de que han sido víctimas? Si la desaparición de un adulto siembra el espanto y el dolor en el corazón de sus prójimos y amigos, ¿qué decir de padres y abuelos que en la Argentina siguen buscando, fotografías en mano, a esos pequeños que les fueron arrancados entre golpes, balazos e insultos? Vuelvo a pensar en Dante, vuelvo a decirme que en su atroz infierno no hay ni un solo niño; pero el de los militares argentinos responsables de las desapariciones está lleno de pequeñas sombras, de siluetas cada vez más semejantes al humo y a las lágrimas.

Recortes de prensa

Aunque no creo necesario decirlo, el primer recorte es
real y el segundo imaginario.

El escultor vive en la calle Riquet, lo que no me parece una idea acertada, pero en París no se puede elegir demasiado cuando se es argentino y escultor, dos maneras habituales de vivir difícilmente en esta ciudad. En realidad nos conocemos mal, desde pedazos de tiempo que abarcan ya veinte años; cuando me telefoneó para hablarme de un libro con reproducciones de sus trabajos más recientes y pedirme un texto que pudiera acompañarlas, le dije lo que siempre conviene decir en estos casos, o sea que él me mostraría sus esculturas y después veríamos, o más bien veríamos y después.

Fui por la noche a su departamento y al principio hubo café y finteos amables, los dos sentíamos lo que inevitablemente se siente cuando alguien le muestra su obra a otro y sobreviene ese momento casi siempre temible en que las hogueras se encenderán o habrá que admitir, tapándolo con palabras, que la leña estaba mojada y daba más humo que calor. Ya antes, por teléfono, él me había comentado sus trabajos, una serie de pequeñas esculturas cuyo tema era la violencia en todas las latitudes políticas y geográficas que abarca el hombre como lobo del hombre. Algo sabíamos de eso, una vez más dos argentinos dejando subir la marea de los recuerdos, la cotidiana acumulación del espanto a través de cables, cartas, repentinos silencios. Mientras hablábamos, él iba despejando una mesa; me instaló en un sillón propicio y empezó a traer las esculturas; las ponía bajo una luz bien pensada, me dejaba mirarlas despacio y después las hacía girar poco a poco; casi no hablábamos ahora, ellas tenían la palabra y esa palabra seguía siendo la nuestra. Una tras otra hasta completar una decena o algo así, pequeñas y filiformes, arcillosas o enyesadas, naciendo de alambres o de botellas pacientemente envueltas por el trabajo de los dedos y la espátula, creciendo desde latas vacías y objetos que sólo la confidencia del escultor me dejaba conocer por debajo de cuerpos y cabezas, de brazos y de manos. Era tarde en la noche, de la calle llegaba apenas un ruido de camiones pesados, una sirena de ambulancia.

Me gustó que en el trabajo del escultor no hubiera nada de sistemático o demasiado explicativo, que cada pieza contuviera algo de enigma y que a veces fuera necesario mirar largamente para comprender la modalidad que en ella asumía la violencia; las esculturas me parecieron al mismo tiempo ingenuas y sutiles, en todo caso sin tremendismo ni extorsión sentimental. Incluso la tortura, esa forma última en que la violencia se cumple en el horror de la inmovilidad y el aislamiento, no había sido mostrada con la dudosa minucia de tantos afiches y textos y películas que volvían a mi memoria también dudosa, también demasiado pronta a guardar imágenes y devolverlas para vaya a saber qué oscura complacencia. Pensé que si escribía el texto que me había pedido el escultor, si escribo el texto que me pedís, le dije, será un texto como esas piezas, jamás me dejaré llevar por la facilidad que demasiado abunda en este terreno.

—Eso es cosa tuya, Noemí —me dijo—. Yo sé que no es fácil, llevamos tanta sangre en los recuerdos que a veces uno se siente culpable de ponerles límites, de manearlos para que no nos inunden del todo.

—A quién se lo decís. Mirá este recorte, yo conozco a la mujer que lo firma, y estaba enterada de algunas cosas por informes de amigos. Pasó hace tres años como pudo pasar anoche o como puede estar pasando en este mismo momento en Buenos Aires o en Montevideo. Justamente antes de salir para tu casa abrí la carta de un amigo y encontré el recorte. Dame otro café mientras lo leés, en realidad no es necesario que lo leas después de lo que me mostraste, pero no sé, me sentiré mejor si también vos lo leés.

Lo que él leyó era esto:

La que suscribe, Laura Beatriz Bonaparte Bruschtein, domiciliada en Atoyac, número 26, distrito 10, Colonia Cuauhtémoc, México 5, D.F., desea comunicar a la opinión pública el siguiente testimonio:

1. Aída Leonora Bruschtein Bonaparte, nacida el 21 de mayo de 1951 en Buenos Aires, Argentina, de profesión maestra alfabetizadora.

Hecho: A las diez de la mañana del 24 de diciembre de 1975 fue secuestrada por personal del Ejército argentino (Batallón 601) en su puesto de trabajo, en Villa Miseria Monte Chingolo, cercana a la Capital Federal.

El día precedente ese lugar había sido escenario de una batalla que había dejado un saldo de más de cien muertos, incluidas personas del lugar. Mi hija, después de secuestrada, fue llevada a la guarnición militar Batallón 601.

Allí fue brutalmente torturada, al igual que otras mujeres. Las que sobrevivieron fueron fusiladas esa misma noche de Navidad. Entre ellas estaba mi hija.

La sepultura de los muertos en combate y de los civiles secuestrados, como es el caso de mi hija, demoró alrededor de cinco días. Todos los cuerpos, incluido el de ella, fueron trasladados con palas mecánicas desde el batallón a la comisaría de Lanús, de allí al cementerio de Avellaneda, donde fueron enterrados en una fosa común.

Yo seguía mirando la última escultura que había quedado sobre la mesa, me negaba a fijar los ojos en el escultor que leía en silencio. Por primera vez escuché un tictac de reloj de pared, venía del vestíbulo y era lo único audible en ese momento en que la calle se iba quedando más y más desierta; el leve sonido me llegaba como un metrónomo de la noche, una tentativa de mantener vivo el tiempo dentro de ese agujero en que estábamos como metidos los dos, esa duración que abarcaba una pieza de París y un barrio miserable de Buenos Aires, que abolía los calendarios y nos dejaba cara a cara frente a eso, frente a lo que solamente podíamos llamar eso, todas las calificaciones gastadas, todos los gestos del horror cansados y sucios.

—*Las que sobrevivieron fueron fusiladas esa misma noche de Navidad* —leyó en voz alta el escultor—. A lo mejor les dieron pan dulce y sidra, acordate de que en Auschwitz repartían caramelos a los niños antes de hacerlos entrar en las cámaras de gas.

Debió ver cualquier cosa en mi cara, hizo un gesto de disculpa y yo bajé los ojos y busqué otro cigarrillo.

Supe oficialmente del asesinato de mi hija en el juzgado número 8 de la ciudad de La Plata, el día 8 de enero de 1976. Luego fui derivada a la comisaría de Lanús, donde después de tres horas de interrogatorio se me dio el lugar donde estaba situada la fosa. De mi hija sólo me ofrecieron ver las manos cortadas de su cuerpo y puestas en un frasco, que lleva el número 24. Lo que quedaba de su cuerpo no podía ser entregado, porque era secreto militar. Al día siguiente fui al cementerio de Avellaneda, buscando el tablón número 28. El comisario me había dicho que allí encontraría "lo que quedaba de ella, porque no podían llamarse cuerpos los que les habían sido entregados". La fosa era un espacio de tierra recién removido, de cinco metros por cinco, más o menos al fondo del cementerio. Yo sé ubicar la fosa. Fue terrible darme cuenta de qué manera habían sido asesinadas y sepultadas más de cien personas, entre las que estaba mi hija.

2. Frente a esta situación infame y de tan indescriptible crueldad, en enero de 1976, yo, domiciliada en la calle Lavalle, 730, quinto piso, distrito nueve, en la Capital Federal, entablo al Ejército argentino un juicio por asesinato. Lo hago en el mismo tribunal de La Plata, el número 8, juzgado civil.

—Ya ves, todo esto no sirve de nada —dijo el escultor, barriendo el aire con un brazo tendido—. No sirve de nada, Noemí, yo me paso meses haciendo estas mierdas, vos escribís libros, esa mujer denuncia atrocidades, vamos a congresos y a mesas redondas para protestar, casi llegamos a creer que las cosas están cambiando, y entonces te bastan dos minutos de lectura para comprender de nuevo la verdad, para...

—Sh, yo también pienso cosas así en el momento —le dije con la rabia de tener que decirlo—. Pero si las aceptara sería como mandarles a ellos un telegrama de adhesión, y además lo sabés muy bien, mañana te levantarás y al rato estarás modelando otra escultura y sabrás que yo estoy delante de mi máquina y pensarás que somos muchos aunque seamos tan pocos, y que la disparidad de fuerzas no es ni será nunca una razón para callarse. Fin del sermón. ¿Acabaste de leer? Tengo que irme, che.

Hizo un gesto negativo, mostró la cafetera.

Consecuentemente a este recurso legal mío, se sucedieron los siguientes hechos:

3. En marzo de 1976, Adrián Saidón, argentino de veinticuatro años, empleado, prometido de mi hija, fue asesinado en una calle de la ciudad de Buenos Aires por la policía, que avisó a su padre.

Su cuerpo no fue restituido a su padre, doctor Abraham Saidón, porque era secreto militar.

4. Santiago Bruschtein, argentino, nacido el 25 de diciembre de 1918, padre de mi hija asesinada, mencionada en primer lugar, de profesión doctor en bioquímica, con laboratorio en la ciudad de Morón.

Hecho: El 11 de junio de 1976, a las 12 de mediodía, llegan a su departamento de la calle Lavalle, 730, quinto piso, departamento 9, un grupo de militares vestidos de civil. Mi marido, asistido por una enfermera, se encontraba en su lecho casi moribundo, a causa de un infarto, y con un pronóstico de tres meses de vida. Los militares le preguntaron por mí y por nuestros hijos, y agregaron que: *Cómo un judío hijo de puta puede atreverse a abrir una causa por asesinato al Ejército argentino.* Luego le obligaron a levantarse, y golpeándolo lo subieron a un automóvil, sin permitirle llevarse sus medicinas.

Testimonios oculares han afirmado que para la detención el Ejército y la policía usaron alrededor de veinte coches. De él no hemos sabido nunca nada más. Por informaciones no oficiales, nos hemos enterado que falleció súbitamente en los comienzos de la tortura.

—Y yo estoy aquí, a miles de kilómetros, discutiendo con un editor qué clase de papel tendrán que llevar las fotos de las esculturas, el formato y la tapa.

—Bah, querido, en estos días yo estoy escribiendo un cuento donde se habla nada menos que de los problemas psi-co-ló-gi-cos de una chica en el momento de la pubertad. No empieces a autotorturarte, ya basta con la verdadera, creo.

—Lo sé, Noemí, lo sé, carajo. Pero siempre es igual, siempre tenemos que reconocer que todo eso sucedió en otro espacio, sucedió en otro tiempo. Nunca estuvimos ni estaremos allí, donde acaso...

(Me acordé de algo leído de chica, quizá en Agustín Thierry, un relato de cuando un santo que vaya a saber cómo se llamaba convirtió al cristianismo a Clodoveo y a su nación, de ese momento en que le estaba describiendo a Clodoveo el flagelamiento y la crucifixión de Jesús, y el rey se alzó en su trono blandiendo su lanza y gritando: "¡Ah, si yo hubiera estado ahí con mis francos!", maravilla de un deseo imposible, la misma rabia impotente del escultor perdido en la lectura.)

5. Patricia Villa, argentina, nacida en Buenos Aires en 1952, periodista, trabajaba en la agencia *Inter Press Service,* y es hermana de mi nuera.

Hecho: Lo mismo que su prometido, Eduardo Suárez, también periodista, fueron arrestados en septiembre de 1976 y conducidos presos a

Coordinación General, de la policía federal de Buenos Aires. Una semana después del secuestro, se le comunica a su madre, que hizo las gestiones legales pertinentes, que lo lamentaban, que había sido un error. Sus cuerpos no han sido restituidos a sus familiares.

6. Irene Mónica Bruschtein Bonaparte de Ginzberg, de veintidós años, de profesión artista plástica, casada con Mario Ginzberg, maestro mayor de obras, de veinticuatro años.

Hecho: El día 11 de marzo de 1977, a las 6 de la mañana, llegaron al departamento donde vivían fuerzas conjuntas del Ejército y la policía, llevándose a la pareja y dejando a sus hijitos: Victoria, de dos años y seis meses, y Hugo Roberto, de un año y seis meses, abandonados en la puerta del edificio. Inmediatamente hemos presentado recurso de *habeas corpus,* yo, en el consulado de México, y el padre de Mario, mi consuegro, en la Capital Federal.

He pedido por mi hija Irene y Mario, denunciando esta horrenda secuencia de hechos a: Naciones Unidas, OEA, Amnesty International, Parlamento Europeo, Cruz Roja, etc.

No obstante, hasta ahora no he recibido noticias de su lugar de detención. Tengo una firme esperanza de que todavía estén con vida.

Como madre, imposibilitada de volver a Argentina por la situación de persecución familiar que he descrito, y como los recursos legales han sido anulados, pido a las instituciones y personas que luchan por la defensa de los derechos humanos, a fin de que se inicie el procedimiento necesario para que me restituyan a mi hija Irene y a su marido Mario, y poder así salvaguardar las vidas y la libertad de ellos. Firmado, Laura Beatriz Bonaparte Bruschtein. (De "El País", octubre de 1978, reproducido en "Denuncia," diciembre de 1978).

El escultor me devolvió el recorte, no dijimos gran cosa porque nos caíamos de sueño, sentí que estaba contento de que yo hubiera aceptado acompañarlo en su libro, sólo entonces me di cuenta de que hasta el final había dudado porque tengo fama de muy ocupada, quizá de egoísta, en todo caso de escritora metida a fondo en lo suyo. Le pregunté si había una parada de taxis cerca y salí a la calle desierta y fría y demasiado ancha para mi gusto en París. Un golpe de viento me obligó a levantarme el cuello del tapado, oía mis pasos taconeando secamente en el silencio, marcando ese ritmo en el que la fatiga y las obsesiones insertan tantas veces una melodía que vuelve y vuelve, o una frase de un poema, sólo me ofrecieron ver sus manos cortadas de su cuerpo y puestas en un frasco, que lleva el número veinticuatro, sólo me ofrecieron ver sus manos

cortadas de su cuerpo, reaccioné bruscamente rechazando la marea recurrente, forzándome a respirar hondo, a pensar en mi trabajo del día siguiente;
nunca supe por qué había cruzado a la acera de enfrente, sin ninguna necesidad puesto que la calle desembocaba en la plaza de la Chapelle donde tal vez
encontraría algún taxi, daba igual seguir por una vereda o la otra, crucé porque sí, porque ni siquiera me quedaban fuerzas para preguntarme por qué
cruzaba.

La nena estaba sentada en el escalón de un portal casi perdido entre los otros
portales de las casas altas y angostas apenas diferenciables en esa cuadra particularmente oscura. Que a esa hora de la noche y en esa soledad hubiera una
nena al borde de un peldaño no me sorprendió tanto como su actitud, una
manchita blanquecina con las piernas apretadas y las manos tapándole la cara,
algo que también hubiera podido ser un perro o un cajón de basura abandonado a la entrada de la casa. Miré vagamente en torno; un camión se alejaba
con sus débiles luces amarillas, en la acera de enfrente un hombre caminaba
encorvado, la cabeza hundida en el cuello alzado del sobretodo y las manos en
los bolsillos. Me detuve, miré de cerca; la nena tenía unas trencitas ralas, una
pollera blanca y una tricota rosa, y cuando apartó las manos de la cara le vi los
ojos y las mejillas y ni siquiera la semioscuridad podía borrar las lágrimas, el
brillo bajándole hasta la boca.

—¿Qué te pasa? ¿Qué haces ahí?

La sentí aspirar fuerte, tragarse lágrimas y mocos, un hipo o un puchero, le
vi la cara de lleno alzada hasta mí, la nariz minúscula y roja, la curva de una
boca que temblaba. Repetí las preguntas, vaya a saber qué le dije agachándome
hasta sentirla muy cerca.

—Mi mamá —dijo la nena, hablando entre jadeos—. Mi papá le hace cosas a
mi mamá.

Tal vez iba a decir más pero sus brazos se tendieron y la sentí pegarse a mí,
llorar desesperadamente contra mi cuello; olía a sucio, a bombacha mojada.
Quise tomarla en brazos mientras me levantaba, pero ella se apartó, mirando
hacia la oscuridad del corredor. Me mostraba algo con un dedo, empezó a
caminar y la seguí, vislumbrando apenas un arco de piedra y detrás la penumbra, un comienzo de jardín. Silenciosa salió al aire libre, aquello no era un
jardín sino más bien un huerto con alambrados bajos que delimitaban zonas
sembradas, había bastante luz para ver los almácigos raquíticos, las cañas que
sostenían plantas trepadoras, pedazos de trapos como espantapájaros; hacia el
centro se divisaba un pabellón bajo remendado con chapas de zinc y latas, una
ventanilla de la que salía una luz verdosa. No había ninguna lámpara encen-

dida en las ventanas de los inmuebles que rodeaban el huerto, las paredes negras subían cinco pisos hasta mezclarse con un cielo bajo y nublado.

La nena había ido directamente al estrecho paso entre dos canteros que llevaba a la puerta del pabellón; se volvió apenas para asegurarse de que la seguía, y entró en la barraca. Sé que hubiera debido detenerme ahí y dar media vuelta, decirme que esa niña había soñado un mal sueño y se volvía a la cama, todas las razones de la razón que en ese momento me mostraban el absurdo y acaso el riesgo de meterme a esa hora en casa ajena; tal vez todavía me lo estaba diciendo cuando pasé la puerta entornada y vi a la nena que me esperaba en un vago zaguán lleno de trastos y herramientas de jardín. Una raya de luz se filtraba bajo la puerta del fondo, y la nena me la mostró con la mano y franqueó casi corriendo el resto del zaguán, empezó a abrir imperceptiblemente la puerta. A su lado, recibiendo en plena cara el rayo amarillento de la rendija que se ampliaba poco a poco, olí un olor a quemado, oí algo como un alarido ahogado que volvía y volvía y se cortaba y volvía; mi mano dio un empujón a la puerta y abarqué el cuarto infecto, los taburetes rotos y la mesa con botellas de cerveza y vino, los vasos y el mantel de diarios viejos, más allá la cama y el cuerpo desnudo y amordazado con una toalla manchada, las manos y los pies atados a los parantes de hierro. Dándome la espalda, sentado en un banco, el papá de la nena le hacía cosas a la mamá; se tomaba su tiempo, llevaba lentamente el cigarrillo a la boca, dejaba salir poco a poco el humo por la nariz mientras la brasa del cigarrillo bajaba a apoyarse en un seno de la mamá, permanecía el tiempo que duraban los alaridos sofocados por la toalla envolviendo la boca y la cara salvo los ojos. Antes de comprender, de aceptar ser parte de eso, hubo tiempo para que el papá retirara el cigarrillo y se lo llevara nuevamente a la boca, tiempo de avivar la brasa y saborear el excelente tabaco francés, tiempo para que yo viera el cuerpo quemado desde el vientre hasta el cuello, las manchas moradas o rojas que subían desde los muslos y el sexo hasta los senos donde ahora volvía a apoyarse la brasa con una escogida delicadeza, buscando un espacio de la piel sin cicatrices. El alarido y la sacudida del cuerpo en la cama que crujió bajo el espasmo se mezclaron con cosas y con actos que no escogí y que jamás podré explicarme; entre el hombre de espaldas y yo había un taburete desvencijado, lo vi alzarse en el aire y caer de canto sobre la cabeza del papá; su cuerpo y el taburete rodaron por el suelo casi en el mismo segundo. Tuve que echarme hacia atrás para no caer a mi vez, en el movimiento de alzar el taburete y descargarlo había puesto todas mis fuerzas que en el mismo instante me abandonaban, me dejaban sola como un pelele tambaleante; sé que busqué apoyo sin encontrarlo, que miré vagamente hacia atrás y vi la puerta cerrada, la nena ya no estaba ahí y el hombre en el suelo era una mancha confusa, un trapo arrugado. Lo que vino después pude haberlo visto en una película o leído en un libro, yo estaba ahí como sin estar pero estaba con una agilidad y una intencionalidad que en un tiempo brevísimo, si eso pasaba en el tiempo, me llevó a encontrar un cuchillo sobre la mesa, cortar las sogas que ataban a la mujer, arrancarle la toalla de la cara y verla enderezarse en silencio, ahora perfectamente en silencio como si eso fuera necesario y hasta imprescindible, mirar el cuerpo en el suelo que empezaba a contraerse desde una inconsciencia que no iba a durar, mirarme a mí sin palabras, ir hacia el cuerpo y agarrarlo por los brazos mientras yo le sujetaba las piernas y con un doble envión lo tendíamos en la cama, lo atábamos con las mismas cuerdas presurosamente recompuestas y anudadas, lo atábamos y lo amordazábamos dentro de ese silencio donde algo parecía vibrar y temblar en un sonido ultrasónico. Lo que sigue no lo sé, veo a la mujer siempre desnuda, sus manos arrancando pedazos de ropa, desabotonando un pantalón y bajándolo hasta arrugarlo contra los pies, veo sus ojos en los míos, un solo par de ojos desdoblados y cuatro manos arrancando y rompiendo y desnudando, chaleco y camisa y slip, ahora que tengo que recordarlo y que tengo que escribirlo mi maldita condición y mi dura memoria me traen otra cosa indeciblemente vivida pero no vista, un pasaje de un cuento de Jack London en el que un trampero del norte lucha por ganar una muerte limpia mientras a su lado, vuelto una cosa sanguinolenta que todavía guarda un resto de conciencia, su camarada de aventuras aúlla y se retuerce torturado por las mujeres de la tribu que hacen de él una horrorosa prolongación de vida entre espasmos y alaridos, matándolo sin matarlo, exquisitamente refinadas en cada nueva variante jamás descrita pero ahí, como nosotras ahí jamás descritas y haciendo lo que debíamos, lo que teníamos que hacer. Inútil preguntarse ahora por qué estaba yo en eso, cuál era mi derecho y mi parte en eso que sucedía bajo mis ojos que sin duda vieron, que sin duda recuerdan como la imaginación de London debió ver y recordar lo que su mano no era capaz de escribir. Sólo sé que la nena no estaba con nosotras desde mi entrada en la pieza, y que ahora la mamá le hacía cosas al papá, pero quién sabe si solamente la mamá o si eran otra vez las ráfagas de la noche, pedazos de imágenes volviendo desde un recorte de diario, las manos cortadas de su cuerpo y puestas en un frasco que lleva el número 24, por informantes no oficiales nos hemos enterado que falleció súbitamente en los comienzos de la tortura, la toalla en la boca, los cigarrillos encendidos, y Victoria, de dos años y seis meses, y Hugo Roberto, de un año y seis meses, abandonados en la puerta del edificio. Cómo saber cuánto duró, cómo entender que también yo, también yo aunque me creyera del buen lado, también yo, cómo aceptar que también yo ahí del otro lado de manos cortadas y de fosas comunes, también yo del otro lado de las muchachas torturadas y fusiladas esa misma noche de Navidad; el resto es un dar la espalda, cruzar el huerto golpeándome contra un alambrado y abriéndome una rodilla, salir a la calle helada y desierta y llegar a la Chapelle y encontrar casi enseguida el taxi que me trajo a un vaso tras otro de vodka y a un sueño del que me desperté a mediodía, cruzada en la cama y vestida de pies a cabeza, con la rodilla sangrante y ese dolor de cabeza acaso providencial que da la vodka pura cuando pasa del gollete a la garganta.

Trabajé toda la tarde, me parecía inevitable y asombroso ser capaz de concentrarme hasta ese punto; al anochecer llamé por teléfono al escultor, que parecía sorprendido por mi temprana reaparición; le conté lo que me había pasado, se lo escupí de un solo tirón que él respetó, aunque por momentos lo oía toser o intentar un comienzo de pregunta.

—De modo que ya ves —le dije—, ya ves que no me ha llevado demasiado tiempo darte lo prometido.

—No entiendo —dijo el escultor—. Si querés decir el texto sobre...

—Sí, quiero decir eso. Acabo de leértelo, ése es el texto. Te lo mandaré apenas lo haya pasado en limpio, no quiero tenerlo más aquí.

Dos o tres días después, vividos en una bruma de pastillas y tragos y discos, cualquier cosa que fuera una barricada, salí a la calle para comprar provisiones, la heladera estaba vacía y Mimosa maullaba al pie de mi cama. Encontré una carta en el buzón, la gruesa escritura del escultor en el sobre. Había una hoja de papel y un recorte de diario, empecé a leer mientras caminaba hacia el mercado y sólo después me di cuenta de que al abrir el sobre había desgarrado y perdido una parte del recorte. El escultor me agradecía el texto para su álbum, insólito pero al parecer muy mío, fuera de todas las costumbres usuales en los álbumes artísticos aunque eso no le importaba como sin duda no me había importado a mí. Había una posdata: "En vos se ha perdido una gran actriz dramática, aunque por suerte se salvó una excelente escritora. La otra tarde creí por un momento que me estabas contando algo que te había pasado de veras, después por casualidad leí *France-Soir* del que me permito recortarte la fuente de tu notable experiencia personal. Es cierto que un escritor puede argumentar que si su inspiración le viene de la realidad, e incluso de las noticias de policía, lo que él es capaz de hacer con eso lo potencia a otra dimensión, le da un valor diferente. De todas maneras, querida Noemí, somos demasiado amigos como para que te haya parecido necesario condicionarme por adelantado a tu texto y desplegar tus talentos dramáticos en el teléfono. Pero dejémoslo así, ya sabés cuánto te agradezco tu cooperación y me siento muy feliz de...".

Miré el recorte y vi que lo había roto inadvertidamente, el sobre y el pedazo pegado a él estarían tirados en cualquier parte. La noticia era digna de *France-Soir* y de su estilo: drama atroz en un suburbio de Marsella, descubrimiento macabro de un crimen sádico, ex plomero atado y amordazado en un camastro, el cadáver etcétera, vecinos furtivamente al tanto de repetidas escenas de violencia, hija pequeña ausente desde días atrás, vecinos sospechando abandono, policía busca concubina, el horrendo espectáculo que se ofreció a los, el recorte se interrumpía ahí, al fin y al cabo al mojar demasiado el cierre del sobre el escultor había hecho lo mismo que Jack London, lo mismo que Jack London y que mi memoria; pero la foto del pabellón estaba entera y era el pabellón en el huerto, los alambrados y las chapas de zinc, las altas paredes rodeándolo con sus ojos ciegos, vecinos furtivamente al tanto, vecinos sospechando abandono, todo ahí golpeándome la cara entre los pedazos de la noticia.

Tomé un taxi y me bajé en la calle Riquet, sabiendo que era una estupidez y haciéndolo porque así se hacen las estupideces. En pleno día eso no tenía nada que ver con mi recuerdo y aunque caminé mirando cada casa y crucé la acera opuesta como recordaba haberlo hecho, no reconocí ningún portal que se pareciera al de esa noche, la luz caía sobre las cosas como una infinita máscara, portales pero no como el portal, ningún acceso a un huerto interior, sencillamente porque ese huerto estaba en los suburbios de Marsella. Pero la nena sí estaba, sentada en el escalón de una entrada cualquiera jugaba con una muñeca de trapo. Cuando le hablé se escapó corriendo hasta la primera puerta, una portera vino antes de que yo pudiera llamar. Quiso saber si era una asistenta social, seguro que venía por la nena que ella había encontrado perdida en la calle, esa misma mañana habían estado unos señores para identificarla, una asistenta social vendría a buscarla. Aunque ya lo sabía, antes de irme pregunté por su apellido, después me metí en un café y al dorso de la carta del escultor le escribí el final del texto y fui a pasarlo por debajo de su puerta, era justo que conociera el final, que el texto quedara completo para acompañar sus esculturas.

Isabel Allende, Perú

La ilustre novelista Isabel Allende ha dicho que la inspiración para sus historias proviene de su familia. Allende nació en Lima, Perú, en 1942. En 1945 su madre anuló el matrimonio y se trasladó con sus hijos a Santiago, Chile. Cuando su madre volvió a contraer matrimonio, esta vez con Ramón Huidobro, diplomático a Bolivia y Beirut, Allende asistió a una escuela privada norteamericana en Bolivia y luego una escuela inglesa privada en Beirut. Regresó a Chile para terminar sus estudios secundarios en 1958.

El año siguiente empezó a trabajar para el FAO (Food and Agriculture Organization) de las Naciones Unidas hasta 1965. Se casó en 1962, tuvo a su primera hija y viajó por Europa con su familia. Entre 1964 y 1965 vivió en Bruselas y Suiza. Al regresar a Chile en 1966 tuvo su segundo hijo. Durante este tiempo Allende trabajó como periodista y en cine y televisión. Participó también en la revista infantil *Mampato* y escribió cuentos para niños. Después del golpe militar en Chile, se trasladó a Caracas, Venezuela, donde comenzó de fondo su obra literaria. Allí empezó su obra *La casa de los espíritus*, publicada en 1982, traducida al inglés y otros idiomas en 1985.

Allende se divorció en 1987, año en el cual publicó *Eva Luna*. Se volvió a casar en 1988, con Willie Gordon. Regresó a Chile en 1990 y recibió el Premio Gabriela Mistral. Un año después su hija cayó enferma y falleció, lo cual inspiró el testimonio *Paula*, publicado en 1994. Allende ha recibido numerosos reconocimientos a nivel mundial y recientemente ha vuelto a escribir literatura para niños.

Obras

La casa de los espíritus (1982)
Eva Luna (1987)

Cuentos de Eva Luna (1989)
El plan infinito (1990)
La hija de la fortuna (1999)
Retrato en sepia (2000)
Mi país inventado (2003)

Prólogo a *Flores del desierto* de Paula Allen

Dónde están los desaparecidos? Sus espectros rondan el aire delgado del amanecer, sus voces susurran en tumbas sin nombre: ¡aquí!, ¡aquí! Llaman a sus mujeres, sus madres, sus hermanas, sus hijas. Una muchedumbre de fantasmas deambula por el torturado continente sudamericano en busca de identidad. ¿Quién inventó ese horrible eufemismo de los "desaparecidos"? A los muertos los enterramos, los lloramos y aprendemos a vivir con ellos en dulce armonía, porque ante la finalidad incuestionable de la muerte nada podemos hacer. Pero cuando uno de los nuestros desaparece, se abre un vacío inmenso en el alma y en la vida, todo queda en suspenso, postergado mientras buscamos. Esa es la suerte de millares de mujeres en América Latina que averiguan sin descanso la suerte de sus desaparecidos, terrible herencia de siniestras dictaduras militares y escuadrones de la muerte, que torturaron y asesinaron en total impunidad. Durante un cuarto de siglo las mujeres han buscado a sus hijos; ahora buscan también a sus nietos, nacidos en prisiones y campos de concentración, arrancados de los brazos de sus madres. Esa es también la suerte de un puñado de mujeres de Calama que durante más de veinte años cavaron y cavaron en la región más inhóspita del mundo, guiadas por pistas vagas, por rumores, por sus propias pesadillas, en busca de los cuerpos de veintiséis hombres detenidos por los militares en 1973 y desaparecidos desde entonces. Esos veintiséis hombres forman parte de aquel contingente de fantasmas sin tumba cuyas muertes el hijo del general Pinochet justifica diciendo que no importan, porque los prisioneros ejecutados por orden de su padre "no eran seres humanos, eran bestias".

En las alucinantes fotografías de Paula Allen, el paisaje lunar del desierto del norte de Chile se extiende hasta el horizonte como un mar de pesadumbre. Ese territorio árido es la metáfora perfecta del dolor sin atenuante de las mujeres de los desaparecidos. Así de vasto y aterrador es el sufrimiento. Las diminutas figuras de las mujeres con una pala en la mano, recorriendo esa planicie calcinada por un clima inclemente, se convierten, en estas fotografías, en símbolos eternos.

Las mujeres de Calama son pobres de pobreza irremediable, son pacientes de paciencia absoluta, son fuertes y están solas. Por años nadie ha escuchado su clamor, por años la justicia ha ignorado su angustia. Tienen la piel curtida por un sol de plomo, los ojos desteñidos de tanto atisbar en la arena y las piedras, el corazón siempre en lágrimas. Nada puede vencerlas, ni el tiempo, ni la indiferencia del mundo, ni la esperanza mil veces rota y vuelta a remendar. Más poderosa que el miedo agarrotado en el alma y la fatiga instalada en los huesos era la decisión de encontrar a sus desaparecidos. Ahora saben que están muertos. Siempre lo sospecharon, pero no quisieron admitirlo porque era como matarlos de nuevo, y aguardaban, contra toda lógica, a que un día su hijo, su hermano o su marido regresaran de las sombras. De vez en cuando había un signo alentador: un coronel decía que estaban vivos pero les habían lavado el cerebro, por eso no volvían. Mentiras. También resultaron mentiras las promesas de que sus cuerpos serían devueltos para darles sepultura. De mentira en mentira pasaron los años, hasta que por fin en 1990 recibieron unas bolsas con huesos astillados, imposibles de identificar: era todo lo que quedaba de sus hombres.

Antes las mujeres de Calama buscaban a sus desaparecidos, ahora buscan la verdad. Antes esas bravas mujeres desafiaron la brutalidad de la dictadura; ahora desafían el silencio cómplice de los que pretenden borrar el pasado, como si nunca hubiera sucedido. Por el resto de sus vidas seguirán desafiando el olvido. Ellas guardan celosamente la memoria de sus muertos; son la voz que perseguirá a los asesinos hasta el útimo día de sus vidas. Ellas escriben en la arena del desierto la verdadera historia de Chile, la que los textos escolares omiten, la prensa calla, los gobiernos ocultan y los militares, impunes y arrogantes, niegan. Esas mujeres no desean venganza, ni siquiera piden justicia porque no creen en ella, saben que nunca serán castigados los culpables. Sólo desean que se admita la verdad, que se honre a sus muertos, que se devuelvan los cuerpos de los tres mil desaparecidos, que se respete el dolor de sus familias, que se recuerde el pasado, para que el horror de entonces no se repita. Sólo puede haber reconciliación en Chile sobre las bases de la verdad. La verdad es una planta vigorosa y de raíces muy profundas. Esas mujeres de Calama, lavadas por el sufrimiento, no olvidan. Ellas son nuestra conciencia.

Elena Poniatowska, Francia

La periodista y narradora Elena Poniatowska nació en París, Francia, en 1923, pero a causa de la Segunda Guerra Mundial se trasladó con su familia a México en 1942. Estudió en los Estados Unidos, Francia y México y se ha desempeñado en el periodismo desde 1954. Se dio a conocer como escritora en 1969 con la novela *Hasta no verte Jesús mío*, pero no fue hasta su próxima publicación, en 1971, *La noche de Tlatelolco*, libro sobre la masacre aprobada por el gobierno de estudiantes mexicanos, que ganó reconocimiento internacional al escribir.

Poniatowska ha colaborado en varias revistas, entre ellas *Revista Mexicana de Literatura*, *Absides* y *Artes de México*, y en cortos cinematográficos sobre Sor Juana Inés de la Cruz, José Clemente Orozco y otros temas. Ha obtenido varios premios, incluyendo el Premio Mazatlán de Literatura en 1969 y el Premio Xavier Villaurrutia en 1971. También ha recibido las becas Guggenheim y Emeritus. En 1979 se convirtió en la primera mujer en recibir el Premio Nacional Mexicano por periodismo. Su más reciente publicación, *La piel del cielo*, recibió el Premio Alfaguara. Sus obras han sido traducidas al inglés, francés, holandés, alemán y danés. Actualmente enseña literatura y periodismo en la Universidad de California en Irvine.

Obras

Lilus Kikus (1954)
La luna y sus lunitas (1955)
Palabras cruzadas (1961)
Hasta no verte Jesús mío (1969)
La noche de Tlatelolco (1971)

Fuerte es el silencio (fragmento)

LOS DESAPARECIDOS

Los gobiernos, sin exceptuar sino muy pocos entre los que se llaman libres, siempre han estado alerta contra todo lo que es disminuir sus facultades y hacer patentes sus excesos. De aquí es que no pierden medio para encadenar el pensamiento, erigiendo en crímenes las opiniones que no acomodan y llamando delincuentes a los que las profesan. Mas ¿han tenido derecho para tanto? ¿Han procedido con legalidad cuando se han valido de estos medios? O más bien ¿han atropellado los derechos sagrados del hombre arrogándose facultades que nadie les quiso dar ni ellos pudieron recibir? José María Luis Mora, *Libertad de pensar, hablar y escribir,* 1833

En nuestro continente y en el africano, en Etiopía, en Guinea, en Malawi, se da una nueva y "refinadísima forma de represión política": la desaparición. En Argentina, en Chile, en Guatemala, en Colombia, en la Nicaragua de Somoza, en Paraguay, en Uruguay, en Santo Domingo, en El Salvador, en Haití, simplemente desaparecen los opositores políticos. Opositores reales o sospechosos, eso no importa. Lo importante es prevenir. Cualquier inconforme es un enemigo, su familia también y un día sin más, de pronto, deja de estar entre nosotros.

En Argentina, Chile, El Salvador, Guatemala y Uruguay se detiene a los supuestos enemigos políticos sin que se sepa qué autoridad ordenó el arresto, quién lo cumple, ¿soldados?, ¿policías?, y a dónde se llevan al detenido. Como no hay orden de aprehensión dictada por autoridad alguna, tampoco puede probarse que "el desaparecido" ha sido detenido por la policía ni llevado por los soldados al retén, como sucede con los campesinos de Guerrero, México. No existe un solo registro, ningún indicio del posible paradero de la persona. Así, el aparato jurídico se muestra impotente para resolver uno solo de los casos. "No sabemos nada", "no es de nuestra jurisdicción", "no podemos hacer nada, ni siquiera notificarlo". Entonces empieza la espantosa, la aterradora búsqueda de los familiares. Hasta los nazis comunicaron la lista de los que habían exterminado en sus campos de concentración. En Ginebra, se conservan en archivos los nombres de los asesinados; otros países como la URSS formulan cargos en contra de sus opositores, por más absurdos que éstos sean, como en el caso último de deportación interna de Sajarov. En México, por ejemplo, no hay cargos, el opositor simplemente se desvanece, nadie sabe, nadie supo. Al desaparecer, el desaparecido se lleva su delito y muchas veces su nombre, porque ¡cuántos muchachos habrá perdidos para siempre! Se lleva también su posibilidad de defenderse, su manera de ver la vida, el por qué de su lucha, si es que luchaba, su concepción de la vida, su risa y su sonrisa. Ya no es nadie, no es nada. El desaparecido se lleva hasta su silencio.

Amnistía Internacional constató que entre el 28 de mayo de 1978 y el 28 de mayo de 1979 más de dos mil personas murieron en Guatemala víctimas de las fuerzas de seguridad o de los llamados escuadrones de la muerte. En Argentina, en 1976, el número de personas que murieron como consecuencia de la violencia política fue consignado oficialmente: 1.354. En Argentina, asimismo, se estima que quince mil personas han desaparecido en circunstancias que no dejan duda acerca de la responsabilidad gubernamental. En Argentina, se han esfumado estudiantes, comerciantes, empleados, periodistas, profesores, escritores (Haroldo Conti, Rodolfo Walsh), maestros y maestras, jóvenes de dieciséis, veinte años, no sólo en Buenos Aires sino en Córdoba, Mendoza, La Plata y Mar del Plata, y, aunque la mayoría han sido secuestrados en sus casas por diez o veinte hombres armados que se llevan también al cónyuge y a los hijos y los hacen subir a un carro sin placas, muchos otros son arrestados a la luz del día, en plena calle, y en algunos casos hasta abatidos en ese mismo momento. Rodolfo Walsh fue secuestrado a las once o doce del día. A los hijos los entregan horas o días después o los abandonan en una calle cercana al domicilio, que por cierto es allanado y saqueado.

Un secuestro a guisa de ejemplo

Amnistía Internacional consigna el ejemplo de Nélida Azucena Sosa de Forti. Su esposo, médico, había viajado a Venezuela en enero de 1977, para trabajar allá en un hospital del gobierno, y se previó que el resto de la familia se reuniría con él poco tiempo después. Se solicitaron pasaportes con anticipación y compraron boletos de avión para viajar a Caracas, el 18 de febrero de 1977. Ya a bordo del avión, el hijo mayor y su madre fueron llamados por el micrófono. El comandante les explicó que había un problema con sus documentos y que no podían viajar. Los desembarcaron y pusieron en manos de un grupo de hombres armados no uniformados, quienes se llevaron a la madre y a sus cinco hijos en dos vehículos. La policía y los militares que vieron la operación en el aeropuerto no intervinieron en ningún momento. En una carretera desierta pararon los automóviles, se vendó a toda la familia y durante una semana así, vendados, se les mantuvo detenidos, y el séptimo día los niños fueron separados de su madre y dejados en una calle de Buenos Aires. A los niños les dijeron que a su madre la llevarían a Tucumán (domicilio de la familia) durante una semana y que luego sería liberada. Hasta el momento Nélida Azucena Sosa de Forti sigue desaparecida. El recurso de *habeas corpus* presentado en su nombre y los esfuerzos de la Embajada de Venezuela en Buenos Aires han resultado infructuosos en la tarea de localizarla.

Habeas corpus

¿Quién tiene el cuerpo? Hemos presentado un recurso de amparo. ¿Dónde está mi hijo? ¿Dónde mi esposo? ¿Dónde mi hermano? ¿Qué le pasó? Vinieron a buscarlo en la madrugada diez hombres armados que no se identificaron y desde entonces no sé de él. Oí en la calle el ruido de los frenos. Cada vez se oye más, en las madrugadas, ese ruido de frenos. Es un coche sin placas. Mírelo, aquí tengo su foto, sí, sí es un hombre guapo, y joven sí, y sí, siempre andaba sonriendo. Lo vinieron a buscar sólo para unas preguntas de rutina, al menos eso dijeron, preguntas de rutina, contraté un abogado pero es poco lo que puede hacer, yo por lo menos quisiera saber dónde quedó su cuerpo para poder ir a ponerle unas flores, no pido mucho, ya no pido más que eso, saber en donde quedó...

En América Latina son muchos los que despiertan a medianoche sobresaltados. Las madres piensan en su preso. ¿Lo habrán puesto de cara a la pared? ¿Sonreirá valientemente como siempre lo hizo? Cualquier ruido en la calle es sospechoso, el portazo de un automóvil, el arrancón de un tranvía. ¿Qué será? ¿Quién será? ¿Qué estará pasando? Los "operativos", como los llaman en Argentina, se llevan a cabo en plena calle, frente a los vecinos que no intervienen, que no estiran los brazos hacia el que se llevan, que no extienden las manos para tomar la suya, que se quedan parados con la boca abierta, que nunca preguntan siquiera: "¿A dónde se lo llevan? ¿Qué quieren de él? ¿Qué van a hacer con él?", no se los vayan a llevar a ellos también. En Argentina, organizaciones de derechos humanos han documentado los casos de unos seis mil desaparecidos. Calculan que esta cifra corresponde sólo al 50% del número real. En junio de 1979, Amnistía Internacional publicó una lista hecha por computadora de 2.665 casos bien documentados. No sólo han desaparecido argentinos sino ciudadanos de otros veintiocho países, y desde 1979 se ha duplicado el número de casos registrados por Amnistía Internacional, y es el golpe militar de marzo de 1976 el que ha producido un flujo continuo de desaparecidos políticos. En Brasil aún se recuerdan los siniestros "Escuadrones de la Muerte" pero no se han notificado en los últimos años nuevas desapariciones. En Chile, desde el golpe militar, Amnistía Internacional ha documentado 1.500 desapariciones. Organizaciones de Derechos Humanos en Chile calculan el número total de desapariciones en 2.500, la mayoría ocurridas inmediatamente después de la toma del poder por los militares y en los tres años siguientes. Ninguno de los desaparecidos ha vuelto con vida. El descubrimiento de casi treinta cadáveres en una calera cerca de Santiago parece indicar que la mayoría de los desaparecidos en los primeros años están muertos. En El Salvador, la delegación parlamentaria británica, enviada específicamente para ello, documentó en diciembre de 1978 108 casos de desaparición. En Guatemala, Amnistía Internacional calcula en más de veinte mil el número de personas desaparecidas o víctimas de ejecuciones extrajudiciales. Entre 1972 y 1976, 1.105 personas fueron asesinadas por grupos oficiales o semioficiales como "La Mano Blanca", uno de los muchos escuadrones de la muerte. En México, Amnistía Internacional ha recibido informes de más de trescientas desapariciones en estos últimos años; el gobierno mexicano accedió en 1978 a investigar el paradero de las personas cuyos casos le había presentado Amnistía Internacional, pero todavía no hace ninguna declaración. El gobierno mexicano ha puesto en libertad, en una amnistía en 1978, a 1.589 presos políticos, y en una segunda amnistía, en junio de 1980, a treinta y un personas en el Distrito Federal y en tres estados. Entre quienes se beneficiaron están Gustavo Adolfo Hirales Morán y las compañeras Ramos, pero aún quedan en cárceles clandestinas de 150 a 500 personas, entre quienes probablemente se encuentren muchos de los desaparecidos. En Nicaragua, desde el derrocamiento del gobierno de Somoza no ha habido noticia de desapariciones, que eran tan corrientes en el régimen anterior: entre noviembre de 1975 y mayo de 1976, Amnistía Internacional recibió informes procedentes de una sola municipalidad de 92 personas capturadas por la Guardia Nacional. No se ha vuelto a saber nada de ninguna de ellas. En Paraguay, en 1977, Amnistía Internacional documentó veinte desaparecidos y, poco después, el gobierno paraguayo puso en libertad a uno de ellos y lo indemnizó por los dos años que había pasado en la cárcel sin acusación ni juicio. Según varios informes, otras personas en la lista de los veinte han sido vistas con vida y en reclusión, pero el gobierno no ha reconocido que están bajo custodia. En Uruguay, a partir de 1979, había más de cien casos documentados de uruguayos desaparecidos. El primero data de noviembre de 1974, cuando un matrimonio joven fue secuestrado en Buenos Aires junto con su hijo de tres años. Los cadáveres de los padres fueron hallados en las afueras de Montevideo, pero el niño nunca apareció. Otros noventa y siete uruguayos han sido secuestrados en la misma forma y han desaparecido de Argentina; nueve de ellos eran niños. Trece de ellos fueron vistos con vida en cárceles argentinas; muchos también en cárceles secretas en Uruguay. Dos uruguayos desaparecieron en Paraguay. Estos casos prueban claramente el grado de cooperación entre las policías de Uruguay y de Argentina. Y esto sucede en toda América Latina. En Chile, por ejemplo, el gobierno chileno, después de haberse negado con el mayor cinismo a reconocer su complicidad en la desaparición de más de 1.500 personas, ha procedido —con el mismo cinismo— a amnistiar a los responsables de torturas y desapariciones cuando éstos fueron plenamente identificados por las autoridades judiciales.

Dice Mariclaire Acosta, representante de Amnistía Internacional en México: "El mecanismo empleado para desaparecer a una persona en Latinoamérica es relativamente sencillo: se trata de aparentar un simple secuestro, perpetrado en forma rápida, violenta y anónima como lo dictan los cánones de la tradición. Generalmente el acto es precedido por un allanamiento de morada en el cual un grupo armado irrumpe violentamente, a altas horas de la noche, en el hogar de la víctima, y, tras el amedrentamiento y maltrato del resto de los habitantes, lleva consigo a su presa además de todos los objetos que pudo hurtar durante el operativo".

"En México —dice el informe de Amnistía Internacional—, el gobierno no ha dado una explicación satisfactoria sobre la situación de más de 300 personas desaparecidas desde 1968 —la mayoría campesinos— después de haber sido detenidas por fuerzas de seguridad."

Qué cosa reclamo si no sé leer y nadie me hace caso

En el campo de México, llegan los soldados y simplemente se llevan a los campesinos. Y no por ello se mueve la hoja del árbol. Sólo hasta hoy los familiares empiezan a denunciar las desapariciones de hombres y de mujeres que no poseen el alfabeto y que de un día al otro, simplemente no amanecen en su casa, no echan tortillas, no salen al corral. Los vecinos recogen entonces a los niños hambrientos, tratan de cuidar la choza vacía, se encargan, si los hay, de la marranita, de las gallinas. En esa casa que antes humeaba se han esfumado los adultos. Los niños, con sus grandes ojos de pobre como diría Rosario Castellanos, en vano otean el camino, si acaso alguien regresa son los soldados para atemorizar a los vecinos, para que sepan que si se meten a reclamar, así les va a ir. Un buen día, nomás no estarán. La muerte que a todos nos toca tarde o temprano les tocará en otra parte, y donde sea no habrá quien les dé cristiana sepultura. Y los pobres, entre sus pocas pretensiones, quieren saber a dónde van a quedar.

La mayor parte de los presos políticos mexicanos son jóvenes (en América Latina resulta peligroso ser joven), sus edades oscilan entre los dieciocho y los treinta años y su nivel económico es muy bajo. Los desaparecidos de origen campesino en su mayoría son analfabetos, por lo tanto no conocen la ley y no recurren a su amparo. No interponen ningún recurso aunque éste sea, como en el resto de América Latina, sistemáticamente violado. Todos sabemos que cualquier gobierno, por más democrático, persigue a sus opositores políticos, y en el caso de los desaparecidos de México, la mayor parte está involucrada en acciones guerrilleras; son disidentes, y en muchas ocasiones para explicar su desaparición se alega que murieron en un enfrentamiento con el ejército. Sin embargo, su desaparición los convierte —a ellos y a sus familiares— en víctimas y le confiere al gobierno —responsable o no— el papel de perseguidor. Su desaparición, además de ilegal, es una infamia, de las que muy pocos parecen darse cuenta. Si Rosario Ibarra de Piedra no hubiera iniciado una campaña de protesta y de difusión, no estaríamos enterados a la fecha del problema de los desaparecidos y sólo tendríamos una noción muy vaga y fácilmente desechable de cómo, en casos de oposición política, son pisoteadas en nuestro país las libertades democráticas.

¿Son todos los desaparecidos guerrilleros o militantes políticos?

La mayoría de los desaparecidos mexicanos es de extracción campesina o proletaria; el número de estudiantes es pequeño y el de profesionistas, mínimo. ¿Son todos los desaparecidos guerrilleros o militantes políticos? ¡Claro que no! Ni siquiera en Argentina, en donde los opositores a la Junta trataron de organizarse y de armarse: los Montoneros, el Partido de los Pobres, ni en Uruguay: los Tupamaros, mucho menos en México donde el poder se ejerce sobre una masa a la que difícilmente se le permite decir: "Esta boca es mía", pobre, pobre, pobre, pobre sobre la cual se levanta una clase media baja, más

deseosa de bienes de consumo que de ideales libertarios. Los brotes revolucionarios —después de la revolución de 1910—, cualesquiera que éstos sean,
han sido siempre sofocados por la policía y por el ejército. Rubén Jaramillo,
morelense como Emiliano Zapata, fue asesinado en 1962 junto con su esposa
Epifania visiblemente embarazada y tres de sus hijos, una semana después de
que lo abrazara el entonces presidente de la República, Adolfo López Mateos.
Genaro Vásquez Rojas fue cazado como un animal a quien se le sigue la pista
durante meses, su memoria desprestigiada en los periódicos con fotografías a
color de mujeres, casas chicas, juergas, comilonas, y todos sabemos que la
mayor batida organizada por el ejército ha sido en contra del guerrillero rural
Lucio Cabañas. A Rubén Jaramillo se le consideró el Zapata del momento y,
aunque el Emiliano Zapata de 1910 tiene su estatua fundida en bronce en
muchos estados de la República, a los Zapatas de los cuarentas, de los cin-
cuentas, de los sesentas, de los setentas o a cualquiera que pretenda una lucha
semejante, se le persigue para abatirlo como perro del mal. Su única condición
tolerable es la de la muerte. Muerto se le declara vivo, se dice que aún cabalga
por la sierra, que se pueden escuchar en las noches frescas y olorosas los cascos
de su yegua blanca. Vivo, lo único que lo espera es una ráfaga de ametralladora.

Toda tu violencia contra el régimen se vuelve un arma a su favor,
palabra que sí, vato

¿Cómo desaparecen a un muchacho? ¿Cómo se mete a la guerrilla ese muchacho? Un buen día, una manifestación. Es el 10 de junio de 1971, pongamos
por caso. Los muchachos corean al ritmo de sus pisadas: "El pue-blo-uni-do-
jamás-se-rá-ven-ci-do". Cuando tu contingente anda por la Normal salen unos
tipos con bastones kendo, supuestamente estudiantes también, y empiezan a
golpear a todos. Pero no sólo golpean. Si fueran bastonazos, no sería la primera
vez que se los chingan ustedes nomás con los palos de las pancartas y las astas
de las banderas. Traen metralletas. Los Halcones matan a muchos chavos;
nadie interviene, y se suben después a unos camiones de limpia del Departamento del Distrito Federal. Se monta una farsa; el presidente dice ser el más
indignado, los periódicos llegan a extremos audaces de manipulación sin que
pase nada. Lo único serio son los muertos, lo demás es pura payasada. Entonces decides que si el gobierno está armado ya estuvo bueno de gandalladas,
del canto del azadón; todo pa'ca y nada pa'allá. Otros compañeros de la facultad
piensan lo mismo y alguno de ellos, el más serio, el más callado, el que parece
estar vigilando y juzgándolo todo, dice un día, ese día en que has vociferado
más, ese día en que cualquier detalle —un niño desnutrido, a quien se le ha ido

su globo, por ejemplo— te obliga a jurar que quieres hacer algo, lo que sea, con tal de que esto se acabe.

—Nos vemos mañana a las doce frente al Hotel Casablanca, quiero presentarte a una persona.

En la calle frente al Casablanca esperas diez minutos, la hora del Observatorio misma de Haste, la hora de México, las doce y siete. El compañero, el más serio, llega y te conduce a un café de chinos de por ahí cerquita. Un hombre de treinta y cinco años, quizás cuarenta, de mirada firme, te tiende la mano y el compañero está por decir tu nombre cuando el hombre lo interrumpe: "Chst... Se llama Horacio. Horacio, Horacio porque aquí todos vamos a cambiar de nombre, ¿tú como quieres llamarte?" "Ernesto", respondes con una gran sonrisa. Y el compañero más serio pierde pie y suelta tu brazo. La mirada del hombre viejo se hace dura, despectiva: "¿Ernesto? ¿Ernesto?" Bonito nombre, pero ¿crees merecerlo? Luego te sienta a la mesa y muestra una gráfica a la que no le entiendes ni madres y él te dice: "Hay que actuar en serio, compañero". Añade con mirada grave y cansada recargándosete encima: "El país está en manos de ricos y de extranjeros; a los que producimos la riqueza nada nos pertenece..."

Al día siguiente, la hora del Observatorio misma de Haste la hora de México, son las siete horas, empieza tu entrenamiento en Río Frío, en el Ajusco, en Tres Cruces. Se trata de subir montañas y romper récords, de hacer condición; primero subes a solas, después con un leño entre los brazos en medio de otros chavos, unos de Prepa, del Poli, también de la Normal aunque no sepan ni qué onda, cuates de dieciocho, diecinueve años, mocosos de a tiro. Curiosamente al compañero más serio no vuelves a verlo. Estará reclutando a otros. Al llegar a las cumbres el entrenador les receta las tesis filosóficas de Mao Tse-tung y textos del Che Guevara y del francés Debray; algunos estudian con un fervor que envidias. Una mañana en que te atreves a decir: "Pero, no creo que Mao tenga razón en esto" eres aplastado, reeducado y purgado por el entrenador en una media hora. Meses más tarde, quedas de verte en la terminal para ir al Ajusco, pero amanece y decides que ya te tienen harto con sus dogmatismos... la hora del Observatorio misma de Haste la hora de México, las siete horas, que ahora no vas a madrugar, que la terminal y el enfrentamiento pueden irse mucho a la goma y ya no te presentas. Curiosamente jamás vuelves a ver a ninguno de los cuates con quienes entrenabas. Y un buen día lees de la organización clandestina *Liga 23 de Septiembre* y reconoces sus caras, la cara del más serio y te asustas: "Mira nomás en qué andaba yo metido. ¡Qué saque de onda!" Y no se lo platicas a nadie porque te da miedo... Pero sucede también que no te sales porque puede más tu capacidad de militancia, tu abnegación, tu fervor hacia un maestro que parece saberlo todo y sigues; si eres balín te compararás mentalmente con el Che, si no lo eres no tratarás de emular a nadie sino a ti mismo, acallarás toda duda, toda indecisión, todo desacuerdo a patadas o mejor; aplastándolo como se aplasta un alacrán, un "bicharrajo-reminiscencia-pequeño-burguesa" y tu orgullo será cambiar el tronco por una metralleta. Después ya se sabe, el curso sectario de los grupúsculos, la prohibición de dudar, las infiltraciones y toda tu violencia contra el régimen se vuelven un arma a su favor, de veras, palabra que sí veta...

Nora Strejilevich, Argentina

Nora Strejilevich ha dicho que los viajes tienen que ver con procesos. El de ella la ha llevado desde su Argentina, donde nació en 1951, hasta países tan remotos como Japón, Sud Africa, Israel y Egipto, entre otros. Tuvo una infancia y adolescencia privilegiada hasta que el Proceso de Reconstrucción Nacional le robó de su familia y memoria. Strejilevich fue secuestrada y llevada a un campo de concentración en Argentina. De esa experiencia traumática nació su gran obra *Una sola muerte numerosa*, publicada en 1997, la cual ella basó en los testimonios, no sólo de ella sino también de los que le rodeaban.

En 1982 su testimonio "Una versión de mí misma" fue premiada en la Universidad de Alberta, y en 1990 "Sobre-vivencias" fue premiada en la Universidad de York. Sin embargo, es *Una sola muerte numerosa* que recibe más reconocimiento. Se le otorgó el Premio Letras de Oro en 1996 y fue adaptada al teatro por Bob Mayberry. Este la presentó en la Universidad Estatal de Grand Valley. En 2004 fue reeditada en Argentina. Mientras tanto, Strejilevich se encuentra con puesto de profesora en la Universidad Estatal de San Diego, donde enseña un curso sobre derechos humanos y literatura.

Obras

"Terror in Argentina" (1987, en la revista *Crime and Social Justice*)

Una sola muerte numerosa (1997)

"About Survivals" (2000, en la revista *Southwest Review*)

La construcción del sentido (2000, en celebración de la creación literaria de escritoras hispanas en las Américas)

Inventario

No me queda nada de todo eso, ni siquiera en la memoria. Fotos, ropa, recortes, nada. Menos mal que en su momento escribí algunas cosas, no puede decirse que no me pasó. Pero ese remolino de imágenes que me parió (porque nací el día que me largaron), ese revoltijo de aullidos, de olores, de terrores, todo eso murió. Vivo de ecos, los evoco para que no terminen de borrarse. No sea que con ellos me esfume yo, que ya bastante diluída ando. Este ejercicio diario de atrapar sombras debe tener que ver con lo que me pasa. El mundo no quiere que la gente se distraiga, que uno ande con la cabeza en otra parte. Si uno no presta atención a lo palpable el orden universal va diseñando venganzas.

Desde hace un tiempo tan agobiante que ya no puedo medirlo en calendarios los objetos se me escapan. En las mudanzas siempre hay una caja que desaparece: había seis pero la cuarta, la más esperada, esa que guardaba manuscritos o algún dibujo especial, o los documentos que necesito para renovar otros documentos se queda en alguna esquina y no deja que la rescate. La compañía de correos, que garantiza un servicio confiable cien por cien, no puede entender cómo ni por qué no puede ubicar mi paquete tras semanas de investigar el caso. Sé que no vale la pena que busquen porque no se trata de un error de servicio: mi caja se empeña simple y llanamente en no llegar. No hay forma de controlar el movimiento irreversible de las cosas hacia un más allá de mí donde encuentran su lugar. Y encima debo dejar que los positivistas de siempre, que conocen el dónde, el cómo y el por qué, tomen riendas en el asunto y me agobien con sus ingenuas atenciones: un amigo revisa todos los tachos de basura del barrio antes de admitir que la pérdida de mi cartera es irremediable; el empleado de la compañía de ómnibus llama a las terminales para averiguar por qué un equipaje no ha sido enviado, como corresponde, en la línea en la que la pasajera ha viajado. Horas investigando, energías en trámites tan bien intencionados como inútiles. Vuelva mañana, llame a este número, denuncie el caso, avise, reclame. Yo sé que no hay remedio, señores, déjenme vivir así. Lo que me agota es seguir buscando.

En cada cosa quedó un retazo, la forma de alguna escena sin la cual no puedo armar un pasado que deja sus migajas por todos lados, se desparrama, se niega a volver al útero que lo parió. Mi propia historia. Mi existencia se va despoblando, desperdigando, deshojando, deshuellando. Mi vida se desmemoria. Perdí ya mucho más de lo que jamás tuve y por eso me resigno.

En estos ires y venires han desaparecido mudas de ropa, bibliotecas, joyas, pasaportes, cartas, relojes, radios, discos, violines, libros. A medida que esta pila de eslabones perdidos se acumula he comenzado un inventario para que al menos quede una prueba de mi drama. Hoy anoté: foto de mi marido. Blanco y negro. En marco plateado con bajorrelieves. Y así voy registrando, para que algún día se investigue. Primero falté yo, pero volví. Después faltó mi marido y no hubo forma de recuperarlo. Finalmente faltaron llaves, valijas, papeles. La casa parece cada vez más amplia y empiezo a descubrirle cierto sabor a la aventura de perder. Me despierto imaginando la sorpresa que me traerá el nuevo día, el nuevo hueco en la colección de despedidas. Porque al fin y al cabo me entretienen, me mantienen tan ocupada que no tengo cuándo acordarme de él. Y no es que no quiera, más aún porque no fue despedida: se lo llevaron sin decir adónde, pero yo sé adónde, y también sé que hubiera preferido volver. Por eso que se vayan las cosas hasta me entretiene. Cuando no me quede nada podré disponer de tiempo para pensarlo, a Rubén.

Roberto Castillo, Chile

Entre los escritores y periodistas que desde el exilio han denunciado las violaciones de los derechos humanos, Roberto Castillo ocupa un lugar especial. Autor de novelas y ensayos, Castillo logra describir con fuerza y claridad la situación histórica y política de la dictadura de Pinochet. Castillo nació en Chile y cursó todos sus estudios primarios y secundarios en Santiago. Luego viajó a los Estados Unidos, donde se doctoró en la Universidad de Harvard, distinguiéndose en sus actividades como periodista. Desde temprana edad escribe importantes ensayos de amplio contenido político y con la temática de los derechos humanos.

Castillo decidió permanecer en los Estados Unidos y desde el exilio escribir sobre lo que implica para la sociedad chilena el gobierno de Pinochet. Actualmente es profesor de español en la universidad de Haverford, en Pensilvania.

Obra

Muriendo por la dulce patria mía (1998)

El cumpleaños de nuestra soledad

Pablo Milanés da en el corazón mismo del 11 de septiembre cuando le canta a Salvador Allende: "qué soledad tan sola te inundaba". Porque no se puede entender lo que pasó esa mañana primaveral sin el presagio que traía de una larga soledad. Por eso, cada vez que oigo el verso de Violeta Parra ("será para el cumpleaños de nuestra soledad") pienso en la columna de humo negro que vi esa tarde desde el techo de mi casa, a los quince años: era La Moneda quemándose a lo lejos.

Allende se quedó más solo que nadie, porque él solamente entendió lo que el momento pedía. A treinta años, todos somos sabios ("fuera de la cancha, todos son Pelé", dice mi hermano) y sabemos con precisión qué se debió haber hecho. Me pregunto de qué seríamos capaces con el cielo cayéndose a pedazos.

El mérito de Allende la mañana del 11 es haber sabido que su último deber era impartir una visión de esperanza para el futuro de otros, el de los cientos de miles de adolescentes que oímos su voz por la radio, el de los niños y niñas que jugaban sin saber bien por qué no había clases ni de dónde venía tanto ruido ni por qué daban todo el día monitos animados por la tele.

El presidente supo que no era hora de dar instrucciones tardías para hacerle frente a la insurrección. Con la soledad (que no es sino la sombra de la muerte) modulándole la voz, habló a través de las ondas quebradizas de Radio Magallanes. El discurso era para un público de otro tiempo, de otro espacio. Por eso, en vez de los aplausos multitudinarios a los que estaba acostumbrado, Allende oyó solamente el chirrido de una línea telefónica cada vez más tenue, la metralla que arreciaba en torno al palacio y los gritos de su escolta. Me imagino que al dejar el auricular y tomar su arma para asomarse a una ventana, el presidente visualizaba el ensueño de las grandes alamedas. Esa imagen, que encapsula su anhelo de siempre, fue todo lo que obtuvo como aplauso. Ojalá que esa ovación imaginaria le haya servido de consuelo y compañía en sus solitarios momentos finales.

Allende se quedó solo porque ni siquiera sus enemigos fueron dignos de él. Ni entonces ni hoy, que ni lo sueñen. Resultaron ser, moral e intelectualmente, seres pequeños, afiebrados por el miedo de clase, gente de espíritu liviano que, una vez que tuvo el poder en sus manos, se dedicó a modelar un país entero a partir de su propia mediocridad y de su pechoñería estéril. Eran y siguen siendo rabiosos y asustadizos al mismo tiempo, de ahí su inclinación a recurrir al terror y la fuerza autoritaria cuando la hipocresía o el paternalismo populista no les dan resultados.

En La Moneda, el presidente Allende se despedía con tranquilidad —y hasta cierto alivio— en su voz, destilando cariño y sabiduría humana en cada frase. Pinochet, mientras tanto, fondeado en Peñalolén como hoy en La Dehesa, ladraba chascarros, bravatas y amenazas en sus comunicaciones de radio, preocupado de borrar su imagen de conspirador de última hora. Está todo grabado para quien quiera oírlo. Por un lado: "Siempre estaré junto a ustedes. Por lo menos, mi recuerdo será el de un hombre digno que fue leal a la lealtad de los trabajadores". Por el otro, la voz del dictador que siempre tuvo algo de demente: "Este huevón no se dispara ni una pastilla de goma".

La soledad nos cayó encima a los que tuvimos que crecer en los años negros que siguieron al golpe, cuando el país se convirtió en coto de caza, en cuartel militar, en cementerio clandestino, en una parodia de nación, un recinto vigilado regido a través del miedo y la mentira. (Sobre el comercio de las mentiras, pregúntenles al reciente premio nacional de periodismo, Olave, que sabe mentir en titulares a toda página, a López Blanco el acezante, a Honorato el servil, a Oyarzún la frívola, o a Pérez de Arcee, el hinteligente con hache.)

Los chilenos hemos ido ganándole espacios a la gran soledad que quiso imponer la dictadura, y pareciera que ahora, recién después de treinta años, Allende también se empieza a sentir acompañado, sobre todo por los niños y jóvenes de entonces que hoy entienden el anhelo de las grandes alamedas y que por eso llenan estadios cantando con lucidez, sin sentimentalismo barato, a su memoria y a su ejemplo.

Todavía están en deuda con Allende muchos de sus contemporáneos, tanto ex-adversarios como ex-camaradas, particularmente los que tienen acceso al poder y creen que realmente Chile puede darse el lujo de seguir subyugado por una constitución autoritaria. Para que Allende se pueda incorporar a la marcha de una nación digna de su ejemplo, a quien hay que abandonar para siempre es al ex-dictador, devolverle sus chascarros y su constitución, para que así el 11 de septiembre deje de ser para siempre el cumpleaños de nuestra soledad.

Anabel Torres, Colombia

Esta antioqueña de crianza nació en Bogotá en 1948. Cuando Torres tenía ocho años de edad su familia se trasladó a Nueva York. Torres cursó estudios en lenguas modernas en la Universidad de Antioquía y una maestría en género y desarrollo en el Instituto de Estudios Sociales de La Haya, Holanda. Aparte de su infancia en Nueva York, ha vivido fuera de su país, en Holanda y más recientemente en Barcelona, por varios años.

Torres se ha desempeñado como traductora e intérprete y su obra está disponible en inglés y español. En 1974 ganó su primer premio en el concurso nacional de poesía en la Universidad de Nariño por su obra *Casi poesía*. Luego recibió el primer premio en el concurso de traducción literaria del Centro Británico de Traducción Literaria y Literatura Comparada Británica en 2000 por *This Place in the Night*, traducción al inglés de *Este lugar en la noche* por José Manuel Arango. También ha recibido varias becas como traductora literaria y escritora.

Obras

Casi poesía (1974)
La mujer del esquimal (1981)
Las bocas del amor (1982)
Poemas (1987)
Medias nonas (1992)
Poemas de la guerra (2000)
En un abrir y cerrar de hojas (2001)

La escritura perseguida: disidencia y exilio

Hace 15 años se rompió mi vida. Noviembre de 1985 fue un mes signado por el dolor y la muerte. En una misma semana, dos golpes gigantescos caían sobre mi país. El 6 y el 7 tenía lugar la toma del Palacio de Justicia en Bogotá. Este albergaba la Corte Suprema de Justicia y los archivos de la Corte, la Constitucional y el Consejo de Estado. El golpe fue asestado primero por la guerrilla M-19 y luego llevado a su funesto desenlace por las Fuerzas Armadas, el presidente y sus ministros de Gobierno y Defensa. Perecieron casi toda la Corte y de 200 a 300 personas. Hubo desaparecidos además, como el personal de la cafetería. El número exacto de víctimas no ha salido a la luz pública hasta la fecha.

La noche del 13 de noviembre desapareció Armero, con unos 23.000 de sus habitantes, debido a la actividad del volcán del Nevado del Ruiz y a la inactividad humana. Se salvaron casi 3.000 personas, gracias al plan de emergencia de un comité local presidido por la única autoridad civil que se comportó como tal, el alcalde Ramón Antonio Rodríguez. A él sólo vine a conocerlo después de muerto, pues murió en el rescate. Miles y miles de personas más quedaron rotas, gangrenadas, aferradas a las copas de los árboles o el cuerpo sumergido en la tierra o en el agua, como Omayra, esa niña de nueve años cuyo mirar profundo le dió la vuelta al mundo durante tres días sin fin: su cabeza, cercada por granos de café, cantando cantos de la escuela para darse ánimo hasta que su voz se derramó y quienes intentaban salvarla agonizaban sin poderle librar las piernas.

La negativa oficial a evacuar Armero ante el peligro inminente, irreversible e irrefutable seguirá siendo un acto indefendible, ya que fue deliberada. Es más, si nos atenemos a la definición internacional jurídica vigente, se trató de un genocidio, producto de una reunión secreta entre el presidente y su gabinete, durante la cual acordaron no evacuar Armero ni sus alrededores. Ya los 8.000 damnificados del terremoto de Popayán en 1983 habían sobrepasado con creces la capacidad y la voluntad estatales. Ese dato me lo contó hace doce años Eduardo Umaña Mendoza, gran jurista colombiano. El no puede sustentarlo porque ya fue asesinado, pero no es preciso. Toda la evidencia indica que la indefensión del pueblo de Armero fue tan completa como la negligencia del gobierno, apoyada en los bastiones de siempre, incluida la iglesia, por desgracia. En *La Patria* del 5 de octubre de 1985, Monseñor José de Jesús Pimiento Rodríguez, Arzobispo de Manizales, exhortaba, "en relación a la ola de terrorismo desatada desde algunos medios radiales, de televisión y publicaciones foráneas sobre la evolución de la actividad del volcán Nevado del Ruiz":

"Descalifiquemos privada y públicamente a los antisociales del terror. Quien pretenda aprovecharse de la crisis es maleante y merece absoluta y eficaz reprobación... Y si tu ojo te hace caer, sácatelo... es la inducción, es la seducción a hacer el mal... Qué montaje, qué organización del tráfico del vicio, del pecado!" etc. etc.

Nadie ha sido llevado a juicio de responsabilidades nunca por estas dos catástrofes en Colombia, aunque ellas marcaron la entrada triunfal de la arrolladora impunidad hoy desatada sobre el país. En 1985, el estado, por comisión y por omisión, nos demostró a los colombianos que estábamos solos frente a la falta de ley y solos frente a la naturaleza. Para los no afectados directamente, rastros de las dos tragedias apenas si quedan en la memoria colectiva, a causa de la epidemia de olvido que recorre con regularidad a Macondo. Las muertes diarias, semanales y mensuales no impiden recordar muertes tan viejas como las de hace 15 años. Hemos olvidado, pero alguna vez lo supimos todas, cómo fueron las últimas 24 horas de Armero: cómo la ceniza negra que llovió todo el día sobre casas, plazas, pasto y ganado presagiaba la explosión inminente del volcán, y cómo se encareció a los habitantes aquel mismo día, desde autos del departamento, permanecer en calma y en casa aquella noche, tomando las medidas de seguridad recomendadas por las autoridades: mojar un pañuelo, llevarlo a nariz y boca y cerrar las ventanas. Ventanas de las cuales no quedó ninguna, ni casa, ni cuna, ni lecho, ni techo, ni patio, ni viga ni esquina. Los hechos, mapa de riesgos e informes científicos del mundo entero publicados en la prensa nacional desde meses atrás incluidos, sustentan a plenitud la tesis de que la forma como murieron los habitantes de Armero y perdieron su pasado, su familia y sus haberes los sobrevivientes, fueron crímenes calculados con la más fría sangre fría.

Vivo el exilio desde el 14 de abril de 1986, fecha en la que envié a mis hijos a familia en Alemania. Tardé casi un año más en salir yo misma. Hoy me han pedido intervenir como escritora colombiana, pero quisiera más bien ser vista como una palabrera y colombiana, porque no represento más territorio que el mío: mis fronteras son mis papeles. A fines de 1985, decidí salir "mientras se arreglaban las cosas", como decimos las señoras, como si "las cosas" fueran mangas de camisa y la vida —el futuro— una mágica máquina de coser capaz de arreglarlo todo como aquella *Singer* fuerte y trajinada de la abuela. La teoría del grano de arena, que si todos lo ponemos, como hormigas, hace la diferencia, perdió toda validez para mí. Entendí que en aquel Bogotá militarizado post 6, 7 y 13 de noviembre, la vida sería, todavía más que hasta entonces, un borrar con la mano izquierda lo que hacía la derecha y vice versa, modalidad en la que mis superiores de la Biblioteca Nacional y Colcultura, nuestra madre oficial, ya eran virtuosos. Yo ocupaba la subdirección desde junio de 1983, convencida, como estuve, de que el presidente Betancur me había nombrado para seguir la obra de mi padre, de crear una Biblioteca Nacional como Diosa manda y hacerla rectora de los servicios y bibliotecas públicas del país. Mi padre, Eddy Torres, murió de un infarto en la Biblioteca el 13 de enero de 1983, siendo director.

Tardé muchos años en comprender que la voluntad política del presidente no incluía la tan necesaria transformación de la Biblioteca, y la de mis superiores, sus subalternos, menos. Mi nombramiento fue más bien un gesto o una acción social, tomada con el fin de darle un empleo a la hija de un amigo muerto y, en ese sentido, el presidente mostró ser un buen amigo de mi padre. Defendió mi cargo a capa y espada, mientras yo intentaba, también a capa y espada, pero sin éxito alguno, defender el proyecto de la nueva Biblioteca Nacional, aunque me despidieran, y mientras mis superiores intentaban —mucha más capa y mucha más espada— hacerme destituir o hacerme renunciar, recurriendo a los más bajos recursos que aquí no mencionaré por vergüenza ajena.

Llegué a la Biblioteca Nacional como casi todas sus directivas, "por rosca" o "enchufe", como dicen en España. Pero les puedo asegurar que fui una buena subdirectora, sin gozar de "rosca" alguna durante mi estadía. Trabajé siempre en medio de la hostilidad abierta o encubierta de mis superiores y creo, hasta el día de hoy, que yo habría sido mucho mejor directora que los tres directores cuyos mandos padecí. Mi primer maestro fue mi padre, que en la década anterior, como investigador, y en los meses que estuvo frente a la Biblioteca, respiró, soñó, comió, asimiló y expulsó Biblioteca Nacional sin descanso, ante el público cautivo que era yo. Me seguí educando sin él, leyendo, husmeando, mirando, preguntando, con la ayuda de gente de afuera y de algunos subalternos, sobre todo bibliotecólogas que me enseñaban lo que creíamos que yo necesitaba aprender.

Durante casi cuatro años, fui "la resistencia" de la Biblioteca Nacional. Mi segundo jefe hasta me prohibió por escrito intervenir en el nuevo proyecto, y como tampoco colaboró con el arquitecto nombrado por Presidencia, éste último me llamó y solicitó mi ayuda. Le armé un anteproyecto al escondido, enterando a mi jefe, también por escrito y una vez entregado el plan, de mi desobediencia. Mis aliados me facilitaban las estadísticas que me estaban prohibidas por la Dirección. Me ayudaron a armar aquel plan, que en fin no sirvió para nada, los directores de otras bibliotecas, funcionarios del Ministerio de

Educación y otras dependencias, periodistas, investigadores, viejos amigos de mi padre.

Conté, en especial, con la ayuda de la hada madrina de todas las bibliotecas nacionales y servicios de biblioteca, Virginia Betancourt Laverde, del IABNSB de Venezuela. Ella trató en vano de venir a nuestro rescate, honrando el acuerdo cerrado con mi padre un mes antes de su muerte, pero Colcultura, Presidencia y el Ministerio no aceptaron su ayuda y yo no podía. Lo que sí obtuve de Virginia fue firmeza de propósito, y una fuerza tremenda al ser invitada a Caracas dos veces a recorrer el IABNSB y darme cuenta cuán maravillosa puede llegar a ser una biblioteca nacional como rectora de los servicios de información y biblioteca, en un país vecino tan similar al nuestro. Esa firmeza de propósito no me abandona, ni Virginia Betancourt Laverde ha dejado de ser mi *Mujer maravilla* de América Latina. América Latina también tiene sus finales felices modernos.

Comprendí también a finales de 1985 que, como hormiga del sistema, de allí en adelante debería cargar con un grano de silencio en la boca, un grano que día a día se iría haciendo más grande y más pesado. Peor, tendría que endilgarle a mis hijos sus bocados propios de silencio y enseñarles a cargarlos. Y mis hijos me han dado esa fuerza ellos a mí, un poder invencible e inagotable desde que se deslizaron en mi vida. Cómo quedarnos los tres en un país donde la palabra es la convidada de piedra, donde la palabra es subversiva, donde la palabra es la gran perseguida, donde siempre está en la mira la palabra, que es con lo que somos, amamos, creemos, crecemos, sentimos, pensamos, bromeamos, asentimos, opinamos o disentimos; que es con lo que nos vivimos y vivimos a los demás; que es con lo que buscamos, con lo que encontramos, con lo que soñamos.

Mis dos hijos, además de darme fuerza con su presencia, me han dado fuerza con su ausencia. En 1974, la religión católica, en concordato con el Vaticano, la sociedad y la ley, encarnadas todas en mi marido, me quitaron la *patria potestad* para efectos prácticos. Mi hijo tenía casi cuatro años y mi hija dos. Yo era una buena madre. Hoy comprendo menos aún cómo resistí el desgarre de su ausencia, pero el valor inusitado para poder vivir y persistir, como lo hice, lo obtuve de mis hijos. Tardé casi tres años en recuperarlos. La última gota que rebosó la paciencia de mi ex-marido, fue que yo me ganara el primer premio en un concurso nacional de poesía. Yo ni había publicado antes, así que "entré por la puerta grande" a la literatura colombiana esa única vez. Luego no me pagaron el premio y por lo menos pude conservarme humilde, pero ya ese otro crimen conyugal estaba consumado y, sumado a mis demás "pecados", le dio pábulo a mi marido para quitarme a mis hijos.

No puedo concluir estas palabras sin referirme a la situación actual de mi país. Deseo, ante todo, encarecerle al PEN Club Internacional, representado en su presidente Homero Aridjis, que emprenda una acción especial a favor de Colombia. El capítulo local poco podrá actuar ante tanta represión. Ayer, escuchando el discurso inaugural de Homero y más tarde a los demás expositores, pensé que el PEN tendría primero que lanzar una campaña a favor de *la existencia* de presos políticos y de conciencia en Colombia, antes de lanzar otra campaña a favor de la libertad de escritores o periodistas determinados.

Con la excepción del escritor de renombre y ex-gobernador del Valle, Gustavo Alvarez Gardeazábal, que acaba de ser condenado a 78 meses de cárcel, a una multa de 30.000 dólares y a no volver a ejercer un cargo público —por un "delito" de menor cuantía que no era delito al ser cometido, lo cual hace de él un preso político en la práctica— en Colombia casi no quedan presos políticos. No hace falta. Se recurre al asesinato, a la tortura, a la desaparición, a la intimidación continua y violenta contra quienes ejercen la palabra como oficio (o contra sus familiares y allegados): periodistas, escritores, maestras, defensores, magistradas, sindicalistas, comediantes, políticos. Eventualmente ellos y ellas o caen o se callan, aceptando vivir en un estado de autocensura permanente, como viven también quienes no ejercen la palabra como oficio. La única otra opción es salir del país, casi siempre por cuenta propia y cada vez ante más dificultades, ya que la versión oficial de que somos una democracia, fomentada para conveniencia propia por todos los gobiernos del mundo, no sólo el colombiano, le impide a nuestros refugiados genuinos hasta el triste consuelo del refugio. Desde noviembre 12, por ejemplo, han caído asesinados tres periodistas (días después, copiando estos apuntes ya van cuatro, y uno más secuestrado el 15 de diciembre por la guerrilla para "ser juzgado" por sus artículos. Los demás asesinatos apuntan con insistencia a la acción paramilitar, según prensa local).

Anoche, gracias a las palabras del escritor iraní Said, que me colocaron un espejo en frente, en el que pude llorarme y saberme viva, reconocí que también en el exilio yo he seguido cargando con mi grano de silencio todos estos años. He denunciado la impunidad y el guerrerismo demenciales de mi país cada vez que he podido. Pero nunca, hasta hoy, me había atrevido a referirme en público a mis experiencias en la Biblioteca, a la época en que me quitaron a mis dos hijos o la forma como me descuajó ese golpe de estado soterrado e

494   MEMORY AND HISTORY

innombrado de noviembre de 1985, que terminó, a mi juicio, por dejarnos sin estado. Por eso, hace dos meses, incapaz de seguir callando mientras mi gente es masacrada y nuestra tierra es destruida, decidí publicar el libro que hoy traigo conmigo.

Edité *Poemas de la guerra* en Barcelona con mis ahorros económicos y anímicos. Gastar el dinero no me importa, ya que pude ganarlo traduciendo y se trata de empobrecimiento lícito. Gastar la lucha, el amor y la solidaridad invertidas dándole forma a distancia tampoco me importa, porque éstos mientras más se dan, más se tienen. Gabriel García Márquez dice que escribe para que lo quieran más sus amigos. Yo escribí estos poemas y guijarros para que ustedes quieran más a Colombia y nos acompañen: para que algún día lleguemos a ser no un país de víctimas, sitiados, desplazadas y verdugos, como somos hoy en día, sino un país de sobrevivientes, agradecidos a nuestros muertos y fortalecidos en ellos, como ustedes están ahora en España y como siguen luchando por permanecer. Los escribí para no seguir sintiéndome solamente avergonzada de nuestros muertos. Tengo otros cinco libros y poemas y relatos "mejores", quizás, pero cuando yo muera, sea de mi propia vida o de algo distinto a mi propia vida, será *éste* el libro por el que no viví en vano. Acá lo dejo en manos de la Fundación Jorge Guillén y de ustedes, el público. Acá estoy, como se dice jugando póquer, con mis restos. Y quiero terminar citando unas líneas del texto "Orillas" de *Poemas de la guerra*, para dedicarle a las escritoras con quienes compartí esta mesa, Aisha Lemsine y Mahshid Amir-Shahy: *Es necesario que las mujeres nos apropiemos del acontecer diario, para que el mundo siga siendo diverso y no siga siendo sacrificado a la diversidad de sus guerras.* Mil gracias.

Amado J. Láscar, Chile

Amado Láscar es poeta, cuentista y crítico literario. Nació en Santiago, Chile, y pertenece a una familia híbrida—libanesa y judía-italiana-española. Desde su juventud, Láscar participó en los movimientos políticos pro Salvador Allende.

Actualmente es profesor en la Universidad de Ohio, Athens, donde se dedica a la enseñanza de la literatura latinoamericana. Continúa en sus cursos y en su escritura a desarrollar importantes estudios sobre la relación entre la literatura y la historia como los derechos humanos. El ensayo que aparece en este colección lo ejemplifica.

Obra

La enorme trompa del C5 (2004)

Generación del silencio

Por ese tiempo tenía diecisiete años, estábamos en mayo de 1973, no hacía mucho que el gobierno de Allende había aumentado del 36 al 43% su representación en el parlamento y las fuerzas de la coalición de centro derecha, apoyadas por el Departamento de Estado, veían que sus esperanzas por aislar al gobierno habían dejado de ser viables.

Mi colegio era el Instituto Nacional, aquel baluarte de la institucionalidad fundado en 1813 bajo el gobierno de Carrera, antes de la Reconquista y la guerrilla de Manuel Rodríguez. En el Instituto quedaban aún muchas tradiciones decimonónicas, una de ellas aunque relativamente fallida, era la de transformar a niños y adolescentes en pequeños funcionarios para ponerlos al servicio de los diversos niveles del aparato del Estado.

Los intensos tres años de Salvador Allende habían sido ya anticipados en el último período del gobierno de Eduardo Frei. El París de 1968, el movimiento de los Derechos Civiles y la organización anti-guerra de Vietnam comenzada en Berkeley, California. En Chile, Violeta Parra, Victor Jara, Quilapayún, Rolando Alarcón, Patricio Manns y muchos otros cantautores hacían giras a lo largo del país y encontraban un espacio en el Canal Nueve de la Universidad de Chile en el programa Voz para el Camino.

En el 67 había sido nuevamente acorralado el Che, esta vez en el Valle del Yuro en Santa Cruz de la Sierra, y el movimiento estudiantil y obrero se movilizaba por las calles del país. Santiago era un campo de batalla donde el Grupo Móvil domesticado por el Ministerio del Interior ejercía sobre el descontento una dura represión. Las lumas y las bombas lacrimógenas expandían la presencia del Estado sobre las espaldas, las vías respiratorias y la rabia de las muchedumbres.

El Instituto Nacional practicaba una férrea política de uniformidad en la construcción de los estudiantes: pelo corto, camisa blanca, zapatos negros, chaqueta azul marino, pantalones grises, fiscalizada diariamente por el cuello de botella de la puerta azul (que algunos de nosotros, sin uniforme con barba y pelo largo esquivábamos por distintos medios). El edificio del colegio se levantaba (y aún sigue en pie), detrás de la casa central de la Universidad de Chile a menos de dos cuadras de La Moneda, estaba por ese tiempo aún a medio construir, sólo la entrada provisoria de San Diego estaba habilitada cuando entré al 5° básico en 1966.

Algunos años más tarde, cuando mi entendimiento, la lucha callejera, las huelgas y manifestaciones representaron la expresión de la conciencia radicalizada, el alumnado y el profesorado del Nacional tomaron parte activa, aunque dividida respecto a esta lucha anticapitalista. En mi clase, por ejemplo, única sección humanista del establecimiento, se reunían los dirigentes de las Juventudes Comunistas, Partido Demócrata Cristiano y FER (incluyendo algunos militantes menores de Patria y Libertad y el Partido Nacional).

Por esos tiempos la Universidad de Chile (punto necesario de llegada de los institutanos), especialmente el Pedagógico de Avenida Macul, recibía a estudiantes y profesores exiliados de países asfixiados por dictaduras como Brasil, Argentina o Uruguay; pero también llegaban estudiantes, maestros, artistas y científicos de Cuba, Méjico, Unión Soviética, Francia, Italia, etc.

Esta despliegue de atrevimiento funcionaba; como telón de fondo, mientras mi padre (hombre reposado de clase y edad media, segunda generación de emigrantes del medio oriente) me observaba en mis actividades disidentes y las raras veces que conversábamos, terminábamos en debates sin puntos de contacto. Discusiones sobre ética, economía y naturalmente política. Nuestra cosmovisión estaba regida por dos sistemas planetarios distintos.

El día que cumplí quince años me metieron en una maleta y me fletaron a Los Angeles, California, para redirigir mi descontento. Volé en un Braniff color naranja. El viaje no tardó de hacer sus efectos en mis afectos: a mi regreso dejé de tirarle piedras a las "fuerzas especiales" (ex grupo móvil) y comencé con las delicias de las anfetaminas y el ácido lisérgico; así me lo pasé hasta bien entrado el once de septiembre del 73.

Ese año, el del Golpe, como lo muestra con extraordinaria fineza Patricio Guzmán en "La batalla de Chile", tanto los de arriba como los de abajo agudizaron su desesperación. Habían claramente tres frentes: el del gobierno constitucional intentando pasar leyes democratizadoras y frenar la "guerra civil", el de la elite tradicional tratando por todos los medios legales e ilegales de desacreditar al gobierno, sembrar el terror y captar adherentes, y el del pueblo revolucionario, caracterizado por miembros de base de los cordones industriales y algunos grupos campesinos. Tres frentes, sólo uno armado a medio camino entre las elites y el gobierno: el ejército de oficialidad blanca formado bajo el alero de prusianos, norteamericanos, ingleses y nacionalsocialistas.

La desesperación tenía causas y efectos distintos, pero todas ellas llevaban a un denominador común: la apropiación del descontento por el aparato propagandístico de la prensa dirigido por *El Mercurio de Santiago* y enfocado en los "valores patrióticos" representados paradigmáticamente por el ejército. En el barrio alto, por ejemplo, le tiraban maíz a los militares quienes en afán patriótico (avalado por el Congreso Nacional controlado por "la tradición") comenzaban con los allanamientos de sindicatos y organizaciones populares con el pretexto del control de armas. Tal como ha ocurrido con la invasión de Irak, nunca aparecieron ni rastros de los supuestos armamentos.

Pero una mañana, como dice Neruda sobre España en *Residencia en la tierra*, todo estaba ardiendo. El fuego venía por el aire encerrado en prescripciones de acero por la salud de las tradiciones patrias (inventadas el siglo anterior). La radio Magallanes trasmitía las últimas palabras de Allende que me despertaron (porque extrañamente esa mañana me quedé dormido). Su voz era valerosa pero parecía que soñaba. El paladín de la Constitución y la legalidad por fin veía las insondables galerías de la trampa: *más temprano que tarde se abrirán las grandes alamedas...* alcanzó a decir.

El turno recivilizador del país hizo su aparición pública el 11 de septiembre de 1973. Luego de interminables toques de queda, bandos, allanamientos y fusilamientos sumarios, volvimos a clase en octubre después de un mes de aceleradas reestructuraciones, expulsiones, despidos, exilios y silencio. El avance de la muerte corrió en paralelo con el silencio de la gente (Neruda y Jara, los dos cantores más emblemáticos de ese momento cayeron el mismísimo septiembre de 1973). Hubo banderas chilenas y cadenas permanentes de televisión y radio. No tuve tiempo de indagar demasiado sobre los profesores, inspectores y alumnos que no volverían, en cierto sentido yo tampoco habría de volver, estaba en el último año de secundaria y la soñada universidad al fin abriría sus puertas de par en par.

El 74 en mayo, luego de dos meses de atraso, comenzaron las clases. El Pedagógico de la Chile, como la UTE (Universidad Técnica del Estado), habían sido dos de los centros de estudios más golpeados por la represión en Santiago. Escuelas enteras fueron desmanteladas, clausuradas, reubicadas. Profesores desaparecieron de muchas formas como el nihilista Juan Rivano que se quedó para siempre a vivir en Suecia. Los alumnos de primer año, sólo podíamos ver los significantes sin comprender el laberinto de sus significados.

El pedagógico encadenó sus portones de acero e instaló guardias de seguridad para segregar el ingreso. Nos acostumbramos a que los actos de violencia se constituyeran con un vocabulario sencillo y eficiente de articular, como cuando Hauser, un alumno cuarentón de primer año, le pregunta al improvisado catedrático de introducción a la filosofía sobre el significado de los Vedas. Le Beauffe, el maestro de ojos azules, sonríe sarcásticamente y contesta: "los únicos vedas que conozco son las vedas de la carne".

Para los vivos y desconcertados que buscábamos entender más allá de lo ofrecido atentamente por la propaganda, el peor azote fue el silencio. El silencio que descubrí por primera vez en un bus de locomoción colectiva (después de la bofetada que me dio el sargento cuando estaba pintando de blanco los graffiti sobre una muralla en casa de mi padre) fue el más contundente de los azotes.

Antes del 11 la gente en el transporte público, como en la mayoría de los lugares donde el pueblo interactuaba, buscaba espontáneamente conversación con sus vecinos; contando chistes, haciendo bromas: podríamos decir que hasta los lanzas no tomaban su trabajo tan en serio. Cuando volví a subirme a finales de septiembre, la gente sólo observaba a la gente: ni una sola palabra. La delación se transformó en parte de nuestra vida cotidiana, la muchedumbre lo comprendió de un día para otro. En realidad no era tan difícil, el ejército de ocupación era extremadamente didáctico en estas cuestiones de disciplina.

Este silencio (este vacío de comunicación humana) no debe ser confundido con complacencia ni siquiera con cobardía, sino que debiera leerse como un mutismo ante lo que para muchos era impensable. El monstruo reinaba sobre las calles y todo el mundo se echaba a un lado. La peste de silencio convirtió lo público en privado y lo privado en un lugar de quejas, conspiración y para la mayoría, de pobreza y autofagia.

Mi generación quedó abandonada, sin paradigmas. Nos ocurrió algo extraordinario respecto a las demás: quedamos entre dos mundos, entre dos modelos. Con las experiencias y posibilidades de nuestra juventud (aún no terminada y listas para ser puestas en práctica) invalidada radicalmente en sus memorias, relocalizada para entrar a un futuro de libros destripados y televisores a color (1975). Una juventud casi como una infancia, a medio formarse, amputada, dislocada, multiplicada por cero.

Como un niño prematuro enviado a un orfanato nacido después del accidente donde ha perdido a su madre y a su padre.

Gabriela Mistral, Chile

Nacida Lucinda Godoy y Alcayada en Vicuña, Chile, en 1889, Gabriela Mistral empezó su trayectoria poética después del suicidio de su gran amor. Durante muchos años se destacó en el campo de la educación, enseñando escuela primaria y secundaria. Luego, al adquirir renombre, visitó a México, donde cooperó en la reforma educacional. También visitó a los Estados Unidos y Europa para observar sus escuelas y métodos educativos. A partir de 1933, sirvió de cónsul de su país en ciudades como Madrid, Lisboa y Los Angeles entre otras.

Hija de un profesor rural, desde temprana edad Mistral mostró vocación por el magisterio y logró ser directora de varios liceos fiscales. También enseñó en universidades americanas como Columbia, Barnard, Middlebury, Vassar y la Universidad de Puerto Rico. Tomó parte de varias organizaciones culturales en Chile, los Estados Unidos, Cuba y España.

Al mismo tiempo, compuso una poesía caracterizada por su calidez, emoción y misticismo. Adquirió fama como poeta en 1914, al ser premiada en unos Juegos Florales por su poemario *Sonetos de la muerte*. Le siguió a éste *Desolación* en 1922, *Ternura* en 1924 y *Tala* en 1938, entre otros. Sus poemas han sido traducidos al inglés, alemán, italiano, sueco y francés. También han influido en la poesía de otros poetas latinoamericanos como Pablo Neruda y Octavio Paz. En 1945 Mistral se convirtió en la primera escritora latinoamericana en recibir el Premio Nobel de Literatura. Posteriormente, en 1951, recibió el Premio Nacional de Literatura. Después de batallar con una larga enfermedad, Mistral falleció en 1957.

Obras

Sonetos de la muerte (1914)
Desolación (1922)
Ternura (1924)
Tala (1938)
Lagar (1954)

Mensaje sobre los derechos humanos

Hace ocho años dos palabras bajaron hacia las multitudes de varias naciones y de millones de hombres, y son esas palabras las que celebramos hoy en la forma de los Derechos Humanos.

Muchas patrias ya conocían esta honra, pero no eran todas las criaturas quienes gozaban de estos derechos. Este día llegó al fin hace ocho años y lo celebramos como un nacimiento pascual.

No eran pocos los que dudaron de que la libertad acarrease bienestar a los pueblos retardados y ellos mismos habían rehusado a hombres y mujeres esta gracia tan justiciera.

Celebramos la universalidad de vuestra hazaña civil, pero subsiste en nosotros todavía un gesto de tristeza. Echemos una mirada que abrace al mundo y quedaremos pensativos.

Recordemos en este aniversario el ancho y noble bien logrado y hagamos con fervor el voto de que esta fecha será en el calendario de 1955 absolutamente gloriosa.

Los elegidos que recibieron la chispa divina, bajaron a redimir no sólo a sus multitudes. Ellos bajaron a salvar a todos los pueblos que vendrán después.

Los presentes, que estábamos hartos de tan large espera, los que no aceptamos seguir viviendo como entes privilegiados, continuaremos esta campaña. En ninguna página sagrada hay algo que se parezca al privilegio y aún menos a la *discriminación:* dos cosas que rebajan y ofenden al hijo del hombre.

Yo sería feliz si vuestro noble esfuerzo por obtener los Derechos Humanos fuese adoptado con toda lealtad por todas las naciones del mundo. Este triunfo será el mayor entre los alcanzados en nuestra época.

Los derechos del niño

1. "Derecho a la salud plena, al vigor y a la alegría". Lo cual significa derecho a la casa, no solamente salubre, sino hermosa y completa; derecho al vestido y a la alimentación mejores.

La infancia servida abundante y hasta excesivamente por el Estado, debería ser la única forma de lujo —vale decir, de derroche— que una colectividad honesta se diera, para su propia honra y su propio goce. La infancia se merece cualquier privilegio. Yo diría que la única entidad que puede recibir sin rezongo de los mezquinos eso, tan odioso, pero tan socorrido de la sociedad nuestra, que se llama el privilegio, y vivir mientras sea infancia, se entiende, en un estado natural de acaparamiento de las cosas excelentes y puras de este mundo, en el disfrute completo de ellas. Ella es una especie de préstamo de Dios hecho a la fealdad y bajeza de nuestra vida, para excitarnos, con cada generación, a edificar una sociedad más equitativa y más ahincada en lo espiritual.

Cada niño trae una esperanza llena de fuerzas y de misterio a las colectividades caducas que son las nuestras, hasta en esa fresca América. No hay ninguna entidad de adultos que contenga sugestión semejante a la de la infancia de vida superiormente pura. Y ninguna sugiere con más fuerza que ella organizaciones nuevas del mundo.

Cuanto se ha hecho hasta hoy dentro de nuestros sistemas por salvar a la infancia en conjunto de la miseria y de la degeneración, aun por los mejores, resulta pobre, vacilante y débil, y es un balbuceo. Habría que tentar iniciativas más totales y valerosas, yo diría más radicales, en el limpio sentido de esta palabra. "No se resuelve el problema de la infancia sin resolver en su mitad el problema social". Eso no importa; habría que atreverse. Que los hombres indiquen los medios más enérgicamente completos y que las mujeres ayudemos al mejor plan. Yo descarto el comunismo porque todavía creo en la familia y no hay un extraño, ni el más maravilloso, que me convenza de arrancar un hijo a su madre para que ésta sea reemplazada por una máquina inhumana y por esa horrible rueda fría que se llama el funcionario oficial de cualquier país. Por otra parte, yo abomino de la educación en masa y siento aversión por las aglomeraciones brutales y brutalizantes de los internados en los cuarteles. Yo estoy diciendo siempre: "la mayor suma de individualismo, dentro de una norma colectivista".

Debería atribuirse un salario especial —repitamos la palabra "privilegiado"— al fundador, o la fundadora, de familia. Son los seres más acreedores a la dignidad material y moral dentro de un Estado que se respeta. Esto, por lo menos.

Es posible que en el conflicto social en que vivimos, y que es inútil negar, sea la cuestión de la infancia la única que pueda unir a los adversarios en la aceptación de reformas en grande. Muchas veces pienso que por este asunto podría empezar, y no por otro alguno, "la organización nueva del mundo", porque hasta los peores levantan la cabeza, oyen, se vuelven un momento nobles y acogedores, cuando se nombra al niño. El pudor más tardío acude a la cara cuando a cualquier individuo sin conciencia social se le habla de la miseria de los niños, ofensa a Dios por excelencia, que hace día a día por nuestra vergonzante sociedad cristiana.

2. "Derecho a los oficios y a las profesiones". Pero no en la forma empequeñecida que se da en nuestros países, los primeros por maestros inferiores que no han dominado el lote maravilloso de una artesanía o de un arte mecánica; ni en la forma en la que se abren las profesiones liberales que están desprestigiándose rápidamente por la falta de selección de los alumnos.

Derecho de la inteligencia, salga ella de la casta que salga, a actuar, a dirigir, a gobernar las sociedades. Derecho de la inteligencia a ser defendida, protegida, excitada, confortada y acatada por un Estado sagaz y atento que no la abandone ni la desperdicie.

Y como consecuencia de esto, derecho del Estado, ejercido por medio de sus educadores, a cerrar las profesiones superiores a los incapaces, por economía y sentido común, debiendo encaminarlos hacia las funciones y oficios que no necesiten de la creación ni impongan las altas responsabilidades efectivas de la inteligencia.

"Derecho a la tierra de todo niño que sea campesino", derecho natural, sobre todo en nuestra América de territorio generoso. Nuestro latifundismo corresponde a una barbarie rural que Europa ha dejado atrás hace un siglo.

3. "Derecho a lo mejor de la tradición", a la flor de la tradición, que en los pueblos occidentales es, a mi juicio, el cristianismo. Derecho a la herencia de Jesucristo, de la que ninguna criatura de nuestra raza puede quedar desposeída.

4. "Derecho del niño a la educación maternal", a la madre presente, que no debe serle arrebatada por la fábrica o por la prostitución a causa de la miseria. Derecho a la madre a lo largo de la infancia, a su ojo vigilante, que la piedad vuelve sobrenatural, a su ímpetu de sacrificio que no ha sido equiparado ni por el celo de la mejor maestra. Cuando menos, si la madre debe trabajar, derecho a que el niño la tenga a su alcance por medio del trabajo en el hogar.

Creación por el Estado de las cooperativas que permiten adquirir la pequeña máquina manual y doméstica posible, dentro de muchas industrias. Formación por las llamadas clases dirigentes, de fuertes instituciones o ligas de mujeres que impongan al comercio la manufactura doméstica.

Y si ni aun esto fuera viable en nuestros países mal organizados que no quieren crear tradiciones nuevas por respeto a tradiciones perversas, derecho a que la madre trabaje fuera del hogar en faenas suaves que no hagan de ella antes de los treinta años la bestia cansada y triste cuyo tercer hijo ya no recibe la leche vigorosa.

Legislación que divida el trabajo por sexos, para evitar la brutalización de la mujer que estamos conociendo. Nuestra cultura está deshonrada con la incorporación de la mujer a las faenas inmundas y deformadoras que jamás conoció en las apodadas "épocas oscuras".

5. "Derecho a la libertad, derecho que tiene el niño desde antes de nacer a las instituciones libres e igualitarias". Los adultos que en nuestros países están en este momento alquilando con la riqueza nacional la independencia del territorio, y que a la vez aceptan y afianzan con cada día que pasa los regímenes de tiranía, comprometen consciente o inconscientemente la suerte de los niños que vienen, del hijo propio como del ajeno, y van a entregar a la nueva generación una patria disminuida en el espíritu y con su honra menguada delante de los demás pueblos soberanos de sí mismos.

6. "Derecho del niño sudamericano a nacer bajo legislaciones decorosas", que no hagan pesar sobre él durante toda su vida la culpa de sus padres, sino bajo códigos o profundamente cristianos o sencillamente sensatos, como los de Suecia, Noruega y Dinamarca, en que el Estado acepta el hijo de la madre desgraciada como un miembro más del cual espera, al igual que de los otros, cooperación y enriquecimiento. Así recibió Chile ni más ni menos que el don de su independencia de don Bernardo O'Higgins.

7. "Derecho a la enseñanza secundaria y parte de la superior", en forma semiautodidáctica, la que debe ser facilitada y provocada por el Estado, a fin de que la cultura del obrero y del campesino sean posibles. Con esto podría buscarse en las democracias que están en peligro el que el ciudadano dotado de criterio más rico mejore la calidad de sus representantes, salvando así el sistema de gobierno popular que comienza a envilecerse y a perder la consideración en la América.

VI · EXILE

From the Spanish Inquisition to the arrival of Christopher Columbus in the New World, expulsion and exile are important thematic elements in Latin American writers. The poem "Sefarad, 1492" by Homero Aridjis presents the themes of expulsion and the violence it engendered—stripping people of their lands, their languages, and their memories—followed by the dispersal of Jewish culture throughout the Mediterranean and then the Jews' arrival in the New World aboard the first ships commanded by Columbus. Sefarad is a symbolic territory: the Promised Land and the land from which the Jews were expelled. It is interesting to point out that during the years of military dictatorship, many Latin Americans returned to Spain, where they revived Judeo-Spanish culture through the construction of synagogues, schools, and most importantly, communal life.

Claribel Alegría's poem "La Ceiba" gives us the opportunity to meditate on the numerous implications of violence, but it also reveals that exile can be a vehicle for peace. Alegría left El Salvador as a teenager and lived in Nicaragua, the United States, France, and Majorca before finally settling in Nicaragua. In this poem, that which was familiar to her—as familiar as the ceiba tree—achieves a sacred dimension and symbolizes love for her homeland.

The poetry of Ecuadorian writer Ivón Gordon Vailakis also assumes the experience of exile, depicting a series of images that bring us closer to the elements associated with travel, such as suitcases, and things lost or left behind, which remain vividly in the memories of those who recreate them. For Vailakis, exile becomes an accomplice to beloved places seen from afar, but it also represents the creative effort to recover those places from a distance.

Laura Nakazawa's Carta a un compañero muerto reveals the pain of her generation in Latin America carrying the legacy of those who disappeared.

A beautiful letter by Nora Strejilevich insinuates the complexities and subtleties of living in exile. Exile for Strejilevich becomes a return to the roots of a crumbling world, memories that go back to World War II and the anti-Semitism that enveloped Europe, especially Poland. Her letter also reminds us that Latin America was an entry port, the possibility of a new life for millions of political refugees who wished to escape the right-wing extremists in Europe. Strejilevich's words evoked images of her grandmother departing her native village, as the author herself prepares for exile from Buenos Aires, the city that once welcomed her grandmother.

Gustavo Pérez Firmat's poetry sheds light on another facet of living in exile, displacement not only from one's natural surroundings but also from one's native language. This central aspect of literature written in exile illustrates the relationship between country and language, language and belonging. In his moving collection of "lessons", Pérez Firmat shares his thoughts as a writer distanced from his language, his creative surroundings, as he recreates the experience of feeling in Spanish. He also discusses what it means to write of his country when that same country has forced its writers to live abroad. The writer can never completely abandon his or her homeland. Perhaps this is the most painful dilemma of those who are sentenced to live in exile.

Alicia Kozameh, who spent many years in prison, gives us visions of exile and postexile, what they mean and how they interact with the fragile zones of memory, remembrance, and daily life. In her first-person narrative, the past becomes a constant presence.

Through these poems, stories, and essays the corpus of literature also embodies history. That is to say, the literature portrays historical events such as exile, censure, and imprisonment, but at the same time each piece encapsulates personal history. Cuban writer Ivonne Lamazares describes with great clarity what it means for Cubans to become *balseros*, to leave their island, history, and familiar world on a small wooden boat headed for the immense sea—an expanse that could represent freedom or death. The fragment included here from Lamazares's novel *La isla del azúcar* takes us deeply into the reality of the *balseros'* life.

The next two texts express what it was like for the authors to abandon their countries when they were children. The excerpt from Carlos Eire's *Nieve en La Habana* is filled with warmth and love as it recounts the fear, pain, and confusion he felt upon leaving behind Havana, the city where he was born and to which he could never return. Diana Anhalt's "Soñando en español," about her family's exile in Mexico during the McCarthy era, communicates the pain and confusion of living in another country where she would have to learn to be someone else.

In her poem "Ni toda la tierra entera," which can also be sung, the noted folklorist Isabel Parra speaks about a life in exile, a life of solitude, and wonders about a return home. This song was written during Parra's many years of exile in Paris.

Finally, Peruvian writer Laura Riesco creates a haunting testimony of the life of an immigrant woman in a small town in Maine. We can perceive her sense of not belonging, her sense of otherness, as well as the eerie circumstances that unfold.

Homero Aridjis, México

Uno de los escritores más prolíficos de México, Homero Aridjis fue reconocido por Octavio Paz. Nació en Michoacán, México, en 1940 y estudió periodismo en la Escuela Carlos Septién García. También asistió al taller literario de Juan José Arreola. Colaboró en varias publicaciones de Argentina, Perú, los Estados Unidos y México. Sus obras han sido traducidas a doce idiomas y Aridjis ha sido becario del Centro Mexicano de Escritores de 1959 a 1960, de la Fundación Guggenheim de 1966 a 1967 y nuevamente de 1979 a 1980, y del Sistema Nacional de Creadores Artísticos en 1996.

Aridjis también ha enseñado en varias universidades estadounidenses desde 1960. En 1972 fue agregado cultural de México en Holanda y luego trabajó como embajador de México en Suiza. También cofundó el Grupo de los Cien, organización de artistas activos en protección del ambiente, y dirige el Instituto Michoacano de Cultura. Ha publicado veintiocho libros, entre los cuales se encuentran *Perséfone* de 1967, *Espectáculo del año dos mil* de 1981 y *Apocalipsis con figuras* de 1997, año en el cual Aridjis recibió el Premio Roger Callois por su obra poética y novelística. Actualmente vive en la Ciudad de México con su esposa.

Obras

Los ojos desdoblados (1960)
La tumba de Filidor (1961)
Antes del reino (1963)
Los espacios azules (1969)
El poeta niño (1971)
El encantador solitario (1973)
El último Adán (1986)

Ojos de otro mirar (1998)
La montaña de las mariposas (2001)

Sefarad, 1492

Pharaón dirá a los hijos de Israel: Encerrados están en
la tierra, el desierto los ha encerrado   Exodo, 14, 3

Iehová dixo á Moysen: Porqué me das bozes? di a
los hijos de Israel que marchen   Exodo, 14, 15

I

Soldados borrachos pronuncian mal tu nombre
en las calles de la ciudad cercada.
En los caminos traviesos del verano
el rebaño lascivo de los moros
ataca a tus doncellas de tetas túrgidas;
y ellas, llenas de trapos, huyen como ciervas
para caer en cacería de otros.
La luz de todo ayer zumba en los ojos;
los reyes, monumentos de olvido,
te ofrecen su amistad enemiga.
Tú vas a pie junto a tu amor cansado,
contemplas el día sin nudos como un cedro.

II

Al avanzar te quedas.
Palabras, bienes, ciudades enteras
se te olvidan en algún lugar.
Tu talega está llena de agujeros
por los que te sales.
Cargado vas de lo que no llevas.
Nada hay que cargar.
Todo lo ha dado el día sin que se acabe
y todavía tiene todo para dar.
Los ojos adelantados se te quedan atrás.
Nada hay que quedar.
Daría el oro por dar nada.

III

Descansa del camino al caer la mañana,
muchos se cansan antes de empezarlo.
No mires a los sueños que se hacen en torno tuyo,
serpientes de olvido muerden tus talones
y tristezas te atan a la tierra.
Arroja la nostalgia lejos de ti,
que si tu sombra pesa mucho sobre el suelo
sepárala de ti, arráncala de ti.
De ti, a quien pertenecieron estas calles,
estos cuerpos,
estos años
de la ciudad que hoy te expulsa.

IV

Hay siglos en los que no pasa nada
y años en los que pasan siglos,
el cuerpo del hombre se desdobla en el tiempo
y alcanza los milenios con la mano.

Los colores violentos del día
están llenos de cuchilladas
y la cara del niño empedrada de historia.
Rotas las murallas de la vida,
el hombre es un relámpago en su cielo,
al abrir una puerta salen ríos caudalosos
y al quitar una piedra se hallan tumbas o templos.
El hombre está en el presente de la desmemoria.

V

El arduo camino del adiós ya ha comenzado,
empequeñeciéndote vas en los ojos de los que se alejan
parados a la puerta de una casa.
Espolvorea tu polvo, aligera tu cuerpo,
no admitas el arrobo que te arroja a la afrenta,
ni hieras los hijares de tus hijos
para llegar pronto a ningún lado:

no hay peor destierro que el que se lleva dentro.
Aún caído de tu condición no andas desnudo,
parte el sol que te quema entre dos pobres friolentos,
entre dos mitades tuyas, la que se va y la que se queda.
Todo el aire del exilio es tuyo.

VI

No te hinches en los espejos de ti mismo,
que muchos se extasiaron con figuras que vieron
con los ojos dormidos y al abrir los párpados
vieron a un asno rebuznar a su cara.
Defiéndete del sueño aún despierto,
porque sólo conduce a la sombra de lo vivo.
Más allá de los reyes y sus provisiones,
lejos de los inquisidores y sus perros humanos
está el reino del amor infinito.
Encima de la noche en que te encierran,
los pies ligeros de la lluvia
tocan los terrones de lo irrepetible.

VII

Dicen que aún sin recuerdos morirás de añoranza,
que frente al agua te ahogarás de sed,
sueños estancados te saldrán al encuentro,
calles de tus pasos te desorientarán,
la ira tuerta se tapará el ojo sano
para matarte con la justicia ciega.
La ciudad de las generaciones ya no es tuya,
fantasmas piadosos engendraron en tus hijas
herejes de sangre y sombra.
Aquellos que te expulsan sólo son un reflejo
en el espejo de Aquel que está en ninguna parte.
Sólo Aquel que no habla, existe. Sólo a Él, que no veo, estoy mirando.

VIII

En Sefarad liquidamos nuestras deudas,
cambiamos casas por asnos y dejamos haciendas,
y para que anduviesen el infortunio a la sombra de maridos
casamos a nuestras hijas de doce años para arriba.
Desde el día del decreto de Expulsión
nuestros bienes fueron secuestrados,
nuestras personas no tuvieron derecho
a que se les hablase en oculto ni en público.
Las biblias, las sinagogas y los cementerios
fueron confiscados por los perros del Señor.
Temprano en la mañana emprendimos el camino del destierro
hasta la noche cerrada de la historia.

IX

Antes de dejar Sefarad ya la habíamos dejado,
a pie, a caballo, en asno y en carreta,
en duras jornadas llegamos lejos de nosotros mismos;
por caminos de herradura, carreteros y reales,
y aún descaminados, anduvimos el tiempo hacia el exilio.
El Sol, la Luna, el polvo y los arroyos fueron a nuestro paso,
mañanamos en tierras dilatadas sin habernos acostado;
el carretero de noche descansó de su fatiga,
pero nosotros no: Aún en la muerte seguimos caminando.
En la maraña de los montes nos prometió el marrano
un mar de maravedís y maravillas.
Sólo hubimos la huesa hollada por el hombre.

X

Expulsados de Sefarad, que se expulsó a sí misma,
arrojados de las plazas de los fieles
y sus fiestas seglares y religiosas, no de su fuego,
desnudos, descalzos y piojosos,
las hijas violadas, los hijos acuchillados

por los moros de todos los caminos,
las puertas de la Inquisición se abrieron para nosotros.
Pagados los portazgos y las pechas al rey Fernando,
cubiertos los cruzados al rey João de Portugal,
que nos acogió en su reino cristiano para vendernos luego,
con nuestro Dios y nuestra historia a cuestas
nos fuimos de Sefarad, que se expulsó a sí misma.

XI

Vendrá un nuevo Moisés con el rostro radiante,
cantará los viejos himnos del desierto,
alzará la vara y extenderá la mano
y entrarán los hijos de Sefarad
por en medio de la mar en seco.
Las aguas serán paredes a derecha e izquierda,
la amargura se apartará de nos, sin mojarnos siquiera.
Nos iremos cantando entre las aguas rojas
sanos y salvos, como antaño nos fuimos otros.
Se cerrarán las olas justicieras
sobre los reyes y los inquisidores de este mundo.
La luz que nos abra los ojos durará mil años.

XII

Desde sus tumbas trasegadas por los perros del Señor,
desde las cajas negras donde van sus cenizas
a los autos de fe, plazas de toros
donde los jueces de la Santa Inquisición
muerto el cuerpo liberan el alma a su delirio,
nuestros abuelos nos observan marchar
al exilio de Sefarad, y no pueden nada.
Sellados los labios por un silencio
más largo que la soga que nos ata a la vida,
atados los ojos por un sueño más grande que el de la muerte,
proferido el nombre de Dios desde los terrones del hombre,
a los muertos sólo los sabe la tierra.

XIII

Esta tierra de destierro es el terrón de sal
con que bebo mi sed,
estos ojos que desmiran son mi hambre de hombre.
Amorrado el amor, amortajado de ti,
mi hoy es tu deshoy, y ambos un desoy.
Estos campos caducos ya no me reconocen,
sombra y desombra se disputan tu cuerpo,
perdido mi lugar no tengo ya asiento en este mundo.
La luz que me alumbra quema,
Castillo de fuego soy en las plazas del horror,
donde el pueblo menudo viene a ver
el drama del juicio final en mi pasión.

XIV

Encerrado en las mazmorras del fervor
no me dan de comer ni de beber,
pero toda la oscuridad es mía.
Los hombres, no la tierra, me destierran:
en Burgos me echan de Burgos,
en Vitoria me prohíben comer,
en Sevilla me convierten en estatua de fuego.
Yo, los otros, los Caballería, los Lunbroso,
no tenemos lugar en el mundo de los hombres.
Mas, qué importa el destierro, si los que aquí caminan,
zapateros, sastres, médicos, remendones
no vinieron para quedarse más de una jornada.

XV

Como una procesión de sombras
por la serpiente de olvido de la historia,
vemos en el mar la forma del exilio.
En el puerto de Santa María el rabino alza la vara,
extiende la mano para partir las aguas
y para que nos salvemos de nosotros mismos.

Pero el mar no se abre en dos mitades,
las olas no se cierran sobre los inquisidores,
el horizonte anuncia el hambre y la peste
y la sola vista de las naves ensombrece a los expulsos.
La realidad del destierro se nos hace presente,
la justicia de los hombres es insoportable.

XVI

Tú que ibas por el mar en carreta y por la tierra en barca,
creíste al rabino predicando: "El destierro viene de Dios".
El destierro no viene de Dios, viene del hombre:
tu vecino, tu amigo, tu pariente.
Vanas fueron las palabras del profeta
que aseguró llevarnos a la tierra prometida
sacándonos de Sefarad ricos y con mucha honra.
El rey se apoderó del único paraíso que teníamos, la vida;
nos quitó las llaves de las puertas, el presente;
se adueñó de las cosas que mirábamos, el sueño;
su nombre se inscribirá con oro
en las placas del tiempo y de la muerte;
el nuestro se grabó en las cenizas.

Claribel Alegría, Nicaragua

Claribel Alegría es considerada una de las voces sobresalientes de la lírica centroamericana. Nacida en Estelí, Nicaragua, en 1924, ha sido autora de más de diez libros de poesía y cinco novelas. Cuando niña se trasladó junto a su familia de su natal Nicaragua a San Salvador. Cursó estudios en Santa Ana y luego, en 1943, en la Universidad George Washington en los Estados Unidos, donde estudió filosofía y letras. Después de casarse, regresó a Nicaragua en 1985 para servir de baluarte en su reconstrucción.

Aparte de poeta, Alegría se ha desempeñado como traductora de varios escritores norteamericanos, incluyendo al poeta Robert Graves, y ha escrito varios testimonios históricos, entre los cuales se destacan *Fuga de canto grande* de 1978 y *Somoza: expediente cerrado* de 1993. Obtuvo el Premio Casa de las Américas por su libro *Sobrevivo* en 1978, el Premio de Poesía de Autores Independientes en 2000, y el premio Neustad de literatura internacional en 2006.

Obras

Anillo de silencio (1948)
Vigilias (1953)
Fuga de canto grande (1978)
Suma y sigue (1981)
Umbrales (1996)
Clave de mí (1997)

La Ceiba

¿Cómo olvidar esa mañana
en que asaltaron mi pecho
las mariposas?
Una se posó en mi mano
habría podido cerrar los dedos
sobre ella
y atraparla
pero voló
voló.

Años atrás
avanzando insegura
sobre las baldosas chocolate
Rilke vibrando entre mis manos
floreciendo el hibisco
y el jazmín
detrás de la araucaria
una luna fantasma
recortada en pedazos
por las ramas
creí haber atrapado
la poesía
pero voló
voló.

Fue en Glasgow
sólo a mí me asaltaron
las mariposas locas
los niños me miraban
con ojos dilatados.
¿Por qué? me pregunté
sintiéndome aturdida
¿por qué a mí me eligieron?
Es la blusa
lo supe
mi blusa con hojas otoñales.
¿Pero el milagro?

¿Quién me explica el milagro?
¿Por qué la mariposa
se posó en mi mano?

Después de aquella noche
en el patio sombrío de la casa
con la luna mirándome
a través de la araucaria
empecé a conjurar
palabras
a inventar mariposas
más nítidas unas que las otras
ninguna se amoldaba
a ese trazo interior
que vibra en mí.

Dejé la casa
dejé a los míos
a mis tibios aromas
a mis muertos.
Antes de mi partida
mi padre
con los ojos nublados
me susurró al oído:
"no volverás"
me dijo
y me entregó un estuche
forrado en terciopelo
con una pluma fuente
entre el satén.
"Es tu espada
princesa".
¿Dijo princesa?
No
eso yo lo inventé
debiera haberlo dicho
porque en ese momento
me sentí Deirdre
de las desdichas.

"Es tu espada"
me dijo.

Sin darme mucha cuenta
tomé el destino entre mis manos
el tiempo no importaba
no importaba el espacio
el sabor de las palabras
importaba
mi pluma fuente-espada.

Dejé la casa
antes de abandonarla
me detuve ante todos los espejos
era extraña mi imagen
desigual
como si se hubiesen encogido
los espejos,
como si estuviesen recelosos.
Salí en silencio
sin olvidar mi Rilke.
Me detuve un largo rato
ante la Ceiba
ante mi Ceiba protectora
que me sirvió de escudo
contra el sol
mientras con otros niños
y perros callejeros
y vendedoras ambulantes
nos congregábamos bajo sus ramas.
No había desconcierto
como en los laberintos del mercado
podíamos ser nosotros mismos
la Ceiba nos cubría
nos encubría
nos juntaba.
Su techo era el mapa
de mi patria
como ver dibujado en el aire

el mapa de mi patria
volandera.
Le prometí volver
refrescarme a su sombra
cuantas veces pudiera.
La Ceiba estaba quieta
ni una de sus hojas
se movió
pero sentí su bendición.
Desde su arboridad
me bendijo la Ceiba.

Ivón Gordon Vailakis, Ecuador

Poeta, ensayista y crítica literaria, Ivón Gordon Vailakis nació en Quito, Ecuador, donde se empapó del viento andino, del aroma de la "papa chola", del polvo. Todavía lleva consigo ese pedacito de sus país que siempre la acompaña en su residencia en los Estados Unidos. Obtuvo su doctorado en literatura latinoamericana con énfasis en poesía latinoamericana contemporánea y teoría literaria en la Universidad de California, Irvine. Actualmente es catedrática de literatura latinoamericana en la Universidad de Redlands. Además de su propia creación poética, desarrolla una continua labor literaria sobre la literatura ecuatoriana. Fue becada por la Fundación Fulbright para hacer investigación sobre los *conversos* en el Ecuador, lo que la llevó a escribir su libro *Manzanilla del insomnio*. También es una estudiosa de la obra de Gabriela Mistral y ofrece estudios sobre esta poeta desde una perspectiva bastante innovadora.

Vailakis está finalizando su próximo libro de poesía. Se bate entre la poesía y la crítica literaria, entre la poesía y la enseñanza, entre la poesía y el yoga, entre la poesía y su rica vida personal. En sus propias palabras, "la poesía vence toda división binaria".

Obras

Nuestrario (1987)
Colibríes en el exilio (1997)
Manzanilla del insomnio (2002)

La maleta estuvo repleta

La maleta estuvo repleta
de escorpiones, de vasijas de barro con tierra,
tostado, habas, y pailas de bronce calientes
con dulce de leche y membrillo
y culebras venenosas que se reventaban por los costados.
Nuestro destino fue alejarnos de los olores
a maqueño y tomate de árbol
maduros en el techo de la boca.
Nuestro destino como el de mi padre
que dijo adiós a su padres con la idea de desprenderse
como caracola de su raíz, de sus abismos de ternura
con un par de chelines en el bolsillo agujereado por la estrella.
Nuestro destino como el de mi padre
fue sin tiempo
sin tiempo para llevar la muñeca negra
que tantas veces su brazo fue cosido por el hilo del tiempo
sin tiempo para llevar las medias
que me puse el último día de colegio
sin tiempo para llevar los árboles que me trepaba
en medio de una colmena de abejas que zumbaban en la sien
sin tiempo para llevar el calor que salía de la olla del canguil
sin tiempo para llevar los brincos en el patio
sin tiempo
sin tiempo para llevar
el álbum de familia bordado en punto de cruz
destinado a la separación
destinado a las aguas de cedrón.

Empapadas con lágrimas en nuestro pecho
salimos con las cenizas ardientes de un destino no escogido
llegamos sin darnos la menor cuenta
y nos detuvieron unos hombres con ojos de peces y con un acento
de hormigas en una rama:

> *you must declare all the dirt that you are bringing*
> *you could be fined*
> *you cannot bring food to this country*
> *you will be fined*

declaramos indefensas nuestras vasijas de tostado
sacamos toda nuestra ropa interior temblorosa
sentimos lo que es pisar tierra ajena
inspeccionaron todo y a las culebras ni siquiera las tomaron en cuenta.

Desde ese día en adelante
nos dimos cuenta del destino de la frontera
nos dimos cuenta del destino de la separación
hacer el amor a fotografías amarilladas
por la distancia de la tierra.

Abrimos la maleta
desempacamos
y desde ese día en adelante
nos dedicamos a sembrar
colibríes en el exilio.

Los que dejan su tierra

Los que dejan su tierra
pierden
pierden el idioma que se desliza por la lengua como ajo tibio
pierden la costumbre de hablar al mediodía
pierden el sentido de la tradición y el olvido
pierden.

Los que salimos
comenzamos a plantar plazas y glorietas
en otra tierras
y sí perdemos la riqueza de la malva en la lengua
y sí perdemos el contacto diario con la familia y los amigos
y sí perdemos el sabor a papa chola en el locro
y sí perdemos el olor a queso de hoja chorreándose por la garganta
pero al mismo tiempo logramos sembrar alcachofas y espárragos en tierra
    ajena
y los comemos como propios
los sazonamos con ají y achote
y en el patio de nuestra casa

erigimos santuarios
y alabamos.

Con la cara pintada damos la vuelta
a todo lado
miramos al sur, al norte, al este y al oeste
pedimos permiso al viento
y volvemos a las plazas y a las glorietas
y ensanchamos nuestra lengua y nuestras tradiciones
nos pintamos de achote
y bailamos al ritmo de los tambores de venado
y sí perdemos la tierra nuestra
sí perdemos
sí perdemos

pero ganamos la zanja del mundo sin límite.

Laura Nakazawa, Uruguay

Laura Nakazawa nació en Montevideo, Uruguay. Estudió en dicha ciudad y en 1972 ingresó a estudiar medicina. Pero debido a las circunstancias políticas por las cuales atravesaba el país, Nakazawa dejó Uruguay en 1974 y se radicó en los Estados Unidos. Estudió planificación urbana en Hunter College. Después se dedicó a la traducción del inglés al español y a la interpretación simultánea.

Nakazawa ha traducido el libro de poemas de Marjorie Agosín *El ángel de la memoria* (2004).

Carta a un compañero muerto

Llegaste una noche de invierno. Te esperábamos, ansiosas, sin saber a qué atenernos. Entraste envuelto en tu vieja chaqueta de lana azul, de doble abotonadura. Tenías las manos en los bolsillos, la cabeza gacha y un pequeño bolso debajo del brazo. No hubo muchas explicaciones, tan sólo reglas simples, pero estrictas. Debías permanecer todo el día en el cuarto de arriba, sin prender la luz, caminar ni hacer ruido. En el baño, debías abrir discretamente la canilla y dejar correr el agua sin mucho estruendo. No podía haber ninguna señal, ningún indicio, de tu presencia en aquella casa de mujeres, de puertas abiertas y gente en un constante entrar y salir.

Pocas fueron las palabras que cruzaron nuestros labios, frágiles fronteras que separaban el horror que dejabas atrás, la imposibilidad de expresarlo. Yo te miraba en silencio, tratando de controlar el caudal de preguntas que se amontonaban en mi garganta, para estrellarse contra la frontera inviolable de los dientes. Poco dijimos en ese primer encuentro; tras una tenue sonrisa, te mostré el camino que te llevaría a la cama donde, esa noche, podrías reposar tu cuerpo flagelado. Fue así como nos conocimos.

Para nosotras, los días se presentaban llenos de obligaciones, reuniones, estudios, corridas al mercado, ropa para lavar, y las mil y una preocupaciones de vivir bajo un régimen militar. Tú permanecías silencioso y meditativo, una sombra ausente en la casa, sin que nadie sospechara tu presencia. Debíamos ser vigilantes de que nadie subiera la escalera, ni siquiera por descuido o curiosidad. Era necesario tener una explicación siempre lista.

De noche, cuando enmudecía el teléfono, la puerta ya no sonaba, y la casa se preparaba para el reposo nocturno, bajabas con el mate en la mano, el termo ya vacío. Yo miraba tus manos grandes, generosas, hechas para la tierra, las labores del campo. Era en estos momentos en que compartíamos juntos el silencio de la noche, cuando nos contabas de tu infancia, de tu amor por la tierra, de tus años de estudiante. Nunca salió de ti una sola recriminación, tampoco nada dijiste de los terribles meses como secuestrado-detenido. Tan sólo hablaste de tu sueño de ser padre con tu compañera, del futuro que anhelabas, del amor que sentías por los menos favorecidos.

Me gustaba sentarme a tu lado y verte armar los cigarrillos, usando tabaco suelto y aquellas hojitas de papel de fumar que tan diestramente enrollabas. Todo esto, me decías, era el fruto de largos meses en la cárcel, meses que te permitieron perfeccionar el arte de lo esencial, cosas importantes como enrollar cigarrillos para compartir con un compañero de celda, inventando formas de hacer durar ese preciado lujo. Cuando me hablabas de tus sueños sencillos, veía en ti la simiente de ese hombre nuevo al que tanto aludíamos pero que nos resultaba inefable. Tus recuerdos siempre volvían a tu infancia, travesuras, anécdotas familiares. Sólo en estos momentos te veíamos sonreír. La cara se te iluminaba, y volvías a revivir el momento, olvidándote de la sordidez del presente.

Así pasaron varios días, hasta que uno de esos supimos que era el final. Te iban a trasladar. Ya no podríamos tomar mate o un cafecito juntos. Ya no podríamos sentarnos a tu lado a que nos contaras aquellos cuentos del campo. Te fuiste.

Retomamos nuestra rutina, el ritmo diario de actividades, clases, trabajo, pero cuando llegaba la noche, pensaba en ti, en dónde estarías, si te habías encontrado con tu compañera, si seguías sonriéndote. No tuve que esperar mucho. Un día como cualquier otro, en aquel invierno nefasto, llegaron noticias que mis oídos no querían reconocer. Habías muerto, asesinado a tiros en una emboscada tendida por el ejército cuando ibas en camino a encontrarte con tu compañera. Luego supimos que ella cayó más tarde en Argentina en donde pasó a ser una más de los miles de desaparecidos, y su cuerpo nunca se pudo recuperar. En ese momento murieron tus esperanzas de un hijo, de construir ese mundo mejor con tus propias manos.

Ya han pasado treinta años, sin embargo, mis ojos se llenan frecuentemente de tu sonrisa mansa, tus ojos diáfanos. No puedo dejar de preguntarme si tu muerte sirvió para algo. Tantos sacrificios, tantas vidas truncadas, mutiladas, cercenadas. Pero sé que tú no aceptarías esta conclusión, y probablemente me responderías que era tu opción como hombre, como ser humano, la de actuar decisivamente en el espacio de tu vida para forjar esa sociedad justa y digna que creías ser un derecho inalienable de todos.

Gracias, compañero. Es probable que haya sido tu ejemplo y el de tantos otros queridos amigos el que me ayudó a encontrar el camino, y tener hijas en las que pudiera sembrar aquellas semillas tiernas de justicia, amor y respeto que juntos anhelábamos cosechar.

Hasta siempre, querido amigo.

Nora Strejilevich, Argentina

Nora Strejilevich ha dicho que los viajes tienen que ver con procesos. El de ella la ha llevado desde su Argentina, donde nació en 1951, hasta países tan remotos como Japón, Sud Africa, Israel y Egipto, entre otros. Tuvo una infancia y adolescencia privilegiada hasta que el Proceso de Reconstrucción Nacional le robó de su familia y memoria. Strejilevich fue secuestrada y llevada a un campo de concentración en Argentina. De esa experiencia traumática nació su gran obra *Una sola muerte numerosa*, publicada en 1997, la cual ella basó en los testimonios, no sólo de ella sino también de los que le rodeaban.

En 1982 su testimonio "Una versión de mí misma" fue premiada en la Universidad de Alberta, y en 1990 "Sobre-vivencias" fue premiada en la Universidad de York. Sin embargo, es *Una sola muerte numerosa* que recibe más reconocimiento. Se le otorgó el Premio Letras de Oro en 1996 y fue adaptada al teatro por Bob Mayberry. Este la presentó en la Universidad Estatal de Grand Valley. En 2004 fue reeditada en Argentina. Mientras tanto, Strejilevich se encuentra con puesto de profesora en la Universidad Estatal de San Diego, donde enseña un curso sobre derechos humanos y literatura.

Obras

"Terror in Argentina" (1987, en la revista *Crime and Social Justice*)
Una sola muerte numerosa (1997)
"About Survivals" (2000, en la revista *Southwest Review*)
La construcción del sentido (2000, en celebración de la creación literaria de escritoras hispanas en las Américas)

Carta a Kaila

17 de diciembre del 2003

Querida Kaila:

Te escribo nada más ni nada menos que desde Visogrod. Dudo que haya cambiado mucho, se parece al que aludías cuando recordabas tu juventud: un manso pueblo frente al río Vístula. Aquí se habrán embarcado rumbo a la Argentina con Sarita y Bety cuando ni vos eras mi bobe ni ellas mi mamá y mi tía.

Todas las calles de Visogrod deambulan a orillas del río y siguen su rumbo ondulante entre molinos y casas bajas. La mirada se pasea por ventanas, iglesias, una plaza donde la gente se demora mientras el sol repasa las veredas. ¿Te sentaste aquí mismo a bosquejar un futuro divorciado de este gris, le tomaste el pulso a la nostalgia por adelantado? Sólo sé que un día le dijiste adiós y te fuiste hacia una orilla nacida mas allá de toda costa posible. En 1927, si mal no recuerdo, zarpaste con tus dos hijas rumbo a Buenos Aires. Nombre extraño que te daba una suerte de desazón envuelta en ternuras. Un país joven es como un chico: exige pero promete, y la Argentina vaya si prometía. Te imagino esas semanas en alta mar midiendo la distancia entre lo perdido y lo por venir. Como de lejos las cosas se perfilan con nitidez habrás intuído que ese viaje era sólo de ida. Pero no derramaste ni una lágrima: las lágrimas no abren candados, decías. Nunca te gustó que la pena se te notara, pero te seguía la sombra de los que fueron borrados del mapa por no haber tomado, como vos, ese barco hacia Sudamérica. El destino de una familia judía polaca en esos tiempos era extinguirse más bien de golpe, o mejor dicho, de golpe y porrazo.

Visogrod, con o sin judíos, permaneció igual a sí misma. La ciudad irrumpe entre girasoles a la vera de ese campo que soñaste por sesenta años (el exilio añora un paraíso que por definición está perdido). Yo no añoraba tu paraíso pero sí palpar y oler su memoria, ese secreto país en el que tu mirada se refugiaba sin compartir más que la distancia.

Fui a la central telefónica. Consulté la guía para corroborar que no quedeba registro de los Szavierucha: Joseph, Sarah, Shmuel. No figuraban: "que queríamos demostrar", como se dice al cerrar un teorema. Pero ¿qué quería demostrar? La respuesta me la dio el cuerpo, que se acercó a dos mujeres sentadas en un umbral: dos bocas desdentadas, dos rodetes blancos. La lista de nombres y fechas que enarbolé les provocó una evidente incomodidad. Cuatro brazos espantaron la hoja que les planté delante de las narices mientras señalaba tu apellido. Los años de oir tu cantinela sobre el antisemitismo polaco no fueron en vano. Lo que yo exhibía eran nombres de judíos que ya no figuraban en la guía —quería demostrar que iba a salir de ese viaje con las manos vacías. A una vieja que miraba de reojo parecía temblarle la mano. Como tampoco me es ajeno el saber subliminal del exiliado supe que la señora procuraba sacarme de encima como quien espanta una mosca. Acepté la derrota, más bien salí victoriosa.

Había emprendido un largo viaje para darme por vencida —de Buenos Aires a Barcelona en barco, de ahí a Berlín y a Varsovia en tren, de Varsovia a Visogrod en colectivo. Quizás el viaje de ustedes fue primero por río, después por tierra, al final por mar. Quién sabe. No pude copiarlo pero traté de sentir en carne propia lo no dicho en tus relatos, que nadaban en el silencio. Si no queda nadie, pensé, todo deberá construirse en la cuerda floja de la analogía. Al fin y al cabo vine a recordar en segunda instancia, a espiar la memoria de otros. Tarea que encaré impulsada por un paralelismo que por suerte no llegaste a descubrir: tu ola inmigratoria parió nietos y bisnietos que volvieron a desaparecer en nuestra orilla de golpe y porrazo.

Pero volvamos a los hechos: en la estación de Visogrod todos se parecían a vos. Claro que sos especial, pero tus rasgos y tu voz se habían multiplicado. El misterio de esas sílabas y consonantes que nunca terminaban de sonar como debían en castellano se resolvió en el mostrador donde me indicaron el número del colectivo. La señora tenía tu misma tonada, sólo que en su caso acento y lengua se correspondían.

Desde la ventanilla me asomé a tu horizonte y al llegar al pueblo, tras dos horas que entonces serían ocho o diez, entré a un recuerdo de Bety: ese de los siete años, cuando corrió a esconderse en el monasterio que todavía sigue en pie. Salí volando con la tía antes que la retaras por meterse donde no la llamaban, y para colmo entre monjas. Más adelante espié un cuarto parecido a aquél donde te encerraron hasta que aceptaras casarte con Mauricio. Ví tus treinta años, sus dieciocho, el joven enamorado amenazando con suicidarse si lo rechazabas. Ahí se me agotó la anamnesis, excepto la instantánea de alguna nevada y el río a punto de congelarse, vos haciendo mandados para tu padre cargada de paquetes; vos yéndote de Polonia, tu vida resumida en un par de valijas. Tu destino un nuevo continente desde el que tu flamante marido mandaba pasajes y proyectos.

Visogrod, deletreabas, y los ojos se te azulaban. El Vístula se te subía a las mejillas y te ondulaba el alma, pero en seguida sucumbías a un tono amargo. Un mapa de pérdidas te parió el carácter. Tus hijas no te sabían leer la dureza porque habían cortado amarras con los orígenes —quizás la historia se repite porque se niega. En todo caso, las geografías no eran tan dispares. Visogrod se parece a cualquier pueblo de la provincia de Buenos Aires —la calle central, la plaza, las veredas, y más allá el campo abierto. La diferencia: en el viejo continente los pobladores eran viejos. Viejo el cartero, viejo el cura, viejas las viejas. Entonces, calculé, todos conocen el qué, el cómo y el cuándo.

Los pepinos, tomates y zapallitos que cargabas de un lado a otro para ayudar a tu padre debían ser idénticos a los que me mostró un viejo al que también me arrimé, papel en mano. Volví a desplegar la lista de nombres con la indiferencia del científico que conoce el resultado. Para mi sorpresa esta fue la excepción: me sonrió, me besó la mano y me invitó a seguirlo a su huerta. Mientras se agachaba para desenterrar escenas empezó a contar ¿que los Szavierucha también plantaban verduras? El señor habló hasta por los codos en su lengua natal. Yo, que apenas conjugo un par de lenguas no natales, logré traducir unas magras interjecciones. El momento de rellenar los agujeros negros de mi genealogía había llegado y me daba el lujo de desaprovecharlo. El hombre relataba la saga que vine a no encontrar y me salpicaba con fugaces bosquejos que se disolvían entre sujeto, verbo y predicado.

Argentina, dije y me señalé. No entendió. Sudamérica. Entendió América. Saqué una lapicera y garabaté unas fechas. Dijo a todo que sí y siguió asintiendo mientras dibujaba con la mano siluetas de chicos, de jóvenes, de viejos. En 1927 se fue mi abuela. Tag tag. ¿Mataron al resto? Tag tag.

El asunto era cómo, dónde, cuándo. Imitó tiros contra la pared ¿fusilados? A duras penas enhebré hitos y finales. Junto al granero, en fila india. Se los llevaron ¿en tren? ¿al ghetto? ¿al campo de concentración? El río de sonidos aceleró y no volvió a retomar su cauce. Se alejó navegando hacia su ayer. Cuando ancló en una pausa le agradecí, me despedí y me fui.

En la esquina di media vuelta, me había quedado algo en el tintero. Volví a acercarme. El hombre seguía allí, bajo un alero. Un joven lo retaba. Lo llamé y me oyó, pero el que se acercó era otro. Le dije Nora y me señalé para invitarlo a decir su nombre. Lo gruñó, enojado, para evitar otro reto del hijo que le prohibía dirigirle la palabra a una extranjera. Una judía que viene a reclamar la casa, acusó recibo el estómago. Lo comprendí en cualquier lengua.

Visogrod es para mí lo que acabo de contarte, y sobre todo esos cuerpos en fila india contra la fachada de tu casa.

Un abrazo desde mi recuerdo.

Tu nieta

Gustavo Pérez Firmat, Cuba

Explorador de la identidad cubano-americana, Gustavo Pérez Firmat nació en La Habana, Cuba, en 1949, pero se crió en Miami. Cursó estudios en el Miami-Dade Community College, y luego en la Universidad de Miami. Recibió su doctorado en literatura comparada en la Universidad de Michigan. De 1978 hasta 1999 enseñó en la Universidad de Duke donde fue nombrado maestro del año en 1995.

Se desempeña como poeta, cuentista y crítico y ha recibido varios reconocimientos, entre ellos el de la Fundación Guggenheim. Actualmente enseña en la Universidad de Columbia como Profesor David Feinson de las Humanidades. Su estudio sobre la cultura cubano-americana, *Life on the Hyphen,* recibió el Eugene M. Kayden University Press National Book Award en 1994.

Obras

Idle Fictions (1982)
Carolina Cuban (1987)
Equivocaciones (1989)
Life on the Hyphen (1994)
Next Year in Cuba (1995)
Bilingual Blues (1995)
Cincuenta lecciones de exilio y desexilio (2000)
Anything but Love (2000)
Tongue Ties: Logo Eroticism in Anglo-Hispanic Literature (2003)

Cincuenta lecciones de exilio y desexilio (fragmentos)

A los cincuenta años el hombre comienza a vivir de
su pasado.   Juan Ramón Jiménez

Ya no fui lo que soy.
El lenguaje me mata.
                    Octavio Armand

I

Al llegar a cierta edad —cumplo cincuenta— ya se puede empezar a tomar y medir distancias. La vida sedimenta su cauce, sus causas. A veces todavía me altero, pero la vida —mi vida— es inalterable, lo cual me permite contemplar el devenir (y tal vez el porvenir) cubano con un poco de indiferencia. Cuba me toca, pero no me *tangere*. Cuba me sacude, pero no me agarra. Cambiar de cauce, de casa, implicaría desaprender lo que sé, lo que he sido: desaprender el inglés, y desprenderme de lo norteamericano: conjurar ese gringo que soy y que no soy.

No es imposible, pero tampoco es posible.

Es inquietante.

Apasionante.

Tentador.

Me ilusiona.

Me seduce.

Me fascina.

Pero no es posible, ni tampoco imposible.

Al regresar a su patria tras una larga estadía en Estados Unidos, el protagonista de un cuento de Calvert Casey queda impresionado por la capacidad de los habaneros de "saber estar". Después de cuarenta años de exilio, durante los cuales se ha desvanecido poco a poco la esperanza del regreso, he aprendido a saber no-estar, y a estar sin saber. Es una lección que no quisiera olvidar, por si las moscas (por si los Moscú). Estar sin saber es un consuelo. Saber no estar es una protección.

Dialéctica del estar:

— Tesis, bien-estar.

— Antítesis, mal-estar.

— Síntesis, contestar (bien o mal).

Estas lecciones son mi modesta contesta cumpleañera.

Con Cuba. Y contra Cuba.

II

Escribir "mi país". La frase me causa resquemor porque me pregunto si tengo derecho a usar el posesivo. Me preocupa que alguien me desdiga, o que me desdiga yo mismo, inadvertidamente. Decir "mi país" es insertarme de golpe en la historia tras de vivir media vida intentando esquivar el impacto. Afirma Heberto Padilla que "la historia es el golpe que debemos aprender a resistir." El exilio, o por lo menos este exilio, ha sido un *feint*, un *clinch*, un gesto defensivo para eludir el gancho de la política y el *uppercut* de la nacionalidad. (Acudir al inglés, como acabo de hacer, forma parte de esa táctica de defensa.)

En mis libros y mis poemas nombro a Cuba obsesivamente, y sin embargo me cuesta trabajo, me da miedo, escribir "mi país". Cuba se ha convertido en otra cosa: un espacio sin dimensiones, un lugar sin lindes que pueblo con imágenes, obsesiones, fantasmas, mentiras. Los cubanos de verdad también mienten, pero sus falsedades se revisten de geografía —de calles y lomas y árboles y adoquines y fachadas y lentas tardes de sol. A mi Cuba la ilumino sólo yo solo, y con luz artificial. ¿Será ése el famoso "sol de los desterrados" que brilla en todos los cielos? Dijo alguien: "El viaje humano consiste en llegar al país que llevamos descrito en nuestro interior."

Cuba, mi espacio. Cuba... mi país.

V

Hoy por la mañana reconfiguré mi despacho, moviendo el escritorio, el butacón, las mesitas, la lámpara. Esta tarde, cuando me siente a leer, en vez de ver los estantes de libros, casi todos en lengua inglesa, miraré hacia los árboles. Mis hijos me dicen que el butacón frente a las ventanas les recuerda un cuento donde el protagonista se sienta, despreocupado, a leer sin tino su destino en una novela. Me alegra que para ellos, también, la vida se confunda con la literatura. Según el poeta Derek Walcott, para cambiar de idioma es preciso cambiar de vida. Ensayo un procedimiento menos doloroso: mover los muebles.

Sentado en el butacón que me acompaña hace más de veinte años, y que ha asistido a la escritura de un puñado de libros en inglés, empiezo a escribir, a desvivir. Me doy cuenta de que lo primero que debo hacer es cambiarles de nombre a los árboles que observo por la ventana. He creído que los objetos, igual que las personas, igual que los lugares, tienen una nacionalidad. Las cosas que conforman mi entorno llevan sus nombres a cuestas, y esos nombres las arraigan en un idioma. Ese roble a diez metros de mi ventana, es un

oak; ese empinado tronco que le hace pareja, es un *pine.* Tendré que arrancár-
selos, Adán de nuevo, para bautizarlos en español.

De ahora en adelante al entrar en mi despacho, que ya no es *my study,* al
sentarme en el butacón, que ha dejado de ser *my reading chair,* y al contemplar
el bosque, que nunca más llamaré *the woods,* tendré que mirar en español.
Suelo citar una frase de Elías Canetti que leí en inglés: *A language is a place.* En
adelante, la citaré en español: "El lenguaje es un lugar." Me suena mejor en
inglés, aunque tal vez sea sólo por la costumbre. La verdadera dificultad es-
tribará en convencerme de que la fórmula inversa es falsa: un lugar no tiene
lenguaje: puedo imponerle cualquier idioma a cualquier lugar, a cualquier
hogar.

VI

En el *loop* de la destemplaza circula otra palabra, intemperie, que el diccionario también define como "desigualdad de tiempos", aunque su uso más
común sea indicar un ambiente atmosférico inclemente. En este sentido la
palabra tambíen describe la situación del exiliado, quien ha perdido o abandonado el abrigo de su patria y de su idioma. Residir en el exilio es sobrevivir a
la intemperie, exponerse a los rigores de un tiempo ajeno. El exiliado busca un
techo que lo ampare del tiempo, en ambos sentidos, aunque sabe que su
empresa es vana: contra el tiempo no hay morada. Imposible demorar el
tiempo.

Alicia Kozameh, Argentina

Alicia Kozameh representa una historia relacionada a la temática de esta antología como también a una generación particular en la historia del Cono Sur. Nacida en Argentina, en la ciudad de Rosario, cursó sus estudios universitarios en los setenta. En 1975 fue detenida por los militares argentinos y arrestada hasta 1978. Estuvo además presa después de haber sido liberada en la cárcel Villa Devoto.

En 1979 Kozameh viajó al exilio, primero a los Estados Unidos, a la ciudad de Los Angeles, y luego a México. Actualmente reside en los Estados Unidos, dedicada a la escritura como a la enseñanza del español.

Los libros de Kozameh reflejan claramente su experiencia en las prisiones de Argentina como la experiencia fundamental del exilio.

Obras

Pasos bajo el agua (1987)
Patas de avestruz (1989)
259 saltos, uno inmortal (2001)

259 saltos, uno inmortal (fragmentos)

> *A los miles de ojos que, flotantes, desde el exilio más*
> *definitivo, me dan la luz.*

67

Que nos espere atenta, con las antenas muy erguidas y tensas, con los poros muy abiertos o en el promisorio proceso de estar abriéndose. Con las células de la piel envejecidas y secas y en desprendimiento ya en camino de ocupar espacios en el aire, y liberando los orificios a la respiración.

Que nos espere, la historia. Instalada en su trono de rubíes incrustados en el oro blanco de la voluntad y la paciencia. O asomándose desde el tarro de basura más repleto de los más inquietantes barrios de este mundo. Desde la iniquidad. Desde la perversión. Desde su rincón de los deseos. No importa desde dónde. Porque resulta que todo llega. Porque resulta que las cosas suceden un día.

Que nos espere. Con las células de su carne y de sus huesos activas, moléculas en frotación, a ritmos que mantienen la sensibilidad despierta. Que cada tanto haga un poco de gimnasia. Que exude las toxinas. Que vaya dejando salir los ascos que la acosan. Que espere.

Bailando. Que espere bailando un vals. Un minué. O un rock de los setenta. Sí. No hay dudas: mejor un rock'n roll, en el que no es necesario depender de un compañero de baile. Que permite el despegue, la elevación, que evita las manos de uno guiando la cintura del otro. Que espere bailando un rock and roll con violencia musical e ingenua sabiduría. Que espere un poco para terminar con su baile y empezar a correr desaforada, loca.

6 8

Porque ese compañero que se ha dejado encerrado en una celda de una cárcel de prisioneros políticos en algún lugar del país más austral del mundo, todavía no llega. No llega, todavía. Aunque conserva sus rulos rubio-ceniza. En algún lugar. En el interior del cuero cabelludo, rapado al ras. O casi. Son, supuestamente, potencias, resortes comprimidos que saltarán en un futuro. Quizá con algunas sombras blanquecinas van a volver a surgir, a tomar, si no una forma, lo que podría ser la idea de una forma. Que será suficiente como para mantener en el cuerpo y en los anhelos, en el largo del pelo y en la conciencia, en el tono de la cintura al recostarse contra el sillón que más nos conmueve y en la frecuencia con que nos lavamos el ombligo, en el ritmo asumido por nuestras caderas en movimiento y en el último pensamiento antes de morir, las electricidades de lo que no vamos a dejar ir hacia atrás como si fuera el pasado.

De manera que así, más o menos así, casi-casi sin sonido, podremos ir dejando salir una especie de... tut, turút, turút... *Hey, honey, take a walk on the wild side...* antes de ponernos excesivamente serios y arrogantes y empezar a darle lecciones al mundo sobre qué, verdaderamente, es lo que llamamos exilio:

Ese sombrero. Esa piedrita que se nos metió en el zapato. La costra semi-desprendida de ese árbol. La remera verde que queda tan mal con mi piel aceitunada. El libro que se lee una y otra vez. De ese libro, la página que más nos hace recordar que estamos vivos. El significado oculto de los nudos de la madera de la mesa. El cenicero de cerámica en el que reemplazamos las cenizas por la magra colección de aros de plata. El grito al propio hijo. El abrazo sofocante al propio hijo. El café con que se acompaña la primera versión de un texto. Las papayas mejicanas. Las uvas chilenas. Las peras argentinas. El advenimiento del verano en California, en el que las frutas importadas resignan su lugar a las locales: el reconocimiento de la diferencia. Las ganas genuinas de caminar por Venice Beach y la abierta posibilidad de hacerlo. El cielo ventoso de abril. El cielo soleado de julio. El nuevo lunar descubierto en la axila recientemente afeitada. La desproporción de algunas rabias. La pollera tubo de terciopelo negro que, gracias al ínfimo componente de spandex, ajusta lo suficiente como para que se sienta en el estómago, en los codos, esa especie de transparente alegría. Esto de haber aprendido a observarlo todo fijando uno de los ojos en la boca del interlocutor y el otro en la movediza película de nuestra historia. La calle. Cada calle.

Pero no llega todavía, y se teje esa ansiedad, se atan los hilos de la imaginación, se vierten en moldes, se sacuden, se baten con la fuerza con que se bate un cóctel, se convierten los hilos y sus nudos en un cóctel, porque si queremos un cóctel tendremos un cóctel, y al vaciar el contenido completo sobre la amplitud de la mesa para comprobar el estado del enredo, veremos aparecer ante nuestros ojos (los de la cara y los que nos han surgido en la nuca no mucho tiempo atrás) a ese rubio de rulos que fuiste un atardecer de 1973 en un bar de la esquina de la facultad de Filosofía y Letras de Rosario, entre clase y clase. Lo veremos crecer y moverse. Y hablarnos. Y ejercer el dominio de su personalidad para convencernos de que la vida sin él es de una completa inutilidad. Lo oiremos darnos un discurso sobre los beneficios de romper la relación con el antiguo novio arquitecto (o a punto de serlo), cosa que una ya ha hecho de todos modos, sólo por la eventualidad de tener que escuchar este discurso, y los otros beneficios que llegan como consecuencia, como por ejemplo alquilarse un lugar, un departamento, una casa vieja, un sucucho en medio del campo, no importa, y vivir con él, en lo que sería un incomparable puente de oro hacia la felicidad, "palabra que, desde ya, no existe, porque mientras haya una sola persona infeliz en este mundo, es imposible ser feliz", idea, palabras, con las que una estaba en ese momento en total acuerdo, en ese momento, y después, y siempre, porque para algunos no hay otra forma de concebir la propia existencia.

Lo veremos crecer y moverse y hablarnos y convencernos, y nos veremos a nosotros mismos completamente y quizá por primera vez verdaderamente enamorados. Y tus grandes ojos celestes de mirada feroz y al eterno ataque, atacarán. Porque los órganos del cuerpo deben cumplir con sus funciones: no permitiremos que se atrofien. Atacarán y ganarán la previamente ganada batalla.

Y seis años después lo veremos bajar de un avión de Aerolíneas Argentinas en el aeropuerto de Los Angeles en medio de un nubarrón grisáceo, sugestiva mezcla de machismo y desconcierto, que no precisamente despertará mis ganas de hacerte el amor. Ya no despertará mis ganas de hacerte el amor. O de dejarte hacérmelo. O de que lo hagamos. No en el exilio.

Pero eso, ese fragmento de la gesta, viene después.

Aunque, qué sé yo, prematuro, tengo que decirlo: es que algo, algo en esa cara, es diferente. Algo en esa cara.

69

Se va absorbiendo parte. Una mayor parte.

70

Se supone que los relojes deben marcar el tiempo. Los tiempos. Se supone que las agujas deben girar pegadas al transcurso del tiempo con la ansiedad de un novio enfermo de celos. Con la fidelidad de una madre que ha visto desaparecer a su hijo en manos de un grupo de policías argentinos, en medio de una confusión de ametralladoras y puñetazos, y que va a dedicar el resto de sus energías a la búsqueda. Se supone que las agujas del reloj van a estar completamente entregadas a las decisiones y a las perfecciones de una máquina suiza inobjetable, porque marcar el paso del tiempo tiene que ser una actividad sin fallas. Sin desfasajes, ¿no?

Pero ¿qué hacen los relojes, entonces, y qué hacen las agujas de los relojes, y qué hacen los fabricantes de los relojes, y qué hacen sus dueños, si el tiempo ha decidido descansar de sus correteos? Si necesita una siesta, quiero decir.

71

¿Quién puede imaginarse todo tipo de relojes en grandes amontonamientos generosos en brillos y reflejos, en remanentes de tic-tacs y de cu-cus, todos en una inmensa fosa común, casi de las dimensiones del planeta? Es que había, hubo tantos relojes en una época en que era muy necesario calcular el paso de los minutos. Había tantos. ¿Quién puede imaginarlos?

72

Yo. Una imagina los relojes acumulados. Los anteojos. Los zapatos. Los dientes de oro. Las reincidencias. Las circularidades y los caradurismos del tiempo en su maleducada condición de chicle estirado, pegoteado hasta la náusea.

73

No me da ningún miedo, ninguna angustia, la idea. Al contrario. Que un reloj funcione irreprochablemente es un verdadero problema. Porque tantas veces las culpas superan los deseos compulsivos de abrirlo y desarmarlo para investigar sus interiores. Para adosarle mecanismos diferentes y nuevos, inventados por uno. Para experimentar con algún clavo incrustándoselo entre una ruedita y otra. Para ir arrancando las bellísimas rueditas doradas de aún más bellos engranajes y darles cualquier otro tipo de función: pegándolas en un cuadro hecho de pedacitos diversos de metal, encontrándoles un hilo adecuado y convirtiéndolas en un collar para el cual habrá que conseguirse un vestido negro, o simpáticamente ubicarlas en un platito oscuro para que contrasten y poder entonces disfrutar de mirarlas y volver a mirarlas. Lo que sea.

74

Miedo a que no transcurra el tiempo, no. No tengo. Que nos despertáramos esta mañana y resultara que todavía es ayer. Magnífico. Haríamos otros cálculos. Contaríamos cuántos compañeros están activos, y no cuántos han sido, están siendo, asesinados.

75

Y continúa el tanteo de los nuevos espacios: ¿Qué pensará —en inglés, de hecho— la señora alta y muy rubia, de ojos celestes, con porte de reina y aparentemente tanta dignidad repartida por todo su cuerpo, mientras me observa cavilar sobre algún método para limpiar con cierta efectividad los enormes ventanales de su mansión en Pasadena? Cruza el living, la señora, y echa una miradita. A los dos o tres minutos vuelve a cruzar en dirección contraria, y otra miradita. Y yo, intentando. Honestamente. Apretando el vaporizador con el líquido limpiavidrios de su predilección y frotando con bollos de papel de diario. Actuando como si supiera. O quizá sabiendo, ya. Ella, ninguna desprevenida, acercándose, finalmente. Avanzando con un gran diccionario inglés-español y viceversa. Ay, quiere conversar. Me invita a dejar sobre el piso de madera lustrada el limpiavidrios y el bollo de papel y a sentarme cómodamente en uno de los anchos sillones, frente a ella, ya sentada, y su gran diccionario. Y oigo: Querida, mi querida (*dear, my dear*), estoy un poco preocupada. Tengo la impresión de que esta casa, con sus seis baños y la gran cantidad de cuartos, salas, la enorme cocina, los dos pisos, el sótano y el ático, es un exceso para vos. La semana pasada, después de la entrevista que tuvimos para conocernos, mi marido me dijo: "Y esta chica, con esas manos, ¿qué creés que va a limpiar?" Yo le contesté: Posiblemente nada. Pero yo la quiero conmigo. Le voy a pedir que ponga en orden la biblioteca. Pero vos insistís en limpiar, y hay algo que no concuerda en todo esto. No sos mejicana, pero no hablás bien el inglés. No sabés limpiar una casa, se te ve culta, pero estás trabajando de sirvienta cama adentro. ¿Qué es lo que pasa? *Who are you?*

El diccionario había sido puesto en uso repetidamente durante el transcurso de ese parrafito, y las fibras de mi garganta se enredaban más con cada palabra que lograba entender. Y aunque suponía que objetivamente en mi nueva situación de exiliada política no existían razones para ocultar ninguna verdad, o casi ninguna, preferí el auto-boicot. Así que me bajó la presión. De manera que mi patrona, la elegante dueña de tremenda mansión en Pasadena, me condujo tiernamente a mi cuarto abrazándome de la cintura por las alfombradas escaleras, me acostó, me tapó, me dio un beso en una de las mejillas, y me cerró la puerta.

76

Y me cerró la puerta.

87

Aunque con mucho, mucho esfuerzo, quizá podríamos lograr que resultara, en algo, parecido. Porque hay que mantenerse en pie.

88

Así que, mientras mi compañero se paseaba por las calles de la ciudad de Rosario, recientemente liberado, tratando de deshacerse de los dolores de cabeza que le provocaba el intento de comprender la vida y sus multiplicidades, yo inventaba formas de creer que me era posible el entendimiento de la mía propia. Combinaba mi trabajo de mucama cama adentro en Pasadena con la amistad de Alberto. Con el regreso a las fuentes: en términos de la lingüística, estudiábamos a Saussure. En términos de las actividades nocturnas dormíamos, durante los fines de semana, más o menos juntos. Más o menos, porque el plan estaba bien definido: la nuestra era una forma de amistad que cambiaría ni bien el avión que trajera a mi compañero hubiera descendido en Los Angeles. Y como ésas eran las condiciones y el acuerdo era firme, era necesario que mi compañero estuviera enterado de todo. Y sin sutilezas: claramente, de frente, dándole a él la prerrogativa de los mismos movimientos y de las mismas libertades. Y el largo cable telefónico que atravesaba el continente americano de extremo a extremo facilitaría las palabras, sobre todo porque sus grandes ojos iban a estar presentes sólo en mi imaginación. La distancia suavizaría el dolor, distribuiría los derechos al afecto, al contacto humano, a la confirmación de que se estaba, a pesar de todo, vivo, minuciosamente vivo.

Hasta el momento en que nos volviéramos a encontrar. Y, desde ese instante, el redoble de la vitalidad. Para no tener que privarnos de la universal satisfacción de sacarles la lengua a los milicos a través de la larga América en toda su inmensidad, en todo lo intenso de su locura. Los dos juntos, mi compañero y yo, abrazados, dos lenguas afuera, triunfantes, satisfechas, vencedoras.

Está bien expresar las penas, pero las alegrías también requieren ser expresadas. Ya sea porque estas alegrías son verdades, o porque son mentiras, o ilusiones, o expresiones de deseo, o alucinaciones, o porque son ataques de rabia, o formas del asco, o porque son sólo la intención, o mucho más que eso, o una necesidad imperiosa, o porque son la destreza, la gracia magistral con que nos las arreglamos para.

89

¿Despacio? Mmmm. No sé. No tanto, diría yo. Depende del vehículo que uno decida hacer suyo es posible disponer de cuatro o cinco velocidades. De acuerdo a lo que exijan las circunstancias. De acuerdo al ritmo al que nos vengan persiguiendo. De acuerdo a la urgencia o a la morosidad con que cada uno de nosotros sienta en sus músculos que se le van desprendiendo los pedazos de vida.

9 0

Las regiones donde se sustentan los orígenes, ésas en las que se plantean y se resuelven los inicios, donde los gérmenes no tienen permitido tomar decisiones, donde nunca se es tan valiente como para permitirse perder, abandonarse a la dulce y oscura seducción del fracaso, esas áreas, son las que este sol deja filtrar por entre los orificios que se le escapan a la lluvia. Y ésa es la tarea. La tarea del héroe. Encontrar esos espacios que, desde su invisibilidad, gritan, insultan, ofenden, por no poder ser fácilmente detectados.

Yo recuerdo a la novia negra de aquel amigo chino, yo recuerdo los fonemas, las oraciones del rechazo. Que ella ejercía para el rechazo. Ella trataba con dedicación de que a nada se le escapara ningún agujero: ni al sol, ni a la lluvia, ni al viento, ni a los terremotos posibles. Nada: invasión total y completa. Y por qué no, decía. Y ¿a quién, a qué, le voy a dejar los orificios, los espacios? Parecía que esa invasión era la condición que la mantenía viva. Mi amigo chino, observaba. No evadía los análisis que lo tentaban constantemente. La miraba, callado. Siempre callado. Un día movió los labios y le dijo que alternativas, ninguna. Que debía casarse con ella. Que en ella había encontrado la instancia más acongojante, más sombría posible. Y que se sentía un elegido. Un héroe. Que le estaba destinado detectar en ella y en otros los orificios por donde ella absorbía, succionaba, los poderes de la existencia. Que la distribución de esos poderes debía ser más pareja, más... Ajá, dijo ella: ajá. Y aceptó la propuesta. Y ahí están los dos, todavía, en la lucha. En las vivencias, en la estimulante batidora de la batalla íntima universal. Allí, algo así como nadando en las zonas semilíquidas, en las regiones donde se sustentan los orígenes. Exiliados de sí mismos. Exiliados uno en el otro. El pie de uno en la cadera del otro. La costilla de uno en las futuras formaciones tumorosas del otro. Desprendimientos del cerebro de uno en el torrente sanguíneo del otro. La palma de la mano de uno contra la boca y los ojos del otro.

9 1

Porque el exilio es algo que puede medirse por su largo, o por su ancho, o por su profundidad, o por la combinación de todo eso, o por su completa vacuidad. ¿O no?

Ivonne Lamazares, Cuba

Ivonne Lamazares es una de las escritoras jóvenes cubanas que ha tenido un gran impacto en los Estados Unidos. Su experiencia refleja la emigración cubana en las últimas décadas, donde seres desesperados viajan en balsas para poder llegar a las costas de Miami. Lamazares llegó a los Estados Unidos ya en una edad adulta pero interesantemente adoptó el idioma inglés para escribir su novela *La isla del azúcar*. Con singular audacia y fuerza, describe la experiencia de vivir en Cuba como también la experiencia del exilio a través de la voz de una niña. Esta primera novela ha sido recibida con gran éxito y traducida a muchos idiomas.

Actualmente Lamazares es profesora de escritura creativa en la Universidad Central de la Florida. Se ha destacado como maestra, recibiendo distinguidos premios por su enseñanza.

La isla del azúcar (fragmento)

Poco antes del anochecer llegó el camión que cargaba el bin-ban, aunque no era la recia embarcación, bien soldada, que nos habían prometido. Era poco más que una balsa, tan larga como un hombre estirado. Un marco de madera, hecho de listones y cámaras de neumáticos, estaba claveteado a dos bidones de aceite que se habían convertido en sendos flotadores. Con las puntas redondeadas podrían cortar bien las olas. Del motor del Chevrolet asomaban muchos cables de colores. Cuando Martín lo puso a prueba, comenzó a toser como un anciano. Néstor dijo que al principio remarían, y que sólo encenderían el motor lejos de la costa, para no llamar la atención de las patrulleras. No me pareció que fuese motivo de preocupación; pensé que el motor jamás llegaría a arrancar.

Roque era un individuo bajo, de cara colorada, que daba órdenes que no obedecía nadie más que su joven esposa, en todo momento correteando tras él, seguida por un chiquillo de siete años de edad. Cuando no estaba pegado a sus faldas, el chiquillo jugaba con unos palos y unas conchas. Tenía la cara muy blanca y jamás miraba al mar.

A lo largo de una hora, Martín y Rómulo pusieron a prueba la balsa en el agua —flotaba, en efecto— mientras Eladio comenzó a traer las provisiones. Su padre no le había permitido sumarse a los balseros, de modo que el chiquillo lloraba abrazado a Ocuna. Miré a Mamá: eso sí que era un padre cuerdo y cariñoso con su hijo. Ella frunció el ceño. Tal vez lo viera de otro modo; eso sí que era un hijo bueno y obediente con su padre. Ocuna rodeó con el brazo a Eladio y le dio suaves palmadas en la espalda.

—Ya llegará tu día, chico —le dijo—. Pronto nos veremos.

Esa noche metí mis cosas en la bolsa de lona y la dejé entre los arbustos, fuera de la chabola. Volvería a la ciudad. Poco antes de que amaneciera, Mamá y los demás despertarían y se lanzarían al océano. Nunca más volvería a ver a Mamá, ni siquiera aunque siguiera con vida tras su aventura. Por eso, y muy a mi pesar, me quedé. Quería despedirme de ella.

Sin embargo, fuera, Ocuna le gritó a Roque: ¿Que no lo habían echado a patadas del Partido por ser tan bobo?

—Han transportado la balsa en un vehículo robado. Si esperamos, tal vez no estemos a salvo. La milicia comenzará a buscar el camión y nos encontrará a nosotros. Hay que zarpar ahora.

—¿En plena noche? —preguntó Teresa.

Mamá me agarró con fuerza por el hombro. Se me clavaron sus uñas. Me solté de un empellón.

Ocuna y Roque se encararon. Estaban a punto de llegar a las manos. Ocuna le sacaba casi un palmo. El hombre del Partido lo miraba con ojos feroces. Néstor se interpuso entre ambos.

—Caballeros, no tenemos tiempo para eso.

Martín y Rómulo, Ocuna, Néstor, Teresa y las provisiones estaban dentro del bin-ban cuando oímos la primera sirena ulular muy a lo lejos. El hombre del Partido bajaba por las rocas delante de su hijo, al cual sujetaba aun cuando éste se agarrase a la soga que alguien había amarrado al guardabarros del camión robado.

—No mires abajo —le decía su padre. La balsa no estaba muy lejos, puede que a dos metros, pero el chiquillo estaba muy asustado. La mujer de Roque iba tras el chiquillo, callada, con los ojos muy abiertos, pero sin mirar nada.

Mamá se volvió hacia mí.

—Yo ahora me regreso —le dije.

—¿Que regresas? ¿A qué? —Se le contrajo la cara. Pensé que ése sería el aspecto que tendría cuando fuera vieja, si es que vivía para contarlo—. ¿Tú no oyes esa sirena? —me gritó. ¿Adónde te crees que vas a volver? ¡Es la policía!

Abajo, desde el bin-ban, Roque me maldijo.

—Que no tenemos tiempo, *niña* —me gritó Néstor—. Baja ahora mismo o hazte a un lado y deja pasar a los demás.

En la cara de Mamá vi que no iba a renunciar a mí. Ya había renunciado a Emanuel. Roque seguía maldiciéndome e insultándome. El agua del mar rompía debajo de mí. El viento agitaba las ramas de los árboles, encima de Mamá. Las agujas de los pinos caían a tierra.

Mamá me obligó a volverme y me acompañó hasta el borde del acantilado, con dulzura, tomándome de la mano, hasta que bajé por las rocas, por fin en calma. Cuánto quería yo a Mamá. Ese era el estúpido, peligroso secreto que me había guardado durante tanto tiempo, sobre todo para no saberlo yo.

Abajo, las caras de los que estaban en el bin-ban se balanceaban: aparecían y desaparecían. La negrura del mar temblaba y rompía, rugía, me salpicaba la piel, el agua fría al contacto con mis piernas desnudas.

Me sujeté a la soga. Néstor estiró ambas manos y me tomó por la cintura. Cerré los ojos y me dejé llevar.

39

Los hombres se turnaron para remar sin descanso. Soplaba una brisa constante; las luces de la costa se encendían y se apagaban. El bin-ban se escoraba a derecha y a izquierda, a merced de las olas.

—Sujétate fuerte —me dijo Mamá a mi lado, casi contenta.

Al cabo de ocho o nueve intentos, el motor arrancó a unos cientos de metros de la costa, y el bin-ban comenzó a estremecerse y a retemblar de un modo que me estremecía hasta los huesos. Las olas ascendían y estallaban en espumas; Teresa y el chiquillo en seguida se pusieron de bruces sobre la borda para vomitar. Así seguimos, los dos arrojando a cada tanto, los demás boca abajo, callados, sujetos a los laterales del marco, las piernas de todos amontonadas en el centro del bin-ban.

En el mar era fría la noche, así que nos acurrucamos en el centro del binban, temblorosos, con las ropas mojadas. Apenas había dormido la noche anterior, pero sólo de pensar en adormilarme me moría de miedo.

A primera hora de la mañana el sol despejaba la neblina fría y gris. El agua estaba brillante, centelleante, llena de miles de medusas luminosas, transparentes. Parecían minúsculas cabezas de fantasmas, muy bellas, azul claro. Teresa y el chiquillo yacían exhaustos, con los ojos cerrados, la espalda del chiquillo apoyada en el vientre de su madre. La madre lo miraba con sus ojos grandísimos e incrédulos.

Mamá iba sentada junto a Néstor, tarareando "La vie en rose". Siguió tarareando hasta mucho después de que él le dijese que ya estaba bien. Yo estaba segura de que todos acabaríamos pagando por el hecho de que ella se tomase la vida tan a la ligera. La verdad era que, de habernos quedado en nuestro país, ni Mamá ni ninguno de nosotros habría sido arrojado a los leones, torturado o encerrado en una celda oscura a pan y agua. Aun cuando nos apresaran en esos momentos, no nos veríamos ante un pelotón de fusilamiento, ni tampoco en una cámara de gas. En cambio, allí estábamos, perdidos en un océano en el que el norte era como el sur y el este como el oeste: una delgada línea que dividía el cielo del agua.

La balsa cabeceó y se escoró bajo el sol hasta que, al atardecer, el cielo se volvió rojizo. Néstor, Ocuna y yo mirábamos el agua. Unas sombras negras trazaban círculos cerca de la superficie.

—Son delfines —dijo Néstor, aunque yo sabía que eran tiburones. Vi al más grande de todos, y una aleta áspera y pálida surcó la superficie. Rómulo dijo que llegaban todos los días en esta época del año, a las cinco o las seis de la tarde.

Aparecieron más tiburones. Tres, cuatro. El sol pendía sobre el horizonte, hacía calor, pero yo tenía frío. Notaba que el corazón me latía con fuerza contra el pecho. Tal como habían llegado, los tiburones se marcharon avanzando hacia el sol naranja. Habrían de pasar horas hasta que reconociera que no había sido para tanto. Nos dejaron tomar el rumbo que habíamos escogido, nadaron junto a la balsa, no trataron de volcarla. En cierto modo, parecían mejores que los seres humanos.

Antes de nuestro segundo amanecer en alta mar, a las cuatro o las cinco de la madrugada, comenzó a soplar el viento y el cielo se abrió con una llovizna. Crecían las olas a nuestro alrededor, azotaban el aire sobre nuestras cabezas. El motor carraspeó, se caló. Rómulo le gritó a Néstor que había entrado agua por el escape. Con Martín, trató de arrancarlo uniendo unos cables azules y rojos. Néstor asintió y Martín tiró del arranque. La mujer y el chiquillo, Mamá, Teresa y yo nos acurrucamos muy juntas en el centro del bin-ban.

Saltó el rayo entre las negras nubes. Los relámpagos de Changó iluminaron el cielo y el agua.

—*Santa Bárbara bendita* —dijo alguien, y una ola se abatió contra el bidón de la derecha, levantándolo por el aire. La balsa se escoró a la izquierda. Esperé a que se nivelase, pero no fue así. Nos íbamos a hundir lentamente.

—Nos vamos a morir —exclamó alguien.

Por encima del estruendo de las olas y la lluvia y los truenos oí mi nombre entero, Tanya del Carmen Casals Villalta, pronunciado como si fuera una promesa. Me volví al oírlo; durante un instante el mar rebrilló de un verde dorado, el color del vestido de muselina que Paula eligió para el día de su boda. Noté pesadas las extremidades, como sucede antes de adormilarse, y me vi resbalar, un Capitán Tormenta de cabeza en una ola de tres metros de altura, ahogándose en el puño de Yemayá.

Carlos Eire, Cuba

Carlos Eire recoge en su más reciente publicación, *Nieve en La Habana*, su infancia privilegiada e idílica, la cual cambia dramáticamente con la dictadura de Fidel Castro. Eire y su hermano emigraron a los Estados Unidos cuando Eire tenía once años. Se graduó en 1973 de la Universidad de Loyola y recibió su doctorado en el campo de religión en la Universidad de Yale en 1979, donde se unió a su facultad en 1996. Allí es Profesor T. Lawrence Riggs de historia y religión, experto en la experiencia religiosa en la historia de Europa.

Aunque Eire ha escrito numerosos artículos y estudios en su campo, fue *Nieve en La Habana*, publicado en inglés en 2003, que le trajo fama y un reencuentro con su pasado. Este ganó el Premio Nacional del Libro de los Estados Unidos que concede la Fundación del Libro por la categoría de no ficción de 2003. También ha sido traducido a varios idiomas. Eire vive actualmente en Guilford, Connecticut.

Obras

War Against the Idols: The Reformation of Worship from Erasmus to Calvin (1986)
From Madrid to Purgatory: The Art and Craft of Dying in Sixteenth Century Spain (1995)
Jews, Christians, Muslims: A Comparative Introduction to Monotheistic Religions (1998, con John Corrigan)
Waiting for Snow in Havana (2003)

Nieve en La Habana: confesiones de un cubanito (fragmento)

TREINTA Y NUEVE

"¡Agarren a Pata Palo! ¡Agárrenla! ¡Apúrense, agarren a Pata Palo!" A Marie Antoinette la acosaba un furioso gentío cerca de la Embajada Suiza. Durante dos días había dormido en la calle, esperando turno para solicitar una visa que le permitiera viajar a los Estados Unidos. De repente, el tropel se había congregado en la calle de enfrente y comenzaba a insultar a los que hacían la cola. Fue entonces cuando comenzaron a volar las botellas.

Marie Antoinette sintió que las botellas le pasaban muy de cerca para luego estallar en el pavimento. No las contó sino que huyó tan rápido como pudo. Valiéndose de la única pierna sana que tenía, ella y su amiga Angelita, la madre de Ciro, mi compañero de quinto grado, huyeron mientras que Angelita la sostenía llevándola del brazo. Pero mi madre estaba tan acostumbrada a su cojez que ni se daba cuenta que ella era la perseguida.

"¿Quién es esa *Pata Palo* a quien tanto gritan?" preguntó Marie Antoinette mientras las botellas volaban y se estallaban a sus pies. Entre gritos de "¡Ay Dios mío!" Angelita le contestó: "!Es a ti a quien se refieren, boba! ¡Eres tú!... ¡Y ahora nos persiguen a las dos!"

Marie Antoinette se detuvo y se dirigió a los que la acosaban. El grupo estaba en la calle de enfrente y ahora se les acercaba cruzando la calle.

"¿Por qué quieren hacerme tanto daño? ¿Qué les hice yo a ustedes?"

"Gusana miserable, ¡eso es lo que eres!" gritó una mujer.

"Yo seré una gusana pero también soy un ser humano como ustedes y cubana también. No los conozco, nunca les he hecho daño alguno ni les he deseado mal. Así que, ¿por qué me tiran botellas y me insultan?"

"Tú y todos los tuyos se merecen la muerte, gusana apestosa. ¡Los mataremos a todos antes de que tengan la oportunidad de escaparse! No merecen la vida ni tampoco la ida. ¡Que se mueran tú y los tuyos!"

"Ahora sí que la hiciste", suspiró Angelita. "Nos matarán de seguro."

Marie Antoinette seguía razonando con aquella gente. "No tienen derecho a insultarnos, o desearnos mal. No señor. Sólo quiero salir de este país para estar con mis hijos. Nunca les he hecho mal a ninguno de ustedes. ¡Quítense eso de la cabeza!"

"Muerte a los gusanos! ¡Patria o Muerte! ¡Venceremos!"

Gritaban insignias en coro, entre ellas la oración favorita del Máximo Líder: "¡Cuba sí, Yanquis no! ¡Cuba sí, Yanquis no!"

Cuando mi madre me cuenta este episodio, el cual repite cinco o seis veces al año, siempre termina con la parte de la guagua. El gentío continúa insultando a Mamá y a Angelita cuando, por arte de magia, aparece una guagua que se dirige a una parte desconocida de La Habana. Las dos viajan en el autobús por lo menos veinte cuadras hasta que por fin se bajan exhaustas asegurándose de que nadie más las perseguía. Finalmente, logran transferirse a otra guagua que las lleva al Vedado, donde residía Angelita.

Marie Antoinette hacía lo mismo que hacían todos los padres de los catorce mil niños de la flotilla: encontrar la manera más rápida de salir del país para reunirse con sus hijos. Angelita hacía lo mismo. Ella tenía tres hijos en los Estados Unidos, dos hembras y un varón. La niña tenía un problema congénito en el corazón y había sido operada cuando apenas tenía tres años.

Angelita y mi madre recorrieron La Habana entera haciendo lo que tenían que hacer y buscando lo que no existía: información creíble. Angelita logró su meta antes que mi madre, o por lo menos así lo parecía. Pudo obtener permisos y visas para ella y el esposo. Pero cuando estaban ya en el aeropuerto, recibieron una llamada notificándolos que habían suspendido el permiso de salida y que tendrían que volver a hacer todas las gestiones. Su esposo murió de un infarto allí mismo. Sólo tenía cincuenta años.

Marie Antoinette no desistiría. Había intentado y fallado tantas veces. No tenía la menor idea de que pasarían tres años y medio antes de que se pudiera reunir con nosotros. No sabía que le otorgarían varios permisos de salida y que todos serían suspendidos una vez que estaba en el aeropuerto. "Lo siento, señora, no puede irse hoy. Un diplomático necesita su asiento." No sabía que cada vez que le suspendieran la salida, le tomaría más de un año obtener otro permiso. No sabía que terminaría saliendo por México sólo por el hecho de que una amiga había conocido al oficial correcto en una fiesta. No sabía que iba a tener que pasarse seis meses en México, pegándole la gorra a buenos amigos mientras esperaba la visa para entrar en los Estados Unidos. No sabía que sufriría una hemorragia en el Distrito Federal y que allí la operarían de emergencia. No sabía que la transfusión que recibiría durante esa operación le infectaría la sangre con hepatitis C. No sabía que una semana después de la operación ocurriría un terremoto en el Distrito Federal. No sabía que dos días después de aterrizar en Miami, se encontraría atrapada por un huracán. No sabía que para encontrar una manera de reunirse con nosotros, se demoraría otros tres meses en Miami. No sabía que terminaría viviendo en Chicago. No sabía que ni yo ni mi hermano la íbamos a necesitar por el resto de nuestras vidas, por lo menos no en la manera en que ella se lo había imaginado. No sabía que cuando finalmente nos reuniéramos yo estaría más alto que ella usando aquellos zapatos talla diez que la horrorizarían tanto.

Y sin pensarlo, renunció a tanto sólo para estar con nosotros.

No sé dónde Tony y yo estaríamos cuando a ella la perseguía aquel gentío en La Habana. Pudiéramos haber estado en una variedad de lugares, todos muy lejos de ella.

Estábamos en otro mundo. Es posible que ese día Tony se sintiera triste. El siempre estaba descontento. Yo quizás era feliz. Depende. Me encantaba la aventura de estar solo aunque a veces, en aquel orfenilato cerca del Orange Bowl, el hambre era difícil de soportar.

Quizás estaba nadando en la piscina de mis vecinos en la primera casa en que viví en Miami. Quizás estaba en el orfenilato leyendo un libro sacado de la biblioteca pública. Quizás andaba en bicicleta en Bloomington repartiendo periódicos. Quizás todo le ocurrió a ella durante el mismo instante en que golpeé, sin querer, a uno de mis clientes con un periódico enrollado y pude escuchar su "¡*Ayyyy!*" Quizás fue cuando rompí el cristal de una puerta con un periódico, o quizás fue aquella mañana en la que un perro furioso, que casi siempre tenían amarrado, me cayó atrás por toda la calle. Quizás fue cuando me enamoré de Nancy, la niña de ojos azules como los de Jesús Ojos y peinado exactamente igual al de mi noviecita de quinto grado.

Sólo sabía que desde que había salido de mi casa, mis pesadillas habían desaparecido y que había aprendido a enterrar tan profundamente el amor que sentía por mis padres y familia que casi no me daba cuenta de que aún estaba allí. Y la manera en que logré conseguir esto fue pensar en lo bueno que era que no tenía que vivir ya más ni con María Teresa, ni con La Mujer Candelabro, ni con Jesús Ojos, ni con Jesús Ventana, ni con los brujeros y brujeras.

Claro que de vez en cuando aquéllo que yo había enterrado tan profundamente salía a la superficie y me asustaba muchísimo. Pero eso no me pasaba muy a menudo. Yo era el Rey de Suprimirlo Todo, sentado en su trono a la edad de once años.

Lo que no podía enterrar eran las lagartijas. Había matado tantas que nunca conseguiría enterrarlas.

Todas las manchas en mi alma tienen silueta de lagartija. Algunas sin cola. Y esas colas se menean solas con ritmo alocado.

Las perseguía como si fuera parte de una turba sedienta de sangre. Las perseguí durante toda mi niñez. Las creía endiabladas. Una vez me pasé y llegué al colmo de la persecución: ese fue el día del Apocalipse de las Lagartijas.

"Acabemos con todas las lagartijas del vecindario", le dije a mi amigo Jorge.

"Eso es imposible. Son demasiadas."

"Entonces ¿por qué no sólo las del barrio? Sólo las de esta manzana. No cruzaremos ninguna calle. Sólo mataremos las lagartijas de esta manzana."

"Okay, perfecto. ¡A cazar!"

Cada cual tomó una escoba y salimos a buscar lagartijas. Eramos bravos cazadores que iban a liberar el vecindario de temibles lagartijas, armados con escobas que usábamos como bates de pelota.

No les contaré en detalle lo que hicimos porque no es ni lindo ni edificante. Sólo les diré que tuvimos gran éxito. Tanto éxito que después de treinta y ocho años, los diminutos fantasmas de esas lagartijas todavía me persiguen.

Su piel, esa piel mágica que todavía me pone celoso. Tan maravillosa como los colores cambiantes de los peces cotorra en aguas color turquesa. Esas colas. ¿Por qué no puedo tener yo una? De vez en cuando me gustaría poder dejar atrás una de estas colas bailando sola en la boca del peligro. Esos ojos. Ojos que pueden rotar como la misma tierra. Ojos que te persiguen a dondequiera que vayas como los de Jesús Ojos.

Eran tan bellos esos lagartos. En particular los camaleones verdes con pañuelo rojo en la garganta como pequeñas bufandas de piel que se abrían y cerraban. Esos eran los más bellos. Y ésos eran los que yo más temía y odiaba.

Jorge y yo los matamos a todos. Empezamos en mi casa e hicimos un circuito alrededor de la cuadra. El sitio en cual tuve el mayor éxito fue detrás del edificio abandonado donde aquel pervertido me había puesto un cuchillo al cuello. Habían muchísimos lagartos allá atrás. Lo sabía porque aquel día nefasto ellos me habían observado con indiferencia. En la claridad cegadora del sol y en la sombra más oscura los matamos a todos. Fuimos tan cuidadosos como historiadores concienzudos persiguiendo citas valiosas. Ese día nos trepamos en muchísimos árboles, saltamos las cercas del vecindario, y pisoteamos las matas que habían alrededor de la cuadra.

Claro que casi todos los que ahora vivían en aquellas casas eran vecinos nuevos. No conocía a casi ninguno, y de seguro no me importaba saltar sus cercas o aplastar sus arbustos. No eran más que ladrones que vivían en casas que otros habían dejado atrás.

Por fin llegó mi turno. Habíamos recibido el permiso de salida. Sabía el día y la hora. Seis de abril a las seis de la tarde.

No más Jorge, no más Louis XVI, no más Marie Antoinette, no más abuelos, tíos o primos. No más juguetes. No más muñequitos. No más postalitas de béisbol. No más lagartijas.

Sin embargo podía llevar conmigo algo que ningún inspector podría encontrar. Me podía llevar conmigo el número exacto de lagartijas que había matado en un solo día.

Cuarenta y una.

Se me olvida cuantas había matado Jorge. Sólo sé que su número era menor que el mío y que por eso él pasaría menos tiempo en el purgatorio por ese pecado. Quizás cuarenta y un mil años menos que yo.

Perdónenme, odiosas, horrorosas, feas, felices y maravillosas criaturas. Les eché la culpa a ustedes y todo fue por equivocación.

Perdóname, Jesús. ¿No dijiste un día: benditos sean los lagartos porque de ellos será el reino de los cielos? Estoy seguro de que sí lo dijiste. Lo que pasó fue que tus distraidos apóstoles se olvidaron de escribirlo en la versión final del Sermón de la Montaña. ¿No es así? Estoy seguro que dijiste un millón de cosas que ellos simplemente se olvidaron de escribir. Estoy seguro de que viste un sinnúmero de lagartijas allá en Palestina. En el patio del templo, en las vides, y en las rocas silenciosas, y en los higos, y en las redes de los pescadores que, tendidas abiertas, se secaban al sol en la orilla del Mar de Galilea.

Quizás hasta hubo legiones de lagartos que te seguían.

Estoy seguro de que habían lagartos al pie de la cruz, acompañándote y los pintores también han omitido ese detalle por casi dos mil años. Si algún día me da por pintar, los voy a incorporar a la escena de la crucifixión, Jesús. Haré de que aparezcan rociados con gotas de tu sangre. Y si algún día pinto una imagen de Tu Sagrado Corazón incluiré una lagartija posada en tu corona de espinas.

Tienes que haber hablado muchísimo sobre estos bichos. Pensar que toda aquella gente en Tu día creía que la tierra y todo en ella habia sido creado por una divinidad malévola; aquéllos que en Tu día vieron lagartijas, serpientes y cocodrilos como la prueba definitiva de la existencia de un creador malvado.

Gente como yo.

Tenías que habérselos aclarado. Fue el error más tremendo de todos: asumir que algunas criaturas son prueba de que el Padre es un malvado, ¿no es así? ¿No fue el error más grande de todos, confundir a la serpiente con el Creador?

¿No tenías también un sinnúmero de parábolas sobre las lagartijas? ¿Como aquélla del silencioso lagarto sin cola? ¿O la del lagarto que esperaba pacientemente a los niños con escobas? ¿O la parábola de las iguanas que se habían escapado? ¿O aquélla de la lagartija montada sobre un cohete, en rumbo a órbita espacial? ¿Y qué me dices de la parábola de las nubes que parecían lagartijas? ¿O la del pecador con alma de iguana?

Ya sé que he dicho que tampoco ni Tú las hubieras besado. Pero he cambiado de parecer. Después de haberlo pensado por años, estoy seguro que Tú sí las besaste de veras. Y que ellas Te devolvieron el beso. Pero no como el beso de Judas. Ellas eran incapaces de traicionarte.

Nadie te obligó a besar las lagartijas, Jesús. Y sin embargo, conmigo la cosa fue distinta. He hecho las paces con ellas, pero aún no puedo besar las lagartijas de carne y hueso. Sólo he besado lagartijas metafóricas, y admito que no ha sido con ganas, ni que lo he hecho siquiera con afecto. La idea siempre me deja un sabor amargo en la boca.

Pero por lo menos ahora admiro su belleza. Reconozco que, como lagartijas, son hermosas. Pero no puedo decir que quisiera besarlas. Aún no puedo decir eso.

Las únicas lagartijas que puedo besar con alegría son las de juguete. Mi hijo menor tiene una iguana títere que luce mejor que una de carne y hueso. A ésa sí la he besado. También he besado lagartos de goma, de plástico y hasta los rellenos con semillas o arena. Cuando era niño no tuve un sólo juguete que me recordara a una lagartija. Pero mis hijos tienen muchísimos. Y cuando vamos a la Florida y hay lagartijas por todas partes, mis hijos se encantan de verlas y no se les ocurre hacerles daño.

Pero la redención me llegará de seguro algun día. Quizás no tenga que esperar a mi resurrección. Quizás pasará durante un sueño, en esta vida. Quizás será un sueño perfecto, el sueño mejor de toda una vida, más bueno que aquél en cual mi padre me vino a ver. Quizás él regrese otra vez y traiga consigo a un amigo.

En ese sueño maravilloso estoy durmiendo y Louis XVI aparece en calzoncillos y zapatos miraciélo. Le digo, "No, no hagas eso, ven a verme cuando estés despierto."

Alguien vino a verte. Es todo lo que me dice.

Veo a un hombre al lado de mi padre a quien reconozco inmediatamente. Me ofrece su mano palmas arriba. Y sobre ella hay algo que se mueve suavemente.

"Besa la lagartija, Cubanito", dice Immanuel Kant.

Veo con deleite el camaleón verde que tiene Kant en la mano. Silenciosamente, y en nombre de todos los lagartos y lagartijas, la criatura me dice, "Te perdonamos, de veras que sí."

En este sueño de todos los sueños, beso la lagartija con cariño, y dejo que se vaya para siempre.

Diana Anhalt, Estados Unidos

Diana Anhalt es una destacada escritora y periodista norteamericana que ha vivido en México por más de cuarenta años. Nació en los Estados Unidos, en la Ciudad de Nueva York, donde sus padres participaron en actividades políticas y entraron al Partido Comunista. A los ocho años de edad, la autora con su familia partieron a la Ciudad de México, escapando la persecución de McCarthy, y desde aquel entonces Anhalt se radica en México. Estudió educación y enseñó por algunos años cursos de literatura para después dedicarse de lleno a las actividades relacionadas a la escritura.

Su preocupación literaria concierne la temática del exilio y la violencia política causada por la época de McCarthy en los Estados Unidos. Su libro importante *Reunión de fugitivos* explora la vida de los refugiados norteamericanos en México perseguidos por el macartismo.

Actualmente Anhalt es crítica literaria para el *Texas Observer* y el *Herald* de México.

Obra

A Gathering of Fugitives: American Political Expatriates in Mexico, 1948–1965 (2001)

Soñando en español

Nunca se me ocurrió que mis padres pudieran estar huyendo de la justicia cuando repentinamente salimos de Nueva York rumbo a la Ciudad de México, a principios de 1950. Pero aun si lo hubiera pensado, no creo que esto habría interferido con mi entusiasmo.

Antes de mudarnos a México, el viaje más largo que había hecho en mi vida era el que hacíamos cada verano del Bronx a Jones Beach. Debido al intenso tráfico que hay durante esta época del año y al hecho de que mi padre se las ingeniaba para tomar la salida equivocada, tardábamos más de tres horas en llegar. "En realidad no importa", solía decir. "¿Por qué creen que la tierra es redonda? Es para que tengamos la certeza de que llegaremos exactamente al mismo lugar... a la larga."

En la playa, mi hermanita y yo hacíamos un hoyo en la arena lo suficientemente grande para poder saltar adentro y yo me imaginaba que si seguíamos excavando quizá podríamos llegar hasta China, al otro lado del mundo. Pero hasta que fuimos a México éstos fueron los únicos viajes que realicé.

Fue un buen momento para abandonar los Estados Unidos, particularmente para quienes estaban involucrados en la política progresista. Mis padres participaban activamente en el ALP (Partido Laborista Norteamericano) y mi padre se había postulado como candidato de dicho partido a un puesto público. Pensaban que sólo era cuestión de tiempo para que los Estados Unidos se convirtiera en otra Alemania nazi. Ese año estalló la Guerra de Corea y se aprobó la Ley McCarran. Joseph McCarthy comenzó a adquirir credibilidad, condenaron a Alger Hiss por perjurio, acusaron a los Rosenberg de conspirar a cometer espionaje y secuestraron a Morton Sobell en México para procesarlo junto con los Rosenberg. (Años más tarde cuestioné la lógica de mis padres por haber escogido México como un refugio tan sólo tres meses después del secuestro de Sobell, pero para los estadunidenses sin pasaporte únicamente había dos opciones, México o Canadá, y, además, el razonamiento lógico no era una de sus principales virtudes.)

A pesar de que salimos de un día para otro, nos las arreglamos para llenar cuatro valijas, tres maletas de mano y dos cajas. Recuerdo que mi padre insistió en que empacáramos sus discos de jazz, los de Burl Ives, y como concesión especial, me permitió llevar *Blood on the Saddle*, mi canción de vaqueros favorita; empacaron la máquina de escribir y los dos óleos pintados por mi tío Herman. Mi madre, cuyas habilidades culinarias se limitaban a abrir una lata de atún, insistió en incluir su libro de cocina, *Settlement Cookbook*, y aproximadamente tres pulgadas de tejido en estambre azul con todo y las agujas, resultado de sus intentos de tejer una chambrita cuando estaba embarazada de mi hermana hacía cuatro años. (Poco antes de que naciera mi hermano, en 1955, volvió a sacar el tejido y cuando ella murió lo encontramos con todo y agujas en uno de los cajones de abajo.) A mí me dejaron llevar mi cámara "Brownie", mis patines y un vestido de pana gris con florecitas y corazoncitos rojos que me encantaba. A último momento mi madre empacó una libreta que usaría, esporádicamente, como diario.

En ella escribió lo siguiente acerca del viaje: *Era mi primer viaje en avión y no estaba convencida —aunque la experiencia indicaba lo contrario— de que el hombre pudiera, o debiera volar, particularmente en este artefacto de estaño sujeto con alambres que llaman avión. Aterrizamos en Dallas en medio de una tormenta, que es precisamente el tipo de clima que uno esperaría encontrar en Texas. Aquí, tuvimos varias horas de retraso. Problemas con el motor. Le recordé a mi esposo que hubiera preferido tomar el tren. Pero la decisión ya estaba tomada. Ahora se trataba de volar o de quedarnos en Texas. Preferí volar.*

Recuerdo claramente que la aeromoza me regaló una insignia de American Airlines para niños, por lo que decidí seguirla y ayudarle a repartir chicles y conversar con los pasajeros. Un señor calvo me preguntó, "Y tú adónde vas, pequeña?"

"Voy a California", respondí.

"Pues siento decirte que te subiste al avión equivocado", me dijo, "porque este avión va a México."

Corrí a decírselo a mis padres, por si no lo sabían. California era el único destino que habían mencionado. Sin embargo, no parecieron demasiado preocupados y además, yo ya tenía mis alas de aeromoza prendidas arriba del corazón. (Aunque ya más grande —alrededor de los catorce años— decidí no ser aeromoza, esas alas dejaron su huella. Mi pasión por los viajes no se ha extinguido.)

Cuando llegamos a la Ciudad de México, hace 44 años, era un lugar donde se podía vivir muy bien con muy poco. Claro que existían algunos inconvenientes menores: había que hervir el agua para beber; los alimentos congelados, que habían sido la base de nuestras comidas, no existían; el transporte público fuera de la ciudad no era confiable; era imposible obtener una buena leche malteada y las películas extranjeras tardaban por lo menos un año y medio en llegar.

Aunque me tomó bastante tiempo enterarme de todo eso, inmediatamente me di cuenta de lo lejos que me encontraba del Bronx. La mañana después de nuestra llegada, vi palmeras de verdad por primera vez. Al salir por la parte trasera del motel Shirley's Courts, un joven de camisa roja pasó velozmente en su bicicleta. Sobre su cabeza llevaba una canasta enorme repleta de bolillos, y por un momento me llegó el aroma del pan recién horneado.

Caminamos durante mucho tiempo por los mercados cuyos colores eran tan estridentes como los de los pericos chillones que se balanceaban en sus jaulas de metal colgadas en los puestos: verde pálido, verde esmeralda, rojo naranja, amarillo limón, rosa. Casi todo el tiempo nos seguía una jauría de perros callejeros, elemento permanente de la vida mexicana y una de las pocas cosas a las que nunca me he llegado a acostumbrar. Durante todo el primer día me apretaba la nariz con el pulgar y el índice para evitar los olores fuertes del combustible diesel, del drenaje, del café recién molido y también los más tenues del polvo y las naranjas.

Vendían de todo. Había grandes cantidades de gladiolas resplandecientes; huaraches tejidos toscamente con las suelas hechas de pedazos de llantas viejas en las que aún se notaban los surcos; trozos de carne de res llenos de sangre; cinco variedades distintas de plátanos; montones de chiles de color rojo, amarillo, verde y anaranjado; y había una tinaja enorme con crema de color amarillo pálido. El vendedor la sacaba con una cuchara y la vertía dentro de un vaso deshechable; después, tapaba el vaso con papel encerado que sujetaba con una liga y por último lo acomodaba acostado en la canasta del marchante. Me pareció que no era la mejor manera de hacer las cosas y se lo mencioné a mis padres.

Mi madre estuvo de acuerdo conmigo. "Tienes razón. Son pobres y la crema es un lujo."

Pero mi padre afirmó que eso demostraba el optimismo de esta gente. "Observa lo espesa que está la crema. Le tienen confianza. No es fácil que se derrame una crema así de espesa." Creo que tenía razón. O quizá simplemente reflejaba el fatalismo subyacente que decreta que si el destino de la crema es derramarse, se derramará y si no, no. Actualmente, cada vez que pienso en la manera de ser de los mexicanos, me acuerdo de la crema.

Seguimos caminando en medio de los pordioseros —nunca antes había visto uno— y de los puestos en los que vendían llaves viejas, abridores de botellas y manijas; sarapes con rayas rojas, amarillas, verdes, rosas, anaranjadas y moradas. Cuando los perros se acercaban mucho, pataleábamos, o silbábamos o lanzábamos una piedra. Vendían cunas, pociones de amor, espejos de plata, flores de colores brillantes, monedas antiguas, remedios para el lumbago y el cáncer y dulces de coco pegajosos, que mi madre no me dejaba comer, y barras de chocolate Hershey rancias y caras, que sí me dejaba comer.

A mi hermana Judy, que tenía cuatro años, la tuvieron que cargar. Pero de todas maneras no dejó de quejarse y lloriquear hasta que llegamos al Paseo de la Reforma. Una procesión de burros zarrapastrosos cargados de vigas de madera cruzaba lentamente la avenida de ocho carriles, conducidos por varios indios descalzos que usaban sombreros y estaban vestidos de blanco. Mientras que los conductores de los automóviles tocaban desesperadamente el claxon y gritaban obscenidades por las ventanas, dos policías recargados en el semáforo se morían de la risa.

Mis padres tardaron solamente unas cuantas semanas en darse cuenta de que había una enorme brecha cultural —no, más bien era como un abismo— que los separaba del estilo de vida mexicano. La comunicación era uno de nuestros problemas principales.

Una vez instalados en nuestro departamento, escribió mi madre en su diario, *Mike, que tenía la ventaja de haber tomado una docena de lecciones Berlitz, actuaba como el hombre de afuera. Yo era la mujer de adentro. Me enviaba carpinteros, albañiles, plomeros, pintores, pero ninguno de ellos hablaba inglés. Nuestras conversaciones generalmente eran así:*

Hombre (Rápidamente): "Bla, bla, bla, bla"

Yo: "Sí" (Esto lo había aprendido muy pronto. Muchas veces me preguntaba a qué estaba contestando que sí. En ocasiones las miradas que me lanzaban eran muy raras.)

A veces era necesario darles una respuesta más elaborada. Aquí es donde podía utilizar mi entrenamiento gimnástico. Hacía casi de todo menos pararme de cabeza.

Un día llegó un hombre y se presentó como "París Laundress." Lo miré desconcertada y repitió, "París Laundress" y luego un poco más fuerte, "París Laundress".*

"Lo siento mucho, pero no necesito mandar nada a la lavandería", respondí tan lenta y claramente como me fue posible.

Esa misma tarde Mike me preguntó, "¿Vinieron del almacén París-Londres a medir las cortinas?"

"¿Cortinas, qué cortinas? Vino un señor de la lavandería. ¿Cómo iba yo a saber que también medía cortinas?"

Poco después me presentaron a Carmelita, nuestra nueva maestra de español. Me estrechó la mano —era la primera vez que un adulto me saludaba de esta manera —y dijo: "Doña Diana, algún día usted escribirá en español, leerá en español, pensará en español y lo que es más importante, soñará en español. Y cuando llegue ese día", dijo guiñando el ojo, "será más mexicana que yo." Mi madre se quedó tan impresionada que permitió que Carmelita nos peinara, nos pusiera colorete en las mejillas y *lipstick* en los labios, por supuesto, en español.

---

*"Laundress" significa "lavandería" en español.

Tuvimos bastante tiempo para practicar ya que dedicamos las primeras semanas a esperar a que llegara el refrigerador, a que instalaran las alacenas de la cocina y a que regresara el señor de París-Londres.

Mi madre escribió en su diario: *Los mexicanos son fantásticos para los diminutivos. No se conforman con decir "ahora" sino que dicen "ahorita" que traducido literalmente sería algo todavía menos que en este momento. Pero es sólo una forma de expresión. Cuando un mexicano dice "ahorita" quiere decir cualquier día. Un "momentito" es por lo menos dentro de varias horas y "mañana" es una manera educada de decir nunca. Como verán, los mexicanos son muy corteses. Les choca decir no y por lo tanto inventaron una manera ingeniosa de rechazar suavemente a alguien, diciendo "mañana."*

El edificio donde vivíamos era nuevo cuando nos mudamos, pero se deterioraba a una velocidad alarmante. Al lado se construía otro edificio y continuamente echaban agua sobre las paredes de cemento para mantenerlas húmedas. De esta manera lograban que sus paredes estuvieran húmedas y las nuestras empapadas. Un día, mientras comíamos, tuvimos que gritar para oírnos debido al creciente ruido del taladro del edificio contiguo. De pronto apareció un pequeño agujero en el muro a la altura del hombro de mi madre, acompañado de una lluvia de polvo fino y seguido de una cantidad de pedacitos de yeso.

"¡Maldita sea!" gritó mi madre. El agujero se hacía cada vez más grande. Finalmente un rostro sorprendido apareció.

"¡Qué barbaridad! Disculpen, señores."

Este tipo de errores ocurría con mucha frecuencia. Estábamos visitando a Marilyn, una amiga de mi madre que acababa de llegar de Miami habiéndole ganado la delantera al IRS (Oficina de Recaudación de Impuestos de los Estados Unidos), cuando la sirvienta entró apresuradamente y apuntó hacia la entrada de los coches. Su automóvil, un Cadillac Fleetwood, 1948, estaba en llamas. Marilyn corrió hacia el teléfono, tomó el auricular y se quedó inmóvil. "¿Cómo se dice fuego?" le preguntó a mi madre.

Mi madre buscó dentro de su bolsa de paja y sacó su diccionario inglés/español.

"¡Espérame un minuto!" gritó. "¡Aquí lo tengo! 'Fuego, incendio, ardor, pasión...'"

"¿Pasión? Por el amor de Dios, Belle. Ese no es el tipo de fuego al que me refiero. ¿Cuál es la primera palabra que dijiste? ¿Estás segura que estás viendo la página correcta?"

Así, mientras mi madre hojeaba el diccionario y Marilyn sostenía el auricular, los vecinos llamaron a los bomberos que prometieron llegar en "un momentito". Así lo hicieron. Dos horas y media más tarde se oyó el rechinar de las llantas cuando se detuvieron frente a la casa. Tuvieron que empujar el carro de bomberos por la empinada y angosta entrada, y una vez vencido este obstáculo se dieron cuenta de que su manguera no se podía enroscar en la llave del agua. "¡Qué barbaridad!" exclamaron. Mientras las últimas llamaradas salían de los escombros del auto, los bomberos estrecharon las manos de todos los presentes ("adiós", "adiós", "adiós"), se disculparon mil veces, se encogieron de hombros y levantando las palmas de sus manos repitieron una frase que nos sería muy útil en los años subsiguientes: "ni modo, ni modo", que equivale más o menos a "no hay nada que hacer, es inevitable".

Al día siguiente mi madre sostuvo una conversación muy seria con nuestra profesora de español. "Mire usted, Carmelita. No es que me moleste aprender palabras como lápiz, labial y linterna o la letra de *La cucaracha*, pero antes, me gustaría que me enseñara cómo se dice 'auxilio', 'fuego', 'rescate'. Y si después", añadió con aire esperanzado, "aprendo a soñar en español, bueno, eso también será agradable..."

Este tipo de anécdotas eran los temas principales de conversación entre los miembros de la comunidad de expatriados. Había quizá cincuenta familias estadunidenses que llegaron por razones políticas o parcialmente políticas durante la década de los cincuenta. Nuestras apresuradas llegadas y salidas se entrecruzaban y se traslapaban, pero a pesar de los ires y venires existía entre nosotros una cohesión muy fuerte. Nos dábamos apoyo moral y a veces económico, nos frecuentábamos socialmente, compartíamos una perspectiva política progresista y definitivamente, en la mayoría de los casos, una sensación de alivio de estar fuera del alcance de quienes nos acusaban de comunistas, aunque éstos no escaseaban dentro de la comunidad norteamericana en México.

Poco antes de que entrara al colegio me informaron que acortarían nuestro apellido. "Zykofsky es un apellido muy difícil de pronunciar es español", me dijeron mis padres.

"Tampoco es tan fácil en inglés", les recordé.

Estuvieron de acuerdo conmigo, pero me ordenaron que escribiera en mis cuadernos "Zyke" en lugar de "Zykofsky" y así lo hice... en tinta. Luego cambiaron de opinión, cosa que me molestó mucho. Esto significaba que tenía que rellenar de negro todas las "es" para que parecieran "os" y aunque lo hice con mucho cuidado para que no se corriera la tinta, "Zykofsky" no quedó tan bonito como "Zyke."

Lógicamente, teníamos que ser discretos. Mis padres me advirtieron repetidamente que nunca debía hablar de los "secretos" familiares. Hasta donde yo sabía, nadie me había divulgado ningún "secreto" que pudiera repetir. Sin embargo, consideraban que los niños eran el talón de Aquiles de una familia y, como tal, los mantenían generalmente en la ignorancia. Aun en nuestro estrecho círculo, se intercambiaba muy poca información acerca de las actividades políticas del pasado. Algunos de los exiliados voluntarios habían pertenecido al Partido Comunista; otros, no.

Uno de los que sí había pertenecido era Theo, un veterano de la guerra civil española y, por lo tanto, uno de los pocos del grupo que hablaba español. Tanto él como su esposa Betty, por el hecho de haber llegado a México cinco meses antes, se habían convertido en reconocidos expertos en cuanto al país se refería. Sabían dónde se suscribía uno al *New York Times* dominical, cuál era la única tienda de nuestra colonia donde vendían el pan de centeno al estilo judío y a qué doctor debíamos acudir para vacunarnos contra la tifoidea. También nos asesoraron cuando quisimos contratar a una sirvienta.

Cuando vivíamos en el Bronx, contratar a una sirvienta no era algo acostumbrado, pero la vida en México sin sirvientas equivalía a escalar los Himalaya sin guía. Sólo ellas eran capaces de encender una estufa mexicana o un calentador de agua, sólo a ellas no les cobraban de más en los mercados, ellas encontraban las velas cuando había apagones y se encargaban de tirar la basura. Theo nos aseguró que, al igual que para todo lo demás, el comunismo daba la pauta de cómo ser un buen patrón. "Aunque por principio no estoy de acuerdo en tener sirvientes, reconozco que por el momento es una necesidad. Eso, sin embargo, no me exime de mi obligación de proporcionarles buenas condiciones de trabajo, salarios decentes y un trato digno." Así, Theo insistía en que Concha, su sirvienta, se sentara con ellos a la mesa y compartiera sus alimentos.

El domingo que nos invitaron a comer Concha estuvo con nosotros. Apenas llevaba un minuto sentada cuando se oyó una campana sonar tres veces y una voz que gritaba, "la basura, la basura". Disculpándose saltó de la mesa, corrió a la cocina, agarró la basura y desapareció para regresar cuando ya habíamos terminado de comer.

"¡Qué extraño!" dijo Theo. "Los recolectores de basura casi nunca vienen en domingo. Y casi podría jurar que ayer pasaron dos veces."

Aunque Theo nunca lo volvió a mencionar, Betty después le confesó a mi madre que Concha se las arreglaba para que su prima Lucha, que trabajaba en la casa de junto, diera la señal todos los días a la hora de la comida. Cuando corrieron a Lucha, Concha regresó a su pueblo en Morelos. Nosotros también fuimos a Morelos pero bajo circunstancias muy distintas.

Mi madre rápidamente encontró trabajo y ahora estaba empleada ilegalmente —ya que no contaba con papeles de trabajo— en un gran bufete de abogados norteamericanos, donde no necesitaba hablar español. Mi padre, que había trabajado como vendedor en una imprenta en Nueva York, rentó un espacio en una pequeña florería en la Avenida Juárez para vender las lámparas que él mismo hacía con estatuillas coloniales y figuras precolombinas que compraba en los pueblos y mercados de todo el país. También vendía ex-votos o milagros pintados sobre pedazos de hojalata sacados de latas aplanadas. Estas se colgaban en las iglesias como expresiones visibles de agradecimiento por milagros concedidos, tales como resucitar a los muertos, embarazar a las mujeres estériles y devolver la vista a los ciegos. (Habría sido mayor milagro que mi padre hubiera logrado vivir de esto.)

Ahora los viajes no eran por motivos políticos sino que se justificaban porque tenía que mantener a su familia. Así que todos los fines de semana salíamos a algún lado. Mi padre, a pesar de que se integró rápidamente, no se atrevía a lanzarse a la locura del tráfico de la Ciudad de México; por lo tanto, no teníamos coche y usábamos el transporte público.

Nos fuimos de viaje a Taxco, a los pocos días de haber regresado de una excursión de tres horas a Toluca en un autobús de segunda. Durante el viaje a Toluca, el chofer no le hizo el menor caso a los gritos de mi madre acerca de su manera de manejar; en cada curva nos caían encima los paquetes y canastas que salían volando de la rejilla de arriba y un gallo no dejaba de contonearse por el pasillo central, cosa que le encantó a mi hermana. Así que decidieron que la próxima vez tomaríamos un "turismo" en lugar de un autobús.

El "turismo", que era una limusina, acomodaba a ocho o nueve adultos, incluyendo al chofer, y el equipaje se colocaba en una parrilla exterior en la parte de atrás del vehículo. El que nos tocó, un DeSoto negro, más viejo que yo, olía a gomitas, moho y tabaco rancio y estaba visiblemente ladeado. Cuando dejamos la carretera bien pavimentada de Cuernavaca mi madre volteó a ver a mi padre y sonrió: "Sabes Mike, hace mucho tiempo que debimos haber tomado estos 'turismos'."

Mi hermana y yo entretuvimos a los otros tres pasajeros, ninguno de los cuales hablaba inglés, con un juego que inventamos cuando oímos por primera vez el nombre de uno de los volcanes que rodean la ciudad, el Popocatépetl. Se trataba de repetir la palabra sin cesar, cada vez con mayor rapidez, hasta que alguien invariablemente se equivocara, cosa que producía grandes carcajadas; luego pasábamos a otra palabra como Iztaccíhuatl. Uno de los pasajeros nos proporcionó una nueva que nunca antes habíamos oído: "Huitzilopochtli" y nos costó mucho trabajo pronunciarla. Para entonces ya estábamos en las montañas y comenzamos el ascenso. La carretera de cuatro carriles se hizo más angosta y ahora sólo tenía dos, y las curvas se volvieron mucho más pronunciadas. Comenzaron a caer gotas sobre el parabrisas y mi padre, que estaba sentado junto al chofer, le sugirió que encendiera los limpiadores. "No funcionan señor, es una lástima", dijo. "Pero no se preocupe, nunca llueve en enero." Había baches en la carretera y en repetidas ocasiones caíamos en alguno que nos sacudía. Las gotas golpeaban el parabrisas que estaba todo empañado y el agua se estaba metiendo por la puerta trasera. La visibilidad se redujo significativamente y tal vez fue mejor, ya que al parecer estábamos subiendo por una cuesta muy empinada.

"Haz algo Mike", susurró mi madre.

"¿Qué quieres que haga? ¿Que pare el coche y nos bajemos?"

De pronto el automóvil se sacudió y nos acercamos peligrosamente al borde del precipicio, zigzagueamos en dirección opuesta y derrapamos hasta que nos detuvieron unos matorrales en el otro lado de la carretera.

El chofer apagó el motor. Mi padre y él se bajaron y regresaron poco después, empapados, con la noticia de que se había ponchado una llanta.

"La llanta de refacción está totalmente desinflada y no tiene bomba", añadió mi padre.

"¡Qué barbaridad!" dijo el chofer. "Pero no se preocupe, señor. Hay un pueblito a unos cuantos kilómetros de aquí. Llevaré la llanta para que la inflen, regreso en un momentito". Y desapareció tras la cortina de agua.

Nunca lo volvimos a ver porque, en ese momento, mi madre nos anunció que nos íbamos: "Me niego a viajar una milla más con ese lunático al volante", exclamó.

"¿Y cómo piensas llegar a Taxco?" preguntó mi padre.

"Pediremos aventón", dijo. "Baja las maletas, Mike."

Mientras los demás pasajeros se encogían de hombros y murmuraban "ni modo", intercalando en voz baja, "están locos", mi padre procedió a bajar nuestro equipaje de la rejilla. Mi madre se puso el sombrero de paja de mi padre, caminó hasta la mitad de la carretera y frenéticamente agitó un suéter hasta que apareció un auto pequeño que milagrosamente se detuvo.

Se abrió la puerta y los dos pasajeros, sorprendidos al ver que éramos cuatro, más dos maletas medianas, nos dijeron, en inglés, que nos subiéramos. "Vamos hasta Taxco. Iremos un poco apretados, pero con mucho gusto pueden venir con nosotros."

Nos amontonamos chorreando agua sobre el único pasajero que iba en el asiento de atrás, una gata. Despertó sobresaltada y brincó hacia la parte delantera. Uno de los jóvenes nos dio una toalla grande.

"¿Cómo se llama?" pregunté.

"Se llama Gata, por supuesto, porque es una gata mexicana."

Me pareció que le habían puesto un nombre muy acertado y se los dije.

Los jóvenes que nos rescataron eran estudiantes de una universidad de California —uno era mexicano y el otro estadunidense— y viajaban durante sus vacaciones de invierno por todo México en una carcacha. Cambiaban bolígrafos por comida y alojamiento. "Hay muchas personas en los pueblitos de por aquí que nunca han visto un bolígrafo y por supuesto nunca han escrito con ellos", dijeron. Luego explicaron que con aproximadamente 33 bolígrafos habían logrado llegar hasta este lugar. "Sin embargo, las gasolinerías no los aceptan..."

Yo había oído la expresión de canjear Manhattan por un puñado de cuentas, así que esto me pareció de lo más original. La lluvia había quedado atrás y el sol comenzaba a iluminar los bordes de las nubes. Les contamos acerca de la vida en la Ciudad de México, lo del señor de París-Londres y el incidente de los bomberos con el coche de Marilyn. Mi padre preguntó cómo se las habían arreglado para manejar en México bajo las condiciones existentes y le aseguraron que no era tan terrible como parecía. "Los conductores están mucho más alertas. Están a la defensiva y el que maneja tiene mucho más control."

Luego cantamos *Clementine* y *We'll Be Coming Round the Mountain*. Mi hermana y yo cantamos *La cucaracha* y cuatro versos de *Allá en el rancho grande*.

Me quedé dormida apoyada en el hombro de mi padre. Soñé que estaba en Jones Beach y que mi hermana y yo excavábamos un hoyo tan grande que podíamos saltar adentro. Excavábamos durante mucho tiempo. El hoyo estaba lleno de pericos y de palmeras y un perro nos seguía. Cuanto más excavaba, más me mojaba. Oía unas guitarras y me llegaba el olor de unas naranjas y de pronto vi una luz y llegué al otro lado del mundo. Allí estaba Carmelita y me estaba hablando... en español.

Isabel Parra, Chile

Hija de la famosa canta-autora y artista chilena Violeta Parra, Isabel Parra empezó su carrera en París, Francia. Grabó su primer álbum a los trece años y realizó múltiples giras alrededor del mundo. Al regresar a Chile fue influenciada por su madre y llegó a ser pionera en el género musical conocido como la "Nueva Canción". En 1964 fundó junto a su hermano "Peña de los Parra," centro neurálgico de difusión artístico-cultural. Dos años después tomó parte del Primer Festival de la Canción.

Parra participó luego en la Unión Popular junto a figuras conocidas como Victor Jara. Después del golpe de estado, Parra se exilió nuevamente a Francia y a la Argentina. Recibió el Premio Laurel Dorado en 1988 por su aportación a la música chilena. Su libro-disco, *Ni toda la tierra entera*, recibió el Premio de la Fundación Guggenheim en 2002.

Albumes

Enlaces
Vientos de pueblo
Acerca de quien soy y no soy
Tu voluntad más fuerte
Isabel canta a Violeta
Como una historia
Isabel Parra canta a Violeta
Isabel Parra
Isabel Parra, vol. 2
Lo mejor de Isabel Parra
Lámpara melodiosa

Obra

Ni toda la tierra entera

Ni toda la tierra entera
será un poco de mi tierra
donde quiera que me encuentre
siempre seré pasajera

mi trabajo cotidiano
mis estrellas mis ventanas
se convirtieron cenizas
de la noche a la mañana

puedo hablar puedo reír
y hasta me pongo a cantar
pero mis ojos no pueden
tanta lágrima guardar

a pesar de lo que digan
no me olvido compañero
de que el pan que me alimenta
siempre será pan ajeno

quisiera estar en mi puerta
esperándote llegar
todo quedó allá en Santiago
mi comienzo y mi final

si me quedara siquiera
el don de pedir un sí
elegiría la gloria
de volver a mi país

Laura Riesco, Perú

Laura Riesco nació en un pueblo minero de los Andes peruanos. A los seis años ella y su familia se mudaron a Lima, ciudad donde Riesco vivió hasta terminar la secundaria. Viajó luego a los Estados Unidos con miras de pasar solamente un año en el extranjero. Cambió de planes, estudió en la Universidad Estatal de Wayne en Detroit, Michigan y en la Universidad de Kentucky, en Lexington, de la cual obtuvo una maestría en literatura francesa y el doctorado en literatura latinoamericana con una tésis sobre la poesía de César Vallejo.

Desde hace unos años Riesco está jubilada de la Universidad de Maine, donde enseñó durante veintiocho años. Reside ahora con su marido en un pequeño rincón al sur de Maine, muy cerca del mar del cual aún se escuchan cantos de sirenas y entre bosques encantados donde los ciervos llegan hasta su puerta.

Ha publicado artículos sobre literatura y cuentos en español y traducidos al inglés.

En 1995 *Ximena de dos caminos* recibió el Premio Latino en Narrativa (Nueva York) y está en su tercera edición en Lima.

Obras

El truco de los ojos (1978)
Ximena de dos caminos (1994)

El niño y la mañana

Aunque sólo sean las tres de la tarde se amarra la bufanda porque en octubre no confía en ese brillante sol septentrional. Irá al supermercado de Old Town y será la única cuya vestimenta presagie el invierno. Incluso, es probable que vea a muchachos de la universidad en shorts y camisetas de manga corta. "Ya te acostumbrarás, todos se quejan en un principio pero a la larga el cuerpo joven se adapta", le dicen con frecuencia. "En mi vida", piensa para sí mientras acepta sonriendo los consejos y comentarios de la gente bien intencionada. Meses después verá también a jóvenes y viejos salir del Student Center lamiendo felices helados de chocolate, fresa o vainilla sin hacerle ningún caso a la nieve que cae sin ruido sobre sus gorras y sus abrigos. El invierno anterior fue su primera experiencia en el frío del nordeste y a veces llegó a la conclusión que lo mejor era morirse. Por más abrigada que estuviera, con pasar unos minutos a la intemperie, el pecho le dolía y se quedaba sin aire cada vez que intentaba respirar. Una mañana glacial y de mucho viento los ojos se le irritaron y para su consternación, cuando entró al edificio donde estaba el laboratorio y se tocó la cara, se dio cuenta de que los hilitos de moco aguado y las lágrimas se le habían escarchado en las mejillas.

Por su excompañera de apartamento se enteró de que cuando la gente se moría en pleno invierno era necesario conservar el cadáver congelado, dónde, no lo sabía, conservarlo así para que se pudiera enterrar en la primavera; sólo entonces la tierra iría poco a poco deshaciéndose de la dureza creada por las crudas temperaturas nocturnas de enero, febrero y hasta de marzo. "!Salvajes!", había pensado para sí cuando la escuchó y luego se había alegrado de no haberse muerto durante esos meses. Para su mala suerte, en la vivienda que había compartido con esa misma compañera, que no era en verdad compañera sino una conocida del laboratorio, no había forma de controlar el termostato y las habitaciones se calentaban tanto que tenían que andar en ropa interior para no ahogarse. Salir de ese calor agobiante al aire gélido de las calles era una tortura. Felizmente, y no se cansa de agradecer su buena estrella, felizmente ahora puede subir o bajar el termostato a su real antojo.

Es sábado y casi no pasan coches por Benoch Road. Hay un partido de fútbol americano en la universidad y medio pueblo debe haberse vaciado en el estadio. Porque el *campus* queda al otro lado del río que bordea todo el largo de esa ruta, con tener apenas abierta la ventanilla a su costado, puede escuchar la música de la banda universitaria. Tampoco ve gente que esté trotando o que pase en bicicleta para hacer ejercicio. En cualquier caso, a esa hora no suele haber mucho mundo en las calles y esto la reconforta. Le horroriza tener que desviarse al carril opuesto cuando hay bicicletas, caminantes o fondistas que vienen hacia ella por la derecha cuando al mismo tiempo otro carro, siempre inesperado por las pronunciadas lomas en la carretera, se le viene encima veloz en sentido contrario. Va despacio por una costumbre adquirida luego de llegar a ese país y aprender a manejar aunque los que estén detrás suyo la odien. La odian en silencio, a lo más prenden y apagan los faros, nunca le tocan la bocina porque los de aquí, quizá por aguantar tanto el frío sin quejarse, se han vuelto muy pacientes y educados. A la verdad, no quiere ninguna clase de líos con la policía, y además, al ir sin apuro, puede contemplar gozosamente los colores del otoño. Todavía quedan muchos árboles teñidos de diferentes matices de amarillo, granate, marrón, violeta y rojo, y si con un fondo de nieve los pinos y abetos del norte contrastan y lucen eufóricos su verde o su azul blanquecino, en esta época y con el fondo multicolor de otros follajes, no se empequeñece la dignidad de sus tonos uniformes y siemprevivos. Sabía, antes de llegar a Maine, que el otoño era de una hermosura excepcional, pero nunca se había imaginado que la naturaleza fuera tan magnánima con algo tan sencillo como el color cambiante de los árboles. Es un canto de cisne antes del total silencio de sus ramas desnudas, cavila, un canto a colores antes de su muerte temporal en el invierno. Respira satisfecha de poder respirar así, de poder absorber todo aquello por los ojos y piensa que le gustaría que esa estación fuera eterna.

Está por dejar atrás el enorme cementerio de Old Town cuando se ve forzada a frenar repentinamente porque al descender por una de las colinas que caracterizan el camino, a unos veinte metros, se da con un vehículo estacionado malamente en su misma dirección. Es una camioneta que ha sido o que debe ser plateada, pero que de tan sucia ahora es color café con leche. Tiene los lados inferiores oxidados y la ventana de la puerta trasera no tiene vidrio sino un plástico pegado a los bordes con una gruesa cinta adhesiva negra. Una mujer joven, bastante alta, de melena lacia y rubia bajo un pañuelo de algodón azul, carga a un niño en la cadera izquierda y se agacha para mirar dentro del capó abierto del carro. Se le nota incómoda porque el niño no es pequeño y la mujer se alivia del peso apoyándose primero en una pierna y unos segundos después en la otra. Hay algo tan solitario y desvalido en su figura que, sin pensarlo dos veces, se estaciona detrás y camina hacia ellos. "¿La puedo ayudar?" pregunta solícita. La mujer no levanta los ojos. Observa, muy concentrada, el laberinto de piezas oscuras bajo el capó. No logra adivinarle la edad, igual puede tener veinticinco que cuarenta. Es esbelta y lleva unos vaqueros ceñidos con una camisa de franela a cuadros de hombre anudada a la cintura. "No sé qué le pasa. El motor se paró y por más que le hago no quiere arrancar." "¿Puedo hacer algo?" insiste. "Hay dos gasolineras a la vuelta, en Stillwater, y si gusta le llamo a un mecánico." La mujer levanta los ojos sin mirarla directamente y pestañea seguido como si el sol le hiciera daño. El niño sí la ha estado catando desde que se acercó. Usa una gorra que le cubre las orejas y se abotona bajo el cuello. Está vestido de invierno; lleva hasta botines altos de caucho verde y lo único que le falta para jugar en la nieve por venir son los mitones. Tiene la cara sucia y las gotitas de sudor le bajan de las sienes abriéndole surcos que muestran la palidez blanca de su piel.

Todavía sin mirarla de frente la mujer hace un gesto negativo. Se agacha otra vez y con una mano trata de sacar el medidor de aceite, lo vuelve a colocar, desentornilla algo con muchísimo esfuerzo. Se tambalea hacia adelante y el niño por poco se le cae de bruces. Instintivamente ella se acerca y extiende los brazos para sujetarlo. La mujer, concentrada en su tarea, le da las gracias en una voz casi inaudible. Vuelve a colocar la parte que ha sacado para verla al trasluz, mueve, golpea aquí y allá, rezonga para sí y ahora le dice, "Si quiere ayudarme, por favor téngame al chico mientras pruebo si ahora me arranca este adefesio." En ese momento a ella no le parece nada raro hacerle ese favor y camina unos pasos para atrás cargando con dificultad al niño que pesa más de lo que había pensado. Sienta al pequeño sobre el capó del Honda y lo sostiene allí con ambas manos. Luego escucha el ronrón desafinado del otro motor, al segundo un ruido más estridente y ve, sin reaccionar en un principio, que la camioneta se marcha con rapidez perdiéndose por la última curva antes de que Benoch Road desemboque en Stillwater Avenue. Espera unos instantes en la misma posición sin atreverse a hacer nada. El niño no se impacienta, está con los ojos fijos en un perro que pega brincos detrás de una reja de metal en la casa del frente. "Tendrá que volver por su hijo," reflexiona, "en su atolondro se le habrá olvidado de avisarme que iba a revisar el carro en una de las gaso-lineras a la vuelta." Al cabo de diez minutos ya no puede más, mete al chico en el asiento trasero, se demora en abrocharle el cinturón de seguridad y enfila hacia la avenida Stillwater. En vano busca la destartalada camioneta en una y después en la otra gasolinera. Por ese lado, atravesando solamente un se-máforo, se cruza a la autopista I-95, y aunque la mujer no la hubiera tomado, a esas alturas sería imposible dar con ella. El corazón le late con tanta fuerza que le palpita con un gusto salado dentro de la boca. "¿Y ahora qué me hago, Dios mío, esto es una pesadilla, ahora qué me hago?"

Por el retrovisor alcanza a ver al chiquillo que mira por la ventana con un gesto entre serio y aburrido. Necesita hacerle varias preguntas pero se sabe demasiado aturdida para prestarle atención y para manejar al mismo tiempo con prudencia. Se olvida del supermercado y regresa a la casa donde vive. No le quita el sombrero ni el abrigo y lo sienta en el cuarto de estar. En medio del gran sillón de cuero negro, el niño parece haberse encogido. No le causa lástima, al revés y por irrazonable que sea, al observarlo en esos momentos sospecha que el pequeño es cómplice en una estrategia nefasta. "¿Cómo te llamas?" inquiere para empezar. "Mike", responde el chico al tanto que trata de recostarse sobre el respaldar del asiento. "Mike y ¿qué más? ¿Cuál es tu apellido?" Impávido el otro responde subiendo la voz, "Me llamo Michael Smith." Es como apellidarse Pérez en México, habrá por lo menos tres páginas llenas de Smiths en la guía telefónica. "¿Dónde vives? ¿Sabes tu dirección? ¿El nombre de tu calle? ¿Tu teléfono?" El chiquillo mueve enfáticamente la cabeza. "No, eso no lo sé." Las manos se le crispan, tiene ganas de zamaquearlo. "¿Cómo se llama tu mamá?" "Kristen", le dice en voz aún más alta. "¿Y por qué te dejó conmigo en la calle?" El niño le devuelve la mirada con mucha tranquilidad. "Esa no es mi mamá. Esa es Jenny." "¿Jenny es tu tía entonces?" El chiquillo le contesta que eso tampoco lo sabe mientras prueba con el cuerpo si el sillón es de los que se mecen.

Repentinamente ella siente que la embarga una angustia brutal, un deseo infinito de tirarse a la cama y cubrirse, apretándose la cabeza con la almohada para así dejar de pensar o de quedarse inmediatamente dormida para despertarse sola en la casa. Se acomoda en el sofá frente al niño y se resigna a la idea que por ese camino no sacará nada en limpio. ¿Qué alternativas tiene a su alcance? Por lo pronto, está segurísima de que no le valdría de nada llamar a alguien, a cualquiera de los que le han mostrado consideración y hasta afecto. Surgiría una complicación tras otra. ¿A quién no le iba a parecer esa historia increíble, si a ella misma, si se la contaran, se le haría muy difícil creerla? A fin de cuentas es como si una desconocida le hubiera regalado un chico, que no es su hijo, a eso de las tres de la tarde cerca del cementerio en Benoch Road, y esto no es como si, en las mismas circunstacias, le hubiesen regalado un perrito blanco o un hermoso gato abisinio. Si se tratara de haber hallado algo en el camino, una billetera, por ejemplo, un llavero repleto, una mochila con libros o un pañuelo de seda estampado de margaritas, no habría problema; llevaría el artículo al "Lost and Found" de la universidad, daría su nombre sólo en caso de que se lo pidieran y se acabó el asunto. Pero ¿un niño?, con un niño se le enredaba el futuro: de la oficina de la seguridad universitaria la llevarían directamente a la comisaría de Bangor, y allá, sin duda, le pedirían sus datos personales, sus documentos; se los pedirían y ella tendría que dárselos y quién sabe, la policía sería más astuta o estaría menos necesitada que los administradores de la universidad, y verificarían que la visa que le permite hoy en día trabajar hace tiempo que no es válida. Caducó cuando terminó los cursos de la beca. No

puede darles ninguna otra prueba oficial porque no sólo como tantos mexicanos, sino como otros latinoamericanos, ella ha estado durante año y medio
viviendo y trabajando ilegalmente en el País de las Maravillas. Es inútil llamar a
su jefe de laboratorio, siempre tan correcto y atento con ella; igual tendría que
ir acompañada por él a la policía e igual, sola o sin él, correría el riesgo de ser
aprehendida.

El niño se ha bajado del sillón y se detiene junto a la gran puertaventana que
da al lado sur de la casa. Hay mucha variedad de árboles y las hojas se arremo-
linan alrededor de los antiguos arces. Había decidido pasar la mañana del
domingo rastrillando las hojas y metiéndolas en las bolsas de plástico que los
dueños de la casa le han dejado en el garage con los pormenores del reciclo
nítidamente escritos en una tarjeta. Estaba esperando de buena cara esa tarea.
Metida como está ocho horas al día en el laboratorio de lunes a viernes, rodeada
por los olores químicos que flotan sin pausa a su contorno, agradece el trabajo
al aire libre siempre y cuando el clima se lo permita. Esos planes se le han ido al
agua, su vida entera, calcula, está por írsele al agua. Se acerca al chico y sobre él
mira el sol declinante y los colores del cielo de la tarde. Es lindo el cielo en
Maine. Tiene que admitir que hasta en invierno es a veces tan llamativo que
todavía no deja de maravillarla. En realidad, le atraen tanto la forma caprichosa
y el color de las nubes contra los rayos del sol a esa hora que ha tomado varias
fotos del cielo sobre la arboleda de los bosques, sobre el horizonte del río
cercano o del mar en el Acadia National Park. Cuántas veces ha querido que el
carro en el que viaja se detenga unos segundos más para deleitarse en ese
panorama de luces y de sombras donde los rayos de luz resisten el avance de la
oscuridad con un despliegue inusitado de fulgor.

Se inclina para ayudar al niño cuando ve que éste comienza a querer de-
sabotonarse la chaqueta. Un olor rancio, a ropa sucia amontonada en un cuarto
sin ventilación, la fuerza a echarse atrás. Se fija en que su barbilla guarda
redondeces de crío pequeño y que tiene marcas de mugre en el cuello cerca de
las orejas. Nunca ha bañado a otra persona y no está por hacerlo ahora con un
chiquillo que no es su nadie. Quisiera rociarlo con uno de esos pulverizadores
que quitan el mal olor a las alfombras, pero los dueños de la casa, cuidadosos
como son en la protección del medio ambiente, no los tendrían a mano. Cuelga
la chaqueta del chico en la lavandería, sube al baño que colinda con el dormitorio matrimonial y, sin reparo, se echa una cantidad exagerada de colonia
Nina Ricci que como todo en ese baño no le pertenece. Cuando entra al cuarto
de estar, a varios pasos de ella, el niño se da la vuelta y arruga la nariz.
"¡Fiiuuu!" grita, "¡qué fuerte hueles!" Se sienta lejos de él y le dice, recalcando

firmemente las palabras, que no puede quedarse con ella y que, por favor, le avise adónde lo puede llevar. El chico se cohibe, le tiembla el labio inferior y por primera vez un signo de reto en los ojos no acompaña su silencio; todo él se ha convertido en una imagen tristísima de orfandad. Sin hablar aún, el niño se vuelve hacia la ventana y le da la espalda. "Bueno, pues, qué le vamos a hacer", murmura ella en castellano. El otro se voltea. "¿Qué has dicho?" la interpela suspicaz. "He dicho que qué quieres hacer", le miente. El niño contesta que quiere mirar la tele. Le alcanza el control remoto convencida de que lo sabrá usar mejor que ella y frustrada se va a la cocina a ver lo de la cena.

Quería comer otra cosa esa noche y no habiendo llegado a comprar nada básicamente calentará lo de ayer. Desde la cocina contempla al niño que se ha colocado apenas a un metro de la pantalla a pesar de que tiene el volumen bastante alto y que el televisor es inmenso. Está completamente enfrascado en una lucha entre ranas gigantes y tortugas acorazadas y la tiene relegada en el olvido. Pone la mesa en el bar de la cocina y deja todo listo para que coman más tarde. Luego se va a la sala con la intención de leer una novela que ha empezado hace unos días pero no logra adentrarse en la acción; el ruido de la batalla que se desarrolla en el otro cuarto la distrae y, por otra parte, aun cuando procura calma fingiéndosela a sí misma, una ansiedad general le palpita en el cuerpo. Cierra el libro y busca entre la confusión de sus pensamientos una salida al embrollo sórdido en el que se halla. Tal vez, mañana que es domingo, lo pueda dejar a la puerta de la iglesia católica o de la presbiteriana que se encuentran una frente a la otra en el centro del pueblo, a dos kilómetros de la casa, los ladrillos de ambas midiéndose diaria y urbanamente la fe. Al minuto, descarta esa noción. El domingo transita gente por la calle principal; algunos van a la iglesia, otros caminan en parejas, solos o niños, sonriendo porque es domingo y es costumbre pasear por allí saludándose entre sí, agradecidos de conocerse y de vivir en un pueblo tan tranquilo. Antes, cuando compartía el apartamento, ella también caminaba por esa calle y a ella también le sonreían y la saludaban, por lo tanto teme que alguien la pueda reconocer. A lo mejor podría manejar lejos, hasta Ellsworth, o más lejos todavía, hasta Waterville, y dejarlo en cualquier lugar. En cualquiera no, reacciona. El chico no debe tener arriba de cuatro años y si lo dejara a la puerta de una casa, se le podría ocurrir cruzar la pista y, quién sabe, ser fatalmente atropellado en la oscuridad. ¿Y si lo llevara a un restaurante, lo sentara, le dijera que la esperase mientras ella iba al baño y se escapara por otra puerta abandonándolo allí? Tampoco es buena idea: por más lejos que esté, habría comensales y correría el riesgo de que se fijaran en ella al entrar. Con el tipo de india que se manda, más india que todos los indios Penobscot o Passamaquody que ha visto en el pueblo y hasta en la reservación, no sería difícil que alguien se fijara en ella al entrar o esperar a que los sentaran y que luego la describiera sin dificultad. Su padre le dijo cierta vez que los que se sientan, por natural tendencia humana, tienden a observar a los que están de pie. Ella lo ha comprobado en su propia persona en las estaciones, los aeropuertos, en las aulas de clase como también en los bares y restaurantes. Sabe que el peligro de ser identificada es muy remoto, pero ya lo pensó y ahora, por superstición, no logra deshacerse de la idea. Pronto va a oscurecer y aunque la oscuridad podría ser su aliada no se atreve a dejar al niño en ninguna parte. Cierra los ojos por unos minutos y trata de rezar. Alguien también le ha dicho, y no recuerda quién, que no hay plegarias más desesperadas que las plegarias de los que no creen. Se queda así sin moverse aguardando un mensaje simbólico, una salida mental súbita y concreta a su dilema. La habitación se ha sumido en el claroscuro de la penumbra. Como sonámbula dentro de un mal sueño llega a la cocina y después de calentar el arroz llama al niño que sigue ensimismado en la pantalla. Sólo unos minutos después, durante la publicidad, el chico se acerca y mira lo que hay sobre el contador. "¿No tienes otra cosa?" le pregunta. "No me gusta nada de esto." Ella ni siquiera mira dentro de la refrigeradora para buscar algo diferente pues todo lo que hay ahí es por el estilo de lo que come ahora. Le toca vengarse de los malos ratos que pasó con la comida durante los meses que vivió con su compañera de trabajo, y aunque esto sólo sea una blanda imitación de lo real, le aplaca un tanto la nostalgia por los platos que preparaba su madre. "¿Y qué es lo que quieres comer?" le pregunta adivinando de antemano la respuesta. "Quiero una hamburguesa con queso y papas fritas y un batido de fresa", le contesta el niño sin el menor titubeo. "Eso es lo único que me gusta", agrega muy seguro de su importancia y su buen sentido gastronómico. Ella se sienta y empieza a echar el picadillo de cebollas, jalapeños esta vez insípidos y mucho perejil en un aliño de aceite y vinagre que ya tiene listo. Extraña mucho el culantro pero por cuatro ramitas, a veces ya marchitas, y envueltas en papel de celofán como si fueran flores exóticas le cobran un ojo de la cara y no está para ese despilfarro. Se le ocurre que tarde o temprano, cuando el mocoso tenga hambre, por fuerza se dará por vencido. Sin embargo, el chico no cede, continúa pegado a la televisión cuando ella ya ha recogido la mesa y se ha ocupado de limpiar la cocina. Ostensiblemente interesado en un nuevo programa, no se mueve de su sitio en la alfombra. Ella le mira el abundante cabello castaño, apelmazado por la suciedad. Lo deja ahí en el cuarto de estar y se va a la sala para ver si logra retomar el hilo de la novela. Le han recomendado esa clase de lectura para ampliar su vocabulario y además la trama policial la distrae con su elaborada intriga. No ha leído ni tres páginas cuando el chico se le presenta anunciando que tiene muchísima hambre. "Pues, no hay problema," le dice ella con calma." Te caliento el arroz con frijoles y te doy una ensalada de lechuga y tomates. "El otro frunce ojos, nariz, boca, todo en la cara se le comprime en un gesto de asco y enseguida comienza a lloriquear. "Vas a ver cómo me desmayo si no como", la amenaza. "Ya me ha pasado otras veces."

Furiosa, lo lleva en el asiento de atrás al McDonald's más cercano. El niño insiste, procurando sacarse el cinturón de seguridad y gimoteando a la vez, en bajar y sentarse a comer dentro del local para pasar después a la sala de juegos contigua al comedor. "Ni hablar", le responde ella secamente. "Me esperas aquí en el coche mientras compro tus cochinadas o te llevo inmediatamente a la casa y comes mis frijoles." Tiene la precaución de dejarlo encerrado y cuando regresa con la comida humeante, el niño se está secando los mocos y las lágrimas con la manga de la chaqueta. Se detiene en el Dunkin' Donuts que está en el camino y, aleccionada ya, compra algo para el desayuno de mañana. En el camino de vuelta, el otro come las papas fritas y hasta cuando mastica canturrea en voz baja. Cuando llegan a la casa lo sienta al bar de la cocina sin lavarle las manos. Supone que así de roñosas ya se sirvieron de las papas y que no vale la pena hacerlo esperar. Es evidente que el chiquillo está muerto de hambre, devora la hamburguesa y sorbe el batido como si fuera la última comida de su vida. Se sienta a su lado más que nada por curiosidad pues siendo la menor en su familia no ha tenido experiencia con niños en el Perú. Por suerte, hasta hoy tampoco aquí, reflexiona. El chico ha terminado todo en un amén y luego de un eructo mayor, le pregunta cómo se llama. Va a decirle su verdadero nombre, María Concepción Roncal Chirinos, pero en ese instante le da pena y le contesta, "Connie". Se ha ido acostumbrando poco a poco a ese nombre con el que va y viene en su nueva vida ya que en este país el tiempo es oro y además los diminutivos se emplean de inmediato para crear una falsa nota de familiaridad. En su casa, por imposición de su padre, y luego por la de ella misma, en todas partes siempre era "María Concepción"; sólo Alberto la llamaba a veces, por fastidiarla, "Conchita". El niño le pregunta también por qué habla raro y ella, habiendo aprendido a no divulgar mucho de sí, le responde que es de un país lejano donde los niños comen cortésmente lo que les dan.

La televisión sigue siendo la compañía predilecta del niño y ella se va a la sala por tercera vez para avanzar algo en la novela. Durante más de una hora lee solamente unas cuantas páginas. Ha escuchado los pasos del niño sobre las losetas del pequeño baño que está al final del corredor. No logra enterarse de nada en la lectura y si no fuera por el chico se metería a la tina del baño matrimonial, dentro del agua muy caliente y muy suave por las gotas de un aceite aromático hidratante que después le deja la piel como seda. La dueña de casa, confiada en su discreción por las recomendaciones de sus propios colegas y las de su marido, le ha dicho que se sirva de lo que quiera y ella, ni corta ni perezosa, le ha aceptado el ofrecimiento cuidando de usar de todo un poquito para que lo consumido no se llegue a notar. Luchando aún contra el desasosiego que le debilita por momentos el cuerpo, se percata de que el chiquillo no está haciendo ningún ruido, que hace rato que no escucha sus chillidos de emoción o la risa que escuchaba algunas veces del otro cuarto. Lo encuentra dormido sobre la alfombra. Tiene los párpados totalmente cerrados y ella se sorprende de que no se ha fijado en el color de sus ojos. Aún si ya no le ofende tanto su olor ingrato, no se atreve a desvestirlo. Le saca las botas, le deja los calcetines de lana, húmedos de sudor, así como está lo carga y aguantando cuanto puede la respiración se dirige al cuarto de huéspedes con él. La habitación que los dueños le han designado queda al lado, y se tranquiliza sabiendo que con las puertas abiertas sabrá si el otro llora o se levanta para ir al baño por la noche.

Toda esa mañana luchando contra la tentación de la cama que la conminaba a quedarse un rato más soñando, abrigada por el generoso edredón de plumas, y ahora, en la misma cama, con el mismo edredón, totalmente desvelada. En su insomnio, con los ojos abiertos o cerrados ve que se van borrando esas paredes, las dos litografías, los muebles, el espejo ovalado, y que el dormitorio se llena de visiones de otras piezas, de otro tiempo. Hay un teléfono en la mesita de noche y reprime cuanto puede el deseo de llamar a Lima. La urgencia de marcar el número de la casa de Alberto le hostiga el cuerpo y son hojas gigantes las que se enroscan sobre su piel tentándola a acercar la mano hacia el aparato. Se contiene porque no han acordado esa hora, y de no hallarse él en casa, su madre o alguna de sus hermanas se desataría en una cháchara interminable y a ella se le desajustaría la cuenta telefónica. Además, ¿a qué preocuparlo? Está tan lejos y con la situación allí, el pobre ya tiene él bastante con solucionar sus problemas diarios. La nostalgia le va minando la resolución de no pensar y la imagen difusa de una pareja joven en la noche se define con más claridad; los ve iluminados por la luz amarillenta de un farol, él sentado junto a ella en una de las bancas del Parque del Amor, el cigarrillo entre las manos, su rostro de indio huanca casi a la misma altura que el suyo porque era bajito; ve su cabello lacio y negrísimo, sus espaldas fuertes, su cuerpo musculoso de piedra tallada. Añora su voz, su dejo, su seriedad burlona, sus ademanes típicos, las horas que pasaban juntos en la universidad, las escapadas de las aulas para pasear en Miraflores y hasta los anticuchos que juntos comían sentados en el puesto de algún vendedor ambulante. Añora, casi con rabia, el olor dentro del micro repleto de gente semejante a ella, el ruido insoportable de las calles céntricas, las guitarras de los muchachos calaveras los sábados por la noche en su cuadra; el pequeño dormitorio que compartía con su hermana, sus dientes pequeños y blancos y su risa escandalosa; la pintura barata de Santa Rosa de Lima y el cuadro del Corazón de Jesús en la salita oscura del hogar. Añora la voz un poco ronca de su madre, su bolsa vieja de cuero para hacer el mercado, y también la exagerada postura de dignidad que siempre vio en su padre; se le anudan en la garganta los chanclos azules que usaba en casa para no gastar sus zapatos de modesto funcionario público. Añora las horribles permanentes de sus tías provincianas, el uniforme escolar de sus primos en la ciudad, y hasta los zarcillos coloniales que llevaba a diario y que tenía puestos la abuela el día en que murió.

Arrullada fútilmente por los recuerdos, no logra dormir y baja a prepararse una taza de manzanilla. El pecho y los párpados le pesan, pero cuando regresa a su dormitorio, después de oir en el otro cuarto la respiración tranquila del chico, ya tiene la mente bastante más clara. Cuando se dirige a su cama, en medio de la oscuridad sabe que los muebles han rescatado su antiguo espacio, han vuelto todos a su lugar, y minutos antes de quedarse dormida, sabe también lo que necesita hacer al día siguiente.

Un olor raro la despierta y ve al niño de pie pegado junto a su cama. El niño y la mañana, de golpe, le perfilan nuevamente su situación con una cruel nitidez. ¿Cuánto tiempo habrá estado allí observándola? Se miran unos segundos y luego de comentar que ese dormitorio es más grande que aquél donde él durmió, se empina para ver por la ventana y le dice que quiere jugar afuera. "No puedes", le responde ella secamente. El otro insiste varias veces y a cada lloriqueo ella inventa una razón diferente para convencerlo de que no es buena idea. Al último "por qué" del chico, harta ya y subiendo la voz, le contesta con un "porque no" cortante. Toman el desayuno, ella se sirve dos tazas de café con leche y mucho azúcar y el niño, sonriente, canturreando otra vez, come sus donuts y el vaso de leche que le ha puesto en un azafate frente a la televisión. Lo deja allí en estado de trance y se va al garage para disponer unas cosas. Después de varios minutos entra, cruza el cuarto de estar donde el chico sigue bobo frente a los dibujos animados, y mentalmente agradece la suerte que los domingos haya tantos programas infantiles. Sube al baño para arreglarse y se demora mucho antes de bajar.

"Vamos a salir", le avisa con la mano en la perilla de la puerta. Tiene que repetir más de una vez el mandato antes de que el otro se vuelva hacia ella. La contempla perplejo unos segundos y le pregunta dudoso si van a jugar afuera. "Después", responde ella dándose cuenta de que se ha olvidado de la chaqueta y las botas del chico. Se acerca a él para ponérselas y el pequeño no pone ningún esfuerzo en ayudarla. En un comienzo la ausculta curioso, pero al instante vuelve otra vez los ojos a la televisión. Este es el país del derroche, piensa, al diablo y que se quede todo prendido. Bruscamente alza al chiquillo en vilo para llevárselo en brazos al carro. "¿A dónde me llevas?" inquiere sin rebelarse mientras ella le ajusta el cinturón de seguridad. "Ya verás", le contesta y se sienta al pescante de la camioneta vieja de los dueños sin decir ni escuchar más; esa camioneta que gasta mucha gasolina, ésa que le han dicho que no use sino para dar de vez en cuando unas vueltas de modo de que no se desequilibren las llantas.

Es domingo y casi no pasan coches por Benoch Road. La mañana está aún fría, el cielo recién se está despejando y entre las nubes aformes a veces se asoma el sol. Maneja despacio por temor a las bicicletas, fondistas y caminantes quienes, inesperadamente, se le pueden presentar por la derecha. El viento mueve las ramas de los árboles, las hace cantar, los colores del otoño no se han ido todavía, pero esta mañana apenas si se fija en ellos. Está segura de que el primer trecho del camino que corre paralelo al enorme cementerio es bastante llano y es ahí donde se detiene estacionando malamente la camioneta a un costado. Saca al niño y lo agarra fuerte de la mano; juntos caminan unos pasos por el borde designado para deportistas en la carretera desde el cual ella se voltea cada vez que a lo lejos cree escuchar un motor. El chico, silencioso, con un entusiasmo refrenado como si todo aquello se tratara de un juego en el que no deben hablar, empieza a recoger hojas anaranjadas de la grama y a ella le cuesta retenerlo a su lado y atisbar a la vez los vehículos que se aproximan por detrás. Deja pasar dos con estudiantes que cruzan veloces, una camioneta chica con una familia, otro carro con tres o cuatro pasajeros de gente joven; después de unos cinco minutos que se le hacen cinco horas, pasa una pareja de edad, probablemente rumbo a la iglesia. Van muy, muy lentamente y ella teme que se detengan con la intención de ayudarla. Cuando a cierta distancia ve un carro rojo conducido por una mujer que viaja sola, carga al niño en la cadera, se dirige hacia el capó que previamente había destrabado y lo abre. El chico sigue sin decir nada, no protesta, no chilla, el gato le ha comido la lengua.

La mujer reduce la marcha y estaciona su auto a unos metros. Por lo que ha podido ver en un instante, debe ser joven y está vestida con sencillez, unos vaqueros y una chompa ordinaria; sin embargo aun si la mirara más tiempo, no cree que lograría adivinarle la edad, igual puede tener veinticinco que cuarenta años. "¿Puedo ayudarla?" le pregunta atenta. La mujer no parece asombrarse del contraste entre la facha del niño y la de ella. Casi todo lo que tiene puesto es de la dueña de la casa: el sombrerito de felpa dura con alas cortas calado hasta las cejas, las gafas enormes de sol, un elegante saco de gamuza con el cuello alto que seguro se manchará con el maquillaje demasiado claro con el que se ha embadurnado la cara; el lápiz rosado de labios, los tacos altísimos que no se notan bajo los pantalones muy anchos y largos. Ella no levanta los ojos. Observa, muy concentrada, el laberinto de piezas oscuras bajo el capó. "¿Puedo hacer algo?" insiste. "Hay dos gasolineras a la vuelta, en Stillwater, y si gusta le llamo a un mecánico." Ella no la mira directamente y pestañea como si un sol inexistente le hiciera daño. El niño sí la ha estado catando desde que se acercó. Está vestido de invierno, hasta con botines altos de caucho verde, y lo único que le falta para jugar en la nieve por venir son los mitones. Tiene la cara sucia y las gotitas de sudor le bajan de las sienes abriéndoles surcos que muestran la palidez de su piel. Todavía sin mirarla de frente, la mujer hace un gesto negativo. Se agacha otra vez y con una mano trata de sacar el medidor de aceite. Se tambalea hacia adelante y el niño por poco se le cae de bruces. Instintivamente se acerca y extiende los brazos para sujetarlo. Concentrada en su tarea, le da las gracias en una voz casi inaudible y vuelve a colocar la parte que ha sacado para verla al trasluz. *"Please"*, susurra entregándole al chico. En ese momento no le parece nada raro hacerle ese favor y camina unos pasos para atrás cargando con dificultad al niño que pesa más de lo que había pensado. Sienta al pequeño en su propio automóvil y lo sostiene allí con ambas manos. Luego escucha el ronrón desafinado del otro motor, al segundo un ruido más estridente y ve, sin reaccionar en un principio, que la camioneta se marcha con rapidez perdiéndose por la última curva antes de que Benoch Road desemboque en Stillwater.

VII • WOMEN HAVE THE WORD

Alicia Partnoy is internationally known in the fields of literature and human rights. A political prisoner at the infamous ESMA (Escuela Mecánica de la Armada) in Buenos Aires, she was later freed and powerfully described her experience in jail in a volume of stories titled *La Escuelita*. Partnoy's moving recollections take us through extreme and incomprehensible moments in prison.

The poetry of Argentine writer Nela Río documents with clarity and strength the drama of the disappeared and its implications for future generations. Through her poems we enter a space where critical literary, visual, and auditory expressions are configured. The voice of poetry erupts with multiple textures, collective sounds, and a personal melodious rhythm. Few writers have participated in the lyrical representation of torture—the signs of horror, the imprisonment of children and their mothers. Río's poetry is daring, unfettered, and noble in its tenacity to remember. The disappeared are present in each of her verses.

Cuban writer Ruth Behar postulates through poetry what it means to live in exile. She also explores the precarious genealogies that force communities, such as the Jewish one, to live in exile.

Within Chilean lyrical poetry, Delia Domínguez's work is characterized by a deep American identity and a preoccupation with the peasant culture of her native south. Domínguez has dedicated a great part of her poetry to describing the lake region, the volcanoes of Osorno and Llanquihue, and the rural landscape as well as the extreme poverty experienced by women of southern Chile. In her poem "Mujer sin música de fondo," the reality of a peasant woman is extended to symbolize a reality with universal roots.

The passionate and doleful poems of Colombian Anabel Torres recount the pain inflicted by the guerrillas who have overrun her country for more than forty years. Torres manages to capture the intensity of human emotion in extreme situations and invokes a feeling of absence with poetry devoid of superficial words.

Nicaraguans Daisy Zamora and Gioconda Belli bring us closer to understanding what it meant to be a woman and a poet during the Sandinista revolution. Both write about their experiences as combatants, their memories of the revolutionary era, the precarious situation as Nicaragua struggled to survive. Living as a woman under an authoritarian regime denies the essence of femininity. It interrupts the order of families. That is why Daisy Zamora's poetry asks questions about housewives and nation. In her poems we find a voice that tries to recover the feminine aspects of life: peace and compassion amid a society denying its own history. The masculinity of authoritarian cultures is an important component to analyze and counteract.

Few artists have created such a unifying work around the right to social justice as Violeta Parra, a painter, sculptor, gardener, collector of songs, composer, director, and singer. Here we include one of her most well known and vital texts, "Al centro de la injusticia." Through the poetic imaginary of Chilean geography, Parra shows us how poverty ties into the violation of human rights and the declining quality of life.

Alicia Partnoy, Argentina

Alicia Partnoy es profesora en la Universidad Loyola Marymount de Los Angeles. Fue presa política durante la dictadura militar y llegó a los Estados Unidos como refugiada en 1979. Es autora de *The Little School: Tales of Disappearance and Survival in Argentina,* cuentos testimoniales sobre "La Escuelita" de Bahía Blanca. En 1992 publicó *Venganza de la manzana: Revenge of the Apple* (poesía). Compiló la antología *You Can't Drown the Fire: Latin American Women Writing in Exile.* Obtuvo un doctorado en filosofía y letras en 1997 con "El discurso de la solidaridad en los poemarios testimoniales de Argentina, Chile y Uruguay". Sus poemas y testimonios han sido publicados en numerosas antologías y en revistas y periódicos de México, Argentina, los Estados Unidos, El Salvador y Puerto Rico. Es editora de *Chicana/Latina Studies: The Journal of Mujeres Activas en Letras y Cambio Social.* Es madre de Ruth Irupé, Eva Victoria y Anahí Paz.

Romance de la prisionera

Que por enero, era enero
cuando hace la calor,
cuando el viento se arrecuesta
en el salitral en flor,
cuando cantan los gorriones
responde nuestro dolor,
cuando los enamorados
dan su sangre por amor;

sino yo, sobreviviendo
en esta triste prisión;
sostengo que es de día
cuando a claras noches son,
sino por una avecilla
que gritó revolución.
Matáronla los milicos;
déles Dios mal galardón.

En resumidas cuentas
(Reflexión a la lumbre de González Tuñón y de la madre de un mártir sandinista)

Todos ensayamos
una forma más o menos generosa
de convertirnos en el centro del mundo.

Dibujamos en el aire
flechas que dicen:
a mí, mírenme a mí,
quiéranme a mí,

                    búsquenme a mí.
Yo vivo. Yo entrego. Yo recuerdo.

Algunas veces, no muchas,
alguien,
tal vez una madre caída de sus hijos
o un compañero desmontado
de una revolución a medias,
se desgaja la sandía del pecho
ante nosotros
y señala
esa explosión de semillitas negras:
a ellos, mírenlos, quiéranlos,

                    búsquenlos.

Ellos viven, entregan, ellos recuerdan.
Ellos son el centro innumerable
del centro mismo que no soy yo.

Y si, a pesar de eso,
seguimos ensayando
una forma más o menos generosa
de convertirnos en el centro del mundo,
allá nosotros.

Clases de español

I

Escribo en la pizarra:
calabaza
mate
tango
gaucho
des-
aparecido
cosmopolita
ciudad de Buenos Aires
30.000
Islas Malvinas
Gabriela Sabatini
campos secretos
de detención
Evita
Maradona
dictadura militar
tortura

El programa lo indica claramente:
Laboratorio de idiomas—
Video 1:
Un paseo por latinoamérica
Primer segmento.
Tema: Argentina.

II

Este semestre
el programa exige
enseñar al estudiante el verbo "ser"
en los distintos tiempos
del modo subjuntivo:

Si fuéramos o fuésemos
una generación
que no hubiera o hubiese
sido destrozada,
si yo no fuera
un grito caminando,
si no estuvieran
(verbo también prescripto este semestre)
mis venas anudadas
por el dolor de la pérdida
de amigos, hermanos, compañeros...
si fuera mi demanda:
"que la justicia sea"
al menos escuchada...
no hubiera sido,
alumnos, necesario
inquietarlos con este par de clases
impregnadas del tufo de la muerte.

Nela Río, Argentina

La distinguida poeta Nela Río afirma que sus dos espacios culturales y geográficos han tenido una profunda influencia en su obra literaria. Río nació en Córdoba y se crió en Mendoza, Argentina, pero por razones personales se trasladó a Canadá y desde 1977 es ciudadana canadiense. Aparte de poesía, Río se desempeña como narradora y ensayista y demuestra un interés por el tema de las mujeres bajo dictaduras y regímenes políticos opresivos. Su obra literaria nace no de la observación imparcial, sino del afán por recordar la vida de estas víctimas y de alguna manera tratar de entender lo que ha pasado. Por ello, Río ha sido parte de varias organizaciones de inmigrantes y refugiadas en Canadá.

La poesía y la narrativa de Río han aparecido en varias antologías y revistas en España, Chile, Argentina, Puerto Rico, Canadá y los Estados Unidos. En 1989 publicó su primer poemario, *En las noches que desvisten otras noches*. Tres años después, le siguió *Aquella luz, la que estremece* y, en 1998, *Túnel de proa verde/Tunnel of the Green Prow*. Las obras de Río han sido traducidas al inglés y al francés y la poetisa ha sido finalista en varios concursos literarios. Se encuentra enseñando lengua y literatura hispanoamericana en la Universidad de St. Thomas en Fredericton, New Brunswick.

Obras

En las noches que desvisten otras noches (1989)
Aquella luz, la que estremece (1992)
Túnel de proa verde/Tunnel of the Green Prow (1998)

En las noches que desvisten otras noches... yo te recuerdo (fragmentos)

I

Tengo estas palabras ahogándose
apretujadas en mi pecho
llenándome los ojos de imágenes y vidas

quisiera que las palabras resonaran como truenos
que resonaran como las cuerdas vitales
de una guitarra universal,
de la boca redonda abierta como un grito
ha de surgir el lamento la exigencia de vidas que no quieren morir

hay tantas vidas tanta vida
en todos esos nombres que nombro recordando
hay tantos rostros largos de pena penurias
de encierro de muerte
exuberantes de triunfos de honor de alegría
y hay tanta gente que se olvida de todo.

La gente vive, y se va.
La gente lucha crece sufre ama goza, y se va.
La gente muere, y se va.

Estas palabras
rompiéndome el pecho
quieren celebrar vivir la vida en la vida viviendo.

VII

A Fátima, con respeto

Silencio
con figuras inmóviles.

Silencio
sin color y sin sirenas.

Silencio en las palabras
que no dicen nada.

Silencio en los gritos
y en los gestos torturados.

La fotografía
aparece
en todos los periódicos del país.

La fotografía
levanta un ruido colosal
en las ciudades y en los campos
entre la gente que no quiere callar.

VIII

A Paulina, con respeto

El reloj
en la pared
ha detenido el tiempo que sigue andando en las calles
los números se suceden unos a otros
dicen que marcando los segundos minutos horas días

nos miramos sin querer mirarnos
nos miramos sin reconocernos
nos reconocemos sin mirarnos
esperamos

la espera

estoy en la fila, esperando
espero
llaman otros nombres
    el mío sigue en la fila
espero sin esperar
    llaman otros nombres
espero esperanzada
    otros nombres
la espera es una, la fila es corta
    y oigo gritos
    de los que ya no esperan
quisiera seguir esperando y nunca desesperar
pero tengo que llegar y desespero.

IX

A Nenina, con respeto

Como por un túnel sin paredes
hecho de vértigo y de espanto
camino
miro las paredes de mi celda
que no pueden contener
la vertiginosidad del miedo
y apoyo la espalda
en la pared de mi silencio
y ahogo el llanto
en todos los llantos que me precedieron
y sé que no estoy sola
y hago del miedo una almohada
y descanso la cabeza el cuerpo el terror en la soledad la unión de todas.

Ruth Behar, Cuba

Ruth Behar es una de las figuras más innovadoras y originales dentro de la comunidad artística, literaria y política de los Estados Unidos. Es antropóloga, pero además cineasta, memorialista y poeta.

Behar nació en La Habana en 1954 y llegó con su familia a vivir en Nueva York en 1962. Desde su temprana infancia, el mundo de Behar ha estado vinculado con la creación de dos culturas, y más bien lo que implica vivir en ellas. Su herencia cubana judía ha sido parte central de su obra.

Entre sus libros más conocidos figuran *Translated Woman Crossing the Border with Esperanza* (1993), libro que inmediatamente la colocó dentro de las figuras literarias y antropológicas de mayor prominencia en los Estados Unidos. Además su libro *Bridges to Cuba/Puentes a Cuba* es hasta la fecha una de las antologías más importantes sobre la temática del exilio, la diáspora y las relaciones entre los cubanos residentes en los Estados Unidos y en la isla.

Su reciente documental *Adi Kerida* narra la historia de su familia al abandonar la isla como también lo que implica el regreso. Behar vive con su familia en la ciudad de Ann Arbor, donde es profesora de la Universidad de Michigan.

El cementerio macabeo en Guanabacoa

En las afueras de La Habana
están los judíos
que jamás se irán de Cuba
hasta que no llegue
el Mesías.

Allí está la tumba
del padre de Sender Kaplan
la tumba de un rabino
rodeada de un cerquillo de hierro
gozando de la sombra de una palma real.

Allí está la tumba
con sus letras hebreas
que hablan en español
de corazones tristes.
Ay kerida, por qué te fuiste?

Allí está la tumba
con su Estrella de David
toda torcida.
Allí está la tumba
gratinada como un queso feta.

Yo estoy buscando
la tumba de un primo
que era demasiado rico
para morir.

Me desespero.
Le he prometido una foto
a mi tía y mi tío.
Ellos se hicieron hasta más ricos en Miami,
pero no quieren darle ni un centavo a Fidel.
Y de repente la encuentro—
la tumba de Henry Levin
que se murió de leucemia
a los doce años
y no lo pudieron salvar con dinero.

Pobrecito
lo dejaron atrás
con los pocos judíos vivos
y todos los muertos
a quienes les rezan las palomas.

Subo la cámara a mis ojos
y no me deja disparar.
Noventa millas de puentes quemados
he venido viajando
y mi primo no quiere sonreírse.

Tengo que regresar otro día
para llevarme la tumba de Henry Levin
con la cámara de una amiga.
La mía no se recupera en todo el viaje,
queda como una momia, muerta.

Mucho después entiendo
porqué Henry Levin
me rechazó a mi
por llegar tarde
a su tumba.

Mi tía y mi tío estaban equivocados.
Su hijo no está abandonado.
La criada que tuvieron, la mujer negra
que no se casó por estarlo cuidando
no ha dejado de acariciar su tumba.

Tere me dice que ella no se puede olvidar
de Henry porque lo cuidó en sus brazos.
Tu familia allí te dejó, primo,
así que dale gracias a Dios
que una mujer negra visita tus huesitos.

Delia Domínguez, Chile

Una de las poetas contemporáneas más reconocidas de Chile, Delia Domín-guez usa el humor para criticarse a sí misma. Su obra también ha sido carac-terizada por la preocupación existencial. Domínguez nació en Osorno, Chile, en agosto de 1931. Cursó estudios en la Facultad de Derechos en la Universidad de Chile, pero decidió no titularse como abogada y desde 1955 concentra su energía en la literatura. Fue jefe de redacción de la revista *Orfeo* y la revista *Paula*. Se ha desempeñado al igual en la crítica y el periodismo.

Domínguez es miembro de número de la Academia Chilena de la Lengua y ha sido nombrada Hija Ilustre de Osorno. Recibió en 1966 el Premio Munici-pal Pedro deOña. En 1996 su obra *La gallina castellana y otros huevos* recibió el Premio Consejo Nacional del Libro y se le otorgó el Premio Fundación Felipe Herrera Lane en 1999. También es profesora honoraria del Saint Thomas College de Osorno y activa en varios jurados literarios entre los cuales se encuentran el Premio Pablo Neruda, el Consejo Nacional de Libro y el Premio Academia Chilena de la Lengua.

Obras

La tierra nace al canto (1958)
Obertura siglo XX (1961)
Contracanto (1966)
El sol mira atrás: prólogo de Pablo Neruda (1972)
La gallina castellana y otros huevos (1995)
Huevos revueltos (2000)
Mujer sin música de fondo (2006)

Mujer sin música de fondo

Estás ahí
cargada con el silencio de la vida
o con el silencio de la muerte,
y tu valentía se parece al viento
que nunca deja de soplar, y la cal
del muro te parte las mejillas,
y otras cosas
también te parten las mejillas:
      el peso de la sal
        lo que se traga y se traviesa
        de costilla a costilla,
porque Padre Nuestro que estás en los cielos
a veces
se nos desploma el cielo en las narices
y una mujer puede quedar recostada en la noche
con el filo de un rayo entre los brazos.

Pero tú sabes qué hacer cuando se quiebra
      el pecho, y juras sin pestañear,
sin reclinar por eso la cabeza
y las huellas de todo lo que amabas
van haciéndose palomas
como tus ojeras enlutadas
donde las lágrimas
nunca se quedaron para siempre.

Estás ahí
con todo el amor en las rodillas
y tu fuerza aletea
sobre el humo de las fogatas en los campamentos
cuando las últimas linternas deben apagarse
y sólo el corazón jinetea en la sombra.

Y tú siempre velando
porque el cielo se te ha caído
como cincuenta veces sin música de fondo,
y a mí también se me ha caído
como granada de mano

hasta los reverendísimos alientos,
y eso era la mayoría de edad, decían,
cuando llegaba la hora de respondernos
de no arrancar ante el signo filudo del tiempo
	que picaba los sueños
donde recogíamos de a poco la esperanza.

Estás ahí,
partida en dos sobre la tierra
atravesada de hijos
de cicatrices costureadas
como los toldos de campaña
que esperaron el alba.

Estás ahí, sin música de fondo,
porque no necesitas la música de fondo,
apenas tu blusa azul
la libertad de movimientos
y la tierra que pisas.

Anabel Torres, Colombia

Esta antioqueña de crianza nació en Bogotá en 1948. Cuando Torres tenía ocho años de edad su familia se trasladó a Nueva York. Torres cursó estudios en lenguas modernas en la Universidad de Antioquía y una maestría en género y desarrollo en el Instituto de Estudios Sociales de La Haya, Holanda. Aparte de su infancia en Nueva York, ha vivido fuera de su país, en Holanda y más recientemente en Barcelona, por various años.

Torres se ha desempeñado como traductora e intérprete y su obra está disponible en inglés y español. En 1974 ganó su primer premio en el concurso nacional de poesía en la Universidad de Nariño por su obra *Casi poesía*. Luego recibió el primer premio en el concurso de traducción literaria del Centro Británico de Traducción Literaria y Literatura Comparada Británica en 2000 por *This Place in the Night*, traducción al inglés de *Este lugar en la noche* por José Manuel Arango. También ha recibido varias becas como traductora literaria y escritora.

Obras

Casi poesía (1974)
La mujer del esquimal (1981)
Las bocas del amor (1982)
Poemas (1987)
Medias nonas (1992)
Poemas de la guerra (2000)
En un abrir y cerrar de hojas (2001)

Untada

Vengo de mi país:
                    la guerra
rota
de su costado
y sigo
untada
de su sangre.

Miles

Cada vez que dispara una metralla
nace un niño, una niña
en otra calle.

Y cuando los diez bandos
se detienen y cuentan
a la orilla del agua de la tierra
su equipo humedecido,
las balas que les quedan, sus heridos y muertos,
veinte niñas
acaban de aprenderse los ríos de la patria.

Y cuando los macabros
para arrancarle a Pedro y a Rosa confesiones
practican su feroz dentistería,
cien niños y cien niñas
mudan a salvo sus dientes de leche
bajo el amparo de su almohada.

Señores presidentes, generales,
gerentes de multinacionales,
capos de todos los ejércitos, escuchen:
podrán matarnos de a uno en uno
o por millares
pero no pueden
por decreto,
con balas, dividendos

con armas y secretos traídos de Miami o de Europa
mandar asesinar las matemáticas.

Y es que ahora, en el mismo momento
en que usted lee o no lee este poema,
mientras limpia su M16 o apunta su G3,
o da la orden, firma o ejecuta,

mil niñas y mil niños colombianos
mordiéndose la lengua, absortos,
comienzan a hacer números.

Angola

Hileras tras hileras
de casas bombardeadas
flojos dientes
tumbados contra el cielo.

Una mujer
entrevistada:
No tenemos útiles para la escuela.
Los niños van a la escuela
sólo con sus cabezas:
Ça c'est tout.

La muerte usa perfume caro

Cuando recuerdo cómo era Medellín no me dan lágrimas.
Siento un miedo compacto en la garganta.
No me deja llorar.

Y me quedo muda, como si estuviera otra vez viviendo
el oscurecer de sus montañas,
como si tuviera todavía...
como si estuviera.

Pero nada hay tan peligroso como la nostalgia para la vida
o esencialmente, para entrar arando antes de tiempo
desde el lado corto del túnel en la muerte.

Y la muerte usa perfume caro.
Es peligrosa. Le han hecho tanto estudio de mercadeo.

Es oscuro estar oscura
¡está una tan vulnerable a todo lo que sea luz!
O al milagro,
lo que era la vida, el milagro.

Aquí afuera
tengo un avisito prendido
sobre el cojín del corazón,
como si me hubiera dejado una hombrera eterna
para protegerme
mi abuelo, sastre de pecho.

Ahora es distinto. Mi país asesina sus montañas.

El agua de riachuelos y ríos
lava su sangre incesante.

Ella se va filtrando cuesta abajo
sin verse,
confundiéndose con el barro y las laderas.

Yo quería morir de otra muerte,
no de esa incolora.

El día antes de la guerra

El día antes de la guerra
asistí a una conferencia sobre el Medio Oriente.
Todos los que no éramos expertos
callábamos.

Ninguno de nosotros se atrevió a preguntar en voz alta,
¿cómo podemos parar esta guerra?
¿Cómo empezar a armar la paz?

Mientras tanto las mujeres en Irak
barrían el piso,
apilaban sus escasas pertenencias,

abrazaban a sus hijos,
recogían agua,
y esperaban
        que aquí
            y allá
los hombres comenzaran a disparar.

        La Haya, 15 de enero de 1991

Daisy Zamora, Nicaragua

Nacida en 1950 en Managua, Nicaragua, Daisy Zamora es una poeta comprometida con los derechos humanos. Una sandinista combatiente durante la revolución, tomó después el puesto de viceministro de cultura y directora ejecutiva de estudio económico y social de Nicaragua.

Después de estar en el ambiente "protegido" de un colegio religioso, siguió sus estudios en la Universidad Centroamericana, donde tuvo su primer encuentro con la política y obtuvo un grado en psicología. Continuó sus estudios en el Instituto Centroamericano de Administración de Empresas, la Academia Dante Alighieri y la Escuela Nacional de Bellas Artes.

Empezó a componer su poesía desde muy joven, admirando los versos de Emily Dickinson. Su primer libro de poesía, *La violenta espuma*, recibió el Premio Nacional de Literatura en Nicaragua. Zamora también ha recibido el Premio Mariano Fiallos Gil de Poesía y ha publicado una antología junto con otros poetas titulada *La mujer nicaragüense en la poesía*. Se ha destacado, además, en los campos de la pintura y psicología. Tres de sus poemarios están disponibles en inglés. Zamora también ha participado en una serie de televisión, *Language of Life,* la cual fue presentada por la estación norteamericana PBS.

Obras

La violenta espuma (1981)
En limpio se escribe la vida (1988)
A cada quién la vida (1994)

Radio Sandino

—Esta es Radio Sandino/
        Voz de la Liberación de Nicaragua
Voz Oficial del Frente Sandinista/
      que transmite en la Onda Corta
        Banda Internacional
          de los 41 metros
desde algún lugar de Nicaragua
hasta las 11 de la noche de toda Nicaragua.

    Mi tía-abuela debe de estar pegada al aparato.
Mi mamá y mis hermanos en Honduras,
pegados a nuestra voz,
          a nuestras voces
a esta voz entrando a escondidas
    cada noche
          esparciéndose hasta la madrugada.
Subiendo quizá hasta algún edificio de México,
acercándose a los exiliados:
          la luz amarilla del dial
rebotando en rostros expectantes y penumbrosos;
Otra voz entre las voces del grupo familiar
atentos a la voz, a esta esperanza
que se cuela por las rendijas de las ventanas,
          de las puertas,
que atraviesa calles, puentes, cauces.

Esta voz que desata aguaceros hasta las últimas notas,
hasta las últimas voces,
hasta que se apaga y sólo queda la humedad
y el tic tic de las gotas después de la lluvia
          al amanecer.

Linaje

Pregunto por las mujeres de mi casa.

Desde niña supe la historia del bisabuelo:
Científico, diplomático, liberal, político,
padre de prole numerosa y distinguida.

¿Y Doña Isolina Reyes, casada con él desde
los quince años hasta su muerte, cuál fue su historia?

Mi abuelo materno se graduó *Cum Laude* en la Universidad de Filadelfia
y aún se conserva su tesis fechada en 1900.
Dirigió la construcción de kilómetros de vía férrea
y sólo la muerte repentina truncó su sueño
de extender el ferrocarril hasta la Costa Atlántica.
Nueve hijos e hijas lo lloraron.

¿Y su esposa Rudecinda que parió esos hijos
los cuidó y amamantó, qué sé de ella?

Pregunto por las mujeres de mi casa.

Mi otro abuelo era un patriarca
cuya sombra amparaba a la familia entera
(incluidos cuñados, primos, parientes lejanos, amigos,
conocidos y hasta enemigos).
Empeñó su vida en ampliar un patrimonio
que todos dilapidaron después de su muerte.

¿Y a mi abuela Ilse, ya viuda y despojada
qué le quedó, sino morirse?

Pregunto por mí, por ellas, por las mujeres
de mi casa.

Gioconda Belli, Nicaragua

Revolucionaria, poeta y narradora, Gioconda Belli nació en Managua en 1948. Obtuvo su bachillerato en publicidad y periodismo en Filadelfia, y regresó a Managua, donde contrajo matrimonio en 1967. Sus poemas aparecieron por primera vez en 1970 en el diario *La Prensa*. En 1972 recibió el premio Mariano Fiallos Gil por su poemario *Sobre la grama*. También recibió el prestigioso Premio Casa de las Américas en 1978 por su libro *Linea de fuego*.

Durante ese tiempo, ya había tomado parte del Frente Sandinista de Liberación Nacional y continuaría siendo parte de él hasta 1994. Vivió como exiliada en México desde 1978 hasta 1986, pero después del triunfo sandinista trabajó para el gobierno hasta 1986. Ese mismo año se dedicó a escribir su primera novela y se hizo parte de la directiva de la Unión de Escritores, al igual que participó en el suplemento literario *Ventanas*.

Entre 1982 y 1987 publicó sus poemarios *Truenos y arco iris, Amor insurrecto* y *De la costilla de Eva*. Estos libros han sido traducidos a varios idiomas o selecciones de ellos han aparecido en revistas y antologías. Publicó su novela *La mujer habitada* en 1988, la cual recibió el Premio de Bibliotecarios, Editores y Libreros a la novela política del año en 1989. Esta misma novela ha sido traducida a once idiomas. Sus siguientes obras, incluyendo un testimonio memoria de sus años como sandinista, han sido publicadas en varios lenguajes y han sido aclamados por la crítica. Desde 1990 Belli vive entre Nicaragua y los Estados Unidos con su familia.

Obras

Sobre la grama (1972)
Línea de fuego (1978)
Truenos y arco iris (1982)
Amor insurrecto (1984)
De la costilla de Eva (1987)
La mujer habitada (1989)
Sofía de los presagios (1990)
Waslala (1996)
Apogeo (1988)
El país bajo mi piel (2001)

¿Qué sos Nicaragua?

¿Qué sos
sino un triangulito de tierra
perdido en la mitad del mundo?

¿Qué sos
sino un vuelo de pájaros
                guardabarrancos
                cenzontles
                colibríes?

¿Qué sos
sino un ruido de ríos
llevándose las piedras pulidas y brillantes
dejando pisadas de agua por los montes?

¿Qué sos
sino pechos de mujer hechos de tierra,
lisos, puntudos y amenazantes?

¿Qué sos
sino cantar de hojas en árboles gigantes,
verdes, enmarañados y llenos de palomas?

¿Qué sos
sino dolor y polvo y gritos en la tarde,
—"gritos de mujeres, como de parto"—?

¿Qué sos
sino puño crispado y bala en boca?

¿Qué sos, Nicaragua,
para dolerme tanto?

Al comandante Marcos

El ruido de la metralla nos dejó con la puerta en las narices.
La puerta de tu vida cerrada de repente
en la madera que te duerme y acurruca en el vientre de la tierra.

No puedo creer tu muerte,
tan sin despedida.
—sólo ese lejano presentimiento de aquella noche,
    ¿te acordás?—
en que lloré rabiosamente viéndote dormido,
sabiéndote pájaro migratorio
en rápida fuga de la vida.

Después,
cuando partiste,
cuando agarraste el peligro por las crines
y te sabía rodeado de furiosos perros,
empecé a creer que eras indestructible.
¿Cómo poder creer en el final de tus manos,
de tus ojos, de tu palabra?
¿Cómo creer en tu final cuando vos eras todo principio;
la chispa, el primer disparo, la orden de fuego,
los planes, la calma?

Pero allí estaba la noticia en el periódico
y tu foto mirándome sin verme
y esa definitiva sensación de tu ausencia
corriéndome por dentro sin consuelo,
dejando muy atrás la frontera de las lágrimas,
echándose en mis venas,
reventando contra todas mis esquinas.

Va pasando el tiempo
y va siendo más grande el hueco de tu nombre,
los minutos cargados de tu piel,
del canto rítmico de tu corazón,
de todo lo que ahora nada en mi cerebro
y te lleva y te trae como el flujo y reflujo
de una marea de sangre,
donde veo rojo de dolor y de rabia
y escribo sin poder escribir este llanto infinito,
redondo y circular como tu símbolo,
donde no puedo vislumbrar tu final
y siento solamente con la fuerza del abrazo,
de la lluvia,
de los caballos en fuga,
tu principio.

Canto de guerra

Vendrá la guerra, amor
y en el combate no habrá tregua
ni freno para el canto
sino poesía naciendo del hueco oscuro
del cañón de los fusiles.

Vendrá la guerra, amor
y nos confundiremos en las trincheras
cavando el futuro en las faldas de la Patria
deteniendo a punta de corazón y fuego
las hordas de bárbaros
pretendiendo llevarse lo que somos y amamos.

Vendrá la guerra, amor
y yo me envolveré en tu sombra invencible,
como fiera leona
protegeré la tierra de mis hijos
y nadie detendrá esta victoria
armada de futuro hasta los dientes.

Aunque ya no nos veamos
y hasta puedan morirse los recuerdos,
te lo juro por vos,
te lo juro apretando a Nicaragua
como niña de pecho:

¡No pasarán, amor
los venceremos!

Violeta Parra, Chile

La talentosa Violeta Parra nació a un humilde hogar en San Carlos, Provincia de Nuble, Chile. Su padre, maestro de música, y su madre, cantante y guitarrista, le infundieron desde niña la pasión por la música. Desde los nueve años tocó la guitarra y a los doce comenzó a componer sus primeras canciones. Estudió en la Escuela Normal de Santiago, a la misma vez componiendo y tocando su música en circos, bares, quintas de recreo y pequeñas salas de barrios.

En 1952 Parra empezó a recorrer zonas rurales grabando música folklórica y en 1954 fue invitada a Polonia. Durante ese tiempo recorrió la Unión Soviética y Europa, viviendo en Francia por dos años. Allí grabó sus primeros LP con cantos folklóricos y originales. Regresó a Chile y en 1958 comenzó a desempeñarse en las artes plásticas como la cerámica y las arpilleras. Además fue invitada a universidades donde organizó recitales y cursos de folklore. En Santiago expuso sus óleos en la Feria de Artes Plásticas. Inició una gira alrededor de Europa en 1961 y en 1964 exhibió su obra de arte en el Louvre. Falleció en Chile en febrero de 1967.

Albumes

Violeta Parra, vol. 1
Violeta Parra, vol. 2
Cantos de Chile
Violeta ausente
El hombre con su razón
Cantos campesinos

Al centro de la injusticia

Chile limita el norte con el Perú
y con el cabo de Hornos limita al sur
se eleva en el oriente la cordillera
y en el oeste luce la costanera

al medio están los valles con sus verdores
donde se multiplican los pobladores
cada familia tiene muchos chiquillos
con su miseria viven en conventillos

claro que algunos viven acomodados
pero eso con la sangre del degollado
delante del escudo más arrogante
la agricultura tiene su interrogante

la papa nos venden naciones varias
cuando del sur de Chile es originaria
delante del emblema de tres colores
la minería tiene muchos bemoles

el minero produce buenos dineros
pero para el bolsillo del extranjero
exuberante industria donde laboran
por unos cuantos reales muchas señoras

y así tiene que hacerlo porque al marido
la paga no le alcanza pa'l mes corrido
pa' no sentir la aguja de este dolor
en la noche estrellada dejo mi voz

linda se ve la patria señor turista
pero no le han mostrado las callampitas
mientras gastan millones en un momento
de hambre se muere gente que es un portento

mucho dinero en parques municipales
y la miseria es grande en los hospitales
al medio de la alameda de las delicias
Chile limita al centro de la injusticia

VIII • WRITING TOWARD HOPE

This anthology comes to a close with the voices of three poets: Heberto Padilla, a Cuban imprisoned by Castro's military forces; Roque Dalton, assassinated by the military in El Salvador; and Pablo Neruda, who symbolizes Latin American resistance to all forms of tyranny. These last few texts are dedicated to innate strength and love as their authors affirm that the best way to combat injustice is not with violence or terror but rather with language that represents the most powerful aspects of the human spirit.

The selection of poems contained in this final section define significant moments in the cultural and political history of the Americas. In Latin America, poetry is both an oral and a written tradition of personal and collective strength. The poems of Pablo Neruda, Gabriela Mistral, and Claribel Alegría have been read and recited in stadiums, detention centers, the solitude of a cell, and by the seaside. Poetry penetrates deeply into the heart of the region's history and the challenges it poses. Even now, in the twenty-first century, we feel its power and the comfort it brings.

As evidenced in all of the texts included herewith, personal historical memory acquires an essential power through articulation. It is through poetry, they imply, that history and memory can be united.

Heberto Padilla, Cuba

Heberto Padilla dijo que su interés fundamental estaba en el hombre envuelto en conflictos moral-políticos, algo que no es sorprendente al examinar su vida. Nació en Pinar del Río, Cuba, en 1932 y fue activo en la política de la isla hasta 1967 por su poemario *Fuera del juego*, publicado en 1968, el cual recibió el Premio Nacional de Poesía. Sin embargo, la publicación de éste le costó caro, pues fue declarado "contrarrevolucionario" y Padilla fue silenciado por el régimen castrista, lo que incluyó ser expulsado de la Unión de Escritores y Artistas de Cuba. Fue aprisionado hasta 1971, cuando una petición firmada por una cantidad de escritores impresionantes logró su excarcelación.

Se hizo entonces traductor de una editorial, bajo los ojos de la dictadura ya que estaba prohibido el escribir y publicar sus obras, y mezclarse con sus colegas. Padilla se vio obligado a trabajar desde su casa. Se convirtió en un ejemplo de oposición pacífica en Cuba aunque nadie le quiso dar apoyo. Se marchó al exilio en los Estados Unidos en 1980 y publicó su obra *En mi jardín pastan los héroes*. Vivió en Miami, donde escribió en *Linden Lane Magazine*, una revista literaria. Luego, en Alabama, enseñó literatura latinoamericana en la Universidad de Auburn. Allí falleció de un infarto en su apartamento el 25 de septiembre de 2000.

Obras

Las rosas audaces (1948)
El justo tiempo humano (1964)
Fuera del juego (1968)
En mi jardín pastan los héroes (1980)

El hombre junto al mar (1981)
Self-Portrait of the Other (1990)

Dicen los viejos bardos

No lo olvides, poeta.
En cualquier sitio y época
en que hagas o en que sufras la Historia,
siempre estará acechándote algún poema peligroso.

Roque Dalton, El Salvador

La vida de Roque Dalton fue corta pero vibrante. Nació en el barrio San Miguelito de San Salvador en 1935 y estudió antropología y derecho en el colegio de Jesuitas Externado de San José. Poeta y ensayista activo y revolucionario, su militancia comunista lo llevó al encarcelamiento en su propio país y al exilio en México, Chile, Guatemala, Vietnam y Corea, entre otros, y tomó a Cuba como segunda patria.

En 1956 fundó con otros poetas centroamericanos y suramericanos el Centro Literario Universitario. Ese año también recibió varios premios en certámenes nacionales y centroamericanos, incluyendo por primera vez el Premio Centroamericano otorgado por la Universidad de El Salvador, y publicó sus primeros poemas en la revista *Hoja* y el *Diario Latino*. Un año más tarde, a los veintidós, se hizo miembro del Partido Comunista.

Dalton produjo una obra poética impresionante, incluyendo la elogiada *Taberna y otros lugares*, publicada en 1969 y recipiente del Premio Casa de las Américas. Entre sus ensayos se distinguen *César Vallejo* de 1963, *El intelectual y la sociedad* de 1969 y *¿Revolución en la revolución? y la crítica de la derecha* de 1970. Publicó también una novela titulada *Pobrecito poeta que era yo* (1976). Murió el 10 de mayo de 1975, asesinado por sus compañeros, dejando una abundante obra literaria como testigo de su vida dinámica.

Obras

La ventana en el rostro (1961)
El turno del ofendido (1963)
El mar (1964)
Poemas (1968)

Taberna y otros lugares (1969)
Miguel Marmol (1972)
Las historias prohibidas del pulgarcito (1975)
Pobrecito poeta que era yo (1976)

A la poesía

Agradecido te saludo poesía
porque hoy al encontrarte
(en la vida y en los libros)
ya no eres sólo para el deslumbramiento
gran aderezo de la melancolía.

Hoy también puedes mejorarme
ayudarme a servir
en esta larga y dura lucha del pueblo

Ahora estás en tu lugar:
no eres ya la alternativa espléndida
que me apartaba de mi propio lugar

Y sigues siendo bella
compañera poesía
entre las bellas armas reales que brillan bajo el sol
entre mis manos o sobre mi espalda

Sigues brillando
junto a mi corazón que no te ha traicionado nunca
en las ciudades y los montes de mi país
de mi país que se levanta
desde la pequeñez y el olvido
para finalizar su vieja pre-historia
de dolor y de sangre.

Tercer poema de amor

A quienes te digan que nuestro amor es extraordinario
porque ha nacido de circunstancias extraordinarias
diles que precisamente luchamos
para que un amor como el nuestro

(amor entre compañeros de combate)
llegue a ser en El Salvador
el amor más común y corriente,
casi el único.

Estadísticas sobre la libertad

La libertad de prensa del pueblo salvadoreño
vale 20 centavos diarios por cabeza
contando sólo a los que saben leer
y tienen más de veinte centavos que les sobren
después de haber alcanzado a medio comer.

La libertad de prensa de los grandes
comerciantes industriales y publicistas
se cotiza a mil y pico de pesos por página en negro y blanco
y a no sé cuanto la pulgada cuadrada
de texto o ilustración.

La libertad de prensa
de Don Napoleón Viera Altamirano
y los Dutriz y los Pinto y los dueños de El Mundo
vale varios millones de dólares:
lo que valen los edificios
construídos con criterio militar
lo que valen las máquinas y el papel y las tintas
las inversiones financieras de sus empresas
lo que reciben día a día de los grandes
comerciantes industriales y publicistas
y del gobierno y de la Embajada Norteamericana y
de otras embajadas
lo que extraen de la explotación de sus trabajadores
lo que sacan del chantaje ("Por no publicar
la denuncia contra el distinguidísimo caballero
o por publicar oportunísimamente el secreto
que hundirá al pez más chico en la arena del fondo")
lo que ganan en concepto de derechos sobre
"exclusividades" por ejemplo
toallas Amor es... Estatuas Amor es...

lo que recaudan diariamente
de todos los salvadoreños (y guatemaltecos)
que tienen 20 centavos disponibles.

Dentro de la lógica capitalista
la libertad de prensa es simplemente otra mercancía
y de su totalidad
a cada quien le toca según paga por ella:
al pueblo veinte centavos diarios por cabeza de libertad de prensa
a los Viera Altamirano Dutriz Pinto y etcéteras
millones de dólares diarios por cabeza
de libertad de prensa.

Pablo Neruda, Chile

Nació Neftalí Ricardo Reyes Basoalto en Parral, Chile, en 1904. Tristemente, ese mismo año falleció su madre. Dos años después se trasladó con su familia a Temuco, donde ingresó al Liceo de Hombres de Temuco. Allí publicó sus primeras poesías en el periódico regional *La Mañana*, y adoptó el seudónimo Pablo Neruda. Terminó su sexto año de humanidades en 1920 y se trasladó a Santiago, donde siguió sus estudios en literatura, ingresando en la Universidad de Chile. Allí estudió pedagogía en francés.

Neruda publicó su primer libro, *Crepusculario*, en 1923 en la revista *Claridad*. Realizó su primer viaje a Europa en 1927 y en 1929 asistió al congreso Panhindú donde conoció a Gandhi. Embarcó a Madrid, España, en 1934 para trabajar como cónsul, pero por su posición antifranquista y la guerra civil española fue destituido de su cargo. Regresó a Chile en 1937, no antes de publicar *España en el corazón*, libro que sirve como testimonio de lo que estaba ocurriendo. Este período fue integral en su formación política, y se refleja en su poesía.

Al volver a Chile Neruda fundó y presidió sobre la Alianza de Intelectuales de Chile para la Defensa de la Cultura. No permaneció en Chile por mucho tiempo, sino que tomó el puesto de cónsul en Francia. Usó su posición para ser de ayuda a españoles que querían escapar la guerra, consiguiendo *El Winnipeg*, barco que fue desde Francia hasta Valparaíso. De nuevo regresó a Santiago en 1940, pero en 1941 viajó a Centroamérica.

Perseguido por ser miembro del Partido Comunista, Neruda se largó al exilio en varios países en 1949. Durante ese tiempo escribió la mayoría de su *Canto general* y tuvo una afanada producción literaria. Obtuvo el Premio de la Paz en el Congreso Partidario por la Paz. Regresó a Chile en 1952 y en 1953 recibió el Premio Stalin de la Paz. Publicó *Odas elementales* en 1957, obra caracterizada por su sencillez y claridad de tema.

En 1970, Neruda fue presentado como candidato para la presidencia por el Partido Comunista, pero declinó a favor de Salvador Allende, a quien apoyó como amigo y político. En 1971, asumió el cargo de embajador en Francia y recibió el Premio Nobel de Literatura. Renunció su cargo en 1972 y regresó a Chile. Allí acudió a intelectuales latinoamericanos y europeos para evitar un enfrentamiento en su país pero el cáncer terminó su vida trágicamente en Santiago el 23 de septiembre de 1973.

Obras

Crepusculario (1923)
Veinte poemas de amor y una canción desesperada (1924)
Tentativa del hombre infinito (1925)
Residencia en la tierra (1933)
Las furias y las penas (1936)
España en el corazón (1937)
Tercera residencia (1942)
Himno y regreso (1947)
Que despierte el leñador (1948)
Canto general (1950)
Todo el amor (1953)
Odas elementales (1954–1957)
Estravagario (1958)
Memorial de Isla Negra (1964)
Confieso que he vivido (1974)
Obras completas (2000)

El gran mantel

Cuando llamaron a comer
se abalanzaron los tiranos
y sus cocotas pasajeras,
y era hermoso verlas pasar
como avispas de busto grueso
seguidas por aquellos pálidos
y desdichados tigres públicos.

Su oscura ración de pan
comió el campesino en el campo,

estaba solo y era tarde,
estaba rodeado de trigo,
pero no tenía más pan,
se lo comió con dientes duros,
mirándolo con ojos duros.

En la hora azul del almuerzo,
la hora infinita del asado,
el poeta deja su lira,
toma el cuchillo, el tenedor
y pone su vaso en la mesa,
y los pescadores acuden
al breve mar de la sopera.
Las papas ardiendo protestan
entre las lenguas del aceite.
Es de oro el cordero en las brazas
y se desviste la cebolla.
Es triste comer de frac,
es comer en un ataúd,
pero comer en los conventos
es comer ya bajo la tierra.
Comer solos es muy amargo
pero no comer es profundo,
es hueco, es verde, tiene espinas
como una cadena de anzuelos
que cae desde el corazón
y que te clava por adentro.

Tener hambre es como tener tenazas,
es como muerden los cangrejos,
quema, quema y no tiene fuego:
el hambre es un incendio frío.
Sentémonos pronto a comer
con todos los que no han comido,
pongamos los largos manteles,
la sal en los lagos del mundo,
panaderías planetarias,
mesas con fresas en la nieve,

y un plato como la luna
en donde todos almorcemos.

Por ahora no pido más
que la justicia del almuerzo.

Oda a la poesía

Cerca de cincuenta años
caminando
contigo, Poesía.
Al principio
me enredaba los pies
y caía de bruces
sobre la tierra oscura
o enterraba los ojos
en la charca
para ver las estrellas.
Más tarde te ceñiste
a mí como los dos brazos de la amante
y subiste
en mi sangre
como una enredadera.
Luego
te convertiste en copa.

Hermoso
fue
ir derramándote sin consumirte,
ir entregando tu agua inagotable,
ir viendo que una gota
caía sobre un corazón quemado
y desde sus cenizas revivía.
Pero
no me bastó tampoco.
Tanto anduve contigo
que te perdí el respeto.
Dejé de verte como
náyade vaporosa,

te puse a trabajar de lavandera,
a vender pan en las panaderías,
a hilar con las sencillas tejedoras,
a golpear hierros en la metalurgia.
Y seguiste conmigo
andando por el mundo,
pero tú ya no eras
la florida
estatua de mi infancia.
Hablabas
ahora
con voz férrea.
Tus manos
fueron duras como piedras.
Tu corazón
fue un abundante
manantial de campanas,
elaboraste pan a manos llenas,
me ayudaste
a no caer de bruces,
me buscaste
compañía,
no una mujer,
no un hombre,
sino miles, millones.
Juntos, Poesía,
fuimos
al combate, a la huelga,
al desfile, a los puertos,
a la mina,
y me reí cuando saliste
con la frente manchada de carbón
o coronada de aserrín fragante
de los aserraderos.
Ya no dormíamos en los caminos.
Nos esperaban grupos
de obreros con camisas
recién lavadas y banderas rojas.

Y tú, Poesía,
antes tan desdichadamente tímida,
a la cabeza
fuiste
y todos
se acostumbraron a su vestidura
de estrella cuotidiana,
porque aunque algun relámpago delató
      tu familia
cumpliste tu tarea,
tu paso entre los pasos de los hombres.
Yo te pedí que fueras
utilitaria y útil,
como metal o harina,
dispuesta a ser arado,
herramienta,
pan y vino,
dispuesta, Poesía,
a luchar cuerpo a cuerpo
y a caer desangrándote.

Y ahora,
Poesía,
gracias, esposa,
hermana o madre
o novia,
gracias, ola marina,
azahar y bandera,
motor de música,
largo pétalo de oro,
campana submarina,
granero
inextinguible,
gracias,
tierra de cada uno
de mis días,
vapor celeste y sangre
de mis años,

porque me acompañaste
de la más enrarecida altura
hasta la simple mesa
de los pobres,
porque pusiste en mi alma
sabor ferruginoso
y luego frío,
porque me levantaste
hasta la altura insigne
de los hombres comunes,
Poesía,
porque contigo
mientras me fui gastando
tú continuaste
desarrollando tu frescura firme,
tu ímpetu cristalino,
como si el tiempo
que poco a poco se convierte en tierra
fuera a dejar corriendo eternamente
las aguas de mi canto.

Discurso pronunciado con ocasión de la entrega del Premio Nobel de Literatura, 1971 (fragmento)

Señoras y Señores:

Yo no aprendí en los libros ninguna receta para la composición de un poema, y no dejaré impreso a mi vez ni siquiera un consejo, modo o estilo para que los nuevos poetas reciban de mí alguna gota de supuesta sabiduría. Si he narrado en este discurso ciertos sucesos del pasado, si he revivido un nunca olvidado relato en esta ocasión y en este sitio tan diferentes a lo acontecido, es porque en el curso de mi vida he encontrado siempre en alguna parte la aseveración necesaria, la fórmula que me aguardaba, no para endurecerse en mis palabras sino para explicarme mí mismo.

En aquella larga jornada encontré las dosis necesarias a la formación del poema. Allí me fueron dadas las aportaciones de la tierra y del alma. Y pienso que la poesía es una acción pasajera o solemne en que entran por parejas medidas la soledad y la solidaridad, el sentimiento y la acción, la intimidad de uno mismo, la intimidad del hombre y la secreta revelación de la naturaleza. Y pienso con no menor fe que todo está sostenido —el hombre y su sombra, el hombre y su actitud, el hombre y su poesía— en una comunidad cada vez más extensa, en un ejercicio que integrará para siempre en nosotros la realidad y los sueños, porque de tal manera la poesía los une y los confunde. Y digo de igual modo que no sé, después de tantos años, si aquellas lecciones que recibí al cruzar un río vertiginoso, al bailar alrededor del cráneo de una vaca, al bañar mi piel en el agua purificadora de las más altas regiones, digo que no sé si aquello salía de mí mismo para comunicarse después con muchos otros seres, o era el mensaje que los demás hombres me enviaban como exigencia o emplazamiento. No sé si aquello lo viví o lo escribí, no sé si fueron verdad o poesía, transición o eternidad, los versos que experimenté en aquel momento, las experiencias que canté más tarde.

De todo ello, amigos, surge una enseñanza que el poeta debe aprender de los demás hombres. No hay soledad inexpugnable. Todos los caminos llevan al mismo punto: a la comunicación de lo que somos. Y es preciso atravesar la soledad y la aspereza, la incomunicación y el silencio para llegar al recinto mágico en que podemos danzar torpemente o cantar con melancolía; mas en esa danza o en esa canción están consumados los más antiguos ritos de la conciencia; de la conciencia de ser hombres y creer en un destino común.

En verdad, si bien alguna o mucha gente me consideró un sectario, sin posible participación en la mesa común de la amistad y de la responsabilidad, no quiero justificarme, no creo que las acusaciones ni las justificaciones tengan cabida entre los deberes del poeta. Después de todo, ningún poeta administró la poesía, y si alguno de ellos se detuvo en acusar a sus semejantes, o si otro pensó que podía gastarse la vida defendiéndose de recriminaciones razonables o absurdas, mi convicción es que sólo la vanidad es capaz de desviarnos hasta tales extremos. Digo que los enemigos de la poesía no están entre quienes la profesan o resguardan, sino en la falta de concordancia del poeta. De ahí que ningún poeta tenga más enemigo esencial que su propia incapacidad para enterderse con los más ignorados y explotados de sus contemporáneos; y esto rige para todas las épocas y para todas las tierras.

El poeta no es un "pequeño dios". No, no es un "pequeño dios". No está signado por un destino cabalístico superior al de quienes ejercen otros menesteres y oficios. A menudo expresé que el mejor poeta es el hombre que nos entrega el pan de cada día: el panadero más próximo, que no se cree dios. El cumple su majestuosa y humilde faena de amasar, meter al horno, dorar y entregar el pan de cada día, como una obligación comunitaria. Y si el poeta llega a alcanzar esa sencilla conciencia, podrá también la sencilla conciencia convertirse en parte de una colosal artesanía, de una construcción simple o complicada, que es la construcción de la sociedad, la transformación de las condiciones que rodean al hombre, la entrega de su mercadería: pan, verdad, vino, sueños. Si el poeta se incorpora a esa nunca gastada lucha por consignar cada uno en manos de los otros su ración de compromiso, su dedicación y su ternura al trabajo común de cada día y de todos los hombres, el poeta tomará parte, los poetas tomaremos parte en el sudor, en el pan, en el vino, en el sueño de la humanidad entera. Sólo por ese camino inalienable de ser hombres comunes llegaremos a restituirle a la poesía el anchuroso espacio que le van recortando en cada época, que le vamos recortando en cada época nosotros mismos.

Los errores que me llevaron a una relativa verdad, y las verdades que repetidas veces me recondujeron al error, unos y otras no me permitieron —ni yo lo pretendí nunca— orientar, dirigir, enseñar lo que se llama el proceso creador, los vericuetos de la literatura. Pero sí me di cuenta de una cosa: de que nosotros mismos vamos creando los fantasmas de nuestra propia mitificación. De la argamasa de lo que hacemos, o queremos hacer, surgen más tarde los impedimentos de nuestro propio y futuro desarrollo. Nos vemos indefectiblemente conducidos a la realidad y al realismo, es decir, a tomar una conciencia directa de lo que nos rodea y de los caminos de la transformación, y luego comprendemos, cuando parece tarde, que hemos construido una limitación tan exagerada que matamos lo vivo en vez de conducir la vida a desenvolverse y florecer. Nos imponemos un realismo que posteriormente nos resulta más pesado que el ladrillo de las construcciones, sin que por ello hayamos erigido el edificio que contemplábamos como parte integral de nuestro deber. Y en sentido contrario, si alcanzamos a crear el fetiche de lo incomprensible (o de lo comprensible para unos pocos), el fetiche de lo selecto y de lo secreto, si suprimimos la realidad y sus degeneraciones realistas, nos veremos de pronto rodeados de un terreno imposible, de un tembladeral de hojas, de barro, de nubes, en que se hunden nuestros pies y nos ahoga una incomunicación opresiva.

En cuanto a nosotros en particular, escritores de la vasta extensión americana, escuchamos sin tregua el llamado de llenar ese espacio enorme con seres de carne y hueso. Somos conscientes de nuestra obligación de pobladores y — al mismo tiempo que nos resulta esencial el deber de una comunicación crítica en un mundo deshabitado y, no por deshabitado menos lleno de injusticias, castigos y dolores— sentimos también el compromiso de recobrar los antiguos sueños que duermen en las estatuas de piedra, en los antiguos monumentos destruidos, en los anchos silencios de pampas planetarias, de selvas espesas, de ríos que cantan como truenos. Necesitamos colmar de palabras los confines de un continente mudo y nos embriaga esta tarea de fabular y de nombrar. Tal vez ésa sea la razón determinante de mi humilde caso individual: y en esa circumstancia mis excesos, o mi abundancia, o mi retórica, no vendrían a ser sino actos los más simples del menester americano de cada día. Cada uno de mis versos quiso instalarse como un objeto palpable; cada uno de mis poemas pretendió ser un instrumento útil de trabajo; cada uno de mis cantos aspiró a servir en el espacio como signo de reunión donde se cruzaron los caminos, o corno fragmento de piedra o de madera en que alguien, otros, los que vendrán, pudieran depositar los nuevos signos.

Extendiendo estos deberes del poeta, en la verdad o en el error, hasta sus últimas consecuencias, decidí que mi actitud dentro de la sociedad y ante la vida debía ser también humildemente partidaria. Lo decidí viendo gloriosos fracasos, solitarias victorias, derrotas deslumbrantes. Comprendí, metido en el escenario de las luchas de América, que mi misión humana no era otra sino agregarme a la extensa fuerza del pueblo organizado, agregarme con sangre y alma, con pasión y esperanza, porque sólo de esa henchida torrentera pueden nacer los cambios necesarios a los escritores y a los pueblos. Y aunque mi posición levantara y levante objeciones amargas o amables, lo cierto es que no hallo otro camino para el escritor de nuestros anchos y crueles países, si queremos que florezca la oscuridad, si pretendemos que los millones de hombres que aún no han aprendido a leernos ni a leer, que todavía no saben escribir ni escribirnos, se establezcan en el terreno de la dignidad sin la cual no es posible ser hombres integrales.

Heredamos la vida lacerada de los pueblos que arrastran un castigo de siglos, pueblos los más edénicos, los más puros, los que construyeron con piedras y metales torres milagrosas, alhajas de fulgor deslumbrante: pueblos que de pronto fueron arrasados y enmudecidos por las épocas terribles del colonialismo que aún existe.

Nuestras estrellas primordiales son la lucha y la esperanza. Pero no hay lucha ni esperanzas solitarias. En todo hombre se juntan las épocas remotas, la inercia, los errores, las pasiones, las urgencias de nuestro tiempo, la velocidad de la historia. Pero, ¿qué sería de mí si yo, por ejemplo, hubiera contribuido en cualquier forma al pasado feudal del gran continente americano? ¿Cómo podría yo levantar la frente, iluminada por el honor que Suecia me ha otorgado, si no me sintiera orgulloso de haber tomado una mínima parte en la transformación actual de mi país? Hay que mirar al mapa de América, enfrentarse a la grandiosa diversidad, a la generosidad cósmica del espacio que nos rodea, para entender que muchos escritores se nieguen a compartir el pasado de oprobio y de saqueo que oscuros dioses destinaron a los pueblos americanos.

Yo escogí el difícil camino de una responsabilidad compartida y, antes que reiterar la adoración hacia el individuo como sol central del sistema, preferí entregar con humildad mi servicio a un considerable ejército que a trechos puede equivocarse, pero que camina sin descanso y avanza, cada día enfrentándose tanto a los anacrónicos recalcitrantes como a los infatuados impacientes. Porque creo que mis deberes de poeta no sólo me indicaban la fraternidad con la rosa y la simetría, con el exaltado amor y con la nostalgia infinita, sino también con las ásperas tareas humanas que incorporé a mi poesía.

Hace hoy cien años exactos, un pobre y espléndido poeta, el más atroz de los desesperados, escribió esta profecía: *A l'aurore, armes d'une ardente patience, nous entrerons aux splendides Villes.* "Al amanecer, armados de una ardiente paciencia, entraremos a las espléndidas ciudades."

Yo creo en esa profecía de Rimbaud, el Vidente. Yo vengo de una oscura provincia, de un país separado de todos los otros por la tajante geografía. Fui el más abandonado de los poetas y mi poesía fue regional, dolorosa y lluviosa. Pero tuve siempre confianza en el hombre. No perdí jamás la esperanza. Por eso tal vez he llegado hasta aquí con mi poesía, y también con mi bandera.

En conclusión, debo decir a los hombres de buena voluntad, a los trabajadores, a los poetas que el entero porvenir fue expresado en esa frase de Rimbaud: sólo con una ardiente paciencia conquistaremos la espléndida ciudad que dará luz, justicia y dignidad a todos los hombres.

Así la poesía no habrá cantado en vano.

CONCLUSION

The title of this anthology, *Writing Toward Hope,* denotes the strength of the voices contained herein—voices conscious that writing under the threats of dictatorship offers the possibility to humanize and speak of the unspeakable. Modern psychiatry assures us that one of the most essential means of rescuing a tortured body and allowing it to recover is through a language that speaks. Thus, literature, with its sensible aesthetics and responsible language, becomes a form to represent what the human body has suffered.

The reader faced with these texts will find endless sources of humanity, from the desire to name an ancestral identity, such as that found in the poetry of Víctor Montejo, Pablo Neruda, or Elicura Chihuailaf, to the parallel experiences drawn in prison cells and the confined spaces inhabited by women repressed by an authoritarian, patriarchal society. Literature becomes an expression of the human condition. It makes possible transnational and transformational writing that seeks to integrate silenced voices—denied and tortured voices— and bring them out into the open.

As reiterated throughout this volume, memory is present in any discussion about human rights. To deny its role as a model for survival and rapprochement would be to violate history and deny human rights. The memories recounted by the authors included here do not occur in a vacuum but work within a vital and participatory act of remembering. Memory is active and exists not as a ritual but as a form that flows as it articulates. In Latin America, memory and history, word and deed come together to configure the map of freedom.

I have tried to include a representative variety of Latin American countries here but all anthologies are by nature arbitrary. The chosen texts spoke to me in a particular way. They led me through cells of horror, they gave me illusion and hope, but at the same time they corroborated something essential: that art humanizes, it mitigates pain, it makes one grateful to be able to paint or write. Art rescues the conscience of what is beautiful and noble, but more importantly it persuades and lives within us and makes us noble. We need only pause and think for a moment about the significance of the drawings made by political prisoners in concentration camps or the *arpilleras* made by Chilean women, mothers of the disappeared, woven to denounce the absence of their children and their bodies.

More than thirty years have passed since Salvador Allende died, and the southern region of Latin America currently lives under democratic government. The international human rights movement works incessantly to restore justice. Pinochet was arrested in London. The Argentine government extradited some of its military. Numerous State Department documents have been unsealed and clearly establish the illegal actions of the CIA and the U.S. government that openly supported the military dictatorships in Chile and Argentina and financed the Contras in Central America.

The truth is becoming clearer little by little. The process for the guilty is slow; the legal proceedings acquire their own rhythms and individual will to transform history does not always move at the same pace as history itself. But at a given moment the voices represented here will rewrite the history of justice and memory so that we shall never forget our shared humanity. The forced disappearance of multitudes, the clandestine actions, and the denial by authoritarian governments that these acts ever happened have constituted a historical space of great relevance these last few decades, provoking the creation of truth commissions to disseminate facts.

Writing Toward Hope focuses on the literature of the early 1970s to the present. Although the 1970s were a time of fear, silence, and complicity, they produced an unprecedented culture of resistance through a literature that opened up multiple forms of discourse to articulate the experience of living under dictatorship. Art was constantly emerging from the various public centers in Latin American capitals, where political violence was denounced through symbolic protests to commemorate the disappeared or vigils asking for peace and light.

An examination of authoritarian ideologies and the human rights revolution in Latin America must start with the region's pre-Columbian populations, who had their identities violated and their land conquered with the arrival of the Europeans. Perhaps of most lasting consequence was the ideological conquest implied by all acts of colonization. The Spanish Crown embarked on the brutal religious conversion of indigenous peoples from the Yucatán all the way to the Inca Empire. Yet even in the face of conquest—the destruction of their sacred temples and manuscripts—the indigenous world managed to maintain its ancestral beliefs and preserve the great variety of its dialects. I establish these parallels to the contemporary situation in Latin America because the military took over in an attempt to unbalance the structures of power. They tried to dismantle the world as it had been known and sought to create a new political and social order in a fashion similar to the one the Spanish Crown had attempted centuries earlier.

Regardless of how many different groups have dominated the region, the tenacity to preserve a sovereign world is the greatest proof of survival of a continent that is conscious of its racial blending and that has struggled for centuries to find its own voice and sense of justice. While preparing this book, I traveled throughout Latin America looking for history in the landscape, but found it instead within our own ability to tell these stories. The recreation of a narrative, like the reconstruction of the past, tends to be more interesting than the past itself. Human rights literature focuses on the process of retelling, understanding, and filling the gaps, or as Fernando Riato says, "naming the unnamable." My original questions returned: "How does one write about events that seem to belong to a world alien to our daily experience? Is it possible to translate the fear, horror, and pain? Is it possible to represent the violence?"

Traveling through the ancient cities of the Maya—Tulún, Coba, Chichén Itzá—or through the vast fields almost devoid of inhabitants in the Araucaria region of Chile, one can feel the silence of what life used to be. The presence of the dead and our memories of them offer proof that history cannot be understood in terms of absence. Rather, it is absence itself that conveys how that history was lived.

Texts about hope tell the stories of silence. They imagine the torture chambers or the prisons and many relive them. It is almost impossible to separate imagination from history. Literature and life, victims and victimizers, dead and living share in the astonishing violence and in their even more astonishing desire to tell us about it. It is within the spirit that hope begins to live. The act of writing, of putting into words the unusual reality one had to endure and recreating fear, confirm that art can inhabit the personal and collective memory and imagine a history that continues. Witnesses who speak out, whether Bartolomé de las Casas or the Mothers of the Plaza de Mayo, have had a continuous presence in the Americas. Through them, art and history unite to create a Latin American literature committed to the ideological reconstruction of an era.

The ambiguity of history and the ways in which history is told are skillfully treated by the authors collected here. These writers have created a literature that is at once aesthetically exceptional and deeply introspective. It not only bears witness but also puts its own authentic mark on what it tries to tell.

Writing Toward Hope is thus made up of voices characterized by their representations of a shared history and outlook. Their narrative fragmentation parallels the history they are trying to tell or retell. They also manifest a distrust of traditional historical texts and aim to suggest a new historiography through the voices silenced by official history.

It is quite possible that the literature found on these pages will come to define what the history of Latin America from the 1970s to the present signified. Further, as part of the national discourse, this literature has the audacity to interrogate itself, to rethink itself during a moment that altered the history of the continent. The future of this work will depend on those who try to convert this body of texts into an experience that incites learning rather than repeating the past and that dares to look forward.

Again, the selections included here respond to a collective vision of Latin America, whose identity as an autonomous region has been defined as a space in search of justice. We have before us the writings of passionate beings, artists who did not allow themselves to be silenced by jail or torture, but who always believed in the need to talk, to write, to tell. Their creative impulses did not die in jail or during exile. Rather, these individuals continued to think in their own languages, they wrote about the impossibility of naming the unnamable, but they never ceased to express themselves. This discovery was the most generous one these writers made. They had faith and through their art they were able to demonstrate that the real cowards were the torturers and executioners, the dictatorship that imposed silence and denial on the arts, poetry, and truth.

City walls were covered with poems; literary workshops multiplied; Neruda's home, closed for many years, was reopened. Poetry was alive amidst the silence and fear. It is heroic to write during dictatorship or from exile; even more heroic is to believe in hope and fight for it, dedicating poems to future generations. It is imperative to think that poetry is neither in vain nor banal.

Each author included here was bold in his or her desire to write during times of censure or in exile. I admire these individuals for working in their native language while living abroad and managing to maintain the clear constancy of their vocation because writing within a censured society is in itself a great act of rebellion and courage. Through these texts I have sought to create a vision of what literature and human rights were like in a society of violence and fear. Each writer found a way to reconcile with his or her collective history. These works represent an act of love, faith, and profound intuition and a belief that we can create a better world through our art.

Latin American societies are currently characterized as democratic participants in a free world, where civil rights define a new period of history. Both Chile and Brazil have Socialist governments and many other countries have created truth commissions to judge guilty parties of the past. Significantly, in the last few years, Latin America's new democracies have committed to upholding human rights with clarity and responsibility. Life is lived with dignity, ethics, and respect. Authors write and live with hope. In Buenos Aires, in March of 2004, the Museum of Memory was inaugurated at the ESMA, the Army's School of Mechanics where torture was routinely practiced.

Upon finishing this book, I realize that literature has been a constant presence in the annals of history. Uniting literature and human rights signals that these two coordinates have had a symbiotic relationship. In times of tumultuous change and massive violence, the voices of literature are often the voices of sanity, peace, and the struggle against indifference.

There is perhaps no more beautiful or poignant expression of the literature of human rights than the speech Neruda gave in Stockholm in 1971 upon winning the Nobel Prize in Literature. When we read his words, we can wonder at the geography and his animistic vision of the American landscape. But, above all, we understand that Latin American literature is a long road, united and deeply connected to the struggle of its people and the common destiny of the Americas. As such, Neruda's words provide a fitting conclusion to this anthology: "From all this, my friends, there arises an insight which the poet must learn through other people. There is no insurmountable solitude. All paths lead to the same goal: to convey to others what we are. And we must pass through solitude and difficulty, isolation and silence in order to reach forth to the enchanted place where we can dance our clumsy dance and sing our sorrowful song—but in this dance or in this song there are fulfilled the most ancient rites of our conscience in the awareness of being human and of believing in a common destiny." I hope this gathering of voices will promote understanding of human possibilities, offer faith and hope through words, and help us build happiness.

Author Index

TEXT CREDITS

Parra, Isabel. "Ni toda la tierra entera." Reprinted with permission from the author.

Parra, Violeta. "Al centro de la injusticia." Reprinted with permission from the author.

Partnoy, Alicia. "Romance de la prisionera," "En resumidas cuentas," and "Clases de español." Reprinted with permission from the author.

Poniatowska, Elena. "Las lavanderas" and excerpt from *Fuerte es el silencio*. Reprinted with permission from the author.

Quispe-Agnoli, Rocío. "El cuarto mandamiento." Reprinted with permission from the author.

Riesco, Laura. "El niño y la mañana." Reprinted with permission from the author.

Río, Nela. Excerpts from *En las noches que desvisten otras noches ... yo te recuerdo*. Reprinted with permission from the author.

Roffé, Reina. "La noche en blanco." Reprinted with permission from the author.

Rotker, Susana. "Insolencias de lo prohibido: periodismo y violencia en los 90." Reprinted with permission from the author.

Russotto, Margara. "El manual de los inquisidores (1607)." Reprinted with permission from the author.

Sepúlveda, Emma. "A la prisión de Carmen," "Me pregunto a solas," "No," and "La loca de la casa." Reprinted with permission from the author.

Skármeta, Antonio. "Reina la tranquilidad en el país." Reprinted with permission from the author.

Strejilevich, Nora. Excerpts from *Una sola muerte numerosa;* "Cuando me robaron el nombre," "Inventario," and "Carta a Kaila." Reprinted with permission from the author.

Tarnopolsky, Noga. "La familia que desapareció." © Noga Tarnopolsky. Reprinted with permission from The Wylie Agency, Inc. Originally published in *The New Yorker*.

Timerman, Jacobo. Excerpt from *Preso sin nombre, celda sin número*. Reprinted with permission from the University of Wisconsin Press.

Torres, Anabel. "La escritura perseguida: disidencia y exilio," "Untada," "Miles," "Angola," "La muerte usa perfume caro," and "El día antes de la guerra." Reprinted with permission from the author.

Traba, Marta. Excerpt from *Conversación al sur*. Reprinted with permission from Siglo XXI.

Vailakis, Ivón Gordon. "La maleta estuvo repleta" and "Los que dejan su tierra." Reprinted with permission from the author.

Valdés, Hernán. Excerpt from *Tejas Verdes*. Reprinted with permission from the author.

Valenzuela, Luisa. "Los censores." Reprinted with permission from Curbstone Press.

Vázquez, Lourdes. "Nos buscan." Reprinted with permission from the author.

Zamora, Daisy. "Radio Sandino" and "Linaje." Reprinted with permission from the author.